鏡と初期ヤマト政権

辻田 淳一郎
TSUJITA, JUN'ICHIRO

すいれん舎

目　　次

序　章　銅鏡研究を媒介とした古墳時代開始論の可能性 ………… 7

第1章　古墳時代開始期における銅鏡研究の現状と課題
　第1節　古墳時代開始期の銅鏡に関する研究動向 ……………………………13
　　　　はじめに……13
　　　　1　同笵鏡論・伝世鏡論……14
　　　　2　古墳時代前期の地域間関係に関する研究動向……19
　　　　3　1960年代以降の銅鏡研究の展開……24
　　　　4　小　結──古墳時代開始期の議論と銅鏡研究の接点……46
　第2節　問題の所在……………………………………………………………47
　　　　1　古墳時代開始論としての同笵鏡論・伝世鏡論……47
　　　　2　古墳時代前期における広域的地域関係の形成要因・形成時期の
　　　　　　問題……51
　　　　3　文献資料との接点……56
　　　　　　──「統合儀礼」・「儀礼管理」・「社会統合」の問題をめぐって
　　　　4　古墳時代開始期の銅鏡に関する問題の所在……61
　　　　5　小　結──本書の課題……71
　第3節　資料・方法・理論 ……………………………………………………72
　　　　1　本研究が扱う資料……72
　　　　2　方　法……73
　　　　3　理　論──古墳時代開始過程と国家形成論…76

第2章　古墳時代開始期における中国鏡の流通形態の変革
　第1節　日本列島出土後漢鏡・魏晋鏡の分類 …………………………………88

　　　　　1　鏡式分類……88
　　　　　2　日本列島での漢鏡出土遺跡の時期と問題点……96
　　第2節　古墳時代開始期における中国鏡流通形態とその画期……………97
　　　　　1　弥生時代後期～古墳時代前期における中国鏡の出土傾向……97
　　　　　2　弥生時代後期～終末期における後漢鏡の出土傾向……103
　　　　　3　前期古墳出土中国鏡の検討……108
　　　　　4　列島出土画文帯神獣鏡の問題……120
　　　　　5　小　結……126
　　　　　　　──古墳時代開始期における中国鏡の流通形態の具体像
　　第3節　破鏡から完形鏡へ………………………………………………135
　　　　はじめに……135
　　　　　1　破鏡と完形鏡の時期的変遷の具体相……136
　　　　　2　小　結……142

第3章　三角縁神獣鏡・倭製鏡の変遷と前期古墳の編年
　　第1節　三角縁神獣鏡・倭製鏡の分類…………………………………165
　　　　　1　前期古墳編年における問題の所在……165
　　　　　2　三角縁神獣鏡の分類……167
　　　　　3　倭製鏡の分類……184
　　　　　4　小　結……199
　　第2節　前期古墳の編年……………………………………………………200
　　　　　1　時期区分の設定……200
　　　　　2　前期古墳の広域編年の可能性と課題……205
　　　　　　　──北部九州を具体例として
　　　　　3　小　結……207

第4章　三角縁神獣鏡の製作系譜と製作年代
　　第1節　三角縁神獣鏡の変遷観……………………………………………209
　　　　　1　舶載三角縁神獣鏡の変遷過程……209

2　仿製三角縁神獣鏡の生成過程……211
　　　3　小　結……215
　第2節　三角縁神獣鏡の製作系譜と製作年代……………………………216
　　　1　三角縁神獣鏡の製作年代と古墳時代前期の年代観……216
　　　2　変遷過程からみた三角縁神獣鏡の製作系譜……219
　　　3　小　結……228

第5章　古墳時代前期倭製鏡の多様化とその志向性
　第1節　製作工程の視点…………………………………………………232
　　　1　問題設定……232
　　　2　物質文化の製作に関する議論と鏡の製作工程の問題……233
　　　3　製作工程からみた倭製鏡多様化の具体相……236
　　　4　小　結……246
　第2節　前期倭製鏡中心的系列群の生成過程──モデルとその選択……246
　　　はじめに……246
　　　1　分析1：前期倭製鏡諸系列の生成過程……247
　　　2　分析2：前期倭製鏡のモデル……262
　　　　　──列島古墳時代前期における「舶載鏡」
　　　3　議　論……266
　　　4　小　結……275

第6章　古墳時代前期における鏡の副葬と伝世の論理
　第1節　列島各地における鏡の副葬………………………………………280
　　　1　問題設定……280
　　　2　古墳時代前期における鏡の分布……281
　　　3　古墳出土鏡群の共伴関係からみた鏡副葬傾向の変遷……289
　　　4　小　結……291
　第2節　各地における上位層の世代交代と鏡副葬に関する諸問題………292

　　　　1　古墳被葬者と「上位層」……292
　　　　2　各地における古墳築造の動向と鏡副葬について……293
　　　　3　古墳被葬者の世代交代と葬送儀礼における鏡副葬の意義；解釈…329
　　第3節　沖ノ島遺跡への鏡の奉献に関する問題……………………………………**334**
　　　　1　17号遺跡出土鏡群とその性格……334
　　　　2　16号・18号・19号遺跡出土鏡群……335
　　　　3　古墳時代前期における沖ノ島遺跡出土鏡群の歴史的位置……336

第7章　考　察──古墳時代前期威信財システムの成立と展開──
　　第1節　古墳時代開始期における銅鏡の変遷 …………………………………**339**
　　　　　──現象の整理とモデル化──
　　　　1　弥生時代後期後半〜古墳時代初頭……339
　　　　2　古墳時代前期前半──Ⅰ期・Ⅱ期……344
　　　　3　古墳時代前期後半──Ⅲ期・Ⅳ期……347
　　第2節　古墳時代前期威信財システムの成立・展開とその意義 …………**352**
　　　　1　古墳時代開始期における中心─周辺関係の具体相……352
　　　　2　古墳時代の開始と「社会統合」の問題……357
　　　　3　国家形成過程における古墳時代開始期の位置……360

終　章　結　論──東アジアの中の古墳時代前期社会と銅鏡── ………**369**

　文　　献 ………………………………………………………………………………**375**
　挿図出典 ………………………………………………………………………………**418**
　英文要旨 ………………………………………………………………………………**421**
　あとがき ………………………………………………………………………………**427**
　索　　引 ………………………………………………………………………………**431**

図表目次

図1　日本列島出土中国鏡の諸鏡式
　　　…………………………90～93
図2　弥生時代後期～終末期出土中
　　　国鏡の鏡式構成 ………………98
図3　古墳時代前期出土中国鏡の鏡
　　　式構成 …………………………99
図4　完形鏡・破鏡の比率 …………99
図5　弥生時代後期～終末期：鏡式
　　　別完形鏡・破鏡の比率 ………105
図6　完形鏡・破鏡地域別分布（弥
　　　生時代後期～終末期）………105
図7　日本列島出土後漢鏡各鏡式の
　　　出現年代 ………………………105
図8　前期古墳出土中国鏡各鏡式地
　　　域別分布状況 …………………109
図9　古墳時代前期出土中国鏡地域
　　　別面径分布 ……………………111
図10　各鏡式の具体的内容 …………113
図11　破鏡分布図（弥生時代後期～
　　　終末期）………………………118
図12　破鏡分布図（古墳時代前期）‥119
図13　前期古墳出土画文帯神獣鏡内
　　　訳 ………………………………122
図14　画文帯神獣鏡の各時期ごとの
　　　分布状況 ………………………125
図15　福岡県老司古墳3号石室出土
　　　三角縁神獣鏡の破鏡 …………137
図16　破鏡の具体例と分類 …………139
図17　新納泉氏による三角縁神獣鏡
　　　の分類・編年 …………………171
図18　小山田宏一氏による三角縁神
　　　獣鏡の分類・編年 ……………171
図19　傘松文様の分類 ………………171
図20　舶載三角縁神獣鏡の具体例
　　　…………………………172・173
図21　舶載三角縁神獣鏡の編年 ……178

図22　三角縁神獣鏡の断面形態 ……179
図23　仿製三角縁神獣鏡の諸属性 …182
図24　仿製三角縁神獣鏡の具体例 …183
図25　山口県柳井茶臼山古墳出土鼉
　　　龍鏡系（Ⅰ群A系①）平面模式
　　　図 ………………………………185
図26　鼉龍鏡A系の変遷 ……………188
図27　鼉龍鏡系の各属性と属性変異
　　　……………………………………189
図28　Ⅰ群A系①の各属性の共変
　　　動 ………………………………189
図29　B系の具体例 …………………190
図30　鼉龍鏡系の編年とサイズ・出
　　　現頻度の時間的推移 …………193
図31　鼉龍鏡第1型式における神像
　　　頭部下の表現 …………………193
図32　内行花文鏡A系の具体例 ……195
図33　森下章司氏による方格規矩四
　　　神鏡系主像型式の分類 ………196
図34　方格規矩四神鏡系の具体例 …197
図35　仿製三角縁神獣鏡の生成過程
　　　……………………………………213
図36　福岡県丸隈山古墳出土鏡 ……237
図37　挽型ぶんまわしの概念図 ……237
図38　丸隈山古墳出土鏡の内区分割
　　　……………………………………237
図39　前期古墳出土倭製鏡の面径分
　　　布 ………………………………237
図40　前期倭製鏡の具体例 …………241
図41　前期倭製鏡中心的系列群の初
　　　期型式 …………………………251
図42　対置神獣文鏡系の文様構成と
　　　関連鏡群 ………………………259
図43　前期古墳出土完形後漢鏡・
　　　魏晋鏡の面径分布 ………264・265
図44　倭製鏡中心的系列群初期型式

＋三角縁神獣鏡の挽型の大きさ比較
　……………………………266
図45　古墳時代前期における鏡の差
　　　異化の論理………………………274
図46　古墳時代前期における大型
　　　鏡・超大型鏡の分布………282・283
図47　北部九州における鏡副葬古墳
　　　の分布(前期前半)……………296
図48　北部九州における鏡副葬古墳
　　　の分布(前期後半)……………297
図49　福岡市西部〜前原市周辺にお
　　　ける三角縁神獣鏡・魏晋鏡の具
　　　体例……………………………301
図50　山口県南部における弥生・古
　　　墳時代の鏡出土遺跡分布…………307
図51　弥生時代後期後半〜古墳時代
　　　初頭における鏡流通形態の変革
　　　モデル…………………………342
図52　古墳時代前期における鏡の配
　　　布の論理………………………346
図53　古墳時代前期威信財システム
　　　／求心型競合関係モデル………365

表1-1　弥生時代後期〜終末期：
　　　　完形鏡・破砕鏡………146・147
表1-2　弥生後期〜終末期：破鏡
　　　　………………………148・149
表1-3　古墳時代前期：中国鏡
　　　　(完形鏡・破砕鏡)……149・157
表1-4　古墳時代前期：破鏡
　　　　………………………158・159
表1-5　弥生時代小形仿製鏡・古
　　　　墳時代小型倭製鏡の穿孔事
　　　　例………………………………159
表1-6　破鏡(時期不明)……159・160
表1-7　鏡片………………160・161
表1-8　その他関連資料……………161
表2　舶載三角縁神獣鏡一覧表
　　　………………………174〜176
表3　三角縁神獣鏡の共伴関係………177
表4　舶載三角縁神獣鏡の変遷と出現頻
　　度の推移……………………181
表5　鼉龍鏡系分析対象資料………187
表6　前期古墳編年基準……………202
表7　編年案対応表…………………203
表8　北部九州の前期古墳における
　　副葬品の組み合わせ………204・205
表9　大和天神山古墳出土鏡群………264
表10　古墳時代前期における大型
　　　鏡・超大型鏡一覧………284・285
表11　沖ノ島16〜19号遺跡出土鏡一
　　　覧………………………………337

序　章　銅鏡研究を媒介とした
　　　　　古墳時代開始論の可能性

　表題に掲げた初期ヤマト政権とは，日本列島各地で前方後円墳が築造され始める紀元後3世紀中頃〜4世紀代において，近畿地方，特に奈良盆地を中心として出現した政治権力を指す。この時代は，日本考古学の時代区分では古墳時代前期に位置づけられる。本書は，それに先行する弥生時代後期〜終末期，そして古墳時代前期の遺跡において出土する青銅鏡を対象として検討を行い，初期ヤマト政権と，それを中心として広域的に展開した地域間関係の実態およびその成立過程を明らかにすることを目的としたものである。

　日本考古学において，古墳時代研究は，後の律令国家の形成を考える上で重要な位置を占める研究領域である。近年では，個別的実証研究および膨大な考古資料の蓄積をもとに，文献史学や人類学など関連諸分野の研究成果も参照しながら，古墳時代社会の具体像が描かれている。また弥生時代から古墳時代への変化をどのように説明するかという点も，議論の焦点の1つとなっている。これは，言い換えればこの考古学的時代区分の画期を社会変化の画期として具体的にどのように評価することができるかという問題でもあり，またそのことが律令国家成立の前段階としての古墳時代社会の評価とも密接に関わるといえる。

　こうした問題について先駆的な研究を行った小林行雄氏は，古墳から出土する三角縁神獣鏡の同笵鏡分有関係や「伝世鏡」などの分析を通じ，古墳の発生の歴史的意義を「貴族の権威の革新＝男系世襲制の確立」という点に求めた（小林1955）。それ以降，前方後円墳の出現とその広域展開については，近藤義郎氏による「広域的な擬制的同祖同族関係の設定」（近藤1977・1983），あるいは都出比呂志氏が提唱する「前方後円墳体制」；「初期国家」論（都出1991・2005）をはじめとして，様々な見解が提示されており，その評価が分かれている。ま

た政治的中心としての初期ヤマト政権の成立基盤についても，近畿地方における弥生時代社会の成長の所産とする見方や，複数地域の連合体制を想定する見方など，複数の立場が存在しており，墓制研究や鉄器研究の観点からの見直しが進められつつあるのが現状である（北條他2000）。本書は，古墳時代開始期における銅鏡研究の観点から，これらの論点を検証することを主眼としている。

今述べた問題は，紀元後3世紀の同時代史料としての『三国志』魏書東夷伝・倭人条に記述された「倭国」「邪馬台国」「親魏倭王卑弥呼」，そして「銅鏡百枚」といった国民的関心が高い議論とも深く関わっている。その根底には，3・4世紀代に成立しつつあった広域的政治秩序が，どのようにして古代天皇制を中核とした律令国家あるいは古代「日本」へと変貌を遂げるのかといった問題が存在する。この時代に関わる考古学的な議論は，その意味でも現代日本人の歴史認識や自己アイデンティティの問題とも深く結びついているということができる（Mizoguchi, 2002；北條2005）。我々は，現代の自己アイデンティティを静的な考古資料の分布に直接的・間接的に，あるいは無意識のうちに投影してはいないだろうか。またこの問題は，そうした広域秩序が何故，そしてどのようにして形成されたかを説明する場合においても同様である。

このような問題を考える上で，弥生時代の墳墓や集落，そして前期古墳から出土する種々の銅鏡は，特に当該時期における中国王朝と倭との関係，そして列島内部での広域的な地域間関係の問題などを議論するための重要な資料の1つとなることが，これまでの研究史においても認識されてきた。先に挙げた小林行雄氏の同笵鏡論・伝世鏡論をはじめとして，鏡から古墳時代を論じる研究の蓄積は膨大であり，またそれに伴って鏡自体の研究も大きく進展してきたといえる。本書は，こうした先行研究の成果に導かれつつ，それらを検証し，その上で筆者自身の観点から新たな古墳時代開始論の枠組みを模索する試みである。

日本列島の弥生時代〜古墳時代の遺跡から出土する鏡の総数は，国立歴史民俗博物館が刊行しているデータベースによると，1998年12月末現在で5,117面を数える（白石・設楽編2002）。その後の発掘調査によって今日ではさらにその数は増加している。東アジアの各地域を見渡しても，鏡の供給元となったと考

えられる中国王朝の領域あるいは楽浪郡などを除くと，このように鏡を大量に使用・消費する社会を見出すことはできない。この意味で，東アジアの周辺地域において，何故そうした大量の鏡が必要とされ，また消費されたのかを明らかにすることは大きな課題といえる。

この時代，日本列島においては多種多様な銅鏡が存在していた。大陸からもたらされた舶載鏡／中国鏡（後漢鏡や魏晋鏡など），製作地について諸説ある三角縁神獣鏡，そして舶載鏡をもとに列島で製作された倭製鏡などである。本書では，それらを個別にではなく全体として通時的かつ有機的に捉え，古墳時代開始論という視点において一貫した枠組みへと再統合したいと考える。

その際，本書においては，以下の３つの視点を重視したいと考えている。まず第１に，対外交渉とその契機という点である。上にみたような，１〜４世紀代の大陸・半島と倭国との間をつなぐ銅鏡を資料として古墳時代開始の過程について検討を行うことで，当該時期の倭国の上位層が東アジア諸地域とどのように相対し，またどのように位置づけられていたのかについて明らかにしたい。

第２の視点として，近畿地方以外の各地域社会の動向からみた古墳時代開始過程という点を挙げる。別の言い方をすれば，古墳時代前期における広域的地域間関係について，中心地としての近畿地方のみならず，周辺域としての各地域の動向を重視する立場ともいえる。この点において筆者は，銅鏡研究を媒介とした古墳時代開始論の可能性という場合に，弥生時代社会がどのように古墳時代社会へと「発展」したかといった予定調和的な見方ではなく，近畿地方のみならず九州から東日本まで含めた列島各地の弥生時代社会がどのように古墳時代社会へと「転換」したのかを問題としたい。その中で，初期ヤマト政権の成立・展開とそれを中心とした地域間関係を具体的に評価する。

また第３の視点として，古墳時代開始期における社会システムの複雑化の具体相の把握とその相対化という点を挙げる。この問題については，近年までの弥生・古墳時代研究の成果とともに，欧米のマルクス主義考古学・人類学でモデル化されている首長制社会や国家形成に関する議論が参考となる。本書では，こうした比較考古学的な議論を視野に入れつつ，銅鏡研究を媒介として古墳時代開始過程および地域間関係の実態について説明を試みたい。

本書は，以下の8章によって構成される。まず第1章においては，上述のような問題意識を念頭に置きつつ，古墳時代開始期における銅鏡研究の動向を整理し，問題の所在を明らかにする。

分析の手続きとしては，まず弥生時代後期～終末期の日本列島における中国鏡の動向について検討し，それをふまえて古墳時代前期における三角縁神獣鏡や倭製鏡の変遷と列島各地での分布状況を検討するという手順をとる。そのため，これら列島内で使用された鏡が具体的にどのようなものであったのかを明らかにすることが第1の課題となる（第2章～第5章）。その上で，古墳時代前期における鏡の入手・使用の具体的様相を検討し（第6章），最終的に議論を全体として統合することによって，弥生時代後期～終末期，そして古墳時代前期における列島社会の地域間関係の実態とそこでの銅鏡の意義を明らかにしたい。

第2章では，弥生時代後期から古墳時代前期における列島内での中国鏡の出土傾向の変遷について，日本列島で特徴的な様相としての「破鏡」と「完形鏡」という観点から検討する。これは，伝世鏡論についての再検討であると同時に，それを通じて弥生時代後期～終末期段階における地域間関係の具体像を提示することを目的とするものである。

第3章では，古墳時代前期における時間軸を設定することを目的として，前期古墳編年について検討する。そのために，まず三角縁神獣鏡および倭製鏡の分類・編年についての検討を行い，その上で前期古墳の編年基準を設定する。三角縁神獣鏡や倭製鏡については，時間軸を設定する過程で，具体的な生産動向とその変遷についても検討する。

第4章では，三角縁神獣鏡の製作系譜と製作年代について検討し，その中で古墳時代前期の実年代の問題についても論ずる。三角縁神獣鏡は前述の通り製作地などにおいて議論が分かれているが，この点についても現時点での私案を提示したい。

第5章では，古墳時代前期における倭製鏡の多様化とその志向性について検討する。まず製作工程の観点から倭製鏡の特質を整理した上で，倭製鏡のモデルがどのように選択されたのかについて検討し，中国鏡との性格の違いや各カテゴリー間の関係性といった観点から，前期倭製鏡の特質について論ずる。

第6章では，古墳時代前期における鏡の副葬と伝世の問題について，各地における古墳の築造動向という視点から検討を行う。ここでの具体的な分析によって，同笵鏡論・伝世鏡論の再検討を試みたい。こうした検討を通じ，弥生時代における鏡の取り扱いやその意味との違いを明確にしたいと考える。

　そして第7章では，以上の議論をもとに，第1章で検討した様々な論点をふまえながら，古墳時代前期の地域間関係の実態やその形成過程といった問題について議論し，モデル化を行う。終章では，一連の議論を整理しつつ，5世紀代以降における列島古墳時代社会の展開も含めて，東アジアの中での古墳時代前期社会の位置づけについて論じたい。

　以上が本論の具体的な構成である。なお以下の各章では，地域名称に関しては基本的に現在の地名・地理的区分に準ずることとするが，学史に関わる部分においては，各論者の用法をそのまま引用する場合がある。また本論でしばしば用いる「古墳時代開始期」は，狭義では弥生時代終末期から古墳時代初頭にかけてという比較的短い期間を示す用語であるが，ここでは弥生時代後期から古墳時代前期の古墳時代開始過程という意味で，やや幅を持たせて使用する場合がある点をご了解願いたい。

第1章　古墳時代開始期における
　　　　銅鏡研究の現状と課題

　本章では，古墳時代開始過程に関する研究動向を視野に入れながら，まず弥生時代後期～古墳時代前期における銅鏡研究の動向を整理する。その上で，各論点に関して問題の所在と本研究の課題を明らかにし，本研究が扱う資料・方法・理論について述べることにしたい。

第1節　古墳時代開始期の銅鏡に関する研究動向

はじめに

　1950年代以降，弥生・古墳時代研究は，発掘資料の著しい増大とともに飛躍的な発展を遂げている。特に1990年代以降は，国家形成論の議論をある程度明確に志向しながら，それぞれの個別的実証研究の成果が統合されつつあるというのが現状である。このうち古墳時代開始期については，豊富な考古資料による分析とともに文献史料との対比が可能な領域であり，また近畿を中心とした広域的地域間関係の形成と展開という点で，のちの律令国家形成を考える際に1つの画期と考えられることからも，文献史学や人類学などの研究成果を援用することによって，議論の深化がはかられてきたということができる。以下では，いま述べたような点を念頭に置きながら，まず古墳時代開始期の銅鏡に関して，弥生・古墳時代研究および関連する諸問題という観点から研究史を整理するとともに，文献史学や人類学における関連分野の成果についても検討し，論点を明確にする。そうした議論を通じて，古墳時代開始期における銅鏡研究が，弥生時代から古墳時代への変化という問題を考える上でどのような貢献をなし得るのかという点について検討し，本書の具体的な方向性を明らかにした

いと考える。

1 同笵鏡論・伝世鏡論

⑴同笵鏡論・伝世鏡論前史

ここではまず最初に，銅鏡研究のみならず，弥生・古墳時代研究における大きな画期の１つとなっている同笵鏡論・伝世鏡論とその前後の研究史の展開について整理する。以下では，その前史として，1950年代以前の銅鏡研究の動向について概観しておきたい。

①舶載鏡と仿製鏡

日本考古学では明治期の段階から，古墳出土資料などを中心に銅鏡研究が進められ，その後の議論の基礎が築かれている。具体的には三宅米吉氏（1897），高橋健自氏（1911），富岡謙蔵氏（1920），後藤守一氏（1926・1942）などの研究が挙げられる。まず最初に関心が払われたのは多種多様な漢鏡の鏡式分類とその変遷であり，内区図像を主たる基準として分類が行われた。特にそのうちの神獣鏡については，三角縁式のものが平縁式のものと分離され，独立した鏡式として認識されるようになり，1920年代以降，三角縁神獣鏡の名称が定着する[1]。

また日本列島で製作されたと考えられるいわゆる「仿製鏡」[2]の存在が指摘され，これらについても漢鏡の鏡式分類に即した形で分類が行われている。「仿製鏡」という用語は，「倣(まね)て作った鏡」という意味であり，具体的には，大陸よりもたらされた「舶載鏡」（漢鏡・中国鏡）との対比概念として，それをもとに列島で製作され，文様が変化した鏡を指している（富岡1920）。その分類に関しては，主に内区文様を基準として行われるべきことが指摘され（高橋前掲），それ以後の分類研究の方向性が提示された。富岡謙蔵氏（1920）は中国鏡と仿製鏡の区分を明確にした上で体系的な鏡式分類を構築し，その後の研究の基礎を築いた。後藤守一氏は，各鏡式を分類し，日本各地の資料の集成を行っている（後藤1926）。仿製鏡の分類について後藤氏は，舶載鏡と仿製鏡という区分よりも，内区図像にもとづく各鏡式分類をより重視した形で細分を行っている。

こうした諸研究を通じて，内区文様を主たる分類基準とした大分類とその細分という形での階層的分類が行われ，ほぼ現在のものに近い分類体系が形成された。また三角縁神獣鏡についても，文様・製作技術の違いという点から，いわゆる「舶載鏡」と「仿製鏡」の二者が存在することが想定されている。

②鏡の年代と古墳の年代

　中国鏡については，銘文を有するものが多く含まれる点から，その製作年代が出土古墳などの年代を考える上での有力な根拠と考えられた。富岡氏（1920）は銘文や図文などの検討にもとづき，各鏡式の年代観を提示しているが，とりわけ三角縁神獣鏡にみられる「銅出徐州 師出洛陽」の銘文からその年代を魏代と特定したことは特筆される。さらに富岡氏は鏡の年代はあくまで鏡自体の年代として，出土遺構の年代は土器や埋葬施設など別の視点とあわせて議論する必要性を述べている（富岡前掲：pp. 340-342）。こうした富岡氏の一連の研究成果を継承した梅原末治氏は，『佐味田及新山古墳研究』（1921）などにおいて，舶載鏡の製作年代を古墳の年代に近いとする年代観を提示した。この段階では遺構の年代は出土遺物の製作年代とほぼ一致するという見方が支配的であったと考えられるが（後藤1926：pp. 891-892），梅原氏はその後，香川県石清尾山古墳群（後の調査で鶴尾神社4号墳と判明）から出土した舶載方格規矩四神鏡にみられる補修孔と内区文様の不鮮明さについて，長期間の伝世によるものと想定した上で，鏡の製作年代は古墳の年代の上限であるという見解を提示し，それ以前の考え方を修正した（梅原1933）。この梅原氏による「伝世」の指摘は，前期古墳出土の後漢鏡をどのように評価するかという点において，また後漢鏡をモデルとして製作された仿製鏡の製作年代を考える上でも，学史的に1つの大きな転換点をもたらしたものということができよう。

③分布論

　鏡の分布という点では，仿製鏡に認められる面径の大小という関係が，近畿地方周辺と地方という空間的な偏りとしてあらわれることが早くから指摘されており（e. g. 富岡前掲；後藤1926；梅原1940），製作地や文化的発達の違いといった

具体的な解釈が行われている点が注意される。特に梅原氏は，古墳時代仿製鏡の分布が近畿を中心とするという点について，弥生時代の銅鐸生産からの連続性という視点から論じている（梅原前掲）。

④仿製鏡の変遷観

仿製鏡の年代については，原鏡としての後漢鏡の年代観と，出土する古墳の年代との関係が問題となる。梅原末治氏は，仿製鏡の製作は後漢鏡→魏晋鏡（三角縁神獣鏡）というように，舶載された順に行われたとし，魏晋鏡が将来され，それをもとに仿製鏡が製作された後に同時期に副葬されたと想定する（梅原1940：p. 759）。そして後漢鏡をモデルとした仿製鏡の製作年代としては，原鏡の年代よりむしろ副葬年代に近いという年代観を提示し，後漢鏡は伝世された貴重品であるが故に模倣の対象となったとする（梅原前掲：p. 758）。こうした梅原氏の見解は，その後小林行雄氏の同笵鏡論・伝世鏡論の形成に影響を与えたものと考えられるが，小林氏の見解はここで示した梅原氏の所論とは異なるものとなっている。これについては次項で改めて検討することにしたい。

以上，1950年代以前の銅鏡研究についてその概略を述べてきたが，その成果としては，鏡式設定を基礎とした分類体系の構築，銘文・図文などの考察による各鏡式の年代観の措定，仿製鏡の認定，仿製鏡の面径の差異と空間的分布状況における偏りの指摘などを挙げることができる。現在使用されている鏡式分類の大枠は，この段階でほぼ完成されていたということができよう。このような成果を念頭に置きながら，次に小林行雄氏の同笵鏡論・伝世鏡論について検討することにしたい。

(2)小林行雄氏の同笵鏡論・伝世鏡論

1950年代以前の銅鏡研究が，精緻な鏡式分類と年代観の整備という点で特徴づけられるのに対し，それらが出土した古墳に関する研究では，古墳の墳丘形態の変遷に関する諸研究（e. g. 浜田1936；小林1937）や埋葬施設の研究（e. g. 小林1941）などを通じて，前期・中期・後期といった古墳の相対年代観が形成され

ている。このような研究成果をふまえ、弥生時代から古墳時代への変化や古墳出現の意義といった問題が、政治史的な視点からより体系的に論じられるようになる上で1つの画期となるのが、1950年代に入ってから相次いで発表された小林行雄氏による一連の研究である。

同笵鏡論・伝世鏡論と呼ばれる小林氏の古墳出現・展開に関する議論では、三角縁神獣鏡を中心とした銅鏡の動向が重要な位置を占めている。その結果として、古墳時代研究のみならず、銅鏡研究自体も大きく進展したといえる。以下、この同笵鏡論・伝世鏡論の内容とともに、そこから派生する諸問題について論じることにしたい。

三角縁神獣鏡には、「舶載」/「仿製」とされるもののいずれにも、同じ鋳型もしくは原型を用いたと考えられる「同笵品」が存在することが早くから梅原末治氏によって指摘されていた（梅原1921・1944・1946）。小林行雄氏は、この同笵品が各地の古墳同士の間でどのように共有されているかを直線で結ぶという形で表現し、その関係について検討を行っている（小林1951a）。同笵鏡論それ自体は、当初はこの三角縁神獣鏡の同笵鏡分有関係に依拠した古墳時代の実年代論という側面を持つものであり、伝世年数の想定などの数値的操作を通じて古墳時代の開始は3世紀後半を上限とするという結論に行き着いている（小林1952）。その後京都府椿井大塚山古墳で30面以上の三角縁神獣鏡が出土し、同笵鏡の資料が著しく増加したことにより、それをもとに議論が再構築され、同笵鏡分有関係を被葬者間での鏡の授受の関係とみることによって、椿井大塚山古墳の被葬者を同笵鏡の配布者として位置づけるという方向へと議論が収斂する（小林1961）。そして、椿井大塚山古墳の年代はほぼ3世紀末前後という結論に落ち着き、古墳時代開始年代もおおむねこの段階と考えられるようになった。

さらに小林氏は、古墳から出土する内行花文鏡や方格規矩四神鏡といった漢中期の鏡に長期間の伝世による「手摩れ」がみられ、また副葬時の配置においても特別扱いが認められることなどから、これらを「伝世鏡」として把握した。すなわち、弥生時代においては首長の地位は恒常的なものではなく、首長権を象徴する宝器たる伝世鏡の継承によって首長権が保証されていたとする。そしてこの伝世鏡が古墳時代になって副葬／廃棄されたことの理由として、小林氏

は，大和政権による三角縁神獣鏡の配布活動の結果，首長の地位が外的に承認されるようになったという点を挙げ，古墳の発生の歴史的意義を「貴族の権威の革新＝（男系）世襲制の確立」と結論づけた（小林1955）。以後小林氏は，「前期古墳の副葬品にあらわれた文化の二相」(1956)「初期大和政権の勢力圏」(1957) などにおいて，碧玉製腕飾類（腕輪形石製品）などの副葬品組成の差，三角縁神獣鏡の型式差と配布の諸段階（複像式／単像式と東方／西方鏡群）についての分析を通じて，初期大和政権の勢力圏拡大過程を示した。これらの論考は最終的に，『古墳時代の研究』(1961) にまとめられている。

またこれに関連して小林氏は仿製鏡の変遷観についても言及し，古墳時代の仿製鏡の製作は，舶載三角縁神獣鏡を補充するものとしてまず仿製三角縁神獣鏡が製作され，次に世襲制の確立によって意義を失った伝世鏡＝漢中期の鏡が模倣の対象とされるようになるという理解を提示した（小林1956）。これは，仿製三角縁神獣鏡がほぼ舶載三角縁神獣鏡を忠実に模倣したものであるのに対し，後漢鏡をモデルとした仿製鏡には原鏡の文様構成を逸脱したものがみられるということを根拠としており，いわば「忠実模倣」→「逸脱」という変遷観ということができる。ただし，この変遷観は同笵鏡論・伝世鏡論の論理を前提とするものであるという点は注意しておく必要がある。またこの認識は，前述の梅原氏による仿製鏡の変遷観とも異なっている。

以上にみたように，小林氏の同笵鏡論・伝世鏡論は，椿井大塚山古墳を中心とした広域的な同笵鏡分有関係と「伝世鏡」の副葬というふたつの現象を通じて，古墳時代の開始を「貴族の権威の革新＝（男系）世襲制の確立」と意義づけたものと理解することができる。小林氏の研究は，それまでの銅鏡研究の成果をふまえ，考古資料から社会的・政治的側面を論究しうる可能性を提示したものであり，古墳時代の開始を体系的に説明した枠組みとして，現在でもその論理の大枠は発展的に継承されているといえる。また同時代の文献史学にも広く一定の影響を与えている。

他方，この一連の議論が発表された当時において提出された様々な批判のうちのいくつか（e.g. 内藤1959・1960）は，小林氏の論理体系を理解し，正当に継承・発展させていく上でも欠かすことのできない論点を指摘している。また小

林氏は同笵鏡論以前の段階では，古墳時代の開始年代について3世紀中葉まで遡らせて考えていたようであるが（小林1937），椿井大塚山古墳の年代を3世紀末前後としたことによって，古墳時代前期の年代は4世紀代という見解がそれ以降長く定着している。これは特に1990年代以降，弥生時代の実年代観とともに修正を迫られている問題であり，あわせてそれを導き出した三角縁神獣鏡の配布に関する論理過程についても再検討が必要と考える。こうした問題については第2節において検討する。

　ここで項を改め，銅鏡研究を媒介とした古墳時代開始過程の研究の前提として，同笵鏡論・伝世鏡論以降における古墳時代開始論の展開，古墳時代前期の地域間関係に関する研究動向について検討しておきたい。

2　古墳時代前期の地域間関係に関する研究動向

　ここでは，古墳時代前期における広域的地域間関係の具体相及び古墳時代開始に関する議論について，大きく5項目に区分して検討する。

(1)1960〜1970年代の文献史学の成果とその影響

　小林氏の同笵鏡論・伝世鏡論以降における古墳時代開始論の展開を考える上では，まず1960年代から1970年代の文献史学の成果に目を向ける必要がある。中でもその後の研究史を考える上で影響力が大きいと考えられるものとして，西嶋定生氏の研究が挙げられる（西嶋1961）。西嶋氏は古墳の造営を国家的身分制－姓制的身分秩序への参与の所産と捉え，そこに氏族的関係を媒介とした擬制的同祖同族関係の設定を読みとる。また氏はそうした中央政権と地方首長との政治的関係を，魏晋王朝と倭国との接触という，当該時期における中国王朝を中心とした東アジアの国際情勢の脈絡で理解する方向性を提示した。西嶋氏の研究は，小林氏の議論をふまえ，古墳の出現を列島規模での政治秩序形成という視点から論じたものであり，その後の古墳時代開始論をある程度方向づけたということができる。日本列島における国家成立の時期をどの段階に求めるかという問題は，国家形成過程の社会システムの評価と表裏の関係であるが，その場合，古墳時代の社会システムの成熟度をどの程度に見積るかという点が

国家形成論における議論の焦点の1つとなる。

その意味において，この時期に発表された，史的唯物論の立場から描き出された古代国家像は，考古学の議論にも一定の影響を与えており重要である。ここでは特に，在地首長の生産関係と国家形成における国際的契機に注目した石母田正氏の『日本の古代国家』(1971)，国造制の分析から大化前代をエンゲルスの『家族・私有財産・国家の起源』(Engels, 1884；以下『起源』) でいう未開の上段，部族連合の段階として位置づけた吉田晶氏の研究（吉田1973）を挙げておきたい。以下で述べるように，こうした文献史学が描き出す律令国家像および大化前代の社会像が，古墳時代社会を考察する上でのイメージのよりどころの1つとなっていることをまず最初に確認しておきたい。

(2)古墳時代における「中央」と「地方」

1960年代〜1980年代の古墳時代研究における地域間関係に関する議論は，上に挙げたような文献史学の諸成果に影響を受けつつ展開する。吉備地域の古墳の動向を中央政権の政治動向との関係から広域的政治秩序という観点で検討した西川宏氏の研究（1964）や，古墳の出現や伝播の問題を擬制的同族関係という観点から論じた甘粕健氏の研究（1964・1970・1971）などがその代表例として挙げられる。また中央政権による地方支配という観点では，近畿周辺における帆立貝式古墳の動向を中央政権による政治的規制という点から検討した小野山節氏の研究（1970），古墳時代前期の地域間関係を中央政権による地方経営という方向で説明した川西宏幸氏の研究（川西1981）などがある。これらの諸研究においては，古墳時代の地域間関係を，支配関係を含み込んだ形での中央と地方という政治的関係として理解する方向性が重視されている点で共通するものと考えられる。

また「中央政権」としてのヤマト政権の実態を考える上では，奈良盆地および河内平野における大型古墳群の動向が問題となるが，これについては，政権中枢が各古墳群の膝下に移動したとする白石太一郎氏の説（白石1969・1984）や，連合体としての畿内政権内部における政治勢力の隆替とみる川西宏幸氏の説（川西1981），また大型古墳群の動向はたんに墓域の移動にすぎず，政権中枢は

一貫して奈良盆地にあったとする近藤義郎氏の説（近藤1983）などがその代表的な見解として挙げられる。いずれの立場を採るかによって「中央」としてのヤマト政権像は異なってくるが，それは同時に「地方」との関係性を考える上でも問題となる点である。特に，古墳時代前期初頭の段階で，ヤマト政権が既に自律的な統合体として確立していたかどうかという点は，広域的な政治的関係の実態および形成過程を理解する上でも，また鉄製品や銅鏡をはじめとする様々な製品の生産・流通形態を把握する上でも不可避の問題である。

(3)近藤義郎氏の部族連合論

　こうした研究動向の中，弥生時代からの発展過程という視点から古墳時代の開始を論じたものとして，近藤義郎氏の研究がある。後述するように近藤氏は当初古墳の出現について，生産力の発展／矛盾の拡大に伴う階級社会の成立という観点から論じているが（近藤1966a），その後そうした理論的枠組みについては継承しつつ，古墳時代の地域間関係を，擬制的同祖同族関係を媒介とする広域的な部族連合体制の成立と捉え，国家成立の前段階と位置づけている（近藤1977・1983）。近藤氏の議論は，弥生時代から古墳時代への社会変化を，各地域における首長権の拡大と部族連合体制の広域化という点から論じたものであり，古墳の出現は，「首長霊継承祭祀の統一的な型式」（近藤1983：p. 206）の出現という点において意義づけられている。近藤氏の議論は，考古学的現象における生産手段・生産組織・生産関係の問題から社会の上部構造までを一貫した枠組みで論じたものであり，かつ前方後円墳の時代の終焉までの過程を描いた点で，考古学的な分析にもとづく歴史叙述の可能性を示したものといえよう。

(4)都出比呂志氏の「前方後円墳体制」；「初期国家」論

　これに対し，都出比呂志氏は古墳時代の政治的関係について，古墳の墳丘形態や規模などによって表示される広域的な政治秩序の形成と捉え，これを「前方後円墳体制」として提唱している（都出1991・2005）。都出氏は新進化主義の国家形成論，あるいは「初期国家（early state）」（Classen and Skalnik, 1978）などの理論的検討をふまえ，古墳時代における社会システムの複雑化の度合いを

積極的に評価して，古墳時代を「初期国家」として位置づけている。さらに都出氏は，「初期国家」の指標として階層化・地縁的結合・再分配機構・軍事組織・長距離交易などを挙げ，後の律令国家を「成熟国家」とすることで「初期国家」との区分を明確にした（都出1996）。氏は弥生時代社会を首長制社会（chiefdom）と捉え，これについても「初期国家」としての古墳時代社会と明確に区分している。都出氏の議論では，「前方後円墳体制」の形成要因として，弥生時代後期の近畿地方における鉄資源をめぐる広域的な必需物資流通機構の成立という点が挙げられ，それが古墳時代における近畿地方の「中心化」につながるものと捉えられている。それが列島規模での古墳の出現という形で広域的な政治的秩序として顕在化した点に，「初期国家」としての古墳時代開始の意義を見出しているということになろう。また都出氏は列島各地における古墳築造動向の継続・断絶のパターンが広域的に連動していることを指摘し，地方における「首長系譜」の動向を中央政権における政治的変動との関係において理解する方向性を提示している（都出1988・1999）。

　このように，近藤・都出両氏の議論の間では，古墳時代社会の複雑化の度合いの評価という点で大きな差異がある。都出氏の「前方後円墳体制」論については，現在まで様々な立場から賛否両論が提出されている。文献史学の立場では，国家の定義をめぐる古典学説との対比の問題，考古学では必需物資流通の基礎としての鉄器生産の問題をはじめ，多くの論点が指摘されている。ここでは都出氏の提言が，その後の古墳時代社会を国家形成の観点から議論する研究動向を広く活性化させた点を確認しておきたい。

(5)古墳時代前期における地域間関係の諸相

　この他，古墳時代前期の地域間関係を考える上で重要な研究成果として，和田晴吾氏，松木武彦氏，福永伸哉氏，広瀬和雄氏らの研究についてふれておきたい。

　和田晴吾氏は，各時期における墳墓の階層性を通時的に検討し，古墳時代前期から中期にかけての政治支配の特質は，弥生時代以来の在地支配を温存したまま首長層が政治的関係によって結合した「首長連合体制」であり，後期にお

いて王権の支配が家長層にまで及び，中央集権体制へと変質するという理解を提示している（和田1992a・1994・1998・2004）。和田氏の議論では，特に前・中期と後期の間に大きな画期があることが示されているが，その中で氏は前・中期段階を「初期国家」段階として再検討したいとも述べている（和田2004）。

松木武彦氏は都出氏の議論をさらに発展させる形で，必需物資流通をめぐる西日本規模での抗争，さらには鉄器普及による地域圏の解体と近畿を中心とした流通網の再編という観点から「前方後円墳体制」の成立・展開過程を論じている（松木1996a・1998・2001）。

福永伸哉氏は，古墳時代前期における神獣鏡の動向を中央政権の政治的動向との関係から論じている（福永1999a・2005b）。氏は，前期大和政権を大きく前後2段階の政治的局面として捉え，大型古墳群の動態と他の生産・流通の分野とをあわせて総合的に検討する方向性を提示している。すなわち，前期前半：奈良盆地東南部勢力の背後に中国華北王朝の存在を，前期後半：奈良盆地北部から河内平野の勢力には韓半島南部の政治勢力との結合関係を想定することによって，当該時期の東アジアの国際情勢の中で中央政権の政治動向や列島規模での地域間関係が変動するとしている（福永1998a・1999a・1999b）。

広瀬和雄氏は，近畿の大型前方後円墳の分布及び各地の古墳での築造動向について検討し，その上で「領域と軍事権と外交権とイデオロギー的共通性をもち，大和政権に運営された首長層の利益共同体」として，「前方後円墳国家」の概念を提起している（広瀬2003）。

ここで挙げた諸氏の研究は，それぞれの依拠する理論的枠組みや方法論が異なっており，それにより地域間関係の評価もまた異なることを示している。それ故，どのような立場において古墳時代の開始過程を議論するのかが問題となる。筆者自身の立場については第2節・第3節において検討する。

以上，同笵鏡論・伝世鏡論以降における古墳時代の地域間関係に関する研究について検討してきた。古墳時代の地域間関係については，文献史学や人類学など関連諸分野の影響を受けた形で，「中央」と「地方」との政治的関係として論じられ，また国家形成論との関連においてその政治的関係性の具体像が描かれているとみることができよう。またこうした列島内部の社会状況について

の研究に加え，近年では，ヤマト政権の実態とその東アジアの国際情勢の中での位置づけという点が，古墳の出現と展開を考える上で問題となることが共通認識となりつつある。これについては第2節で検討する。上述のような古墳時代開始論の動向をふまえつつ，同笵鏡論・伝世鏡論以降の銅鏡研究の展開について検討したい。

3 1960年代以降の銅鏡研究の展開

　同笵鏡論・伝世鏡論以降の銅鏡研究においては，中国鏡・三角縁神獣鏡・仿製鏡それぞれに関して，分類・編年的研究の深化という方向性が認められる。他方で，その後事例が増加したいわゆる破鏡や弥生時代小形仿製鏡の問題なども含めて一貫した枠組みが模索されつつあるというのが現状である。以下では1960年代以降の銅鏡研究についてその具体的な成果を検討することにしたい。その項目は，①中国鏡，②三角縁神獣鏡，③倭製鏡（仿製鏡）の3つである。

(1)「中国鏡」「倭製鏡」「三角縁神獣鏡」の区分

　最初に，これら3つの概念が示すものについて整理しておきたい。まずここでいう「中国鏡」は，古墳時代開始期の舶載鏡を指すものであり，具体的には前漢鏡の一部と後漢鏡・魏晋鏡がそれにあたる。厳密には時代・系統を区別して論ずるべきであるが，本書ではそれらを包括する表現として，中国鏡として記述を進める。

　また倭製鏡（仿製鏡）と仿製三角縁神獣鏡を区分する点について付言しておきたい。既にみたように，従来仿製三角縁神獣鏡とされてきた一群は，研究史の初期の段階から仿製鏡の一部として，言い換えれば列島産の鏡の一種として他の仿製鏡と同列に扱われてきた。これは後述する田中琢氏（1977）による「倭鏡」概念の適用においても同様であり，田中氏は「三角縁神獣倭鏡」の語を使用している。

　他方，近年では仿製三角縁神獣鏡が魏晋鏡の範疇で理解する方向性が示されたことにより（車崎1999a・1999b），仿製三角縁神獣鏡を無批判に他の「仿製鏡」と同列のカテゴリーとして扱うことはできなくなった。また後述するように，

それ以前から，仿製三角縁神獣鏡と他の「仿製鏡」との間では単位文様や製作技術などの相互の共通性の低さが指摘されており，仿製三角縁神獣鏡と他の「仿製鏡」との関係性については，一度すべてが列島産であるという前提を取り払った上で再検討する必要があると考える。こうした観点から，以下では後漢鏡を主たるモデルとして列島で製作されたと考えられる一群を「倭製鏡」とし，従来仿製三角縁神獣鏡として扱われてきた一群については「仿製三角縁神獣鏡」として，両者を併用する形で議論を進めたいと考える。学史的な記述という点では煩雑となるが，お許し願いたいと思う。

(2)中国鏡研究の動向

①分類・編年研究の進展　　1960年代以降の研究史において，古墳時代開始期に関連する中国鏡研究としては大きく2つの方向性が認められる。1つは分類・編年研究の進展であり，もう1つは「伝世鏡」をめぐる議論である。まず，分類研究としては樋口隆康氏による鏡式分類を挙げることができる（樋口1979）。樋口氏の分類は，従来の分類研究と資料の蓄積をもとに各鏡式ごとの変遷観をも視野に入れたものであり，鏡式分類に関する共通の枠組みとなっている。その後岡村秀典氏は，後述する田中琢氏の方法をより洗練させる形で前漢鏡および後漢鏡の分類・編年作業を行い，漢鏡を大きく7期に様式区分した（岡村1984・1986・1990・1993a・1999）。このうち本論に関係するのは主に岡村氏の編年でいう漢鏡4期～7期のものである。漢鏡4期は紀元前1紀末～紀元後1世紀初頭，漢鏡5期は1世紀後半，漢鏡6期は2世紀前半，漢鏡7期は2世紀後半～3世紀前半というように，各鏡式および鏡式構成の変遷を様式的に把握している。また，各鏡式については個別的な検討が進められており，具体的な変遷の様相が明らかにされつつあるということができる（e.g. 山越1974；山本1978；藤丸1982；西村1983；高橋1986・1992；小山田1993；岡内1996；秋山1998；上野2000・2001・2003；村松2004；岡村2005；山田2005；岸本2006など）。上野祥史氏は，大陸での製作者集団の系譜を製作系列という観点から検討する方向を示している。その結果，列島から出土する神獣鏡や画象鏡の多くが華北東部地域の製作系列に求められることが明らかとされている（上野前掲）。また車崎正彦氏（2002）は，

漢代から六朝代までの中国鏡の変遷を体系的に整理しており，本論でもこれらの成果に多くを学んでいる。

②伝世鏡論と前期古墳出土後漢鏡の流入・流通年代　こうした分類・編年研究の進展は，伝世鏡論の評価にも一定の影響を与えつつある。伝世鏡論自体を具体的に論証しようとした数少ない試みとして，川西宏幸氏の研究を挙げることができる（川西1975）。川西氏は，銅鐸の分布と「伝世鏡」の分布域を比較することによって，内行花文鏡や方格規矩四神鏡の保有が弥生時代に遡ることを論証しようとした。しかし，この段階の通説的理解においては近畿地方の弥生時代中期の実年代が現在よりも大幅に新しく見積もられていたため，現在では銅鐸の年代と鏡の年代が齟齬をきたすという問題を生じている。実際の問題として，近畿地方の弥生時代遺跡において中国鏡の出土が非常に少ないことは早くから指摘されており，このことが伝世鏡論でいうような「伝世」によって説明可能であるのかという点は，同笵鏡論・伝世鏡論の根幹にかかわる問題であったということができる[3]。また岡村秀典氏は，自身の漢鏡編年の成果をもとに，日本列島における各漢鏡様式ごとの分布図を作成し，中国鏡は各時期において，それぞれ中国における製作時期とそれほど間をおかずに列島内部に流入し，分布範囲を拡大するという図式を提示した（岡村1986・1990・1993c・1999）。氏は，漢鏡4期や5期までは北部九州に分布の中心があったものが，漢鏡6期の流入停滞期を経て，漢鏡7期の段階になると近畿地方に分布の中心が移動するといった変化がみられると指摘する。この図式が描き出す後漢鏡の動きは，伝世鏡論の問題のみならず，弥生時代後期〜終末期における日本列島と楽浪郡・後漢王朝との関係，そして列島内部での地域間関係の変動を考える上でも一定の影響力を有するものといえよう。特に漢鏡7期の第2段階として設定された画文帯神獣鏡が，列島内での分布中心が近畿となる画期とされている（岡村1990）。岡村氏の議論では，漢鏡の製作年代とほぼ同時期に列島にそれらが流入し各地に流通することが想定されているため，画文帯神獣鏡の流入・流通時期はその製作年代と同時期の弥生時代後期後半〜終末期に比定される。これを承けて福永伸哉氏は，画文帯神獣鏡が突線鈕式銅鐸に後続する時期に，公孫氏政権から独占的に入手された後，近畿から各地に配布され，それが古墳時代前

期の三角縁神獣鏡の配布へと連続する可能性を指摘している（福永1998a・1999a・2005a）。また岸本直文氏は，前期古墳出土漢鏡の文様の摩滅や弥生時代後期における舶載品の近畿への流入という点から，後漢鏡の弥生時代後期以来の伝世の可能性が高いとしている（岸本1996b・2004b）。

　ここで挙げた諸研究は，小林行雄氏の同笵鏡論・伝世鏡論の枠組みと現状においても適合するものであり，瀬戸内から近畿における弥生社会における社会の複雑化が，漢鏡の入手と密接に結びついていた可能性を指摘している。問題は，近畿周辺において漢鏡を副葬した弥生時代後期の墳墓の様相が明確でなく，またこうした「伝世鏡」の存在が，あくまで前期古墳出土鏡から措定されたものであり，弥生時代後期の瀬戸内以東における完形の漢鏡の出土が非常に限定されたものであるという点である。次にこの問題について検討する。

③破鏡と伝世鏡の問題　　上に述べた「伝世鏡」については，後藤守一氏（1958）や内藤晃氏（1959），原田大六氏（1960a），森浩一氏（1962）などによって問題点の指摘が行われている。論点の整理や学史的背景などについては近藤義郎氏（1966b）や春成秀爾氏（1997）の研究が詳しい。特に伝世鏡論の論理に関わる問題については第2節で議論するので，ここではそれ以後に資料が増加した破鏡の問題を中心に検討することにしたい。

　弥生時代において，中国鏡が出土するのは主に北部九州の甕棺墓地遺跡である。弥生時代後期になると北部九州でも鏡の出土は減少するが，他方で特に後期後半以降になると，列島各地において墓地に限らず集落遺跡などでも中国鏡が鏡片という形で出土する事例が増加する。このような鏡片の中には破断面を研磨したものや穿孔されたものがあることから，これらは鏡片として一定期間以上保有された後に副葬もしくは廃棄されたものと考えられる（梅原1952；小田1959；賀川・小田1967）。近畿地方周辺では，1963年に兵庫県播磨大中遺跡から出土した2つの穿孔をもつ内行花文鏡片が著名であり，これについては装身具や護符とする見解（小林1965；永峯1966）や，穿孔位置，形態的類似性などから穂積み祭儀における石包丁の代用品としての用途（瀬川1969）などが提示されている。こうした鏡片・破鏡について，北部九州地域の資料を中心に検討した高倉洋彰氏は，それらが後漢鏡流入の停滞に伴う絶対数の不足を解消するために

故意に分割され，小形仿製鏡と同様に旧甕棺地域の周縁部に配布されたとする見解を提示した（高倉1976）。その後破鏡に関しては北部九州を中心に各地域の資料が集成され，出土傾向や時期の問題など，具体的な検討が進められている（e. g. 正岡1979；高橋1979；田崎1984；藤丸1991・2000b；小山田1992；西川1995；破鏡の研究史については辻田2005aを参照）。藤丸詔八郎氏は，破鏡の出現の問題に関して，甕棺墓における鏡の破砕副葬行為との関連においてその契機を想定している（藤丸1993）。弥生時代終末期から古墳時代前期にかけて，各地において完形鏡が破砕された後副葬される事例が増加しており，「破砕鏡」という呼称が定着しているが（川西1989；小山田1992），近年これらについても検討が進められている。

　こうした破鏡の問題と関連して，伝世鏡の問題に論及した議論もみられる。寺沢薫氏（1985）は，破鏡を含めて弥生時代において舶載製品がどの程度瀬戸内以東に流入したかについて検討を加え，その中で中国鏡の東方流入には，①北部九州を経由した中期末～後期初頭にかけて，②庄内式前後という大きく2つの画期があること，そして弥生時代の近畿や周辺地域に北部九州に匹敵するような大量の舶載製品が将来された可能性が低いことを指摘し，前期古墳出土の舶載品の将来は庄内式期以降であるという見解を提示した（寺沢1985）。また寺沢氏は庄内式新段階を3世紀前半代とし，弥生時代終末～古墳時代開始の年代が3世紀を大きく下る可能性が少ないことを指摘している。

　また他に破鏡の観点から伝世鏡論の論理に対するまとまった形での批判として，高橋徹氏らをはじめとする論者の見解が挙げられる。高橋氏は，後漢鏡が出土する場合新旧型式が混在することが多いこと，「伝世鏡」と三角縁神獣鏡の前期古墳における分布がほぼ一致することなどから，従来伝世鏡とされてきたものの大半は後漢末の鏡や魏晋鏡と入手時期が非常に近接したものであるという立場を採る（高橋1986・1989）。そしてそうした大量流入の時期を弥生時代終末期から古墳時代初頭の時期におき，「伝世」の場所を列島以外の地に求める。また破鏡については，分割配布という従来の見解に対し，当初から鏡片として輸入され，北部九州から周辺地域に供給されたとする森貞次郎氏の見解（1985）の妥当性を指摘している。そしてそうした北部九州による鏡の流通管

は，近畿地方の政治勢力の主導のもと弥生時代終末期をもってほぼ終了するという見解を提示している（高橋1992）。同様の見解は，森格也氏（1987）や森岡秀人氏（1992・1993・1994），田崎博之氏（1993・1995）らの研究にもみられる。森氏は弥生時代遺跡出土の漢鏡と前期古墳出土の漢鏡の分布を相互に比較し，伝世を前提とせずに両者の分布をみた場合，それらの分布形成は不連続である可能性を指摘している（森1987）。また森岡氏は，破鏡の風習が北部九州で盛行し小形仿製鏡などとともに東方に波及したものと捉え，伝世鏡とされてきた完形後漢鏡の多くが新しい時期の中国鏡とともに，直接近畿地方にもたらされた可能性を指摘する（森岡1992）。そしてその前史として，庄内式の段階に銅鐸の廃棄・終焉の時期を想定している。他方，小山田宏一氏（2000a）は，土器編年をもとに，弥生時代終末期から古墳時代前期前半の各段階における鏡の分布動向の変遷を検討するなかで，庄内〜布留0式段階に副葬された中国鏡は楽浪・帯方郡経由で近畿の王権によって入手されたのち，そこから分配されたものとする。また布留0式新段階以降，三角縁神獣鏡が配布される段階にそれ以前の政治的・宗教的ネットワークが再編されたとしている。近畿への鏡の流入やそこからの分配が具体的にどの段階から始まっているのかが議論の焦点の1つであり，特に庄内式（弥生時代終末）段階の鏡の流入，流通形態の評価が論者によって異なるが，これらの研究は，漢鏡の製作年代だけでなく，出土遺跡の年代や出土状況の問題に焦点をあてたものであり，遺跡での実態から立ち上げた議論ということができる。

　また川西宏幸氏は，弥生後期から古墳時代にかけて出土する後漢鏡の各鏡式について，破鏡／破砕鏡と完形鏡の比率を検討し，近畿型鏡種と非近畿型鏡種という2者を設定した上で，画文帯神獣鏡や三角縁神獣鏡など完形鏡として出土することが多い近畿型鏡種については，3世紀前半段階において，「原畿内政権」によって管理が開始されたのち，3世紀末〜4世紀初頭の段階に至って各地に配布されたという理解を提示した（川西1989）。氏は内行花文鏡や方格規矩鏡といった非近畿型鏡種については一部伝世の可能性を想定している。

　ここで挙げた諸研究は，弥生時代後期にみられる破鏡の問題や出土遺跡の年代などを手がかりとして後漢鏡の流入過程について具体的に論究したものとい

うことができる。次に，これらと関連して日本列島から出土する中国鏡の中で「踏返し鏡」「倣古鏡」と指摘されている一群に関する研究について検討する。

④踏返し鏡・倣古鏡と古墳時代開始年代の問題　香川県鶴尾神社4号墳出土の方格規矩四神鏡は，梅原末治氏が「伝世」概念を提唱する契機となったことで著名であるが，前述のように，それを長期間の伝世による手摩れの所産とみるか，鋳造時の「湯冷え」の結果とみるか（原田1960a）については意見が分かれている。近年この問題を考える上で重要な視点として，「踏返し鏡」という概念が提示されている。立木修氏や車崎正彦氏の研究成果によって，後漢末期は銅鏡生産の衰退期にあたり，その生産の中心は1世紀代などの古い鏡式を踏み返した「踏返し鏡」や，そうした古いデザインを再生させた「倣古鏡」であった可能性が明らかとなっている（立木1994a・1994b；車崎1994・1996；森下1998b）。このうち踏返し鏡は，型の2度押しなどによって文様にズレが生じたりまた鋳上がりが不鮮明になることなどが指摘されている（笠野1993）。

　また製作後の仕上げ研磨技術という観点から舶載鏡の伝世・摩滅の問題を検討している柳田康雄氏は，一部の舶載鏡に踏返し技法の存在を認めつつ，同時代のそれは踏返し鏡ではなく「同型鏡」であるとする（柳田2002b）。また氏は，製作後の仕上げ研磨とその後の摩滅，そして「鋳びけ」についての区別を明確にする必要性を指摘すると共に，摩滅鏡の多くが実際に長期間にわたって伝世された可能性を指摘している。他方，清水克明氏らは，上述の鶴尾神社4号墳出土鏡についてデジタルマイクロスコープによる表面観察を実施し，この鏡が基本的に鋳造後の状態をよく残した鏡であることを指摘している（清水他2002）。また中井一夫氏らは，弥生時代小形仿製鏡の伝世資料である奈良県池殿奥4号墳出土鏡と福岡県宮原遺跡出土鏡について同様の方法で比較検討し，前者が長期の伝世の結果，実際に摩耗し，また薄く・軽くなっていることを示した（中井他2002）。こうした研究成果は，伝世の認定そのものの具体的視点・方法を考える上でも注目される。

　また「倣古鏡」については，文様構成として古い型式と考えられるものが，新しい段階に製作された可能性を持つという点で，こちらもまた「伝世」と関係する問題ということができる。これは，いわゆる正L字をもつ方格規矩鏡

の意義が指摘されたことによって明確にされ（福永1992b；車崎2001他），近年では「魏晋鏡」としての捉え方が定着しつつある（車崎2002）。こうした鏡が従来伝世鏡とされてきた前期古墳出土の漢鏡の中にどれほど含まれるのかという点が，伝世鏡論の可否を大きく左右するともいえよう。森下章司氏は，こうした倣古鏡（氏のいう模倣鏡）のうち，明らかに3世紀第2四半期以降の製品と考えられるものが弥生時代の遺構から出土した例がみられないことを指摘し，こうした倣古鏡の流入という点から弥生時代と古墳時代の境界を3世紀第2四半期に求めている（森下1998b）。寺沢薫氏も，弥生時代後期～古墳時代前期の中国鏡について検討し，伝世鏡とされてきた後漢鏡の多くが魏晋代の倣古鏡である可能性を指摘しており，それによれば布留0式の実年代は3世紀の第2四半期後半を上限としつつも，3世紀第3四半期でもやや後倒しにおくとしている（寺沢2005）。前期古墳から出土する漢鏡の問題は，後述する三角縁神獣鏡の年代の問題ともあわせ，古墳時代開始年代の議論にも大きく影響を与えるものとなっている。

⑤**日本列島出土銅鏡の製作地に関する研究**　日本列島で出土する中国鏡の流入元や製作地の問題についても，近年関心が高まっている。弥生時代以来の列島出土中国鏡の流入元としては，楽浪郡域が想定される場合が多い（岡村1993c・1999）。その意味では古墳時代まで一貫してそのような関係が継続するのかという点が問題であるといえる。また，列島出土中国鏡の製作地については従来ほとんど議論の対象とはなっていない。以下でみるように，近年三角縁神獣鏡の製作地が議論の焦点のひとつとなっているが，その議論の過程で，中国考古学の立場から後漢代における中国鏡の地域性が明らかにされた点は，日本列島から出土する中国鏡の位置づけを考える上でも重要な成果といえよう（王他1985；王1998；徐1984他）。福永伸哉氏は，三国代における魏鏡の特徴として外区の鋸歯文の周囲を巡る外周突線と長方形の鈕孔形態という2点を挙げ，それらを有する方格規矩鏡が中国東北部を中心に分布すること，そしてこれらが日本列島出土鏡の中に多くみられることを指摘した（福永1991・1992b）。これらの特徴は，魏晋鏡，あるいは魏晋代の倣古鏡を考える上での重要な指標となった。西川寿勝氏は，施文技法や文様構成の視点から，中国大陸から韓半島にかけて

の各地域でどのような鏡がどのような比率で分布するのかについて検討を加え，大陸においては大きく華北・江南・楽浪郡域など相互に分布する鏡の内容が異なる地域が認められることを指摘する（西川1994a・1994b・2000）。西川氏は中国鏡の諸鏡式に関して「典型種鏡」とそれを模倣した「亜種鏡」という概念を設定し，典型種鏡が中原や江南地域で顕著なのに対し，楽浪郡域などでは亜種鏡の出土が多いことを指摘し，その上で日本列島から出土する中国鏡の構成は楽浪郡域の構成とほぼ一致するものであることから，列島出土中国鏡の製作地の有力な候補地として楽浪郡域を挙げている。さらに氏は，同型の可能性が指摘される徳島県萩原1号墓出土画文帯同向式神獣鏡と平壌市大同江面出土鏡という両者の関係について，これらの鏡の踏返しを行う鏡工人が楽浪郡に存在していた可能性を想定している（西川1996）。

また先にみたように上野祥史氏による各鏡式ごとの製作系列に関する諸研究（上野2000・2001他）によって，列島出土鏡と華北東部地域との関連性が指摘されている。魏晋鏡の分布状況を検討した森下章司氏は，鏡式によって大陸での分布も列島内での分布もそれぞれ異なっていることから，3世紀代において，これらの魏晋鏡が多元的に各地に流入した可能性を指摘している（森下2003）。こうした魏晋鏡を含む中国鏡の列島への流入経路や流通過程は古墳時代の開始過程を考える上で重要な問題であり，第2章で具体的に検討する。

以上，伝世鏡論を議論の中心に据え，やや詳細に近年の中国鏡研究の動向について検討してきた。このような議論は，列島出土中国鏡の製作年代・製作地・伝世の可能性や伝世された場所など，様々な問題を派生するものであるということができる。こうした視点から列島出土中国鏡を再検討する作業を通じて，伝世鏡論の可否，もしくはそれにかわる新たな枠組みの構築が可能となるものと考える。こうした議論をふまえた上で，次に同笵鏡論・伝世鏡論以降における三角縁神獣鏡研究・倭製鏡研究の展開について検討を行うことにしたい。

(3) 三角縁神獣鏡に関する研究

同笵鏡論・伝世鏡論以降の三角縁神獣鏡研究は，分類・編年研究以外にも，製作地の問題や文様の系譜論，製作技術の問題など，多岐にわたって進められ

ている。他方，同笵鏡分有関係の問題に関してはその後殆ど再検討が行われることなく，議論の大枠が継承されつつ現在に至っている。以下，1960年代以降の議論の流れを時系列的に整理する(4)。

①**製作系譜・製作地・製作技術の問題**　三角縁神獣鏡の分類は，1950年代以前の研究成果をふまえ，小林行雄氏によってさらに細分化が進められている。小林氏は主に乳配置や神獣像表現の文様配置の視点から検討を進め，その後の分類・編年研究の基礎を作っている（小林1971）。また，三神三獣配置を基本とし内区外周に複線波文を巡らせるいわゆる波文帯神獣鏡群については，舶載三角縁神獣鏡の中でも新しい一群として分離しうることを指摘した（小林1979）。また仿製三角縁神獣鏡についても文様構成という視点から検討を行っている（小林1976）。

　こうした分類の細緻化の一方で，各単位文様の系譜の問題についても検討が進められ，三角縁神獣鏡は画象鏡や画文帯神獣鏡の文様要素が組み合わされて生み出されたことが具体的に明らかにされている（西田1970他）。同笵鏡論・伝世鏡論以降，三角縁神獣鏡を魏鏡とする見解はほぼ通説化していたと考えられるが，その一方で，舶載とされる三角縁神獣鏡自体が中国大陸で1面も出土していないという点が早くから指摘され，三角縁神獣鏡が日本列島で製作された可能性が論じられている（森1962；菅谷1980）。その後1980年代に入って，中国考古学の立場から王仲殊氏が，三角縁神獣鏡は三国代に呉の渡来工人が日本列島に亡命して製作したとする説を提示したことで，議論は大きく展開する（王1981；王他1985）。これに対しては内外の研究者から様々な反応が出されているが，この三角縁神獣鏡の製作地に関する議論を通じて，後漢代から三国代における中国鏡自体の研究が深められた点は，その後の研究史を考える上で重要な成果ということができる。王氏が提示した呉の渡来工人説は，その後も王氏自身によって補強されているが，日本考古学の側からの反応としては，魏鏡説を堅持する「特鋳説」と，三角縁神獣鏡を粗製濫造品とみる立場からの「国産説」に大きく分かれている（cf.王他1985；菅谷1991など）。その後，京都府福知山市の広峯15号墳から，実在しない「景初四年」（240）の銘を持つ盤龍鏡が出土したことによって，この問題はさらに複雑化するが，実際問題として決定的な

根拠がないまま,「特鋳説」と「国産説」の相互の立場からの主張が繰り返されている (田中琢1989・1991b；白崎1987；近藤1988；㈶京都府埋蔵文化財調査研究センター編1989；王1994・1998など)。この他製作地については, 銘文などの検討から韓半島北部出土鏡との関連を指摘した白崎昭一郎氏 (1985), 景初四年銘鏡の存在から帯方郡を想定する宮崎市定氏 (1987) らの見解など, 韓半島北部での製作を想定する見解がみられる。

　その後, 三角縁神獣鏡自体の技術的な特徴からこの問題に関する検討が進められている。先に挙げたように, 福永伸哉氏は, 三角縁神獣鏡の特徴として「長方形鈕孔」と外区の鋸歯文の周囲を巡る「外周突線」の2点を挙げ, これらが斜縁神獣鏡などの3世紀代における華北系の鏡の特徴であることを指摘した (福永1991)。その後, 華北系の鏡や魏の紀年銘を有する鏡の具体的な様相が明らかになったことにより, 三角縁神獣鏡の系譜が三国代の華北・中国東北部に求められることがほぼ確実となっている (福永1992b・1996b・1998b；岡村1999；福永・森下2000)。こうした研究成果を通じて, 三角縁神獣鏡の系譜論は, 3世紀代の中国鏡との関係においてさらに議論が深められることになる。笠野毅氏は魏晋鏡の脈絡から銘文などを検討し, 魏鏡の可能性を支持している (笠野1998)。また西川寿勝氏は, 卑弥呼に下賜された鏡を正倉院蔵鏡からの類推にもとづき「宝飾鏡」と想定し, 三角縁神獣鏡はそれらの「宝飾鏡」をモデルとして楽浪郡域で集中的に生産された可能性を指摘している (西川2000)。

　このように製作系譜・製作地に関する議論が進められる一方で, 製作技術についての検討が進められている。八賀晋氏は, 三角縁神獣鏡に顕著ないわゆる「同笵鏡」について, 鏡自体にみられる笵傷の観察を通じて, 仿製三角縁神獣鏡は同じ鋳型を繰り返し使用した狭義の「同笵」技法, 舶載三角縁神獣鏡は, 同じ原型をもとに複数の鋳型を製作した「同型」技法で製作された可能性を指摘し, 両者に製作技術の点において差異がみられることを明らかにした (八賀1984)。また福永伸哉氏は三角縁神獣鏡の鈕孔方向について検討し, 仿製三角縁神獣鏡の「同笵鏡」では鈕孔方向が一致するものが多いのに対し, 舶載三角縁神獣鏡では鈕孔方向が異なるものが多いことから, 両者の差が狭義の「同笵」技法と「同型」技法の差異によるものである可能性を指摘する (福永1992

c）。上野勝治氏は，鋳鏡技法の視点から検討を行い，ほぼ同様の結論に至っている（上野1992）。ただし福永氏の場合は，「舶載」／「仿製」の両者は長方形鈕孔という特徴が共通することから，製作工人集団としては一定の関係性を有するという指摘を行っている点が注意される。その後，岸本直文氏（1991・1996b）や藤丸詔八郎氏（1997・1998・2000a・2002・2004・2005・2006），小野山節氏（1998），鈴木勉氏（2000・2004a・2004b），青山博樹氏（2004），水野敏典氏（2006）らによって，製品自体に残る笵傷などの痕跡から鋳型の材質や鋳鏡方法を推定する作業が進められているが，鋳型の製作において蠟原型を使用するか金属原型を使用するかといった点が解決されておらず，いまだ明確な結論は出ていない(5)。

　1980年代以降盛んに行われている鉛同位体比の研究では，舶載三角縁神獣鏡も仿製三角縁神獣鏡も同じ領域に入ることが指摘されている（馬淵1981他）。また2004年に実施された泉屋博古館所蔵資料を対象とした調査においては，舶載三角縁神獣鏡と三国・西晋代の中国鏡に含まれる微量な金属の成分比率が一致することが明らかにされており，注目される（『文化財発掘出土情報』2004年7月号）。

②**分類・編年研究と実年代論**　　三角縁神獣鏡の研究は，1980年代頃まではおおむね小林行雄氏の分類研究と同笵鏡論の枠組みに一定の影響を受けながら，製作地や文様の系譜などの問題が個別的に取り扱われる形で進められてきている。小林氏は神獣像の配置という視点から三角縁神獣鏡を複像式と単像式に分類し，前者が後者に先行する可能性を想定している（小林1957）。小林氏は神獣像の配置法についてさらに検討を進め，これをもとにA～L，Uと分類した（小林1971・1976）。また小林氏は単像式の三神三獣鏡のうち，内区外周に複線波文帯を有する一群について検討し，これらを新式鏡群として分離している（小林1979）。これによって，三角縁神獣鏡は四分割の複像式に始まり，六分割の三神三獣鏡を経て波文帯鏡群へと至るという変遷が大枠で示された。この変遷の枠組みは都出比呂志氏によって継承されている（都出1989a）。都出氏はⅠ：重列（同向）式／紀年銘鏡→Ⅱ：四分割複像式→Ⅲ：四分割単像式→Ⅳ：六分割単像式→Ⅴ：波文帯鏡群という変遷を想定している。こうした小林氏が指摘し

た変化の方向性と精緻な神獣像配置の分類の結果はおおむね首肯されるものであり，現在に至るまで継承されているが，他方各主像配置「型式」間の関係などにおいては議論の余地が残されていたということができる。

樋口隆康氏は，内区分割原理や神獣像の組み合わせをもとに「舶載」「仿製」それぞれについて細分を行っている（樋口1979・1992）。氏は『古鏡』において，獣文帯三神三獣鏡の一部（114鏡など）については「仿製鏡」と分類しているが（樋口1979），『三角縁神獣鏡綜鑑』（1992）では「中国鏡」に分類している。これは，「舶載」と「仿製」という両者の境界に位置する波文帯鏡群の評価とも密接に関係した問題であるといえよう。

1980年代に入ると，小林氏の議論を受けてさらに詳細な分析が行われるようになる。奥野正男氏は，小林氏の主像配置分類を基礎として系統的な把握を試みている（奥野1982）。また白崎昭一郎氏は三神三獣鏡について検討を行っている（白崎1984）。

これに対し，1980年代後半から1990年代においては，それまでの分類研究の成果を基盤として，主に主像表現・単位文様を対象とした型式学的研究が行われるようになる。森下章司氏は三角縁神獣鏡の多様な文様配置が，挽型を用いた製作工程において生み出されていることを指摘している（森下1989）。岸本直文氏は，舶載三角縁神獣鏡の神獣像表現を①〜⑯に分類し，それらが大きく製作工人集団の系統として四神四獣鏡群・陳氏作鏡群・二神二獣鏡群の3つに分かれることを指摘し，仿製三角縁神獣鏡まで含めて三角縁神獣鏡の変遷の方向性を具体的に提示した（岸本1989）。また新納泉氏は，外区の厚さや傘松文様・唐草文様の変遷，内区外周の斜面鋸歯文の有無などを指標として編年作業を行い，三角縁神獣鏡の変遷が倭製鏡まで含めて一貫したスムーズな変化の流れとして理解可能であることを明らかにした（新納1991a）。岸本・新納両氏の研究は，従来の議論を基礎として，三角縁神獣鏡自体についての型式学的検討の方向性を示しており，その後の研究に大きな影響を与えている。舶載三角縁神獣鏡に関しては，澤田秀実氏（1993）の研究や，福永伸哉氏（1994b），岸本直文氏（1995）らによってそれぞれ編年研究が進められ，神獣像表現や傘松文様，捩座乳などを指標として，全体を4〜5型式に細分する編年案が提示されている。

澤田氏の研究では，岸本氏の二神二獣鏡群を陳氏作鏡群の中に位置づけ，乳の分類から大きく5段階の変遷が示されている。福永氏は表現と乳の分類からA〜Dの4段階に，岸本氏は新納氏の指標をもとに大きく5段階に編年する。

また福永伸哉氏は仿製三角縁神獣鏡の編年をもとに，その製作開始の契機を楽浪郡の滅亡（313年）による舶載三角縁神獣鏡の流入停止という点に求めた上で，製作開始の実年代を4世紀第1四半期，製作終了年代を4世紀末とした（福永1994a）。氏は，舶載三角縁神獣鏡の年代についても検討を加え，『魏志』倭人伝にみられる邪馬台国政権と魏晋王朝との交渉の記事から，氏の分類でいう舶載三角縁神獣鏡A段階を240年頃，B段階を244年頃，C段階を266年頃，やや型式差のあるD段階を290年頃までと想定し，約50年の時期幅を見積った（福永1996b）。このように，舶載三角縁神獣鏡に新旧の型式差が存在することが明確になった結果，前期古墳の編年観について再検討が行われ，三角縁神獣鏡の古い一群を有する初期の古墳の年代，すなわち古墳時代の開始年代は，3世紀の中葉に限りなく近い年代へと遡上することになった。また，舶載三角縁神獣鏡の時期幅については，福永氏のように約50年ほどの時期幅を見積もる「長期編年」説と，岡村秀典氏のように10〜20年程度とみる「短期編年」説の両者が存在する（岡村1996）。いずれの立場を採るにせよ，古墳時代の開始年代は，三角縁神獣鏡の最古型式の年代と考えられる240年頃を上限として，3世紀中葉前後と見積る立場が定着しつつあるということができる（e.g.都出1998a）[6]。以上のように，三角縁神獣鏡の編年研究の結果として，小林行雄氏の同笵鏡論・伝世鏡論以降ほぼ定説化した観のあった古墳時代開始の実年代が大きく遡ることになったという点は，従来古墳時代研究の脈絡においては主に日本列島内部での社会発展の問題として扱われてきた古墳の出現という現象について，後漢末期から三国代にかけてという東アジアの国際情勢のなかで検討する方向性をより明確に示した点において重要な成果であるといえよう。

その後，岸本氏らによる舶載三角縁神獣鏡の編年案については，細部において微調整が必要なことが森下章司氏によって指摘され（森下1997），共伴関係にもとづく形での整理が行われている（森下1998b）。その結果，舶載三角縁神獣鏡は，大きくA〜C群の3つのグループとしてまとめられている。また小山田

宏一氏は，岸本氏による神像表現の分類にもとづく編年について，氏が神像表現の差をすべて製作工人集団の差異に帰している点に疑義を提示し，これを時期差とする可能性を考慮することによって，系統的把握や編年的区分について再検討を行っている（小山田2000b）。氏は三角縁神獣鏡国産説の立場を採っているが（小山田1993・1994），三角縁神獣鏡の変化の速度は，各様相ごとに異なっている可能性を指摘し，ヤマト政権による製作管理という脈絡で理解する方向性を明示している。これについても具体的な検証作業が必要であると考えるが，こうした議論を通じて，三角縁神獣鏡が短期・長期のいずれにせよ一定の時期幅を持っており，複数系統を含みながら型式変化を行うことが明らかになったという点を確認しておきたい。問題は，これが前期古墳の編年，もしくは実年代の問題とどのように関係してくるかという点にあると筆者は考える。それは，古墳時代前期の実年代の幅および前期末の実年代がどの程度と考えることができるかという点とも関わる問題である（森下1998b）。これについては次に述べる仿製三角縁神獣鏡の終焉の問題とあわせて検討したい。

③「舶載」三角縁神獣鏡と「仿製」三角縁神獣鏡の関係　　すでにみたように，三角縁神獣鏡における「舶載」「仿製」という認識は研究史の早い段階から存在している。その一方で，「舶載」「仿製」の基準についてはこれまでも研究者によって異なる場合がみられた（cf. 原田1961；樋口1992）。またこれに関連して，近年の型式学的検討の結果，「舶載」から「仿製」への変化が一貫した変化の流れとしてスムーズに追えることが指摘された点も，この問題を考える上で重要な点である。従来「仿製」三角縁神獣鏡の製作の開始については，他の倭製鏡生産との関連において，日本列島の工人による製作と措定されていたと考えることができる。その一方で，特鋳説・列島産説のいずれの立場を採る場合でも，どこからが日本列島の工人による製品で，それが「仿製」三角縁神獣鏡の製作開始と一致するかという点を明示する必要があるが，この問題に論及することは考古学的には困難である。先に述べた倭製鏡との関係も含め，整合的な説明を提示しない限り，特鋳説と国産説という議論は根本的な問題を内包し続けることになると考えられる。

　この問題については，すでに述べたように車崎正彦氏が，仿製三角縁神獣鏡

における神獣像などの図像表現が他の倭製鏡とは異なり意味を解した上での表現とみられること，また明らかに漢字を知る工人が銘文を作成している事例が存在することなどから，いわゆる仿製三角縁神獣鏡を魏晋鏡の範疇において理解する方向性を示している（車崎1999a・1999b・2002）。車崎氏は，舶載三角縁神獣鏡を魏代，仿製三角縁神獣鏡を西晋代の鏡としている。これはいわば三角縁神獣鏡をすべて魏晋鏡とみる立場であるが，これに対しては「国産説」を採る王仲殊氏による批判がある（王2000a・2000b）。王氏は「舶載鏡」と「倭製鏡」の両者について連続的変化を追うことができるという近年の型式学的研究の成果を参照しながら，いわゆる仿製三角縁神獣鏡がすべて日本列島の「国産」とみるならば，それに連続する一群である「舶載鏡」も当然「国産」であるはずであると指摘する。その上で，王氏は従来舶載とされてきた一群については「三角縁神獣鏡」，仿製三角縁神獣鏡については「続製三角縁神獣鏡」の用語を提唱している。これらの見解は，舶載／仿製三角縁神獣鏡を，一括した，ないしは連続した一群として評価する立場においてそれぞれ対極に位置するものであるが，このような議論を解決することなしには，3世紀代の東アジア的国際情勢の中で生み出された三角縁神獣鏡の歴史的意義と，古墳時代開始期の日本列島においてそれが果たした役割とを正当に評価することはできない。こうした点こそが，三角縁神獣鏡研究の最大の課題ということができよう。

④**仿製三角縁神獣鏡の分類・編年と実年代**　　仿製三角縁神獣鏡については，小林行雄氏による分類（小林1976），近藤喬一氏（1973）による分類やモデルの推定などの検討が行われている。その後，岸本直文氏（1989）や森下章司氏（1991）により小林氏・近藤氏らの変遷観が整理され，さらに福永伸哉氏によって乳配置や各単位文様の変遷といった視点から検討が行われている（福永1992a；1994a）。福永氏はⅠ～Ⅴ段階の編年案を提示し，その上で仿製三角縁神獣鏡の成立の契機を4世紀初頭の楽浪郡の滅亡と捉え，その終焉を4世紀末としている。また岩本崇氏は，挽型／断面形態と文様の組み合わせという観点から仿製三角縁神獣鏡の分類を行い，仿製三角縁神獣鏡の変遷が一系列的なものでなく，複数系統による製作の所産である可能性を指摘している（岩本2003b）。また岩本氏は仿製三角縁神獣鏡の終焉が古墳時代前期末～中期初頭とほぼ一致す

ることを論じている(岩本2005)。この問題については,相対年代のみならず,実年代における舶載三角縁神獣鏡の長期編年・短期編年の問題,あるいは仿製三角縁神獣鏡を西晋鏡と捉えた場合の出土古墳の年代との整合性といった問題とあわせて検討する必要があるといえよう。

以上,三角縁神獣鏡について検討してきた。次に,三角縁神獣鏡との関係も含め,同笵鏡論・伝世鏡論以後の倭製鏡の研究動向について検討する。

(4)倭製鏡研究の進展
①分類・編年研究　　古墳時代前期における倭製鏡(仿製鏡・倣製鏡)の変遷については,先にみたように,同笵鏡論の論理に基づき提示された「忠実模倣」→「逸脱」→「小型化」という変遷観(小林1956・1962;原田1960bなど)が長く影響力を持っていたと考えることができる。これに対して,1970年代に入ると三角縁神獣鏡以外の倭製鏡についても具体的に型式学的検討が行われるようになり,それとともに分類および編年の方法論についても議論が深められ,その発展をみながら現在に至っているものということができる。仿製三角縁神獣鏡については後述するので,ここでは主にそれ以外の倭製鏡研究の展開について述べることにしたい。

1970年代になると,森浩一氏や小林三郎氏などによって,小型の内行花文鏡や捩文鏡などの検討が進められている(森1970;小林1971他)。また倭製鏡全体の体系的な分類を試みたものとして,樋口隆康氏や小林三郎氏の研究が挙げられる(樋口1979;小林1982)。

田中琢氏は1977年から1980年代前半にかけて,型式学的検討にもとづき倭製鏡の変遷過程を具体的に明らかにしている(田中1977・1979・1981・1983)。これは属性分析によるものであり(横山1985),これによって銅鏡研究における分類・編年の方法論がほぼ確立されたということができる。具体的には,各系列間での単位文様の共有とその変遷に関する検討をもとにして,複数の多様な系列が併存する状況が具体的に明らかにされたという点が挙げられる。また田中氏は,「仿製鏡」がたんなる模倣の所産ではなく独自の構図を採ることが多いという点から「倭鏡」という用語を提唱し,その意義を再評価している。

こうした田中氏らの研究成果を受け，森下章司氏は外区文様などを基準として古墳時代を通しての倭製鏡の編年作業を行っている（森下1991）。森下氏は，仿製三角縁神獣鏡も含めて全体を計27の系列に分類する。森下氏は外区文様が各系列を横断して共有されていることを指摘し，その上で外区文様と内区文様の共変動という点にもとづき，仿製鏡全体を編年的に体系づけた。そして古墳時代の仿製鏡は大きく4世紀・4世紀末〜5世紀中葉・5世紀後葉〜6世紀という3時期に区分することが可能であることを示し，それぞれが生産体制の大きな画期である可能性を指摘している。この中で，特に古墳時代前期（4世紀）の倭製鏡については，多様な外区文様を持つ数多くの系列が併行して存在し，その機能が多義的であったことが指摘されている。

　これ以降，倭製鏡研究においては，特に各系列ごとの検討が進んでいる。鼉龍鏡に関しては池上悟氏（1992）や車崎正彦氏（1993b），新井悟氏（1995），拙稿（2000）などの諸研究，内行花文鏡系倭製鏡については清水康二氏の研究（1990・1994）などを挙げることができる。これらの成果をふまえ，林正憲氏は**鼉龍鏡系・内行花文鏡系・方格規矩四神鏡系**の3系列について分類および併行関係の措定を行っている（林2000）。

　さらに近年の成果として，特に神獣鏡系倭製鏡に焦点をあてた研究が挙げられる。福永伸哉氏は，古墳時代前期における神獣鏡の動向について中央政権による「神獣鏡製作の管理」という視点から検討し，三角縁神獣鏡が主に中国の華北王朝と結びついた奈良盆地東南部勢力によって入手・管理・配布されたものであるのに対して，それ以外の各種神獣鏡等を模倣した「新式神獣鏡」は前期後半以降に新たに勃興した奈良盆地北部勢力による儀礼管理戦略において動員されたものとする見解を提示している（福永1999a・1999b）。また林正憲氏は前期倭製鏡を大きく「伝統鏡群」と「新興鏡群」の2者として捉え，共伴関係の検討から後者の神獣鏡系が奈良盆地北部勢力によって製作・配布された可能性を指摘している（林2002）。

　また下垣仁志氏は，森下章司氏の分類（1991）を大枠としては継承しつつ，系列間の関係を含めて分類体系を再構成している（下垣2003a）。氏は全体を大きく半肉彫系列群・線彫系列群・平彫系列群の3者に区分した上で各系列の型

式分類と系列間の関係について検討し、大別2段階、細別6段階に分類・編年している。

ここに挙げた諸研究においては、分類・編年研究に加え、面径の小型化の問題や作鏡者の同定といった個別的な問題も扱われ、倭製鏡生産の具体像を明らかにする試みとして理解することができる。

また従来古墳時代倭製鏡の出現年代は、舶載三角縁神獣鏡の配布が行われた次の段階と考えられており、特に小型の倭製鏡の出土はその古墳の年代を前期後半以降に下げる根拠ともなっていた（小林1962；原田1960）。しかし、上に述べたように古墳時代前期の早い段階から大型の倭製鏡が存在することが確認されるようになったことに加え、それとは別に庄内式の段階において小型の獣形文鏡など（e.g.京都府芝ヶ原12号墳出土鏡）が出土する事例が増加したことによって、小型倭製鏡の副葬それ自体は、出土する古墳の時期を下降させる根拠とはなり得ない可能性が指摘されている（今井1991・1992a；楠元1993）。この問題は、④で述べる弥生時代の青銅器生産とも密接に関わっており、両者の連続性と不連続をどのように捉えるかも課題といえる。

②配布論、生産・流通論　倭製鏡の面径に大小の幅があり、分布上でも偏りがみられるという点について早くから認識されてきたことは第1節で述べたが（e.g.富岡1920）、この問題について、製作時における差異化という可能性を明確に指摘したものとして和田晴吾氏の研究が挙げられる（和田1986）。和田氏は倭製鏡の面径の大小について、各地の首長の階層性に応じた選択的配布を行うために生み出されたものという見解を提示している。車崎正彦氏はこの見解をさらに発展させ、倭製鏡や三角縁神獣鏡、そして魏晋鏡など、様々な鏡がヤマト政権との関係の強弱において選択的に配布された可能性を指摘している（車崎1993a・1993b・2000）。また新井悟氏は、倭製鏡の中でも内行花文鏡系・方格規矩四神鏡系・鼉龍鏡系の3つの系列の大型鏡が「伝世鏡3種」として、当初から階層差を示すべく面径を大型化して製作された可能性を指摘している（新井1997）。下垣仁志氏は、自身の分類をもとに、各系列の鏡径分布とそれぞれの列島での分布状況について検討し、各系列に共通して大型鏡が近畿地方中心の傾斜分布を示し、小型鏡が各地に分散する状況を具体的に明らかにしている

（下垣2003b・2004b）。

　その生産については，特に中・大型鏡を中心とした一群については，単位文様の共通性などから近畿中枢部での生産が想定されている（e.g. 田中1977）。他方で小型鏡については今井堯氏（1991・1992a）や楠元哲夫氏（1993）の研究があり，また東海地域で出土する倭製鏡の資料を精力的に扱っているものとして赤塚次郎氏の研究を挙げることができる（赤塚1995・1997・1998）。今井氏は，内行花文鏡系や珠文鏡系の小型の倭製鏡などについても，中央政権による配布体系の末端に組み込まれていたという，いわば一元的配布の立場を採っている（今井1992a・1992b）。これに対し，楠元氏や赤塚氏らの研究においては，これら列島各地から出土する小型の倭製鏡について，地方生産の可能性や各地域での配布システムといった点についても踏み込んだ議論が行われている。これに関連して，西川寿勝氏が捩文鏡系の各地での出土を「遍歴工人」という視点から論じている（西川1999）。

　また生産の具体的様相についても，製作技術の観点から検討した原田大六氏の研究（原田1961）や挽型の共通性と技術水準の高さについて検討した川西宏幸氏の研究や拙稿（川西1991・辻田1999）など，製作技術・製作工程からの検討が行われている。また同一の系列の中でも，特に共通性が高く「連作」と想定される一群についても検討が行われている（森下1998d；下垣2005a）。また下垣仁志氏は，倭製鏡とその原鏡に関して，両者が同一古墳で出土する事例の存在から，原鏡が近畿にもたらされた上でそれをもとに倭製鏡が製作され，あわせて再度分配されるとする「吸収－再分配」モデルを提示している（下垣2005d）。後漢鏡の諸鏡式がどのような経緯を経て倭製鏡のモデルとして採用されるのかという問題は，上述の伝世鏡の問題とも深く関わる問題であり，また倭製鏡生産自体を考える上でも大きな課題といえよう。

　以上にみたような議論を通じて，倭製鏡の多様な系列や面径の差異が，古墳時代前期の広域的な地域間関係の問題を考える上での一定の指標となりうる可能性が明らかにされたということができよう。さらに，生産の状況と流通形態との関係の問題まで議論が行われつつあり，中国鏡・三角縁神獣鏡の動向とあわせて検討する必要があろう。

③仿製三角縁神獣鏡の評価　　先にふれたように，いわゆる仿製三角縁神獣鏡については，文様構成や製作技術の特徴などの点において，他の仿製鏡との共通性が低い一群であることが指摘されており（田中1977；福永1991；森下1991他），その位置づけが問題となっている。特に，仿製三角縁神獣鏡をすべて魏晋鏡の範疇で捉える方向性（車崎1999a）との関係において，「仿製三角縁神獣鏡」を「仿製鏡」の一部として説明することそれ自体が検討課題として設定されたということができよう。

　第1項でみたように，同笵鏡論・伝世鏡論の論理においては仿製三角縁神獣鏡の生産が後漢鏡をモデルとした倭製鏡に先行するとされてきた。しかしその後，製品自体の特徴にそれを裏づける根拠はなく，むしろ仿製三角縁神獣鏡も後漢鏡をモデルとした倭製鏡と併行して製作されたとする見解が提示されている（e.g. 近藤1973；田中1977；福永1991；森下1991）。さらに滋賀県雪野山古墳の調査などにおいて，舶載とされる三角縁神獣鏡の古い一群と鼉龍鏡系などの仿製鏡の初期の一群が共伴する事例が確認されたことによって，むしろ後漢鏡をモデルとした倭製鏡の生産が仿製三角縁神獣鏡に先行する可能性が想定されるようになっている（岸本1996b）。こうした年代的関係も含めて，倭製鏡と仿製三角縁神獣鏡との相互の関係を説明することが大きな課題といえる。

④弥生時代小形仿製鏡，大形青銅器と古墳時代倭製鏡　　ここまで主に古墳時代における仿製鏡研究の動向を検討してきたが，ここでいわゆる弥生時代小形仿製鏡とそれに関わる弥生時代青銅器生産の問題について触れておきたい。弥生時代後期に，北部九州を中心として小形の仿製鏡が存在することははやく中山平次郎氏によって指摘されていたが（中山1929），その後梅原末治氏によって資料の集成が行われ，古墳時代に先行する時期の鏡であることが指摘されている（梅原1959）。また森浩一氏は，北部九州系の弥生小形仿製鏡は古墳時代の小型内行花文鏡へと連続するものと捉え，古墳時代前期における各地での倭製鏡生産の可能性を積極的に認めている（森1970）。こうした弥生小形仿製鏡について分類や分布状況など総合的な検討を行った高倉洋彰氏は，これらの小形仿製鏡が内行花文日光鏡を祖型とし，主に韓半島南部において製作が開始されたものであり，北部九州で製作が定着した後に瀬戸内・近畿地方までその製作が広

ること，北部九州においては旧甕棺墓分布域の周縁域において出土することが多く，完形の中国鏡と異なる扱いを受けながら配布された可能性などを指摘した（高倉1972・1985）。この高倉氏の分類案などについてはその後広く受け入れられているが，近年田尻義了氏が再分類を行っており，また小形仿製鏡の初期製品についても北部九州で製作が行われた可能性を指摘している（田尻2003・2004）。九州以東の小形仿製鏡については，森岡秀人氏（1989・1993）や寺沢薫氏（1992），林原利明氏（1991・1993），田尻氏（2005），林正憲氏（2005）らの研究がある。ここで問題となるのはこうした弥生時代における銅鏡生産と古墳時代における倭製鏡生産との連続性の問題である。高倉洋彰氏は，弥生小形仿製鏡の系譜は，古墳時代の重圏文鏡や珠文鏡などへと連続する過程で，「儀鏡」化した後消滅すると想定する（高倉1999）。近畿周辺では前述のような庄内式段階における小型の仿製鏡の存在などもあり，その位置づけがこうした弥生小形仿製鏡との関連においても問題となる。

　また，弥生時代終末期に属すると考えられる福岡県前原市の平原遺跡1号墓（前原市教育委員会2000）から出土した大型内行花文鏡については，「仿製鏡」とする見解がほぼ定説化しており，これらを弥生時代の北部九州における青銅器生産の脈絡において説明できるかといった問題も存在する（cf. 岡村1993a）。高橋徹氏は，「北部九州で製作された」と氏が想定する平原遺跡出土の「大宜子孫」銘内行花文鏡が，奈良県柳本大塚古墳出土仿製内行花文鏡へと系譜的に連続する可能性を想定する（高橋1993）。また柳田康雄氏は，平原遺跡出土鏡群について検討する中で，長宜子孫内行花文鏡と虺龍文鏡以外の38面について，同型技法や着色技法等の技術的な共通性を根拠として，これらを列島（伊都国）で製作されたという意味での「仿製鏡」と位置づけている（柳田2000）。他方，清水康二氏は，鈕孔形態などの製作技術の観点から，同型の超大型内行花文鏡などがすべて舶載鏡である可能性を指摘している（清水2000）。また車崎正彦氏も平原遺跡出土鏡群については，漢鏡の範疇で理解しようとしている（車崎2002）。このように，平原遺跡出土鏡群に関しては評価が分かれており，このことはひいては，北部九州における弥生時代青銅器生産の評価にも影響が及ぶものと考えられる。

さらに，北部九州の広形銅矛や近畿の突線鈕式銅鐸といった弥生時代大形青銅器の終焉の問題（cf. 岩永1998・2000；福永1998a）についても，未解決の点が多く存在する。こうした弥生時代の大形青銅器生産とこれら小形仿製鏡生産との関係性，そして古墳時代倭製鏡生産との連続性といった問題は今後明らかにされるべき課題として残されているといえる。

以上，同笵鏡論・伝世鏡論以降における倭製鏡研究の進展についてみてきたが，その成果としては，①型式学的方法の洗練による分類・編年研究の深化，②倭製鏡製作開始年代の遡上，③生産体制・流通形態の具体像に関する議論の進展などを挙げることができよう。

ここまで，同笵鏡論・伝世鏡論以降における銅鏡研究の展開について，中国鏡・三角縁神獣鏡・倭製鏡といったそれぞれの問題についてやや詳細に検討してきた。ここで，以上の議論を総括するとともに，古墳時代開始期の研究と銅鏡研究の接点について述べることにしたい。

4　小　結——古墳時代開始期の議論と銅鏡研究の接点

ここまでみてきたように，古墳時代開始期の銅鏡に関する研究史は，大きくは同笵鏡論・伝世鏡論によって画され，その後の展開は，それを基本的な枠組みとして継承しながら，それぞれ細分化された研究対象についてより詳細な検討を行う方向性として理解することができよう。

いまみた各個別分野の諸研究においては，それぞれ次のような論点が確認できる。まず中国鏡については，後漢代～三国・西晋代における中国鏡生産の動向を視野に入れながら，日本列島から出土する後漢鏡・魏晋鏡の位置づけを評価する必要がある。特に伝世鏡論との関係でいえば，それらの日本列島への流入年代や日本列島内部での流通形態を明確にすることが必要である。三角縁神獣鏡については，「舶載」・「仿製」といった差異の認定の問題も含め，製作地や製作年代幅といった問題を，後漢末期～三国・西晋代の中国鏡生産の脈絡において検討する方向性が必要である。その中で，古墳時代開始期における三角縁神獣鏡の意義が具体的に明らかになろう。倭製鏡研究については，分類・編年作業の進展により，多様な系列の併存状況が具体的に明らかにされつつある

一方，そうした成果をふまえ，倭製鏡各系列の生成過程およびそれらのモデルとの関係，また製作時における面径の差異化や地方生産の可能性なども含めて，各系列の変容過程とその背景を明らかにすることが課題といえる。また弥生時代青銅器生産との連続性と不連続の問題も論点のひとつである。さらに，倭製鏡生産との関係において仿製三角縁神獣鏡をどのように評価するかという点も重要な問題といえよう。こうした研究に加え，近年では古墳に副葬される鏡という視点から，列島内の地域間関係や階層性といった問題にまで議論が進められている。以上のような研究状況をふまえ，中国鏡・三角縁神獣鏡・倭製鏡それぞれの研究成果全体を統合し，新たな枠組みを提示することが今後の古墳時代開始期における銅鏡研究全体の課題ということができる。ここで節を改め，より具体的に問題の所在を明らかにしたい。

第2節　問題の所在

第1節では，同笵鏡論・伝世鏡論とそれ以後の古墳時代開始期の研究，そして古墳時代開始期の銅鏡研究の動向についてみてきた。ここでは，こうした研究動向を踏まえつつ，銅鏡研究を媒介として古墳時代開始過程の具体相を明らかにする上で，議論の焦点となるいくつかの論点について検討する。まずはじめに同笵鏡論・伝世鏡論の検討を行い，それを出発点として，新たな枠組みを構築するための検討課題を明らかにしたいと考える。

なお先に述べたように，本節以降は「倭製鏡」の語を使用し，「仿製三角縁神獣鏡」とは区別しつつ併用する形をとる。

1　古墳時代開始論としての同笵鏡論・伝世鏡論

ここではまずはじめに同笵鏡論・伝世鏡論が内包する問題点について，その論理展開という視点から検討を加えたい。議論の成立過程からいえば逆になるのだが，まず伝世鏡論に関しては，内藤晃氏によって，副葬品配置における特別扱いの議論も含めて，伝世鏡論の論理過程そのものに対して批判が行われている（内藤1959）。また論拠の1つである文様の摩滅について，原田大六氏によ

る鋳造時の湯冷えや型崩れを根拠とした技術的視点からの批判がある（原田1960a）。これらに対して小林氏は，「背文に対する解釈のみをもって，あたかも中国鏡の伝世を否定しえたかのごとき言辞をもてあそんでいるのは，速断もはなはだしい」（小林1961：p. 157）としているが，内藤氏の批判は小林氏の論理展開自体に対するものであり，この反論は不十分とする指摘がある（西嶋1961：p. 204）。また森浩一氏は，中国での鏡の伝世の事例を挙げ，列島で伝世鏡を想定する論理は，「近畿とくにその中心の大和の優位が先入観」として作用し，それによって導き出されたものとする指摘を行っている（森1962）。この問題は後述する古墳時代開始論における大和主導説とも深く関わっている。こうした議論から，伝世鏡の評価が弥生時代後期〜終末期の瀬戸内〜近畿社会の位置づけや古墳時代の開始過程を考える上で大きな影響力を持つ問題であることがあらためて確認できる。ここでは，伝世鏡論の論理過程を検証した内藤氏による批判の論点について再検討することにより，問題の所在を明らかにしたい。

　内藤氏による伝世鏡論の批判点は多岐にわたるが，主に伝世鏡の副葬／廃棄と首長世襲制の確立とを大和政権による外的承認に結びつける論理の矛盾という点に集約されている。結論的には，漢中期の鏡は弥生時代社会の共同体祭祀にかかわるものとして伝世されるのではなく，「はじめから階級的な首長の権威と結びついて取得されたものであろう」と想定し，前期古墳から出土する鏡は漢中期の鏡も含めてすべて，大和政権から配布されたものであるという可能性を指摘する（内藤1959：p. 12）。同様の理解は，森浩一氏（1962）によっても提出されている。内藤氏は具体的な問題として，外的承認によって世襲制が確立するのであれば，それ以降鏡の副葬は必要ないはずであるという点を挙げている。小林氏は三角縁神獣鏡の配布以降の鏡の副葬を否定してはいないが，（外的要因としての）「首長権の外的承認」と（内的要因としての）「世襲制の確立」の両者を，現象としては1つのものと捉えている点に注意が必要である（小林1961：pp. 144-146）[7]。小林氏の論理にかえってこの2つの事象が同一現象の2つの側面として措定された理由を考えれば，前期古墳出土の後漢鏡が「伝世鏡」であることを前提とする限り，古墳出現以前における首長権継承の象徴物である「伝世鏡」としての後漢鏡が副葬され失われてしまうことを説明するた

めには，首長権の世代間継承が安定した形で行われるという論理が必要であることがわかる。しかし，都出比呂志氏が後に指摘したように，前期古墳の副葬品の組成が多くの場合時期差を示すことを考えると，首長権の世代間継承は「世襲制」のもとに安定した形で行われたものであるかという点が改めて問題となる（都出1970：p. 66）。このような点をふまえつつ，「首長権の外的承認」と「世襲制の確立」という両者が同一現象の2側面であるという枠を取り外すことができれば，これらの後漢鏡は必ずしも伝世鏡ではなく，三角縁神獣鏡と同様にヤマト政権から配布されたという可能性を想定することが可能となる。この指摘は前期古墳から出土する後漢鏡の評価を考える上で重要であると考える。

また内藤氏は倭製鏡の問題にも触れ，同笵鏡論・伝世鏡論の論理を前提として仿製三角縁神獣鏡が後漢鏡をモデルとする倭製鏡に先行すると想定することが困難であることを指摘し，両者が併行して製作された可能性を想定している（内藤前掲：p. 10）。

その後の研究史の展開を考えるならば，これらの見解はいずれも卓見であったということができるが，小林氏がそれに対して明確な反論をさけたこともあってか，これらの論点がそれ以後の古墳時代開始論に継承されたとは言い難い。すでにみたように，小林氏の伝世鏡論は同笵鏡論を基礎として，各論点が相互に有機的に連関し，また相互に補強しあうような形で形成されている。しかし，内藤氏が指摘したようなこれらの批判点こそが，小林氏の議論を理解しまた正当に継承・発展させる上で重要な意味を持つことはここでみてきた通りである。こうした論点は，この論文に次いで上梓された「古墳文化の発展－同笵鏡問題の再検討－」（内藤1960）によって，さらに展開されることになった。この論文は，小林氏の同笵鏡論について，伝世鏡論に対してと同様に，小林氏の論理展開自体について批判的に検討した数少ない論考の1つである。そして，小林氏の論の各論点が有機的に結びついたものである以上，その一部についての批判は議論全体に影響を及ぼす可能性がある。ここでは，先にみたように，同笵鏡論こそがその後の小林氏の議論の出発点でありまた前提となっていることを念頭に置いて，同笵鏡論についての内藤氏の論点を再検討することにしたい。

内藤氏による同笵鏡論批判は，まず「第一に二つの古墳が一種類の同笵鏡を分有している場合に，果たしてその一面が一方から他方へ分与されたという原則が，両古墳の間に設定されなければならないであろうか」（内藤1960：p. 4）という点から出発し，その上で氏は同笵鏡分有関係という意味において直線で結びうる古墳（の被葬者）同士の関係を直接的な授受の関係として実体視することの問題点を指摘する。この関係を前提とするならば，同笵鏡の出土数が最多であった椿井大塚山古墳が同笵鏡分有関係図の中心となり，配布活動の主体として認められることになる。この図においては古墳の時間的前後関係が考慮されていないため，この仮説を前提とするかぎり，椿井大塚山古墳より新しい古墳では，配布された後に数世代にわたって伝世されたことが論理的に必要である。また椿井大塚山古墳の被葬者を介さない同笵鏡分有関係においても，配布者を椿井大塚山古墳の被葬者に限定するならば，「被葬者の手元に残さないような形での配布」もしくは「第三者」を介した配布を想定せねばならず，議論に矛盾が生じる。また内藤氏は，小林氏のいう同笵鏡の配布主体について，「山城大塚山の鏡群のかつての所有者」と表現する場合に，椿井大塚山古墳の被葬者自身を示す記述と，その背後の大和政権の大首長を示す記述の2通りがみられることを指摘し，小林氏自身において論理が一貫していない点を批判する（内藤前掲：p. 10）。内藤氏が指摘するように，仮に小林氏が椿井大塚山古墳の被葬者もまた大和政権の大首長から鏡を分与されたとする場合，椿井大塚山古墳の被葬者に配布活動の主体を限定する論理が根拠を失うことになってしまう点で派生する問題が大きい。1997～1998年の調査で奈良県黒塚古墳から大量に三角縁神獣鏡が出土したことによって，現在では同笵鏡分有関係図の内容は大きく変更されているが，この状況においても小林氏と同様に同笵鏡を多数保有する古墳の被葬者を配布活動の主体と認定することができるかは疑問である（cf. 岡村1999）。この点において，内藤氏の指摘の妥当性が検証されたということになろう。また内藤氏は小林氏が同笵鏡分有関係にもとづいて椿井大塚山古墳の年代を限定することの問題点についても指摘し，古墳の編年体系の確立や鏡以外の古墳の構成要素の把握など，考古学的事実に即した形で議論を行う必要性を説いている。

ここで俎上に載せた論点は，同笵鏡論・伝世鏡論の論理が内包する本質的な矛盾を具体的に明らかにしている点で，研究状況とそれを取り巻く環境が大きく変化した現在においてこそ有効な議論と考える。三角縁神獣鏡の同笵関係をはじめとした銅鏡に関連する諸現象を通じて古墳の出現・展開について議論を行うのであれば，小林氏の論理的枠組みを批判的に継承しつつ新たな枠組みを生み出す方向性が必要である。本項ではこうした問題意識から内藤晃氏の批判についてやや詳細に検討したが，ここまでの議論を通じて，古墳時代開始期における銅鏡の問題がより具体的に浮き彫りになったものと考える。このような形で，考古資料の検討を通じて古墳時代の政治・支配システムの問題に関しても具体的に明らかにできる可能性を示した点に，小林氏の同笵鏡論・伝世鏡論の最大の意義が認められよう。以下では，同笵鏡論・伝世鏡論の枠組みを基礎として展開した，古墳時代の開始期における銅鏡の研究および古墳時代開始論自体の課題について検討することにしたい。

2　古墳時代前期における広域的地域間関係の形成要因・形成時期の問題

　古墳出現の要因あるいは契機の問題は，古墳時代の開始という考古学的時代区分の画期を，実際の社会変化の過程という点においてどのような画期として評価することができるかという問題と常に関わっているということができる。したがって，古墳の出現の問題を考える上では，前段階の弥生時代からの連続性と非連続性をどのように理解するのかという点が問題となるものと考える。
　古墳の出現要因については，大きく2つの立場が認められる。まず1つ目は，近藤義郎氏の初期の議論に代表されるもので，農耕社会としての弥生時代社会における生産力の発展が，矛盾の拡大／階層化の進行を促進し，その結果として階級関係を正当化するイデオロギー装置としての古墳が出現するという立場である（近藤1966a）。すなわち近藤氏の議論は，古墳の出現を階級関係の成立の問題として扱ったものであり，その点において古墳時代の開始という考古学的時代区分は，国家形成過程の大きな画期と連動するものとして捉えられてい

たものと考えられる。

　これに対し，古墳出現要因に対するもう1つの立場は，鉄資源をはじめとする外部依存必需物資の流通に関わる地域間格差あるいはそれをめぐる抗争が，近畿地方の「中央」化を導き出したとするものであり，文献史学では山尾幸久氏（1983）の研究，考古学では先にみた都出比呂志氏（1991）や松木武彦氏（1996a）らの議論がその代表といえる。松木武彦氏は，日本列島における国家形成においては，弥生時代における各地域圏内での自給自足的経済活動が，鉄資源などの流入・流通過程を通じて，各地域圏の範囲を越えた外部依存型経済活動へと移行することを指摘し，こうした鉄資源を主体とする必需物資流通をめぐる列島規模での抗争という点に「前方後円墳体制」形成の要因を見出している（松木1996a）。その上で松木氏は，こうした鉄資源をめぐる争いが近畿地方優位という形で収束した可能性を指摘し，列島規模での古墳の出現について，このような形で形成された近畿地方を中核とする地域圏間の序列関係を，広域的な政治秩序として固定化する動きとして理解する方向性を提示している（松木1995b・1996a・1998a）。また松木氏は，弥生時代後期から終末期における広形銅矛や突線鈕式銅鐸，墳丘墓祭祀などについて，各地域の「統合のシンボル」が対峙した状況と捉え，これが最終的に前方後円形墳丘墓祭祀という形で列島規模で「統合のシンボル」が統一されるという図式を提示する（松木1997）。氏は日本列島を中国王朝という文明社会の「フロンティア」として捉え，いわば「文明圏の拡大」として前方後円墳体制の出現を論じている。松木氏の議論は，都出氏の初期国家論を受けて，その形成過程をより具体的に論究したものということができる。また近藤義郎氏が，『前方後円墳の時代』（1983）において，「畿内部族連合」が広域的な部族連合体制の中核となることについて，奈良盆地の生産性の高さという点とあわせて，こうした外部依存財の流通形態の問題を重視している点にも注意しておきたい。

　このように，近畿地方における古墳の出現要因としては，大きく①生産力の発展，②必需物資流通機構をめぐる列島規模での抗争という2つの要因が想定され，両者が複合的に説明概念として運用されてきたものと考えることができる。

では，次に古墳時代における「中央」と「地方」という形での地域間関係が形成された時期はいつ頃と考えられてきたのかについて検討したい。この問題を考える上で影響力が大きいのが，弥生時代後期の近畿地方周辺における鉄製品の動向に関する研究成果である。上述②の論点とも深く関わるが，従来，近畿周辺においては特に弥生後期以降鉄製品の普及が進んだことが想定され，これが近畿地方を中核とする必需物資流通機構の成立を推定する主たる根拠となっていた（禰宜田1998）。これは近藤氏の議論（1983）においても，都出氏や松木氏の議論においても基本的に同様であり，この点を考慮する限り，古墳時代における「中央」と「地方」という地域間の関係性の枠組みは，ほぼ弥生時代後期のある段階で完成しており，それが古墳時代に連続するものとして捉えられる。都出氏や松木氏がいう「前方後円墳体制」は，そうした弥生時代後期における地域間関係の序列化が，墳丘形態や規模という形で可視的に表現されるという意味での広域的な政治的関係の表象と理解される。ただし，こうした弥生時代後期の近畿地方周辺における鉄器化については，以下にみるように鉄器生産という視点から疑問視する見解もあり（村上1998・2000b），また弥生時代終末期の鉄製品の出土は奈良盆地周辺よりむしろ山陰地方や北近畿などで顕著にみられる点などもこの問題を考える上で看過できない（e.g. 野島2000・2004）。このように，古墳の出現の問題を，主として弥生時代後期段階における必需物資流通機構の成立という問題に還元する議論の方向性は，弥生時代後期の各地における鉄器の生産・流通という視点から改めて検証することが必要とされているといえよう。

　この問題に関連して，北條芳隆氏・溝口孝司氏・村上恭通氏らによって古墳の出現に関する理解に関する再検討の試みが行われている（北條他2000）。氏らの論点は多岐にわたるが，大きくは以下の3つの点が挙げられる。第1に，北條氏による「讃岐型前方後円墳」(1999) の提唱以来の，「倭王権」の実態と形成過程の見直しという点，第2に，溝口氏による墓制研究の視点からの「新論理構造」の提唱，そして第3に村上氏による鉄器生産という視点からの，前方後円墳体制形成要因・過程に対する再検討である。

　北條氏は四国東北部地域の前方後円墳の出現・展開過程が「定型化した前方

後円墳の波及」といった近畿地方からの一方向的な理解では捉えきれないことを指摘し，古墳の一元的な出現・波及といった見方に再検討を促す見解を提示している（北條1999）。北條氏は，古墳時代前期における大和の王権が自律的政体として出現するのではなく，竪穴式石槨や特殊器台など，各地域の諸要素が吸収され，それがまた各地に再分配されるという「吸収と再分配の反復と累積」を通じて，近畿地方が「中央」として確立していった可能性を想定する（北條1999・2000b）。その上で北條氏は，箸墓類型（北條1986）以下に代表されるいわゆる「定型的」前方後円墳（第2群前方後円墳）と，弥生墳丘墓を起点とし，地域ごとの伝統を保持しつつ推移する前方後円墳（第1群前方後円墳）の2者を区分し，両者は併存しつつ，古墳時代前期を通じて融合されることを指摘する（北條2000b）。これは，第2群前方後円墳＝「定型的」前方後円墳の成立によって各地の墳丘墓の伝統がすべて淘汰されるといった見方，あるいはその成立および画期の影響力を多大に評価する見方に対し，「大幅な下方修正」を迫るものである。すなわち，「定型的」前方後円墳の成立＝古墳時代開始の過程は，「大枠でみれば第1群の展開過程の内部に包摂される関係であることを示唆」（北條前掲：p.108）すると指摘する。氏はこの点を基軸として，古墳時代開始論における，大和主導説による一元的波及モデルに対し，求心的集約モデルを提示している。

　溝口氏は，弥生時代墓制研究の視点から，古墳時代を「弥生時代を通じて進行した社会過程の『終着点』」とする論理構造（「伝統的論理構造」）から，「古墳時代の開始とは，古墳時代を通じて進行する社会過程の『始発点』である」とする「新論理構造」への転換を提唱する（溝口2000a：p.44）。その上で氏は，「開始期古墳葬送システム」の広域展開が，「定型化」した前方後円墳の生成を1つの大きな「契機」として，氏がモデル化するところの広域樹状型依存ネットワークをめぐる「競争」の中で進行したことを指摘している（溝口2000b）。

　村上氏は，鉄器生産の視点から古墳時代開始論に関する諸現象について再検討し，弥生時代中期〜後期における北部九州〜西部瀬戸内地域での生産技術の先進性を指摘する（村上1998・2000b）。と同時に，当該期においては鉄器生産という観点からみる限り近畿周辺地域の優位性が認められないことを指摘し，古

墳時代開始期について,「社会の下部構造よりも上部構造の整備が優先された社会変革と評価」(村上2000b:p. 194) する。

　氏らの所論においては,相互に微細な点で差異が認められるものの,古墳時代の開始という問題に関して,いくつかの共通見解が認められる。すなわち,古墳時代の開始に関しては,「通説的な理解,すなわち弥生時代後期の段階で権力関係の大枠は形成されており,その表現型として『前方後円墳』の階層秩序が生成したという解釈が成立しない」こと,実態としては西日本一円を覆う階層秩序形成の「開始期」であると考えられること,従来の大和主導説・一元的波及説に対する対案を提示していること,などである (北條他2000:pp. 275-281)。氏らの見解は,古墳時代開始期の鏡の問題を論ずる上でも重要な指摘を含んでおり,同笵鏡論・伝世鏡論およびそれ以後の古墳時代論の展開とあわせて,具体的に検証を行う必要があろう。

　以上みてきたように,古墳出現の要因という問題に関しては,史的唯物論にもとづく社会発展の枠組みを背景として,「生産力の発展および必需物資流通機構の掌握による近畿地方の『中央』化」という形で説明されてきたということができる。こうした議論の脈絡においては,近畿地方の優位性は弥生後期以来基本的に一貫したものという理解が支配的である。古墳の出現を論じる上では,①「部族連合体制」の「広域化」あるいは「前方後円墳体制」の成立過程として従来語られてきたものの実態,そして②近畿地方の「中心化」の過程と要因という両者が整合的に説明される必要があることがここからも読みとれよう。ここで問題となるのは大きく2点である。第1に,近藤氏の議論にみられるように,古墳の出現という考古学的時代区分の画期が,階級関係の成立といった国家形成過程との関係においてどのような意味を持つ画期であるのかという点が挙げられる (cf.岩永2002)。もう1つは,都出氏や松木氏らの議論にみられるような,広域的な社会統合の達成を弥生時代後期〜終末期の段階で想定することができるのかという問題である。この場合,弥生時代から古墳時代への変化は墓制上の画期であり,政治的序列関係としての広域的な地域間関係と各地における階層化や社会統合の進行は,基本的には連続性という視点において理解されることになる。しかしその一方で,北條氏・溝口氏・村上氏らの議

論にもあるように，弥生時代終末期の段階において各地域を横断するような形で広域的に社会統合が達成されていたのかという問題は，「社会統合」の具体像も含めて，検証する必要がある。そしてそれと対比した場合に古墳時代前期社会の実態がどのようなものであったのかということが改めて問題となる。ここで次に，この「社会統合」という問題に焦点をあて，また文献史料に描かれた列島社会のイメージも参照しつつ，古墳時代開始期における地域間関係の問題について検討することにしたい。

3　文献史料との接点
——「統合儀礼」[8]・「儀礼管理」・「社会統合」の問題をめぐって

　上でみたように，古墳時代開始期の地域間関係は，弥生時代後期～終末期における広域的な政治的関係の延長上にあるとする見解が主流となっている。ここで問題となるのはこのような地域間関係の形成過程であるが，近年の議論においては，古墳出現の実年代が3世紀中葉前後まで遡上したという事情もあって，古墳時代開始期の考古学的諸現象を，『後漢書』東夷伝や『三国志』魏書東夷伝倭人条（『魏志』倭人伝）に描かれた「倭国」の動向との対比において検討する方向性が認められる。文献史学の成果の中で，特に近年の古墳時代開始期の議論との関連から，ここでは西嶋定生氏や吉田晶氏らの研究を取り上げる（西嶋1993・1999；吉田1995・1998a）。また対外交渉の変遷については川本芳昭氏の研究（2002・2005・2006）を参考とした。以下こうした研究成果をふまえつつ，具体的な問題点を検討したい。

　中国後漢代以降の史書において，古墳時代開始期の地域間関係形成過程の議論に関連すると思われる記述として，以下の4項目を挙げてみたい。

　　①「倭国王帥升等」の存在と紀元後107年段階における「倭国」の範囲
　　　（『後漢書』東夷伝）
　　②3世紀の楽浪郡と帯方郡；公孫氏政権との関係－「是後倭韓遂属帯方」
　　　（『魏志』韓伝）
　　③邪馬台国に在る「倭王」卑弥呼の「共立」（『魏志』倭人伝）
　　④卑弥呼の「鬼道」と道教／神仙思想との関係性（『魏志』倭人伝）

まず①は,『後漢書』にみられる「倭国」の実態とその範囲をどのように考えるかという問題である。107年という2世紀初頭の段階は,考古学的には弥生後期の中葉前後と考えられるが,この段階での「倭国王」を戴く「倭国」の範囲はどの程度と考えられるであろうか。文献史の立場からは,この段階ですでに西日本規模で「倭国」と呼びうる広域的な社会統合がある程度進んでいたことが想定されているが（西嶋1993），これを考古学的現象との関係においてどのように理解するかという点が問題となる。具体的には,西嶋氏や川本氏は伊都国王を盟主とする諸国の連合体と捉えており（西嶋1992；川本2006），考古学の立場からは,あるいは「奴」や「伊都」を盟主とする北部九州の連合体制を筆頭に,北部九州から北陸・東海に及ぶ広い地域を「倭国」の範囲と捉える岡村秀典氏の見解（岡村1999：pp. 110-111），西嶋氏らと同様伊都国を主体に捉える柳田康雄氏の見解（2002a）などがある。この問題をまず第1の課題として設定したい。

②は,2世紀末から3世紀前半代における東アジアの国際的環境の問題とも言い換えることができる。楽浪郡域は2世紀末～3世紀初頭に公孫氏の政権下に入り,また建安九年（204）にはその南方に帯方郡が設置されている。倭と韓はこの後,帯方郡に「属」したことが記されているが,この「属」が,倭との間でのどのような関係を示すのかという点が問題である。これはまた,3世紀前半代において,公孫氏政権と倭国との間でどのような接触が持たれたのかという問題と言い換えることができる。特に,公孫氏は江南地域の呉とも接触しており,日本列島における大陸製品の流入過程を考える上で重要な問題であるといえよう。

また③の「倭王卑弥呼」の「共立」の問題であるが,卑弥呼は邪馬台国にある女王であると同時に「親魏倭王」として位置づけられる存在である。それ故,卑弥呼が「共立」されたという場合,その共立を可能にした政治基盤や「共立」という表現の実態がどのようなものであったのかという点は,「中央政権」としてのヤマト政権の形成過程を考える上でも一定の示唆を与えうると考えられる。これに関連して,北條芳隆氏は,当初から「自律的な政体」として出現するという従来のヤマト政権についての理解に対する代案として,周辺諸勢力

の連合体としての初期ヤマト政権像を提示しているが，これはこの「共立」のイメージを明確に意識したものである（北條1999）。この問題についても，その形成過程という点から検証が必要であろう。

④の卑弥呼の「鬼道」については，文献史の立場からはいわゆる道教／神仙思想との関係を重視する見解（重松1969・1978）がある一方，そうした道教思想の影響は一定程度認めながらも，従来からのシャーマニズムにその基盤を求める見解（三品1970；和田萃1986；吉田1995；佐伯2000）の大きく2つに分かれる。この問題は後述するように，画文帯神獣鏡や三角縁神獣鏡などの神獣鏡の動向に関する議論に影響を与えつつあり，現象面から具体的な検証作業が必要と考えられる。

次に，このような文献イメージに対する考古学的な議論について検討を行いたい。まず，①の「倭国」の問題は，のちの古墳時代開始期における社会統合の範囲と実態の問題と関係するが，この問題に関連して，松木武彦氏の「シンボルの交替」という議論（1997）について検討したい。松木氏は，ヨーロッパ北部の青銅器時代においては，墳墓が卓越する時期やホード（hoard）が卓越する時期など，社会進化の過程でシンボルの推移が認められるというK. クリスチャンセン氏の研究（Kristiansen, 1991）を参照しながら，前方後円墳体制の成立過程について，突線鈕式銅鐸と大型墳丘墓や広形銅矛の対峙，前方後円形墳丘墓と前方後方形墳丘墓の対峙という地域圏間での「統合のシンボル」の対立構造を経て，それらが前方後円形墳丘墓祭祀に統一されるというシンボルの変遷から説明を試みている。この問題については，ここで引用されるクリスチャンセン氏の研究が，シンボルの変遷・推移を扱ったというよりは，生産組織や社会組織の変動と連動する現象としてホードと墳墓それぞれの盛行時期の差異を論じているとする岩永省三氏の批判がある（岩永1998）。またこの松木氏の議論は，必需物資流通機構形成の問題を列島規模での抗争とその収束という文脈で説明する氏の視点と密接に関連する問題と考えられるが，他方で松木氏の所論においては，たとえば広形銅矛や突線鈕式銅鐸の分布範囲が，そのまま「社会統合」の範囲として捉えられ，それが地域圏≒政治圏という形で議論の前提とされている点が問題点として挙げられる。象徴的器物や建造物の分布範

囲が，そのまま実態として社会統合の達成を示すのかという点は，個々の社会的・歴史的コンテクストに応じて異なるものであり，議論の前提とされるべきではないと考えられる。古墳の分布圏を「前方後円墳体制」あるいは「民族」の範囲として捉える都出氏の議論（1993）にも，同様の問題が含まれているものと考えられる。広形銅矛や突線鈕式銅鐸の分布範囲がそれぞれ社会統合なり政治的統合の範囲なりを示すものであるのかという点は，個別に検証作業が必要であるといえよう。

また福永伸哉氏は，前掲の岡村秀典氏（1990）による漢鏡分布の推移についての研究成果に拠りつつ，みる銅鐸→画文帯神獣鏡→三角縁神獣鏡という「国産青銅器から大形神獣鏡へという象徴的器物の交替」を想定し，特に画文帯神獣鏡については，銅鐸の廃棄／終焉と前後して，楽浪郡の公孫氏政権から独占的に邪馬台国政権によって入手され，三角縁神獣鏡に先行して各地に配布された統合のシンボルであるという見解を提示する（福永1998a・1999b・2005a）。福永氏はその背景として，卑弥呼の「鬼道」と道教／神仙思想との強い関連性を想定し，それ故神仙世界を描いた神獣鏡が求められたという可能性を指摘している。また氏は，「儀礼は常に中心をつくり出す」というA. M. ホカート氏の王権論や青木保氏による統合儀礼・国家儀礼の議論（青木1984）を参照しつつ，こうした画文帯神獣鏡や三角縁神獣鏡の配布を，広域的な社会統合＝「統合儀礼」の創出との関連において捉え，定型化前方後円墳の創出は「統合儀礼のスタイル」の最終的な完成形態として結実したものであると評価する（福永1999b）。また福永氏は，画文帯神獣鏡や三角縁神獣鏡といった，楽浪郡域や中国華北王朝との結びつきを示す神獣鏡から，それらとは異なるモデルを採用した倭製の「新式神獣鏡」へという変化が認められる点について，大和東南部勢力から大和北部〜河内平野勢力への政治的中心の移行に伴う旧来的な「儀礼方式」の「弛緩」という視点で捉え，古墳時代における政治的主導権の獲得・維持における「儀礼管理」の重要性を指摘している（福永1999a・1999b）。氏の議論は，大形青銅器や墳丘墓の分布域を社会統合の範囲とその対峙として捉えた松木氏の議論と同様，象徴的器物の分布範囲を社会統合の範囲と捉え，また「統合儀礼」という視点からその変遷過程を追うことによって中央政権による広域的な

集団統合過程を論じたものということができる。具体的には，古墳出現期の地域間関係は「儀礼管理戦略」による「中心―周辺関係の形成」であり，また「創出された統合儀礼への参加」による列島規模での共通性の形成として意義づけられている。

　福永氏の議論では，画文帯神獣鏡などの神獣鏡が，道教／神仙思想と結びついた「統合儀礼」との関連において位置づけられ，政権中枢によるその独占的入手・分配が，「統合儀礼」に関わる「儀礼管理戦略」という視点から論じられている。この議論においては，前掲のホカート氏・青木保氏らの王権論などに加え，T. アール氏らの首長制社会論などにみられる「イデオロギーの物質化（materialization）」といった議論（DeMarrais et al., 1996；Earle, 1997）などが参照されている。また福永氏は，古墳の出現を「統合儀礼」という視点から「国家形成の出発点」と位置づけており，近年では小規模な首長制社会をはるかに越えた広域での政治システムであり，S. タンバイア氏が植民地化以前の東南アジアの国家形態についてモデル化した銀河系政体構造との対比から，「その成熟度はともかくとしてもかなりの部分を実現した国家の初期的段階」と評価している（福永2005b）。この問題については，第2章以下の分析を踏まえた上で，第7章において検討することにしたい。

　また，画文帯神獣鏡の列島への流入とその流通を公孫氏政権と邪馬台国政権との接触や道教／神仙思想の浸透といった視点から論じる傾向が近年強まっているが（e. g. 岡村1990・1999；小山田1992；福永1998a・1999b），これが三角縁神獣鏡に先行して「邪馬台国政権」によって配布され，広域的な「統合のシンボル」となり得たかという点についても検証が必要である。また福永氏の議論においても松木氏と同様，弥生時代終末期の段階において広域的な社会統合が達成されていたことが想定されているが，実際問題として，「社会統合」とはどのような状態を示すのか，象徴的器物の広域的な分布はその必要十分条件となり得るのかといった問題を再検討する必要があるものと考える。この問題を考える上では，古墳時代前期における地域間関係の実態を列島規模での「社会統合」と捉えうるのか，そしてその前段階としての弥生時代終末期における地域間関係がどのように評価されるのかという点を具体的に検討する必要がある。そう

した作業を通じて，古墳の出現の意義を論ずることが可能となるものと考える。

またこの他神仙思想については，三角縁神獣鏡の製作・使用の背景をめぐる西川寿勝氏・大和岩雄氏らの議論がある（西川2002・2004；大和2003・2004）。三角縁神獣鏡以外の鏡も含め，3～4世紀代以前にどこまで神仙思想が浸透していたといえるかは課題といえよう。

以上，文献史料に描かれたイメージとそれに関連した考古学的議論について検討してきたが，そうした成果をふまえつつ，次に古墳時代開始期の銅鏡を対象とする本研究の具体的な検討課題について見ていくことにしたい。

4 古墳時代開始期の銅鏡に関する問題の所在

同笵鏡論・伝世鏡論以降の銅鏡研究の展開を通じてより具体的に明らかになったのは，日本列島で出土する様々な鏡は，当然ながらその流入元である中国大陸や韓半島などと密接な結びつきを有するものであり，それ故に当該時期における東アジアの社会的・政治的脈絡の中で理解すべき資料であるという点である。これは三角縁神獣鏡についても，また後漢鏡・魏晋鏡についても同様である。また倭製鏡についても，そのような東アジア的国際情勢において日本列島に流入した中国鏡をモデルとしているという点において，こうした脈絡と切り離して論ずることはできない。同笵鏡論・伝世鏡論の枠組みは，このように当該時期における大陸や韓半島の情勢と密接に結びついた考古資料である銅鏡を主たる対象として，日本列島内部での社会変化の問題を体系的に扱った点において，現在の議論に至る基本的な枠組みとして将来にわたり一定の影響力を有するものと考えられる。その一方で，繰り返し述べてきたように，そこに内包される問題点を解消しつつ，批判的に継承することで新たな枠組みを生み出すという方向性が必要であると考える。

本書は，中国鏡・三角縁神獣鏡・倭製鏡の様相をもとに，古墳時代開始過程の具体相および古墳時代前期の地域間関係の実態を明らかにすることを目的としている。そこでは，弥生時代後期～終末期，古墳時代前期といった各時期において出土する銅鏡の具体的な内容やその時間的な推移，そして分布状況の検討などが必要となる。

以下，いまみたような問題意識を念頭に置きつつ，本書で課題とする具体的な論点について検討することにしたい．すなわち，①古墳時代開始前後における中国鏡流通形態；伝世の問題（第2章），②三角縁神獣鏡・倭製鏡の変遷と前期古墳編年／古墳時代前期の年代観の問題（第3章），③三角縁神獣鏡の製作系譜と製作年代の問題（第4章）④古墳時代前期倭製鏡の生成・変容過程とそのモデルの問題（第5章），そして⑤古墳時代前期における鏡の副葬形態の問題（第6章），といった大きく5つの問題である．

(1)古墳時代開始前後における中国鏡流通形態の問題

　古墳出現前後の日本列島において出土する後漢鏡・三国鏡については，1）製作年代，2）製作地，3）列島への流入年代，4）列島内部での流通形態という，大きく4つの問題が想定される．特に弥生時代後期～古墳時代前期の日本列島から出土する後漢鏡については，A）前期古墳出土中国鏡の構成や弥生後期における破鏡・破砕鏡の動向から古墳時代開始前後に完形鏡の大量流入を想定する立場（e.g. 高橋1986；森岡1992他），B）漢鏡編年の年代観に基づき，段階的流入／伝世を想定する立場（e.g. 岡村1990；福永1998a）という大きく2つの立場が存在する．さらに近年では特に後者の見解が古墳時代開始論と密接に結びつく形で，弥生時代終末期の段階において，画文帯神獣鏡が広域的な「統合のシンボル」として邪馬台国政権から各地へ一元的に配布されたという議論へと進んでいる．このような現状において，実際の資料に即してみた場合，従来「伝世鏡」と位置づけられてきた内行花文鏡や方格規矩鏡などの各鏡式についても，弥生時代後期以来の伝世が想定できるのか，また弥生時代終末期段階での画文帯神獣鏡配布論が成立するのか，そしてそれらに基づいて近畿地方の一貫した優位性を主張することが可能なのかといった点が検証される必要がある．特に，庄内式段階までの中国鏡の流入・流通形態がどのようなものであったか，そして古墳時代前期においてはどうであったのかという点が具体的に明らかにされる必要があると考える．この問題を明らかにすることが，弥生時代終末期段階における「社会統合」，あるいは古墳時代的地域間関係の形成過程を考える上でも一定の意義を有するものと考えるのである．このような点を踏まえ，

第2章では，弥生時代後期～終末期における後漢鏡の動向と，前期古墳から出土する後漢鏡各鏡式の具体的内容を検討することによって，当該時期における中国鏡の流通形態を明らかにし，その上で古墳時代開始論の枠組み自体の検証を試みたいと考える。

(2)三角縁神獣鏡・倭製鏡の変遷と古墳時代前期の年代観の問題

①**前期古墳の編年基準**　　銅鏡研究の進展に伴い，古墳の編年基準自体も近年改めて問題となってきている。従来の古墳の編年基準において重要な役割を担ってきたものとして，墳丘形態・埋葬施設・副葬品とその組成・埴輪の変遷などを挙げることができよう。前期古墳については，三角縁神獣鏡の古い鏡群と新しい鏡群，そして腕輪形石製品との共伴関係から鏡の変遷を整理した小林行雄氏の成果（小林1956・1961・1962）をふまえつつ，埋葬施設や副葬品から大きく前後2段階に区分する編年案が長く定着していた（e.g. 小林・近藤1959；大塚1966）。その後埴輪では円筒埴輪Ⅰ式・Ⅱ式（川西1978）とそれに先行する特殊器台形埴輪といった変遷が整理され，さらに都出比呂志氏（1979・1981）による埋葬施設と埴輪についての検討を通じて，前期古墳を大きく4段階に区分する方向性が示された。和田晴吾氏（1987）やそれをもとにした広瀬和雄氏（1992）の編年案は，そうした4段階区分において副葬品の組み合わせをさらに詳細に検討し，指標として明確化したものである。

また三角縁神獣鏡研究の進展に伴い，従来前期を4期区分する際の2期の指標とされてきた仿製三角縁神獣鏡の出現が，倭製鏡の出現よりも時期が下る可能性が指摘され（岸本1996b），他の副葬品の動向とあわせて仿製三角縁神獣鏡は前期後半段階の指標となる可能性が指摘されるようになった（福永1996a）。ただし当初仿製三角縁神獣鏡との組み合わせが指摘された腕輪形石製品については，雪野山古墳で最古型式の鍬形石が出土していることなどからも，前期前半には出現していることが確実であり，それ故腕輪形石製品の初現は古くなることはあっても新しくなることはない。このように鏡の位置づけが変更される一方で，腕輪形石製品については基本的にそのままといった部分的な修正が行われていることから，和田編年・広瀬編年以前とそれ以後とでは，厳密に編年

基準の対応を図ることができないという点に注意が必要である。

　近年では，埴輪研究や土器研究などの進展により古墳の年代の詳細な位置づけがなされているが，古墳編年の基準ということでいえば，1990年代以降の三角縁神獣鏡や倭製鏡の編年研究における細分化にもとづき，前期古墳編年の細分化が行われている。現状で最も詳細な時期区分は大賀克彦氏（2002）によるものであり，舶載三角縁神獣鏡を大きく3段階，仿製三角縁神獣鏡については福永氏の分類（1994a）にもとづき3段階に区分している。さらに三角縁神獣鏡を副葬しない段階を1段階設定し，倭製鏡やその他の副葬品，また土器型式などとの組み合わせにもとづき，前期古墳を大きく前Ⅰ期～前Ⅶ期の7段階に区分している。

　また森下章司氏は，以上のような前期古墳編年の現状をふまえ，副葬品の組み合わせという観点から再検討を行っている（森下2005a）。氏は編年の方法について，大きく①「副葬品の有無による基準」，②「型式の組み合わせによる基準」の2つを提示している。そして各副葬品の型式変遷が相互に共変動する場合に，より有効と考えられる副葬品の型式を抽出してその組み合わせにより時期を設定するという方法を採っている。その結果，前期古墳の副葬品の組み合わせがその「配列」において漸移的に変化することを示し，大きく1～5の組み合わせの相を抽出している。

　このように，現在の研究動向においては，鏡の変遷と古墳の変遷がどのような関係にあるのか，またその他の副葬品の組み合わせを含めてどの程度の時期区分が実際に可能であり有効であるのかが問題となりつつあるといえよう。こうした認識をふまえ，第3章では三角縁神獣鏡・倭製鏡の編年をもとに，前期古墳の編年基準について具体的に検討する。

②三角縁神獣鏡の分類と編年の方向性　　三角縁神獣鏡に関する検討課題として，まず第1に，前期古墳の編年観との対比における三角縁神獣鏡の分類／編年の可能性という点が挙げられる。これは近年細分化の傾向を増しつつある三角縁神獣鏡の分類および編年が，実質的にどの程度有効であるのかを再検討するものである。

　これまでの研究史においては，小林行雄氏の主像配置分類（1976）や岸本直

文氏（1989）の神獣像表現の分類を基礎としながら，新納泉氏（1991a）らの研究を基礎として複数の属性の共変動という視点からそれらを時系列的に再構築しようとするものと，森下章司氏（1998b）のようにそれらを基礎としながら，前期古墳の共伴関係という点からより有効な分類単位を抽出するという方向性が認められる。これら2つの方向性は排他的なものではなく，むしろ相互に補完的な関係にあるものと考えるべきであろう。第3章では，このような点を念頭に置きながら，神獣像表現と各属性を中心に分類単位を抽出し，型式学的に各分類単位間の関係を整理した上で，古墳での共伴関係からその編年の有効性について検証するという形を採りたいと考える。

③**前期倭製鏡の分類・編年と変遷観**　倭製鏡の分類・編年研究においては，系列の抽出とその併行関係の措定という点がこれまでも課題となってきた。系列を抽出し全体を体系づける作業は，森下章司氏（1991・2002）や林正憲氏（2000・2002），下垣仁志氏（2003a）らの研究が挙げられる他，各系列に関しても個別の検討が行われており，本論ではこれらを参照しつつ，時間軸の設定を行う。さらにこうした編年作業に加え，出現頻度や面径の大きさがどのように推移したかといった生産の問題についても検討する。

(3)三角縁神獣鏡の製作系譜・製作年代の問題

　三角縁神獣鏡については，製作地や配布論など多くの問題が山積しているが，本書においては，特に「舶載」・「仿製」の両者の連続性／非連続性を視野に入れた製作年代の問題を検討する。その上で，文様構成などからみた製作系譜という点において三角縁神獣鏡の製作体制，あるいは製作の背景についても論及したいと考える。以下，具体的な検討課題について述べる。

　三角縁神獣鏡の変遷を考える上で最も重要な問題の1つが，その実年代の幅がどの程度であるのかという点である。これはまた前期古墳の実年代や三角縁神獣鏡の生産体制の問題とも密接に関わっている。製作年代の上限は，紀年銘鏡の存在から239年頃となるが，下限については，いわゆる短期編年説を採るか長期編年説を採るかによって大きく理解が異なってくる。またこうした「舶載」三角縁神獣鏡の年代幅を考える上では，「仿製」三角縁神獣鏡の出現年代

やその位置づけをどう捉えるかという点も大きく影響する。

　「仿製」三角縁神獣鏡が，他の古墳時代前期倭製鏡と同様に，またそれらと併行して列島内部で生産されたものであるかという点についてもいくつかの議論がある。すでにみたように，車崎正彦氏は「舶載」鏡が魏代に，「仿製」鏡が西晋代にそれぞれ生産された可能性を想定している（車崎1999a）。この場合，「舶載」三角縁神獣鏡の下限は265年頃で，その実年代も約四半世紀程度となる。また「仿製」三角縁神獣鏡の出現年代についても遅くとも3世紀第3四半期の中に求められることになり，前期古墳の実年代を考える上でも派生する問題が大きい。したがって現段階の議論としては，従来「仿製」と考えられてきた一群については，「舶載」とされてきた一群からの変化がどのように説明されるのかという点をあらためて検討する必要がある。その上で古墳時代前期の実年代観という点を含めて，全体の枠組みを組み立てる必要が生じているといえよう。またこの問題は，製品自体から見出される両者の差異および生産の画期が，大陸での生産→列島での生産開始という変化を背景とし，またそれと一致するものであるのかといった点とも密接に関係しており，その意味で仿製三角縁神獣鏡の生成過程についての検討が必要である。

　以上，三角縁神獣鏡の分類および編年案について，実年代の上限と下限という点も含めて整理を行ってきた。ここまでの議論を通じて明らかなように，三角縁神獣鏡の検討課題としては，大きく①型式変化の具体的様相，②「舶載」と「仿製」の画期とその変化をどのように捉えるか，③「舶載」三角縁神獣鏡の実年代の幅がどの程度に収まるか，また「仿製」三角縁神獣鏡の出現年代はいつごろか，といった問題が挙げられる。以上のような点を踏まえつつ，第4章では三角縁神獣鏡の分類および編年の可能性についても具体的に検討したい。

(4)古墳時代前期倭製鏡の多様化・モデルに関する問題

①前期倭製鏡の変遷観　　先にみたように，古墳時代前期倭製鏡の変遷観は，小林行雄氏の同笵鏡論・伝世鏡論に大きく影響を受ける形で形成されてきた。その後，その他の倭製鏡に関しても型式学的研究が進展した結果，後漢鏡の「仿製」は仿製三角縁神獣鏡の製作開始と併行するかもしくはこれに先行する

といった可能性が指摘されるようになった。問題は，後漢鏡をモデルとした倭製鏡の製作が仿製三角縁神獣鏡の製作と併行もしくはこれに先行するという場合，同笵鏡論・伝世論の影響下で提示された変遷観に対して，どのような代案が提示されるかという点であり，倭製鏡そのものの分析を通じて具体的に明らかにする必要がある。

②前期倭製鏡の分類とモデルに関する諸説　倭製鏡の分類は，研究史の早い段階から，「仿製内行花文鏡」「仿製方格規矩鏡」というように，中国鏡の諸鏡式およびその鏡式分類との対比において行われてきた。たとえば小林三郎氏の分類 (1982) では，大きく中国鏡の鏡式分類との対応によって分類可能な一群と，それが不可能な二次的鏡群という2種類の区分が認められる。この場合，基本的には倭製鏡の諸系列は，中国鏡諸鏡式との対応関係によって理解され，各系列間の関係性自体については中国鏡諸鏡式間の関係に準ずるものと位置づけられる。他方で，倭製鏡諸系列の分類観にもとづいて，そのモデルを措定するという方向性も認められる (e. g. 田中1977・1979・1981・1983；樋口1979；森下1991他)。これは，中国鏡の鏡式体系を分類の出発点とするのか，倭製鏡の分類を出発点としてその上でモデルを措定するのかという方法論上の問題であるが，このことからさらに，倭製鏡諸系列間の関係や，中国鏡の鏡式体系と倭製鏡との関係をどのように理解するかという問題が派生する。すなわち，倭製鏡の多様な諸系列は，中国鏡の諸鏡式との1対1の対応関係において，ほぼ同義と捉えるあるいは同列に扱うことが可能であるのかという問題である。方法論上の問題も含めて，この点を根本的に問い直すことが必要であると考える。

　以上のような分類における方法論上の問題をふまえ，ここで古墳時代前期倭製鏡の具体的なモデルの問題について，楠元哲夫氏 (1994) および新井悟氏 (1997) の議論をもとに検討したい。楠元氏は，奈良県大和天神山古墳出土鏡群を再検討する中で，この鏡群が三角縁神獣鏡を含まないこと，またこの中に初期の大型倭製鏡のモデルとなりうる鏡式が多く含まれることなどを指摘した上で，これらが前期倭製鏡の直接的なモデルであり，人体埋葬が考えにくい大和天神山古墳は，こうした前期倭製鏡のモデルとなった鏡を埋納した場所である可能性を論じた (楠元前掲)。これは後述するように，天神山古墳出土鏡群の特

殊な鏡式構成とその意義を再評価したという点のみならず，前期倭製鏡のモデルがどのような鏡式であったかという問題を考える上で重要な視点を提示している。

また新井悟氏は，内行花文鏡系・方格規矩四神鏡系・夔龍鏡系の3者について，「伝世鏡3種」の倭製鏡という表現を与え，それらのうち初期の製品に大型鏡が多くみられることから，これらが原鏡の大きさにほぼ忠実な仿製三角縁神獣鏡とは別に，当初からそれ自体が「階層差」を示すべく，「伝世鏡を主体として原鏡の大きさをさらに誇張して製作された」（新井前掲：p. 11）可能性を指摘した。また氏は，これら後漢鏡の倭製鏡のうち初期の大型鏡について，「後漢鏡がなくなった段階で，……（中略）……伝世鏡の代替物として扱ったもの」(p. 12) という位置づけを行っている。氏はこのように，内行花文鏡系以下の3系列について，伝世鏡をモデルとする一群と措定しているが，これについては前述のように，モデルとなった鏡の伝世自体が問い直される必要があると同時に，それらが伝世の所産であるか否かにかかわらず，なぜ特にこの3つの系列において前期倭製鏡の中でも大型鏡が多く製作され，またこれらが中心的な系列群となり得たかといった点が問われる必要があろう。先に挙げた下垣氏（2005d）の論点もまさにこの点と深く関わっている。前項の問題提起とも重なるが，こうした問題も含めた上で，伝世鏡論・同笵鏡論の枠組みに対する代案が提示できるかどうかという点が，ここでの主たる論点となるものと考える。

③倭製鏡の製作管理主体と生産体制　これまで倭製鏡の生産体制については，近畿周辺での集中的生産，あるいは各地での在地生産が行われた可能性が指摘されている。川西宏幸氏は，西部の馬見古墳群について，倭製鏡の製作・配布主体と想定している（川西1981）。最近では，福永伸哉氏や林正憲氏が「新式神獣鏡」あるいは「新興鏡群」の出現を，「奈良盆地東南部勢力」→「奈良盆地北部勢力」という政治勢力の交替・変動と重ね合わせて捉えている（福永1999a・1999b；林2000・2002）。この問題を論じる上では，①前期倭製鏡の変遷がどのようなものであり，またその生産体制が，前期を通じてどのような形でヤマト政権中枢に掌握されているのか，②初期ヤマト政権の実態はどのように理

解されるのか，といった問題に関する検討が不可欠であり，第3章以下で具体的に検討したい。

(5)古墳時代前期における鏡の流通と副葬形態の問題

　古墳時代開始期の鏡については，大きく葬送儀礼の場で副葬される器物という側面と，列島各地で広域に流通する器物という2つの側面がある。前者については，小林行雄氏の伝世鏡論の論拠の1つとされたように，埋葬施設内での副葬位置の違いから扱いや意味の違いを読み取る視点が注意され（e.g. 森1978），また副葬配置パターンの共通性から各地域間の政治的関係を想定する研究の方向性も認められる（e.g. 藤田1993b；福永1995；岩本2004など）。また先述のように広域流通という点では，面径の大小と階層性，地理的勾配の問題を扱った研究が多くみられる。本書においては，葬送儀礼の問題については今後の課題とし，主に後者の広域流通の問題について，各地域ごとの古墳の築造動向という視点から検討したいと考えている。これは，鏡の「配布」と「伝世」の問題について，先に検討した同笵鏡論・伝世鏡論の論理を検証しつつ，新たなモデルを構築することを目的とするものである。

　この点で検討課題の1つとして，鏡が副葬された古墳の被葬者，および被葬者を擁する集団との関係という点が挙げられる。鏡を保有する，あるいは使用・消費する主体をどのように捉えるのかについては，小林行雄氏の同笵鏡論・伝世鏡論をはじめとして，様々な議論がある。また出土人骨にもとづく検討から，古墳時代前半期においては父系直系ではなく基本的に双系的親族関係であったとする田中良之氏の研究（1995・2000・2004aなど）により，現在では古墳被葬者とその周辺の上位層の捉え方が大きく変化しつつあるといえよう。

　ここにおいて，鏡の保有主体について具体的にモデルを提示しているのが，森下章司氏の研究（1998a）である。氏は，鏡の年代と古墳の年代が一致する場合とその差が開く場合を検討し，古墳時代において鏡の伝世が一般的な事象であることを指摘し，いわゆる「首長系譜」にほぼ相当するような集団単位による鏡の保有が通例であることを論じている。この研究は，古墳時代の政治支配のあり方や集団構成の原理を考える上で重要な視点を提供しており，先に挙げ

た都出氏や近藤氏の指摘，そして田中氏による被葬者の親族関係の問題とあわせて，より具体的に検討を進める必要があると考える。

　この点と関連して，鏡の入手形態の問題についても触れておきたい。こうしたヤマト政権から各地の上位層への鏡の配布に関しては，小林氏の研究以来「下賜」というイメージが長く定着しているが[9]，これについて春成秀爾氏は「下賜」以外の場合も含め，大きく5つの可能性を想定している（春成1984）。この中で氏は，各地の首長への配布の第1回目の契機は地方首長の側からの「朝貢」にあったとし，第2回目以降各地の首長の継承儀式に際し，「大和部族同盟」の側からの使臣の派遣と鏡の授与が行われたと捉えている。また川西宏幸氏は，大きく「政権側が携えていく下向型」と，「政権のもとに出向いていく参向型」という2つに区分している（川西2000）。川西氏は前期の三角縁神獣鏡は下向型であり，古墳時代後半期に参向型が一般的になるとしているが，下垣仁志氏（2003b）は古墳時代前期倭製鏡の流通における面径の大小のもつ効果という観点から，「参向型」の入手形態をとる可能性を指摘する。また森下章司氏（2005b）は，こうした「参向型」の入手形態こそが古墳時代を通じて一貫したあり方であった可能性を指摘している。筆者自身も，後述するように古墳時代前期の各地域社会における突出した主導的存在の不在や，各地の上位層による散発的な鏡の入手の可能性といった状況から，「下向型」的「下賜」ののちに各地域内での二次的な配布が行われたというよりは，下垣氏・森下氏らが指摘するような，「参向型」の入手形態を想定するのが妥当であると考えている。このことは，古墳時代前期における各地の上位層とヤマト政権中枢とのつながりを考える上で重要な論点である。

　また鏡を副葬する古墳の被葬者の問題もある。寺沢知子氏は古墳時代における内行花文鏡の副葬形態について検討し，小型の内行花文鏡が女性の被葬者に副葬される事例が多いことを指摘している（寺沢1999a・1999b）。特定の副葬品と被葬者の性別との相関という問題は，他にも腕輪形石製品や武器・武具類などについて検討されており（清家1996），各種副葬品があらかじめ被葬者の性別を想定した形で配布された可能性も存在する。

　以上のように，前期古墳での鏡の副葬は，鏡の「配布」・古墳の被葬者ない

し被葬者を擁する集団の位置づけといった問題と密接に関係する可能性を検討する必要がある。またこの問題は，上で述べた被葬者の具体的な親族関係とも密接に関わっている。第6章ではこうした点を踏まえ，各地の前期古墳における鏡の出土のあり方について，より具体的に検討することにしたい。それをふまえ，第7章では以上にみてきた論点をふまえつつ，古墳時代開始過程の具体相と古墳時代前期の地域間関係についてモデル化を行う。

5 小　結——本書の課題

　本節では，主に古墳時代開始期の地域間関係の形成過程・形成要因とその具体像といった問題について，銅鏡研究を中心に考古学，さらに文献史学や人類学など関連諸分野の成果も参照しつつ検討を行ってきた。

　本書の課題は，銅鏡研究の立場から，同笵鏡論・伝世鏡論とそれ以降における古墳時代開始論の論点を検証し，かつそれにかわる新たな枠組みを構築することである。古墳時代開始論という意味での具体的な論点としては，大きく分けて2つの点が挙げられる。まず第1に，列島規模での古墳出現の前段階としての，弥生時代後期～終末期における地域間関係の実態の評価という点がある。すなわち，近年盛んにいわれているように，この段階で広域的な「社会統合」の達成を認めうるかという問題である。この問題と関係する考古学的現象としては，広形銅矛や突線鈕式銅鐸の分布圏，あるいは完形後漢鏡の流入・流通形態の問題などが挙げられる。これらの現象が，全体を通じて整合的に説明されることが必要であると考える。そして第2の論点は，古墳時代前期において近畿地方を中核とする広域的な地域間関係の実態と，その具体的な形成過程・形成要因の問題である。特にこうした広域的な地域間関係の形成要因が，生産力の増大に伴う矛盾の拡大といった内的発展の視点や必需物資流通機構形成の問題のみに還元されうるのかといった点が改めて問い直される必要があろう。これはまた，古墳時代の開始という考古学的時代区分の画期を，社会変化の画期としてどのように評価するかという問題とも密接に関わる点である。

　こうした問題を考える上で，銅鏡研究において検討課題として挙げられるのは，まず第1に，弥生時代後期における後漢鏡の流入・流通形態の問題である。

これは前期古墳から出土する後漢鏡の評価とも関係するが，弥生時代後期〜終末期の段階において，完形後漢鏡の大量流入および流通を想定できるかどうかによって，当該時期における地域間関係などの評価は大きくかわってくる。これはいわば伝世鏡論についての再検討でもある。また第2に，三角縁神獣鏡や倭製鏡の変遷を検討し，東アジアの歴史的コンテクストにおけるそれらの製作背景を明らかにすることである。そして第3の課題として，古墳時代前期における中国鏡・三角縁神獣鏡・倭製鏡の分布形成のメカニズムとその背景の検討という点が挙げられる。こうした分析を通じ，弥生時代後期〜古墳時代前期までの銅鏡に関する考古学的現象を通時的に整理することにより，上述の論点について明らかにすることが可能となるものと考える。

以上，本研究の課題について具体的にみてきた。ここで節を改め，本研究が扱う資料・方法・理論について確認しておきたい。

第3節　資料・方法・理論

1　本研究が扱う資料

本論が対象とするのは，主に弥生時代後期から古墳時代前期の約400年間に日本列島において使用され，最終的に副葬あるいは廃棄された銅鏡である。具体的には，いわゆる後漢鏡・魏晋鏡を主体とした中国鏡，それらを模倣して列島において製作された倭製鏡，そして三角縁神獣鏡の3者である。これらの資料は，国立歴史民俗博物館が刊行しているデータベース（白石他編1994；白石・設楽編2002）を基礎として，可能な限りその後発表された資料を追加して集成・分類したものである。特に第2章では弥生時代後期〜古墳時代前期の遺跡から出土した漢鏡・魏晋鏡について集成・分類を試みている。こうした資料の多くは調査報告書の記載と博物館などでの展示ケース越しの観察に負っているが，一部については，多くの方々のご協力のもと実際に手にとって観察，写真撮影や実測作業などを行わせていただいた。こうした調査における資料の実見観察が本研究の基礎をなしている。資料の調査に際してお世話になった方々に

厚く御礼を申し上げたい。

2　方　法

(1)分類-型式論

　鏡の分類では内区文様を基準として「鏡式」を設定することが通例である。第2章で対象とする中国鏡の鏡式分類については，基本的に樋口隆康氏（1979）および岡村秀典氏（1993b），車崎正彦氏（2002）らの研究を基礎としつつ，必要に応じて細分案を提示する。また主に第3章以降で扱う古墳時代前期の倭製鏡の場合，中国鏡と同様に「鏡式」のような明確な思想的背景を持った確固たる分類単位が存在し得たかという点は別の形で検証が必要なため，ここでは同一の文様に系譜を辿ることができるという意味で「系列」（森下1991）という概念を用いる。そして，各系列の編年については，各属性相互の共変動をみる属性分析の手法（横山1985）が採用されることが多い（e. g. 田中1983；岡村1984・1993b；清水1994；新井1995など）。第3章では，特に鼉龍鏡系について具体的な分類・編年の作業を行い，それをもとに方格規矩四神鏡系・内行花文鏡系といった他の系列との併行関係を措定する。その上で古墳編年と対比することで各型式の具体的な時期幅を措定するという作業を行う。三角縁神獣鏡についても基本的な分類・編年の方法論は倭製鏡のそれと同一である。この属性分析の手法は，系列的変化が追えるものについては適用可能だが，文様の省略や改変が多い倭製鏡などでは，文様の変異が必ずしも時間差によるものでなく，面径の大小に起因する場合も考慮する必要性が指摘されており（下垣2003a），こうした資料の特性なども念頭に置いた上で分類を行う必要がある。

　また年代論の問題とも密接に関連するが，型式分類による時期区分とその実際的な年代幅との関係という問題がある。型式分類を行う際，分類単位間で時間的な前後関係が認められる場合，その時期幅が実年代でどの程度かという点は，実際には出土遺構の時期あるいはその実年代観との関係で理解する必要がある。そして物質文化においては，各種の器物間，あるいは属性間で変化の速度が異なる事例が往々にして存在する。したがって，分類単位間の時間的前後関係の具体的時期幅や各分類単位間相互の併行関係は，出土遺跡・遺構の年代

との関係において理解するという点を確認しておきたい。

(2)年代論

　古墳時代開始過程の研究と銅鏡研究の関わりという点においては，鏡自体の年代観のみならず，その鏡がどの時代の，どのような遺跡から出土したかという点が大きな意味を持っている。鏡そのものの詳細な検討によってそれ自体の製作年代の推測を行う必要がある一方で，出土した遺跡の年代自体は，それとは別個に，他の共伴遺物の年代と合わせて検討する必要がある（内藤1960）。

　弥生時代後期から古墳時代前期の幅広い時期にわたって出土する中国鏡については，前漢鏡・後漢鏡を合わせて7期に区分する岡村秀典氏の漢鏡編年が定着している（岡村1984・1993b・1999）。氏のいう漢鏡各期は大陸での盛行年代および各鏡式の製作年代の上限を示すものであり，大陸での漢鏡の動向を論じる際には非常に有効である。他方で，特に日本列島のように舶載鏡として出土する漢鏡について「漢鏡○期の鏡」という場合には，その鏡の製作年代・列島への流入年代・列島での流通年代・廃棄年代の4つの年代について，厳密に区分する必要がある。さらに倣古鏡・踏返し鏡の問題や大陸での伝世という可能性をも考慮するならば，製作年代の上限のみを論拠として列島への流入年代や列島での伝世の可能性を議論することは困難と考えられる。

　以上の観点から，本論ではあえて広く普及している「漢鏡○期」という表現を使用せず，鏡式の分類単位と出土遺跡の時期に注目して分析を行う。具体的には鏡式分類とその細分案をもとに，列島での時期ごとの鏡式構成の変化について検討を行うこととし，漢鏡編年については各鏡式の年代観の指標として捉えておきたい。この方法は，「漢鏡○期」と表現する場合に含まれる，「製作年代＝リアルタイムでの流入・流通の可能性」→「結果としての伝世の可能性」という図式を前提とする必要がなくなる点で一定の有効性があると考える。

　ここで特に重要となるのが土器研究の成果であるが，先述のように，北部九州を中心とする弥生時代の遺跡では年代の指標となる鏡が出土することが多く，それによって早くから共通の実年代観が形成されている。近畿地方の弥生時代研究においては，後期の年代が長く3世紀前半と考えられていた経緯もあり

(田辺・佐原1966)，北部九州との実年代のズレが未だに完全には修正されていない。ただし，庄内式の段階を弥生時代終末期とし，またその実年代を3世紀前半代と捉え，三角縁神獣鏡の編年研究（e.g.福永1996a）を踏まえつつ古墳時代の開始年代（布留0式段階）を3世紀中葉とする見解はほぼ共通のものとなりつつあり（e.g.都出編1998；森下1998b），本書もこの年代観を採用するものである。ただしその場合に土器の相対年代との整合性から布留0式を3世紀第2四半期と考えるか第3四半期とするかについては議論があるが（寺沢2005），これについては第2章以下で具体的に筆者の年代観を述べたい。

また古墳自体の編年観・実年代観について，筆者自身は鏡の編年と古墳の編年は相互に独立したものとして扱うべきと考えており，例えば鏡の変遷において前後関係がある場合に，その時期幅がどの程度かというのは，独立した古墳の編年観との対比によって検討する必要があると考えている。詳細については第3章で検討する。

(3)分布論

本研究では鏡自体の分類・編年を1つの軸としているが，他方，古墳時代開始過程を検討するという目的から，鏡が出土する遺跡の分布形成の分析をもう1つの軸として設定する。上述の型式論・年代論の問題とも関連するが，各地での鏡の出土を考える際，その鏡自体の製作年代を重視するか，その鏡が出土した遺跡の年代を重視するかで作成される分布図は自ずと異なる。筆者は上述のように鏡の編年と古墳の編年はそれぞれ独立した体系として扱いつつ，出土する遺跡・古墳の年代を重視したいと考えている。これは，鏡の文様などから想定される製作年代と出土遺跡の年代が異なる場合に，それ自体の意味を検討する必要があると考えるからである。具体例を挙げれば，古墳時代前期の倭製鏡のように製作年代と流通年代が近接する場合は，各系列ごとの分布状況の違いなどは重要な意味を持つと考えられるが，製作年代と副葬年代が大きく異なるようないわゆる「伝世鏡」については，出土した遺構の時期を考慮して分布を検討することが必要と考える。この問題は，各時期ごとに列島内での分布形成のメカニズムが異なっていた可能性や，各時期ごとに列島への流入プロセス

が異なっていた可能性がある場合に重要になるであろう。第2章で具体的に検討したい。

また古墳の動向からみた集団間関係の問題については，近藤義郎氏（1991他）の編集による『前方後円墳集成』各編，あるいは石野博信氏の編集による『全国古墳編年集成』（1995）などを参考にしながら，各地における連続的な古墳築造パターンの変動（都出1988・1999）という点を視野に入れつつ検討する。その場合注意しておく必要があるのは，各時期における鏡の分布が，同時期における古墳や遺跡の分布と必ずしもイコールではないということである。すなわち，主体部などの調査が行われた古墳や遺跡のみが分布図として表現されるのであり，内容が判明していない古墳や遺跡が存在することを前提とする必要がある点を確認しておきたい。

3　理　論――古墳時代開始過程と国家形成論

ここで最後に，本研究の理論的な立場・視点についてまとめておきたい。具体的には，銅鏡研究を媒介として導き出されるであろう古墳時代開始の過程そのものが，どのような社会変化の一側面を示したものであるのか，といった問題に関する理論的立場についてである。このような視点から，以下では近年までの考古学における国家形成論と，それに関連する諸問題について検討する。

(1)古墳時代開始期の議論と国家形成論との接点

日本における古代律令国家の成立に関する議論は，文献史学の成果に拠るところが大きい。具体的には，石母田正氏の研究（1971）をはじめ，吉田晶氏（1973）や鬼頭清明氏（1976・1994），原秀三郎氏（1980・1984），吉田孝氏（1983），山尾幸久氏（1983），吉村武彦氏（1996・2003・2006），熊谷公男氏（2001）など，数多くの研究が挙げられる。こうした文献史学の成果については岩永省三氏によって詳細な検討が行われている（岩永1992・2003）。これらの文献史学の立場は，大きくはエンゲルスの『家族・私有財産・国家の起源』（1884）をはじめとする史的唯物論の枠組みから国家を論じたものであり，日本列島における国家形成の時期を律令体制の成立期と捉え，古墳時代を国家形成以前の段

階と考える立場が主流である。これに対し，考古学の立場から国家形成論を明確に意識した研究としては，すでにみたように古墳時代について，近藤義郎氏の初期の議論のように階級関係の形成という視点から論じる立場（近藤1966a），擬制的同族関係／部族連合として捉える見解（近藤1983），初期国家として評価する立場（都出1991他）など，大きくいくつかの方向性が認められる。こうした文献史学および日本考古学における国家形成論の推移と論点に関しては，岩永氏が総括的な整理を行っている（岩永1991・1992・2002・2003・2006）。

　また1960年代以降の国家形成論全般の動向を考える上では，北米における新進化主義の動向について検討する必要がある。M. サーリンズ，E. サーヴィス両氏によって整理された一般進化・特殊進化という理解は，社会進化の問題を考える上で大きな転換点となっている。特に，サーヴィス氏の『未開の社会組織』（Service, 1971）は，一般進化のあり方としてバンド社会・部族社会・首長制社会・国家社会といった4つの社会類型を挙げており，M. フリード氏のモデル（Fried, 1967）などとともに，その後の考古学的な議論に大きな影響を与えている。アメリカ人類学を中心とした国家形成論の動向は植木武氏の編集による『国家の形成』（1996）に詳しいが，その成果としては，「初期国家」（Classen and Skalnik, 1978）や国家形成要因に関する様々なモデル化という点が挙げられよう。その一方で，主にヨーロッパを中心とする構造マルクス主義人類学と呼ばれる立場は，社会進化を論ずる立場の1つとなっている（cf. Friedman and Rowlands (ed), 1977）。また1970年代以降，国家の前段階に位置する過渡的な社会としての首長制社会についての議論が深められ（cf. Earle, 1987・1991・1994・1997），考古学の分野でもこうした議論に影響を受けながら世界各地での社会進化の問題が検討されている。また近年では社会進化の「（歴史的）過程」という視点から，民族誌にもとづくモデルの援用のみならず，先史時代の社会進化のプロセスを考古学的にモデル化することの重要性が指摘されるようになってきている（Yoffee, 1993）。こうした議論の動向は日本でも紹介され（cf. 都出1991；佐々木1994；鈴木1996），その概念や用語体系が文献史学や考古学の分野でも定着しつつあり，また東アジアを中心としつつ，各地での国家形成過程の比較研究が進められている（cf. 前川・岡村編2005；田中・川本編2006）。

日本考古学における弥生・古墳時代研究の動向をこうした国家形成論全般の近年の状況と対比すると，大きく2つの論点が浮かび上がる。1つは国家形成過程における親族関係の評価，もう1つは「威信財システム（prestige good systems）」の問題である。以下この2点についてそれぞれみていくことにしたい。

(2)国家形成過程と親族組織論

　日本考古学において国家形成過程を論ずる場合は，学史的にみて，農耕社会＝食糧生産社会としての弥生時代の開始から議論が始められ，水稲耕作の定着・普及に伴う生産力の発展／矛盾の拡大／集団間の抗争などを通じて階級社会が形成されるという社会発展の図式が，史的唯物論の枠組みに即して描かれてきた。これはすでにみた近藤義郎氏（1983）や都出比呂志氏（1989c）の両者の議論に共通していえることである。国家を定義する条件の1つとして，エンゲルスの『起源』（Engels, 1884）においては，氏族的結合の解体，すなわち社会・政治組織の親族原理≒血縁的紐帯からの解放という点が挙げられているが，問題はこうした過程を考古学的現象においてどのように読みとるかという点にある。近藤氏は集団間関係の再編・拡大という図式の基礎として，「単位集団」と「集合体」を設定し，その規模と統合範囲に応じて「氏族」や「部族」「部族連合」と捉えて議論を行っている（近藤1983：第2章）。また都出氏は古典学説を批判的に検討した上で，日本列島の先史時代においては小経営体の確立が共同体的結合に先行するという説を提示し，国家形成過程における血縁的紐帯からの脱却の比重は二次的なものであると述べる（都出1989c）。こうした議論に対し，親族関係を軸として古墳時代論を展開する田中良之氏は，墓葬分析や出土人骨の歯冠計測値などにもとづく形質・社会人類学的検討を通じて，弥生時代から古墳時代前半期が双系社会である可能性を指摘し，5世紀後半以降，大陸・韓半島のイデオロギーの影響を受け双系的親族関係から父系へという変化が起こる点に国家形成過程の画期を想定している（田中1995・2000）。また田中氏は，日本考古学の時代区分を新進化主義の枠組みとの対比において再整理し，大きく縄文時代～弥生時代を部族社会の枠組みで捉え，日本列島では弥生時代中期-後期以降に階層化の進展に伴い首長制社会に移行するとし，親族関

係を社会全体のインフラとみた場合，考古学的時代区分と社会変化の画期が連動しないことを明らかにしている（田中2000・2004b）。欧米における社会人類学の脈絡においては，社会集団を論ずる際の基本単位はクラン（clan）やリニージ（lineage）といった親族集団であり，社会進化の問題を考える上ではこうした集団単位間の関係性がどのように統合／再編成され，また解体されていくかという点が議論の焦点の1つともなっている。田中氏の議論は，こうした親族原理の問題に具体的に踏み込んだものであり，その成果をふまえた上で日本列島における国家形成過程の議論を再構築する作業が今後必要とされよう。

(3)威信財システム

　いま挙げた親族原理の問題とも関係するが，首長制社会や「初期国家」といった，国家成立以前の過渡的な社会が認識される過程で，近年その移行期に位置する段階としての「威信財システム（prestige good systems）」の問題が，国家形成論における議論の焦点の1つとなっている。威信財（prestige goods）は，元来経済人類学の脈絡において使用された概念であり，その後構造マルクス主義人類学やそれに影響を受けた考古学において，首長制社会と国家形成過程を説明する枠組みの1つとして議論に取り入れられてきた（e.g Friedman and Rowlands, 1977 ; Kristiansen, 1987・1991 ; Hedeager, 1992）。フリードマン，ローランズ両氏は，社会的諸関係に埋め込まれた生産関係という観点から，部族システム（Tribal system）・「アジア的」国家（'Asiatic' states）・威信財システム（Prestige good systems）・領域国家／都市国家（Territorial and city states）といった社会進化の後生説モデル（an epigenetic model）を提示している（Friedman and Rowlands, ibid）。新進化主義の枠組みによる社会区分（e. g. Service, 1971 ; Johnson and Earle, 2000）との対比でいえば，「アジア的」国家と威信財システムが首長制社会にほぼ対応する。「アジア的」国家では，首長リニージからの血縁的系譜的距離によって社会内部が階層的に分節化される。威信財システムは，こうした首長制社会の範囲が拡大し，上位層同士が相互の政治的同盟関係を維持・確認するために，多くの場合は外来の貴重な財を分配するというものである[10]。

この威信財システムの特徴として，その威信財の発信源となる地域を中心として，中心－周辺関係（center and periphery relations）が形成され，各地の小センターを核として拡張傾向を有するという点が挙げられる。この中心と周辺の関係性は，いわゆる一次国家・二次国家の問題とも密接に関わる問題でもあり，こうした状況においては，社会進化の様相としてあらわれる部族社会・首長制社会・国家というあり方も，その空間的位置において定義される一連の構造の一部として理解する方向性も認められる（Kristiansen, 1991）。

　領域国家／都市国家では，こうした威信財システムの拡大において各地で成立した小センターでの専業的生産の増加，物資流通のコントロールなどでの中心化が進行した結果，独立した都市的性格を強めるとともに，センター間での競合関係も一層強まり，交易システムに依存した商業経済が出現する。商業的通貨としての財が一般化することにより，労働力や土地が譲渡可能となり，円錐クラン構造も破壊され，階級関係も大きく変容する。こうした状況は，周辺地域を取り込みながら拡大し，最終的に安定的な帝国の出現に至るというモデルが示されている（Friedman and Rowlands, *ibid*）。このモデルでは東アジアの具体例として，「アジア的」国家は商代，威信財システムは主に西周代，領域国家として東周代以降が挙げられており，秦・漢代が「帝国」として位置づけられている。

　以上のように，威信財システムは，国家成立の前段階の，複雑化しつつある階層化社会を論ずる際に有効なモデルの1つである。威信財は多くの場合外来の，長距離交易によってもたらされたものとされるが，この点が「威信財」の必要条件であるかというと必ずしもそうではない。筆者は威信財システム成立の条件として，次の2点を重視している（辻田2001・2005a・2005c）。すなわち，①「威信財」の入手・使用・消費が上位層に独占されていること，②「威信財」の入手・使用・消費のサイクルが社会的再生産のプロセスに不可分に埋め込まれていること，の2点である[11]。威信財システムにおいて，上位層同士の関係を円滑に保ちまた各地域社会内部での社会的再生産が安定的に行われるためには，こうした威信財が常に上位層を通じて安定的に供給され，また消費されることが前提条件となる。このことは，裏返せば威信財の流通や消費が安

定的に行われなくなると、社会的再生産自体が支障を来す（場合によっては政治支配システムが崩壊する可能性もある）ということでもあり、この点において威信財システムは不安定で流動的な側面を有するということができる（Kristiansen, 1987・1991；Hedeager, 1992）。ヨーロッパの先史時代～古代における地中海世界と中部・北部ヨーロッパとの相互作用の事例は、こうした問題を考える上で重要な論点を提起している（cf. Rowlands et al. 1987；Kristiansen and Rowlands, 1998）。

以上のような議論をふまえつつ東アジアに目を転じてみると、日本列島は東アジアの周辺域に位置しており、日本列島における国家形成過程の問題を議論する上では、一次国家としての中国諸王朝や、韓半島諸地域などとの関係も含めて検討を行っていく必要がある。

日本考古学では、穴沢咊光氏がはやく三角縁神獣鏡の配布を威信財システムの観点から説明している（穴沢1985・1995）。また弥生時代中期の北部九州において、楽浪郡との交渉を通じて威信財システムが出現する一方、後期にはその状況が崩壊するとしている（穴沢1995）。また中村慎一氏は、北部九州弥生時代中期における階層化の進展について、威信財概念をもとに検討している（中村1995）。

河野一隆氏は、威信財を大きく外来の非生産型威信財と生産型威信財の2種類に区分し、後者の価値が前者によって保証されており、非生産型威信財の流入が途絶したり、生産型威信財の生産および流通が飽和状態に至った段階で、威信財および威信財システム自体が更新されるといったモデルを提示する（河野1998）。その上で河野氏は、古墳時代前期～中期を威信財経済と捉え、こうした威信財システムをいわゆる神聖王権の統合原理との関連で理解する方向性を提示している（pp. 70-71）。

また石村智氏は、威信財システムが社会階層化を促進するのではなく、威信財システムからの脱却が社会的階層化を促進させるというモデルを提示しつつ、オセアニアにおける威信財システムとの比較検討をもとに、日本列島では古墳時代前期後半から、「威信財システムからの脱却」が始まっている可能性を指摘している（石村2004）。威信財システムと社会的階層化や複雑化がどのように

関わるのかといった点が問題でもあり，また「威信財システムからの脱却」が列島においてどの段階から進行するのか，またその具体的な背景などについても議論の焦点の1つといえよう(12)。

以上にみたように，威信財システムは，財の供給に対する依存性や拡張傾向・競合関係にもとづく不安定性・短期的性格という点で特徴づけられるものであり，威信財の入手・生産・流通の把握とその継起的な更新とによってシステム全体の安定・維持がはかられる。こうした議論は，近年の国家形成論や古墳時代開始期の議論との関連において，相互に統合される必要があるものと考える。日本考古学でも「威信財」という用語自体は定着しているが，こうした人類学的な脈絡の定義にもとづく議論はあまり行われていない。その意味でも，三角縁神獣鏡の配布を威信財システムの所産と捉え，その位置づけを論じた穴沢氏の議論（1985・1995）は，先駆的業績として改めて評価されるべきであると考える。本研究ではこうした視点を継承しつつ，さらに発展させる方向で議論を行いたい。弥生時代中期から古墳時代後期までの長期的変化のプロセスについては別に論じているが（辻田2006a），本書はその中でも特に古墳時代開始期における広域的地域間関係の形成と展開の実態解明を課題とする。ここにおいて本書で行う議論は，たとえば前述の後生説モデルを日本列島において応用することを目的としたものというよりは，むしろそうした一般モデルを参照しつつ，日本列島の事例をもとにした社会の複雑化のプロセスをめぐる考古学的モデル化を行うことを通じて，それ自体の「相対化」を行うことを主眼としたものであることを確認しておきたい。

(4)システムと構造

最後に，ここまで特に定義することなく使用してきた「システム」と「構造」の用語について若干説明を行っておきたい。本研究においては，「システム」の語を行為者の主体的行為（agency）によって結果として再生産される関係性のパターンと捉え，「構造」の語と区別して用いている。こうした見方については，社会学者アンソニー・ギデンズ氏の構造化理論にその多くを負っている（Giddens, 1979）。ここでいう「構造」とは，ギデンズ氏の定義では行為

者が主体的行為を行うにあたって参照する規則と資源であり，この構造は，行為者の主体的行為の手段である一方で，それを通じて再生産される（「構造の二重性」）。そして，言説的意識・実践的意識・無意識といった主体的行為における意識の階層性の問題も含め，行為者の主体的行為の結果として構造およびシステムが再生産されるあり方について，ギデンズ氏は「構造化（structuation）」の語を与え，この一連の議論は構造化理論と呼ばれている（Giddens, *ibid*：Chapter 2-3）。この構造化理論の考古学的な実践に関しては様々な形で取りあげられているが，その理論的展望を示したものとして，たとえば以下のようなもの（e. g. Shanks and Tilley, 1992；Barrett, 1988a；溝口1991・2000c など）が挙げられる。

そのような議論をふまえ，本論で用いる「社会システム」の語は，上に示した構造化理論の枠組みを基盤として，大きくは行為者の主体的行為の結果として再生産される社会的諸関係の関係性と理解しておきたい。このような意味で社会システムという概念を理解し，古墳時代開始期の社会像を具体的に考えていく上での基礎としておきたい。

以上，本研究の課題と具体的な方法について見てきた。ここで章を改め，まず最初に，弥生時代後期〜古墳時代前期における中国鏡の流通形態の問題から検討を始めることにしたい。

註
（1）　三角縁神獣鏡の研究史に関しては以下を参照（王他1985；近藤1988；田中1993；車崎2002；福永他2003）。
（2）　同義の用語として現在使用されているものとして，「仿」の字を同意の「倣」に読み替えた「倣製鏡」（小林1982），あるいは列島での独自性をより強調した「倭鏡」（田中1977）が挙げられる。この用語の問題については，岸本直文氏による次のような指摘がある。「『仿製鏡』（ぼうせいきょう）という用語が定着しているが，その意味からすれば『倣製鏡』（ほうせいきょう）とすべきであろう。『仿』という特殊な文字を用い『ぼう』と読ませる必要性はない。また『倣製鏡』の意味自体は一般的なもので，当時倭と呼ばれた弥生時代から

古墳時代における日本製の鏡という意味では，田中琢が提唱する『倭鏡』あるいは『倭製鏡』の方が明快である」（岸本1996b：p. 104）。これまで筆者は「倣製鏡」を使用しているが，以下本論では，同笵鏡論・伝世鏡論の学史に関わる部分（第1章第1節の一部）を除き，岸本氏の提言に従い，上に掲げた定義に基づきつつ「倭製鏡」を使用する。そして「仿製三角縁神獣鏡」や「弥生時代小形仿製鏡」といった，製作地などに議論があり，またそれ自体で学史的に定着した用語については従来の用法を併用する形をとりたいと考える。

（3）　九州における弥生時代青銅器の伝世の問題については岩永省三氏の研究（1987）を参照。

（4）　福永伸哉氏を司会として2000年12月に開催されたシンポジウムの記録（福永他2003）において，こうした諸研究の現状と到達点がまとめられている。

（5）　一部の同笵鏡で，蠟原型が使用された可能性が指摘されている。

（6）　ただし，古墳時代の開始年代を3世紀中葉前後とする見解は必ずしもこうした三角縁神獣鏡研究の進展に端を発するものではなく，北部九州の弥生時代研究などにおいては早くから共通認識となっていたものである（e. g. 岡崎1971；橋口1979；柳田1982など）。

（7）　小林氏は，「世襲的首長の地位の恒常性の外的承認という言葉で，革新された貴族の権威の内容を表現しておきたい」と述べている（小林1961：p. 145）

（8）　ここでいう「統合儀礼」は，通過儀礼研究でいうところの「分離儀礼」・「過渡儀礼」・「統合儀礼」（Gennep, 1909）における「統合儀礼」ではなく，青木保氏（1984）が提唱する，国家的政治秩序ないし広域的社会統合を可能とするような儀礼行為を指す用語である。

（9）　この他，各地の上位層が鏡を献上したとする横田健一氏の説（1958）や，前期古墳から出土する漢式鏡については，先に挙げた下垣仁志氏の吸収・再分配モデル（2005d）などがある。

（10）　この場合の威信財とは，必ずしも生存財ではなくとも，社会関係を維持するためには必要不可欠であるものを指すと筆者は捉えている。この点については，辻田（2006a，以下前稿）の発表後に，下垣仁志氏から，フリードマン・ローランズ両氏による定義ではないため誤解が生じる可能性があるとの指摘を受けた。特に前稿では「生存財ではないが」と記述しており，厳密にいえば，必ずしも生存に直接結びつくものではなくとも社会関係の維持には不可欠という表現がより適切である。その場合，筆者はこのこと自体はフリードマン・ローランズ両氏の議論の文脈の中で理解することも可能であると考えている。ご指摘いただいた下垣氏に深く感謝いたします。

（11）　日本考古学では,「威信財」という用語が，日本語のニュアンスから「権威を示す財」ないし「ステイタス・シンボル」という意味合いで使用されることが多い。したがって時代・地域を問わず，墓から出土した副葬品や長距離交易を通じてもたらされた財などは，その多くが「威信財」として扱われている。例えば縄文時代でも「威信財」が存在し，また中世の陶磁器や城館などについても拡大して「威信財」と表現する場合がある。それらはたしかに「威信財」的な性格をも持つものであるかもしれないが，ここで述べたような威信財システムという観点からいえば，おそらく縄文時代や中世の社会システムを威信財システムとは呼べないであろう。ある特定の物質文化を「威信財」的性格をもつものとして論ずる場合，最も問題となるのはそれがここでみたような威信財システムの所産として説明できるかという点であると考える。

（12）　他に最近の動向として，威信財をその流通形態から「分配型」「循環型」などに分類することが行われている（大賀2003；石村2004）。

第2章　古墳時代開始期における
　　　　中国鏡の流通形態の変革

　第1章でみたように，古墳時代開始過程に関する議論においては，古墳時代前期における中央と地方という地域間関係の図式が，その形成要因や形成過程という点から，弥生時代終末期の段階まで遡らせて考えることができるかどうかという点が論点の1つとなる。こうした議論において焦点となるのが，広形銅矛や突線鈕式銅鐸などの大形青銅器の分布様態と，内行花文鏡・方格規矩四神鏡・画文帯神獣鏡をはじめとした後漢鏡の流通形態や「伝世」の問題である。特に前期古墳から出土する後漢鏡については，想定され得る製作年代と副葬年代に開きがあることから，日本列島での長期間の伝世という可能性も含め，列島への流入年代・列島内での流通形態をどのように評価するかという点が，古墳時代開始期における地域間関係の理解にも一定の影響を及ぼすと考えられる。本章では，弥生時代後期から古墳時代前期にかけて日本列島から出土する中国鏡，特に後漢鏡・魏晋鏡に焦点をあて，それらが出土する遺跡の年代や性格について検討することにより，日本列島への流入過程や列島内部での流通形態とその変遷について明らかにする。まず第1節では列島出土中国鏡の分類を行い，中国鏡の変遷の概要を整理する。その上で第2節では弥生時代後期から古墳時代前期の日本列島における後漢鏡・魏晋鏡の出土傾向を検討し，古墳時代開始期における地域間関係の具体像についても論及したいと考える。またここでの論点は，三角縁神獣鏡の出現をどのような意味での画期と捉えるか，倭製鏡のモデルを「伝世鏡」としての後漢鏡と捉えるのか，そして古墳時代前期における鏡の配布体系など，同笵鏡論・伝世鏡論以来の通説的理解に関する様々な議論とも深く関わる問題であることを確認しておきたい。

第1節　日本列島出土後漢鏡・魏晋鏡の分類

1　鏡式分類

　ここではまず後漢鏡・魏晋鏡の分類を行うが，鏡式分類全体の理解としては，樋口隆康氏の研究（1979），岡村秀典氏の研究（1990・1993a），車崎正彦氏の研究（2002）などを参考とした。またそれぞれの鏡式については個別の先行研究があり，必要に応じてそれらをふまえて細分を行っている。日本列島から出土した鏡の具体例を図1に示す。以下の鏡式名のあとの番号は図1に対応している。

・異体字銘帯鏡（1）　内行花文（連弧文）銘帯鏡と重圏文銘帯鏡の二者に区分する。前期古墳からの出土例が数例確認できるが，小型の内行花文銘帯鏡が多い。

・虺龍文鏡（2）　藤丸詔八郎氏（1994）・岡村秀典氏（2005）による分類があるが，ここでは特に細分していない。福岡県平原遺跡出土鏡のように16cmを超すものもあるが，前期古墳から出土するものは，異体字銘帯鏡同様小型鏡が主体である。

・方格規矩鏡（3〜6）　主像から大きく四神鏡・鳥文鏡・渦文鏡・倣古鏡・方格T字鏡の5種類に区分する。倣古鏡としたものは，主像は四神および四神が鳳凰文に簡略化・形式化されたもので，正L字形をもつものが多い。長方形鈕孔をもつものが主であり，同型鏡が多い。魏晋鏡の代表例といえる。ここでは森下章司氏（1998b）の甲群・乙群をあわせて倣古鏡として扱う。華北東部地域での生産が想定されている。紀年銘鏡の年代として青龍三年（235）がある。方格T字鏡（松浦1994・2003）は，内区は四神が省略され，方格の周囲にT字文，乳を備えたもので，10cm前後の小型鏡が多い。ここでは松浦氏のM式・S式，森下氏の丙群・丁群をあわせてT字鏡として扱う。同型鏡を多く含んでいる。基本的には魏晋代でも西晋代以降の鏡であるが，古墳中期以降にも多くみられる。鳥文鏡・渦文鏡は少数であるが，方格T字鏡と別に設定した。香川県快天山古墳出土鏡は四神を浮彫で表現するものであるが，ここでは

四神鏡に含めている。

・内行花文鏡（連弧文鏡）（7～10）　後漢代の内行花文鏡は，大きく鈕座により四葉座・蝙蝠座・円圏座に区分することができる。このうち四葉座は，周囲に雲雷文帯をもつものともたないものに細分できる。それぞれ四葉座Ⅰ・四葉座Ⅱとする(1)。また雲雷文帯は，結節部分の渦文→円文への変化という点で細分が可能である（高橋1986・岡村1993b・立木1993）。基本的な変遷としては，四葉座から蝙蝠座へという変化であり，時期は四葉座Ⅰが1世紀後半代（岡村氏漢鏡5期），四葉座Ⅱ・蝙蝠座・円圏座が2世紀前半代（漢鏡6期）におおむね該当する。これら4つの分類単位に加え，車崎氏が魏晋鏡として位置づける，雲雷文帯の位置に珠文帯を備えた一群を円圏珠文帯鏡群とし，全体として大きく5種類に分類する。

・獣帯鏡（11・12）　獣帯鏡は，方格規矩四神鏡と併行する段階の細線式獣帯鏡から，浮彫式獣帯鏡への変化，また一部は画象鏡への分岐という変化をたどる（岡村1993a）。ここでは大きく，細線式・浮彫式・倣古鏡に区分する。浮彫式については岡村氏の分類（1992・1993b）に従い，突線で獣像の輪郭を描くものを浮彫式a，浮彫のみでいわゆる上方作系浮彫式獣帯鏡（岡村1992）とされる一群を浮彫式bとする。これについても近年細分が行われている（山田2005）。倣古鏡とした一群は，浮彫表現で，兵庫県吉島古墳・京都府一本松塚古墳出土鏡など，大型で同型鏡を含んでおり，魏晋鏡の範疇で捉えられる。さらにここでは，茨城県鏡塚古墳や福岡県エゲ古墳などから出土した，簡略化の進んだ小型の浮彫式獣帯鏡についても魏晋鏡として捉え，四獣鏡（倣）と仮称している。

・盤龍鏡（13・14）　鈕を挟んで2頭の獣像が向き合う構図を採る場合が多く，これまでも頭の数などをもとに細分されてきた（樋口1979；岡村1993b；上野2003）。ここでは複頭式と単頭式に区分した上で，複頭式については，獣像のデザインという視点から，大きく3種類に区分する。1つは，角を生やし胴部に鱗状表現を伴う獣像（通例龍と表現される）を右側に，角をもたない獣像（通例虎と表現される）を左側に配し，銘文が「青盖…」で始まるものを典型例とする一群で，これをA類とする。外区は鋸歯文主体である。もう1つは，逆に龍像を左側に，虎像を右側に配し，銘文が「某氏作竟…」で始まるものを典型例とする一

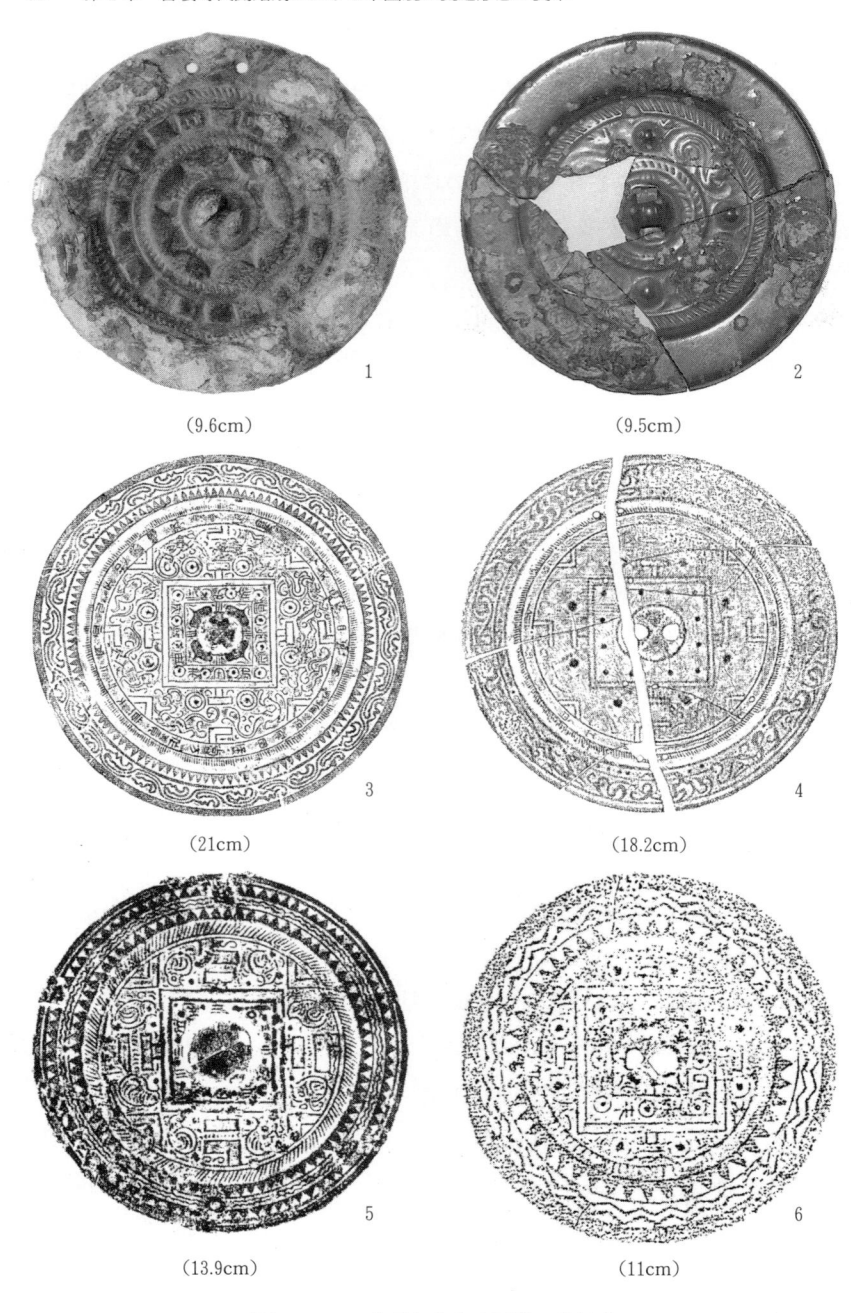

90　第2章　古墳時代開始期における中国鏡の流通形態の変革

(9.6cm)　1
(9.5cm)　2
(21cm)　3
(18.2cm)　4
(13.9cm)　5
(11cm)　6

図1-1　日本列島出土中国鏡の諸鏡式

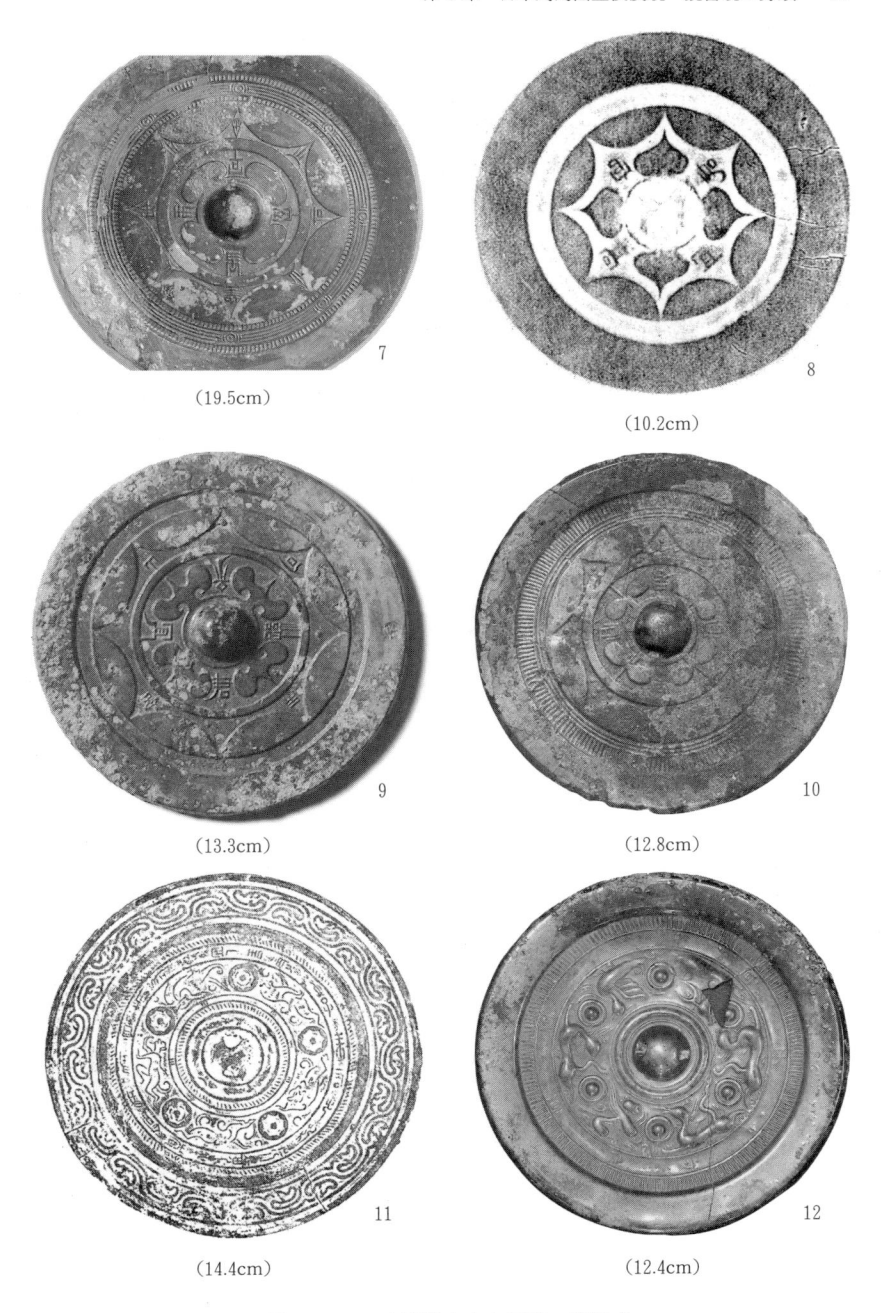

第1節　日本列島出土後漢鏡・魏晋鏡の分類　91

(19.5cm) 7

(10.2cm) 8

(13.3cm) 9

(12.8cm) 10

(14.4cm) 11

(12.4cm) 12

図1-2　日本列島出土中国鏡の諸鏡式

92　第2章　古墳時代開始期における中国鏡の流通形態の変革

13
(13cm)

14
(12.1cm)

15
(12.5cm)

16
(11.9cm)

17
(15.5cm)

18
(9cm)

図1-3　日本列島出土中国鏡の諸鏡式

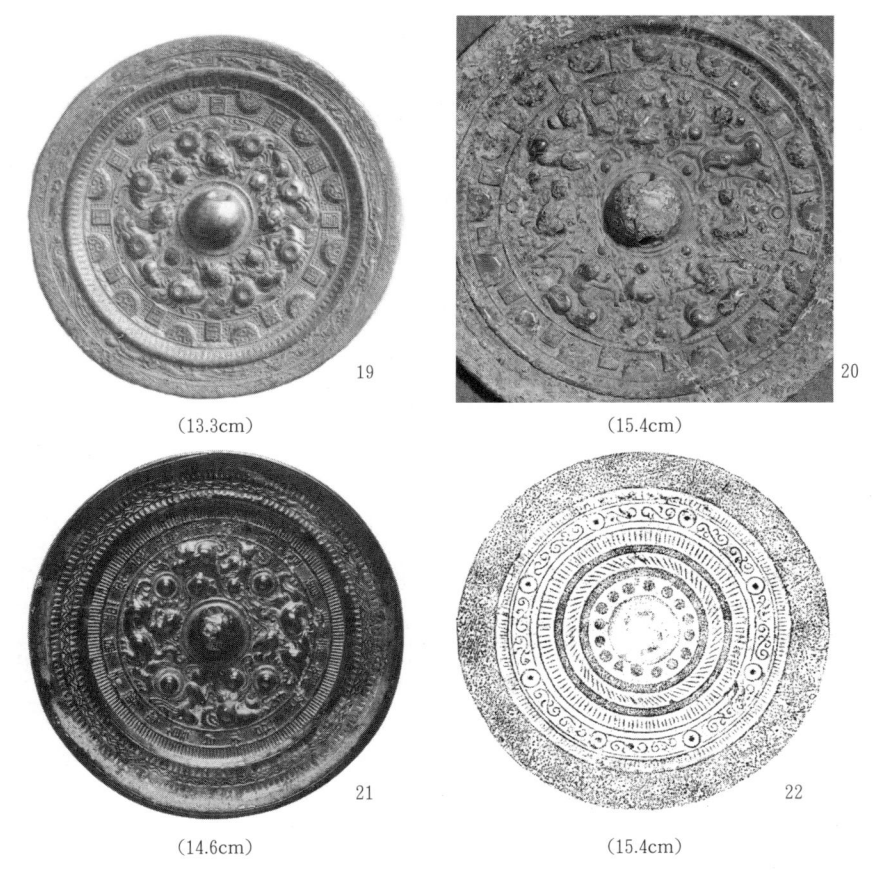

第1節　日本列島出土後漢鏡・魏晋鏡の分類　93

19　(13.3cm)
20　(15.4cm)
21　(14.6cm)
22　(15.4cm)

図1-4　日本列島出土中国鏡の諸鏡式④

〔図1の鏡式名〕
1：異体字銘帯鏡　　　　福井　花野谷1号墳
2：虺龍文鏡　　　　　　岡山　鋳物師谷1号墓
3：方格規矩四神鏡　　　福岡　平原1号墓3号鏡
4：方格規矩四神鏡　　　香川　鶴尾神社4号墳
5：方格規矩・倣古鏡　　福岡　津古生掛古墳
6：方格規矩・T字鏡　　島根　奥才14号墳
7：四葉座Ⅰ内行花文鏡　福岡　宮原遺跡3号石棺
8：四葉座Ⅱ内行花文鏡　福岡　原田遺跡A号石蓋土壙墓
9：蝙蝠座内行花文鏡　　宮崎　広島古墳群
10：蝙蝠座内行花文鏡　　福岡　老司古墳3号石室
11：細線式獣帯鏡　　　　佐賀　三津永田遺跡104号墓
12：浮彫式b(上方作系)獣帯鏡　岡山　吉原6号墳
13：盤龍鏡A類　　　　　滋賀　和邇大塚山古墳
14：盤龍鏡B類　　　　　佐賀　久里双水古墳
15：八鳳鏡　　　　　　　京都　美濃山大塚古墳
16：獣首鏡　　　　　　　宮崎　六野原孤平
17：画象鏡　　　　　　　福岡　潜塚古墳1号石棺
18：飛禽鏡　　　　　　　福岡　外之隈遺跡Ⅱ区1号墳2号墓
19：環状乳神獣鏡　　　　奈良　新山古墳No.14
20：同向式神獣鏡　　　　伝桜井市箸中
21：斜縁神獣鏡　　　　　奈良　佐味田宝塚古墳
22：雲文鏡(芝草文鏡)　　兵庫　城の山古墳

群で，これをB類とする．また両者は龍像の角の生え方も異なっており，A類では頭部から直接生えるのに対し，B類では根元が段状を呈するという違いがある．外区は鋸歯文の他，画像文のものがみられる．またこれ以外に，両頭を鈕の反対側においたもの（樋口氏の旋回式）があり，これをC類とする．第4章で検討するが，いわゆる三角縁盤龍鏡や景初四年銘盤龍鏡に採用された主像は，このうちのA類にほぼ限定される．

・八鳳鏡（夔鳳鏡）(15)　2体の鳳凰文が向き合う構図が4か所でみられることから，八鳳鏡という名称がある（車崎2002）．平彫りで，鉄鏡を含む．秋山進午氏（1998）の分類をはじめ鈕座を基準とした分類があるが，ここでは細分せず一括して扱った．また福岡県沖ノ島17号遺跡出土鏡などは，岡村氏（1996）や車崎氏が指摘するように，魏晋代の呉系の鏡と捉える．

・獣首鏡(16)　乳から四方向に伸びた蝙蝠文の間に，平彫りで獣首文を配したもの．八鳳鏡（夔鳳鏡）の中国東北部における亜種鏡とする見解がある（西川1999）．

・画象鏡(17)　上野祥史氏により，大きく写実式・デフォルメ式・同向式，さらに写実式を広画面式・方格二式・方格四式・円圏式に，デフォルメ式を神獣・四獣式に細分する分類案が提示されている（上野2001）．列島出土の画象鏡は，ややデフォルメ式が多い．また魏晋代に下るものとして，奈良県鴨都波1号墳・山梨県岡銚子塚古墳出土鏡（同型）などの二神二獣形式などがある．

・双頭龍文鏡（位至三公鏡）　西村俊範氏（1983）によりⅠ〜Ⅲ式に区分される．Ⅰ式は幅広の素縁・凹帯・連弧文をもち，双頭動物文が銘帯の両側に入る．Ⅱ式はⅠ式の凹帯の代わりに斜行櫛歯文帯＋2〜3本の圏線となる．細かいコンマ状の地文が入る．Ⅲ式は斜行櫛歯文＋2本の圏線，内区は渦文化した突線文様へとほぼ定型化する．車崎氏はこのうちⅢ式を魏晋鏡として区別している．ここでは車崎氏の指摘に従い，Ⅰ・Ⅱ式とⅢ式に区分する．

・四禽文鏡　内区に4つの禽文ないし鳥文を浮彫りで表現するもの．数が少なく，細分はしていない．

・飛禽鏡(18)　内区に4乳を備え，鈕から両側に翼，上下に頭部と尾部が生える形で配される．中国東北部における盤龍鏡の亜種鏡とする見解がある

（西川1999）。

・画文帯神獣鏡（19・20）　外区に画文帯を有する神獣鏡の総称であるが，ここでは一部画文帯をもたず銘帯のみで構成される資料も含めて広義の画文帯神獣鏡として扱った。大きく環状乳神獣鏡・同向式神獣鏡・重列神獣鏡・求心式神獣鏡・対置式神獣鏡・三段式神仙鏡・半円方形帯四獣鏡の7種類がある。それ以外に，香川県弘法寺山林古墳出土鏡などのように，二神二獣を配した鏡もある。同向式は，樋口隆康氏の分類に従い，獣像が乳を繞る形で配されるものをBとし，それ以外をAとして細分する（樋口1979）。上野祥史氏により，分類・編年と大陸における製作系列の抽出の作業が行われている（上野2000）。また環状乳神獣鏡や同向式神獣鏡には，神獣像表現や半円方形帯などから，魏晋代に下る可能性があるものが含まれる。

・方銘四獣鏡　ここでは独立して設定したが，広義の画文帯神獣鏡と密接な関連を持つ一群である。4つの方格を備え，その間に四獣を配す。小型で獣像は神獣鏡のそれと共通する。具体例として，兵庫県入佐山3号墳第1主体出土鏡がある。

・斜縁神獣鏡（21）　外区に鋸歯文＋複線波文＋鋸歯文を備え，内区に二神二獣ないし二神四獣を備える一群。斜縁神獣鏡については，従来岡村秀典氏により漢鏡7期の第3段階に位置づけられていたが，その後魏鏡へと位置づけが変更されている（岡村2001）。また村松洋介氏によって提示された分類案では，二神二獣鏡が二神四獣鏡に先行する可能性が指摘されている（村松2004）。

・斜縁四獣鏡　斜縁神獣鏡の系譜に位置づけられ，神像ではなく獣像を主文とする一群。

・二禽二獣鏡　内区に浮彫の二禽二獣を配すもので，群馬県前橋天神山古墳出土鏡や愛媛県朝日谷2号墳に出土例がある。三角縁神獣鏡（表現③）には本鏡式の主像がとり込まれている。

・雲文鏡（芝草文鏡）（車崎2002）（22）　内区に芝草文／雲文を配した魏晋鏡。

・神獣鳥文鏡（森下1998b）　魏晋代の神獣鏡の一種と考えられるもので，半円方形帯をもたず，4つの神像によって特徴づけられる。具体例として，徳島県巣山古墳出土鏡，大阪府待兼山古墳出土鏡，大阪府奥坂古墳群出土鏡などが

ある。

・その他　画文帯神獣鏡の外区に特徴的な菱雲文を内区に配した鏡で，菱雲文鏡と称される鏡がある。具体例として福岡県桑原金屎古墳出土鏡が挙げられるほかに車崎氏が斜縁同向式系二神二獣鏡とする魏晋鏡がある。奈良県大和天神山古墳5号鏡・15号鏡などを典型例とし，4つの乳と簡略化された獣像，二条の鋸歯文，小さめの斜縁があり，同型鏡の存在などが特徴的な鏡である。

2　日本列島での漢鏡出土遺跡の時期と問題点

　第1章でみたように，漢鏡の変遷観としては，岡村秀典氏が作成した漢鏡1期〜7期までの様式区分が定着している。また7期について，岡村氏は大きく鏡式から3段階に区分するが（岡村1990），車崎正彦氏は，神獣鏡の出現を指標として2期区分とし，岡村氏の7期を7期・8期という形に整理している（車崎編2002）。これらは紀元前2世紀〜後3世紀段階までの大陸における漢鏡の変遷を考える上で指標となるものである。他方，日本列島での漢鏡出土遺跡の時期は，必ずしもこうした大陸での年代観とは一致しない。また出土する鏡も完形鏡とは限らず，多くの破鏡ないし加工した鏡片を含む。このことは，列島への鏡の流入時期や流入過程，列島内部での鏡の流通形態を，大陸のそれと全くパラレルもしくはイコールとみることが難しいことを示唆している。はたして列島から出土する漢鏡は，大陸での盛行時期とほぼ同時に，いわばリアルタイムで列島に流入したのか，あるいは鏡式ごとに複雑な過程が想定されるのか。これにより，弥生時代後期〜終末期の列島内部での地域間関係や，前期古墳から出土する完形後漢鏡の入手経路の問題にも大きく影響が及ぶことは疑いのないところである。次節では，各鏡式ごとの出土遺跡の時期や完形鏡・破鏡の出土遺跡の時期・出土傾向について整理し，その上でこれら漢鏡の流入時期や流通形態の問題について論を進めたい。その際に，以下のような点について分析を行う。

・弥生時代後期と古墳時代前期それぞれにおける中国鏡の構成比率の差異
・破鏡と完形鏡／破砕鏡との比率の差異と時期的変遷
・各鏡式の列島での初現年代と変遷

・弥生時代後期〜終末期における後漢鏡の副葬と破鏡
・各鏡式ごとでの細分型式の構成比率の変遷
・前期古墳出土完形鏡の地域的分布状況
・前期古墳出土完形鏡の面径差による分布の違い
・前期古墳出土破鏡の分析（破鏡の副葬と伝世）

第2節　古墳時代開始期における中国鏡流通形態とその画期

1　弥生時代後期〜古墳時代前期における中国鏡の出土傾向

(1)資料と方法

　分析をはじめるに際し，資料の扱いに関わる点について述べておきたい。本節は，2001年に発表した拙稿（以下本章では前稿と呼ぶ）を下敷きとしているが，本書で再論するにあたり，対象資料の鏡式分類・破鏡の認定・出土状況・出土時期などについては再検討を行い，その上でその後に公表された資料や前稿で遺漏があった資料については追加を行っている。破鏡に関してはその成果を公表しているが（辻田2005a），これについても一部の資料については出土遺跡の所属時期の再検討を行い，またその後に確認した新たな資料を追加している。分析のさいに使用したデータを表1として掲載しているので，あわせてご参照願いたい。

　弥生時代後期〜古墳時代前期において日本列島から出土する中国鏡は，おおむね完形鏡・破砕鏡・破鏡・鏡片の4つに分類することができる。破砕鏡は副葬時における破砕行為の所産であり，本来的には完形鏡として位置づけられる。広義の鏡片のうち，穿孔や破断面の研磨といった明瞭な特徴が認められる場合は破鏡とされるが，そのような痕跡が見出しにくい資料も存在する。したがって，研磨や穿孔を施した鏡片を「破鏡」と定義する。また出土状況から鏡片副葬であることが確実な事例については，破鏡と同列に扱うことにする。またこ

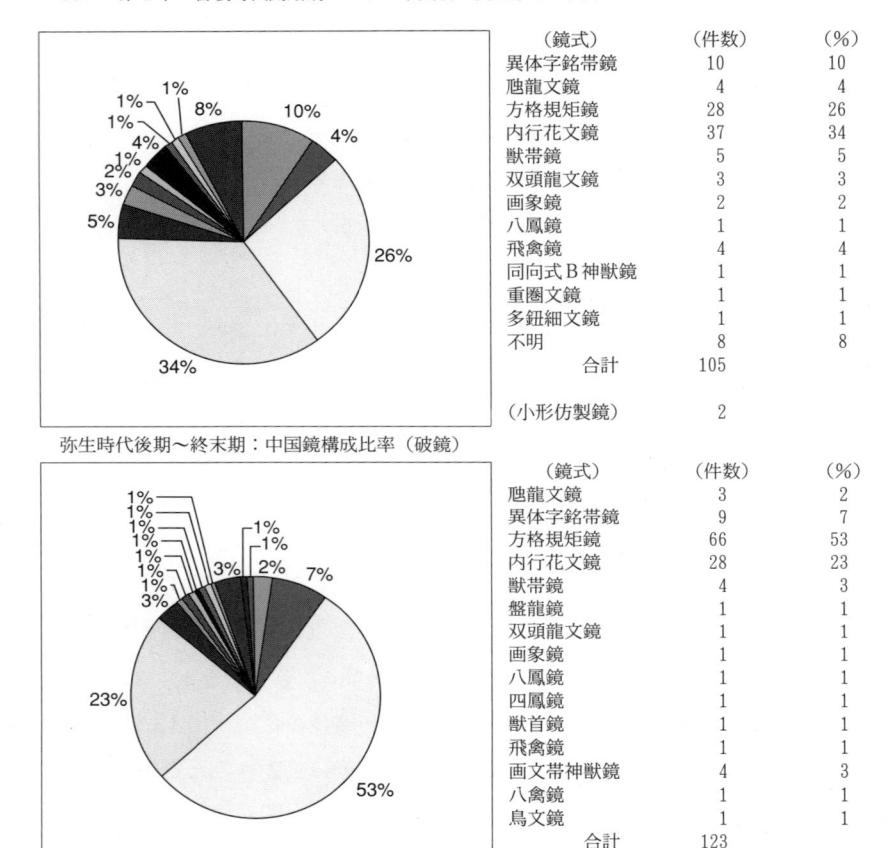

(鏡式)	(件数)	(%)
異体字銘帯鏡	10	10
虺龍文鏡	4	4
方格規矩鏡	28	26
内行花文鏡	37	34
獣帯鏡	5	5
双頭龍文鏡	3	3
画象鏡	2	2
八鳳鏡	1	1
飛禽鏡	4	4
同向式B神獣鏡	1	1
重圏文鏡	1	1
多鈕細文鏡	1	1
不明	8	8
合計	105	
(小形仿製鏡)	2	

弥生時代後期～終末期：中国鏡構成比率（破鏡）

(鏡式)	(件数)	(%)
虺龍文鏡	3	2
異体字銘帯鏡	9	7
方格規矩鏡	66	53
内行花文鏡	28	23
獣帯鏡	4	3
盤龍鏡	1	1
双頭龍文鏡	1	1
画象鏡	1	1
八鳳鏡	1	1
四鳳鏡	1	1
獣首鏡	1	1
飛禽鏡	1	1
画文帯神獣鏡	4	3
八禽鏡	1	1
鳥文鏡	1	1
合計	123	

弥生時代後期：中国鏡構成比率(完形鏡・破砕鏡)

図2 弥生時代後期～終末期出土中国鏡の鏡式構成

の場合の破鏡については，同一個体と認識される資料が現時点でほとんど認められないので，便宜的に件数としてカウントしている．これに対し，包含層や撹乱・盗掘を受けた墓などから出土したものでかつ研磨や穿孔などがみられない鏡片については，廃棄の段階で鏡片として扱われていたのか，あるいは廃棄後に鏡片となったのかが区別できない場合が多いため，これらを「鏡片」とし，鏡式構成比率などの集計を行う場合にはこれらを除外することにした．こうした元来の使用形態が不明確な鏡片について，前稿においては破鏡と同列に扱っていたが，今回の分析ではこれらを分離し，確実に破鏡もしくは鏡片副葬と分

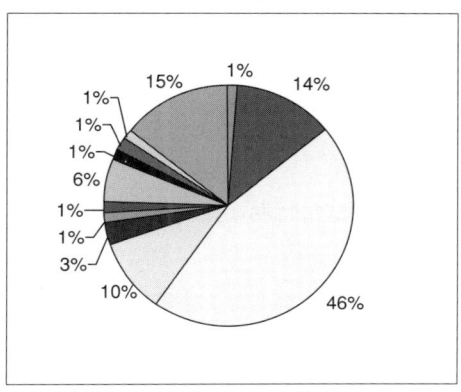

第2節　古墳時代開始期における中国鏡流通形態とその画期　99

（鏡式）	（件数）	（%）
虺龍文鏡	1	1
方格規矩鏡	9	14
内行花文鏡	31	46
獣帯鏡	7	10
八鳳鏡	2	3
獣首鏡	1	1
飛禽鏡	1	1
画文帯神獣鏡	4	6
斜縁四獣鏡	1	1
三角縁神獣鏡	1	1
双頭龍文鏡	1	1
不明他	10	15
合計	69	
（倭製鏡）	8	

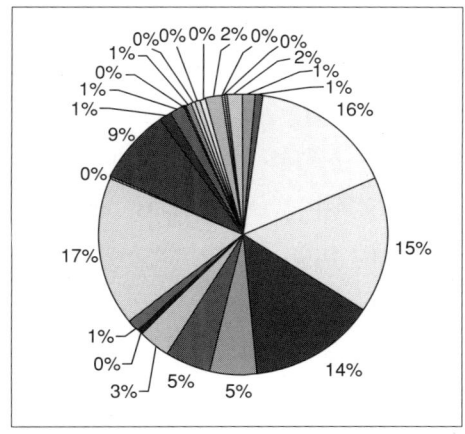

古墳時代前期：中国鏡構成比率（破鏡）

（鏡式）	（件数）	（%）
異体字銘帯鏡	6	1
虺龍文鏡	3	1
方格規矩鏡	66	16
内行花文鏡	62	15
獣帯鏡	57	14
盤龍鏡	21	5
画象鏡	21	5
八鳳鏡	14	3
獣首鏡	2	
飛禽鏡	6	1
画文帯神獣鏡	69	17
方銘四獣鏡	1	
斜縁神獣鏡	35	9
斜縁四獣鏡	6	1
双頭龍文鏡	6	1
四禽文鏡	1	
八禽鏡	3	1
二禽二獣鏡	2	
神獣鳥文鏡	2	
斜縁同向式系二神二獣鏡	2	
雲文鏡（芝草文鏡）	8	2
菱雲文鏡	1	
四区渦文鏡	1	
不明他	7	2
合計	402	

古墳時代前期：中国鏡構成比率（完形鏡・破砕鏡）

図3　古墳時代前期出土中国鏡の鏡式構成

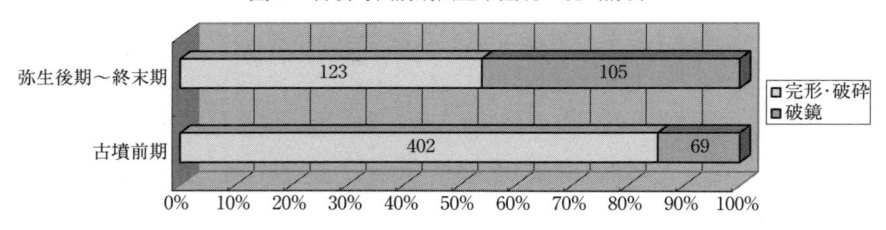

弥生後期〜終末期　123　105
古墳前期　402　69

□完形・破砕
■破鏡

図4　完形鏡・破鏡の比率

かる事例について検討することにより，ノイズを排除することを試みた。ただし，結果的にはこうした「鏡片」を除外した場合でも分析結果に大きな差はみられなかったことを付記しておきたい。またこれらについても表1-7に掲載している。

また時期については，弥生時代終末期を庄内式併行期と捉え，布留0式以降を古墳時代とするが，一部の資料に関しては弥生時代終末〜古墳時代初頭として扱わざるを得ないものが含まれており，それについては弥生時代終末期のものとあわせて検討を行った。こうした資料の帰属年代については表1に示す通りである。

以上から，具体的に分析の対象となるのは，「完形鏡／破砕鏡」と「破鏡」の大きく2つのカテゴリーということになる。そして，完形鏡と破砕鏡は必要に応じて区分するという形を採る。ここで分析の対象とした資料は，弥生時代後期〜古墳時代前期において出土した前漢鏡・後漢鏡・魏晋鏡であり，破鏡・鏡片を含めて合計699件である。なお，以下文章中で（県名・番号）と表記する場合は，国立歴史民俗博物館によって刊行されているデータベース（白石他1994；白石・設楽2002）の番号によるものである。

(2)弥生後期出土中国鏡の鏡式構成と前期古墳出土中国鏡との対比

ここではまず，弥生時代後期〜古墳時代前期の遺跡から出土する中国鏡の鏡式構成について，時期別の内容を検討する。以下ではまず，第1節の鏡式分類にもとづき，各時期ごとの鏡式構成比率についてみることにしたい。

図2は，弥生時代後期の遺跡から出土した中国鏡の鏡式構成比率を示したものである。ここでは完形鏡・破砕鏡と破鏡それぞれを区分して検討している。完形鏡・破砕鏡は合計123件であるが，これには福岡県井原鑓溝遺跡出土鏡18件と，同平原遺跡1号墓出土鏡40件[2]が含まれるので，方格規矩鏡の比率が高くなっている。時期的には弥生時代終末期（庄内式）段階のものまでを含むものである。鏡式構成は，内行花文鏡と方格規矩鏡の両者が全体の7割以上を占めている。そしてこれに異体字銘帯鏡が続く。画文帯神獣鏡や画象鏡といった製作年代が2世紀後半以降と考えられる鏡式については，出土数が非常に限

定される。こうした傾向は，破鏡についても基本的に共通したものである。

次に，前期古墳から出土する完形中国鏡の鏡式構成についてみると（図3），弥生後期段階で少なかった画文帯神獣鏡や斜縁神獣鏡その他の鏡式の比率が増加する。もっとも多いのは画文帯神獣鏡で，これに内行花文鏡・方格規矩鏡・獣帯鏡・斜縁神獣鏡の比率を合わせると全体の約7割を占める。注目されるのは内行花文鏡と方格規矩鏡で，比率としては数値を下げながらも，件数としては一定数が前期古墳に副葬されていることが改めて確認できる。

以上のように，弥生時代後期から古墳時代前期においては，内行花文鏡や方格規矩鏡のように一貫して出土が認められる鏡式が存在する一方，画文帯神獣鏡や斜縁神獣鏡などの鏡式は古墳時代になって出土数が飛躍的に増加するということが理解される。次に，このような点をふまえて，破鏡や破砕鏡の状況について検討したい。

(3)破鏡・破砕鏡と完形鏡

図4は，完形鏡／破砕鏡と破鏡／鏡片の比率の時期的な変遷をみたものである。弥生時代後期〜終末期出土の228件についてみると，破鏡の比率が105件と半数近くを占めることがわかる。完形鏡／破砕鏡は123件であるが，これには糸島地域における井原鑓溝・平原1号墓の2地点計58件が含まれるので，これを除くと弥生時代後期の遺跡からの完形鏡の出土が非常に限定されたものであることが明らかとなる。

これに対し，古墳時代前期遺跡出土中国鏡では，全体の約85％が完形鏡として出土する。このこととともに注目されるのが，完形鏡副葬が卓越する古墳時代前期遺跡出土中国鏡において，確実に破鏡と認定される資料が約15％程度の割合で存在するという事実である。この破鏡の問題については後述する。全体的な傾向としては，弥生時代後期〜終末期の中国鏡が破鏡および破砕鏡を主体とするのに対し，古墳時代前期になると完形鏡副葬が一般的になるという変遷が認められる。

各時期ごとの具体的な鏡式構成とその内容などについては後論するが，以上の分析結果を通じて，以下のような分類が可能である。すなわち，

①古墳時代開始期の日本列島から出土する中国鏡には，大きく分けて，
　　a）弥生時代後期～終末期において，破鏡・破砕鏡として出土するものと，
　　b）前期古墳から完形鏡として出土するもの…
という2者が存在する。
②前期古墳出土後漢鏡の鏡式構成と弥生時代後期段階のそれとを比較すると，
　　x）弥生時代後期の段階から一貫して出土が認められる鏡式（e.g. 内行花文鏡・方格規矩鏡）
　　y）前期古墳からの出土が主体で，弥生時代後期～終末期の段階での出土がみられない，あるいは非常に少ない鏡式（e.g. 画文帯神獣鏡・斜縁神獣鏡・盤龍鏡など）。
が存在する。ここで問題となるのは，a）とb）の差異，そしてx）とy）の差異がそれぞれ何に起因するものであるのか，そしてその差異が有意味な差異であるのかという点である[3]。特にa）とb）の差異は，弥生時代後期～終末期における段階的流入／伝世の可能性を考える上で，また前期古墳から出土する後漢鏡の位置づけを考える上で重要であると考える。すなわち，伝世論の立場を採る場合には，同一鏡式でありながら何故一方は破鏡として副葬・廃棄され，何故他方は古墳時代前期に至るまで伝世されたのかといった点が整合的に説明される必要があるのである。またx）とy）の差異については，鏡式ごとに特徴が明確化される点で，各鏡式の初現年代などが問題となろう。このような差異が存在する一方で，従来の古墳時代開始論における鏡の伝世をめぐる議論においては，川西宏幸氏の研究（1989）などを除くと，破鏡と完形鏡を区別してその意味の違いも含めて分析する方向性はほとんどみられず，古墳時代開始論の議論の枠組みの中に組み込まれているとは言い難い状況にある。その点で破鏡と完形鏡の違いに改めて注目したいと考える。以下ではこうした点を念頭に置きながら，それぞれの時期における各鏡式の具体的内容について検討したい。

2 弥生時代後期～終末期における後漢鏡の出土傾向

(1)弥生時代後期～終末期における後漢鏡の鏡式と分布の地理勾配

　すでにみたように，弥生後期～終末期において出土する中国鏡は，内行花文鏡・方格規矩鏡を主体とし，これに前漢鏡である異体字銘帯鏡が加わる。この3者で全体の8割を超えるが，他方，双頭龍文鏡や画象鏡，画文帯神獣鏡などもわずかながら出土している。図5は，鏡式別に完形鏡と破鏡の比率を比較したものである。内行花文鏡では，全65件中完形鏡・破砕鏡が28面，破鏡が37件というように，破鏡の出土件数が全体の半数以上を占めることが確認できる。方格規矩鏡では全94件中完形鏡・破砕鏡が66面，破鏡が28件となっているが，これは井原鑓溝・平原両遺跡の方格規矩鏡50件を完形鏡／破砕鏡として扱った数値であり，この点でやや偏りが生じている。また異体字銘帯鏡でも全19例中破鏡が10件と約半数という割合で存在している。

　次に，これら228件の中国鏡について地域別の分布をみたものが図6である。全体の合計は九州での出土事例が177件であり，全体の約78％を占めている。完形鏡や破鏡それぞれに分布状況をみた場合，井原鑓溝・平原両遺跡の計58件を含む点で完形鏡・破砕鏡の出土としては九州が突出しているが，それを除外した場合でも，完形鏡・破鏡ともに後期を通じて北部九州に分布の中心があり[4]，瀬戸内海沿岸，山陰と北陸の一部，東海地方など東に行くにしたがって漸移的に減少する傾向が認められる。すなわち，弥生時代後期～終末期の後漢鏡の分布状況は，北部九州を起点とした地理勾配を示しているということができる（図11）。これは弥生時代終末期まで一貫した傾向である。

　また北部九州での後漢鏡全般の分布についてみると，井原鑓溝・平原両遺跡を擁する福岡県糸島地域で大量の破砕鏡などが出土しているのとは対照的に，福岡平野や春日丘陵といった，いわゆる「奴国」の中心的領域では完形鏡・破鏡のいずれについても現状では出土数が少ない（藤丸2000b：p. 188）。この点で注目されるのが，はやく高倉洋彰氏が指摘しているように，九州における破鏡の分布が小形仿製鏡と同様，旧甕棺墓地域の周縁部を主体とするという傾向である（高倉1976）。またすでにみたように糸島地域では井原鑓溝・平原両遺跡か

ら方格規矩鏡が約50面分（現存）出土するなど，鏡式という点でやや偏りがみられる。これに対し，それ以外の地域においては，特定鏡式が特定地域に偏るような傾向を読みとることはできない。また完形鏡や破砕鏡，あるいは面径が大型の製品などが特定地域に偏るといった傾向もみられない。このように，弥生時代後期〜終末期の後漢鏡については，糸島地域の特殊な状況を除くと，明瞭な分布中心が形成されない点を特徴とするということができる。

以上みたように，弥生時代後期〜終末期の中国鏡の分布状況としては，北部九州を起点とした地理勾配が認められる一方で，糸島地域を除外すると，完形鏡や破鏡が特定地域に偏在するといった傾向は基本的に認められないという点をまず確認しておきたい。平原遺跡の出土例は，このような点においても明らかに特異な事例であり，その位置づけについては後論する。

(2)後漢鏡各鏡式の初現時期

次に，日本列島における後漢鏡各鏡式の初現時期とその具体的内容について検討する。図7は，日本列島出土後漢鏡各鏡式の出現年代を示したものである。ここでは基本的には前漢鏡の範疇で理解される異体字銘帯鏡については除外した。

弥生時代後期に出現する後漢鏡の中で，もっとも早く出現すると考えられているのが方格規矩四神鏡である。方格規矩四神鏡2面が出土した佐賀県唐津市桜馬場遺跡の甕棺は，従来後期初頭の桜馬場式甕棺の指標とされてきたが，実際にはむしろ後期中葉に近い年代である可能性が高橋徹氏によって指摘されている（高橋1994）。氏は，甕棺から方格規矩四神鏡が出土したのが桜馬場遺跡と井原鑓溝遺跡の2例のみに限定されることを指摘した上で，従来想定されてきたような，弥生時代後期における方格規矩四神鏡→内行花文鏡という鏡式変遷の図式が成立し得ない可能性を指摘している（高橋1992）。四葉座内行花文鏡の初現は福岡市飯氏馬場遺跡の7号甕棺墓で，後期中葉の年代が想定されている（福岡市教育委員会1994）。細線式獣帯鏡の初現年代は佐賀県三津永田遺跡の104号甕棺墓（佐賀39）で，これも後期前〜中葉の三津式の年代が与えられている。このような状況から，方格規矩四神鏡・四葉座内行花文鏡・細線式獣帯鏡

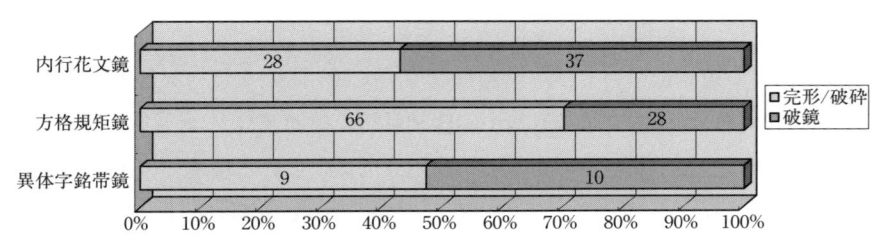

第2節　古墳時代開始期における中国鏡流通形態とその画期

図5　弥生時代後期〜終末期：鏡式別完形鏡・破鏡の比率（井原鑓溝・平原含む）

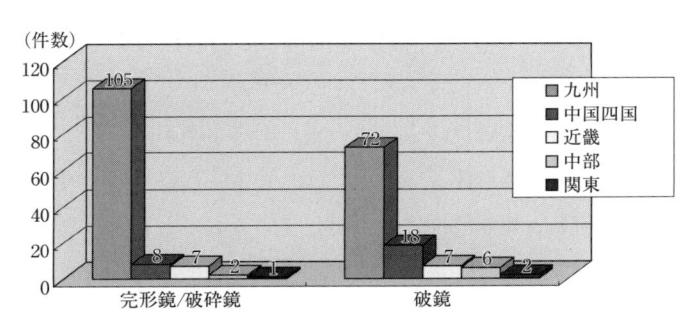

内行花文鏡　28　37
方格規矩鏡　66　28
異体字銘帯鏡　9　10

□完形/破砕
■破鏡

図6　完形鏡・破鏡地域別分布（弥生時代後期〜終末期）

完形鏡/破砕鏡：九州 105、中国四国 8、近畿 7、中部 2、関東 1
破鏡：九州 72、中国四国 18、近畿 7、中部 6、関東 2

	弥生後期中葉	後期後葉	弥生終末〜古墳初頭	古墳前期前半	（具体例）
方格規矩四神鏡	-------				佐賀県桜馬場遺跡
四葉座内行花文鏡	-------				福岡県飯氏馬場遺跡
蝙蝠座内行花文鏡			-------		福岡県前田山遺跡
細線式獣帯鏡	-----------	-----------	-----------		福岡県三津永田遺跡
浮彫式b獣帯鏡		-------			大分県舞田原遺跡（破鏡）
盤龍鏡		-------			福岡県徳永川ノ上遺跡
八鳳鏡		-------			福岡県平遺跡（鏡片副葬）
画象鏡		-------			大分県石井入口遺跡（破鏡）
画文帯神獣鏡			-------		徳島県萩原1号墓
飛禽鏡			-------		岡山県宮山墳墓

図7　日本列島出土後漢鏡各鏡式の出現年代

という3つの鏡式の初現年代の下限は，北部九州の後期前〜中葉を前後する時期と考えることができる。これに対し，浮彫式獣帯鏡や蝙蝠座内行花文鏡などは，やや遅れて後期後半以降に出現すると考えられるが，いずれも破鏡が主体

である。

　それ以外の鏡式については，いずれも時期比定が困難な資料が含まれるため確定的ではないが，画文帯神獣鏡や斜縁神獣鏡，盤龍鏡などは，弥生時代終末期〜古墳時代初頭，すなわちおおむね庄内式前後における墳墓での出土例が最古の事例となる。その場合，ほとんどの事例において破鏡もしくは破砕鏡としての副葬形態をとることが特徴としてあげられる。しかもこれらの各鏡式はいずれも出土数が少なく，各鏡式それぞれの比率からいえば，そのほとんどが前期古墳からの出土である。このように，後漢鏡各鏡式の初現時期を全体として見渡すと，弥生時代終末期（庄内式）を前後する段階において，鏡式構成が大きく変化するという傾向を読みとることができる。ただし以下でみるように，瀬戸内以東における弥生時代終末期での鏡の副葬事例が限定的であることからも，後漢鏡の流入・流通形態という点では，弥生時代終末期の段階は弥生時代後期と古墳時代前期との過渡期様相を示しているものと考えられる。このような点を念頭に置きながら，弥生時代終末期の墳丘墓における後漢鏡の出土事例について検討することにしたい。

(3)弥生時代終末期の墳丘墓における後漢鏡

　弥生時代後期後半〜終末期の段階にかけて，特に中四国地方や北陸・東海地方では大型の墳丘墓が営まれるようになるが，その中でも鏡の副葬事例が認められるのは，瀬戸内海沿岸地域や近畿地方の一部と，東海地方にほぼ限定され，山陰や北陸地方といった日本海側においては大型墳丘墓での鏡の副葬事例はほとんどみられない（表1）。これら瀬戸内海沿岸地域から東海地方にかけてみられる墳丘墓での後漢鏡副葬事例で共通するのは，1つの埋葬施設に対して単数面副葬が基本であること（ホケノ山除く），破鏡と並んで完形鏡の破砕副葬事例が多く認められること，などである。こうした墳墓での副葬事例の増加という点は，瀬戸内以東でのそれまでの破鏡の出土傾向とは大きく異なるあり方と考えることができる。また，それらが特定の鏡式に限定されることがないという点も特徴といえる。

　他方，九州では箱式石棺や甕棺墓など，墳墓での副葬事例が多数存在する。

破鏡が中心であるが，完形鏡・破砕鏡の出土が一定数存在する点が注目される。弥生時代終末期の出土鏡においては，すでにみたように，それまで出土がみられなかった画文帯神獣鏡や盤龍鏡などが，わずかではあるが出土鏡式の中に新たに加わるという点が指摘できる。

　以上のような分布状況は，北部九州を起点とする地理勾配という点では基本的に破鏡の分布と同様であるが，瀬戸内以東における墳墓での破砕副葬の開始，また新たな鏡式の出現という点ではそれまでの破鏡の出土傾向とは様相が異なると考えられる。また副葬時における破砕行為などは一部古墳時代にも残存するが，完形鏡の出土傾向自体は，その前後のいずれの時期とも基本的に異なるということができる。このような点から考えるならば，弥生時代終末期の段階においては，それまでの破鏡の流通形態と一部重複する形で，新たに別の流入・流通形態が成立した可能性を想定することも可能である。これは瀬戸内海沿岸地域や東海地方のみならず，九州においても基本的に同様であると考えられる。ただしこうした現象が非常に限定的であったことをここでは確認しておきたい。ここでみた流通形態の変化には，日本列島内部での事情のみならず，後漢鏡の流入元である大陸・半島での情勢の変化もまた大きく関わっているものと想定される。

(4) 小　結

　以上，弥生時代後期〜終末期における後漢鏡の動向についていくつかの事例を挙げて検討してきた。ここまでの議論で明らかになったように，弥生時代後期〜終末期の後漢鏡は破鏡を主体としており，それらの分布は北部九州を起点とした地理勾配を形成することから，これらの破鏡は北部九州から瀬戸内以東に拡散した可能性を想定する。また弥生時代後期後半〜終末期の段階において列島出土鏡の鏡式構成に変化の徴候が現れ始め，それがいくつかの鏡式については初現年代となっている。そして弥生時代終末期の墳丘墓においては，日本海沿岸地域を除く瀬戸内以東でも破砕鏡単数面副葬というそれまでにない新たな葬送儀礼が出現すること，また明瞭な分布中心を形成せず特定の鏡式が特定地域に偏ることがないといった点からも，それまでの破鏡の流通形態とは別に，

各地域が独自に入手した可能性が想定された。このような状況を具体的に説明する上では，やはり完形後漢鏡の列島規模での段階的流入／伝世の可能性といった点が問題となるが，この点についてここで結論を出す前に，以下で前期古墳出土後漢鏡の具体的内容について検討し，両者の比較を通じてそれぞれの流入・流通形態の問題について論を進めることにしたい。

3 前期古墳出土中国鏡の検討

(1)全般的な出土傾向

先に述べたように，前期古墳から出土した中国鏡各鏡式の構成において，もっとも多いのは画文帯神獣鏡と方格規矩鏡・内行花文鏡で，それに獣帯鏡と斜縁神獣鏡が続く。そしてさらに盤龍鏡や画象鏡・八鳳鏡などが後続する。内行花文鏡・方格規矩鏡・獣帯鏡・画文帯神獣鏡の4鏡式に斜縁神獣鏡を加えると全体の約7割であり，これらの5種類の鏡式が，前期古墳出土中国鏡を代表する鏡式群と考えることができる。ここで問題なのは，内行花文鏡や方格規矩鏡など，従来は一括して「伝世鏡」と位置づけられていた鏡式群の具体的な内容である。これについては次項以下で検討することにして，まずこれらの分布状況について概観しておきたい。

図8は，前期古墳出土中国鏡の主要8鏡式について，地域別の出土傾向を示したものである。ここでは破鏡を除き，完形鏡のみでグラフを作成している。この図からも明らかなように，各鏡式に共通して，近畿地方での出土がもっとも多く，九州や関東地方などでは数が少ないという傾向がみられる。また，鏡式によってはまったく出土しない地域が存在することもわかる。こうした近畿地方を分布の中心とする出土傾向は，北部九州を起点とした地理勾配という弥生時代後期～終末期のあり方とは明らかに異なるものである。

次に，中国鏡の分布をサイズ別の出現頻度という視点からみたものが図9である。サイズについては，便宜的に倭製鏡の面径区分（cf. 辻田1999：第5章参照）を用いて，小型（14cm以下）・中型（14.1～19cm）・大型（19.1～25cm）・超大型（25.1cm以上）の4つに区分した。これをみると，近畿地方では大型・中型・小型鏡が中型鏡をピークとする形で分布しているのに対し，中部・関東地方や特に九

第2節 古墳時代開始期における中国鏡流通形態とその画期　109

州地方で顕著であるが，小型鏡の出現頻度が相対的に多くなっている。すなわち，中型鏡や大型鏡といった，相対的に面径の大きな中国鏡が，近畿地方に集中するような分布状況を示しているのである。前期古墳出土中国鏡全体の面径分布をみた場合，小型鏡と中型鏡の出現頻度がほぼ同程度であることを考えると，このような分布が自然に形成されたということは考えにくい。大型鏡の近畿地方への集中という点もまた，弥生時代後期～終末期の出土傾向には認められなかった点である。

　このように分布状況という点では，弥生時代後期～終末期と古墳時代前期との間で明瞭な不連続・差異が認められるが，以下では，このような出土傾向の

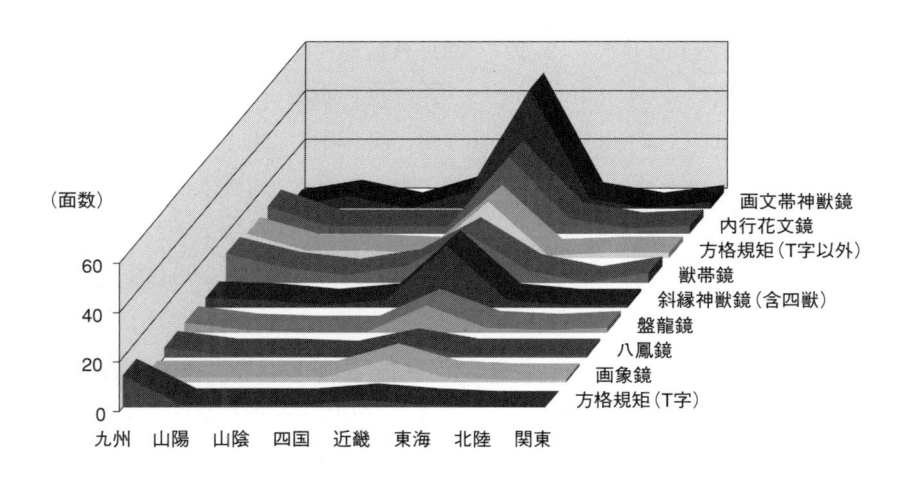

鏡式	九州	山陽	山陰	四国	近畿	東海	北陸	関東	合計
画文帯神獣鏡	1	5		7	49	4		3	69
内行花文鏡	11	3	3	3	31	6	2	3	62
方格規矩（T字鏡以外）	10	3	3	2	23	1	2	2	46
獣帯鏡	12	6	3	7	20	5		4	57
斜縁神獣鏡（含四獣）	4	3	1	3	25	3	1	1	41
盤龍鏡	4	1			11	2	1	2	21
八鳳鏡	4	1	1		5	1	1	1	14
画象鏡	2	2	2	2	9	2	1	1	21
方格規矩（T字鏡）	13	1	1	1	3	1			20
合計	61	25	14	25	176	25	8	17	351

図8　前期古墳出土中国鏡各鏡式地域別分布状況

変化を念頭に置きながら、各鏡式の具体的内容について検討する。

(2)前期古墳出土中国鏡各鏡式の個別的検討

　以下では、前期古墳出土中国鏡のうち、画文帯神獣鏡をのぞく各鏡式について、鏡式ごとに具体的な内容を検討するとともに、弥生時代後期～終末期での出土傾向と比較することによって、それぞれの共通性と差異を明らかにしたい。また先に触れた前期古墳から出土する破鏡の問題についてもそれらとの関連において検討を加える。なお、近年の古墳時代開始論において、弥生時代終末期段階に統合のシンボルであった可能性が想定されている画文帯神獣鏡については、主要各鏡式の分析結果を踏まえた上で次項にて検討を行う。

ａ）内行花文鏡（図10上段）　　まず、弥生時代後期～終末期の主要鏡式の１つである内行花文鏡について検討したい。内行花文鏡は、前期古墳から出土する中国鏡の中では画文帯神獣鏡や方格規矩鏡に次いで多く出土している。完形鏡として計62面が出土している。また前期古墳から出土する破鏡についてみると、半数近くを内行花文鏡が占めている。この問題については後論するとして、ここでは従来伝世鏡として位置づけられてきた完形の内行花文鏡の具体的な内容について検討したい。

　第１節で行った分類をもとに古墳時代前期出土内行花文鏡の内訳をみると、62例のうち53％が四葉座Ⅰである。また錆着や内区の欠損などによって文様の判読が困難であるがその可能性が高いものを含めると全体の７割近くとなる。四葉座Ⅰは、他の蝙蝠座や円圏座のものと比べて面径が大きい点が特徴といえる（第５章参照）。これに対し、四葉座Ⅱや蝙蝠座、円圏座のものは出土数が少ない。また蝙蝠座については破鏡が一定数存在しており、完形鏡として出土した蝙蝠座内行花文鏡は、岐阜県身隠山御嶽古墳（岐阜121）や香川県石清尾山猫塚古墳（香川41）出土鏡などがある。このように、前期古墳出土内行花文鏡の大半が四葉座Ⅰであるが、これらは雲雷文の変異の幅が大きく時期差が想定できるとともに、一部倣古鏡や踏返し鏡が含まれる可能性についても想定する必要があろう。円圏珠文帯鏡群の出土はその可能性の一端を示している。

第2節　古墳時代開始期における中国鏡流通形態とその画期　　111

古墳時代前期出土中国鏡の面積分布（N=377）

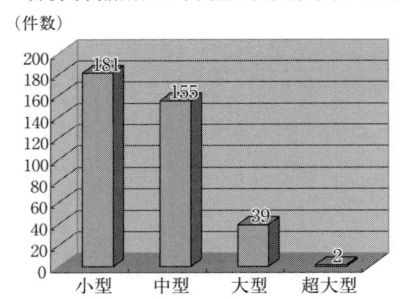

中部・関東地方（N=56）

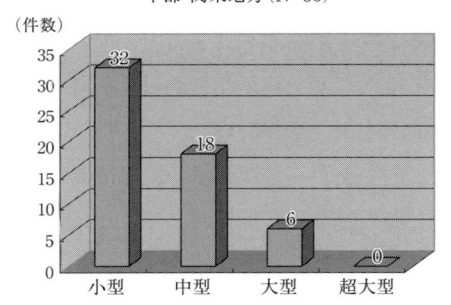

山陽・山陰地方（N=39）

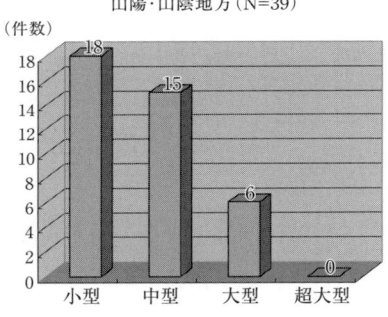

近畿地方（N=179）

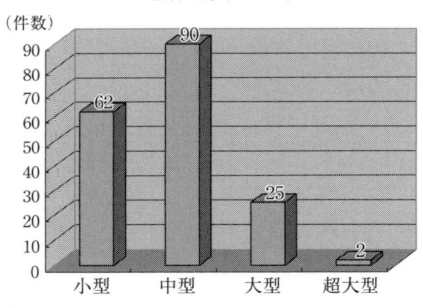

九州地方（N=72）

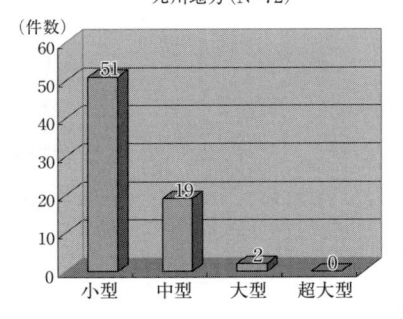

四国地方（N=31）

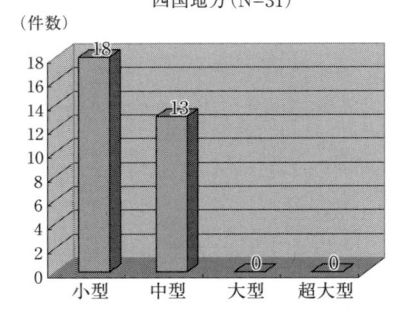

	小型	中型	大型	超大型	計
中部・関東	32	18	6	0	56
近畿地方	62	90	25	2	179
四国地方	18	13	0	0	31
山陽・山陰地方	18	15	6	0	39
九州地方	51	19	2	0	72
計	181	155	39	2	377

図9　古墳時代前期出土中国鏡地域別面径分布（面径不明のものは除く）

弥生時代後期〜終末期では，四葉座Ⅰが大半を占めるという点では前期古墳出土鏡の傾向と共通するが，破鏡の数の多さという点で大きく異なる。また弥生時代後期〜終末期における蝙蝠座の出土事例において，福岡県徳永川ノ上遺跡出土鏡（福岡県教育委員会1996）などの完形副葬事例を除くと破鏡や鏡片としての出土が一定数認められるという点は，前期古墳から出土する蝙蝠座内行花文鏡の破鏡について考える上で示唆的である。すなわち，弥生時代の段階で破鏡として存在したものが，各地において古墳時代前期まで伝世された可能性が想定できるのである。

また分布状況についてみると，弥生時代後期〜終末期における分布の中心が九州に偏るのに対し，前期古墳出土鏡では62例中51例が瀬戸内以東地域，特に近畿地方だけで31例と明らかに分布の中心は近畿地方周辺である。特に九州での完形鏡の出土事例はわずかに11例である。このような完形鏡と破鏡の出土傾向の差異は，以上にみた鈕座分類単位間の構成比率という点とも合わせて，内行花文鏡の流通形態が弥生時代終末期までと古墳時代前期とでは大きく異なっていた可能性を想定させるものである。いわゆる内行花文鏡の伝世論との関連については，前期古墳出土破鏡の問題と合わせてｆ）で後論することにしたい。

ｂ）方格規矩鏡（図10中段）　　次に，従来研究史において内行花文鏡と並んで伝世鏡と位置づけられてきた方格規矩鏡について検討したい。ここでも第１節での分類にもとづき古墳時代前期出土方格規矩鏡の内訳をみると，総数66例中，四神鏡に分類されるのは18例で全体の27％にすぎず，残りの約70％近くは魏晋代の倣古鏡，Ｔ字鏡や鳥文鏡などで占められる。すなわち，前期古墳から出土した方格規矩鏡の大半が後漢末期〜三国代以降の製作と考えられるものであり，文様構成からみて確実に古く位置づけられ得る資料は非常に限定されるのである。この点をまず最初に確認しておきたい。

弥生時代後期〜終末期の出土事例では，福岡県糸島地域の計50面をはじめとして，四神鏡が大半を占める。ただし，九州でも前期古墳の出土例でみると，四神鏡の出土はわずかに福岡県一貴山銚子塚古墳出土鏡の１例に限定され，それ以外はすべて倣古鏡やＴ字鏡の小型・中型鏡によって構成される。また弥生時代後期〜終末期と異なり，古墳時代前期では，瀬戸内以東での出土例が43

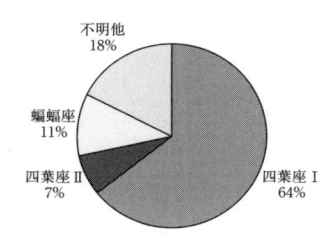

第2節　古墳時代開始期における中国鏡流通形態とその画期　113

弥生時代後期出土内行花文鏡内訳
（破鏡除く；N=28）

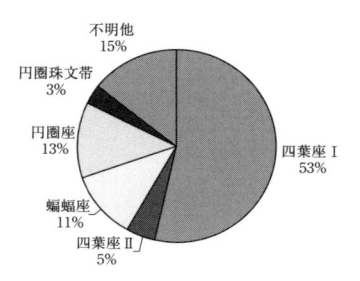

古墳時代前期出土内行花文鏡内訳
（破鏡除く；N=62）

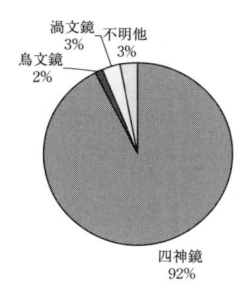

弥生時代後期出土方格規矩鏡内訳
（破鏡除く；N=66）

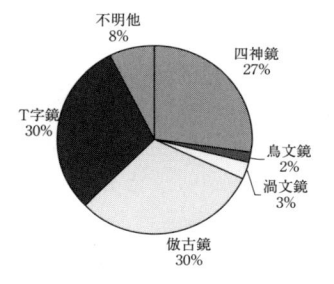

古墳時代前期出土方格規矩鏡内訳
（破鏡除く；N=66）

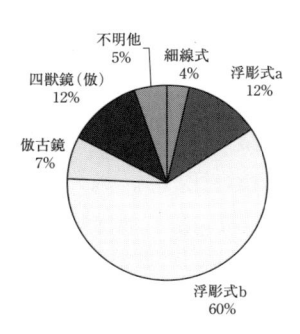

古墳時代前期出土獣帯鏡内訳
（破鏡除く；N=57）

		弥生時代後期	古墳時代前期
内行花文鏡	四葉座Ⅰ	18	33
	四葉座Ⅱ	2	3
	蝙蝠座	3	7
	円圏座		8
	円圏珠文帯		2
	不明他	5	9
	合計	28	62
方格規矩鏡	四神鏡	61	18
	鳥文鏡	1	1
	渦文鏡	2	2
	倣古鏡		20
	Ｔ字鏡		20
	不明他	2	5
	合計	66	66
獣帯鏡	細線式	3	2
	浮彫式a		7
	浮彫式b	1	34
	倣古鏡		4
	四獣鏡（倣）		7
	不明他		3
	合計	4	57

図10　各鏡式の具体的内容（破鏡除く）

例（近畿地方での出土が26例）と近畿地方周辺に分布が偏っている。四神鏡の出土もまた主に近畿地方周辺に限られ、他地域ではむしろ四神鏡以外の小型鏡が多数派であるという点が指摘できる。このような状況は、前述の内行花文鏡とほぼ同様の傾向であり、弥生時代後期～終末期での出土傾向と古墳前期のそれとの間に大きな差異があることがここでも確認できる。

　ここで問題となるのは、数量的に少ないとはいえ、大阪府紫金山古墳出土鏡など、文様構成からみた場合製作年代が後漢初期にまで遡る可能性がある方格規矩四神鏡が存在しているという点である。筆者はこれらの四神鏡についても、他の前期古墳出土方格規矩鏡と同様、列島への流入年代が3世紀代以降と考え、弥生時代後期以来の伝世の所産とは考えていない。それは、破鏡や破砕鏡の分布動向からみる限り、弥生時代後期～終末期の段階において、こうした完形でかつ大型の方格規矩四神鏡が近畿地方周辺に大量に流入した痕跡を見出すことが困難であるという点による。この前期古墳出土後漢鏡の伝世の可能性については、他の鏡式の動向とあわせてf）で検討する[5]。

c）獣帯鏡（図10下段）　ここで検討する獣帯鏡は、古墳時代前期出土中国鏡の中でも画文帯神獣鏡や内行花文鏡に次いで大きな比率を占めるものである。

　古墳時代前期に出土した獣帯鏡計57例のうち、浮彫式ｂ（上方作系浮彫式獣帯鏡）が34例で全体の6割を占める。これに対し、獣帯鏡の中でもっとも古く位置づけられる細線式獣帯鏡はほとんどみられず、これを除外すると、前期古墳出土獣帯鏡の9割以上が浮彫式獣帯鏡という比率になる。弥生時代後期～終末期での獣帯鏡の完形鏡・破砕鏡出土事例は計4例であるが、うち細線式が3例である。このように、日本列島で出土する獣帯鏡の多くは浮彫式獣帯鏡であり、細線式獣帯鏡の流入が相対的に少ないことが指摘できる。また完形獣帯鏡自体の出土も、内行花文鏡や方格規矩鏡と異なり、古墳時代前期での出土に大きく偏っていることがわかる。すなわち、列島出土獣帯鏡については、細線式や浮彫式といった分類単位間の構成比率や、出土遺跡の年代などにおいて偏りがみられることがまず確認できる。

　古墳時代前期の分布状況についてみると、九州での出土が12例、瀬戸内以東では45例（うち近畿地方20例）というように、近畿地方を中心として分布が瀬

戸内以東地域に偏在する傾向が顕著である。これはすでにみた内行花文鏡や方格規矩鏡と同様である。逆にそれらと大きく異なるのが，弥生時代後期の遺跡からの出土数である。獣帯鏡もまた後漢鏡の主要鏡式の1つであり，弥生時代後期～終末期の段階において内行花文鏡や方格規矩鏡と同等に多数の出土があってもよいはずであるが，実際には獣帯鏡の出土は両者と比べて少ないことが指摘できる。

　こうした日本列島出土の定形の浮彫式b（上方作系浮彫式）獣帯鏡については，2世紀後半段階で，各地の首長層によって独自に入手され，伝世された後，前期古墳に副葬された可能性が指摘されている（岡村1992）。他方福永伸哉氏はこれらの入手・流通が弥生時代終末期に近畿を中心として行われた可能性を指摘している（福永2005b）。しかし，ここでみたように，弥生時代終末期段階までの浮彫式獣帯鏡の出土数は完形鏡・破鏡のいずれも非常に限定されていること，また前期古墳出土鏡が完形鏡主体でかつ近畿地方を中心として分布するといった点からすれば，弥生時代終末期段階までの流入・流通形態と古墳時代のそれとの間には不連続が存在する可能性が高い。すなわち，むしろ三角縁神獣鏡などと同様に，古墳時代前期の段階で近畿を中心として各地に配布された可能性が想定されるのである。これについては，同様の出土傾向を示す内行花文鏡や方格規矩鏡についてもいえることであり，このような可能性を念頭に置きながら，以下検討を進めることにしたい。

d）**斜縁神獣鏡**　　斜縁神獣鏡については，おおむね3世紀前半代という製作年代が与えられ，三角縁神獣鏡に先行して列島に流入して近畿地方から各地に配布された可能性が想定されてきた（岡村1990）。ただし岡村氏自身は，これらの年代が魏（晋）代に下る可能性について指摘している（岡村2001）。また外周突線や長方形鈕孔といった三角縁神獣鏡との関係性（福永1991）や，江南地域の画象鏡を典型種鏡として楽浪郡域で製作された亜種鏡とする見解など（西川2000），製作年代や列島への流入過程といった点において多くの問題が想定される鏡式である。弥生時代後期～古墳時代前期においては斜縁四獣鏡と合わせると41例が出土しており，基本的にすべて前期古墳から出土している[6]。古墳時代前期での分布状況は，九州での出土事例が4例，中四国地方が7例，近

畿地方が25例と圧倒的に近畿地方での出土が多い。近畿より東での出土はわずかに5例のみである。こうした古墳時代前期における近畿地方を中心とした分布という傾向はここまで検討してきた諸鏡式と共通するものであり、比率の上でも偏在傾向が顕著であるといえる。古墳での斜縁神獣鏡の出土状況について検討した岡村秀典氏や今井堯氏は、三角縁神獣鏡と比較して斜縁神獣鏡が前方後円墳から出土する比率が低いこと、斜縁神獣鏡が単体で副葬される事例が多いことなどから、斜縁神獣鏡の格付けが三角縁神獣鏡よりも相対的に低い可能性を指摘している（岡村1989；今井1993）。これに対し筆者は、むしろ斜縁神獣鏡の面径がおおむね中型サイズであることが、他の鏡との扱いの差を生んでいる可能性を考えている。次章以下で検討するように、三角縁神獣鏡は大型鏡ではありながらも倭製鏡や完形後漢鏡・魏晋鏡の大型鏡とは意味合いが異なるため、斜縁神獣鏡との差異は大きさとは別の基準で捉えた方がよいと考えている。ここでは斜縁神獣鏡の初現年代が古墳時代初頭前後であり、基本的には古墳時代前期の副葬鏡であること、分布の中心が近畿地方であることなどから、これらのほとんどが三角縁神獣鏡同様、古墳時代初頭以降にヤマト政権の配布を経て各地にもたらされた可能性を指摘しておきたい。

e）**盤龍鏡・八鳳鏡・画象鏡・その他の鏡式**　　ここまで、前期古墳出土中国鏡のうち、画文帯神獣鏡を除く主要鏡式について検討してきたが、ここで挙げる3つの鏡式は、合計しても全体の13％にすぎず、少数派というべき鏡群である。

　盤龍鏡は、後漢代から三国代にかけて生産された鏡式であり、岡村氏の漢鏡5期〜6期（1世紀後半から2世紀前半）に位置づけられている。他方で、日本列島の弥生時代遺跡から出土している完形の盤龍鏡は、わずかに弥生時代終末期〜古墳時代初頭に位置づけられる福岡県徳永川ノ上遺跡C区IV-19号石蓋土壙墓出土鏡1例が認められるのみである（福岡県教育委員会1996）。すなわち、大陸での盛行年代から推定して、盤龍鏡は弥生時代の遺跡から多数出土する可能性はあるにもかかわらず、実際の出土事例は非常に限定されているのである。これは、日本列島出土盤龍鏡の製作年代・製作地や流入元といった点に起因すると考えられる。ただし破鏡の中には鏡式不明ながら径10〜12cm前後で斜縁を呈するものが多く、これらが盤龍鏡である可能性は存在しており、今後の課題

である。対照的に前期古墳からは21面程度が出土しており，先にみた斜縁神獣鏡などと同様の出土傾向を示している。また分布も九州での出土例が4例であるのに対し，11例が近畿地方からの出土であり，近畿地方での偏在傾向が窺われる。また日本列島から出土した盤龍鏡では，京都府広峯15号墳出土の景初四年銘盤龍鏡や三角縁神獣鏡に含まれる三角縁盤龍鏡など，明らかに製作年代が3世紀代以降の製品が認められる。これらの系譜については第4章で検討する。前期古墳での出土傾向の特徴としては，同一の古墳において盤龍鏡が複数出土した事例が認められないこと，単独で副葬する事例が多いといった点が挙げられる。

八鳳鏡（夔鳳鏡）は，弥生時代後期～終末期での完形鏡の出土数が1例（他に四鳳鏡が1例），古墳時代前期では14例が認められる。同時期に華北で盛行する獣首鏡は，広島県大迫山1号墳（広島97）など，わずかに3例が知られるのみである。前期古墳での出土例では，盤龍鏡と同様，1つの古墳において，複数の八鳳鏡が副葬された事例が認められない点が特徴である。分布は九州4例，中国2例，近畿5例，中部・関東3例という内訳である。

画象鏡は弥生時代終末期での出土例が3件（うち2件が破鏡），古墳時代前期では21例であり，先にみた盤龍鏡と同様の傾向を示している。これは，元来の製作地や流入元などに起因する問題であると考えられる[7]。画象鏡面径が比較的大型のものが多くみられる点も特徴といえる。

またここで挙げた主要鏡式以外にも，前期古墳からは双頭龍文鏡や虺龍文鏡などの出土が認められる[8]。これらは古墳時代前期でも後半以降に副葬年代が下降するものもあり，製作年代や流入年代の問題も含めて検討が必要であると考えられる。特に虺龍文鏡や飛禽鏡については，弥生時代終末期においてもほぼ同数程度出土が確認されていること，明確な分布中心がみられないこと，虺龍文鏡などで鉛同位体比の結果が前漢鏡領域を示していること（平尾・鈴木1996；藤丸1996）などからも，一部は弥生時代後期～終末期以来伝世されたものが含まれる可能性が想定される。これらについては，共伴する鏡の内容や出土古墳の時期など，個別に検討が必要であると考える。そしてそうした鏡式に加え，芝草文鏡や神獣鳥文鏡など，確実に魏晋鏡と考えられる資料が一定数存在

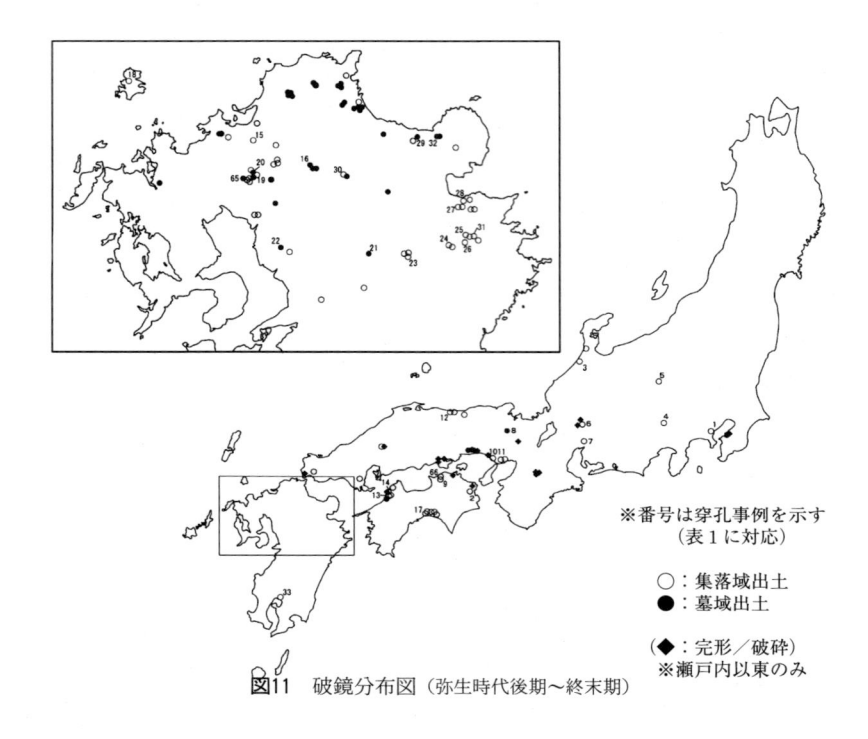

118　第2章　古墳時代開始期における中国鏡の流通形態の変革

図11　破鏡分布図（弥生時代後期〜終末期）

※番号は穿孔事例を示す（表1に対応）

○：集落域出土
●：墓域出土

(◆：完形／破砕)
※瀬戸内以東のみ

することを確認しておきたい。

　f）前期古墳出土破鏡の出土傾向　　すでにみたように，破鏡の多くは，弥生時代終末期〜古墳時代前期初頭の段階において副葬／廃棄が終了するが，穿孔されているなど明らかに破鏡と考えられるものが，古墳時代前期の遺跡から出土した中国鏡全体の中で一定数存在する（図4・表1-4）。鏡式としては内行花文鏡が大半で，計69例中31例と半数近くを占めるが（図3），これらの中には四葉座だけでなく，蝙蝠座のものも含まれる。内行花文鏡以外では特に特定の鏡式に偏る傾向は認められない。画文帯神獣鏡や三角縁神獣鏡など，古墳時代前期では通常完形で副葬される鏡式についても，わずかではあるが出土がみられる。

　弥生時代後期〜終末期，古墳時代前期の各時期における破鏡の分布を示したのが図11・12である。図11においては，瀬戸内以東のみであるが，完形鏡・破砕鏡の分布もあわせて示している。破鏡が出土した前期古墳の分布（図12）は，北部九州から瀬戸内という地域にほぼ限定されたものであり，かつその多くは

○：集落域出土
●：墓域出土

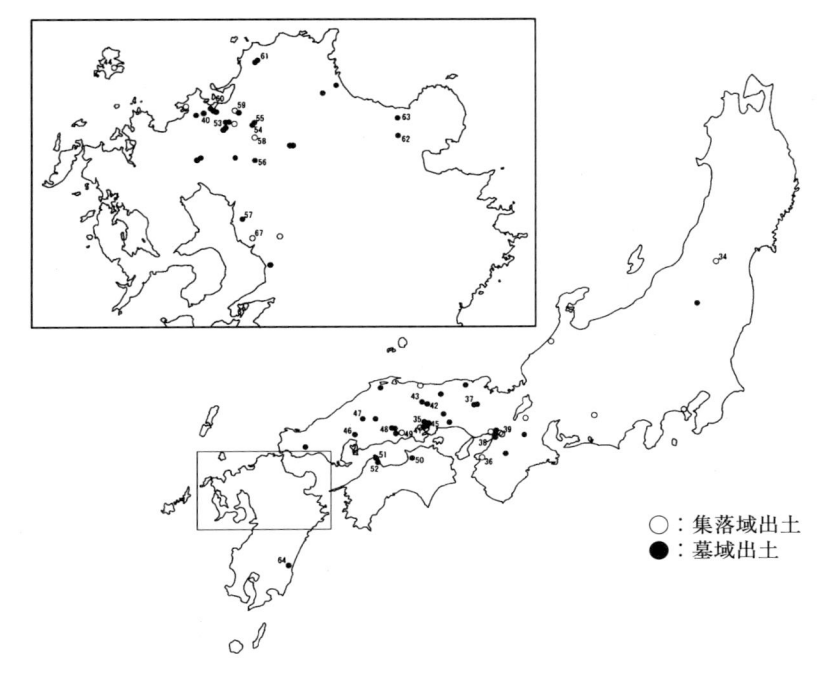

図12　破鏡分布図（古墳時代前期）

前方後円墳ではなく円墳や方墳などの小規模墳からの出土である（cf. 正岡1979；辻田2005a：表1-4）。これらについては，前期古墳出土後漢鏡の完形副葬という一般的傾向において変則的な事例であること，また弥生時代後期段階での破鏡の分布状況（図11）とある程度重なっていることなどから，弥生時代後期以来の「伝世」の所産として認めうる事例ではないかと考えられる。ただしこれについても，伝世鏡論でいわれたような「伝世」とその性格が同一のものであるのかという点に関しては個別に検討が必要である。こうした前期古墳での破鏡の出土は，北部九州や瀬戸内海沿岸地域などの中でも，古墳時代前期において，完形後漢鏡や三角縁神獣鏡，倭製鏡など，全般的に鏡の出土が少ない地域に多く認められる点が特徴的である。こうした点に，破鏡が伝世された要因を考えることも可能ではないかと考えられる。この破鏡の伝世の問題（辻田2005a）については，第3節で補足する。

(3) 小　結

　以上，前期古墳出土中国鏡の主要鏡式の出土傾向と具体的内容について検討してきた。ここまでの議論を通じて明らかなように，内行花文鏡や方格規矩鏡といった，いわゆる伝世鏡として位置づけられてきた鏡式をはじめ，多くの鏡式において，分布のあり方や出土する鏡の内容自体が，弥生時代後期〜終末期と古墳時代前期とでは大きく異なっているという傾向が指摘できる。すなわち，分布においては，弥生時代後期〜終末期での出土が北部九州を起点とした地理勾配を示すのに対し，前期古墳出土鏡は出土数という点でも，また面径の大小という点においても，近畿地方を分布の中心とするという明確な差異が存在する。そして同時に，方格規矩鏡などで顕著なように，文様構成にもとづく分類単位間の構成比が大きく異なるという傾向が指摘されるのである。こうした列島出土中国鏡において明瞭に認められる，弥生時代後期〜終末期の出土例と前期古墳出土鏡との間での出土傾向の差異は，両者において，その列島への流入年代や流入経路，そして列島内部での流通形態が大きく異なっていた可能性を想定させるものである。具体的には，すでに研究史でも繰り返し指摘されているように，古墳出現前後の時期に近畿地方において完形中国鏡の大量受容主体が成立し，各地への配布が行われたとする立場を採るものである。ここでもう１つ議論の焦点となってくるのが，近年問題となっている弥生時代終末期（庄内式）段階における画文帯神獣鏡配布論の可能性や，弥生時代終末期以前の段階での後漢鏡流通形態の具体像，完形後漢鏡大量流入の具体的な時期といった問題である。またそれに加え，古墳時代開始期における中国鏡の配布論と三角縁神獣鏡との関係，そして古墳時代前期における後漢鏡伝世の可能性といった点が改めて論点として浮上する。このような点をふまえ，以下で列島から出土する画文帯神獣鏡について検討することにしたい。

4　列島出土画文帯神獣鏡の問題

(1) 後漢代〜三国代における画文帯神獣鏡の変遷観

　神獣鏡全般の分類については第１節でみたように，樋口隆康氏の分類（1979）に依拠しつつ，画文帯神獣鏡を環状乳神獣鏡・同向式神獣鏡（A・B）・対置式

神獣鏡・求心式神獣鏡の4種類に大別し，これに重列神獣鏡・三段式神仙鏡・半円方形帯四獣鏡の3種類を加えた合計7種類に分類して検討を行う。

　画文帯神獣鏡と総称される鏡群のうち，環状乳神獣鏡は基本的に2世紀後半以降を中心として，三国〜西晋代も継続して生産される。重列神獣鏡は建安年間（196〜220）の紀年銘を持つものが多く，対置式神獣鏡と並んで呉鏡と位置づけられることの多い一群である（王1988・1989）。同向式神獣鏡は，おおむね2世紀末〜3世紀初頭に成立するものと考えられているが（小山田1993・1994），これについては，重列神獣鏡を典型種鏡として楽浪郡域で製作された亜種鏡である可能性も指摘されている（西川1994）。また上野祥史氏は大陸での各種神獣鏡の製作動向について検討し，それぞれの鏡種において複数の製作系列が想定されることを指摘するとともに，列島から出土する画文帯神獣鏡の多くについて，その系譜が華北東部に求められることを指摘している（上野2000）。このような研究史の成果を念頭に置きつつ，以下で日本列島から出土する画文帯神獣鏡の内容について検討することにしたい。

(2)列島出土画文帯神獣鏡の特徴

　弥生時代後期〜終末期および古墳時代前期の遺跡から出土した画文帯神獣鏡は，合計78例が確認できる。うち，弥生時代終末期〜古墳時代初頭の墳墓から出土したものが5例である。前期古墳から出土した破鏡をのぞく69例について，その内訳をみたものが図13であるが，もっとも多いのが環状乳神獣鏡で，次に多い同向式神獣鏡とあわせると全体の約7割を占める。これに対し，江南地域で顕著にみられる重列神獣鏡や対置式神獣鏡の出土数はごくわずかであり，対照的な様相を示している。このような環状乳神獣鏡や同向式神獣鏡を中心とした構成は，江南地域などとは異なりむしろ楽浪郡域と共通するものであり（西川2000），また鏡式構成の偏りという点については，他の鏡式でみられたのと類似した傾向であることから，製作年代や製作地，そして流入元などに起因するものと考えられる。

　前期古墳から出土する画文帯神獣鏡は，岡山県正仙塚古墳出土鏡（岡山181）や福岡県祇園山古墳裾部1号甕棺出土鏡（福岡457），宮崎県伝広島古墳群出土

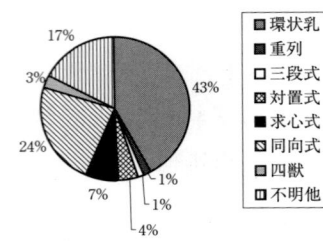

環状乳神獣鏡	29
重列神獣鏡	1
三段式神仙鏡	1
対置式神獣鏡	3
求心式神獣鏡	5
同向式神獣鏡	16
画文帯四獣鏡	2
不明・その他	12
合計	69

図13 前期古墳出土画文帯神獣鏡内訳

鏡片（宮崎77）などが穿孔が施された破鏡として，福岡県外之隈遺跡Ⅰ区1号墳1号墓出土の環状乳神獣鏡が鏡片副葬の事例として挙げられるが，これらを除くと基本的に完形副葬である[9]。これに対し，弥生時代終末期〜古墳時代初頭における出土例では，完形鏡の破砕副葬の事例として，兵庫県綾部山39号墓・徳島県萩原1号墓・奈良県ホケノ山[10]の事例が挙げられる。破鏡の事例としては，熊本県湯の口遺跡2号箱式石棺出土の同向式神獣鏡B型の破片に穿孔を施した事例が挙げられる。

　画文帯神獣鏡については，三角縁神獣鏡と同様基本的に完形副葬であり，またその図案が神仙世界を描いたものであるという視点から，当該時期に神仙思想の理解・浸透を想定し，それ故に破砕されずに完形で副葬されたという可能性が小山田宏一氏によって指摘されている（小山田1992）。しかし，少数ながら破鏡・破砕鏡のいずれも確実に存在しており，かつ完形鏡の大半が前期古墳から出土する点を考慮すれば，別の解釈が可能である。すなわち，他の諸鏡式と同様に，弥生時代終末期段階までは破鏡としての流通，あるいは完形鏡として列島にもたらされたのち破砕副葬されるあり方が主体的であったものが，古墳時代前期になると完形鏡の副葬が一般化するという時期差の問題として考えるという方向性である。すなわち，変化の軸はむしろ破鏡から完形鏡へといった流通形態の変化とも関わる存在・使用形態の変化であり，鏡背文様に描かれた神話世界の理解・浸透という視点のみではこの他鏡式と連動した変化を説明することはできないのである。このように考えるならば，画文帯神獣鏡が他の鏡式と同じように弥生時代終末期の段階に破鏡や破砕鏡として副葬された状況を整合的に理解することが可能であると考える。

　先に述べたように，近年の画文帯神獣鏡配布論では，1）配布されたのが弥生時代終末期段階であること，2）広域的な統合のシンボルとして配布されて

いること,という大きく2つの点が主たる論点となっている。ここで検討した
弥生時代終末期から古墳時代前期における破鏡・破砕鏡の事例についても,他
の前期古墳での完形鏡と同様,ヤマト政権からの配布が想定されている(岡村
1999:p.137)。以下ではこうした点について,分布状況の変遷という視点から
具体的に検討を行うことにしたい。

(3)弥生時代終末期～古墳時代前期における画文帯神獣鏡の分布状況
　ここでは大きく弥生時代終末期(～一部古墳時代初頭)・古墳前期前半(筆者
編年Ⅰ・Ⅱ期,第3章以下を参照)・古墳前期後半(同Ⅲ期・Ⅳ期)という時期区分
をもとに,列島における画文帯神獣鏡の分布状況の変遷について検討すること
にしたい(図14)。
　まず弥生時代終末期～古墳初頭においては,九州で1例(破鏡),兵庫県綾
部山39号墓(破砕副葬)・徳島県萩原1号墓(破砕副葬)・奈良県ホケノ山(破砕
副葬)でそれぞれ副葬事例が確認できる。この段階では九州から瀬戸内にかけ
て,破鏡・破砕鏡として出土するが,山陰地方や近畿より東ではほとんど出土
がみられない。こうした状況は画文帯神獣鏡に限らず,弥生時代後期から終末
期における破鏡・破砕鏡の一般的な出土傾向と基本的には共通するものといえ
よう。
　次の古墳時代前期前半段階では,奈良盆地周辺や兵庫県南部地域,四国東北
部などを中心に出土数が増加する。三角縁神獣鏡と共伴する場合が多いが,単
独で副葬される例もみられる。九州では,福岡県祇園山古墳裾部1号甕棺出土
の半円方形帯四獣鏡片(破鏡)と同外之隈遺跡Ⅰ区1号墳1号墓の環状乳神獣
鏡片(鏡片副葬),宮崎県伝広島古墳群出土外区片(破鏡)などの破鏡・鏡片副
葬に出土例が限定される。また山陰地方や四国西部などでは前段階と変わらず,
ほとんど出土が認められない。瀬戸内地域では,三角縁神獣鏡などが大量に流
入する岡山県周辺などにおいても,備前車塚古墳以外での出土は確認されてい
ない。また東海・北陸地方での出土もほとんど認められない。これらの事実は,
古墳時代前期前半段階において,画文帯神獣鏡がもたらされていた地域が非常
に限定されていた可能性を示唆するものである。

そして古墳時代前期後半になると，奈良盆地周辺や大阪平野，京都府南部，兵庫県南部など近畿周辺での出土例が増加する。四国東北部はドットでは示していないが，阿王塚古墳など時期が不明確な資料の位置づけが課題である。また中部・関東地方でも，山梨・群馬各県などで散発的に出土する。これは三角縁神獣鏡の動向などと深く関わるものと考えられる。対照的に，北部九州では前段階と同様，現時点では完形鏡の出土が認められない。熊本県の院塚古墳舟形石棺出土例（同向式A）は，鈕孔や鏡背面に摩耗が認められ，一定期間伝世された可能性が想定される。院塚古墳の年代は前期末～中期初頭と考えられるが，当該地域への流入年代については，若干幅を持たせて考えておく必要があろう。また東海地方以東では前期前半に栃木県駒形大塚古墳から画文帯四獣鏡，岐阜県円満寺山古墳から求心式神獣鏡が，前期後半では静岡県馬場平1号墳で同向式神獣鏡の大型品の他，山梨県大丸山古墳・同丸山塚古墳でそれぞれ環状乳神獣鏡が出土する。また山陰・四国西部・北陸地方などでは前代までと同様画文帯神獣鏡の出土は認められない。山陽地方では鏡の流入は継続的に行われているものと考えられるが，画文帯神獣鏡の出土傾向は散発的である点に注意しておきたい。

(4) 小　結

　以上のように，各時期ごとに画文帯神獣鏡の出土傾向を検討したが，これらはあくまで副葬時期であり，各地域への流入時期を直接反映するものではない。にもかかわらず，出土傾向にいくつかの特徴が認められることに注意を喚起したい。まず第1に，弥生時代終末期に顕著な破鏡の出土が九州を中心とするのに対し，古墳時代前期においては九州での完形の画文帯神獣鏡の出土がほとんどみられない点が挙げられる。これは前項までの他の諸鏡式についての分析結果と同様，弥生時代後期～終末期の破鏡・破砕鏡と古墳時代前期における完形鏡の出土傾向との違いという点から，両者の列島への流入年代や列島内部での流通形態が大きく異なっている可能性を想定させるものである。この点から，筆者は完形画文帯神獣鏡の分布が形成された時期について，基本的には他の諸鏡式と同様に，古墳時代初頭以降と考える。また第2点目として，古墳時代前

第2節　古墳時代開始期における中国鏡流通形態とその画期　125

弥生時代終末期

破鏡：▲
破砕鏡：■
完形鏡：●

古墳時代前期前半

古墳時代前期後半

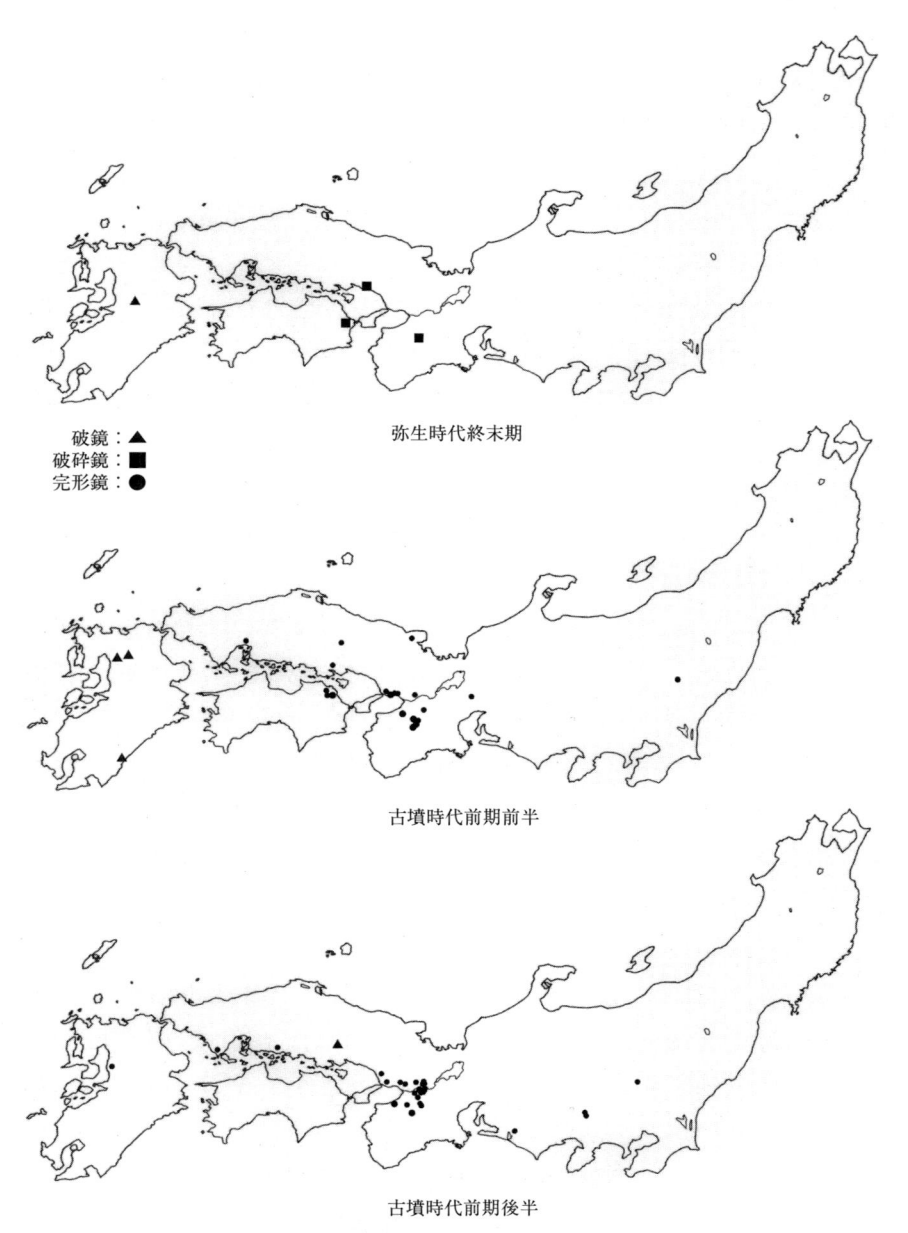

図14　画文帯神獣鏡の各時期ごとの分布状況

期における画文帯神獣鏡の分布は奈良盆地，京都府南部，兵庫県南部，四国東北部と東海・中部・関東地方の一部などの地域が中心であり，それ以外は点的な分布を示すか，あるいは現段階において全く出土が認められない地域が広範囲にわたって存在するということが指摘できる。

以上の2点から，筆者は近畿を中核とする画文帯神獣鏡の配布は，三角縁神獣鏡の流入および各地への配布とある程度軌を一にしながら，各地域の上位層に関する一定の配慮のもとで行われた可能性が高いと考える。このことは，弥生時代終末期の列島内部における地域間関係の性格や，統合のシンボルとしての位置づけ，あるいは同時期における神仙思想の浸透といった議論を考える上でも大きな問題である。このような点も含め，以下ここまでの分析結果をまとめておきたい。

5　小　結——古墳時代開始期における中国鏡の流通形態の具体像

前項までの分析結果から，弥生時代後期〜終末期までの中国鏡の出土傾向が，分布という点においても，また出土する鏡の内容という点においても，前期古墳出土中国鏡の出土傾向とは大きく異なっていることが指摘でき，両者の間では中国鏡の列島への流入年代・流入経路や列島内部での流通形態が大きく異なっていた可能性が想定された。このような基本的な認識のもと，以下では弥生時代後期〜終末期から古墳時代前期の各時期における中国鏡流通形態の具体像について整理しておきたい。

弥生時代後期前葉〜中葉においては，佐賀県桜馬場遺跡や福岡県井原鑓溝遺跡といった，北部九州の一部の上位層で完形中国鏡の副葬が認められる。その一方で，佐賀県二塚山遺跡76号甕棺墓など，弥生時代後期中葉の北部九州地域において，完形鏡の破砕副葬と鏡片の「抜き取り」が認められるが，これが破鏡出現の端緒となった可能性が指摘されている（藤丸1993）。破鏡・鏡片の出土は基本的に後期後半以降の時期に集中するが，弥生時代終末期頃までには瀬戸内以東，関東地方にまで分布が拡大している。

このようなあり方は，基本的には「北部九州を起点とした破鏡の東方伝播」として理解することが可能である。問題はこの「伝播」の実態である。ここで

改めて，破鏡や鏡片が，完形鏡の分割によって生み出されたものであるのかという点が問題となってくる。高倉洋彰氏は，破鏡は後漢鏡流入の停滞に伴う絶対数の不足を解消するため，故意に分割され生み出されたものであり，それらは小形仿製鏡とともに，後期後葉以降の北部九州社会において，「平野を単位とした各地域間相互の結合の象徴」(高倉1976：p. 20) として，「旧甕棺墓社会」の周縁部を中心に「配布」されたとする見解を提示している。氏はこの背後に，「旧甕棺墓社会」における完形鏡の存在を想定している。また，このような弥生後期段階の北部九州社会における周縁部への配布という考え方は，広形銅矛の分布についての議論でもみられるものである (e. g. 下條1982)。このように弥生時代後期の北部九州における広形銅矛や破鏡・小形仿製鏡の動向は，各地への配布という解釈が一般的に行われてきた。ここで問題となるのは，藤丸詔八郎氏も指摘するように，破鏡・鏡片同士の間で同一個体と認定しうる資料がほとんど認められないという点である (藤丸2000b：pp. 188-189)[11]。またこの点で，藤丸氏も指摘するように，破砕鏡の出土事例において，接合しても完形にならず一部欠損するような資料が存在することが問題となる。分布状況や出土状況からみた場合，破鏡は基本的に鏡片として流通した可能性が想定されるが，これを政治的な意味での威信財の配布とするためには，上位層による破鏡自体の独占的な獲得および供給が可能であること，そしてその交換・消費が社会的再生産のサイクルに組み込まれることが必要十分条件と考えられる[12]。しかし，破鏡は墓のみではなく集落の住居跡や溝からも出土しており，また墓においても必ずしも突出した特定個人墓への副葬品として出土するとは限らない。糸島地域の平原遺跡は，弥生後期後半〜終末期において超大型内行花文鏡5面を含む計40面分の中国鏡を破砕副葬する点で，鏡の所有という点では同時期の北部九州における階層秩序の頂点に位置する存在と考えるが，前後の歴史的脈絡を考えても，弥生時代後期〜終末期を通じて一貫してここから各地へと破鏡をはじめとした舶載製品や他の青銅製品などが一元的に配布されたとは考えにくい[13]。同様に政治的な配布と考えられることの多い広形銅矛や小形仿製鏡の主たる生産地域は須玖遺跡群を擁する春日丘陵地域であるが，それが破鏡についても配布のセンターとなりえたかについては，完形鏡の副葬事例が少ない現

時点では判断材料が少なく，保留せざるを得ない。また平原遺跡を除くと，弥生時代後期後半以降における糸島地域での破鏡の状況は，他地域での破鏡の副葬状況と大差なく，対照的に終末期になると周防灘沿岸地域や筑後川流域などにおいて盤龍鏡や画文帯神獣鏡といった新たな鏡式の出土が認められることなどから，糸島地域のみが平原遺跡の前後において一貫して半島・大陸への唯一の窓口であったとは考えられない。このような状況をみる限り，弥生時代後期〜終末期段階の北部九州社会においては，破鏡の「配布」主体となるような存在を見出すことが困難である。このような破鏡の分布状況は，後の古墳時代前期などにおいて想定されるような威信財の「配布」および交換システムとは，本質的に異なっていたものと考えられる。むしろ，破鏡の流通は，各地域間での，いわばヨコのつながりを基本とする贈与交換の所産として理解することが可能であると考える。このような状況を考えた場合，接合可能な資料がほとんど存在しない破鏡の現状からは，「完形鏡の分割配布」という可能性以外にも，すでに森貞次郎氏や高橋徹氏らによって指摘されているように（森1985；高橋1992），それらの中には当初から鏡片として舶載されたものが含まれている可能性についても考慮する必要がある。

　また，瀬戸内以東の山陰・北陸・東海に至る破鏡の分布もまた，基本的にはこうした枠組みにおいて説明することができる。弥生時代後期においては広形銅矛の分布範囲が四国まで拡大するほか，小形仿製鏡・破鏡などが瀬戸内海沿岸を経由して東方に伝播する一方（高倉1972・1985他），後期以降，北部九州でも瀬戸内系の高杯が受容されるが，これは弥生中期後葉〜後期の時期を通じて，瀬戸内海沿岸地域を媒介として恒常的な広域交流のシステムが確立されたことによるものと考えられる（田崎1995）。こうした北部九州を起点とした地域間交流の拡大が，破鏡の東方伝播の背景をなすものと考える[14]。

　次に，弥生時代終末期段階の瀬戸内海沿岸から東海に至る地域の墳丘墓における破砕副葬の出現については，こうした議論のみでは説明が不十分である。すなわち，これらの地域は北部九州や近畿地方と異なり一段階早く大形青銅器祭祀を捨て去り墳墓祭祀へと移行した地域であり（岩永1998），こうした地域において，新たに完形の中国鏡がもたらされ，かつ特定個人に対する副葬品とし

てこれらが出土している点に注目したい。また副葬時における破砕行為についても，それまでは北部九州地域にほぼ限定されており，完形鏡の流入に伴い新たに採用された儀礼方式であると考えられる。以上のような点からも，これら弥生時代終末期の墳丘墓における破砕鏡については，それまでの破鏡の流通形態＝北部九州を起点とする東方伝播の流れに重複しながらも，北部九州の鏡入手ルートを介することなく，一部は直接的な入手という点も含めて，入手ルートが多元化した結果であるという可能性が想定される（cf. 田崎1993・1995）。この段階での交渉先は，基本的に楽浪郡・帯方郡であったと考えられるが，これは弥生時代終末期において画文帯同向式神獣鏡や飛禽鏡などがわずかながら出土していることなどからも裏づけられよう。

　こうした状況に対して，古墳時代前期の中国鏡は，その出土数においてもまた面径の大小という点においても，明らかに当初から近畿地方をその分布の中心とした地理勾配を形成する形で出現する。そしてこの形は古墳時代前期末まで倭製鏡へと鏡の内容を変えながらも基本的に継続する傾向であるということができる。このような分布状況の劇的な変化は，この段階で中国鏡の列島への流入形態および列島内部での流通形態が大きく変化したことに起因すると考えられる。このように弥生時代後期～終末期までの状況とは明らかに一線を画する古墳時代前期における中国鏡の出土傾向は，ヤマト政権からの配布という視点から説明するのがもっとも妥当であると考えられる。そしてその列島への流入および各地の上位層への配布の開始時期は，鏡式構成や分布など出土傾向全般の急激な転換という点から，弥生時代終末期以前ではなく，古墳時代初頭という段階にほぼ限定される。これはすでに指摘されているように，この段階で近畿地方に完形中国鏡大量受容主体が成立したことによるものと考えられる（cf. 高橋1992；森岡1992）。ここで注意すべきなのは，この中国鏡の流通形態の変革がきわめて短期間のうちに，急激になされたという点である。

　近年の画文帯神獣鏡配布論においてもみられるように，従来は，ヤマト政権からの鏡の「配布」は弥生時代終末期以前から継続するものと考えられ，基本的に連続性という視点から論じられてきたといえる。しかし，ここまでの分析結果からみる限り，弥生時代終末期以前の段階において完形後漢鏡がある特定

の政治的センターから一元的に配布されたといった状況や，完形後漢鏡の列島各地へのリアルタイムな段階的流入／伝世といった状況を想定することは困難である。むしろここでいうような中国鏡の流通形態の急激な変革とは，完形中国鏡の大量流入を契機として，中国鏡の入手／獲得および配布のセンターが近畿地方へと集約化されたことによるものであり，弥生時代終末期までの中国鏡の流入・流通形態とはある種の断絶・不連続を伴うものと考えられるのである。このような意味において，この古墳時代初頭という段階に，中国鏡の流通形態の大きな画期を見出すことができる。

またこのような古墳時代前期における中国鏡の各地への配布が，基本的に三角縁神獣鏡の動向と連動したものであることを考えるならば，こうした古墳時代初頭における中国鏡の流通形態の変革—完形中国鏡の近畿地方への大量流入は，三角縁神獣鏡の流入と軌を一にしたものである可能性が高い。これは，それまでの楽浪郡や帯方郡との交渉に加え，華北王朝との接触のルートが開かれたことに起因するものと考える。近年三角縁神獣鏡の製作地についての議論は複雑化の様相を強めつつあるが，紀年銘鏡の存在などの点から，三角縁神獣鏡が『魏志』に描かれた魏と卑弥呼の接触の過程を通じて成立した鏡式であるという評価は動かないと考える。この点で，この段階に列島と半島・大陸との関係における１つの画期が見出される。また森下章司氏は列島から出土した３世紀代の倣古鏡（魏晋鏡）についての検討を通じて，弥生時代と古墳時代の画期を３世紀第２四半期と想定している（森下1998b）。以上の点において，古墳時代初頭における中国鏡流通形態の画期の実年代については，240年頃を上限とする３世紀中葉と想定することが可能である。また，前期古墳から出土する中国鏡が，江南地域で盛行していた対置式神獣鏡や画象鏡などを主体とせず，むしろ華北地域での生産・流通が想定される内行花文鏡や方格規矩鏡・同向式神獣鏡や斜縁神獣鏡などの諸鏡式を中心として出現することは，こうした動きが魏とのつながりによって生じたものであることを示唆する[15]。

ここまでの検討結果をふまえれば，いわゆる「銅鏡百枚」に関しては，ここでみたような完形後漢鏡の諸鏡式を主体とし，一部魏鏡がそれに加わるといった構成が可能性として想定される。こうした完形後漢鏡が，３世紀第２四半期

以降，近畿から列島各地に分配されたと考えるのである。三角縁神獣鏡の動きはむしろこの完形後漢鏡の分配と連動したものと捉える。

またすでにみた前期古墳から出土する破鏡については，分布状況や鏡式構成という点からも，弥生時代後期〜終末期以降の伝世を想定する必要があると考える。これらの破鏡は単体で出土する場合が多く，また前方後円墳などよりむしろ小規模墳での出土が多いことなどはそれを傍証するものと考えられる。弥生時代後期〜終末期以来の伝世がまず想定される必要があるのはこうした破鏡についてであって，出土傾向の変化という点からみる限り，前期古墳から出土する完形中国鏡の大半は，古墳時代初頭以降において列島に流入したものと考えられることを改めて確認しておきたい。

そしてこれまでの分析結果から明らかなように，完形後漢鏡以外にも，前期古墳出土の完形中国鏡の中には魏晋鏡が数多く含まれており，古墳時代前期においてはこれらの完形中国鏡が三角縁神獣鏡と同様に，近畿を中心として各地に流通した可能性は高いといえる。そして，その背後には弥生時代終末期までの日本列島への中国鏡流入のメカニズムや契機，そして列島内での流通形態との違いが想定されるのである。

こうした中国鏡の流通形態の段階的変遷は次のように整理できる。まず弥生時代後期の段階は基本的に北部九州を起点とする破鏡の東方伝播として理解することが可能である。弥生時代終末期（庄内式期）は，そうした東方伝播の流れに一部重複する一方で，各地で多元的に完形鏡が入手され破砕副葬された段階とみることができる。そして古墳時代初頭において，大量の完形中国鏡の流入を契機として，中国鏡の入手および配布のセンターが近畿地方へと集約化され，近畿を中心とした完形鏡分配システムが成立する。すでに述べたようにこの変化は急激なもので非連続的な側面を伴うものであり，この意味においてこの段階に中国鏡の流通形態の画期を見出すことができる。

最後に，以下に本節の分析結果をまとめておきたい。

①弥生時代後期〜終末期の中国鏡の出土傾向が，分布という点でも，また出土する鏡の内容という点でも，前期古墳から出土する中国鏡とは大きく異なっている。

②両者の間では，中国鏡の列島への流入年代・流入形態や列島内部での流通形態が異なっていた可能性が想定される。

③弥生時代後期〜終末期は基本的に北部九州を起点とした破鏡の東方伝播の段階であり，終末期には完形鏡の破砕副葬が瀬戸内以東にも広がることから，入手ルートが多元化した可能性が考えられる。

④弥生時代終末期段階において，ある特定の象徴的器物が西日本規模で特定のセンターから一元的に配布された状況や，あるいは広域的な社会統合の達成を認めることは困難である。

⑤古墳時代前期の完形中国鏡は量という点でも面径の大小という点でも近畿地方を中心とした分布を示しており，その背景として，古墳時代初頭において，近畿地方への完形中国鏡大量流入を契機とした，近畿地方を財の入手／獲得および配布のセンターとする形での地域間関係の再編成が想定される。

⑥前期古墳から出土する完形後漢鏡の多くは，こうした古墳時代初頭以降に日本列島に流入したのちヤマト政権から各地に配布されたものであり，弥生後期以来の段階的流入や伝世は想定しがたいが，逆に前期古墳から出土する破鏡についてはそうした伝世の可能性が想定される。

⑦古墳時代初頭における中国鏡流通形態の変革は，ヤマト政権による鏡の配布の端緒であり，広域的な地域間関係の再編成を伴うという点で大きな画期と位置づけられる。

本章では，古墳時代開始期における中国鏡流通形態の変革という問題について，ややマクロな視点からモデル化を試みた。この問題は，たんに中国鏡の流通という問題にとどまらず，古墳時代的地域間関係がどのように生成され，古墳時代前期における鏡の配布がどのようにして始まったのか，またいわゆる「銅鏡百枚」とはどのような鏡によって構成されるのかといった様々な議論に大きな影響を与える問題であるといえる。こうした理解をふまえつつ，第3章以降では，古墳時代前期における倭製鏡の生産や，本節でみた古墳時代前期における完形鏡分配システムの具体相という点に論を進めたい。

第2節　古墳時代開始期における中国鏡流通形態とその画期　133

〔補足〕
　本節冒頭に述べたように，本節の分析は，筆者の旧稿（2001）をもとに，データを再整理し，一部補訂を行っているが，基本的な論旨の変更はない。その後以下のような議論が提示されており，本節の論点と関わる点について若干触れておきたい。

　①画文帯神獣鏡の列島への流入時期と列島内部での流通の時期が，庄内式段階である可能性（e. g. 大賀2002；福永他2003；下垣2003b；福永2005a）
　②内行花文鏡をはじめとしたいわゆる「伝世鏡」の存在の肯定（e. g. 岸本2004b），そして庄内式段階を古墳時代として認定し，古墳時代的地域間関係の枠組みで理解する方向性（e. g. 大賀2002・2003）
　③後漢鏡や三国鏡の大陸での分布が鏡式ごとに異なっていることから，筆者が想定するような一元的な流入というより，弥生時代終末期～古墳時代前期にかけて，多元的な流入・流通形態が存在した可能性（森下2003）

　①の画文帯神獣鏡の流入時期については，兵庫県綾部山39号墓，徳島県萩原1号墓や奈良県ホケノ山墳墓出土鏡など，確実に庄内式段階までに列島に流入したというものの存在を筆者も認めているが，問題は，大半が前期古墳から出土することをどのように理解するかという点である。福永氏他（2003）の議論では，庄内式段階に公孫氏政権との交渉により列島に流入し，各地に分配された画文帯神獣鏡が，ホケノ山墳墓への副葬を契機として，各地でも「一斉に」副葬されることになるといった理解が示されている。また岡村秀典氏は，こうした理解の根拠の1つとして，環状乳四神四獣鏡が近畿周辺に集中することを挙げてリアルタイムでの段階的流入・分配の可能性を指摘するが，これに対して福永伸哉氏は，列島出土環状乳四神四獣鏡の大半が画文帯が時計回りに転じた新しい段階のもので，その流入時期は同向式神獣鏡などとほぼ同時期であると指摘している（福永他2003：pp. 235-242）。

　こうした現象が認められる一方で，考える必要があるのは，例えばこうした画文帯神獣鏡の分布と庄内式段階での前方後円形墳丘墓の分布がどのように重なるかといった点である。またホケノ山墳墓が完形神獣鏡副葬開始の契機という理解も基本的に後漢鏡の伝世を前提とした場合であり，他方庄内式段階に各

地で少数ながら他の完形方格規矩鏡や内行花文鏡が破砕副葬されることを考えれば，庄内式段階までの瀬戸内以東への完形後漢鏡の流入は非常に限定的であった可能性も想定することができよう。

②伝世鏡の存在を肯定的に捉える論者は，鏡の文様の不鮮明さを「摩滅」という点から説明し，そうした鏡が古墳に副葬されるまで各地で伝世されたとみている（e.g. 岸本2004b）。鏡の入手・副葬に関しては，墳墓の築造という点からみた場合，多くの地域において弥生時代後期～終末期の状況と古墳時代とでは不連続であるが，「伝世」を前提とすれば，（不可視の実態としては）「連続的」という理解となる。問題はこうした議論が行われる場合に，弥生時代後期～終末期段階での伝世の主体や集団構成，あるいは集団内での世代間継承の具体像がどのように想定されているのかという点である（cf. 田中2000；溝口2000b・2001）。また伝世された場所がどこかという点もあらためて問題となる（森1962）。

またこの認識は，庄内式段階を古墳時代（「早期」など）として設定する場合，時代区分の問題とも深く関わる。すなわち，3世紀前半代から広域的地域間関係が出現しており（邪馬台国政権による画文帯神獣鏡の分配），その顕在化が第2段階としての三角縁神獣鏡の副葬開始と前方後円墳の出現とする理解である。一方で，各地における古墳の出現は基本的に布留0式併行以降であり，奈良盆地でも箸墓古墳の出現という点において，そこには飛躍という意味での画期があると考える。この点で筆者は，古墳時代の開始の指標について，箸墓古墳の出現・三角縁神獣鏡の副葬開始・布留式古段階の3点を重視する立場をとる。

③の多元的流入の可能性については，その可能性を全く否定することは困難であるが，筆者自身は，庄内式段階までは列島側の窓口が複数存在しており，古墳時代になると列島への中国鏡の流入の窓口がほぼヤマト政権に集約化されるとみる。そして，その場合に，仮に列島出土中国鏡の故地が多元的であったとしても，列島への流入に関わる流入元の窓口は，例えば楽浪郡や帯方郡，あるいは魏の洛陽などに限定されていたのではないかと考える。したがって，列島各地の上位層がそれぞれ独自に大陸にチャンネルをもち，独自に入手した可

能性を一般化することには賛同できない。②の論点ともかかわるが，問題は独自入手の主体と，古墳時代前期段階での流通のメカニズムの具体像をどのように理解するかという点にある。そのような多元的流入・入手を想定した場合，鏡以外の文物が同様に多元的に流入してもよいはずであるが，現在のところそうした状況は認めがたい。以上から，大陸・半島側の窓口は一貫して多元的なものではなく，複数の限定された窓口に多元的交渉が持たれた段階（弥生時代終末期まで）から，限定された窓口同士の間での交渉（古墳時代前期）へと変化していった可能性を考える（この問題については岩永省三氏との個人的討論から多くの示唆を受けたことを明記する）。

第3節　破鏡から完形鏡へ

　本節では，第2節までの内容の補論として，破鏡の形態的変異や破鏡と完形鏡との関係性に関わる論点を整理する。その上で古墳時代前期における鏡の使用形態に関わる重層モデルを提示したい。

はじめに

　前節でみたように，破鏡と完形鏡という場合に最も問題となるのは，使用形態とその時期的変遷という点である。すなわち，弥生時代後期〜終末期においては，北部九州を中心として一部の上位層に完形鏡が副葬される一方で，破鏡が北部九州から瀬戸内以東まで広範に分布する。破鏡は前期古墳からも出土するが，古墳時代前期になると完形鏡副葬が一般化する。こうした弥生時代後期から古墳時代前期への鏡の出土傾向の変化は，破鏡・完形鏡といった鏡の扱いそのものに大きな変化が起こっている可能性を想定させるものである。本節では，弥生時代後期から古墳時代前期にみられる鏡使用形態の変遷を，破鏡・完形鏡・破砕鏡という観点から整理し，当該時期における破鏡の意義について考えてみたい。

　以下具体的に検討するにあたり，破鏡について確認すべき論点として以下の3点を挙げたい。

(1)破鏡の出現の問題，

　(2)破鏡の形態・穿孔の問題，

　(3)破鏡の流通形態と完形鏡との関係。

　これらはいずれも，完形後漢鏡・魏晋鏡の流入・流通形態がどのようなものであったのかという問題と表裏一体の関係にある。

　以下，この破鏡と完形鏡相互の関係という点を念頭に置きつつ，弥生時代後期～古墳時代前期における両者の変遷について検討する。

1　破鏡と完形鏡の時期的変遷の具体相

(1)破鏡の出現の問題

　破鏡の出現過程の問題については，これまで様々に議論されているが，大きく分けて3つの可能性が指摘されている。

　　①完形鏡の分割（高倉1976など）・穿孔による分離（藤丸1993），

　　②破砕副葬時の鏡片の抜き取り（藤丸1993），

　　③鏡片状態での舶載（森1985；高橋1992）。

　①の穿孔による分割・整形痕跡は，福岡県老司古墳出土三角縁神獣鏡片（図15；辻田2005a）などをはじめとして，破断面に穿孔痕跡が残る事例によって確認することができるが，破断面全体が摩滅したものも多く，すべての破鏡に共通するかは議論の余地がある。問題は，前節でも述べたように破鏡の出土数の多さにかかわらず，破断面が接合するといった事例が現時点でほとんど確認できないことである。②の破砕副葬時の抜き取り，あるいは破砕副葬の鏡を接合した際に欠損した部位という点については，それが破鏡として使用された可能性と，そうでない可能性のどちらも考えておく必要がある。こうした破鏡の出現に関する3つの可能性について，筆者はどれかに限定するということはできず，むしろこれらのいずれもが実際に行われた可能性を考えている。そして2世紀以降の後漢鏡流入の減少という点，同一個体であることが確認できる事例が少なすぎる点，また楽浪郡域での鏡片出土事例の存在（鄭2001）などから考えた場合，③の鏡片舶載という形態が非常に一般的であった可能性も考えておく必要があろう。

第3節　破鏡から完形鏡へ　　137

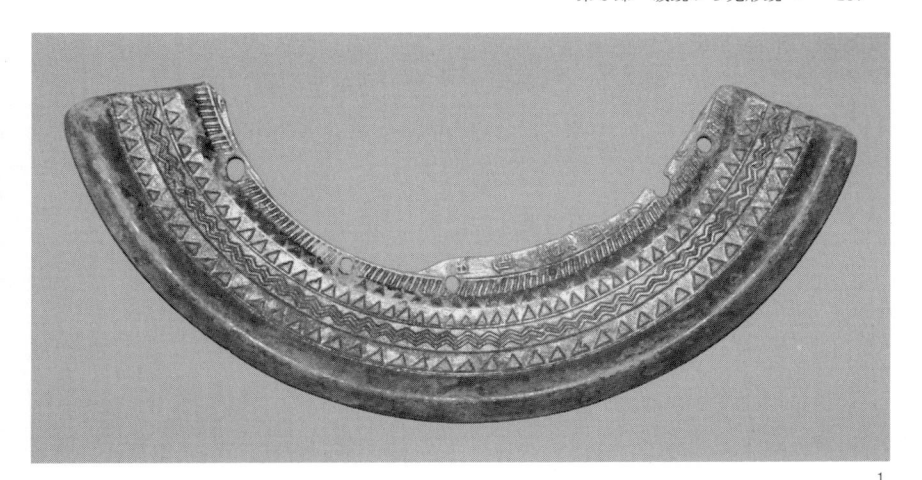

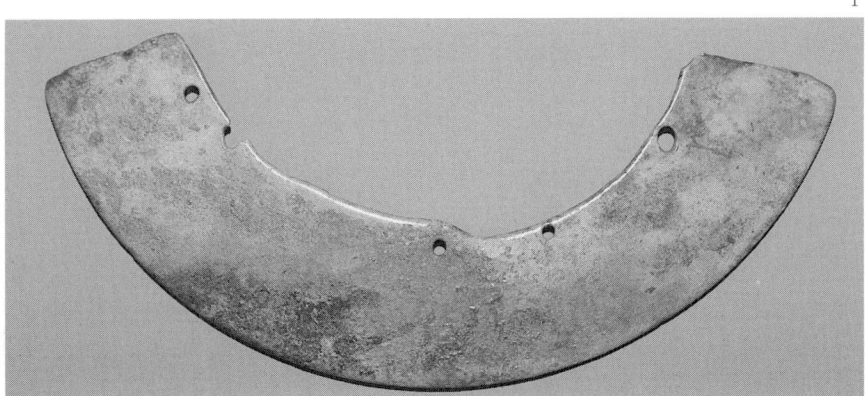

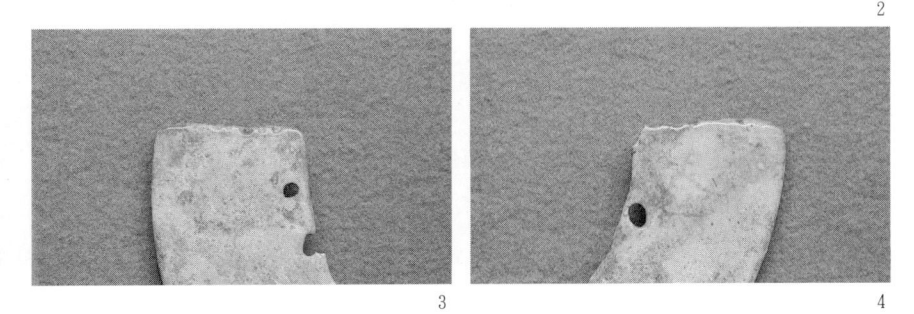

図15　福岡県老司古墳3号石室出土三角縁神獣鏡の破鏡

(2)破鏡の形態と穿孔

　破鏡は，外区片・内区片など様々な形態的特徴があり，また穿孔の有無といった違いもみられる。こうした破鏡の形態や穿孔の問題については，正岡氏（1979）や森岡氏（1994）などにより検討が行われ，破片の選択が無差別であること，部位の選別に図文部の意識的取捨などの作為性が読み取りがたいことなどが指摘されている。筆者もこうした先行研究や前述の老司古墳三角縁神獣鏡片の分離・整形穿孔痕跡の確認をふまえ，破鏡の形態について，次のように分類を行っている（辻田2005a）。

　まず鈕が残存する破鏡で穿孔が行われている事例が大分県野間10号墳出土上方作系浮彫式獣帯鏡片などに限られることから，鈕の有無が懸垂用穿孔の有無と相関すると捉え，鈕がないものをA，鈕が残存するものをBとする。また破片の形状では，Ⅰ：外区片，Ⅱ：内〜外区片（残存径１／３以下），Ⅲ：内〜外区片（残存径１／３以上），Ⅳ：内区片の４つに区分し，A・BとⅠ〜Ⅳの組み合わせで分類を行った（図16）。その結果，AⅠ・Ⅱ類やAⅢ類などで穿孔を行うものが一定数存在することなどから，破鏡の形態には，懸垂時に扇形もしくは半円形といった形態をとることがある程度志向されていた可能性を想定する。福岡県平原遺跡などでの破砕副葬の出土状況などを勘案するならば，破鏡の形態上の変異を過大評価することは慎重であるべきであるが，他方で一定の形態上の共通性がみられることも指摘しておきたい。また穿孔については，大きく，①補修・接合用，②懸垂用，③分離・整形用の３種類があるが，最も多く確認できるのは②の懸垂用穿孔である。また香川県鶴尾神社４号墳出土鏡を除けば，副葬品としての中型・大型の完形鏡には基本的に穿孔は施されず，鈕孔が欠損した小型鏡のみ，縁部に穿孔を施す事例が認められる（弥生時代小形仿製鏡含む）。舶載鏡では，福井県花野谷１号墳出土異体字銘帯鏡が数少ない具体例である。

(3)破鏡の流通と完形鏡

　ここまでみたように，中国鏡の列島への流通時期や列島内部での流通時期，またその流通形態については様々な見解がある。すでに指摘されているように，

第3節　破鏡から完形鏡へ　139

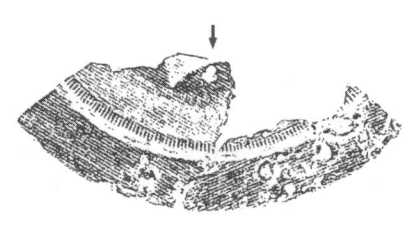

1．長崎県カラカミ遺跡（AⅠ）

2．福岡県後山遺跡1号石棺（AⅡ）

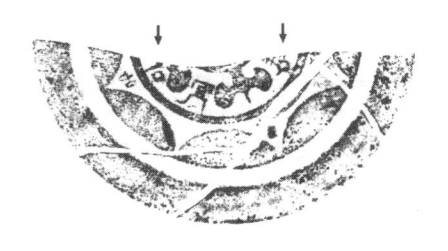

3．広島県石鎚山2号墳第1主体（AⅢ）

4．福岡県西屋敷遺跡2号石棺（BⅢ）

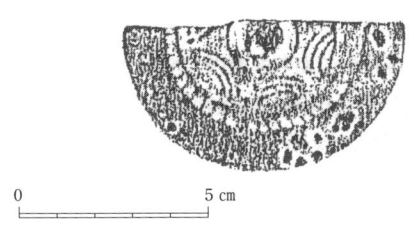

5．福岡県山鹿遺跡2号石棺（BⅡ）

6．福岡県上所田遺跡石蓋土壙墓（BⅣ）

図16　破鏡の具体例と分類
（拓本は1/2，他は縮尺不統一）

画文帯神獣鏡や斜縁神獣鏡などの鏡式の流通が近畿を中心とすることは明らかであるが，その分布形成の時期が弥生時代終末期段階なのか古墳時代初頭以降であるのかで議論は大きく変わってくる。また先述のようにいわゆる徐州系の鏡や魏晋鏡の一部についても多元的な入手を想定する見解もみられる。こうした先行研究における共通した問題点は，出土した遺跡の時期をどのように理解するかという点にあると考える。ここまで繰り返し指摘してきたように，鏡の「製作された時期」（e.g.「漢鏡5期」）というのは，鏡の型式にもとづく様式区分ではあっても，分布形成や流通・廃棄の時期とイコールではない。後漢鏡の列島への流入時期や各地への流通時期を，弥生時代での副葬例が少ない瀬戸内以東まで含めて，後漢鏡の製作年代とパラレルに考える場合，各地の前期古墳から出土する後漢鏡は，伝世という論理が不可欠となる。

　逆にこうした後漢鏡の出土した遺跡の年代自体や，破鏡・完形鏡といった使用形態の違いなどをふまえた場合，列島内での流通のメカニズムについては，リアルタイムでの舶載・流通を前提とせずに考えるならば，別の理解も可能ではないかと考える。つまり，各時期によって，列島への流入形態や流通形態のメカニズムやプロセスが異なっていた可能性である。前節の分析結果から，筆者は，古墳時代前期初頭の段階に，完形後漢鏡流入・流通形態変革の画期があると捉え，その前後の時期では列島への流入契機や流入の形態，そして列島内での流通形態＝分布形成のメカニズム自体が相互に異なっていたと考える。筆者は古墳時代初頭における完形鏡分配システムの成立を3世紀第2四半期と捉えた場合，このこと自体はヤマト政権が魏との接触を通じて東アジアの国際的秩序の中へより明確な形で組み込まれたことを意味すると理解する（第7章参照）。かつ後漢鏡・魏晋鏡の流通という点ではいわば入手・分配のセンターの集約化ということができ，その意味でこの画期はヤマト政権をセンターとする形での地域間関係の再編成の過程と考える。この画期と「定型的」大型前方後円墳の出現，長大な割竹形木棺＋竪穴式石槨を中心とした葬送儀礼の整備，三角縁神獣鏡の大量副葬開始（近藤1983）といった多くの急激で飛躍的な変化が連動すると捉える。

(4)古墳時代前期初頭における完形鏡分配システムの成立と破鏡の副葬

　以上をふまえつつ，図11・12として挙げた破鏡の分布図をもとに破鏡の動きをみると興味深い事実が認められる。弥生時代後期～終末期における破鏡と古墳時代前期に出土する破鏡を比較すると，前者では，集落域ないし包含層から出土する場合が多く，また大分県大野川流域では穿孔を施したものが竪穴住居から，北九州市域～響灘沿岸では穿孔を施さないものが墓から出土するというように，集落域での廃棄と穿孔が卓越する地域や非穿孔破鏡の副葬が卓越する地域など，破鏡の使用形態の地域性が顕著であるといえる（図11）。ところが古墳時代前期になると，集落での廃棄も一部で継続するものの，破鏡は基本的に古墳に副葬されるようになるという変化が起こる。しかも，穿孔を施した破鏡の副葬例の比率が弥生時代後期に比べ全体的に増加する傾向がみられる（図12）。筆者は古墳時代前期に出土する破鏡の多くが後漢鏡片であり，またその分布が弥生時代後期～終末期における分布状況とほぼ重なることから，古墳時代前期の破鏡は弥生時代後期以来各地で伝世されたものと考えている。その場合，特に穿孔された破鏡が墓で出土する事例が弥生時代後期段階で少ないことを考えるならば，弥生時代後期においては，穿孔を施した破鏡の多くは「非副葬」の性格をもちつつ古墳時代前期まで伝世された可能性が考えられる。

　この伝世された破鏡が古墳時代になると一斉に副葬された理由として，筆者は完形鏡分配システムの成立に伴い，それまで様々な儀礼行為の場で使用された破鏡が，完形鏡に準ずる二次的な存在として扱われ，古墳の副葬品として採用された可能性を想定している（辻田2005a）。破鏡を副葬品としてもつ被葬者は，正岡氏（1979）が早くに指摘しているように，古墳被葬者の中でも中心的被葬者でない場合が多い。すなわち，古墳上での葬送儀礼において完形鏡副葬が一般化した結果，破鏡が完形鏡の代用品として副葬されるようになったと考えるのである。そうした破鏡は，古墳時代前期末までに仿製三角縁神獣鏡や種々の倭製鏡の分配が終了するのと軌を一にして，前期末までには副葬という形でほぼ収束するものと考えられる。

(5)古墳時代前期における鏡の三相——重層するコンテクスト

　破鏡と同様に古墳時代初頭段階で大きな変革を迎えるのがいわゆる弥生時代小形仿製鏡である。その生産終了の様相は北部九州と近畿周辺で異なっているが，特に瀬戸内以東の小形仿製鏡の一部は，重圏文鏡や珠文鏡といった，古墳時代の小型倭製鏡ないし「儀鏡」の生産へと形を変えつつ受け継がれた可能性が高倉洋彰氏によって指摘されている（高倉1985・1995・1999）。楠元哲夫氏（1993）や林正憲氏（2005）が指摘するように，古墳時代前期の倭製鏡は，ヤマト政権中枢で製作される倭製鏡と弥生時代青銅器生産の系譜を引きつつ各地で生産された小型倭製鏡の2者に区分することができると考えるが[15]，このなかには，古墳時代以降に集落遺跡や祭祀遺跡などでみつかる小型の素文鏡なども含まれる可能性があろう。

　以上をふまえるならば，古墳時代前期においては，こうした「儀鏡」の生産・使用のコンテクスト，弥生時代後期以来の「破鏡」のコンテクスト，そして古墳時代前期に成立する完形鏡分配システムにより各地にもたらされた完形鏡のコンテクスト，という3者が重層しており，結果的に古墳時代初頭に成立した完形鏡分配システムに伴う使用・副葬のコンテクストの中に前2者が取り込まれる形で展開したとみることができる。このいわば「弥生的」鏡使用形態の残存とその重層性こそが，古墳時代前期における鏡の入手・使用・消費のあり方に大きく影響を与えていると考える。

2　小　結

　以上，破鏡と完形鏡という観点から弥生時代後期～古墳時代前期の後漢鏡・魏晋鏡の様相について検討した。その結果，古墳時代初頭段階に完形後漢鏡・魏鏡が近畿地方に大量流入し，各地に分配されたことが，それ以降の倭製鏡流通（第6章参照）に連続する完形鏡分配システムとその配布戦略の成立という意味での画期と理解した。筆者はこうした完形後漢鏡・魏晋鏡や三角縁神獣鏡・倭製鏡について，その入手・使用・消費がほぼ上位層に独占され，かつそのサイクルが社会的再生産に埋め込まれているという2点において，広域的に展開する威信財システム成立の画期と捉えている（穴沢1985；本章第2節・第6・7章

参照)。これに対し、弥生時代後期〜終末期における破鏡や弥生時代小形仿製鏡については、武末純一氏 (1990) が早く指摘しているように、その多くが集落で廃棄されたものであり、また必ずしも階層上位者に限定されるわけでもないことから、いずれも威信財としての位置づけは困難であろうと考えている。また本章でみた古墳時代初頭段階における鏡流通形態の変革は、破鏡や完形鏡の意義という点のみならず、奈良盆地における大型前方後円墳の出現および古墳時代開始過程を、"遡上の論理"において、すなわち近畿弥生社会からの連続的発展の所産として捉えるか、あるいはこれを急激で不連続な変化と捉えるかといった問題とも深く関わる問題であるといえよう (北條他2000；北條2005)。この問題については第7章で改めて検討したい。

註

(1) 車崎氏は大きく雲雷文帯内行花文鏡と凹帯内行花文鏡の2者に区分している。後者は蝙蝠座を主体とし、四葉座を一部含んでいる。この両者は面径の違いともほぼ対応しており、蝙蝠座鈕の内行花文鏡が12cm以下の小型鏡を主体とすることとも密接に関連する。

(2) 従来平原遺跡から出土した鏡は39面と考えられていたが、最近46.5cmの内行花文鏡の同型鏡が実際は1面多い5面分であったことが明らかにされ、合計で40面と報告されている (前原市教育委員会2000)。この超大型鏡については仿製鏡という見解が定説化しているが、清水康二氏は鈕孔や製作技術の点から舶載鏡の可能性を指摘している (清水2000)。また報告の中で柳田康雄氏は、中国鏡との比較検討から、それ以外の「大宜子孫」銘内行花文鏡や方格規矩四神鏡32面の大多数が「仿製鏡」であった可能性を指摘している (柳田2000)。氏は、渡来工人による製作を想定しているが、これら40面はいずれも古墳時代前期倭製鏡とは明らかに異なり、後漢鏡の範疇に位置づけられるものであり、清水氏も指摘するように基本的に中国鏡として扱われるべき一群と考える。この問題については第5章第2節で論ずるが、本稿ではこれらを後漢鏡／舶載鏡として議論を進める。また井原鑓溝遺跡出土鏡群については、梅原末治氏 (1931b) の復元案にもとづき分析を行った。高倉洋彰氏による復元案との対照は、岡崎敬編 (1979)、埋蔵文化財研究会編 (1994a) を参照。

(3) a)とb)、x)とy)の差異は、いずれもその分類基準という点において、川西宏幸氏(1989)のいう近畿型鏡種・非近畿型鏡種とは対応しない。

(4) 弥生時代後期〜終末期の九州における破鏡の出土例は、特に福岡県・佐賀

県・大分県の3県に分布が集中している。
(5) 　ここで問題となるのが，16面出土している方格規矩四神鏡のうち，6面が奈良県大和天神山古墳に集中しているという事実である。大和天神山古墳からは合計23面の鏡が出土しているが，その大半は大型の後漢鏡であり，三角縁神獣鏡を含まない点が特徴である。その内訳は方格規矩(四神鏡)6面，内行花文鏡(四葉座)4面，画文帯神獣鏡4面，画象鏡2面，浮彫式獣帯鏡(b)1面，その他6面という構成となっている(第5章第3節参照)。この鏡群構成については，前期倭製鏡のモデルが一括して埋置されたとする楠元哲夫氏の指摘がある(楠元1994)。この鏡群構成の形成については，前期古墳出土後漢鏡の出土傾向全般という点から考えた場合，弥生時代後期以来の伝世の所産というより，古墳時代初頭以降に大量に流入した完形後漢鏡の大型品の一部が一括して埋置された可能性が高いのではないかと考える。いずれにせよ大和天神山古墳出土鏡群が，その限定性・集約性という点において特徴づけられるということを確認しておきたい。
(6) 　前稿では千葉県高部30号墳出土鏡を斜縁神獣鏡として扱ったが，斜縁神獣鏡と画象鏡の中間的な鏡式であり，ここでは画象鏡として扱っている。
(7) 　上野祥史氏は，画象鏡の製作動向について検討する中で，列島出土画象鏡の系譜が華北東部に求められる可能性を指摘している(上野2001)。
(8) 　他にも兵庫県入佐山3号墳第1主体より出土した方銘四獣鏡(兵庫215)や，奈良県池ノ内1号墳西棺より出土した四区渦文鏡(奈良148)など，稀少鏡式がいくつか認められる。
(9) 　福岡県祇園山古墳出土鏡および同外之隈遺跡出土鏡については，出土土器の年代的位置づけの再検討から，前稿での年代観(辻田2001・2005a)を一部修正している。
(10) 　萩原鏡については，伝楽浪郡大同江面付近出土鏡と同型の可能性が指摘されている(cf. 西川1996)。奈良県ホケノ山墳墓付近から出土したとされる画文帯神獣鏡が他に2面存在するが(表1-8)，ここでは最近の調査成果による当該資料のみに限定した。
(11) 　同一個体の可能性が指摘されている事例として，福岡県亀の甲遺跡出土破鏡(福岡477)と大分県雄城台遺跡出土破鏡(大分38)の2例の方格規矩鏡片がある(高橋1979)。
(12) 　第1章第3節参照。
(13) 　46.5cmの超大型内行花文鏡やその他の内行花文鏡・方格規矩四神鏡についても基本的に舶載鏡であるとの立場に立てば，現状では糸島地域における卓越し

た鏡生産等は想定し得ない。またこれは鏡に限らず，他の青銅製品についても基本的に同様であると考えられる。

(14) 特に東九州で顕著な破鏡の集落への廃棄＝墓への非副葬については，岩永省三氏や藤丸詔八郎氏らによって瀬戸内海沿岸地域からの影響という可能性が指摘されている(九州古文化研究会編2000：pp. 210-212)。

(15) 列島への大量の後漢鏡流入は，楽浪・帯方郡が景初二年(238)に公孫氏政権から魏に復したこととも密接に関係すると考えられる(cf. 寺沢2000：p. 313)。また中国鏡の流入は，これ以降段階的に継続して行われたものと考えられるが，その流入は大陸・半島の情勢から考えて，基本的に4世紀第1四半期以前の所産である可能性を想定する必要があろう(川西1989；岡村1996)。

表1-1　弥生時代後期～終末期：完形鏡・破砕鏡（穿孔含む）

県名	番号	鏡　式	分　類	直　径	完形/破砕	備　考	遺　跡　名　称	遺　構	時　期
千葉	89	画象鏡(二神二獣鏡)	二神二獣	14.4	破砕	欠損・彩色あり	高部30号墳	墳丘墓	弥生末～古墳初頭
岐阜	77	内行花文鏡	四葉座I	22.1	破砕	破砕・一部欠損	瑞龍寺山山頂遺跡	墳丘墓	弥生後期後半～末
岐阜	110	方格規矩鏡	四神鏡	23.6	破砕	破砕・小形仿製共伴	観音寺山古墳丘墓	墳丘墓	弥生終末
京都	251	双頭龍文鏡	I式	12.3	破砕	破砕・擦痕あり	園田黒田墳墓	墳丘墓	弥生終末
兵庫	77	内行花文鏡	四葉座I	18.4	破砕?	内区欠損	西条52号墓	墳丘墓	弥生後期後半
兵庫	133	内行花文鏡	四葉座I	19.2	破砕?	欠損	岩見北山1号墓	積石塚	弥生終末
兵庫		画文帯神獣鏡	環状乳	11	破砕	内区一部欠損	綾部山39号墓	墳丘墓	弥生終末
奈良	※2	画文帯神獣鏡	同向式B	19.1	破砕	完形・破砕?	ホケノ山	墳丘墓	弥生終末～古墳初頭
奈良	※2	画文帯神獣鏡	不明	不明	破片	破片	ホケノ山	墳丘墓	弥生終末～古墳初頭
奈良	※2	画文帯神獣鏡	四葉座I	26.3	破砕		ホケノ山	墳丘墓	弥生終末～古墳初頭
岡山	24	飛禽鏡	──	10	完形	完形	宮山墳墓	竪穴式石室	弥生終末
岡山	25	虺龍文鏡	──	9.5	完形	内区一部欠損	鋳物師谷1号墓A主体	墳丘墓	弥生終末
岡山	226	方格規矩鏡	四神鏡	15.6?	破砕	一部欠損	矢藤治山墳丘墓	竪穴式石槨+箱形木棺	弥生終末
広島	25	内行花文鏡	四葉座I	16.25	完形	完形	壬生西谷遺跡	箱形木棺	弥生終末
山口	56	異体字銘帯鏡	内行花文	15	欠損	内外花文	稗田地蔵堂遺跡	箱式石棺	弥生中期後半?
香川	48	方格規矩鏡	四神鏡	18.2	破砕	完形	鶴尾神社4号墳	竪穴式石室	弥生終末～古墳初頭
徳島	47	画文帯神獣鏡	同向式A	16	破砕	内区一部欠損	荻原1号墓	竪穴式石槨+割竹形木棺	弥生終末
愛媛	※3	異体字銘帯鏡	重圏文	8.4	ほぼ完形	──	若宮町遺跡	墳墓群	弥生中期後半～後期
福岡	※4	方格規矩鏡	四神鏡	約16	欠損	梅原第1図(No.1)	井原鑓溝遺跡	甕棺墓	弥生後期
福岡	※4	方格規矩鏡	四神鏡	13.5	欠損	梅原第2図2(No.2)	井原鑓溝遺跡	甕棺墓	弥生後期
福岡	※4	方格規矩鏡	四神鏡	14.4	欠損	梅原第2図2(No.3)	井原鑓溝遺跡	甕棺墓	弥生後期
福岡	※4	方格規矩鏡	四神鏡	15	欠損	梅原第3図(No.4)	井原鑓溝遺跡	甕棺墓	弥生後期
福岡	※4	方格規矩鏡	四神鏡		欠損	梅原第2図2(No.5)	井原鑓溝遺跡	甕棺墓	弥生後期
福岡	※4	方格規矩鏡	四神鏡	13.8～14.1	欠損	梅原第2図3(No.6)	井原鑓溝遺跡	甕棺墓	弥生後期
福岡	※4	方格規矩鏡	四神鏡	18	欠損	梅原第4図(No.7)	井原鑓溝遺跡	甕棺墓	弥生後期
福岡	※4	方格規矩鏡	四神鏡	15	欠損	梅原第5図2(No.8)	井原鑓溝遺跡	甕棺墓	弥生後期
福岡	※4	方格規矩鏡	四神鏡	14.1	欠損	梅原第5図1(No.9)	井原鑓溝遺跡	甕棺墓	弥生後期
福岡	※4	方格規矩鏡	四神鏡	15	欠損	梅原第5図3(No.10)	井原鑓溝遺跡	甕棺墓	弥生後期
福岡	※4	方格規矩鏡	四神鏡	17.4	欠損	梅原第6図2(No.11)	井原鑓溝遺跡	甕棺墓	弥生後期
福岡	※4	方格規矩鏡	四神鏡	14.4	欠損	梅原第6図3(No.12)	井原鑓溝遺跡	甕棺墓	弥生後期
福岡	※4	方格規矩鏡	四神鏡	14.4	欠損	梅原第5図4(No.13)	井原鑓溝遺跡	甕棺墓	弥生後期
福岡	※4	方格規矩鏡	四神鏡	13.2	欠損	梅原第6図1(No.14)	井原鑓溝遺跡	甕棺墓	弥生後期
福岡	※4	方格規矩鏡	四神鏡	12.6	欠損	梅原第6図4(No.15)	井原鑓溝遺跡	甕棺墓	弥生後期
福岡	※4	方格規矩鏡	四神鏡	12.6	欠損	梅原第6図5(No.16)	井原鑓溝遺跡	甕棺墓	弥生後期
福岡	※4	方格規矩鏡	四神鏡	12.6	欠損	梅原第6図6(No.17)	井原鑓溝遺跡	甕棺墓	弥生後期
福岡	※4	方格規矩鏡	四神鏡	13.8	欠損	梅原第6図7(No.18)	井原鑓溝遺跡	甕棺墓	弥生後期
福岡	※5	方格規矩鏡	四神鏡	23.6	破砕	前原市報告No.1	平原1号墓	周溝墓	弥生終末
福岡	※5	方格規矩鏡	四神鏡	20.89～21.01	破砕	前原市報告No.2	平原1号墓	周溝墓	弥生終末
福岡	※5	方格規矩鏡	四神鏡	21	破砕	前原市報告No.3	平原1号墓	周溝墓	弥生終末
福岡	※5	方格規矩鏡	四神鏡	20.5～9	破砕	前原市報告No.4	平原1号墓	周溝墓	弥生終末
福岡	※5	方格規矩鏡	四神鏡	18.4	破砕	前原市報告No.5	平原1号墓	周溝墓	弥生終末
福岡	※5	方格規矩鏡	四神鏡	18.5	破砕	前原市報告No.6	平原1号墓	周溝墓	弥生終末
福岡	※5	方格規矩鏡	四神鏡	16.135～16.14	破砕	前原市報告No.7	平原1号墓	周溝墓	弥生終末
福岡	※5	方格規矩鏡	四神鏡	16.135	破砕	前原市報告No.8	平原1号墓	周溝墓	弥生終末
福岡	※5	方格規矩鏡	四神鏡	16.135	破砕	前原市報告No.9	平原1号墓	周溝墓	弥生終末
福岡	※5	内行花文鏡	八葉鏡	46.1～3	破砕	前原市報告No.10	平原1号墓	周溝墓	弥生終末
福岡	※5	内行花文鏡	八葉鏡	46.4	破砕	前原市報告No.11	平原1号墓	周溝墓	弥生終末
福岡	※5	内行花文鏡	八葉鏡	46.5	破砕	前原市報告No.12	平原1号墓	周溝墓	弥生終末
福岡	※5	内行花文鏡	八葉鏡		破砕	前原市報告No.13	平原1号墓	周溝墓	弥生終末
福岡	※5	内行花文鏡	八葉鏡	46.5	破砕	前原市報告No.14	平原1号墓	周溝墓	弥生終末
福岡	※5	内行花文鏡	四葉座I	27.04～6	破砕	前原市報告No.15	平原1号墓	周溝墓	弥生終末
福岡	※5	内行花文鏡	四葉座I	18.74～755	破砕	前原市報告No.16	平原1号墓	周溝墓	弥生終末
福岡	※5	虺龍文鏡	──	16.52～565	破砕	前原市報告No.17	平原1号墓	周溝墓	弥生終末
福岡	※5	方格規矩鏡	四神鏡	16.09～16.1	破砕	前原市報告No.18	平原1号墓	周溝墓	弥生終末
福岡	※5	方格規矩鏡	四神鏡	15.86～15.95	破砕	前原市報告No.19	平原1号墓	周溝墓	弥生終末
福岡	※5	方格規矩鏡	四神鏡	20.5～20.77	破砕	前原市報告No.21	平原1号墓	周溝墓	弥生終末
福岡	※5	方格規矩鏡	四神鏡	18.7	破砕	前原市報告No.22	平原1号墓	周溝墓	弥生終末
福岡	※5	方格規矩鏡	四神鏡	19.1	破砕	前原市報告No.23	平原1号墓	周溝墓	弥生終末
福岡	※5	方格規矩鏡	四神鏡	18.8	破砕	前原市報告No.24	平原1号墓	周溝墓	弥生終末
福岡	※5	方格規矩鏡	四神鏡	18.8	破砕	前原市報告No.25	平原1号墓	周溝墓	弥生終末
福岡	※5	方格規矩鏡	四神鏡	18.2～3	破砕	前原市報告No.26	平原1号墓	周溝墓	弥生終末

表1-1　弥生時代後期～終末期：完形鏡・破砕鏡　　147

福岡	❋5	方格規矩鏡	四神鏡	15.8	破砕	前原市報告No.27	平原1号墓	周溝墓	弥生終末
福岡	❋5	方格規矩鏡	四神鏡	18.2	破砕	前原市報告No.28	平原1号墓	周溝墓	弥生終末
福岡	❋5	方格規矩鏡	四神鏡	16.5	破砕	前原市報告No.29	平原1号墓	周溝墓	弥生終末
福岡	❋5	方格規矩鏡	四神鏡	18.9	破砕	前原市報告No.30	平原1号墓	周溝墓	弥生終末
福岡	❋5	方格規矩鏡	四神鏡	18.63	破砕	前原市報告No.31	平原1号墓	周溝墓	弥生終末
福岡	❋5	方格規矩鏡	四神鏡	18.8	破砕	前原市報告No.32	平原1号墓	周溝墓	弥生終末
福岡	❋5	方格規矩鏡	四神鏡	18.8	破砕	前原市報告No.33	平原1号墓	周溝墓	弥生終末
福岡	❋5	方格規矩鏡	四神鏡	16.6	破砕	前原市報告No.34	平原1号墓	周溝墓	弥生終末
福岡	❋5	方格規矩鏡	四神鏡	16.6	破砕	前原市報告No.35	平原1号墓	周溝墓	弥生終末
福岡	❋5	方格規矩鏡	四神鏡	16.2	破砕	前原市報告No.36	平原1号墓	周溝墓	弥生終末
福岡	❋5	方格規矩鏡	四神鏡	16.4	破砕	前原市報告No.37	平原1号墓	周溝墓	弥生終末
福岡	❋5	方格規矩鏡	四神鏡	18.8	破砕	前原市報告No.38	平原1号墓	周溝墓	弥生終末
福岡	❋5	方格規矩鏡	四神鏡	18.6	破砕	前原市報告No.39	平原1号墓	周溝墓	弥生終末
福岡	❋5	方格規矩鏡	四神鏡	11.7	破砕	前原市報告No.40	平原1号墓	周溝墓	弥生終末
福岡	83	内行花文鏡	蝙蝠座	15.5	元来完形?	内区片	三雲寺口2号石棺墓	石棺	
福岡	147	内行花文鏡	四葉座I	16～17	元来完形?	内区一部欠損	飯氏遺跡7号甕棺	甕棺墓	弥生後期中葉
福岡	196	内行花文鏡	四葉座I	約13	ほぼ完形	内区一部欠損	日佐原遺跡	石蓋土壙墓	弥生終末
福岡	199	異体字銘帯鏡	内行花文	10.6	ほぼ完形	──	宝満尾遺跡4号土壙墓	土壙	弥生後期前半?
福岡	229	獣首鏡	──	10.7	欠損	1/2欠損	酒殿遺跡2号石棺	箱式石棺	弥生終末?
福岡	257	方格規矩鏡	──	13.9	欠損	内区一部欠損	須玖岡本B地点	──	弥生後期
福岡	260	八鳳鏡		13.6	完形	完形	須玖岡本D地点	──	弥生後期
福岡	391	方格規矩鏡	四神鏡	14.05	ほぼ完形	内区一部欠損	五穀神遺跡	箱式石棺	弥生後期前半～中頃?
福岡	392	内行花文鏡	四葉座I	12.5	ほぼ完形	内区一部欠損	笹原遺跡		弥生後期中頃?
福岡	393	内行花文鏡	蝙蝠座	12.4	完形	完形	谷頭遺跡		弥生後期
福岡	408	方格規矩鏡	渦文鏡		破砕副葬	一部欠損	汐井掛遺跡4号石棺	箱式石棺	弥生後期?
福岡	444	内行花文鏡	四葉座II	10.2	完形	完形	原田遺跡第1地点墓群A石蓋土壙墓	石蓋土壙墓	弥生後期後半～終末
福岡	445	四鳳鏡	──	11	ほぼ完形	外区一部欠損	原田遺跡第1地点墓群C1号石棺	箱式石棺	弥生後期後半～終末
福岡	454	内行花文鏡	四葉座II	9.3	完形	完形	向田遺跡I		弥生終末～古墳初頭
福岡	554	内行花文鏡	四葉座I	19.5	ほぼ完形	内区一部欠損	宮原遺跡3号石棺	箱式石棺	弥生終末?
福岡	555	内行花文鏡	四葉座I	12.3	ほぼ完形	内区一部欠損	宮原遺跡3号石棺	箱式石棺	弥生終末?
福岡	589	鳥文鏡		8.2	元来完形?	現在内・外区片	上所田遺跡墓群	石蓋土壙墓b	弥生終末?
福岡	597	内行花文鏡	四葉座I	15.6	完形	完形	宝珠遺跡	箱式石棺	弥生終末?
福岡	648	方格規矩鏡	──	11.1	欠損	内区一部欠損	長谷池遺跡	石蓋土壙墓	弥生終末～古墳初頭
福岡	650	八禽鏡	──		完形	完形	柿原遺跡		弥生後期
福岡	653	獣帯鏡	浮彫式b	10.22	完形	完形	小長川遺跡	箱式石棺	弥生後期
福岡	659	盤龍鏡		9.8	完形	完形	徳永川ノ上遺跡	IV号墳19号墓	弥生終末～古墳初頭
福岡	662	内行花文鏡	蝙蝠座	13	完形	完形	4号墳丘墓4号棺	4号墳丘墓4号棺	弥生終末～古墳初頭
福岡	❋6	方格規矩鏡	四神鏡	18.6	破砕副葬	内区一部欠損	井原ヤリミゾ2582・2583番地6号木棺	割抜形木棺	弥生後期
福岡	❋7	方格規矩鏡	四神鏡	15.8	欠損	1/4欠損	松添遺跡		弥生後期
福岡	❋7	内行花文鏡	四葉座I	11.5	破片	外区片	松添遺跡		弥生後期
福岡	642	内行花文鏡	鳥文鏡		完形	完形	良積遺跡14号甕棺墓	甕棺墓	弥生終末～古墳初頭
佐賀	12	異体字銘帯鏡	内行花文	11.9	完形	完形	六の幡遺跡29号甕棺墓	甕棺墓	弥生終末～古墳初頭
佐賀	21	内行花文鏡	四葉座I	17	完形	一部欠損	坊所一本谷遺跡	箱式石棺	弥生後期～古墳前期?
佐賀	28	異体字銘帯鏡	内行花文	9.15	完形	完形	二塚山76号甕棺	甕棺	弥生後期後半
佐賀	29	獣帯鏡	細線式	14.1	破砕	ほぼ完形	二塚山29号土壙墓	石蓋土壙墓	弥生後期後半
佐賀	33	方格規矩鏡	四神鏡	14.7	完形	内区一部欠損	松葉遺跡	箱式石棺	弥生後期後半
佐賀	36	内行花文鏡	──	17.5	完形	完形	横田遺跡	甕棺or箱式石棺	弥生後期後半
佐賀	39	獣帯鏡	細線式	14.4	完形	完形	三津永田遺跡104号墓	甕棺墓	弥生後期前葉
佐賀	40	虺龍文鏡	──	9.2	破砕	鈕他欠損	三津永田遺跡105号墓	石蓋甕棺墓	弥生後期前葉
佐賀	41	内行花文鏡	四葉座I	9	完形	完形	三津永田遺跡	石蓋甕棺墓	弥生後期前葉
佐賀	57	異体字銘帯鏡	内行花文	9.6	完形	完形	上志洞屋遺跡石棺	箱式石棺	弥生後期後半?
佐賀	148	方格規矩鏡	四神鏡	23.2	完形	完形	桜馬場遺跡	甕棺墓	弥生後期前葉
佐賀	149	方格規矩鏡	四神鏡	15.4	完形	完形	桜馬場遺跡	甕棺墓	弥生後期前葉
佐賀	178	異体字銘帯鏡	内行花文	10.3	完形	完形	椛島山遺跡1号石棺	箱式石棺	弥生後期
佐賀	179	方格規矩鏡	四神鏡	13.1	ほぼ完形	外区一部欠損	椛島山遺跡2号石棺	箱式石棺	弥生後期
佐賀	195	内行花文鏡	四葉座I	19.7	ほぼ完形	一部欠損	伊万里仆戻遺跡SC010石棺墓	箱式石棺	弥生後期
佐賀	197	内行花文鏡	四葉座I	12.6	破砕?	完形	石動四本松遺跡32号甕棺墓	甕棺墓	弥生後期
佐賀	199	内行花文鏡	四葉座I	13.2	破砕(重ね)	完形	藤木遺跡2SC201石蓋土壙墓	石蓋土壙墓	弥生後期
長崎	2	方格規矩鏡	渦文鏡	9.8	ほぼ完形	一部欠損	塔ノ首遺跡4号石棺	箱式石棺	弥生後期前半～中頃?
長崎	76	内行花文鏡	四葉座I	20	欠損	内区欠損	原の辻遺跡原ノ久保A地区9号土坑	墓域・土坑	弥生後期～終末?
熊本	❋8	獣帯鏡	細線式	8.9	完形	完形	小野崎遺跡堀の内ISK-24	墓域・土坑	弥生後期

148　第2章　古墳時代開始期における中国鏡の流通形態の変革

表1-2　弥生時代後期～終末期：破鏡（鏡片副葬含む）

No.	県名	番号	鏡式	直径	破/完	鈕	分類	穿孔	備考	遺跡名称	遺構	時期
1	神奈川	8	内行花文鏡	5.7	破鏡			○	穿孔・欠損	大場第2地区No.2	YT-10住居址	弥生後期
3	石川	14	双頭龍文鏡		破鏡	A	IV	○	内区片・穿孔2	無量寺B遺跡	集落溝	弥生後期
4	山梨	※9	内行花文鏡?	11.4	破鏡	A	I	○	外区片・穿孔2・厚	長田口遺跡		弥生終末～古墳初頭
5	長野	47	多鈕細文鏡		破鏡	A	IV	○	内区片・穿孔2	社宮司遺跡	採集品	
6	岐阜	162	方格規矩鏡		破鏡	A	IV	○	内区片・穿孔1・欠損	砂行遺跡	住居址	弥生終末
7	愛知	※10	飽龍文鏡	7.4	破鏡	A	I	○	外区片・穿孔2	朝日遺跡	土坑	弥生終末
8	京都	25	浮彫式b獣帯鏡	11	破鏡	A	IV	○	内区片・穿孔1	狸谷17号墳第2主体	墳丘墓	弥生終末
10	兵庫	76	内行花文鏡	21.1	破鏡	A	IV	○	内区片・穿孔2	播磨大中遺跡	集落住居	弥生後期後半
11	兵庫	70	内行花文鏡	19	破鏡	A	IV	○	内区片・穿孔2	吉田南遺跡	集落住居	弥生終末
12	鳥取		重圏文鏡	小型	破鏡	A	II	○	外区片・穿孔5	青谷上寺地遺跡	集落	弥生終末
2	徳島	※11	異体字銘帯鏡		破鏡	A	I	○	外区片・穿孔1	庄・蔵本遺跡中央診療棟地点	包含層	弥生終末
9	香川	※12	内行花文鏡		破鏡	A	IV	○	外区片・穿孔1	旧練兵場遺跡H16年度II-4区 SH4003	住居址	後期末
14	愛媛	※13	不明		破鏡	A	I	○	内区片・穿孔1	文教遺跡24次調査	包含層	後期末
13	愛媛	90	内行花文鏡	8.7	破鏡	A	I	○	外区片・穿孔	釜ノ口遺跡SD03	集落溝	弥生後期末～古墳初頭
15	高知	※14	内行花文鏡		破鏡	A	IV	○	内区片・穿孔1・割れ	西分増井遺跡		弥生後期
15	福岡	※15	不明		破鏡	A	I	○	素文外区片・穿孔2	須玖唐梨遺跡	包含層	弥生後期
16	福岡	433	内行花文鏡	14.9	破鏡	A	II	○	外区片・穿孔1?	後山遺跡1号石棺	箱式石棺	弥生後期
18	長崎	35	方格規矩鏡		破鏡	A	I	○	外区片・穿孔2	カラカミ遺跡	辻屋敷貝塚	弥生後期
19	佐賀	17	双頭龍文鏡	8.2	破鏡	A	I	○	内区片・穿孔1	町南遺跡SB103住居址	住居址	弥生終末
20	佐賀	38	飛禽鏡?	10.9	破鏡	A	I	○	内区片・穿孔1	西一本杉ST009号墳	木棺直葬	弥生終末
65	佐賀	63	内行花文鏡	10	破鏡	A	IV	○	内・外区片・穿孔3	城原三本谷北遺跡	集落住居	弥生後期後葉～末
21	熊本	121	同向式B神獣鏡		破鏡	A	IV	○	内区片・穿孔2	狩尾・湯の口遺跡	箱式石棺	弥生終末
22	熊本	103	飛禽鏡	11	破鏡	A	II	○	外区片・穿孔1	大場石棺群A群1号石棺	箱式石棺	弥生後期?
23	大分	62	内行花文鏡	14.2	破鏡	A	I	○	内区片・穿孔2+1	小園遺跡4号住居	集落住居	弥生後期
24	大分	60	内行花文鏡	?	破鏡	A	I	○	内区片・穿孔1	二本木遺跡34号住址	集落住居	弥生後期後葉
25	大分	59	浮彫式b獣帯鏡	?	破鏡	A	I	○	内区片・穿孔1	舞田原遺跡16号住居	集落住居	弥生終末～古墳初頭
26	大分	97	内行花文鏡	12.6	破鏡	A	I	○	内区片・穿孔1	鹿道原遺跡168号住居址	集落住居	弥生終末
27	大分	9	内行花文鏡	9.3	破鏡	A	I	○	内区片・穿孔1	雄城台遺跡6次8号住居	集落住居	弥生終末
28	大分	34	方格規矩鏡	16.5	破鏡	A	I	○	内区片・穿孔2	尼ヶ城遺跡	集落住居	弥生後期後葉
29	大分	17	内行花文鏡		破鏡	A	I	○	内区片・穿孔1	本丸遺跡	石蓋土壙墓	弥生終末～古墳初頭
30	大分	75	内行花文鏡	23	破鏡	A	IV	○	内区片・穿孔1	小迫辻原遺跡3号住居	集落住居	弥生後期後半
31	大分	58	方格規矩鏡?	16	破鏡	A	I	○	内区片・穿孔1	高松遺跡36号住居	集落住居	弥生後期後半
32	大分	86	内行花文鏡	19	破鏡	A	I	○	内区片・穿孔1	割掛遺跡2号石蓋土壙墓	石蓋土壙墓	弥生後期
33	鹿児島	20	内行花文鏡		破鏡	A	I	○	内区片・穿孔1	舞鶴遺跡	遺物包含層	弥生後期
	千葉	90	浮彫式b獣帯鏡	11	破鏡	B	II	×	鈕～外区片	高部32号墳	主体部	弥生終末
	石川	7	飽龍文鏡	8.9	破鏡	B	IV	×	鈕区片	吉崎・次場遺跡	集落土坑	弥生後期後半
	京都	※16	細線式獣帯鏡		鏡片副葬?	A	IV	×	内区片	城山遺跡	方形台状墓	弥生後期前半?
	兵庫	1	異体字銘帯鏡	約10	破鏡	A	I	×	内区片	森北町遺跡	集落	弥生後期後半～庄内
	兵庫	146	内行花文鏡(編)	10.2	破鏡	B	II	×	内・外区片	白鷺山1号石棺	石棺墓	弥生後期
	兵庫	257	不明	13.4	破鏡	A	I	×	破断面は未研磨	井の端7号墓	方壙・箱式石棺	弥生後期
	鳥取	10	内行花文鏡	SD 9					内区片	秋里遺跡SD 9	集落	弥生後期
	鳥取		内行花文鏡	中型?					内区片	青谷上寺地遺跡	集落	弥生終末
	広島	104	異体字銘帯鏡?	8	破鏡	A	I	×	外区片・研磨	京野遺跡	竪穴住居内P6	後期後半
	山口	8	内行花文鏡	11.4	破鏡	A	I	×	内区片・研磨	奥ヶ海遺跡I区SB-1	竪穴住居	後期
	山口	1	内行花文鏡		鏡片副葬	A	IV	×	内区片	柳瀬遺跡土坑LX007	土坑	後期
	高知	5	方格規矩鏡	16.4	破鏡	A	II	×	外区片	田村遺跡群Loc.45 ST 1	集落住居	弥生後期後葉
	高知	6	方格規矩鏡	15.3	破鏡	A	II	×	外区片	田村遺跡群Loc.34B SP 1	水溜状遺構	弥生後期中葉
	高知		内行花文鏡		破鏡	A	I	×	内区片	介良遺跡SD 1	集落	弥生後期後葉～中葉
	高知	※17	不明		破鏡	A	I	×	外区片・破断面ベンガラ	北地遺跡	竪穴住居	後期
	愛媛	61	方格乳文鏡	8.2	鏡片副葬	B	III	×	1/2欠損・鏡片副葬	土壇原IV遺跡38土壙墓	土壙墓	後期末
	愛媛	89	内行花文鏡	14.2	破鏡	A	I	×	外区片・研磨	土壇原遺跡4次3区	302号住居址	弥生内式
	愛媛	※18	異体字銘帯鏡		破鏡	A	I	×	内区片・研磨	大相院遺跡5区下層SR-001	自然流路	後期後半～末
	福岡	※19	異体字銘帯鏡		破鏡	B	IV	×	鈕区片・摩滅	平原遺跡5号墓	表採	弥生後期初頭～前半
	福岡	82	内行花文鏡(葉1)	約22	鏡片副葬	A	IV	×	内区片	三雲イフ遺跡	包含層(箱式石棺)	弥生終末～古墳初頭
	福岡	84	不明	7.8	破鏡	A	I	×	外区片・研磨	三雲上覚遺跡	包含層	弥生後期～古墳初頭
	福岡	216	内行花文鏡(編)	14	破鏡	A	II	×	内・外区片	御笠地区遺跡	住居址	弥生後期?
	福岡	407	飛禽鏡		鏡片副葬	B	III	×	鈕～内・外区片	汐井掛遺跡28号石棺	箱式石棺	弥生後期
	福岡	409	内行花文鏡	16.9	破鏡	A	I	×	内・外区片	汐井掛遺跡6号石棺	箱式石棺	弥生後期
	福岡	411	内行花文鏡	16	破鏡?	A	II	×	内・外区片	汐井掛遺跡203号墓	土壙墓	弥生後期～古墳前期
	福岡	412	内行花文鏡	18	破鏡?	A	I	×	外区片	汐井掛遺跡175号木棺	木棺	弥生後期
	福岡	425	双頭龍文鏡		鏡片副葬	A	IV	×	内区片	馬場山遺跡	41a土壙墓	弥生後期後葉
	福岡	427	方格規矩鏡	9.8	鏡片副葬	A	III	×	内・外区片	馬場山遺跡S-5	箱式石棺	弥生後期後半～末

表1-3　古墳時代前期：中国鏡

県名	番号	鏡式／系列	直径	分類				古墳/遺跡名	墳丘形態	墳丘規模	備考
福岡	477	方格規矩鏡	14.1	破鏡	A	I	×	外区片	亀の甲遺跡95号石棺墓	箱式石棺	弥生後期
福岡	509	方格規矩鏡?	18~20	破鏡	A	I	×	外区片	三沢栗原遺跡	30号住居址	弥生終末
福岡	510	方格規矩鏡	—	破鏡	B	IV	×	内区片	みくに保育所内遺跡	1号住居址	弥生後期後半
福岡	547	内行花文鏡(編)	9.85	ほぼ完形	—	III	×	外区一部欠失	前田山遺跡	箱式石棺	弥生後期後半~末?
福岡	572	八鳳鏡	16	鏡片副葬	A	I	×	内区片	平遺跡	箱式石棺	弥生後期後半~末?
福岡	576	方格規矩鏡	14.5	破鏡	B	II/III	×	内・外区片	高津尾遺跡17区	土壙墓	弥生後期後半~末?
福岡	577	方格規矩鏡	10.5	破砕	B	III	×	破鏡破砕	高津尾遺跡16区	土壙墓	弥生後期後半~末?
福岡	587	内行花文鏡	—	破鏡	A	IV	×	内区片	高島遺跡	—	弥生後期
福岡	588	内行花文鏡	20前後	破鏡	B	IV	×	鈕・内区片	上耐田石蓋土壙墓群	石蓋土壙墓a	弥生後期?
福岡	655	方格規矩鏡	—	破鏡	A	I	×	内区片	津留遺跡	集落溝	弥生後期
福岡	656	方格規矩鏡	10.5	破鏡	A	III	×	外区片	徳永川ノ上遺跡C区	I号墳墓6号墓	弥生終末~古墳初頭
福岡	657	画象鏡	22	破鏡	A	I	×	外区片・未研磨	徳永川ノ上遺跡C区	1号墳墓8号墓	弥生終末~古墳初頭
福岡	660	方格規矩鏡	10	破鏡	B	II	×	1/4のみ	徳永川ノ上遺跡E区	2号墳1号棺	弥生終末~古墳初頭
福岡	670	内行花文鏡	17.3	破鏡	A	I	×	外区片・研磨	穴ヶ葉山遺跡	40号石蓋土壙墓	弥生終末~古墳初頭
福岡	※20	内行花文鏡	15前後	破鏡	A	IV	×	鈕区片	那珂遺跡69次 SC001住居	SP1011土坑	弥生後期中葉
福岡	※21	虺龍文鏡	10	破鏡	A	I	×	内~外区片	長野小西田遺跡D区	小河川	弥生終末
佐賀	4	方格規矩鏡?	14.6	破鏡	A	I	×	外区片	長ノ原遺跡4号住居址	住居址	弥生後期前葉
佐賀	19	異体字銘帯鏡	10.8	破鏡?	A	I	×	外区片	原古賀三本谷遺跡SK400	土壙	弥生後期~終末
佐賀	37	方格規矩鏡	6.3	破鏡	A	I	×	内・外区片	瀬ノ尾遺跡SH102住居址	住居址	弥生後期後半
佐賀	51	内行花文鏡	22.15	破鏡?	A	I	×	外区片	吉野ヶ里遺跡V区SD0925	外溝	弥生終末
佐賀	52	不明	—	破鏡	A?	A?	×	鈕区片	吉野ヶ里遺跡SD0829	溝	弥生後期後半~末?
佐賀	54	内行花文鏡	16.64	破鏡?	A?	IV	?	外区片	吉野ヶ里遺跡志波屋四の坪地区 SH0544住居址	住居址	弥生後期後半
佐賀	76	内行花文鏡	14.5	破鏡	A	III+IV	×	内・外区片(2点)	柴尾橋下流通遺跡SD004溝跡	溝底面で2点	弥生終末
佐賀	192	不明	—	破鏡	A	IV	×	外区片・断面研磨	修理田遺跡2区SX2024	不明一括廃棄	弥生後期
佐賀	194	細線式獣帯鏡	—	鏡片副葬?	A	IV	×	内区片・研磨無だが断面に顔料付着	午戻遺跡SC005石棺墓	箱式石棺	弥生後期
熊本	16	飛禽鏡?	9	—	A	I	×	外区片	諏訪原遺跡	集落住居址	弥生終末
熊本	43	方格規矩鏡	—	破鏡	B	IV	×	内区片	西一丁畑遺跡	集落住居址外	弥生後期中葉
熊本	49	内行花文鏡	15	破鏡	A	I	×	内区片	戸坂遺跡	集落包含層?	弥生後期後半
熊本	63	異体字銘帯鏡	8.5	破鏡	A	I	×	内区片	二子塚遺跡	86号住居址	弥生後期後半
大分	18	内行花文鏡	16>	破鏡	A	IV	×	内区片	上原遺跡	集落住居址	弥生終末
大分	35	(斜線)同向式二神二獣鏡	中型?	—	A	IV	×	内区片	守岡遺跡II区11号住居	集落住居址	弥生終末
大分	36	異体字銘帯鏡	9.5	破鏡	A	I	×	外区片	守岡遺跡1号住居	集落住居址	弥生後期後葉
大分	38	方格規矩鏡	9.7	破鏡	A	I	×	内区片	雄城台遺跡7次1号住居	集落住居址	弥生後期後葉
大分	55	内行花文鏡	9.8	破鏡	B	IV	×	外区片・研磨	地蔵原遺跡	集落住居址	弥生後期後葉
大分	57	内行花文鏡	?	破鏡	B	IV	×	鈕区片・穿孔途中	原遺跡3号住居	集落住居址	弥生後期後葉
大分	61	異体字銘帯鏡	10.2	破鏡	A	I	×	外区片	高松遺跡16号住居址	集落住居址	弥生後期後半
大分	68	方格規矩鏡	11.6	破鏡	A	I	×	内区片	松木遺跡27号住居	集落住居址	弥生後期後半
大分	69	内行花文鏡	12	破鏡	A	IV	×	内区片	石井入口遺跡65号住居	集落住居址	弥生後期後半
大分	72	画象鏡	15以上	破鏡	A	IV	×	内区片	石井入口遺跡72号住居	集落住居址	弥生終末
大分	74	内行花文鏡	—	破鏡	A	IV	×	内区片	おごもり遺跡	土壙墓	弥生終末~古墳初頭
大分	87	方格規矩鏡	11.8	破鏡	A	II	×	外区片	草場遺跡	箱式石棺	弥生後期?
大分	88	方格規矩鏡	17.5	破鏡	A	I	×	外区片	割掛遺跡4号箱式石棺	箱式石棺	弥生後期後半
大分	89	虺龍文鏡	?	破鏡	A	IV	×	内区片・穿孔(切離)	古城ища遺跡	20号住居址	弥生終末~古墳初頭

(付・弥生時代小形仿製鏡の破鏡)

66	香川	81	小形仿製鏡	8	破鏡	B	I	○	穿孔2・研磨	彼ノ宗遺跡	住居址	弥生終末
	福岡	498	小形仿製鏡	8.2	破鏡	B	III	×	1/2欠損	西屋敷遺跡2号石棺	箱式石棺	弥生後期

表1-3　古墳時代前期：中国鏡（完形鏡・破砕鏡）一鏡式別

県名	番号	鏡式／系列	分類	直径	古墳／遺跡名	墳丘形態	墳丘規模	備考
福井	※22	異体字銘帯鏡	内行花文	9.6	花野谷1号墳	円墳	18	穿孔2
長野	20	異体字銘帯鏡	内行花文	11.7	伝川柳将軍塚古墳	前方後円	93	
広島	26	異体字銘帯鏡	内行花文	9.7	中出勝負峠8号墳	円墳	15	破砕
山口	13	異体字銘帯鏡	内行花文	9.1	国森古墳	方墳	30	破砕
香川	40	異体字銘帯鏡	内行花文	16.7	猫塚古墳中央大型石室	双方中円	96	
高知	4	異体字銘帯鏡	内行花文	9.4	高岡山2号墳	円墳	18	
愛知	67	虺龍文鏡	—	9.2	兜山古墳	円墳	45	
兵庫	48	虺龍文鏡	—	14.1	伝万籟山古墳	前方後円	54	

島根	20	虺龍文鏡	——	9.5	小屋谷3号墳	方墳	17	
群馬	76	方格規矩鏡	倣古鏡	15.9	北山茶臼山西古墳	前方後円	28	
群馬	174	方格規矩鏡	四神鏡	17.8	頼母子古墳	円墳	不明	
石川	8	方格規矩鏡	四神鏡	17.9	宿東山1号墳	前方後円	21.4	
石川	26	方格規矩鏡	四神鏡	16.4	分校カン山古墳	前方後円	36.7	
岐阜	74	方格規矩鏡	渦文鏡	8.5	伝鎌磨1号墳	円墳	27	
岐阜	82	方格規矩鏡	T字鏡	15.7	長良龍門寺古墳	円墳	17	
京都	167	方格規矩鏡	他・四獣	10.6	美濃山大塚古墳	不明	不明	
京都	186	方格規矩鏡	倣古鏡	18.2	椿井大塚山古墳	前方後円	185	
京都	248	方格規矩鏡	倣古鏡	14.4	ヒル塚古墳	方墳	45	
京都	260	方格規矩鏡	倣古鏡	17.4	太田南5号墳	方墳	18	
大阪	30	方格規矩鏡	四神鏡	23.8	紫金山古墳	前方後円	100	
大阪	57	方格規矩鏡	鳥文鏡	10.2	弁天山B2号墳東槨	円墳	20	
大阪	156	方格規矩鏡	倣古鏡	17	駒ヶ谷北古墳	前方後円	50	
大阪	257	方格規矩鏡	倣古鏡	17.4	安満宮山古墳	方墳	21×18	
兵庫	80	方格規矩鏡	T字鏡	9.3	東車塚古墳	円墳	28	
兵庫	101	方格規矩鏡	四神鏡	15.3	敷地大塚古墳	円墳	47	
兵庫	102	方格規矩鏡	倣古鏡	15.4	敷地大塚古墳	円墳	47	
兵庫	162	方格規矩鏡	T字鏡	10.9	伊和中山1号墳	前方後円	62	
兵庫	193	方格規矩鏡	四神鏡	12.9	森尾古墳第1石室	方墳	35×24	
兵庫	233	方格規矩鏡	倣古鏡	15.4	城の山古墳	円墳	30×36	
兵庫	236	方格規矩鏡	倣古鏡	15.8	馬場19号墳	不明	不明	
奈良	86	方格規矩鏡	四神鏡	23.4	大和天神山古墳	前方後円	113	
奈良	93	方格規矩鏡	四神鏡	20.3	大和天神山古墳	前方後円	113	
奈良	94	方格規矩鏡	四神鏡	20.8	大和天神山古墳	前方後円	113	
奈良	101	方格規矩鏡	四神鏡	15.9	大和天神山古墳	前方後円	113	
奈良	104	方格規矩鏡	四神鏡	16	大和天神山古墳	前方後円	113	
奈良	106	方格規矩鏡	四神鏡	14	大和天神山古墳	前方後円	113	
奈良	146	方格規矩鏡	四神鏡	不明	桜井茶臼山古墳	前方後円	207	
奈良	187	方格規矩鏡	倣古鏡	13	新沢500号墳	前方後円	62	
奈良	214	方格規矩鏡	四神鏡	22.3	佐味田宝塚古墳	前方後円	112	
奈良	220	方格規矩鏡	倣古鏡	15.7	佐味田宝塚古墳	前方後円	112	
奈良	437	方格規矩鏡	T字鏡	10.1	向山1号墳	円墳	20	
鳥取	63	方格規矩鏡	倣古鏡	15.2	馬の山4号墳	前方後円	100	
島根	2	方格規矩鏡	倣古鏡	17.4	造山1号墳第1石室	方墳	40	
島根	4	方格規矩鏡	倣古鏡	19	造山1号墳第2石室	方墳	40	
島根	24	方格規矩鏡	T字鏡	11	奥才14号墳第1主体	円墳	18	
岡山	62	方格規矩鏡	倣古鏡	13.5	吉原6号墳	前方後円	45	
岡山	66	方格規矩鏡	不明	9.8	用木2号墳第1主体	方形台状	20	
岡山	87	方格規矩鏡	不明	不明	七つグロ1号墳後方部第1石室	前方後方	45.1	四神鏡？
岡山	113	方格規矩鏡	T字鏡	9.2	金蔵山古墳中央石室上面	前方後円	165	
徳島	8	方格規矩鏡	T字鏡	9.4	巽山古墳	円墳	不明	
香川	17	方格規矩鏡	不明	11.2	古枝古墳石室	前方後円	35	T字鏡？
香川	67	方格規矩鏡	四神鏡	18.6	快天山古墳1号石棺	前方後円	100	
福岡	5	方格規矩鏡	四神鏡	21.2	一貴山銚子塚古墳	前方後円	103	
福岡	※23	方格規矩鏡	T字鏡	9.2	元岡E-1号墳	前方後円	35	
福岡	157	方格規矩鏡	倣古鏡	12.5	長垂山箱式石棺墓	不明	不明	
福岡	176	方格規矩鏡	渦文鏡	9.1	藤崎遺跡第2地点	方形周溝墓	——	
福岡	184	方格規矩鏡	T字鏡	11.3	老司古墳1号石室	前方後円	75	文様崩れ
福岡	189	方格規矩鏡	四神鏡	12.5	老司古墳3号石室	前方後円	75	
福岡	191	方格規矩鏡	T字鏡	9.2	老司古墳3号石室	前方後円	75	

表1-3 古墳時代前期：中国鏡

県	番号	鏡種	文様	面径	古墳名	墳形	墳長	備考
福岡	223	方格規矩鏡	倣古鏡	14.4	菖蒲浦1号墳	円墳？	不明	
福岡	416	方格規矩鏡	T字鏡	9	遠賀・城ノ越石棺	箱式石棺	—	
福岡	505	方格規矩鏡	倣古鏡	13.9	津古生掛古墳	前方後円	33	
福岡	544	方格規矩鏡	不明	12.9	琵琶隈古墳	円墳	25	
福岡	602	方格規矩鏡	T字鏡	9.1	立石1号墳	前方後円	30	
福岡	145/603?	方格規矩鏡	T字鏡	9.2	東真方C-1号墳	円形周溝墓	8	
佐賀	94	方格規矩鏡	T字鏡	15.5	十三塚遺跡	墳墓	—	
佐賀	113	方格規矩鏡	四神鏡	17.7	寄居ST01古墳第1主体	円墳	12.6×16	破砕副葬・一部欠損
佐賀	116	方格規矩鏡	T字鏡	14.8	経塚山古墳	円墳	27	
熊本	4	方格規矩鏡	T字鏡	10.35	繁根木箱式石棺	箱式石棺	—	
熊本	55	方格規矩鏡	T字鏡	9	陣内箱式石棺	箱式石棺	—	
熊本	65	方格規矩鏡	T字鏡	15.4	秋只古墳	円墳？	不明	
熊本	76	方格規矩鏡	倣古鏡	18.4	向野田古墳	前方後円	86	
大分	20	方格規矩鏡	T字鏡	8.9	大平石棺群1号石棺	箱式石棺	—	
大分	41	方格規矩鏡	T字鏡	11.5	上ノ坊古墳	前方後円	59	
宮崎	50	方格規矩鏡	倣古鏡	15.5	西都原72号墳	前方後円	70	
群馬	98	内行花文鏡	円圏珠文帯	12.4	本郷大塚古墳	円墳	45	
群馬	138	内行花文鏡	円圏珠文帯	16	軍配山古墳	円墳	40	
神奈川	5	内行花文鏡	四葉座Ⅰ	19.5	観音松古墳	前方後円	90	
富山	2	内行花文鏡	四葉座Ⅰ	14.2	桜谷9号墳	円墳	不明	
富山	4	内行花文鏡	円圏座	10.9	国分山A墳第2主体	円墳	30	
山梨	11	内行花文鏡	四葉座Ⅰ	19.8	甲斐銚子塚古墳	前方後円	169	
岐阜	56	内行花文鏡	四葉座Ⅰ	12.8	北山古墳	前方後方	83	
岐阜	121	内行花文鏡	蝙蝠座	10.9	身隠山御嶽古墳	円墳	36	
静岡	31	内行花文鏡	四葉座Ⅰ	22.6	松林山古墳	前方後円	116	
愛知	82	内行花文鏡	四葉座Ⅰ	15.9	宇津木古墳	前方後円	54	
三重	63	内行花文鏡	四葉座Ⅰ	20.3	清生茶臼山古墳	不明	不明	
京都	14	内行花文鏡	四葉座Ⅰ	15.1	蛭子山1号墳第1主体	前方後円	145	
京都	16	内行花文鏡	円圏座	7.5	愛宕山3号墳	円墳	27	
京都	104	内行花文鏡	四葉座Ⅱ	13.1	長法寺南原古墳	前方後方	60	
京都	154	内行花文鏡	四葉座Ⅰ	22.3	東車塚古墳第1主体	前方後円	90	
京都	163	内行花文鏡	蝙蝠座	11.5	美濃山大塚古墳	不明	不明	
京都	185	内行花文鏡	四葉座Ⅰ	27.7	椿井大塚山古墳	前方後円	185	
京都	220	内行花文鏡	四葉座Ⅰ	不明	椿井大塚山古墳	前方後円	185	
兵庫	8	内行花文鏡	不明	15.4	東求女塚古墳前方部石室	前方後円	80	六花文
兵庫	9	内行花文鏡	不明	16.3	東求女塚古墳前方部石室	前方後円	80	九花文
兵庫	40	内行花文鏡	四葉座Ⅰ	18.1	池田山古墳	前方後円	71	
兵庫	43	内行花文鏡	四葉座Ⅰ	16.3	阿保親王塚古墳	円墳？	—	
兵庫	84	内行花文鏡	四葉座Ⅰ	21	長慶寺山1号墳	前方後円	34.5	
兵庫	91	内行花文鏡	円圏座	9.1	竜山5号墳	前方後円	36	
兵庫	106	内行花文鏡	不明	16	敷地大塚古墳	円墳	47	有銘
兵庫	107	内行花文鏡	四葉座Ⅰ	14.7	滝ノ上20号墳	方墳	16	
兵庫	156	内行花文鏡	四葉座Ⅰ	19.5	吉島古墳	前方後円	30	
兵庫	※24	内行花文鏡	四葉座Ⅱ	14	若水A11号墳第1主体	円墳	40	
奈良	40	内行花文鏡	四葉座Ⅰ	19.1	古市方形墳東椰	方墳	32	
奈良	62	内行花文鏡	四葉座Ⅰ	12.2	竹林寺古墳	前方後円	45	
奈良	80	内行花文鏡	四葉座Ⅰ	19.8	小泉大塚古墳	前方後円	80	
奈良	81	内行花文鏡	四葉座Ⅰ	15.5	小泉大塚古墳	前方後円	80	
奈良	394	内行花文鏡	不明	13	小泉大塚古墳	前方後円	80	外区片
奈良	395	内行花文鏡	不明	不明	小泉大塚古墳	前方後円	80	外区片

奈良	88	内行花文鏡	四葉座Ⅰ	19.7	大和天神山古墳	前方後円	113	
奈良	89	内行花文鏡	四葉座Ⅰ	20.4	大和天神山古墳	前方後円	113	
奈良	102	内行花文鏡	四葉座Ⅱ	15.4	大和天神山古墳	前方後円	113	
奈良	105	内行花文鏡	四葉座Ⅰ	23.8	大和天神山古墳	前方後円	113	
奈良	147	内行花文鏡	円圏座	11.7	池ノ内1号墳東棺	円墳	12	
奈良	153	内行花文鏡	四葉座Ⅰ	27	メスリ山古墳	前方後円	230	
奈良	154	内行花文鏡	不明	16前後	メスリ山古墳	前方後円	230	
奈良	185	内行花文鏡	円圏座	15.3	新沢500号墳	前方後円	62	
鳥取	6	内行花文鏡	四葉座Ⅰ	20.2	桂見2号墳(破砕副葬)	方墳	28×22	
鳥取	8	内行花文鏡	四葉座Ⅰ	16	面影山74号墳(破砕副葬)	方墳	20×16	
島根	10	内行花文鏡	不明	16.3	古城山古墳	方墳	20	四葉座
岡山	96	内行花文鏡	四葉座Ⅰ	19.4	備前車塚古墳	前方後方	48	
岡山	159	内行花文鏡	四葉座Ⅰ	24.5	花光寺山古墳	前方後円	100	
山口	45	内行花文鏡	円圏座	8.8	長光寺山古墳西石室	前方後円	62	
香川	41	内行花文鏡	蝙蝠座	14	猫塚古墳中央大型石室	双方中円	96	
愛媛	24	内行花文鏡	不明	12.5	唐子台第14丘墓	土壙墓	——	破砕
愛媛	25	内行花文鏡	不明	13.2	治平谷7号墳	方墳？	不明	凹帯
福岡	3	内行花文鏡	四葉座Ⅰ	13.7	井田原開古墳	前方後円	90	
福岡	6	内行花文鏡	四葉座Ⅰ	21.7	一貴山銚子塚古墳	前方後円	103	
福岡	162	内行花文鏡	四葉座Ⅰ	14.8	鋤崎古墳1号石室2号棺	前方後円	62	
福岡	168	内行花文鏡	蝙蝠座	10.6	野方中原遺跡3号箱式石棺	箱式石棺	——	撹乱
福岡	187	内行花文鏡	蝙蝠座	12.77	老司古墳3号石室	前方後円	75	美濃山大塚鏡と類似
福岡	231	内行花文鏡	蝙蝠座	13.6	上大隈平塚古墳	円墳	17	破片
福岡	237	内行花文鏡	蝙蝠座	11.6	神領2号墳	円墳	30	
福岡	550	内行花文鏡	四葉座Ⅰ	18.65	伊加利古墳	不明	不明	
福岡	596	内行花文鏡	円圏座	9.3	三本松古墳	墳墓	不明	
長崎	14	内行花文鏡	円圏座	9.5	椎ノ浦遺跡箱式石棺	箱式石棺	——	
熊本	77	内行花文鏡	四葉座Ⅰ	17	向野田古墳	前方後円	86	
茨城	9	獣帯鏡	四獣鏡(倣)	13.2	鏡塚古墳	前方後円	105.5	
茨城	17	獣帯鏡	四獣鏡(倣)	13.5	桜塚古墳後方部	前方後円	30	
群馬	181	獣帯鏡	浮彫式b	10.9	本矢場薬師塚古墳	前方後円	80	
神奈川	9	獣帯鏡	浮彫式b	12	了源寺古墳(加瀬山4号)	円墳	不明	
長野	49	獣帯鏡	浮彫式b	11.7	弘法山古墳	前方後方	36	
長野	50	獣帯鏡	浮彫式b	13	中山36号墳	円墳	20	
岐阜	64	獣帯鏡	浮彫式b	11.3	舟木山24号墳	円墳	20	
愛知	13	獣帯鏡	浮彫式b	12.6	笹ヶ根1号墳	円墳	20	
三重	29	獣帯鏡	四獣鏡(倣)	10.4	上椎ノ木1号墳	円墳	29	
滋賀	41	獣帯鏡	倣古鏡	23	大岩山古墳	円墳	不明	
京都	67	獣帯鏡	浮彫式b	13.6	百々池古墳	円墳	50	
京都	69	獣帯鏡	倣古鏡	23.3	一本松塚古墳	前方後円	100	
京都	90	獣帯鏡	浮彫式a	17.5	寺戸大塚古墳前方部	前方後円	98	
大阪	17	獣帯鏡	浮彫式b	12.3	安威0号墳1号粘土槨	円墳	15	
大阪	65	獣帯鏡	倣古鏡	20.2	万年山古墳	前方後円	不明	
大阪	66	獣帯鏡	浮彫式a	18	万年山古墳	前方後円	不明	
大阪	86	獣帯鏡	浮彫式b	15.1	伝石切周辺古墳出土	不明	不明	
兵庫	5	獣帯鏡	浮彫式b	15.8	ヘボソ塚古墳	前方後円	63	
兵庫	18	獣帯鏡	浮彫式a	19.5?	西求女塚古墳	前方後方	98	
兵庫	29	獣帯鏡	浮彫式b	14.2	西求女塚古墳	前方後方	98	
兵庫	85	獣帯鏡	浮彫式b	14	天坊山古墳第1主体	円墳	16	
兵庫	144	獣帯鏡	浮彫式b	9	養久山1号墳	前方後円	32	
兵庫	150	獣帯鏡	浮彫式b	11	龍子三ツ塚2号墳	円墳	20	

表1-3　古墳時代前期：中国鏡　153

兵庫	157	獣帯鏡	倣古鏡	23	吉島古墳	前方後円	30	
兵庫	179	獣帯鏡	四獣鏡(倣)	13	丸山1号墳南石室	前方後円	48	
奈良	82	獣帯鏡	浮彫式b	13.4	小泉大塚古墳	前方後円	80	
奈良	108	獣帯鏡	浮彫式b	13.6	大和天神山古墳	前方後円	113	
奈良	145	獣帯鏡	不明	不明	桜井茶臼山古墳	前方後円	207	浮彫式
奈良	399	獣帯鏡	浮彫式b	15〜16	中山大塚古墳	前方後円	132	
鳥取	7	獣帯鏡	浮彫式b	14.6	桂見2号墳	方墳	28×22	
鳥取	99	獣帯鏡	浮彫式b	10.8	石州府29号墳第2主体	円墳	16	
島根	27	獣帯鏡	浮彫式b	13	松本1号墳	前方後方	50	
岡山	63	獣帯鏡	浮彫式b	12.4	吉原6号墳	前方後円	45	
岡山	117	獣帯鏡	細線式	不明	浦間茶臼山古墳中央主体	前方後円	140	
岡山	191	獣帯鏡	四獣鏡(倣)	16.8	郷観音山古墳	前方後円	43	
岡山	205	獣帯鏡	浮彫式b	12.8	王子中古墳東石室	円墳	40	
広島	16	獣帯鏡	浮彫式b	13	中小田1号墳	前方後円	30	
広島	74	獣帯鏡	不明	10.4	池坊古墳	円墳	不明	
徳島	26	獣帯鏡	浮彫式b	10.7	節句山2号墳	不明	不明	
徳島	30	獣帯鏡	浮彫式b	11.4	丹田古墳	前方後方	35	内区欠損
徳島	60	獣帯鏡	浮彫式b	12.5	西山谷2号墳	円墳	20.2	
香川	18	獣帯鏡	浮彫式b	14.5	古枝古墳粘土槨	前方後円	35	
香川	42	獣帯鏡	浮彫式b	12.8	猫塚古墳中央大型石室	双方中円	96	
香川	42	獣帯鏡	浮彫式b	12.8	猫塚古墳中央大型石室	双方中円	96	
愛媛	21	獣帯鏡	浮彫式b	11.8	国分古墳	前方後円	44	
愛媛	88	獣帯鏡	浮彫式b	11.35	妙見山1号墳2号石槨	前方後円	56	破砕
福岡	205	獣帯鏡	浮彫式a	不明	山ノ鼻1号墳	前方後円	50	
福岡	225	獣帯鏡	浮彫式a	12.9	宮ノ本遺跡12号墳	円墳	16	
福岡	285	獣帯鏡	四獣鏡(倣)	12.9	エゲ古墳	方墳	15	
福岡	395	獣帯鏡	浮彫式b	13.5	忠隈1号墳	円墳	35	
福岡	529	獣帯鏡	細線式	不明	石塚山古墳	前方後円	130〉	15〜18.4cm?
福岡	672	獣帯鏡	浮彫式b	12	能満寺3号墳	前方後円	33	
福岡	※25	獣帯鏡	浮彫式a	17.7	泊一区・箱式石棺墓	不明	不明	
福岡	※26	獣帯鏡	細線式(倣)	11.7	金武・城田1号墳	円墳	16	
佐賀	68	獣帯鏡	浮彫式b	10.7	熊本山古墳	円墳	30	
熊本	78	獣帯鏡	四獣鏡(倣)	11.2	向野田古墳	前方後円	86	
熊本	79	獣帯鏡	浮彫式b	10.5	チャン山古墳主体部	円墳	不明	
大分	53	獣帯鏡	浮彫式a	約17?	猫塚古墳	円墳	不明	破片
千葉	31	盤龍鏡	B類	11.91	諏訪台048号墳	方墳	16	
千葉	31	盤龍鏡	B類	11.91	諏訪台048号墳	方墳	16	
神奈川	10	盤龍鏡	不明	10.5	了原寺古墳(加瀬山4号)	円墳	不明	
富山	3	盤龍鏡	B類?	9.9	国分山古墳	円墳	30	
長野	110	盤龍鏡	単頭式	8.5	大畑古墳	円墳	29.7	
岐阜	134	盤龍鏡	C類	11.1	赤坂古墳	不明	不明	
滋賀	22	盤龍鏡	A類	13	和邇大塚山古墳	前方後円	72	
滋賀	34	盤龍鏡	不明	11.1	岡山古墳	円墳	不明	
京都	27	盤龍鏡	倣古鏡	16.8	広峯15号墳	前方後円	42	景初四年銘
京都	40	盤龍鏡	A類	14.3	園部垣内古墳	前方後円	82	
京都	105	盤龍鏡	A類	11.5	長法寺南原古墳	前方後円	60	
京都	126	盤龍鏡	B類?	13.2	伝西山古墳群	不明	不明	
京都	151	盤龍鏡	C類	10.3	西車塚古墳	前方後円	120	
京都	246	盤龍鏡	C類	11.5	ヌクモ2号墳	方墳	10	
大阪	77	盤龍鏡	不明	9	交野東車塚古墳	前方後円	50	
大阪	125	盤龍鏡	A類	13.9	国分茶臼山古墳	不明	不明	
大阪	186	盤龍鏡	C類	10.7	寛弘寺12号墳	円墳	12	

県	番号	鏡種	類式	径	古墳名	墳形	規模	備考
岡山	193	盤龍鏡	A類	12.2	赤崎古墳	前方後円	45	
福岡	202	盤龍鏡	単頭式	9.9	天神森古墳	不明	不明	A類？
福岡	443	盤龍鏡	不明	9	辻古墳	円墳	30	
佐賀	187	盤龍鏡	B類	12.1	久里双水古墳	前方後円	90	
宮崎	45	盤龍鏡	倣古鏡	17	伝持田古墳群	不明	不明	景初四年銘
群馬	58	画象鏡	デフォルメ式	16.1	三本木所在古墳	不明	不明	
福井	※27	画象鏡	デフォルメ式	14.5	風巻神山4号墳	方墳	16.6×15.1	破砕
山梨	25	画象鏡	二神二獣	23.3	伝岡銚子塚古墳	前方後円	84	鴨都波1号墳出土鏡と同型
愛知	51	画象鏡	他	12.2	三ッ山1号墳	方墳	22	
京都	9	画象鏡	写実式	21.4	岩滝丸山古墳	円墳	30	
兵庫	24	画象鏡	デフォルメ式	18.5	西求女塚古墳	前方後方	98	
兵庫	39	画象鏡	デフォルメ式？	19	池田山古墳	前方後円	71	
奈良	95	画象鏡	写実式	16.8	大和天神山古墳	前方後円	113	
奈良	96	画象鏡	デフォルメ式	18.7	大和天神山古墳	前方後円	113	
奈良	195	画象鏡	デフォルメ式	21.1	佐味田宝塚古墳	前方後円	112	
奈良	278	画象鏡	デフォルメ式	12.4	黒石5号墳	前方後方	50	
奈良	279	画象鏡	写実式	20.8	黒石5号墳	前方後方	50	
奈良	※28	画象鏡	二神二獣	21	鴨都波1号墳	方墳	20×16	伝岡銚子塚古墳出土鏡と同型
鳥取	33	画象鏡	同向式	14.5	国分寺古墳第1主体	前方後円？	60	
島根	9	画象鏡	デフォルメ式	13	寺床遺跡1号墳第1主体	方墳	30	
岡山	68	画象鏡	デフォルメ式	16.3	用木1号墳第1主体	円墳	32	
山口	21	画象鏡	写実式	17.6	竹島古墳	前方後円	56	
香川	5	画象鏡	同向式	17.4	岩崎山4号墳	前方後円	49	
愛媛	11	画象鏡	デフォルメ式	12.6	相の谷1号墳	前方後円	80.78	
福岡	1	画象鏡	デフォルメ式	16.1	権現古墳	前方後円	33	
福岡	485	画象鏡	写実式	15.5	潜塚古墳1号石棺	円	25	破砕
栃木	5	八鳳鏡	―	12.6	那須八幡塚古墳	前方後方	68	
石川	1	八鳳鏡	―	15.7	国分尼塚1号墳	前方後方	52.5	
岐阜	160	八鳳鏡	―	11.7	象鼻山1号墳	前方後方	40.1	破砕
滋賀	58	八鳳鏡	―	15	安土瓢箪山古墳	前方後円	134	
京都	127	八鳳鏡	―	11.3	上大谷6号墳	方墳	15	
京都	162	八鳳鏡	―	12.5	美濃山大塚古墳	不明	不明	
兵庫	2	八鳳鏡	―	14.7	ヘボソ塚古墳	前方後円	63	
奈良	144	八鳳鏡	不明	20	桜井茶臼山古墳	前方後円	207	
鳥取	31	八鳳鏡	―	20	国分寺古墳第1主体	前方後円？	60	
岡山	86	八鳳鏡	―	不明	七つグロ1号墳後部第1石室	前方後方	45.1	内区片
福岡	15	八鳳鏡	―	17	長須隈古墳	円墳	21.5	
福岡	400	八鳳鏡	―	12.1	漆生遺跡・小円墳・箱式石棺	―	―	
福岡	673	八鳳鏡	―	不明	能満寺3号墳	前方後円	33	
長崎	3	八鳳鏡	―	11.4	大将軍山古墳	箱式石棺	―	
奈良	393	獣首鏡	―	16	小泉大塚古墳	前方後円	80	外区片
広島	97	獣首鏡	―	14.2	大迫山1号墳	前方後円	44.5	
福井	32	飛禽鏡	―	9.1	岩内山遺跡D区1号土壙	土壙墓	―	
京都	32	飛禽鏡	―	9.5	成山2号墳	方墳	18	
京都	130	飛禽鏡	―	9.6	上大谷15号墳	方墳	10.5	

表1-3 古墳時代前期：中国鏡   155

県	番号	鏡種	文様	径	古墳名	形状	墳長	備考
兵庫	※29	飛禽鏡	—	9	若水A11号墳第1主体	円墳	40	
福岡	629	飛禽鏡	—	9	外之隈遺跡Ⅱ区1号墳2号墓	方墳	16.7	破砕副葬・内区一部欠損
大分	6	飛禽鏡	—	9.2	赤塚1号方形周溝墓	方形周溝墓	10.8	
栃木	6	画文帯神獣鏡	四獣	13.25	駒形大塚古墳	前方後方	60.5	
栃木	31	画文帯神獣鏡	環状乳	不明	伝野木神社周辺古墳	不明	不明	
群馬	117	画文帯神獣鏡	三段式	16.3	前橋天神山古墳	前方後円	126	
山梨	9	画文帯神獣鏡	環状乳	11.8	大丸山古墳	前方後円	99	
山梨	16	画文帯神獣鏡	環状乳	16.2	丸山塚古墳	円墳	72	
岐阜	14	画文帯神獣鏡	求心式	14.8	円満寺山古墳	前方後円	60	
静岡	4	画文帯神獣鏡	同向式B	20.7	馬場平1号墳	前方後円	47.5	
京都	53	画文帯神獣鏡	環状乳	11.3	三ツ塚2号墳	円墳	27	
京都	63	画文帯神獣鏡	同向式B	13.3	百々池古墳	円墳	50	
京都	93	画文帯神獣鏡	環状乳	16.1	芝山古墳	円墳	20	
京都	115	画文帯神獣鏡	環状乳	不明	鳥居前古墳	帆立貝式	60	
京都	124	画文帯神獣鏡	求心式	14.1	西山4号墳西槨	円墳	25	
京都	132	画文帯神獣鏡	四獣	12.7	箱塚古墳	前方後円	90	
京都	146	画文帯神獣鏡	同向式B	19.2	石不動古墳	前方後円	88	
京都	147	画文帯神獣鏡	環状乳	13.6	伝石不動古墳	前方後円	88	
京都	150	画文帯神獣鏡	環状乳	14.4	西車塚古墳	前方後円	120	
京都	161	画文帯神獣鏡	環状乳	21	内里古墳	円墳?	不明	
京都	187	画文帯神獣鏡	対置式	13.8	椿井大塚山古墳	前方後円	185	
京都	225	画文帯神獣鏡	対置式(呉系)	13	伝上狛古墳	不明	不明	
京都	250	画文帯神獣鏡	環状乳	14.8	大田南2号墳	方墳	約20	
大阪	2	画文帯神獣鏡	環状乳	14.2	娚三堂古墳	円墳	30	
大阪	74	画文帯神獣鏡	環状乳(魏晋)	13.1	藤田山古墳中央槨	円墳	25	
大阪	84	画文帯神獣鏡	同向式B	15.7	伝石切周辺古墳出土	不明	不明	
大阪	130	画文帯神獣鏡	環状乳	12.7	玉手山6号墳中央石室	前方後円	60	
大阪	※30	画文帯神獣鏡	不明	16.8	玉手山6号墳中央石室	前方後円	60	内区・鈕欠失
大阪	185	画文帯神獣鏡	他		寛弘寺10号墳		12.6	二神二獣
大阪	236	画文帯神獣鏡	同向式A	23.8	和泉黄金塚古墳中央槨	前方後円	85	
大阪	239	画文帯神獣鏡	環状乳	15.2	和泉黄金塚古墳東槨	前方後円	85	
大阪	240	画文帯神獣鏡	環状乳	14.4	和泉黄金塚古墳東槨	前方後円	85	
大阪	241	画文帯神獣鏡	同向式	18.5	和泉黄金塚古墳西槨	前方後円	85	
大阪	256	画文帯神獣鏡	同向式A	17.6	安満宮山古墳	方墳	21×18	
兵庫	3	画文帯神獣鏡	環状乳	11.2	ヘボソ塚古墳	前方後円	63	
兵庫	10	画文帯神獣鏡	不明	17.6	東求女塚古墳後円部石室	前方後円	80	外区片
兵庫	3	画文帯神獣鏡	環状乳	11.2	ヘボソ塚古墳	前方後円	63	
兵庫	10	画文帯神獣鏡	不明	17.6	東求女塚古墳後円部石室	前方後円	80	外区片
兵庫	23	画文帯神獣鏡	環状乳	15.4	西求女塚古墳	前方後方	98	
兵庫	28	画文帯神獣鏡	環状乳	17.1	西求女塚古墳	前方後円	98	
兵庫	32	画文帯神獣鏡	重列	12.6	夢野丸山古墳	不明	不明	
兵庫	36	画文帯神獣鏡	同向式B	14.6	得能山古墳	不明	不明	
兵庫	51	画文帯神獣鏡	対置式	16.8	安倉高塚古墳	円墳	不明	赤烏七年銘
兵庫	86	画文帯神獣鏡	不明	12.6	天坊山古墳第2主体	円墳	16	外区片
奈良	20	画文帯神獣鏡	環状乳	16	衛門戸丸塚古墳	前方後円	45	
奈良	42	画文帯神獣鏡	求心式	14.3	古市方形墳東槨	方墳	32	
奈良	392	画文帯神獣鏡	不明	不明	小泉大塚古墳	前方後円	80	外区片
奈良	396	画文帯神獣鏡	不明	不明	小泉大塚古墳	前方後円	80	外区片
奈良	87	画文帯神獣鏡	環状乳	13.8	大和天神山古墳	前方後円	113	
奈良	91	画文帯神獣鏡	求心式	16.3	大和天神山古墳	前方後円	113	
奈良	97	画文帯神獣鏡	不明	12.9	大和天神山古墳	前方後円	113	

県	番号	鏡種	乳/式	径	古墳名	墳形	規模	備考
奈良	99	画文帯神獣鏡	環状乳	16.6	大和天神山古墳	前方後円	113	
奈良	126	画文帯神獣鏡	環状乳	不明	桜井茶臼山古墳	前方後円	207	
奈良	127	画文帯神獣鏡	同向式B	不明	桜井茶臼山古墳	前方後円	207	
奈良	128	画文帯神獣鏡	不明	不明	桜井茶臼山古墳	前方後円	207	同向式
奈良	129	画文帯神獣鏡	不明	不明	桜井茶臼山古墳	前方後円	207	
奈良	252	画文帯神獣鏡	環状乳	13.2	新山古墳	前方後方	137	
奈良	253	画文帯神獣鏡	環状乳	13.3	新山古墳	前方後方	137	
奈良	254	画文帯神獣鏡	同向式B	15.1	新山古墳	前方後方	137	
奈良	374	画文帯神獣鏡	環状乳	14.2	伝北和城南古墳	不明	不明	
奈良	400	画文帯神獣鏡	同向式B	13.5	黒塚古墳	前方後円	130	
岡山	97	画文帯神獣鏡	同向式B	20.6	備前車塚古墳	前方後方	48	
岡山	192	画文帯神獣鏡	同向式A（魏晋）	22	郷観音古墳	前方後円	43	
広島	10	画文帯神獣鏡	環状乳	10.7	宇那木山2号墳	前方後円	35	
広島	35	画文帯神獣鏡	求心式	12.5	鍛冶屋迫4号墳	前方後円	21	
山口	2	画文帯神獣鏡	同向式B	18	柳井茶臼山古墳	前方後円	79.5	
徳島	3	画文帯神獣鏡	不明	14.6	阿王塚古墳	円墳	20	内区欠損
徳島	4	画文帯神獣鏡	不明	15.5	阿王塚古墳	円墳	20	内区欠損
香川	15	画文帯神獣鏡	環状乳	12.9	奥14号墳第1主体	前方後円	32	
香川	16	画文帯神獣鏡	環状乳	14	奥14号墳第2主体	前方後円	32	
香川	17	画文帯神獣鏡	環状乳	14.2	丸井古墳第2主体	前方後円	29.8	
香川	31	画文帯神獣鏡	同向式A	17.2	高松茶臼山古墳	前方後円	75	
香川	53	画文帯神獣鏡	他	13.9	弘法寺山林古墳北棺	不明	不明	二神二獣
熊本	5	画文帯神獣鏡	同向式A	15.4	院塚古墳3号石棺	前方後円	78	
兵庫	215	方銘四獣鏡	──	12.3	入佐山3号墳第1主体	方墳	36×23	
福井	16	斜縁神獣鏡	──	10	龍ヶ岡古墳	円墳	30	
山梨	7	斜縁神獣鏡	──	13.2	小平沢古墳	前方後方	45	
静岡	40	斜縁神獣鏡	──	16.2	庚申塚古墳	前方後円	83	
三重	72	斜縁神獣鏡	──	17	八重田1号墳	円墳	24	
滋賀	32	斜縁神獣鏡	──	18.1	山ノ上古墳	不明	不明	
京都	78	斜縁神獣鏡	──	15.5	稲荷山3号墳	前方後円	50	
京都	111	斜縁神獣鏡	──	14.2	長岡京市近郊古墳	不明	不明	
京都	121	斜縁神獣鏡	──	15.7	金比羅山古墳	円墳	40	
大阪	62	斜縁神獣鏡	──	14.6	弁天山C1号墳石室	前方後円	73	
大阪	88	斜縁神獣鏡	──	14.5	伝石切周辺古墳出土	不明	不明	
大阪	129	斜縁神獣鏡	──	15.9	ヌク谷北塚	不明	不明	
大阪	139	斜縁神獣鏡	──	17.9	津堂城山古墳	前方後円	208	
大阪	140	斜縁神獣鏡	──	18	津堂城山古墳	前方後円	208	
大阪	237	斜縁神獣鏡	──	17.4	和泉黄金塚古墳中央槨	前方後円	85	
大阪	255	斜縁神獣鏡	──	15.8	安満宮山古墳	方墳	21×18	
兵庫	4	斜縁神獣鏡	──	15.1	ヘボソ塚古墳	前方後円	63	
兵庫	41	斜縁神獣鏡	──	14.8	池田山古墳	前方後円	71	
兵庫	131	斜縁神獣鏡	──	15.5	松田山古墳	円墳	不明	
奈良	39	斜縁神獣鏡	──	16.8	古市方形墳東槨	方墳	32	
奈良	67	斜縁神獣鏡	──	15.3	斑鳩大塚古墳	円墳	33	
奈良	140	斜縁神獣鏡	──	不明	桜井茶臼山古墳	前方後円	207	
奈良	179	斜縁神獣鏡	──	13.3	新沢213号墳	前方後円	25.5	
奈良	210	斜縁神獣鏡	──	17.1	佐味田宝塚古墳	前方後円	112	
奈良	211	斜縁神獣鏡	──	14.6	佐味田宝塚古墳	前方後円	112	
奈良	327	斜縁神獣鏡	──	17.8	タニグチ1号墳	円墳	20	
島根	5	斜縁神獣鏡	──	14.5	造山3号墳	方墳	35	
岡山	90	斜縁神獣鏡	──	15.1	七つグロ7号墳	方墳	13.5	

表1-3 古墳時代前期：中国鏡

県	番号	鏡種	式	面径	古墳名	墳形	墳長	備考
広島	70	斜縁神獣鏡	——	15.8	石鎚山1号墳	円墳	20	
山口	46	斜縁神獣鏡	——	不明	長光寺山古墳西石室	前方後円	58	破片
香川	4	斜縁神獣鏡	——	17.6	岩崎山4号墳	前方後円	49	
愛媛	40	斜縁神獣鏡	——	15	朝日谷2号墳	前方後円	30	破砕
福岡	165	斜縁神獣鏡	——	13.6	五島山古墳	円墳	不明	
福岡	166	斜縁神獣鏡	——	11.8	五島山古墳	円墳	不明	
大分	7	斜縁神獣鏡	——	16.2	免ヶ平古墳第1主体	前方後円	50	
大分	9	斜縁神獣鏡	——	15.8	免ヶ平古墳第2主体	前方後円	50	
千葉	17	斜縁四獣鏡	——	14.6	手古塚古墳	前方後方	60	
大阪	18	斜縁四獣鏡	——	14.2	安威0号墳2号粘土槨	円墳	15	
大阪	76	斜縁四獣鏡	——	12.3	交野東車塚古墳	前方後円	50	
大阪	85	斜縁四獣鏡	——	14.8	伝石切周辺古墳出土	不明	不明	
兵庫	231	斜縁四獣鏡	——	14.8	城の山古墳	円墳	30×36	
香川	43	斜縁四獣鏡	——	14	猫塚古墳中央大型石室	双方中円	96	
三重	54	双頭龍文鏡	Ⅲ式	13.6	筒野1号墳	前方後方	40	
福岡	164	双頭龍文鏡	Ⅱ式	11.8	鋤崎古墳1号石室羨道部	前方後円	62	
福岡	649	双頭龍文鏡	Ⅲ式	8.5	経塚3号墳	円墳	22〜23	
福岡	※31	双頭龍文鏡	Ⅲ式	9.8	正恵古墳群	——	——	
福岡	※32	双頭龍文鏡	Ⅲ式	8.9	羽根戸南古墳群G2号墳	前方後円	26	
佐賀	121	双頭龍文鏡	Ⅲ式	8.2	谷口古墳東石室	前方後円	77	
福岡	519	四禽文鏡	——	11.6	郷屋古墳2号石棺	箱式石棺	——	
山梨	8	八禽鏡	——	9.5	大丸山古墳	前方後円	99	
兵庫	75	八禽鏡	——	9.6	天王山4号墳2号棺	方墳	16×19	
大分	89	八禽鏡	——	9.6	川部遺跡南西地区墳墓群1号方形周溝墓2号石棺	方形周溝墓	——	
群馬	116	二禽二獣鏡	——	18.5	前橋天神山古墳	前方後円	126	
愛媛	39	二禽二獣鏡	——	18.5	朝日谷2号墳	前方後円	30	破砕
大阪	13	神獣鳥文鏡	——	14.5	待兼山古墳	前方後円	不明	
徳島	10	神獣鳥文鏡	——	14.4	巽山古墳	円墳	不明	
奈良	90	斜縁同向式系二神二獣鏡	——	17.2	大和天神山古墳	前方後円	113	
奈良	100	斜縁同向式系二神二獣鏡	——	17.4	大和天神山古墳	前方後円	113	
京都	77	雲文鏡	——	13.4	仁明陵北方	不明	不明	
兵庫	232	雲文鏡	——	15.4	城の山古墳	円墳	30×36	
奈良	182	雲文鏡	——	9.4	新沢213号墳	前方後円	25.5	
徳島	9	雲文鏡	——	13.8	巽山古墳	円墳	不明	
福岡	604	雲文鏡	——	11.6	金隈1号墳	前方後円	24.0〜24.2	
福岡	183	雲文鏡	——	14	重留石棺	箱式石棺	——	
福岡	185	雲文鏡	——	11.5	老司古墳2号石室	前方後円	75	
大分	42	雲文鏡	——	11.4	野間3号墳	前方後円	40〉	
福岡	605	菱雲文鏡	——	13.2	金隈1号墳	前方後円	24.0〜24.2	
奈良	148	四区渦文鏡	——	12.6	池ノ内1号墳西棺	円墳	約70	
兵庫	15	不明	——	14.4	東求女塚古墳後円部石室	前方後円	80	外区片
兵庫	16	不明	——	不明	東求女塚古墳後円部石室	前方後円	80	外区片
兵庫	17	不明	——	不明	東求女塚古墳後円部石室	前方後円	80	鈕片
兵庫	33	不明	——	15.5	会下山二本松古墳	前方後円	53	内行花文？
奈良	391	不明	——	16	小泉大塚古墳	前方後円	80	外区片
奈良	397	不明	——	不明	小泉大塚古墳	前方後円	80	鈕片
愛媛	83	不明	——	16〜18	妙見山1号墳1号石槨	前方後円	56	斜縁神獣鏡？

表1-4　古墳時代前期：破鏡（鏡片副葬含む）

No.	県名	番号	鏡式名	直径	破/完	鈕	分類	穿孔	備考	遺跡名	墳丘形態	規模	主体部	時期
34	山形	※33	内行花文鏡	8.2	破鏡	A	II	○	外区片・穿孔1・研磨	馬洗場B遺跡	—	—	（包含層）	前期初頭
36	和歌	24	内行花文鏡	9	破鏡	A	II	○	外区・穿孔2	太田黒田遺跡	—	—	溝最上層	古墳初頭？
37	京都	29	内行花文鏡	17	破鏡	A	I	○	外区片・穿孔1	寺ノ段2号墳第3主体	方墳	15	組合式木棺	前期初頭
38	大阪	112	内行花文鏡	—	破鏡	A	IV	○	内区・穿孔2	瓜破北遺跡SX12	方形周溝	4.2×4.5	削平	古墳前期
39	大阪	247	内行花文鏡？	8.9	破鏡	A	I	○	外区・穿孔1	池島・福万寺遺跡	—	—	集落土坑？	古墳前期
41	岡山	45	内行花文鏡	14.4	破鏡	A	II	○	外区片・穿孔2	津寺4号墳	方墳	9×7	組合式木棺	前期
42	岡山	181	画文帯神獣鏡	11.7	破鏡	A	I	○	内・外区片・穿孔2	正仙塚古墳	前方後円	56	長持形石棺	前期
43	岡山	194	内行花文鏡	23	破鏡	A	I	○	外区片・穿孔1	竹田妙見山古墳	前方後円	36	割竹形木棺	前期中葉
35	岡山	57	不明・斜縁	11.9	破鏡	—	—	○	穿孔2・摩滅	森山2号墳	方墳	—	箱式石棺	前期
45	岡山	73	舶載鏡片	9.2	破鏡	A	I	○	—	森山2号墳	方墳	—	木棺	古墳前期
46	広島	9	内行花文鏡	19.7	破鏡	A	I	○	外区片・穿孔2	神宮山1号墳	前方後円	35	竪穴式石槨	前期後半
47	広島	27	内行花文鏡	19.2	破鏡	A	I	○	外区片・穿孔1	中出勝負峠8号増墓	円墳	15	箱式石棺	古墳初期初頭
48	広島	72	内行花文鏡	12.8	破鏡	A	I	○	蝙蝠座・穿孔2	石鎚山2号墳第1主体	円墳	16	組合式木棺	前期前半
49	広島	76	細線式獣帯鏡	10~11	破鏡	A	IV	○	内区・穿孔2	神辺御領遺跡	—	—	土器溜まり付近	前期初頭？
50	香川	90	方格規矩鏡	13	破鏡	A	I	○	—	鹿隈カンス塚陪墳？	円墳	27.6	表採	前期？
51	愛媛	7	細線式獣帯鏡	17	破鏡	A	I	○	外区片2・穿孔(1+1)	相の谷9号墓	台状墓	—	箱式石棺	前期
52	愛媛	15	内行花文鏡	15.8	破鏡	A	I	○	内・外区片・穿孔2	雉之尾2号墳	方墳	—	箱式石棺	古墳前期
53	福岡	186	三角縁神獣鏡	22.9	破鏡	A	I	○	外区片・穿孔5	老司古墳3号石室	前方周溝	75	横穴式石室	前期末
54	福岡	209	斜縁鏡	—	破鏡	A	I	○	外区・穿孔2+1	峠山遺跡1号墳	方墳	—	壺棺	前期
55	福岡	292	蝙蝠座文鏡	11	破鏡	A	I	○	蝙蝠座・穿孔2	阿支岐B-24号墳	方墳	8×6~7	割竹形棺+粘土槨	前期
56	福岡	457	半円方形帯四獣鏡	10.4	破鏡	A	III	○	研磨・穿孔1以上？	祇園山1号墳K1	方墳	25	墳裾埋棺	古墳前期
57	福岡	486	内行花文鏡	13.5	破鏡	A	I	○	外区・穿孔1	潜塚古墳1号石棺	方墳	25	箱式石棺	古墳前期
58	福岡	508	内行花文鏡	22~23	破鏡	A	I	○	外区片・穿孔2・厚	三沢原遺跡IV区43号住居	—	—	竪穴式住居	前期後半
59	福岡	610	単夔鏡	—	破鏡	A	I	○	外区片・穿孔1	東那珂遺跡1次	集落	—	住居址	前期
60	福岡	606	内行花文鏡	16	破鏡	A	I	○	外区・穿孔2	羽根戸南古墳群G3号墳	前方後円	19.6	割竹形木棺	古墳中頃
61	福岡	635	内行花文鏡？	中型	破鏡	A	I	○	外区片・穿孔1	稲元久保14号墳	円墳	14	割竹形木棺	前期
40	長崎	※34	飛禽鏡？	6.6	破鏡	A	I	○	外区片・穿孔	三雲下西遺跡2号甕棺	—	—	甕棺墓	前期
44	長崎	※35	浮彫式獣帯鏡	—	破鏡	A	IV	○	—	原の辻遺跡	集落	—	溝	前期
62	大分	21	浮彫式獣帯鏡	9.4	破鏡	A	II	○	外区片・穿孔1？	大平2号石棺	—	—	箱式石棺	前期
63	大分	43	浮彫式獣帯鏡	13	破鏡	B	II	○	穿孔（補修孔）	野間10号墳	円墳	—	箱式石棺	前期後半
64	宮崎	77	画文帯神獣鏡	12.3	破鏡	A	I	○	外区片・穿孔2	広島島古墳群	不明	不明	不明	前期？
	神奈川	23	内行花文鏡？	9.4	破片	A	I	×	外区片	池子遺跡No.2地点2号住	集落	—	住居址	前期
	石川	12	不明	—	破鏡	A	I	×	外区片	古府クルビ遺跡	—	—	包含層	前期初頭
	長野	117	獣首鏡	—	破鏡	A	IV	×	内区片	神坂峠遺跡	祭祀遺跡	—	—	古墳前期~中世
	三重	135	斜縁四獣鏡	13.4	破鏡	B	III	×	1/3欠損・研磨	—	円墳	—	割竹形木棺	前期
	滋賀	64	内行花文鏡	10.2	破鏡	A	I	×	内・外区片	斗西遺跡河川SD02-4	—	—	包含層	前期初頭
	京都	28	方格規矩鏡	17	破鏡	B	I	×	鈕含む半分	寺ノ段2号墳第4主体	方墳	15	組合式木棺	前期初頭
	大阪	111	方格規矩鏡	—	破鏡	B	IV	×	鈕区・摩滅	瓜破北遺跡SX12	方形周溝墓	4.2×4.5	削平	前期
	大阪	115	内行花文鏡	12	破鏡	B	IV	×	加美遺跡	加美遺跡	方形周溝墓	8×6.8	木棺	前期
	大阪	260	内行花文鏡	小型	破鏡	B	IV	×	鈕区・内区片接合	池島・福万寺遺跡	集落包含層	—	—	前期
	兵庫	149	八鳳鏡	11.7	破鏡	B	I	×	外区片・研磨	龍子三ツ塚2号墳	円墳	20	竪穴式石槨	前期前半
	兵庫	203	内行花文鏡	—	破鏡	B	I	×	内区鈕片四葉座	深谷1号墳墓	方墳	21×19	箱式石棺	中期前半？
	兵庫	※36	内行花文鏡	18.8	破鏡	B	I	×	2片未接合	西ノ土居遺跡	—	—	竪穴式石室	前期？
	島根	20	虺龍鏡	9.5	破鏡	B	III	×	1/3欠損	小屋谷3号墳	方墳	19×15	組合式木棺	前期
	鳥取	82	内行花文鏡	16~17	破鏡	B	I	×	内区片	長瀬高浜遺跡	集落土器群中	—	—	前期
	島根	※37	内行花文鏡？	—	破鏡	B	I	×	外区片・摩滅	土井・砂遺跡1号墳	円墳	—	木棺	前期
	岡山	42	内行花文鏡	20？	破鏡	B	I	×	鈕区片	川入遺跡H-4	集落	—	住居址	前期
	岡山	227	不明	15~20？	破鏡	B	I	×	鈕区片・摩滅・絹	宗形神社遺跡	円墳	14	箱式石棺	前期後半~中期
	岡山	※38	内行花文鏡？	10.15	破鏡	B	I	×	外区片・穿孔2	津寺遺跡5堅穴住居218	集落	—	—	前期後半～中期
	広島	61	飛禽鏡	9~10	破鏡	B	I	×	内区鈕片	石鎚権現5号墳SK14	前方後円	37.5	土壙墓	前期
	広島	71	内行花文鏡？	—	破鏡	B	I	×	円圏鈕片	石鎚山2号墳第1主体	円墳	16	組合式木棺	前期
	広島	85	浮彫式獣帯鏡	—	破鏡	B	I	×	内区片	四柿B9号墳	円墳	14	割竹形木棺	前期
	福岡	※39	内行花文鏡	—	破鏡	B	I	×	外区片・摩	御床松原遺跡	—	—	100号住居址	前期
	福岡	※40	内行花文鏡	17.3	破鏡	B	I	×	鈕~内区片・研磨	本林崎古墳	前方後円	30	埋葬箱式石棺	前期初頭
	福岡	167	浮彫式獣帯鏡	13	破鏡	B	IV	×	内区片	野方中原1号石棺墓	—	—	箱式石棺	前期初頭
	福岡	168	方格規矩鏡	—	破鏡	B	I	×	外区・研磨	飯盛古墳	方形周溝墓	—	溝	前期初頭
	福岡	188	方格規矩鏡（倣）	12.95	破鏡	B	III	×	内・外区片	老司古墳3号石室	前方後円	75	横穴式石室	前期末
	福岡	282	内行花文鏡（葉I）	約13	鏡片副葬	B	I	×	内区片	御陵6号墳第2主体	円墳	—	組合式木棺	前期
	福岡	458	内行花文鏡	12.8	破鏡	B	I	×	蝙蝠座	久原遺跡III-4号墳	円墳	18	組合式木棺+粘土槨	前期
	福岡	535	双鳳龍文鏡	16.6~17.0	破鏡	B	I	×	内・外区片・摩滅	山鹿2号石棺	円墳	—	箱式石棺	前期
	福岡	562	内行花文鏡	大型？	破鏡	B	IV	×	四葉座・研磨	稲童古並26号墳	円墳	—	箱式石棺	前期末？
	福岡	612	内行花文鏡？	—	破鏡	B	IV	×	内区片	仲遺跡	—	—	C地区包含層	古墳時代？
	福岡	627	環状乳神獣鏡	13.8	鏡片副葬	B	III	×	内・外区片未研磨	矢の隈遺跡I区1号1号墳	円墳	21×13	組合式木棺	前期

表1-5 弥生時代小形仿製鏡・古墳時代小型倭製鏡（完形）の穿孔事例

県名	番号	鏡式	直径	破/完	分類	紐	穿孔	備考	遺跡名称	遺構	時期
福岡	628	重圏連弧文鏡	12.6	破鏡	A	Ⅲ	×	外区片	之隈遺跡Ⅱ区1号1号墓	方墳 16.7×16	箱式石棺	前期
佐賀	26	方格規矩鏡	11.8	破鏡	A	Ⅲ	×	外区片・摩滅	五本谷遺跡75号土壙墓	―	土壙墓	前期初頭？
佐賀	93	八鳳鏡	11	破鏡	A	Ⅲ	×	―	十三塚遺跡	―	箱式石棺	前期後半？
佐賀	114	不明	8.7	破鏡	A	Ⅲ	×	外区片・鏡片副葬	寄居ST01古墳第2主体	円墳 12.6×16	石蓋土壙墓	前期初頭
熊本	45	方格規矩鏡	9.02	破鏡？	B	Ⅲ	×	1/2片・鈕孔摩滅	高城山3号墳	円墳 15	舟形石棺	前期
熊本	※41	方格規矩鏡	―	破鏡	A	Ⅳ	×	内区片・研磨	小野崎遺跡年度博1区SD-08下層	集落？	溝	前期

付：倭製鏡の破鏡（鏡片副葬含む）

67 熊本	104	倭製内行花文鏡	5.6	破鏡	A	Ⅲ	○	穿孔1	柳町遺跡4SX049	（溝状遺構）	前期
福岡	7	倭製内行花文鏡	9.8	破鏡	B	Ⅲ	×	1/2片・摩滅	会津田村山古墳乙槨	前方後円 26<	主体部	前期前半？
兵庫	※42	倭製鏡？	8.8	破鏡	A	Ⅰ	×	外区片・研磨	田能高田遺跡	包含層	古墳前期
奈良	141	倭製内行花文鏡	36)	破鏡	A	Ⅳ	×	内区片・研磨	桜井茶臼山古墳	前方後円 200	竪穴式石室	古墳前期
岡山	229	鏡片（倭？）	7.3	破鏡	A	Ⅲ	○	内・外区片・鏡片副葬	中内池7号墳	―	―	中期初
山口	38	倭製内行花文鏡	8	破鏡	A	Ⅱ	×	内区～外区片	朝日墳墓群7号台状墓	方形台状墓 7.6	箱式石棺	古墳前期
福岡	218	内行花文鏡（倭？）	9	鏡片副葬	A	Ⅰ	×	外区片	油田1号墳	円墳 18×20	組合式木棺	前期
福岡	219	珠文鏡（倭）	7.2	鏡片副葬	B	Ⅲ	×	鈕～外区片	恵子若山古墳	円墳 17	割竹形木棺+粘土槨	前期

表1-5 弥生時代小形仿製鏡・古墳時代小型倭製鏡（完形）の穿孔事例

（弥生時代後期～終末期）

県名	番号	鏡式	直径	破/完	分類	紐	穿孔	備考	遺跡名称	遺構	時期
東京	10	素文鏡（仿製）	5.9	完形	―	―	○	穿孔2・鈕頭欠損	宇都木遺跡	住居址	弥生終末
大阪	115	小形仿製鏡	8.37	完形	―	―	○	鈕頭欠損・穿孔	加美遺跡KM-1大溝	墳墓・溝	弥生終末

（古墳時代前期）

大阪	157	推定倭製内行花文鏡	9.8	完形	―	―	○	穿孔2・鈕頭欠損	駒ヶ谷宮山古墳前方部	1号粘土槨	古墳前期
岡山	72	倭製内行花文鏡	7.15	完形	―	―	○	穿孔2・鈕つぶれ	さくら山台状墓	溝底遊離	古墳前期初頭
鹿児島	7	小形仿製鏡	7.4	完形	―	―	○	穿孔2	永山遺跡3号墓	地下式板石積石室	古墳前期

（時期不明）

兵庫	164	小形仿製鏡	8.5	完形	―	―	○	内区鈕頭欠損・穿孔2	原奥山遺跡	不明	不明
福岡	※43	小形仿製鏡	6.2	内区欠損	―	―	○	内区欠損・穿孔2	藤崎遺跡3次調査	（現代の土坑）	―
宮崎	125	小形仿製鏡	4.9	一部欠損	―	―	○	鈕欠損・穿孔1？	石の迫第2遺跡	表採	不明
不明	※44	小形仿製鏡	7.8	完形	―	―	○	穿孔2	五島美術館蔵	―	―

表1-6 破鏡（時期不明他）

県名	番号	鏡式	直径	破/完	紐	分類	穿孔	備考	遺跡名称	遺構	時期
香川	89	内行花文鏡？	16.1	破鏡	A	Ⅰ	○	外区片・穿孔2+2・厚	一の谷遺跡群	包含層	古墳時代以降
高知	※45	不明	―	破鏡	A	Ⅰ	○	外区片・穿孔1	馬場末遺跡ⅡBⅩSD1	溝	古代
徳島	43	内行花文鏡	14.6	破鏡	A	Ⅰ	○	外区片・穿孔1	昼間遺跡	集落表採	弥生終末？
徳島	44	内行花文鏡	―	破鏡	A	Ⅰ	○	外区片・穿孔1	寺山1号墳表土層	墳丘表土中	不明（古墳は10期）
徳島	56	不明	12.5	破鏡	A	Ⅰ	○	外区片・穿孔1	庄遺跡徳島大学地点	撹乱土中	弥生終末？
福岡	※46	浮彫式b獣帯鏡？	―	破鏡	A	Ⅰ	○	外区片・穿孔1+非貫通1	博多遺跡群第147次	包含層	不明
佐賀	59	双頭龍文鏡	9.2	破鏡	A	Ⅰ	○	外区片(?)・穿孔1	志波屋六本松古墳群	遺物包含層	不明
熊本	25	内行花文鏡	14.6	破鏡	A	Ⅰ	○	外区片・穿孔1	古閑原遺跡	表採	弥生終末？
熊本	47	不明	―	破鏡	A	Ⅱ	○	外区片・穿孔1	上高橋高田遺跡	―	―
兵庫	126	内行花文鏡	?	破鏡	A	Ⅳ	×	内区片	手柄山遺跡	不明	不明
兵庫	※47	―	15.5	破鏡	A	Ⅰ	×	外区小片・研磨	上沢遺跡	不明	不明

160　第2章　古墳時代開始期における中国鏡の流通形態の変革

広島	2	内行花文鏡	18.7	破鏡	A	Ⅰ	×	外区片・研磨	釜鋳谷遺跡	試掘調査	弥生後期～古墳前期
広島	6	内行花文鏡	—	破鏡	B	Ⅳ	×	内区片	池の内遺跡	集落？	不明・古墳時代
広島	73	不明	—	破鏡	B	Ⅳ	×	鈕区片	亀山遺跡	溝陸橋部付近	弥生後期～古墳時代
香川	※48	内行花文鏡	約13	破鏡	A	Ⅳ	×	外区片・研磨	川津中原遺跡SHⅡ02	集落住居	弥生後期～古墳時代
愛媛	64	内行花文鏡？	—	破鏡	A	Ⅰ	×	外区片	水満田遺跡7次調査	集落包含層	弥生後期後半～古墳前期
福岡	198	内行花文鏡	約20	破鏡	A	Ⅱ	×	内・外区片	野多目前田遺跡	溝	古墳時代～古代
福岡	255	内行花文鏡	12.9	破鏡	A	Ⅰ	×	外区片	伝昇町遺跡	—	不明
福岡	293	内行花文鏡	—	破鏡	B	Ⅳ	×	鈕区片	徳重高田16号墳上下	墳丘下面	6世紀以前
福岡	※49	舶載鏡	—	破鏡	A	Ⅰ	×	外区片	御床松原遺跡	包含層	—
福岡	622？	内行花文鏡	—	破鏡	B	Ⅳ	×	鈕・内区片	平塚川添遺跡	集落包含層	弥生終末～古墳前期
佐賀	58	双頭龍文鏡	9.6	破鏡？	B	Ⅲ	×	約1/2欠損(?)	志波屋六本松古墳群	遺物包含層	不明
佐賀	181	前漢鏡	？	破鏡	B	Ⅳ	×	外区片	湯崎東遺跡	包含層	弥生終末～古墳前期？
大分	23	方格規矩鏡？	—	破鏡	A	Ⅰ	×	外区片・研磨	宮ノ原遺跡2次B3区	表採	弥生～古墳初頭
大分	24	方格規矩鏡	—	破鏡	A	Ⅰ	×	外区片・研磨	宮ノ原遺跡12号住居	表採	弥生～古墳初頭
大分	71	浮彫式b獣帯鏡	15	破鏡	B	Ⅳ	×	鈕区片	名草台遺跡	箱式石棺	弥生後期～古墳

（大韓民国）

| 韓国 | ※50 | 内行花文鏡 | — | 破鏡 | A | Ⅱ | ○ | 外区片・穿孔1 | 大成洞14号墳 | 木槨墓 | 5世紀前半 |

表1－7　鏡片（完形・破鏡の判断不可：弥生～古墳）

県名	番号	鏡式	分類	直径	状態	備考	遺跡名称	遺構	時期
和歌山	23	飛龍文鏡	—	—	破片	内区片	滝ヶ峯遺跡	集落	弥生後期後半
大阪	※51	異体字銘帯鏡	—	—	破片	内区片	東奈良遺跡	集落	弥生時代
大阪	38	方格規矩鏡	四神鏡？	11	破片	外区片	芥川遺跡	集落	弥生後期
大阪	113	異体字銘帯鏡	—	—	破片	外区片	瓜破北遺跡	—	弥生後期初頭～中葉
大阪	261	画文帯神獣鏡	同向式	中型	破片	内区片・摩滅無	池島・福万寺遺跡	集落包含層	古墳前期
鳥取	104	八禽鏡	—	8.3	破片	内・外区片	青木遺跡HSI60	集落住居	弥生後期
鳥取	—	八禽鏡	—	—	破片	内・外区片	上寺地遺跡	—	弥生終末
岡山	180	内行花文鏡	—	13.6	破片	—	下道山遺跡	集団墓域	弥生後期
広島	2	内行花文鏡	—	18.7	破片	—	釜鋳谷遺跡	？	弥生終末？
広島	54	獣帯鏡／方格規矩鏡	—	9	破片	外区片	備後国府跡中山地区401T第5層	包含層	弥生時代？
広島	102	不明	—	—	破片	—	狐山A遺跡	？	弥生終末～古墳初頭
香川	82	方格規矩鏡	—	18.6	破片	—	稲木遺跡	包含層	弥生～白鳳期
香川	83	内行花文鏡	—	—	破片	—	稲木遺跡	包含層	弥生～白鳳期
高知	8	不明	—	—	破片	—	田村遺跡E1区ST102	竪穴住居	弥生後期中葉
高知	※52	不明	—	—	破片	内区片	西分増井遺跡ⅠA区	集落後期中葉	弥生後期中葉
高知	※52	不明	—	—	破片	—	西分増井遺跡ST5	—	古墳前期初頭
愛媛	—	異体字銘帯鏡？	—	—	破片	鈕区片	文京遺跡10次調査	集落包含層	中期末～古墳中葉
愛媛	※53	獣帯鏡／神獣鏡	浮彫式b/斜縁	16.5	破片	外区片	大相院遺跡6区溝SD001	集落溝	中世
福岡	※54	異体字銘帯鏡	—	—	破片	鈕区片	平塚遺跡5号墓か	表採	弥生後期初頭～前半
福岡	77	方格規矩鏡	四神鏡	—	破片	—	三雲加賀石遺跡	包含層	弥生後期～古墳
福岡	78	後漢鏡？	—	12	破片	—	三雲番上遺跡	包含層	平安末～鎌倉
福岡	79	方格規矩鏡	—	—	破片	鈕区片	三雲深町遺跡	包含層	弥生後期～古墳初頭
福岡	148	不明	—	—	破片	外区片・平縁	飯氏遺跡8号甕棺	甕棺墓	弥生後期中葉
福岡	170	獣帯鏡	浮彫式b	—	破片	—	野方塚原遺跡1号甕棺	甕棺墓	古墳前期
福岡	168	内行花文鏡	蝙蝠座	10.6	破片	欠損	野中原3号石棺墓	箱式石棺	古墳初頭
福岡	286	獣帯鏡	細線式	11.9	欠損	1/3欠損	立石遺跡	採集	弥生後期？
福岡	255	斜縁鏡？	—	12.5	破片	—	立石遺跡円頂	盗掘孔	古墳時代？
福岡	288	外区片	—	8～9	破片	—	仲島遺跡	土坑	不明
福岡	418	飛龍文鏡	—	10.4	破片	—	上り立遺跡	表採	不明
福岡	419	双頭龍文鏡	Ⅱ式？	—	破片	—	岩屋遺跡	石棺墓採集	—
福岡	※56	舶載鏡	—	12～13	破片	—	大谷遺跡	包含層・表採	弥生中期～後期
福岡	※57	舶載鏡	—	9.4	破片	—	西新町遺跡12次	41号土坑	古墳前期
福岡	※58	内行花文鏡	四葉座Ⅰ	17	破片	—	井原ヤリミ/2582・2583番地1号木棺	刳抜形木棺	弥生後期
福岡	※58	内行花文鏡	四葉座Ⅰ	12	破片	内・外区片	井原ヤリミ/2582・2583番地7号木棺	刳抜形木棺	弥生後期
佐賀	32	内行花文鏡	四葉座Ⅰ	15.6	外区片	攪乱により不明	二塚山26号土壙墓	石蓋土壙墓	弥生後期後半
佐賀	43	内行花文鏡	四葉座Ⅰ	15.4	外区片	元来完形？	三津西遺跡	墓域	表採
佐賀	44	内行花文鏡	四葉座Ⅰ	14.6	外区片	元来完形？	南角遺跡	土壙墓	弥生後期後半～末

表1-8　その他関連資料

県名	番号	鏡式	分類	直径	状態	備考	遺跡名称	遺構	時期
佐賀	55	虺龍文鏡	―	11	破片	外区片	志波屋三本松遺跡	甕棺内	弥生後期？
佐賀	64	内行花文鏡	―	20	破片	外区片	北外遺跡	表採	不明
佐賀	92	方格規矩鏡	―	17.4	破片	外区片	池ノ上遺跡	不明	不明
佐賀	150	内行花文鏡	四葉座Ⅰ	19.2	破片	外区片・丹付着	桜馬場遺跡	甕棺副葬品？	弥生後期
佐賀	173	内行花文鏡	四葉座Ⅰ	18	破片	内区片	みやこ遺跡SP305石棺	箱式石棺墓	弥生後期
佐賀	174	虺龍文鏡	―	12	破片	外区片	みやこ遺跡Ⅵ区下層	表採	不明
佐賀	※59	内行花文鏡？	―	17.2	破片	外区片	千々賀遺跡	包含層	―
佐賀	※60	不明	―	11.8	破片	外区片	半田大遺跡	包含層	―
佐賀	※61	不明	―	8.4	破片	外区片	天神ノ元遺跡	包含層	―
長崎	4	異体字銘帯鏡	連弧文	17.7	破片	―	下ガヤノキ遺跡F地点	石棺	不明
長崎	※62	―	―	―	破片	外区片	原の辻遺跡	―	―
長崎	47	獣帯鏡	浮彫式b？	11.2	破片	外区片	原の辻遺跡原ノ久保A墓域	表採	弥生後期か
長崎	48	方格規矩鏡	四神鏡？	10.4	破片	内区欠損	原の辻遺跡大川墓域	表採	弥生後期か
長崎	※62	方格規矩鏡	四葉座Ⅰ	大型	破片	内区片	原の辻遺跡大川墓域	表採	弥生後期か
長崎	※62	方格規矩鏡	―	―	破片	内区片	原の辻遺跡大川墓域	表採	弥生後期か
長崎	※62	内行花文鏡	―	―	破片	内・外区片	原の辻遺跡大川墓域	表採	弥生後期か
長崎	※62	内行花文鏡	―	―	破片	内・外区片	原の辻遺跡大川墓域	表採	弥生後期か
長崎	※62	方格規矩鏡	―	―	破片	外区片	原の辻遺跡大川墓域	表採	弥生後期か
長崎	※62	方格規矩鏡	―	―	破片	外区片	原の辻遺跡大原墓域	表採	弥生後期か
長崎	55	内行花文鏡	円圏座？	10.4	破片	内区欠損	栢ノ木遺跡	箱式石棺？	―
長崎	67	不明	―	15	破片	外区片	白井川遺跡	箱式石棺外	弥生後期
長崎	73	方格規矩鏡	―	10.7	破片	外区片・被火？	車出遺跡	土器溜	弥生後期
熊本	17	内行花文鏡	四神鏡	―	欠損	内・外区片	大連小学校周辺	―	不明
熊本	70	方格規矩鏡	―	14.5	破片	外区片	枯木遺跡	採集	不明
熊本	71	不明	―	11	破片	外区片	轟貝塚（宮庄）	表採	不明
熊本	※63	細線式鳥文鏡	―	9.2	破片	内・外区片	稲佐津留遺跡	住居	弥生後期？
熊本	112	不明	―	―	破片	外区片	方保田東原遺跡	―	―
熊本	113	不明	―	―	破片	外区片	方保田東原遺跡	―	―
熊本	62	内行花文鏡	―	16.4	破片	外区片	二子塚遺跡	67号住居址	弥生後期後半
熊本	64	不明	―	7.5	破片	外区片	二子塚遺跡	148号住居址	弥生後期後半
鹿児島	5	方格規矩鏡？	―	―	破片	外区片・流雲文縁	麦之浦貝塚	遺物包含層	古墳時代前期～中期？

表1-8　その他関連資料

県名	番号	鏡式	分類	直径	状態	備考	遺跡名称	遺構	時期
奈良	121	画文帯神獣鏡	同向式B	17.5	完形	―	伝ホケノ山	―	―
奈良	122	画文帯神獣鏡	同向式A	15.4	完形	―	伝箸中	―	―
奈良	―	内行花文鏡	四葉座Ⅰ	23	完形	―	伝ホケノ山	―	―
福岡	645	内行花文鏡	四葉座Ⅰ	15.6	完形	完形	小倉城下屋敷跡A区	砂丘上面	近世（弥生後期？）

○追加文献リスト

※1　揖保郡御津町教育委員会2005『綾部山39号墓』，御津町埋蔵文化財調査報告書5．
※2　奈良県立橿原考古学研究所附属博物館編2001．
※3　松山市教育委員会・松山市立文化財センター1991『松山市埋蔵文化財調査年報Ⅲ』．
※4　梅原末治1931「筑前國井原發見鏡片の複原」『史林』16-3，史学研究会．
※5　前原市教育委員会2000．
※6　前原市教育委員会2006『三雲・井原遺跡』，前原市文化財調査報告書第92集．
※7　春日市教育委員会2002『春日市埋蔵文化財年報9』．
※8　熊本県菊池市教育委員会2006『小野崎遺跡』菊池市文化財調査報告第1集，菊池市教育委員会．
※9　山梨県埋蔵文化財センター1993『長田口遺跡』，山梨県埋蔵文化財センター調査報告書第82集．

※10　赤塚2004b．
※11　徳島県教育委員会・徳島大学埋蔵文化財調査室2005『庄（庄・蔵本）遺跡』，徳島県教育委員会・徳島大学埋蔵文化財調査室．
※12　吉田2006．
※13　愛媛大学埋蔵文化財調査室2004『愛媛大学埋蔵文化財調査室年報－2001・2002年度－』，愛媛大学埋蔵文化財調査室．
※14　高知県文化財団埋蔵文化財センター2004『西分増井遺跡Ⅱ』，高知県文化財団埋蔵文化財センター．
※15　春日市教育委員会1988『須玖唐梨遺跡』春日市文化財調査報告書第19集．
※16　京都府埋蔵文化財調査研究センター2003『木津城山遺跡』京都府遺跡調査報告書第32冊．
※17　出原恵三2004「青銅器」『西分増井遺跡Ⅱ』，㈶高知県文化財団埋蔵文化財センター．
※18　財団法人愛媛県埋蔵文化財調査センター2004『善応寺畦地遺跡・大相院遺跡・別府遺跡』，財団法人愛媛県埋蔵文化財調査センター．
※19　前原市教育委員会2000．
※20　福岡市教育委員会2004『那珂34』，福岡市埋蔵文化財調査報告書第800集．
※21　北九州市教育文化事業団埋蔵文化財調査室2000『埋蔵文化財調査室年報』16．
※22　福井市教育委員会2000『花野谷1号墳 発掘調査概報』，福井市教育委員会．
※23　福岡市教育委員会2005a．
※24　兵庫県教育委員会2002「但馬の王と鏡　若水古墳群A11号墳の調査」『ひょうごの遺跡』43，兵庫県教育委員会．
※25　伊都国歴史資料館1992『伊都－古代の糸島－』，伊都国歴史資料館．
※26　福岡市教育委員会2005b．
※27　福井県清水町教育委員会2003『風巻神山古墳群』，清水町埋蔵文化財発掘調査報告書Ⅶ，清水町教育委員会．
※28　御所市教育委員会編2001『鴨都波1号墳 調査概報』，学生社．
※29　兵庫県教育委員会2002「但馬の王と鏡　若水古墳群A11号墳の調査」『ひょうごの遺跡』43，兵庫県教育委員会．
※30　下垣2004b．
※31　岡部裕俊・西川寿勝1996「糸島地方の古墳資料集成（その2）－伝正恵古墳群出土銅鏡をめぐって－」『福岡考古』17，福岡考古懇話会．
※32　福岡市教育委員会2001．
※33　山形県埋蔵文化財センター2004『馬洗場B遺跡』，山形県埋蔵文化財センター調査報告書第123集．
※34　前原市教育委員会2006『三雲・井原遺跡』前原市文化財調査報告書第92集，前原市教育委員会．
※35　長崎県教育委員会2005『原の辻遺跡総集編Ⅰ』，原の辻遺跡調査事務所調査報告書第30集．
※36　檀本2002．
※37　島根県埋蔵文化財センター2001『湯の奥遺跡，登安寺遺跡，湯後遺跡，土井・砂遺跡』．
※38　岡山県教育委員会1998『津寺遺跡5』岡山県埋蔵文化財発掘調査報告127，岡山県教育委員会．
※39　志摩町教育委員会1983『御床松原遺跡』志摩町文化財調査報告書第3集，志摩町教育委員会．
※40　前原市教育委員会1991『井原遺跡群』前原市文化財調査報告書第35集．

※41 熊本県菊池市教育委員会2006『小野崎遺跡』菊池市文化財調査報告第１集，菊池市教育委員会．
※42 櫃本2002．
※43 濱石哲也1991『福岡市早良区藤崎遺跡出土の小形仿製鏡』『福岡考古』15，福岡考古懇話会．
※44 樋口1979．
※45 出原恵三2004「青銅器」『西分増井遺跡Ⅱ』，㈶高知県文化財団埋蔵文化財センター．
※46 福岡市教育委員会2006『博多106』福岡市埋蔵文化財調査報告書第892集，福岡市教育委員会．
※47 櫃本2002．
※48 財団法人香川県埋蔵文化財調査センター1994『川津中塚遺跡』四国横断自動車道建設に伴う埋蔵文化財発掘調査報告14．
※49 志摩町教育委員会1983『御床松原遺跡』志摩町文化財調査報告書第３集，志摩町教育委員会．
※50 慶星大学校博物館2000『金海大成洞古墳群Ⅰ』(大阪朝鮮考古学研究会訳2001)．
※51 東奈良遺跡調査会1980『東奈良Ⅱ』．
※52 高知県文化財団埋蔵文化財センター2004『西分増井遺跡Ⅱ』，高知県文化財団埋蔵文化財センター．
※53 財団法人愛媛県埋蔵文化財調査センター2004『善応寺畦地遺跡・大相院遺跡・別府遺跡』，財団法人愛媛県埋蔵文化財調査センター．
※54 前原市教育委員会2000．
※55 春日市教育委員会2002『立石遺跡』，春日市文化財調査報告書第34集．
※56 福岡市教育委員会1990『席田遺跡群Ⅳ』，福岡市埋蔵文化財調査報告書第218集．
※57 福岡県教育委員会2000『西新町遺跡Ⅱ』，福岡県文化財調査報告書第154集．
※58 前原市教育委員会2006『三雲・井原遺跡』，前原市文化財調査報告書第92集．
※59 唐津市教育委員会2001『千々賀遺跡』，唐津市文化財調査報告書第102集．
※60 唐津市教育委員会2003『半田引地遺跡』，唐津市文化財調査報告書第111集．
※61 唐津市教育委員会2004『天神ノ元遺跡』唐津市文化財調査報告書第114集．
※62 長崎県教育委員会2005『原の辻遺跡総集編Ⅰ』，原の辻遺跡調査事務所調査報告書第30集．
※63 熊本県教育庁2006「熊本・熊本市・稲佐津留遺跡」『文化財発掘出土情報』，㈱ジャパン通信情報センター．

第3章　三角縁神獣鏡・倭製鏡の変遷と前期古墳の編年

　以下の章では，第2章での分析をふまえつつ，古墳時代前期における地域間関係の実態を明らかにするため，この時期に列島内で使用された鏡の変遷とその具体相について検討する。まず本章では，三角縁神獣鏡および倭製鏡の変遷を整理し，それをもとに前期古墳の編年基準を設定する。その上で，次章で三角縁神獣鏡の製作年代と製作系譜を検討することにより，古墳時代前期の実年代を考えるという手順をとりたい。

第1節　三角縁神獣鏡・倭製鏡の分類

1　前期古墳編年における問題の所在

　第1章でもみたように，前期古墳の編年については，現在，銅鏡研究の進展により従来の前方後円墳集成編年をはじめとした4期編年が一部変更され，かつその後の副葬品研究の深化をふまえつつ細分の可能性が模索されつつある状況とみることができる。そこでの論点の1つとして，副葬品研究の成果として型式分類の細分化が進むことが，古墳編年の指標の問題にどのような影響を与えるのかという点が挙げられよう。この点も含め，筆者はここで，方法論上の問題と個別事象の問題に分けて問題点を整理したい。

　まず方法論上の問題については次のような問題点がある。古墳の編年は，本来古墳およびその諸要素の変遷を時間軸に配置した場合の，時間軸上における最小の分類単位の抽出を目的としたものであると考える。ここで重要なのは，様々な古墳の構成要素や属性によって，変化の速度や古墳の年代と関わるレベルが異なる場合があることである。例えば副葬品を基準とした場合に，それら

の型式学的分類の細分化が古墳編年の細分化に帰結するという可能性はある。ただし，副葬品の編年と古墳編年が同じ時間軸上において，常に同じ尺度で位置づけられるとは限らず，両者が直結しない可能性も同程度存在する。これは外表施設や埋葬施設など他の属性に関しても基本的には同様であると考えられる。また古墳の副葬品は，世代間で継承される場合（森下1998b）と各世代ごとに入手される場合の大きく2つの場合があり（辻田2006a・第6章），そのあり方も副葬品の品目によって異なる。

したがって古墳の編年を行う場合は，複数の属性において成立するような，いわば最大公約数的に一定程度幅を持たせた年代観を設定することが，実際として可能であり，また有効ではないかと考える。そしてその上で，ある属性によって時期が限定できる場合のみ，例えばある時期幅の中での「新相」として設定するという方法をとりたい。

また具体的な前期古墳編年の課題として，次のような3つの点が挙げられる。まず，(a)前期の前半と後半の区分がどのように可能であり，またそれぞれについて，何を指標としてどのように細分することが可能であるのか，という問題である。そして，(b)近畿を中心とした古墳編年を，九州や関東などまで含めて広域的に体系づけることがどのように可能であるのか，という問題がある。これは，近畿における編年基準を各地にそのまま適用することが可能であるかという問題というよりは，広域的な編年基準というもの自体をどのように考えるかという問題と捉える。さらに，(c)古墳時代開始の問題を時代区分の問題としてどのように整理するのかという問題が挙げられる。これも副葬品研究のみで解決する問題ではないが，全体としての時代区分の枠組みは，前期古墳の編年観と合わせて整合的に設定する必要がある。

以上の議論をふまえ，本章ではまず三角縁神獣鏡と倭製鏡の編年について検討する。その上で鏡の変遷と他の副葬品との組み合わせについて分析を行い，前期古墳編年の可能かつ有効な枠組みについて検討する。さらにここでは北部九州の基準資料を対象として分析し，近畿以外の地域を含めた前期古墳編年の可能性についても検討を行う。

2　三角縁神獣鏡の分類

　以下ではまず三角縁神獣鏡・倭製鏡のそれぞれについて，先行研究をふまえつつ筆者自身の編年観を提示する。なお本章においては，三角縁神獣鏡に関して従来行われてきた「舶載」と「仿製」の区分および名称をそのまま用いる。両者の製作系譜や製作年代の詳細については次章で検討することとする。前者は京都大学考古学研究室が作成した目録番号でいう1〜139鏡，後者は201〜257鏡に該当する（京都大学文学部博物館1989他）[1]。以下で鏡番号を述べる場合は，この目録番号に依拠したものである。

(1)舶載三角縁神獣鏡

　三角縁神獣鏡に関しては，これまでも前期古墳の編年観の指標の1つとして扱われてきた。現在では舶載三角縁神獣鏡が最大5段階，仿製三角縁神獣鏡が4〜5型式に細分されているが，第1章でもみた仿製三角縁神獣鏡の年代観変更後に提示された前期古墳編年の基準としては，舶載三角縁神獣鏡を大きく2段階（福永1996b：氏のA〜C段階とD段階）もしくは3段階（森下1998b・2005a；大賀2002），仿製三角縁神獣鏡を大きく2段階（福永1996b）もしくは3段階（大賀2002）に区分して指標とすることが行われている。

　まず舶載三角縁神獣鏡については，これまで行われてきた分類・編年研究をふまえ，大きく2系統に区分する。これは，小林行雄氏による神獣像配置の分類（小林1976）および岸本直文氏による神獣像表現の分類（岸本1989）にもとづき，各神獣像表現や傘松文様などについて検討した上で，属性の共通性などから同時期性の措定を行うものである（e.g. 新納泉1991a：図17）。ここでは特に小山田宏一氏の分類（2000b：図18）を基礎としつつ，各神獣像表現の併行関係や時期区分に関して一部変更を加えている。まず，表現①〜③・⑤・⑮・⑯を大きくA系，表現④・⑦〜⑭・三角縁盤龍鏡をB系として区分する。このA系・B系の両者は小山田宏一氏の分類でいうA形式・B形式とほぼ一致するものであるが，神獣像表現の共通性から氏のA形式に表現⑮・⑯を，B形式には三角縁盤龍鏡を追加してそれぞれをA系・B系としている。小山田氏の

分類ではA系が神像表現の胸部が扁平だが袂や膝付近は量感豊かであり，多条の雲気を伴うもの，B系が神像表現の肩・袂・膝が量感豊かに表現され，張りのある肩を持ち，雲気が両肩から立ち上る幅広の突線（一重）で表現されるものである。またこれらの特徴に加え，さらにA系には内区外周の「方形＋獣文帯」など，B系には新納泉氏の分類（1991a）でいう傘松3式が顕著といった点が指摘できる。ここではこのA系とB系の両者は，それぞれ型式学的な系譜関係を指すものとして設定している。

表2は，岸本氏の神獣像表現分類を基準として，他の属性，すなわち傘松文様や外区斜面の鋸歯文の有無，外周突線や博山炉といった属性との組み合わせをみたものである[(2)]。これをふまえ，各神獣像表現については，主像配置分類や属性変異の組み合わせから，次のように分類する（具体例を図20に掲げる）。

　　　　A系－①
　　　　　　　②
　　　　　　　③［G′］［K1］［J］
　　　　　　　⑤［A］［J1］［L／K］
　　　　　　　⑮［⑮a：119・120鏡］・［⑮b：121・122鏡］
　　　　　　　⑯
　　　　B系－⑦
　　　　　　　⑥
　　　　　　　⑭［A：37・39鏡］・［C：18・19・20鏡］
　　　　　　　④［A］・［I／J］
　　　　　　　⑧［A／H］・［X］
　　　　　　　⑩，⑪，⑫，⑬（波文帯鏡群）
　　　　　　　盤龍

A系については，表現③と⑤を大きく3群に，表現⑤を2群に，B系については，表現⑤を2群に，表現④と⑧をそれぞれ2群に分類する。分類基準は4分割・6分割の差異，傘松文様の変異などである。表現⑮は内区外周に断面三角形で斜歯文をもつ界圏と獣文帯を伴い，外区斜面に鋸歯文をもつものを⑮a，界圏と外区斜面の鋸歯文をもたず6分割の配置をとるものを⑮bとして区分す

る。

　ここでA系・B系の併行関係を考える上での指標の1つとして，傘松文様の問題について検討しておきたい。傘松文様の分類については，基本的に先に挙げた新納氏の分類（1991a：図17）に従うが，上に述べたA系とB系での違いという点からも，それらが1式→2式→3式→捩座乳といった段階的変遷をたどるかについては検証が必要である。特に表現⑭Cなどでみられる傘松文様は最下部の環状表現の下半分が欠如しており，これについては傘松2式と3式との中間的な形態である可能性も存在する（小山田2000b：pp. 145-146）。ここでは小山田氏に従い，これを2b式として設定し，それ以外の2式を2a式として検討する（図19）。

　傘松文様の変異については，表2から以下のような点を確認することができる。すなわち，A系では一部の例外を除くと明瞭な傘松3式が認められず，傘松3式はB系の中でも表現④と表現⑥，表現⑧などにほぼ限定されること，傘松1式は表現①にほぼ限定されること，などである。さらに，傘松2a式がA系に，傘松2b式／3式がB系におおむね対応することがわかる（ただし傘松2a式は表現⑦や⑨など，B系の一部でも認められる）。このことは，表現①が起点となってA系とB系という大きく2方向に分岐した可能性を示している。すなわち，傘松文様の変異が必ずしもA系とB系を横断する時間差の指標とはならず，各神獣像表現や系列の差異とある程度対応する可能性が高いということである。ただし，B系の一部（表現④I／Jや表現⑧など）で捩座乳と傘松3式の共存がみられること，そして捩座乳の定着と傘松文様の省略という現象がおおむね連動することなどから，基本的には澤田秀実氏が指摘するように，捩座乳の出現は傘松3式からの変化として説明することが可能であると考える（澤田1993）。こうした傘松文様の変異と捩座乳の有無という点を基準とすれば，［傘松文様1式／2式／3式］→［傘松3式／捩座乳］→［捩座乳（傘松省略）］といった変遷が想定される。またこの変化はおおむね内区4分割→6分割という変化と連動している。以上から，ここでは傘松2式／3式を同時期のヴァリエーションとして捉え，捩座乳の出現を画期とする。

　ここでA系とB系の区分と傘松文様との相関の問題に関連して，A系の表

現⑤において傘松文様3式がみられる事例について補足しておく。表現⑤は，神像の膨らんだ袂，巨を銜えた獣像表現と内区外周をめぐる方形＋獣文帯で特徴づけられ，主像配置から大きく［⑤A］［⑤J1］［⑤L／K］の3つに細分できる。このうち表現⑤Aは，袂の重弧文から，表現②の一部から派生した可能性が想定される（小山田2000b：p. 141）。この表現⑤Aのうち，48鏡，そして兵庫県権現山51号墳1号鏡などにおいては傘松文様3式が認められる。これらは神像表現から表現⑤に分類されるが，獣像表現はむしろB系の表現⑦〜⑥に近く，これらが時期的に併存していた可能性を示している。これは森下氏や小山田氏が想定するように，多様な神獣像表現のヴァリエーションが，単位文様の共有／組み替えによって生み出されたことに起因するものであろう（森下1989；小山田2000b）。また同様に，表現⑤Aに属する45鏡については，表現④に顕著であるがA系ではみられない芝草文帯をめぐらすことから，表現④Aの構成に表現⑤の神像を取り込んだイレギュラーであると考えられる。これらは表現⑤に分類しているが，表現④Aおよび⑦〜⑥の製作と密接な関係を持つことを確認しておきたい。また表現⑤J1では，獣像表現が顔を横に向けて，鈕から生えた巨を銜む。この獣像表現は表現④と共通するものであり，岸本氏が二神二獣鏡群を設定したこととも関連するが，これについても単位文様の共有といった視点から説明が可能である（小山田2000b：p. 140）。ここではA系とB系の系統性という点は，こうした両者の密接な関係を前提とすることを確認しておきたい。

　またいわゆる三角縁盤龍鏡（1〜6鏡）についても，2鏡や5鏡といった一部のものに組み込まれた神像の雲気表現の類似性など（cf. 岸本1989）からB系に位置づけられる。1鏡は主像表現自体や内区外周をめぐる画文帯においてもそれ以外と大きく異なっているが，これについても車馬像や傘松3式を伴うことなどから，表現⑧との関係が強いことが窺われ，基本的にはB系の中に位置づけることができる。この三角縁盤龍鏡は，京都府広峯15号墳から出土した陳氏作の景初四年銘盤龍鏡と系譜的に連続すると考えられるが，ここではこれらの盤龍鏡の図像表現の祖型が，いずれも筆者の第2章の分類でいう盤龍鏡A類にほぼ限定されることを指摘しておきたい。

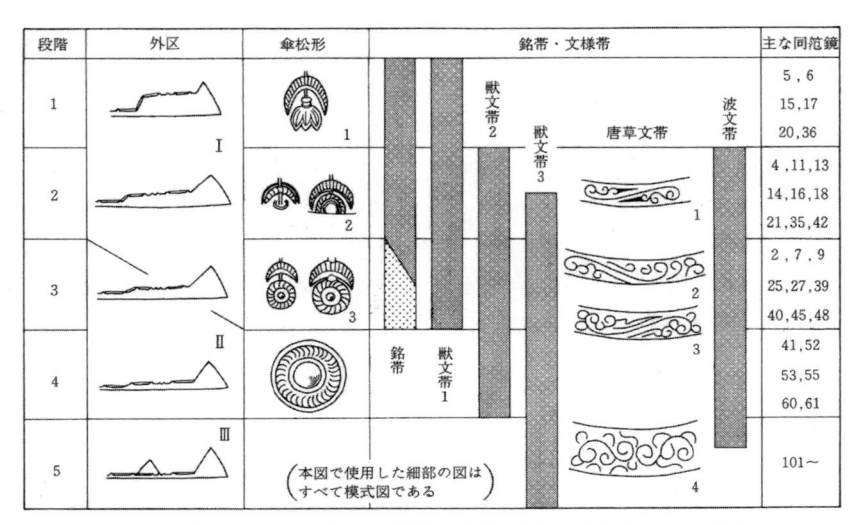

第1節　三角縁神獣鏡・倭製鏡の分類　171

段階	外区	傘松形	銘帯・文様帯					主な同笵鏡
1	Ⅰ	1		獣文帯2		唐草文帯	波文帯	5,6 15,17 20,36
2		2			獣文帯3	1		4,11,13 14,16,18 21,35,42
3		3	銘帯	獣文帯1		2		2,7,9 25,27,39 40,45,48
4	Ⅱ					3		41,52 53,55 60,61
5	Ⅲ	(本図で使用した細部の図はすべて模式図である)				4		101～

図17　新納泉氏による三角縁神獣鏡の分類・編年（新納1991aより引用）

様相	新納区分		A形式		B形式	
様相1	1段階（傘松形1式）		（AⅠ）表現①		（BⅠ）	
様相2	2段階（傘松形2式）	a	表現②		表現⑦a	
様相3		b	（AⅡ）		（BⅡ）表現⑦b	
					表現④a	表現⑭
			表現⑤a			
様相4 a	3段階（傘松形3式）	a			表現④b	表現⑥
b		b	表現⑤b		表現⑧	
	4段階（捩文座乳）	a	表現②			
					表現⑩	
様相5		b			表現⑪	
					表現⑫	
					表現⑬	

図18　小山田宏一氏による三角縁神獣鏡の分類・編年（小山田2000bより引用）

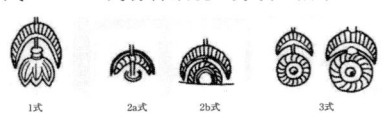

1式　2a式　2b式　3式

図19　傘松文様の分類（新納1991aを改変引用）

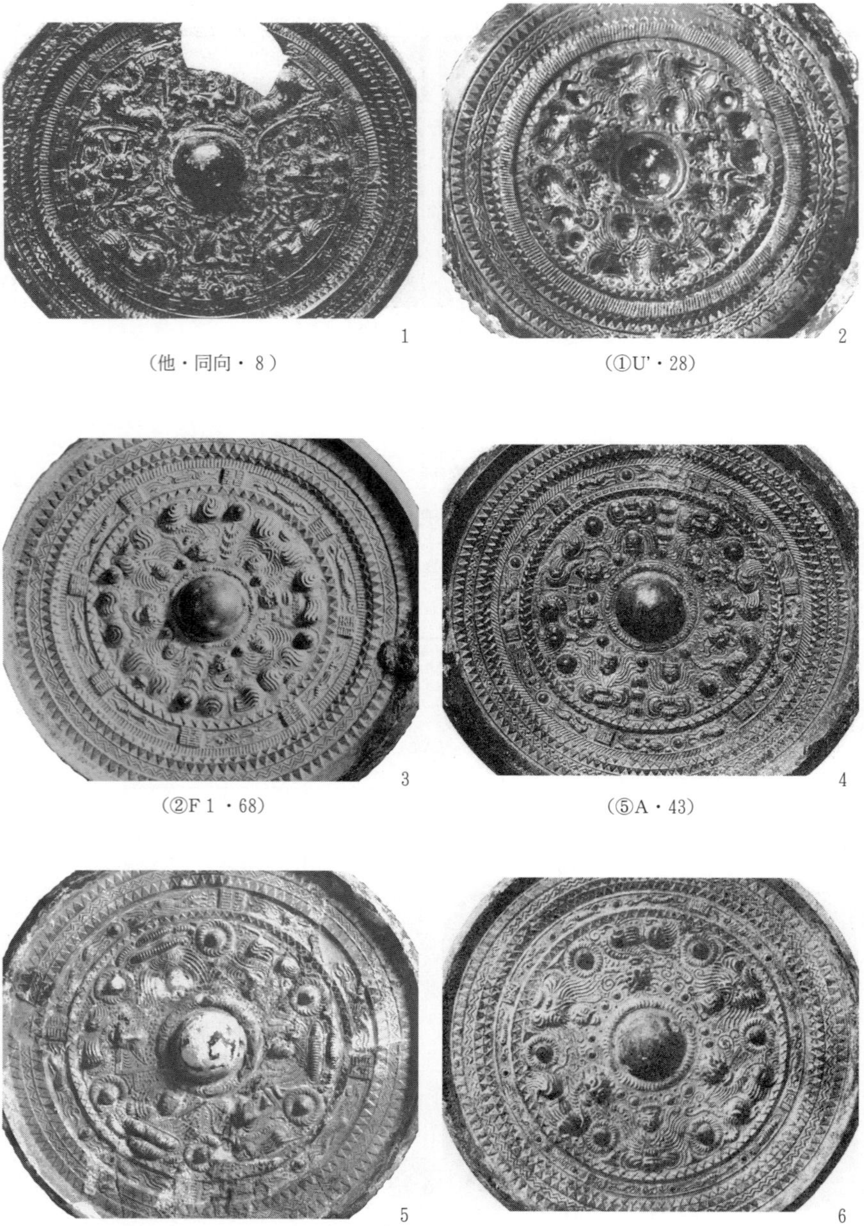

172　第3章　三角縁神獣鏡・倭製鏡の変遷と前期古墳の編年

1　（他・同向・8）

2　（①U'・28）

3　（②F1・68）

4　（⑤A・43）

5　（③K1・105）

6　（⑯・102）

図20-1　舶載三角縁神獣鏡の具体例

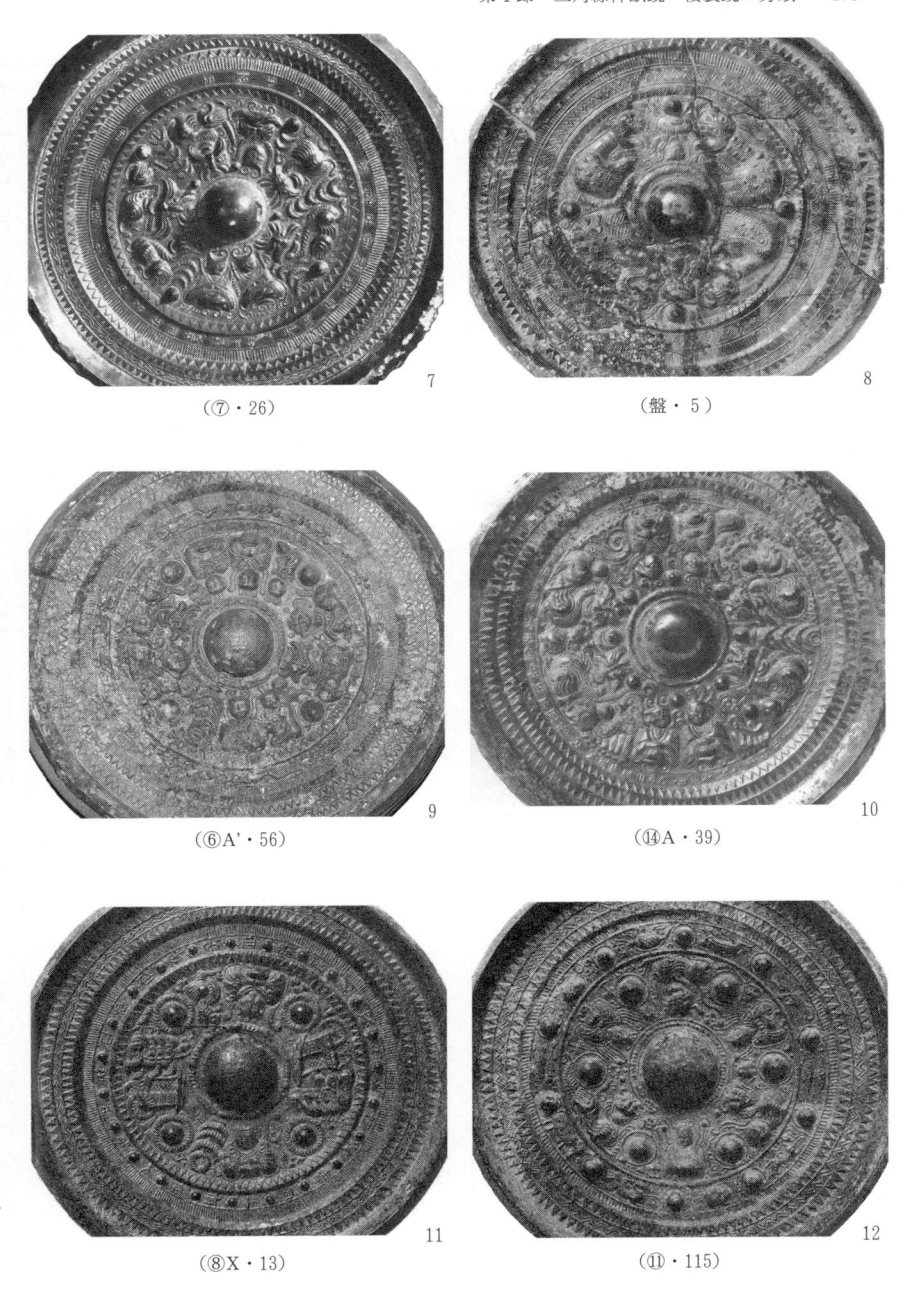

第1節 三角縁神獣鏡・倭製鏡の分類 173

7 (⑦・26)

8 (盤・5)

9 (⑥A'・56)

10 (⑭A・39)

11 (⑧X・13)

12 (⑪・115)

図20-2 舶載三角縁神獣鏡の具体例

表2 舶載三角縁神獣鏡一覧表

番号	鏡式	面径	配置	表現	笠松文様	分割(4/6)	外区斜面鋸歯文	文様帯	外周突線	芝草文帯	面数
7	景初三年陳是作同向式神獣鏡	23	同向	他	—	4	×	銘帯	○		1
8	正始元年陳是作同向式神獣鏡	22.6	同向	他	—	4	○	銘帯	○		3
9	天王日月・獣文帯同向式神獣鏡	23.2	同向	(②)	1	4	○	方形＋獣文帯			4
10	天王日月・獣文帯同向式神獣鏡片	破片	同向	(②)	—	—		方形＋獣文帯			1
11	□作同向式神獣鏡	23.5	同向	(他)	1	4	○	半円方形帯			1
28	吾作五神四獣鏡（対置式）	21.8	U'	①	1	4	○	銘帯	○		2
29	吾作六神四獣鏡（対置式）	21.8	U	①		4	○	銘帯			1
29〜30	吾作四神四獣鏡（環状乳式）	21.8	環状	(他)		4	×	銘帯			1
30	吾作四神四獣鏡（環状乳式）	21.3	環状	①		4	○	銘帯			2
31	吾作二神六獣鏡	22.1	特殊	①		4	○	銘帯			3
34	張氏作四神四獣鏡	23.8	A	①	1	4	○	銘帯			4
35	吾作四神四獣鏡	19.9	A	①	1	4	○	銘帯			7
36	吾作四神四獣？鏡	18	A?	①		4	○	銘帯			1
36〜37	吾作四神四獣鏡	21.9	A	①	1	4	○	銘帯			2
42	櫛歯文帯四神四獣鏡	22.1	A	①	1	4		櫛歯文			3
21	張氏作三神五獣鏡	22.6	B	①	2 a	4	○	銘帯			9
22	張氏作三神五獣鏡	—	B	①							1
23	吾作三神五獣鏡	22	B	①	—	4	○	銘帯			5
24	吾作三神五獣鏡？	22.4	B?	①							1
76	日月日・唐草文帯四神四獣鏡	21.9	F 2	①	1	4	○	方形＋芝草文	○	○	2
79	王氏作徐州銘四神四獣鏡	22.2	G	①	1	4	○	銘帯			5
46	天王日月・獣文帯四神四獣鏡	22.3	A	②	2 a	4	○	方形＋獣文帯			2
64	天王日月・獣文帯四神四獣鏡	21.7	D	②	2 a	4	○	方形＋獣文帯	○		3
68	天王日月・獣文帯四神四獣鏡	23.3	F 1	②	2 a	4	○	方形＋獣文帯			4
69	天王・日月・獣文帯四神四獣鏡	23.4	F 1	②	2 a	4	○	方形＋獣文帯			2
70	天王・日月・獣文帯四神四獣鏡	22	F 1	②	2 a	4	○	方形＋獣文帯			5
71	天王・日月・獣文帯四神四獣鏡	22.1	F 1	②	2 a	4	○	方形＋獣文帯			1
74	天王・日月・獣文帯四神四獣鏡	23.7	F 2	②	2 a	4	○	方形＋獣文帯			6
75	天王・日月・獣文帯四神四獣鏡	23.5	F 2	②	2 a	4	○	方形＋獣文帯			2
77	天王・日月・獣文帯四神四獣鏡	23.6	F 2	②	2 a	4	○	方形＋獣文帯			1
78	天王日月・獣文帯神獣鏡			②?							
80	天王日月・鋸歯文帯四神四獣鏡	23.1	G'	③	—	4	×	方形＋乳			4
81	天王日月・獣文帯四神四獣鏡	23	G'	③	—	4	×	方形＋獣文帯			4
104	天王日月・獣文帯三神三獣鏡	22.3	K 1	③	—	6	×	方形＋獣文帯			4
105	天王日月・獣文帯三神三獣鏡	22.5	K 1	③	—	6	×	方形＋獣文帯			6
106	天王日月・獣文帯三神三獣鏡？	破片	K1?	③		6					1
107	日日日全・獣文帯三審三獣鏡	22.4	K 1	③	—	6	×	方形＋獣文帯			1
99	□是作二神二獣鏡	22.5	J 1	③	—	4	×	銘帯	○		1
100	尚方作二神二獣鏡	22.6	J 2	③	—	4	×	銘帯	○		4
43	天王日月・獣文帯四神四獣鏡	22.4	A	⑤	房状	4	○	方形＋獣文帯			3
45	天王日月・唐草文帯四神四獣鏡	21.8	A	⑤		4	○	方形＋芝草文		○	2
47	天・王・日・月・獣文帯三神四獣鏡	22	A変	⑤	房状	4	○	方形＋獣文帯			3
48	天・王・日・月・吉・獣	22.8	A	⑤	3	4	○	方形＋獣文帯	○		3
48〜49	天・王・日・月・吉・獣文帯四神四獣鏡	22.4	A	⑤	3	4	○	方形＋獣文帯	○		1
49	珠文帯四神四獣鏡	21.7	A	⑤	2 a	4	×	珠点			[2]
83	波文帯四神二獣鏡	21.2	H	⑤	—	4	○	複線波文			1
84	波文帯四神二獣鏡？	破片	H?	⑤?							1
91	天・王・日・月・獣文帯二神二獣鏡	22.2	J 1	⑤	2 a	4	○	方形＋獣文帯			3
92	天・王・日・月・獣文帯二神二獣鏡	22.2	J 1	⑤	2 a	4	○ (半円)	方形＋獣文帯			2

第1節　三角縁神獣鏡・倭製鏡の分類　175

No.	鏡種名	径	型式	段	神像	乳数	判定	外区文様	○	△	面数
95	天・王・日・月・獣文帯二神二獣鏡	20.9	J 1	⑤	2 a	4	×	方形＋獣文帯	○		2
96	天・王・日・月・獣文帯二神二獣鏡	21.4	J 1変	⑤	2 a	4	○	方形＋獣文帯			3
110	日・月・獣文帯三神三獣鏡	17	L 1	⑤	2 a ?	6	○（半円）	方形＋獣文帯	△		4
111	君・宜・官・獣文帯三神三獣鏡	22.1	L 2	⑤	──	6	○	方形＋獣文帯			2
112	天・王・日・月・獣文帯二神三獣一虫鏡	22.1	K 1	⑤	──	6	○	方形＋獣文帯			1
113	天・王・日・月・獣文帯二神三獣一虫鏡?	22.2	K 1?	⑤	?	6					1
119	獣文帯四神四獣鏡（仏像含む）	23.1	F 2変	⑮	2 a	4	○	画文帯			1
120	獣文帯三仏三獣鏡	23	K 2変	⑮	──	(6)		獣文帯			1
121	獣文帯三仏三獣鏡	21.2	K 1	⑮	──	6	×	獣文帯			1
122	櫛歯文帯三仏三獣鏡	20.4	K 1	⑮	──	6	×	──			3
73	君・宜・高・官・獣文帯四神四獣鏡	22.6	F 1	⑯	──	4	○	方形＋獣文帯	○		4
102	長・宜・子・孫・獣文帯三神三獣鏡	22.6	K 1	⑯	──	6	○	方形＋獣文帯			1
103	君・宜・高・官・獣文帯三神三獣鏡	22.8	K 1	⑯	──	6	○	方形＋獣文帯			2
109	天・王・日・月・獣文帯三神三獣鏡	22.1	L 1	⑯	──	6	×	方形＋獣文帯			5
25	吾作三神五獣鏡	22.5	B	⑦	2 b ?	4	○	銘帯			5
26	吾作三神五獣鏡	21.5	B	⑦	2 a	4	○	銘帯			4
27	吾作四神四獣鏡	21.7	B変	⑦	2 b ?	4	○	銘帯			1
32	吾作四神四獣鏡	22.6	E	⑦	2 a	4	○	銘帯			2
33	陳・是・作・竟・四神四獣鏡	22.3	E	⑦	2 a	4	○	方形＋獣文帯			3
52	陳是作四神四獣鏡	22	A	⑦	──	4	○	銘帯＋方形			2
52〜53	吾作四神四獣鏡	22	A	⑦	3	4	○	銘帯＋方形			2
67	吾作四神四獣鏡	22.4	D	⑦	2 a	4	○	銘帯			3
55	画文帯六神三獣鏡	21.8	A'	⑥	3	4	○	（画文帯）	○		[3]
56	画文帯五神四獣鏡	21.8	A'	⑥	3（＋房）	4	○	獣文帯			5
57	天王・日・月・獣文帯五神四獣鏡	22.5	A'	⑥	3（＋房）	4	○	方形＋獣文帯			1
58	陳是作六神四獣鏡	22	A'	⑥	3	4	○	銘帯＋方形			1
59	陳是作五神四獣鏡	21.7	A'	⑥	3	4	○	銘帯＋方形			2
60	天・王・日・月・吉・獣	22.5	A	⑥	3	4	○	方形＋獣文帯	○		6
53	張是作四神四獣鏡	21.8	A	⑨	2 a	4	○	銘帯			3
62	張是作六神四獣鏡	22.7	A'	⑨	2 a	4	○	銘帯＋方形			3
63	波文帯六神四獣鏡	25	A'	⑨	2 a	4	×	複線波文	○		1
37	吾作徐州銘四神四獣鏡	22.5	A	⑭	2 b	4	○	銘帯			5
38	吾作徐州銘四神四獣鏡?	破片	A ?	⑭							1
39	新出四神四獣鏡	24.1	A	⑭	2 b	4	○	銘帯			2
18	新作徐州銘四神四獣鏡	23.2	C	⑭	2 b	4	×	銘帯			[5]
19	新作徐州銘四神四獣鏡	25.9	C	⑭	2 b	4	×	銘帯			[4]
20	新作徐州銘?四神四獣鏡	18	C変	⑭	2 b	4	×	銘帯			1
40	吾作三神四獣鏡	22.3	A変	④	2 b	4	○	銘帯（珠点）			4
41	唐草文帯四神四獣鏡	22.2	A	④	2 b	4	○	銘＋芝草文?	○	△	2
44	天王日月・唐草文帯四神四獣鏡	23.7	A	④	2 b	4	○	方形＋芝草文		○	8
16	陳是作四神二獣鏡	22	X（H）	④	3	4	×	銘帯（X）			5
90	唐草文帯二神二獣鏡	21.7	J 1	④	3	4	○	方形＋芝草文			3
87	唐草文帯二神二獣鏡	23.3	I	④	──	4	○	方形＋芝草文			1
93	唐草文帯二神二獣鏡	21.6	J 1	④	3	4	○	方形＋芝草文			9
94	天・王・日・月・唐草文帯二神二獣鏡?		J 1 ?	④		4	○	銭文＋芝草文			[4]
97	惟念此銘唐草文帯二神二獣鏡	23.7	J 1	④	3	4	×	乳＋芝草文			2
88	唐草文帯三神二獣鏡	21.4	I	④	──	4	×	乳＋芝草文			2
89	唐草文帯三神二獣鏡	21.3	I'	④	3						2
61	陳氏作六神三獣鏡	21.9	A'	⑧	?	4	○	銘帯	○		2
82	陳氏作四神二獣鏡	21.8	H	⑧	3	4	○	銘帯			2
85	波文帯四神二獣鏡	21.9	H	⑧	2 a ?	4	×	複線波文			2
86	波文帯四神二獣鏡	21.9	H'	⑧	3	4	○	複線波文			2

番号	鏡種	径								数
13	陳氏作神獣車馬鏡	22.2	X	⑧	3	4	×	銘帯（X）		5
14	陳氏作神獣車馬鏡	25.9	X	⑧	—	6	×	銘帯（X）		2
15	陳氏作神獣車馬鏡	25.7	X	⑧	—	6	×	銘帯（X）		1
17	吾作四神二獣鏡	22.3	X（H）	⑧	2？	4	×	銘帯（X）		1
131	波文帯三神三獣鏡	21.6	L 1	⑩		6	×	複線波文	○	5
134	波文帯三神二獣博山炉鏡	21.5	M	⑩		6	×	複線波文		7
135	波文帯三神二獣博山炉鏡	21.6	M′	⑩		6	×	複線波文		1
136	陳孝然作波文帯四神三獣博山炉鏡	21.4	特殊	⑩		6	×	複線波文		1
54	吾作四神三獣博山炉鏡	20	A変	⑥(⑩?)	—	4	×	銘帯		2
114	獣文帯三神三獣鏡	22	K 1	⑪		6	×	乳＋獣文帯		4
115	獣文帯三神三獣鏡	22.1	K 1	⑪		6	×	乳＋獣文帯		2
116	獣文帯三神三獣鏡	24.1	K 1	⑪		6	×	乳＋獣文帯		1
117	獣文帯三神三獣鏡	24.1	K 1	⑪		6	×	乳＋獣文帯		1
123	波文帯三神三獣鏡	21.5	K 1	⑪		6	×	複線波文		4
124	波文帯三神三獣鏡	21.7	K 1	⑪		6	×	複線波文		[2]
125	波文帯三神三獣鏡	21.8	K 1？	⑪	？	6	×	複線波文		1
126	波文帯三神三獣鏡？	破片	K 1？	⑪	？	6				1
118	獣文帯三神三獣鏡	23.3	K 1	⑫		6	×	乳＋獣文帯		2
127	波文帯三神三獣鏡	21.4	K 1	⑫		6	×	複線波文		4
128	波文帯三神三獣鏡	22.1	K 1	⑫		6	×	複線波文		1
129	波文帯三神三獣鏡	21.7	K 1	⑫		6	×	複線波文		2
130	波文帯三神三獣鏡	22.2	K 2	⑫		6	×	複線波文		3
101	吾作二神二獣鏡	21.3	J 2	他		4	×	銘帯		1
132	波文帯三神三獣鏡	21.7	L 2	⑬		6	×	複線波文		2
133	波文帯三神三獣鏡		L 2	⑬		6	×	複線波文		1
131〜132	波文帯三神三獣鏡	21.9	L 1	⑬		6				1
6	王氏作盤龍鏡	24.5	盤龍	盤	—	4	○（複波）	銘帯		1
3	波文帯盤龍鏡	24.5	盤龍	盤	—	4	○	複線波文		4
4	波文帯盤龍鏡	24.8	盤龍	盤	—	4	○	複線波文		1
2	波文帯盤龍鏡	22	盤龍	盤	—	4	×	複線波文	○？	4
5	波文帯盤龍鏡	24.6	盤龍	盤	—	4	×	複線波文		2
5〜6	波文帯盤龍鏡	22	盤龍	盤						1
1	画像文帯盤龍鏡	24.8	盤龍	（⑧）	3	4	×	画像文帯	○	5
100〜101	(神人龍虎画象鏡)	22.3	J 1	他	2 a	4	×	—		1
50	吾作四神四獣鏡	21.5	A	⑰	2 a	4	○	銘帯		2
51	天王日月・獣文帯四神四獣鏡	23.3	A	⑰	2 a	4	○	方形＋獣文帯		1
98〜99	吾作三神三獣鏡	18.5	J変	他	—	4	○	銘帯＋乳	○	1
65	日・月・獣文帯四神四獣鏡	21.9	D	他	—	4	×	方形＋獣文帯		2
98	吾作二神二獣鏡	21.6	J 1	他	2 a	4	○	銘帯		2
108	吾作九神三獣鏡	21.9	L 1	他	—	6	×	銘帯		4
138	波文帯三神四獣鏡	20.6	特殊	他	—	6	×	複線波文		2
66	君・宜・高・官・獣文帯四神四獣鏡	22.5	D	他		4				1
72	獣文帯神獣鏡	23.3								1
137	波文帯神獣鏡	破片								1
139	波文帯神獣鏡	22								1

第1節 三角縁神獣鏡・倭製鏡の分類　177

表3　三角縁神獣鏡の共伴関係

県名	古墳名	三角縁神獣鏡出土数	舶載三角縁神獣鏡			仿製三角縁神獣鏡		
			舶載Ⅰ段階	舶載Ⅱ段階	舶載Ⅲ段階	Ⅰ～Ⅱ-a型式	(Ⅱ-b・Ⅱ-c+)Ⅲ型式	Ⅳ・Ⅴ型式
大阪	安満宮山	2	環, ⑤A (48)					
兵庫	権現山51号	5	①B, ⑤A(48-49)／④H, ⑦, ⑧H					
滋賀	古富波山	3	①×2／⑧H					
兵庫	森尾(第2／第3石室)	2	同向(紀年銘)＋⑭C					
兵庫	吉島	4	①A／④A×2, 盤龍					
兵庫	西求女塚	7	①／④A, ⑭A, ⑦×3, ⑥					
奈良	黒塚	33	①×9,②×6,⑤A(43)／④A×2, ⑭A＋C, ⑦×5, ⑨×3, 盤龍, 画象					
山口	竹島	2	同向(紀年銘), ②					
福岡	大日	2	① (31) ×2 (同笵)					
奈良	桜井茶臼山	8以上	⑥×2, ⑧A	③G'×2, ⑯				
愛知	奥津社	3	①A／盤龍	他 (65)				
京都	椿井大塚山	32以上	①×9, ②×6, ⑤A(43)／④A, ⑭A, ⑦×4, ⑧H, ⑨, 盤龍	③×3, ⑤J1／④H (16鏡)				
岡山	湯迫車塚	11	①×2, ②／④H×2, ⑭C, ⑥, ⑨, 盤龍	⑧X×2				
滋賀	大岩山	3	盤龍	⑤J／⑧X				
徳島	宮谷	3?	⑨	④J1 (90)				
山口	宮ノ洲	3	同向／盤龍	⑤J1				
福岡	原口	3		③K1, ⑯×2				
福岡	石塚山	7	①A, ②×2	③K1×3, 他(65)				
大分	赤塚	5	盤龍	③K1×3／④J(90)				
愛媛	広田神社上古墳	2		③G'×2				
京都	寺戸大塚後円部	2	⑤A (45)	⑮b (122)				
大阪	国分茶臼山	2	⑭C	⑧X				
兵庫	東求女塚	4	⑤A (45)	⑤K1, ⑯				
兵庫	ヘボソ塚	2		④J1(93), ④I(88)				
群馬	蟹沢	2	同向(紀年銘)		⑪			
岐阜	円満寺山	2		④J (93)	⑩			
愛知	東之宮	4		④J(93), ④I(89)	⑪, ⑫			
三重	筒野	2		③K1	⑬			
大阪	万年山	6	①×2／⑥, 盤龍	⑤L2				
兵庫	阿保親王塚	4?			⑩×2			
兵庫	三ツ塚1号墳	2			⑪, ⑫			
兵庫	城の山	3						
奈良	鴨都波1号	3	他 (98-99)		⑫, 他(138)			
石川	小田中親王塚	2			⑬	1 (不明)		
京都	寺戸大塚前方部	1				Ⅰc		
京都	百々ヶ池	4		⑤J1, ⑮b(122)		Ⅰc. Ⅱa		
京都	園部垣内	3	⑥	⑮b (122)		Ⅰc		
奈良	新山	9	②×2／⑦	⑮b (122) ③J	⑪, ⑫	Ⅰc. Ⅱa		
大阪	壺井御旅山	4				Ⅰb×2, Ⅰc×2		
大阪	紫金山	11		⑯		Ⅰa. Ⅰc× 5. Ⅱa×3		
愛知	出川大塚	2				Ⅱa×2		
山口	長光寺山	3				Ⅱa×3		
京都	長法寺南原	4		③G', ⑯／ ④J (93) ×2				
福岡	一貴山銚子塚	8				Ⅱa	Ⅱb×4. Ⅱc. Ⅲa	
大阪	ヌク谷北塚	2					Ⅲa×2 (同笵)	
山梨	中道銚子塚	2		⑧X			Ⅲb	
岐阜	長塚東棺	3		④J (93)	⑬	Ⅰa		
岐阜	長塚西棺	2				Ⅱa	Ⅲb	
奈良	伝富雄丸山	4	①環／⑥, 盤龍	J1 (98)				
奈良	佐味田宝塚	12以上	①U／④A, ⑭A＋C, ⑥, ⑧A	⑤L／④J(93), ⑧X	⑩, ⑪	Ⅰc		
岡山	鶴山丸山	2以上?		④J (90) － (伝)		Ⅰa. Ⅰb. Ⅱa(伝)		
佐賀	谷口西石室	2					Ⅲa×2 (同笵)	
佐賀	谷口東石室	2					Ⅲa. Ⅲb	
三重	久保	2	同向 (9)					Ⅳa
福岡	沖ノ島17号遺跡	3				Ⅰc		Ⅳc, Ⅴ
福岡	沖ノ島18号遺跡	5		⑤J1		Ⅱc (推定), Ⅲa		Ⅳa, Ⅳb

※ 「／」はA系・B系の違いを指す

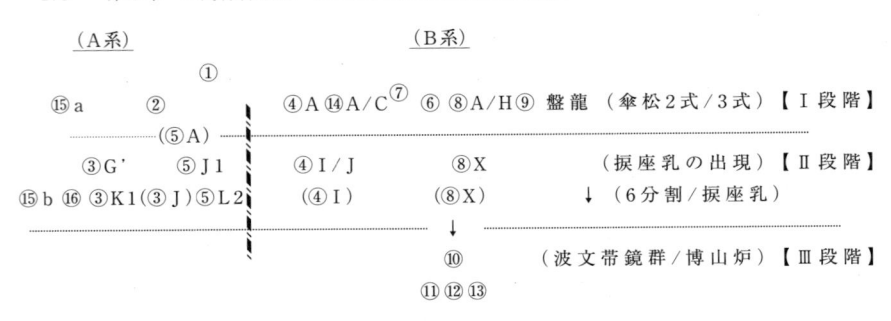

```
    (A系)                          (B系)
            ①
 ⑮a     ②   │  ④A ⑭A/C ⑦  ⑥ ⑧A/H ⑨  盤龍  （傘松2式／3式）【Ⅰ段階】
     ─(⑤A)─│
     ③G'  ⑤J1  │  ④I／J        ⑧X           （捩座乳の出現）【Ⅱ段階】
 ⑮b ⑯ ③K1(③J)⑤L2│ (④I)        (⑧X)         ↓（6分割／捩座乳）
 ─────────────│
                 │                ⑩          （波文帯鏡群／博山炉）【Ⅲ段階】
                 ↓
              ⑪⑫⑬
```

図21 舶載三角縁神獣鏡の編年

　以上をもとに，各主像表現間相互の系譜関係という点を含めて，それぞれの位置づけをみたものが図21である。編年については，まず傘松文様が省略された波文帯鏡群をⅢ段階として分離し，かつそれ以前のものを大きく6分割および捩座乳の出現を指標としてⅠ段階・Ⅱ段階に細分する。小山田氏の編年案との対比でいえば，氏が全体を傘松文様などから大きく様相1〜5に区分するのに対して，筆者は上述の認識から傘松2式／3式を同時期に位置づけ，全体を3段階に区分している点が異なる。またⅠ段階としたものの中では，特に表現①が傘松1式との組み合わせなどからも最も古く位置づけられる。これらについて表3に示した共伴関係にもとづき検討した結果，表現①のみを副葬する古墳が他の要素まで含めて分離することが現状で困難であることから，これらを細分せずにⅠ段階としてまとめる。結果的にこの編年案は，例えば福永氏のA段階・B段階をⅠ段階として凝縮した形になっており，また型式分類などの細部に違いがあるものの，全体としては森下氏（1998a）が共伴関係にもとづき設定したA群・B群・C群とほぼ同じまとまりとなった。④Ｉ／ＪについてはここではⅡ段階としているが，「同笵鏡」の多いもの（目録番号93鏡など）があり，また森下氏が指摘するように共伴関係としては波文帯鏡群との組み合わせが多くみられることから，ここでの④Ｉ／Ｊは原鏡の年代として捉え，「同笵鏡」の年代については幅を持たせて考えておきたい。

　ここで，このⅠ段階〜Ⅲ段階それぞれの断面形態について集成したものが図22である。外区断面の形態変化については新納泉氏によって整理されており（新納1991a），ここでの分類もおおむねそれと対応する。すなわち，Ⅰ段階は外

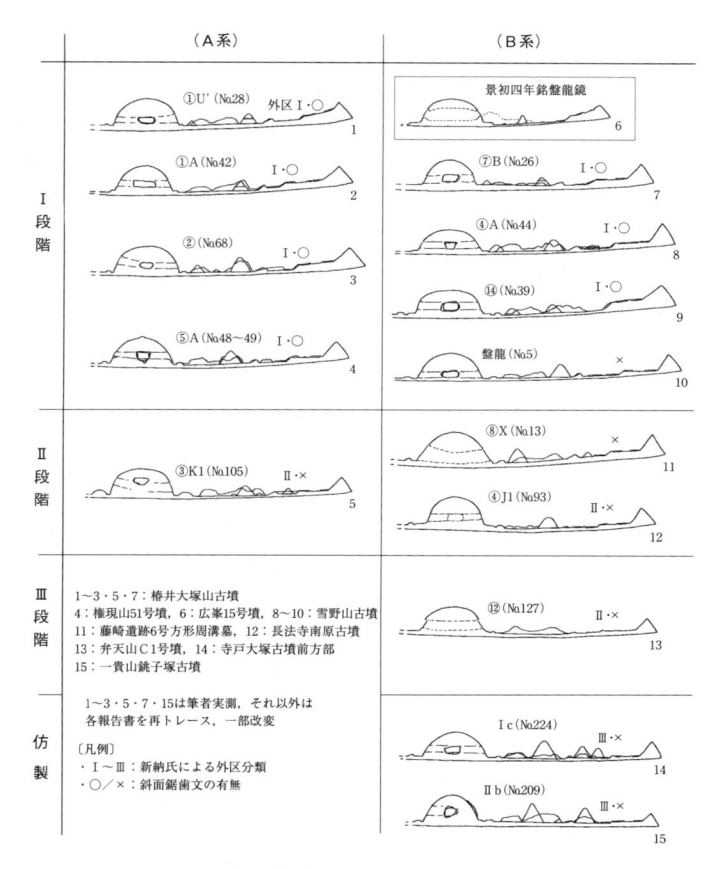

第1節 三角縁神獣鏡・倭製鏡の分類　179

図22　三角縁神獣鏡の断面形態（scale=1/4）

区斜面に鋸歯文を伴い外区厚も4mm程度のもの（外区Ⅰ式）を主体とするが，Ⅱ・Ⅲ段階では外区鋸歯文を省略し，厚さも2～3mm程度のもの（外区Ⅱ式）が主体となる。この変化は基本的にA系・B系の両者に共通するものである。また表現①のうち，配置U'（対置式）や環状乳配置を採る初期の製品では，外区縁部が明瞭な三角縁を呈さない（cf. 西田1970）。このような外区を有するものが表現①にほぼ限定されることから，Ⅰ段階の中でも表現①（特に配置U/U'や環状乳配置など）が型式学的に最も先行するという点がこれによっても確認できる。また景初三年銘／正始元年銘の同向式神獣鏡（7・8鏡）についても，断面形態からこの表現①の初期段階とほぼ併行すると考えられる。そして，これ

らを起点とし，表現①から表現②や表現⑦というように，大きく2方向に分岐する。ただし，A系とB系の両者は文様配置や獣像表現などの各単位文様を共有していることからも，相互に排他的な関係にあるとは考えられない。むしろ，神獣像表現のデザインという点において大きく2つのパターンがあり，それらを大量生産する過程でさらに多様なヴァリエーションが生み出されたことの結果によるものと考える。したがって，筆者も小山田氏同様，これらが複数の製作者集団によるものとは考えず，基本的には同一製作者集団内におけるヴァリエーションと捉える[3]。このようにA系およびB系へという分岐は，おおむね表現①をベースとした2方向のパターン化の結果と考えておきたい。

以上のように，表現①〜⑯の中には時間的変化と同時期の型式学的系譜関係の差異に起因するヴァリエーションの両者が含まれている可能性が考えられるが，その意味で特にⅠ段階については，すべてが縦並びの時系列的な変化の所産としては説明できないことから，複数のヴァリエーションが併行して製作された状況を想定する必要があろう。

次にこの分類／編年案にもとづいて，それぞれの出土数・出現頻度をまとめたものが表4である。まずⅠ段階ではA系が40種類，B系が41種類となって，ほぼ同種類のヴァリエーションがみられる。主像表現ということではB系の方が数が多いが，オリジナルの鋳型ないし原型の数という点ではほぼ同数であることが確認できる。Ⅱ段階ではA系で24種類，B系で14種類といずれも数が少なくなる。Ⅲ段階ではB系の波文帯鏡群24種類へと生産が収斂していることがわかる。あくまで現時点の実数の比較でしかないが，Ⅰ段階〜Ⅲ段階それぞれを比較すると，Ⅰ段階では81種類215面，Ⅱ段階では38種類100面，Ⅲ段階では24種類55面というように，Ⅱ段階の出土数はⅢ段階よりも多く，Ⅰ段階→Ⅱ段階→Ⅲ段階という時間的な変化とともに生産量自体が減少していることがわかる。これらⅠ段階・Ⅱ段階・Ⅲ段階それぞれの実年代幅が一定であると措定することはできないが，いずれにせよこれらⅠ段階からⅢ段階への変化の過程においては，その初期段階に多くのヴァリエーションと大量の製品が生み出されたのち，徐々に変異の幅が狭められ波文帯鏡群へと収斂するという流れを読みとることができよう。Ⅰ段階〜Ⅲ段階全体の実年代幅という点について

第1節 三角縁神獣鏡・倭製鏡の分類

表4　舶載三角縁神獣鏡の変遷と出現頻度の推移

	（A系）	種類	出土数	（B系）	種類	出土数
【Ⅰ段階】	紀年銘	2	4			
	他・同向式	3	6			
	他・環状乳	1	1			
	表現①	15	48	表現⑦	8	22
	表現②	10	31	表現⑥	6	17
	表現⑤A	6	13	表現⑨	3	7
	表現⑮a	3	3	表現⑭	6	18
				表現④A	3	14
				表現⑧A／H	4	8
				盤龍	7	18
				画像	1	1
				その他	3	4
	計	40	106	計	41	109
【Ⅱ段階】	表現③	8	25	表現④Ｉ／Ｊ	8	27
	表現⑤H／J／L	10	20	表現⑧X	4	9
	表現⑮b	2	4	その他	2	4
	表現⑯	4	11		9	
	計	24	60	計	14	40
【Ⅲ段階】				表現⑩	5	16
				表現⑪	8	16
				表現⑫	5	12
				表現⑬	3	4
				その他	3	7
				計	24	55

　　　　　　　　　　　　種類合計　146　　　　　面数計　374
　　　　　　　　　　（その他4種類4面含む）

【種類】	A系	B系	計	【面数】	A系	B系	計
Ⅰ段階	40	41	81	Ⅰ段階	106	109	215
Ⅱ段階	24	14	38	Ⅱ段階	60	40	100
Ⅲ段階	─	24	24	Ⅲ段階	─	55	55
計	64	79	143	計	166	204	370

は次章にて検討する。

(2)仿製三角縁神獣鏡

　仿製三角縁神獣鏡については，おおむね先行研究の編年案が共通することか

ら，ここでは福永伸哉氏の編年案（1994a・2005b：図23）にもとづき検討を行う。福永氏は乳配置・神獣像文様・松毬文様・文様帯などから大きくⅠ～Ⅴ型式に区分しているが，氏の前期古墳編年においては，共伴関係や生産面数という点から，Ⅱ-a型式までとⅡ-b型式以後で大きく画期が設定されている（福永1996a）。Ⅱ-b・Ⅱ-c型式は森下氏（1991）の分類でいうa4式にあたり，氏もa3式からの簡略化が進むことにもとづき両者を区分している。それ以降の型式学的な不連続という点では神像表現がよりデフォルメされたⅢ型式の出現と，Ⅳ型式における主像のさらなる簡略化と松毬文様の消滅などがそれぞれ画期となることから，ここでは大きく福永氏のⅠ～Ⅱ-a型式まで，そしてⅢ型式，Ⅳ・Ⅴ型式という3段階で変遷を理解する。Ⅱ-b・Ⅱ-c型式については，共伴関係などにもとづき，Ⅲ型式とあわせて検討することとする。大きな画期としては，Ⅰ～Ⅲ型式までとⅣ・Ⅴ型式の2段階として捉える（図24）。

　仿製三角縁神獣鏡の生産面数について福永氏の成果（1994a，2005b）にもとづいてみておくと，Ⅰ～Ⅱ-a型式が22種67面で最も多く，Ⅱ-b～Ⅲ型式が20種38面，Ⅳ・Ⅴ型式が17種21面である。1つの鋳型をもとにつくられた同笵鏡の面数もⅠ～Ⅱ-a型式の段階が最も多く，生産のピークはⅠ～Ⅱ-a型式の段階にあったと考えられ，時期が下るにしたがって生産面数は減少する（福永1994

図文要素 時期	内区乳数			文様帯乳数					乳配置		神像の表現					獣帯の向き		松毬形の表現			外区文様帯数		乳配置
	4乳	6乳	5乳	10乳	11乳	12乳	9乳	8乳	台形	方形	A	B	C	D	E	右	左	i	ii	iii	3帯	2帯	
Ⅰ-a	●			●							●					●		●			●		
Ⅰ-b	●	●		●						●	●	●				●		●			●		A
Ⅰ-c		●		●	●				●		●						●	●	●		●		B・C・L
Ⅱ-a		●		●			●			●			●				●		●		●		D・E
Ⅱ-b		●		●			●			●				●			●		●		●		F・G
Ⅱ-c		●		●				●		●				●			●		●		●		H・M・N
Ⅲ-a		●		●				●		●					●		●			●	●		I・J
Ⅲ-b		●		●				●		●				●			●			●	●		K
Ⅳ-a	●					●				●			●				●	松毬形文様消滅			●	●	O
Ⅳ-b	●				●					●				●			●				●	●	P
Ⅳ-c	●						●			●				●			●					●	Q
Ⅴ		●	●							●				●			●				●	●	R

図23 仿製三角縁神獣鏡の諸属性（福永1994a・2005bより作成）

第1節 三角縁神獣鏡・倭製鏡の分類 *183*

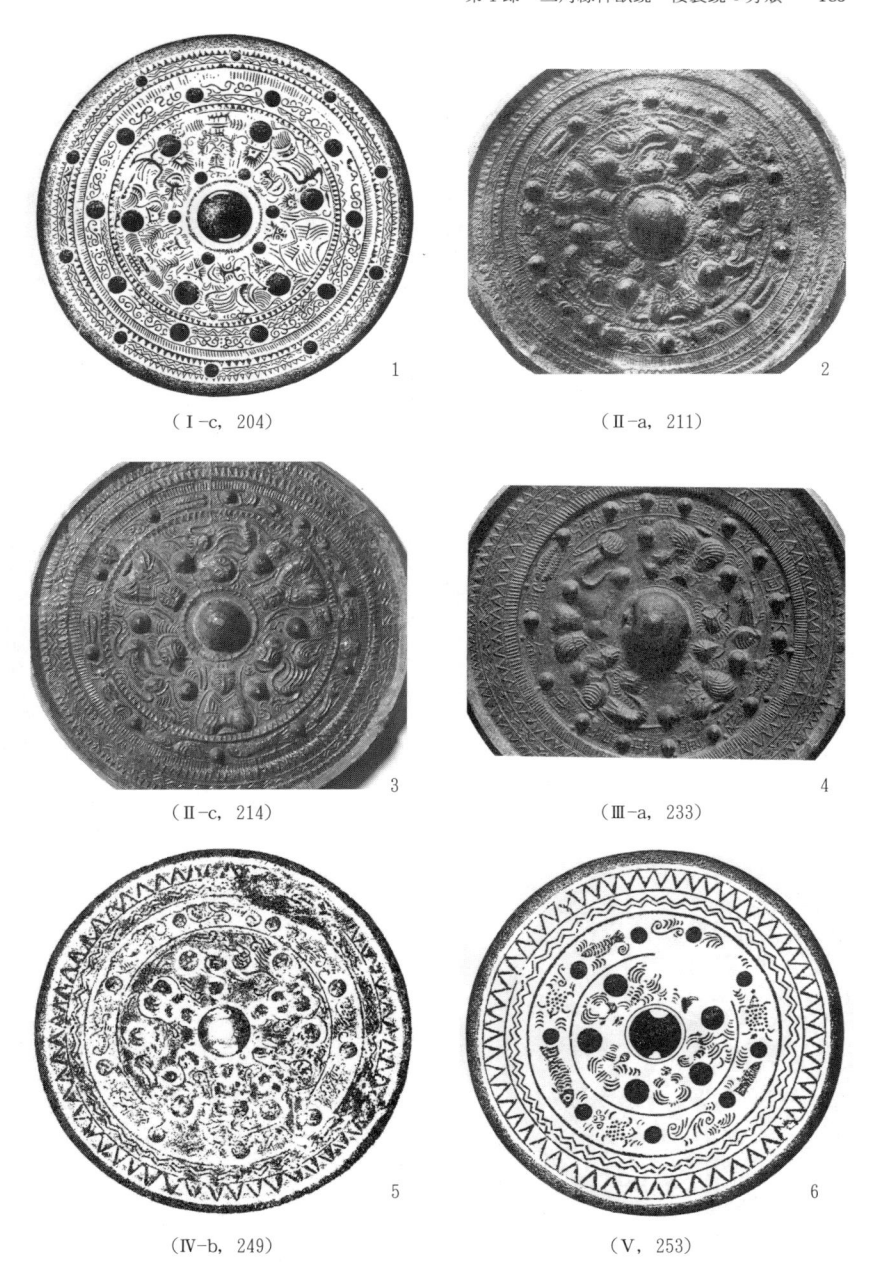

1 (Ⅰ-c, 204)

2 (Ⅱ-a, 211)

3 (Ⅱ-c, 214)

4 (Ⅲ-a, 233)

5 (Ⅳ-b, 249)

6 (Ⅴ, 253)

図24 仿製三角縁神獣鏡の具体例（Ⅰ～Ⅲ型式4面＋Ⅳ・Ⅴ型式2面）

a)。特に最新段階と考えられるⅣ・Ⅴ型式に至っては出土面数自体が少なく，流通・消費の面でもその意義が失われつつある段階と捉えられる。

以上，三角縁神獣鏡の変遷について整理した。次に，日本列島で古墳時代前期に生産された鏡のうち，系譜的連続性と相互の関連性がつよく，主に近畿を中心として各地の古墳に副葬された一群について検討する。第2章でも触れた，各地で前代の青銅器生産の系譜を継承しつつ製作されたと考えられる，儀鏡などの小型鏡についてはここでは検討の対象外とする。

3　倭製鏡の分類

倭製鏡の分類については，各個別系列の検討に加え，現在までに森下章司氏（1991・2002），林正憲氏（2000・2002），下垣仁志氏（2003a）などによって，各系列相互の併行関係を含めた全体の変遷観が整理されつつある。ここではそれらの成果をもとに論を進めたい。

(1) 鼉龍鏡系に関する問題点

倭製鏡全体の変遷を考えるための具体例として，ここでは鼉龍鏡系について検討する。鼉龍鏡系は他の系列との関係を考える上でも軸となる系列の1つであり（森下1993・2002），筆者もかつて鼉龍鏡系の編年案を提示しているが（辻田2000：以下旧稿），その後の研究の進展をふまえ，捩文鏡系との関係や仿製三角縁神獣鏡との併行関係などについて一部修正を要する点がある。ここではこの問題から検討を始めることにしたい。

鼉龍鏡系に関する研究は三宅米吉氏（1897）以来数多く，その分類・編年案はこれまでも多く提示されているが[4]，基本的な変遷観はおおむね共通したものとなりつつある。それは，画文帯神獣鏡のうち，環状乳神獣鏡と同向式神獣鏡B型や求心式神獣鏡などを合成することによって生み出された図像が，大きく単頭双胴神像を主とする系列と単頭単胴神像を主とする系列の2つの方向に分岐し，かつそれらが併行して変化すること，またその主像の一部を抜き出す形で捩文鏡系が成立すること，である（e.g. 森下1991；車崎1993b；新井1995；

水野1997など)。鼉龍鏡系の典型例として，山口県柳井茶臼山古墳出土鏡を挙げる(図25)。筆者は以前，旧稿において，先学の成果に学びつつ鼉龍鏡系の分類と編年を行い，超大型鏡を中心とする創案段階から，面径の大小の差異化が顕在化する段階を経て小型鏡を中心とする段階へという変遷を想定し，捩文鏡系は定型化以後の小型化の過程で出現したとする編年案を提示した。

この筆者の編年案について，その後いくつかの見解が示されている。1つは林正憲氏の見解である(林2000)。林氏は，双胴系・単胴系(筆者のA系・B系に相当)の両者を区分しつつ，鼉龍鏡系の分類基準として外区凹帯を挙げ，I類：外区凹帯に鳥文を有するもの，II類：鳥文が櫛歯文や捩文帯に変容したもの，III類：凹帯自体が省略されたもの，という3類に分類した。この案では，林III類が筆者の第4型式(II群)と一致するが，筆者の第1型式から第3型式前半までが林I類に収まることから，筆者分類はその細分と捉えられるとする(林前掲：p.98)。また下垣仁志氏は，文様の変化を時間的変化と捉えた筆者の旧稿などの方法について，捩文鏡の獣毛文鏡系の検討をもとに，同時期における大小の差異化による省略という視点から説明を行っている(下垣2002a・2003a)。さらに下垣氏は鼉龍鏡系や捩文鏡系も含めた倭製鏡全体の分類案において，個々の文様の共通性から捩文鏡系や獣像鏡系の一部の最古型式が，鼉龍鏡の初期段階に併行するものと想定している。

筆者は旧稿において，鼉龍鏡系と捩文鏡系の関係については，前者から後者が派生するという意味での大型鏡と小型鏡の関係とする田中琢氏の見解(田中1981)を踏襲しつつ，筆者分類でいう鼉龍鏡系I群A系①が第2型式で定型化

図25 山口県柳井茶臼山古墳出土鼉龍鏡系
(I群A系①)平面模式図

した後，第3型式段階で多様なヴァリエーションが派生する中で，捩文鏡系はその一部から小型鏡として定型化していくという過程を想定した。その際に根拠としたのは，捩文鏡系の最古型式にみられる外区の捩文帯が，鼉龍鏡系第3型式に位置づけたⅠ群B系②の鳥文からの変化によるという点（名本1982・1983）であった。しかし，林氏が指摘するように，筆者分類の鼉龍鏡系Ⅰ群のうち，第3型式前半までを1つの型式として認定しうる可能性，また下垣氏が指摘するように，文様の退化が必ずしも時期差に還元できない可能性を考慮するならば，いくつかの資料の位置づけに関しては再検討が必要である。これは具体的には，捩文鏡系との関連において根拠としたⅠ群B系②③，京都府一本松塚古墳出土鏡などである。以下，具体的にこれらの資料の位置づけについてあらためて検討する。

(2)鼉龍鏡系の分類

ここで，旧稿での鼉龍鏡系の分類案の大枠を示す。まず，断面形状の違いを基準として，斜面鋸歯文帯および半円方形帯を有する一群をⅠ群，それらのいずれをも欠く一群をⅡ群とする（表5）。そして，Ⅰ群を大きくA系（双胴系）・B系（単胴系）の2者に区分し，それぞれについて小系列を抽出した。そしてこの中から，特に鼉龍鏡系のプロトタイプとも呼べるⅠ群A系①（車崎氏の同工鏡Aに相当）についてまず主像文様の変遷から属性分析を行い，大きく第1型式から第3型式に区分し，第2型式はa・bに細分する。これは特に，モデルの1つである環状乳神獣鏡にみられる巨端部の表現（属性α）の省略と，獣毛乳の上部に描かれた小獣文（属性β）の変化を軸として，他の諸属性との相関をみたものである（図26・27・28）。胴体表現上にみられる鱗状表現の盤龍鏡からの借用（森下1991）は第2a型式が初現である。

次に，それ以外の各分類単位および個別資料をⅠ群A系①の各型式との関係において位置づける。B系諸鏡は基本的にはⅠ群A系①を祖型として分岐・派生したものであるが，その併行関係については主像文様の変遷から措定した。旧稿では，特に第2型式段階での定型化を評価し，B系の諸系列を基本的に第3型式と位置づけている。またⅡ群として分離した一群を第3型式に後

続する第4型式とし，全体を大きく（ⅰ）創案・定型化段階（第1～第2型式），（ⅱ）需要の増加に伴う生産拡大，サイズおよび文様の多様化・差異化の段階（第3型式），（ⅲ）小型鏡生産へ収斂する段階（第4型式）という3段階の変遷過程として理解した。ただしこの編年案ではB系に関してA系と同じ基準を適用しており，その点に問題を残していた。具体的には，巨端部表現（α）を基準とした場合，神像胴部状表現を省略したB系は全て第3型式以後に位置づけられてしまうといった問題である。

以上の観点から，ここでは特にB系について，各属性の内容まで含めて具体的に再検討を行った。まず，先に挙げた捩文鏡系との関係において問題とな

表5　鼉龍鏡系分析対象資料

通し	県名	番号	出土地他	面径	群	A/B系	細分	斜面鋸歯文帯	半・方	円・乳の対応	神像胴部	α	β	菱雲	鳥文	半円	方形	獣毛乳	鈕座
1	滋賀	11	雪野山古墳	26.0	I	A	①	○	○	×	×	α1	β1	唐草文	a	突5	鋸歯	a	有節
2	奈良	255	新山古墳	27.1	I	A	①	○	○	○	○	α2	β2	特殊	b	3渦	a	b	有節
3	山口	3	柳井茶臼山古墳A	44.8	I	A	①	○	○	○	○	α3	β2	4渦	c	4渦	b	c	段状
4	—	—	不明東京国立博物館蔵	38.4	I	A	①	○	○	○	○	α3	鋸+鋸	2渦	e	3渦	b	b	段状
5	—	—	不明東京版本不言堂蔵	29.5	I	A	①	○	○	○	○	α3	β2	2渦	d	3渦	c	c	段状
6	—	—	不明天理参考館蔵鏡	25.3	I	A	①	○	○	○	○	α3	β2（新）	2渦	d	3渦	c	c	段状
7	山梨	26	伝岡銚子塚古墳	23	I	A	①	○	○	○	○	α3	β2	2渦	e	2渦	c	c	段状
8	奈良	234	佐味田貝吹山古墳A	22.7	I	A	①	○	○	×	○	α4	β3a	2渦	e	2渦	c	—	段状
9	奈良	219	佐味田宝塚古墳	22.4	I	A	①	○	○	○	○	α4	—	2渦	e	2渦	c	—	段状
10	新潟	1	菖蒲塚古墳	23.7	I	A	②	○	○	△(1つズレ)	○	α4	β3b	2渦	e	2渦	c	c?	櫛歯
11	京都	83	伝京都市伏見区淀出土	23	I	A	②	○	○	○	○	α4	β3b	2渦	—	3渦	c	c	有節
12	—	—	泉屋博古館蔵	22.9	I	A	②	○	○	○	○	α4	β3a?	2渦	e	2渦	j'	c?	有節
13	京都	236	伝山城南部出土	17.2	I	A	②	○	○	方形と対応	○			鋸波鋸	櫛歯	2渦	c	—	有節
14	山口	4	柳井茶臼山古墳B	23	I	A		○	○	×	○	α4	—	鋸波鋸	波状	突2	d	—	段状
15	大阪	—	堺市大野寺出土	17.7	I	A		○	○	○	○			鋸波鋸	櫛歯	2渦?	g	—	有節
16	福岡	339	沖ノ島17号遺跡11号鏡	23.7	I	Ba	①	○	○	○	○			一重の縁状表現	2渦	e	3渦	b	d	有節
17	岡山	145	鶴山丸山古墳	17.3	I	Ba	①	○	○	○	○			2渦	e?	2渦	b	c?	櫛歯
18	愛知	62	不明浄賢寺蔵	21.7	I	Ba	①	○	○	○	○			2渦	櫛歯	2渦	g		有節
19	岐阜	119	白山古墳	17.3	I	Ba	①	○	○	○	○			2渦	櫛歯	2渦	c	—	環状
20	山梨	12	中遺銚子塚古墳	15.7	I	Bb	②	○	○	方形と対応	○			特殊2渦	d	突3	f1	—	環状・b?
21	岐阜	69	舟木山27号墳	15.3	I	Bb	②	○	○	○	○			複合	e?	突3	h・i	b?	?
22	—	—	辰馬考古資料館蔵	15.4	I	Bb	②	○	○	方形と対応	○			特殊	捩文	突3	f2	—	環状
23	愛媛	12	相の谷1号墳	11.6	I	Bb	③	○	○	○	○			複合	捩文	2渦?	d?	c	突線
24	広島	68	掛迫6号墳	13.8	I	Bb	③	○	○	○	○			複合	捩文	突3	k'	—	突線
25	京都	70	一本松塚古墳	18	I	Bb		○	○	方形と対応	○			一重の縁状表現	1渦	c-d	突1	k・1	b?	突線
26	京都	155	東車塚古墳	21.5	I	Ba		○	○	○	○			鋸波鋸	櫛歯	2渦	c	d	櫛歯
27	奈良	371	伝北和城南古墳	24.3	I	Ba		△	△	○	○			鋸波鋸	櫛歯	突2	?	有	重弧
28	奈良	236	佐味田貝吹山古墳B	15.7	I	Ba		○	○	○	○			鋸波鋸	櫛歯	突2	j	—	有節
29	京都	171	美濃山古墳	16.4	I	Ba		○	○	○	○			鋸波鋸	櫛歯	?	?	—	有節
30	京都	226	大福寺古墳	13.4	II	A		×	×	×	×	α4	—	鋸波鋸	櫛歯	擬銘	—	—	重弧
31	徳島	22	恵解山2号墳	13.8	II	A		×	×	×	×	α4	—	鋸波鋸	櫛歯	—	—	—	突線
32	福岡	340	沖ノ島17号遺跡12号鏡	12.9	II	A		×	×	×	○	α4	—	鋸波鋸	櫛歯	擬銘	—	—	櫛歯
33	愛知	26	出川大塚古墳	18.4	II	A		△	△	×	○	α4	β3b?	鋸波鋸	櫛歯	擬銘	—	—	櫛歯
34	埼玉	7	三変稲荷神社古墳	13.4	II	A		○	○	×	○		—	鋸波鋸	櫛歯	—	—	—	突線
35	京都	227	七ツ塚2号墳	13.6	II	B		△	△	×	○		—	鋸波鋸	櫛歯	—	—	—	有節
36	京都	128	上大谷9号墳	11.8		(I)	Ba	×	×	×	○		—	鋸+鋸	櫛歯	—	—	—	突線
37	岡山	144	鶴山丸山古墳B	13.1	I	A		○	○	○	○	α4	β3a	鋸波鋸	櫛歯	突2	b	有	有節
38	栃木	23	小山茶臼家古墳	14.2	I	A		△	△	×	○		—	—	櫛歯	突2?	d?	—	有節
39	兵庫	—	東実古墳	14.3	II	A		×	×	×	×		—	鋸波鋸	櫛歯	—	—	—	突線
40	兵庫	132	黒岡山古墳	12.7	II	Bb	③	×	×	○	○		—	複合	捩文	—	—	b?	突線

188　第3章　三角縁神獣鏡・倭製鏡の変遷と前期古墳の編年

α0：巨端部が渦状にのび環状乳につながる
α1：巨端部が渦状にのび獣毛乳につながる
α2：巨端部が渦状にのび神像頭部下部に引き寄せられる
α3：神像胴部下から巨端部が生える様な形で巨につながる
α4：巨が神像胴部に直接つながるか，神像胴部の横にとどまる

β0：頭部・胴部共に明瞭に表現され，巨を衝む下顎が認識可能
β1：獣毛乳から渦状表現で始まり上にのびる。突線表現。嘴状表現が明瞭。巨を衝む下顎であった部分は長く延長され獣毛乳につながる。
β2：根元の渦状表現を失い尾の部分とつながってそのまま立ち上がるもの。半肉彫りの表現。全体として，2本の線状表現が獣毛乳から立ち上がり，その間が突線で充填される形で定型化する。頭部表現を失ったものを（新）とする。
β3a：頭部表現が失われ，線状表現一本のみで構成されるもの。
β3b：頭部表現が失われ，屈曲する2本の線状表現で構成されるもの。

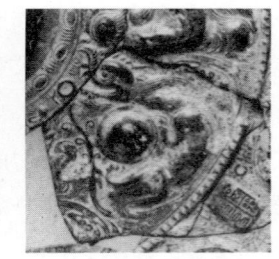

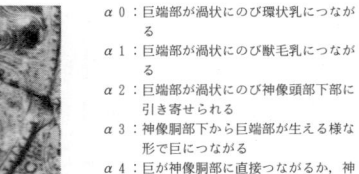

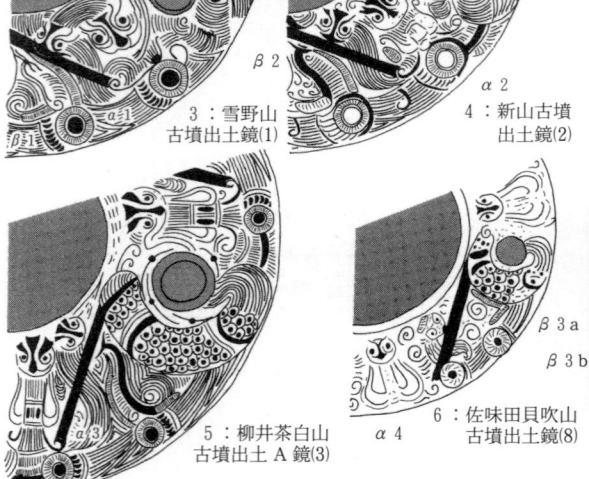

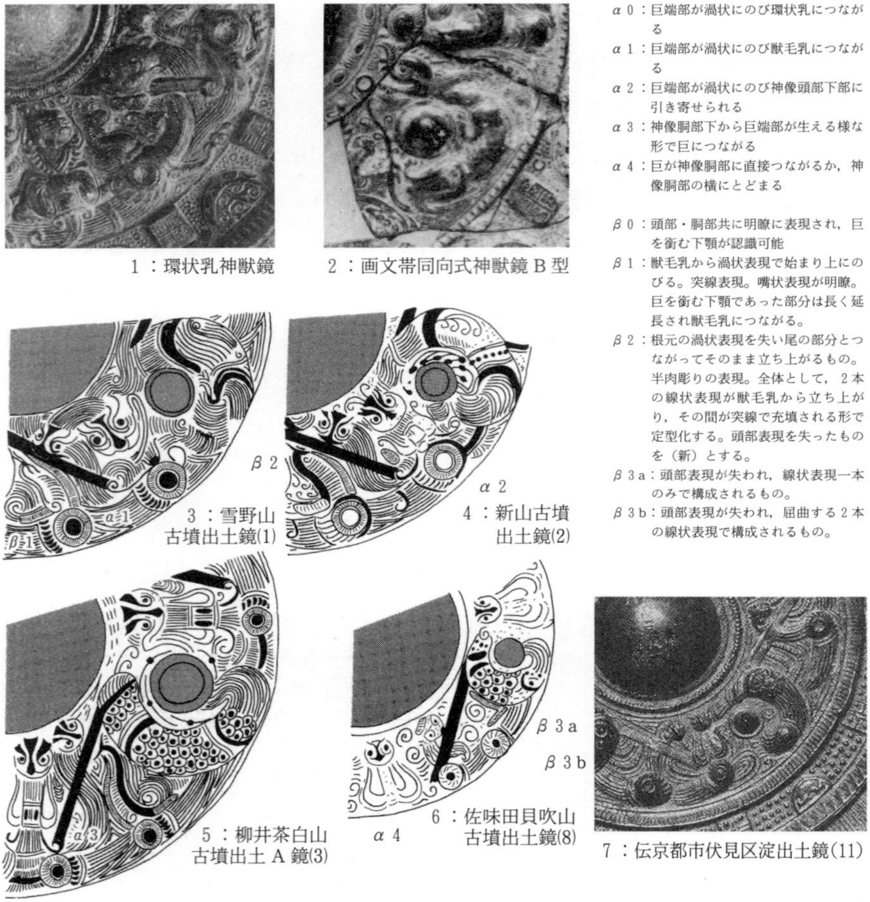

1：環状乳神獣鏡　　2：画文帯同向式神獣鏡Ｂ型

3：雪野山古墳出土鏡(1)　　4：新山古墳出土鏡(2)

5：柳井茶臼山古墳出土Ａ鏡(3)　　6：佐味田貝吹山古墳出土鏡(8)　　7：伝京都市伏見区淀出土鏡(11)

図26　鼉龍鏡Ａ系の変遷

るのが，Ｂ系のうち②とした一群と京都府一本松塚古墳出土鏡（図29-2：以下，一本松塚鏡と呼称），そして捩文帯を有するＢ系③である。下垣氏（2003a）が指摘するように，これらは半円方形帯や外区文様の諸変異という点において，Ａ系の第3型式以降とは異なる一群であり，かつ捩文鏡系の古相との関連がつよい。この下垣氏の指摘をふまえ，旧稿でＢ系②③と分類した鏡群と一本松塚鏡をBb系とし，それ以外をBa系として両者を区分する。前者が下垣氏の鼉龍鏡Ｂ系，後者が氏の鼉龍鏡Ｃ系にほぼ対応する。

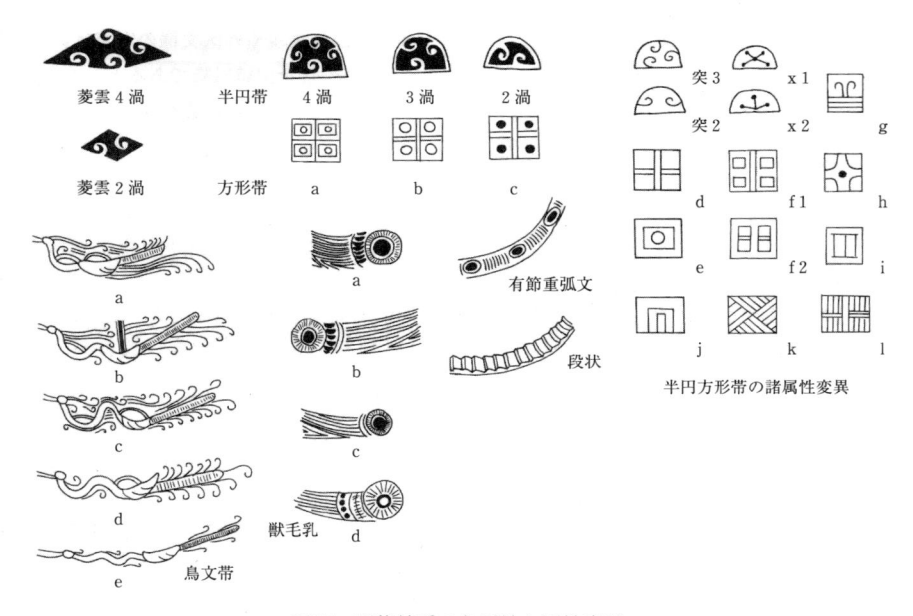

第1節　三角縁神獣鏡・倭製鏡の分類　189

図27　夔龍鏡系の各属性と属性変異

a）菱雲文
　　渦数の減少による作業の軽減という点で、4渦→2渦という変化が想定される。
b）鳥文帯
　　胴体が直線的に描かれるaから、胴部が山状に盛り上がり二重弧線で頸部・尾部との間をつなぐcを経て、二重弧線が省略されるd・eへという変化が想定される。
c）半円帯
　　渦数の減少による作業の軽減という点で、4渦→3渦→2渦という変化が想定される。またそれらをモデルとした突線表現がある。
d）方形帯
　　a→b→cという変化が想定される。またこれら以外にd～lといった変異がある。
e）獣毛乳（cf. 新井悟1995）
　　a（縦線1本）→b（縦線2本）→c（縦線が乳に接する）という変化が想定できる。またこれとは別に、縦線2本の間に珠点を充てるdがある。
f）鈕座
　　有節重弧文：断面半円形で、その上に突線で長楕円形と弧線を繰り返す。段状：断面直角三角形で段状を呈するもの。他にも斜面櫛歯文や突線表現などがみられる。
○またこれら以外にも、岸本直文氏が指摘するように、半円方形帯の外周斜面においてみられる彫り込みが、半円形から鋸歯文へと変化する点が挙げられる（岸本1996b）。

	基軸 属性	α1 β2	α2 β2	α3 β2（新）	α4 β3a
菱雲文	外区特殊	○			
	菱雲特殊		○		
	4渦			○	
	2渦			○	○
鳥文帯	a	○			
	b		○		
	c			○	
	d				○
	e				○
半円帯	特殊5渦	○			
	4渦		○	○	
	3渦			○	
	2渦				○
方形帯	特殊鋸歯	○			
	a		○		
	b			○	
	c				○
獣毛乳	a	○	○		
	b		○		
	c			○	○
鈕座	有節重弧	○	○		
	段状			○	○
外周	半円形	○	○		
	鋸歯文			○	○
		第1型式	第2a型式	第2b型式	第3型式

図28　Ⅰ群A系①の各属性の共変動

図29　B系の具体例
1：福岡県沖ノ島17号遺跡出土鏡(16)　　　　　2：京都府一本松塚古墳出土鏡(25)

　夔龍鏡系の変化と捩文鏡系の分岐・派生を考える上では，夔龍鏡系の「定型化」の段階と，それがその後分岐・派生した一群の「モデル」となった段階との時期的関係が問題となる。ここで，特にB系で第3型式とした資料のうち，それ以前に遡るものがないかについて検討する。その際，旧稿で課題として残した胴体表現の向き（田中1981；新井1995）という点に注目したい。これは，田中琢氏によって早くから指摘されているが，倭製鏡製作においては，モデルを目の前において鋳型に文様を彫り込む作業を行うと，製品自体では左右が逆転する現象がみられる。夔龍鏡系のように一方向に文様がめぐる場合それが顕著である。この点について，まずⅠ群A系①の事例についてみると，第1型式は右回り，第2a型式は左回り，第2b型式は右回り，第3型式は左→右というように，各分類単位ごとに向きが逆転していることがわかる（図26）。すなわち，各型式の鏡を製作する際には，共通のモデルを参照しつつそれぞれの鋳型に同じ向きで文様を彫り込んだ可能性が考えられる。この点をふまえB系の資料についてみると，まずBa系については，より古相に位置づけられる沖ノ島17号遺跡出土鏡（以下沖ノ島鏡：図29-1）がA系①の第2b型式と同じく右回りである。そして先に問題としたBb系のうち，②・③とした一群は，いずれも右回りが主体である（③の1面は左回り）。また同様に一本松塚鏡も右回りである。田中琢氏は，先の指摘の中で，初期においては上記のような左右の逆

転現象がみられるものの，時期が下るとそうした逆転を意識しつつ同じ向きになるように施文するようになった可能性を指摘している（田中前掲）。第3型式はこのために左向きと右向きの資料が混在しているものと考えられる。

　ここで，上記の右回り胴体表現を有する資料について，その位置づけを考えてみたい。これらのうち，特にBb系②の3面と一本松塚鏡は，獣毛乳に環状表現を伴うなどA系①の中でも古相との類似性がつよい。また，岐阜県舟木山24号墳出土鏡（21）の獣毛乳も，旧稿ではc？としていたが，節で区画されることから実際にはbに近い。ただし，この4面はいずれも胴体表現全体に鱗状表現を施していることから，第2a型式以前には遡らないと考える。またいわゆる捩文帯と複合鋸歯文を備えた小型のBb系③も右回りの胴体表現を有するものが2面である。Ba系①の沖ノ島鏡についても，胴体表現の向き，そして半円方形帯の方形部がbであることから，第2b型式まで遡る可能性が考えられる。また旧稿でも述べたように，筆者は滋賀県雪野山古墳出土鏡（以下雪野山鏡）を現時点での鼉龍鏡系の最古型式と捉え，かつA系①の祖型と考えている。これについては，旧稿で巨端部表現（α）や小獣文（β）を根拠としたが，ここで別の点から述べておきたい。第2a型式以降に定型化する神像胴部状表現の直接の祖型は奈良県新山古墳出土鏡（以下新山鏡）にあるが，新山鏡の雲気状表現を伴う神像胴部状表現は，型式学的に雪野山鏡の神像頭部下の「掌状表現」が大型化したものとみることができる（図31）。この雪野山鏡は，同時にこの頭部下の胴部状表現を省略したB系（単胴系）の祖型でもあるが，その場合，雪野山鏡からBa系①の沖ノ島鏡やBb系②の間は必ずしも型式学的にスムーズに連続するわけではない。おそらくこれらに先行し，雪野山鏡とBa・Bb系第2b型式との間をつなぐ資料が存在するものと想定される。その場合，この分類案にもとづくならば，左回りの胴体表現を持ち，かつ鱗状表現を備えた資料が考えられる。この現在未確認の大型ないし超大型のB系第2a型式が，先に挙げた柳井茶臼山古墳出土の超大型鏡とほぼ同じ段階に，神像胴部を省略したBa・Bb系の祖型として，雪野山鏡をモデルとして生み出されたという可能性をここでは予察として考えておきたい。

　以上から，これらBa系①の沖ノ島鏡，Bb系については第2型式段階に遡

ると考え，旧稿での位置づけを修正したい。それ以外の資料の分類については，基本的に旧稿で示した通り，主像文様の変遷および外区文様との相関において各型式の区分が可能であると考える。以上の検討をふまえ，各資料の位置づけを示したものが図30である。

　Ⅰ群・Ⅱ群とした外区・断面形態の変遷については，基本的には外区に菱雲文を配し，内区外周に半円方形帯と斜面鋸歯文帯を配するものが古く，外区に鋸歯文＋複線波文＋鋸歯文を有し斜面鋸歯文帯を省略するものが新しいという大枠は妥当と考えるが，例えば兵庫県黒岡山古墳（Bb系③）などの小型鏡においては，半円方形帯の省略が早い段階でも行われていることを確認しておく必要がある。また旧稿でB系第4型式とした京都府上大谷9号墳出土鏡は，外区が鋸歯文2条で上述の最新段階の資料とは異なっており，また巨端部の渦状表現や，さらに銅質などの点からも，第2～第3型式の幅の中で考えておきたい。

　捩文鏡系については，森下氏・下垣氏らの分類にもとづき，大きく獣毛文系・俵文系・房文系・羽文系・三日月文系の5つに細分するが，このうちの前3者において，内区外周に斜面鋸歯文帯を有する一群は，以上の検討結果からA系の第2b型式以前に遡る可能性が高い。ここではこうした獣毛文系・俵文系・房文系の古相の一群が，上に述べた現在未発見の鼉龍鏡B系第2a型式やBb系の成立とも密接に関連しつつ，鼉龍鏡系を小型化した一群として鼉龍鏡系の初期段階の製品と併行して定型化した可能性を想定しておきたい。いずれにしても，この第1～第2b型式までの変化を相対的に短期間と捉えることにより，捩文鏡系の出現は鼉龍鏡系の初期段階と併行して製作が開始されたと考えるのが妥当である。

　以上の検討結果において，旧稿の主な変更点は次の3点である。

　　①：筆者が鼉龍鏡B系②③とした一群および京都府一本松塚古墳出土鏡など（ここでのBb系）は，獣像胴体表現の向きなどからも，A系第2b型式以前まで遡上する可能性がある点，

　　②：①の結果，捩文鏡系で斜面鋸歯文帯を有する一群（車崎正彦氏1993bの捩文鏡第一群）の出現年代は，筆者の鼉龍鏡系第2b型式以前まで遡上す

第1節 三角縁神獣鏡・倭製鏡の分類

	型式(A系)		〔A系①〕	〔Ba系〕	
古段階	第1型式		1 超大型(右) 2 超大型(右)		
	第2a型式		3・4 超大型×2(左)	〔左?〕	〔Bb系〕 ②中型×3(右)25中型(右)
	第2b型式	〔A系②〕	5・6 超大型×2(左) 7 大型(右)	16大型(右)	③小型×3(右2／左1)
新段階	第3型式	10大型(右) 11大型(右) 12大型(右) 37中型(右) 13中型(右)	8 大型(左) 9 大型(右) 14大型(左) 38中型(左) 15中型(左)	17中型(左) 26大型(左) 18大型(右) 27大型(左) 28中型(左) 29中型(左)	
	第4型式	30小型(右) 31小型(左) 32小型(左) 39中型(左)	33中型(左) 34小型(左)	35小型(右)	

図30 鼉龍鏡系の編年とサイズ・出現頻度の時間的推移

図31 鼉龍鏡系第1型式における神像頭部下の表現
1：滋賀県雪野山古墳
2：奈良県新山古墳

る点,

③：①②の結果,捩文鏡系の出現は仿製三角縁神獣鏡の出現より先行する可能性が高い点（水野1997），

である。こうした点をふまえ，以下の検討を進めたい。

(3) 他系列との併行関係

その他の各系列の分類については，基本的に先に挙げた森下氏の研究（1991・2002）・林氏（2000・2002）および下垣氏の研究（2003a）の成果に従うが，個別の各系列の型式分類については，上記の先行研究に加え，内行花文鏡系に関しては清水康二氏（1994），方格規矩四神鏡系に関しては田中琢氏（1983），捩

文鏡系に関しては車崎正彦氏（1993b）・水野敏典氏（1997），神獣鏡系については荻野繁春氏（1982），獣形文鏡系については赤塚次郎氏（1998）の成果なども参照している。ここでは，第5章でも検討する内行花文鏡系と方格規矩四神鏡系についてのみ検討する。

まず内行花文鏡系については，大きく中型以上で四葉座内行花文鏡をモデルとしたと考えられるA系，そして小型のB系の2者を設定する。このうちA系については有節松葉文帯を伴うものをAa系，有節松葉文帯を省略したものをAb系とする。また中期以降に出現する小型鏡の系列（森下氏の髭文鏡系，清水氏のE類）についてはここでは扱わない。時期区分は清水康二氏（1994）の鈕形態の分類を基準として，四葉座の繰り込みが深く鈕と四葉座が無段でつながるもの（Ⅰ式），鈕と四葉座の間に段差があるもの（Ⅱ式），四葉座が省略されたもの（Ⅲ式）とする（図32）。いわゆる直弧文鏡などの超大型鏡は，ここでいうAb系Ⅱ式の中に含まれる。内行花文鏡系では，初期のⅠ式・Ⅱ式段階で30㎝を超す超大型鏡が多数生産されている点が特徴である。また内行花文鏡系そのものではないが，奈良県行燈山古墳出土銅板（今尾1988）は四葉座＋六弧文の内行花文鏡系のモティーフを採用しており，四葉座の形態からAb系Ⅰ式の関連資料として位置づけることができる。小型のB系は単位文様の共通性からA系から派生したものと考えられる。その初現はⅠ式まで遡る可能性があるが（e.g. 岡山県奥の前古墳出土鏡など），単位文様や銅質などの点からB系の多くはⅡ式以降に大量生産された可能性が高いと考えられる。

方格規矩四神鏡系については，田中琢氏（1983）以来の先行研究の分類案がほぼ共通している。ここでは大きく四神鏡系・JC系・鳥文系・JK系の4つの系列に区分する（cf. 森下1991・林2000）。編年の指標として，四神鏡系については田中琢氏のJA式・JB式および直模式（森下氏の1・2式）をⅠ式，田中氏のJD式（森下氏の3・4式）をⅡ式，田中氏のJE式・JF式（森下氏の5・6式）をⅢ式とする（図33・34）。JC系は四神鏡系のⅡ式に，鳥文系はⅡ～Ⅲ式，JK系はⅢ式にそれぞれ併行すると考えられる。四神鏡系では超大型鏡・大型鏡・中型鏡が製作され，JC系は大型鏡主体，鳥文系は中型鏡主体，JK系は大型・中型鏡により構成されるなど，系列の差異が面径区分とおおむね対応している。

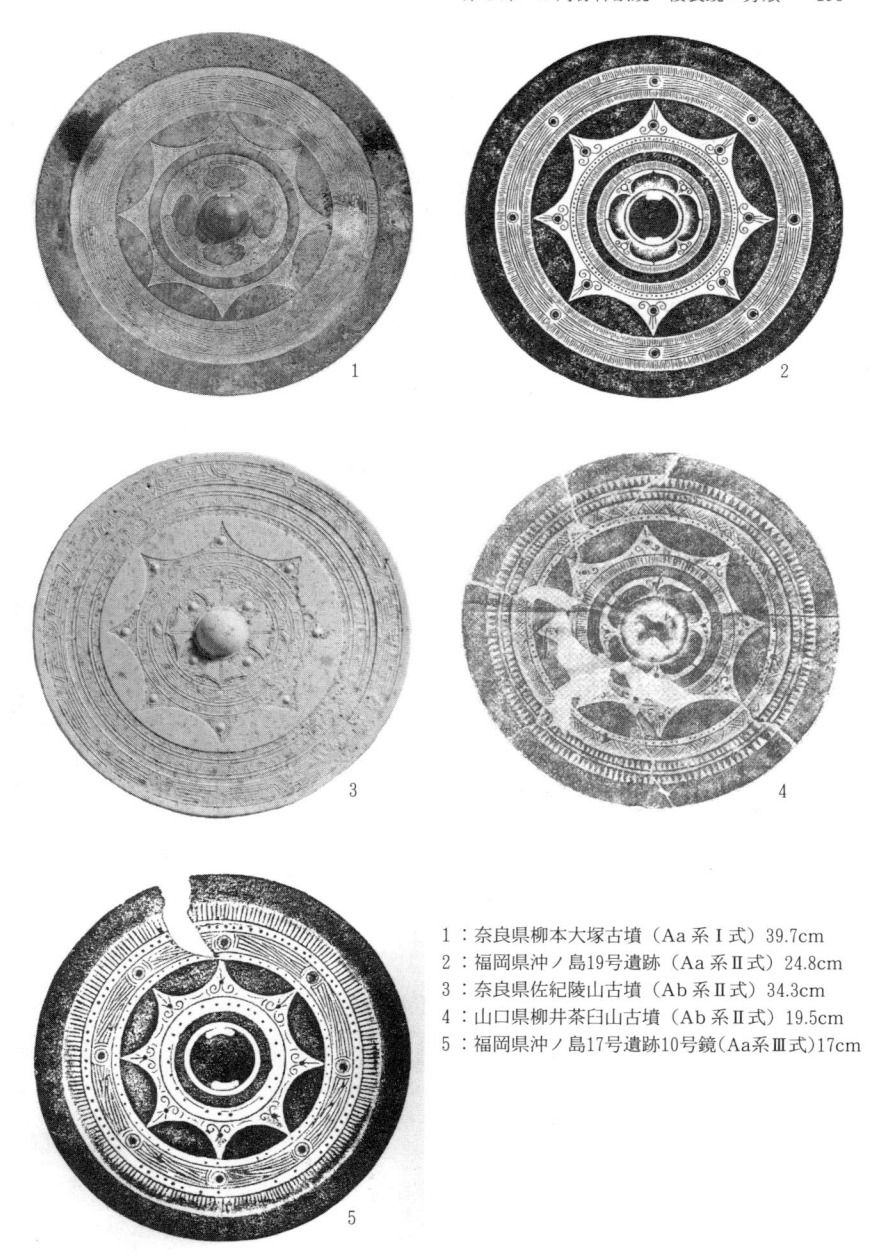

第1節 三角縁神獣鏡・倭製鏡の分類 195

1：奈良県柳本大塚古墳（Aa系Ⅰ式）39.7cm
2：福岡県沖ノ島19号遺跡（Aa系Ⅱ式）24.8cm
3：奈良県佐紀陵山古墳（Ab系Ⅱ式）34.3cm
4：山口県柳井茶臼山古墳（Ab系Ⅱ式）19.5cm
5：福岡県沖ノ島17号遺跡10号鏡(Aa系Ⅲ式)17cm

図32 内行花文鏡A系の具体例

型式	内区主像

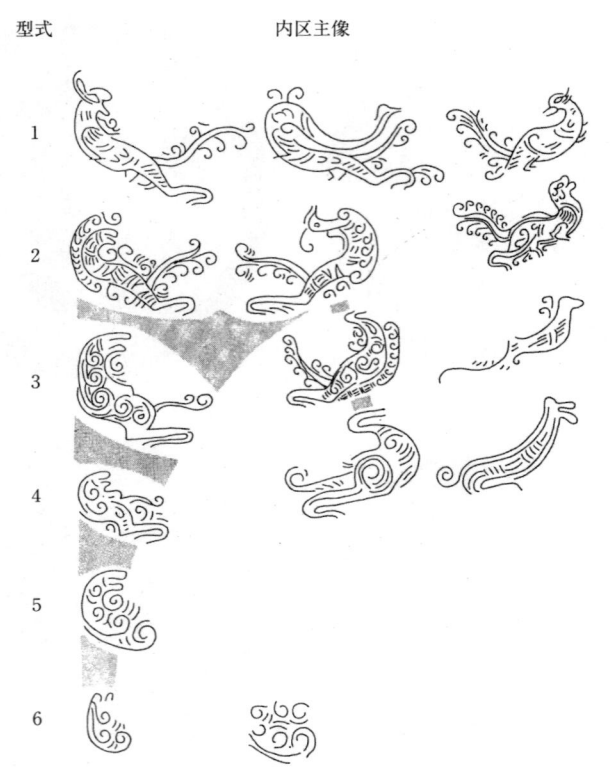

図33　森下章司氏による方格規矩四神鏡系主像型式の分類（森下1998aより引用）

　属性変異の共通性や共伴関係などから，筆者の夔龍鏡系分類の第1型式〜第2b型式は，方格規矩四神鏡系は上記のⅠ式に，内行花文鏡系では清水康二氏のⅠ式にほぼ対応することから，この夔龍鏡系第1〜第2b型式併行を大きく倭製鏡の古段階，第3型式以後を倭製鏡の新段階とする。これは下垣氏（2003a）の編年でいう古段階（氏のⅠ・Ⅱ段階），新段階（同Ⅲ〜Ⅵ段階）の区分にほぼ一致するものである。また古墳時代前期後半に新たに出現する神獣鏡を模倣した系列や神頭鏡系，盤龍鏡系などの諸系列は，いずれもここでいう新段階，夔龍鏡系の第3型式以降に併行すると考えられる。倭製鏡の場合，三角縁神獣鏡とは異なり，特に古段階の製品について，他の副葬品との組み合わせなどからみた古墳の年代との間に開きがある場合が多いことから，ここでは様式的に細

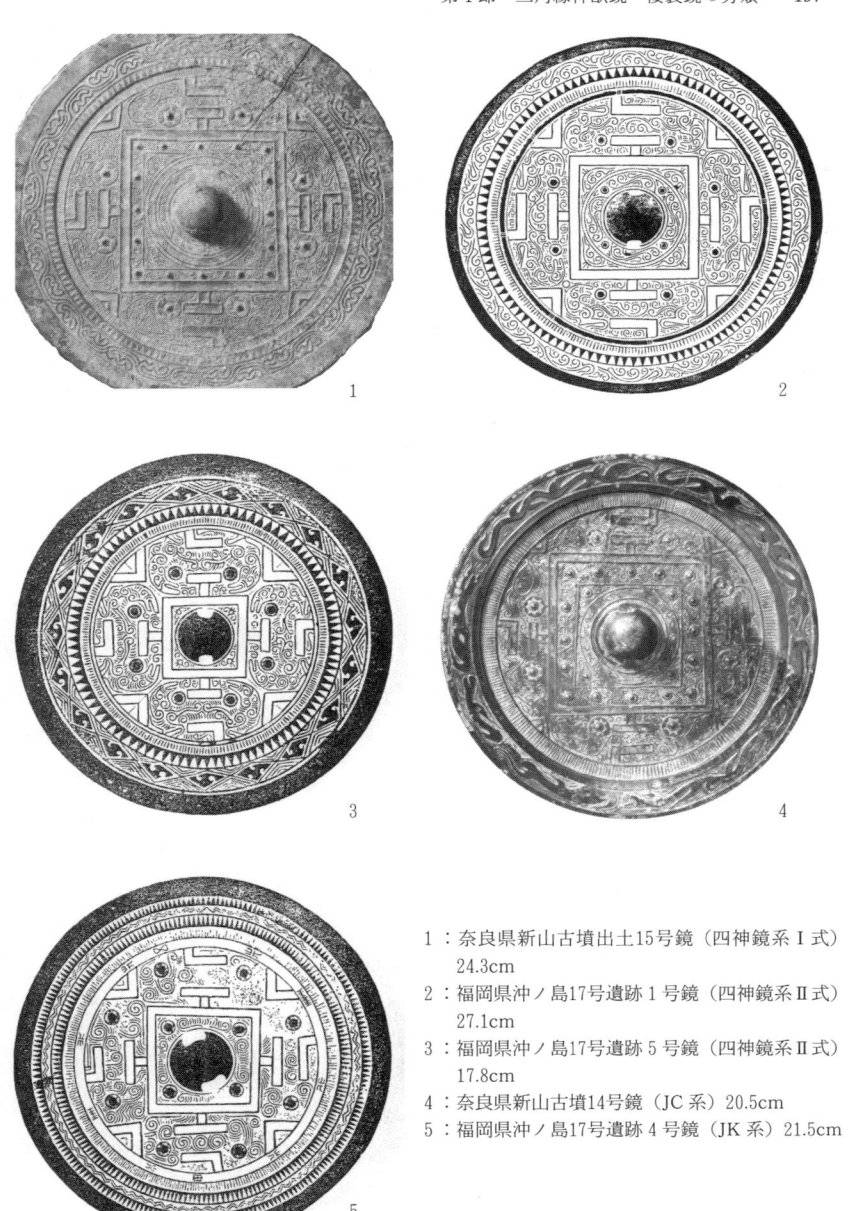

第1節 三角縁神獣鏡・倭製鏡の分類　197

1：奈良県新山古墳出土15号鏡（四神鏡系Ⅰ式）24.3cm
2：福岡県沖ノ島17号遺跡1号鏡（四神鏡系Ⅱ式）27.1cm
3：福岡県沖ノ島17号遺跡5号鏡（四神鏡系Ⅱ式）17.8cm
4：奈良県新山古墳14号鏡（JC系）20.5cm
5：福岡県沖ノ島17号遺跡4号鏡（JK系）21.5cm

図34　方格規矩四神鏡系の具体例

分することは行わず，古段階・新段階という 2 段階の時期区分をもとに検討を行う。

(4)倭製鏡の面径の大きさと出現頻度の時間的推移

　最後に前期倭製鏡の変遷とそこでの大きさおよび出現頻度の推移について触れておきたい。先にみた鼉龍鏡系と捩文鏡系の変遷で重要なのは，大型鏡と小型鏡の差異がどのような過程で出現するかを考える上での指標となるという点である。鼉龍鏡系自体は第 1 型式から第 2 型式までが超大型鏡主体であり，第 3 型式では大型鏡・中型鏡が併行して製作され，第 4 型式では小型鏡主体へという推移が認められる（図30参照）。他方で捩文鏡系の成立は古段階併行であることから，そうした小型鏡と大型鏡という製作時における面径の差異化が，倭製鏡生産の初期から志向されていたことが読み取れる（車崎1993b・水野1997・下垣2003b）。

　倭製鏡全体の変遷でいえば，古段階では，内行花文鏡系 A 系・方格規矩四神鏡系・鼉龍鏡系を中心に30cm以上のものも含む超大型鏡が生産されたことが特徴として挙げられる。また捩文鏡系以外にも鳥頭四獣鏡系などの小型鏡生産もこの段階で開始されている。新段階になると，銅質の劣化や面径の全体的な小型化が進行する一方で，生産面数自体は増加するという変化が生じている。小型鏡である内行花文鏡 B 系の生産のピークもこの段階にある。おそらくこの段階で，面径の差異化を含みつつ鏡生産の需要が著しく増加したものと考えられる。この新段階では，鼉龍鏡系と頭部表現や獣像表現を一部共有する形で様々な系列が派生するなど，系列の多様化が進行する。一方で先に挙げた内行花文鏡 Ab 系では，奈良県新山古墳出土のいわゆる直弧文鏡や同佐紀陵山古墳出土鏡（いずれもⅡ式）など，新たな意匠を取り入れつつ面径30cmを超える超大型鏡の生産が行われていることから，この段階は単純な小型化・粗製化の過程ではなく，鏡の極大化と新たな構図の創案が併行して行われていたことがわかる。こうした面径の差異化と系列の多様化が同時進行しながら，最終的に小型鏡生産に収斂するというのが新段階の特徴であると考えられる。

　このようにみてきた場合，生産量や面径の時期的変化などは認められるが，

生産自体の大きな画期は，主要な系列の製作終了と新たな系列の出現という点では前期末の段階（森下1991）と考えられ，三角縁神獣鏡の終焉や近畿における大型古墳群の造営地の移動といった，古墳時代前期から中期への諸変革と連動したものである可能性が高い。その意味において筆者は，前期倭製鏡生産は「連続性」という観点から説明することができると考える。

また諸系列間の密接なつながりなどの点で，これらの前期倭製鏡の製作地は分散したものでなく，ある狭い地域内で集中して生産が行われていた可能性が高い。具体的には近畿地方の中でも特に奈良盆地周辺と考えておくのが穏当であろう。これについては今後の課題としておきたい。

4 小　結

以上，三角縁神獣鏡と倭製鏡の両者の変遷について検討を行ってきた。その結果，舶載三角縁神獣鏡を大きくⅡ段階，仿製三角縁神獣鏡を大きく2〜3段階の変遷として捉え，また倭製鏡については古段階・新段階の2段階の変遷として理解した。これらをもとに前期古墳の編年基準を考える場合に注意する必要があるのは，古墳時代前期の遺跡から出土する中国鏡（後漢鏡・魏晋鏡），三角縁神獣鏡，倭製鏡（仿製三角縁神獣鏡以外を指す）の3者は，前期古墳の編年においては，これらが一律に指標として有効であるわけではなく，古墳の年代との相関がそれぞれにおいて異なるという点である。具体的には，これまでも指摘されており，また次節で検討するように，現状で最も古墳編年との相関がつよいのは三角縁神獣鏡である。また倭製鏡は地域によって出土傾向に偏りがあり，また上にも述べたように製作年代と副葬年代に開きがある場合も多いことから，特に九州などのように大型の倭製鏡の出土が少ない場合には編年の指標としては扱うことが難しい。中国鏡に関しては，伝世の問題が関わる後漢鏡はおくとして，魏晋鏡に関しては，その製作年代を古墳の年代の上限の指標の1つとして捉えることは可能である。ただし現状では，倭製鏡・魏晋鏡のいずれについても，三角縁神獣鏡にもとづく年代観に対する補足的な指標として位置づけざるを得ない点を確認しておきたい。

第2節　前期古墳の編年

1　時期区分の設定

　ここでは鏡を主な基準とし，その他の副葬品との共変動という観点から，前期古墳の編年の基準を設定する。その際の時期区分の指標は，森下氏（2005a）が指摘する「品目の有無」と「型式差」の両者を含み込むものとしたい。

　ここで主に指標として扱うのは三角縁神獣鏡である。そしてそれと他の副葬品との組み合わせにより時期区分を設定する。そのため，まず三角縁神獣鏡の共伴関係を広く検討し，その上で他の副葬品との組み合わせをみていく必要がある。先に挙げた表3は前期古墳における三角縁神獣鏡の共伴関係をみたものである。前節の分類にもとづき，舶載三角縁神獣鏡を大きくⅠ～Ⅲ段階，仿製三角縁神獣鏡をⅠ～Ⅱ-a型式，（Ⅱ-b・Ⅱ-c＋）Ⅲ型式，Ⅳ・Ⅴ型式に区分し，その組み合わせを検討した。その結果，大きく共伴関係における組み合わせとしては舶載Ⅰ段階のみ，Ⅰ段階＋Ⅱ段階，Ⅱ段階のみ，Ⅱ段階＋Ⅲ段階，Ⅲ段階のみ，舶載＋仿製，仿製Ⅰ-a～Ⅱ-a型式，Ⅱ～Ⅲ型式，Ⅲ型式，Ⅳ・Ⅴ型式といった共伴関係が存在することが読み取れる。以下，こうした共伴関係をもとに倭製鏡や他の副葬品との組み合わせについて検討する。

　倭製鏡については，滋賀県雪野山古墳から出土した内行花文鏡系や鼉龍鏡系が，ともに各系列の最古型式に位置づけられる。これらは舶載Ⅰ段階の三角縁神獣鏡と共伴する。また奈良県桜井茶臼山古墳から出土した内行花文鏡系（破鏡含む）も同様に清水分類Ⅰ式であり，かつここでは舶載Ⅱ段階の三角縁神獣鏡が出土していることから，古くみて舶載Ⅰ段階を副葬する古墳の時期，新しくみても舶載Ⅱ段階を副葬する古墳の時期が前期倭製鏡古段階の出現年代の指標となりうる。

　また倭製鏡新段階では，奈良県新山古墳や新沢500号墳，福岡県沖ノ島17号遺跡などが指標となる。前2者においては，仿製三角縁神獣鏡Ⅱ-a型式までと内行花文鏡系Ⅱ式や方格規矩四神鏡系Ⅱ式が伴うことから，この段階に1つの定点を想定することができる。仿製三角縁神獣鏡のⅢ型式は，それのみで出

土する場合が多いが，福岡県一貴山銚子塚古墳においてⅡ-a型式からⅢ-a型式までが共伴することから，Ⅳ・Ⅴ型式よりむしろⅠ-a〜Ⅱ-a型式までとの時期的なつながりがつよい型式である可能性が高いと考える。他に具体例としては岐阜県長塚古墳西棺が挙げられるが，ここでは倭製鏡では内行花文鏡系Ⅱ式，腕輪形石製品では最新段階の石釧が出土している。東棺から出土した鍬形石も型式学的に最新段階のものを含む。

　前期末の標識古墳としては，滑石製模造品のうち農工具を伴うことから佐味田宝塚古墳などが挙げられるが，ここでは仿製三角縁神獣鏡はⅠ-c型式のみであり，仿製三角縁神獣鏡を指標とすることができない。森下氏が指摘するように，仿製三角縁神獣鏡の最新段階であるⅣ・Ⅴ型式が出土した山口県松崎古墳や福岡県沖ノ島17号遺跡では滑石製勾玉が伴うことに注目すれば，三重県石山古墳において滑石製勾玉と農工具が共伴することから，この石山古墳の事例を介在させることで，間接的にではあるが仿製三角縁神獣鏡のⅣ・Ⅴ型式と滑石製農工具を同時期として扱うことが可能となる。具体的には，前期的な副葬品としての仿製三角縁神獣鏡の副葬終了と，中期的様相としての同種多量の滑石製模造品副葬への転換がこの段階に起こっているというのが実情であろう。また沖ノ島17号遺跡で出土した倭製鏡の中には，新段階の中でもより新相の製品（例：4号鏡〈方格規矩・JK系〉，12号鏡〈鼉龍鏡A系・第4型式〉，14号鏡〈分離式神獣鏡系〉など）が含まれており，これによりこのⅣ・Ⅴ型式の段階を区分することができる。

　また早く小林行雄氏（1979）が指摘し，かつ近年において再評価されているように，本稿で舶載三角縁神獣鏡Ⅲ段階としたいわゆる波文帯神獣鏡群には，愛知県東之宮古墳のように，より定型化した腕輪形石製品や倭製鏡古段階の製品が伴う場合が多いことから，独立した時期を設定することが可能と考える。

　以上の検討をふまえ，三角縁神獣鏡と他の副葬品との組み合わせにより，前期古墳を大きく4つの時期に区分する（表6）。まず前期を舶載三角縁神獣鏡と仿製三角縁神獣鏡の副葬を基準として，大きく前期前半と後半の2段階に区分する。これには倭製鏡の古段階と新段階がおおむね対応する。そして他の副葬品との共伴関係をふまえ，前期前半を舶載Ⅲ段階とそれ以前，前期後半を仿製

表6 前期古墳編年基準

	編年私案		三角縁神獣鏡		倭製鏡	筒形銅器	滑石製品	典型例	北部九州での指標
前期前半	Ⅰ期		舶載Ⅰ段階		古段階			権現山51号	
		新相	舶載Ⅱ段階	舶載Ⅱ段階				桜井茶臼山	
	Ⅱ期		舶載Ⅲ段階(＋Ⅱ段階)					東之宮	
前期後半	Ⅲ期		仿製Ⅰ〜Ⅲ型式		新段階	○	容器類	新山・新沢500号・紫金山	
		新相		仿製(Ⅱ-b〜)Ⅲ型式				一貴山銚子塚・長宮	
	Ⅳ期		仿製Ⅳ・Ⅴ型式				勾玉・農工具類	佐味田宝塚・沖ノ島17号・18号	初期横穴式石室出現・円筒埴輪の定着

Ⅰ〜Ⅲ型式とⅣ・Ⅴ型式とで細分し，全体をⅠ期〜Ⅳ期とする。鏡以外では，特にⅣ期の指標として滑石製勾玉と，滑石製模造品の中でも農工具の出現を挙げる。

ここで，前期古墳Ⅰ期およびⅢ期の段階はそれぞれ三角縁神獣鏡の時期において幅を持つことから，ここではⅠ期において舶載Ⅱ段階が含まれる場合をⅠ期新相，Ⅲ期において仿製（Ⅱ-b・Ⅱ-c＋）Ⅲ型式が含まれる場合をⅢ期新相とする。これらの三角縁神獣鏡の時期差をそのまま独立した一時期として設定することも可能であるが，ここでは他の要素との連動という観点から，Ⅰ期・Ⅲ期として幅を持たせつつ，舶載Ⅱ段階や仿製（Ⅱ-b・Ⅱ-c＋）Ⅲ型式などによってさらに限定できる場合にそれぞれの「新相」として取り扱うこととする。これは，先に述べたように，あらかじめ細分された時期の単位が存在すると想定するのではなく，同時期の幅を一定程度確保しながら，時期がさらに限定できる場合のみ「新相」を設定するという認識にもとづくものである。こうした分類基準を先行研究と対照させたものが表7である。前期前半については森下氏の編年案とほぼ一致する一方，前期後半の区分が仿製三角縁神獣鏡の位置づけの差により若干異なっている。ただし他の指標についてはほぼ共通しており，ここでの分類は仿製Ⅱ-b・Ⅱ-c・Ⅲ型式をⅡ-a式以前と一括して扱うという点で，結果的にⅢ期とした時期の幅を長くとった形になっている。

また腕輪形石製品については，古墳での共伴関係において型式の組み合わせの幅が広いことから，ここではむしろ他の副葬品の組み合わせを指標とした。鉄製品でいえば，方形板革綴短甲などの出現がⅡ期〜Ⅲ期，長方板革綴短甲や

第 2 節　前期古墳の編年　203

表7　編年案対応表

三角縁神獣鏡(本稿)	三角縁神獣鏡(森下)	福永(1996b)	大賀(2002)	森下(2005)	辻田(本稿)	
			前Ⅰ期			
舶載Ⅰ段階	A群	Ⅰ期	前Ⅱ期	1	Ⅰ期	
舶載Ⅱ段階	B群		前Ⅲ期	1'		Ⅰ期新相
舶載Ⅲ段階	C群	Ⅱ期	前Ⅳ期	2	Ⅱ期	
仿製Ⅰ〜Ⅱ-a型式	a1〜a3・b・c	Ⅲ期	前Ⅴ期	3	Ⅲ期	
仿製Ⅱ-b・Ⅱ-c型式	a4	Ⅳ期	前Ⅵ期	4		Ⅲ期新相
仿製Ⅲ型式	a5			5		
仿製Ⅳ・Ⅴ型式	a6		前Ⅶ期		Ⅳ期	

　三角板革綴短甲などの帯金式甲冑の出現がⅣ期以降と考えられる。また銅鏃などにおいては，松木武彦氏（1992）のいう「終末期銅鏃」がⅢ期以降の指標となる。筒形銅器や巴形銅器は，いずれもⅢ期以降に出現する。滑石製模造品では，坩などの容器類の出現はⅢ期に遡ると捉える。

　また古墳時代の開始と弥生時代終末期の墳丘墓との差異，すなわち時代区分の問題についても触れておきたい。例えば奈良県ホケノ山墳墓などにおいては，三角縁神獣鏡を副葬しない鏡の組み合わせが，三角縁神獣鏡の副葬に先行する段階として想定される一方で，それらを土器などから箸墓古墳と同時期とみるかその前段階と位置づけるかといった問題がある。筆者は，古墳時代開始の指標として，箸墓古墳の成立と各地での古墳の出現およびそこにおける三角縁神獣鏡の副葬開始とが連動していると捉えている。したがって，ここでは舶載三角縁神獣鏡Ⅰ段階が副葬されるⅠ期以降を古墳時代として扱い，それ以前の墳墓を弥生時代終末期の墳丘墓として区分する。ホケノ山墳墓に関しては，出土土器から箸墓古墳に近い時期まで下る可能性が指摘されていることから（橋本2006），ここでは弥生時代終末〜古墳時代初頭の幅の中で捉えておきたい（第2章の表1では弥生時代終末期の資料の中に含めている）。

　三角縁神獣鏡の年代観との関係でいえば，先にも述べたⅠ段階の細分可能性が古墳出現年代の問題にも大きな影響を及ぼす。三角縁神獣鏡の配布が製作の順序に対応して継起的に行われたとするなら，Ⅰ段階の中でも表現①の古相の一群のみで構成されるもの，あるいは表現①と⑦のみといった組み合わせが多

表 8 北部九州の前期古墳における副葬品の組み合わせ

期	古墳名	中国鏡	舶載三角縁神獣鏡 I段階	II段階	III段階	仿製三角 I-a～II-a型式
I期	津古生掛	方格規矩（倣古）				
I期	那珂八幡第2主体		⑥			
I期	権現	画象				
I期	五島山	斜縁神獣×2				
I期	藤崎第1地点		盤			
I期	神蔵		②			
I期	大願寺		①			
I期新相（～II期）	石塚山	獣帯（細線式）	①A, ②×2	③K1×3, 他(65)		
I期新相（～II期）	久里双水	盤龍鏡				
I期新相（～II期）	赤塚		盤	③K1×3/④J(90)		
I期新相～II期	藤崎6号			⑧X		
I期新相～II期	祇園山	（裾部甕棺・半方形帯四獣鏡・破鏡）		⑯		
I期新相～II期	原口			③K1, ⑯×2		
(I期新相～III期)	若八幡宮			③J		
II期	忠隈	獣帯（浮彫式b）			⑩	
III期	卯内尺					I-c
III期	兔ヶ平第1主体	斜縁神獣				II-a
III期	経塚山	方格規矩（T字）				
III期新相	一貴山銚子塚	内行花文, 方格規矩				II-a
IV期	谷口・東石室	双頭龍文（III式）				
IV期	谷口・西石室					
IV期	沖ノ島17号	八鳳				I-c
IV期	沖ノ島18号	方格規矩, 八鳳		⑤J1		
IV期	向野田	内行花文,方格規矩(倣古),獣帯				
IV期	沖出					
IV期	鋤崎	内行花文,双頭龍文(II式)				
IV期	老司3号	内行花文(蝙蝠), 方格規矩（破鏡）, 方格規矩, 方格T字	①（破鏡）			
V期	丸隈山					

数認められてよいはずであるが，実際にはこうした共伴関係がほとんどみられず，ほとんどの場合②⑤A⑥⑦⑧A／Hなどが共伴する．このことは，古墳での三角縁神獣鏡の副葬開始年代（＝三角縁神獣鏡を副葬する古墳の出現年代を示す）は，I段階の製作が一定程度進行した段階以降である可能性を示唆している．いずれにしても古墳の出現時期は，I段階の製作と配布開始からII段階の製作・配布が開始された時期までの間に考えることができよう．

以上にみた時期区分は，近畿を中心とした古墳を主に対象としたものである．

縁神獣鏡 (II-b・II-c+)III型式	IV・V型式	倭製鏡 古段階	新段階	銅鏃	筒形・巴形	腕輪形石製品 石釧	車輪石	鍬形石	滑石製品	甲冑	円筒埴輪
					○						
					○					小札革綴冑	
										方形板	
					○						
						釧×3					
II-b×4, II-c, III-a											
III-a, III-b			捩・俵文系,捩・房文系			釧×11					有
III-a×2（同笵）											有
	IV-c, V	鼉2b	内行II式,方格II式他			釧×1	車輪×2		勾玉他		
（推定）II-c, III-a	IV-a, IV-b		方格・JC系（推定）			釧×2)	車輪×1		小玉		
							車輪×1				有
						釧×2	車輪×2	鍬×3			有
		獣	獣,捩・俵文系,珠文						勾玉他	長方版	鰭付
			内行×2,捩・俵文系							三尾鉄,肩甲,籠手,草摺	有
			六獣鏡・二神二獣鏡II系		巴形						有

次にこうした時期区分が他地域においてはどの程度有効であるかについて，北部九州を具体例として検討する。

2　前期古墳の広域編年の可能性と課題——北部九州を具体例として

　ここでは，前項で設定した4時期区分をそのまま九州の事例に適用する前に，主に北部九州（一部中九州含む）において副葬品が豊富に出土しているいわば基準資料について，森下氏が行った副葬品の組み合わせという観点から検討を行

う。またこれまでの編年観として，柳沢一男氏（1995b），重藤輝行氏（1998），久住猛雄氏（2002）などを参考とした。

　ここで北部九州の古墳編年を考える際に注意すべき点として，近畿などとの間では出土する副葬品の内容に大きな違いがあることが挙げられる。例えば北部九州では沖ノ島遺跡を除けば大型以上の倭製鏡がほとんど出土しておらず，また腕輪形石製品でも3種類が共伴するのは福岡県沖出古墳などに限定される。短甲の出土なども少なく，また農工具を模した滑石製模造品も古墳からの出土がほとんどみられない。また埴輪などについても，大分県小熊山古墳などの特殊な事例を除けば，円筒埴輪の定着は前期後半以降である。以上をふまえつつ北部九州の前期古墳の内容について整理したのが表8である。

　ここからも明らかなように，三角縁神獣鏡の変遷は，おおむね前項の編年基準と整合的である。ただし，それぞれの細分については議論の余地があり，例えば前期前半については，北部九州では舶載Ⅲ段階の三角縁神獣鏡の出土が少ないことからⅡ期の古墳が少なくなる。また多くの古墳がⅠ期新相を上限としつつも，他の要素が少ないため，副葬品の組み合わせ上はⅡ期までの時期幅の間で理解する必要があると考える。また前期後半においては，福岡県一貴山銚子塚古墳を仿製三角縁神獣鏡の組み合わせからⅢ期新相と考えた場合，北部九州におけるⅣ期の指標として，初期横穴式石室の導入と円筒埴輪の定着という点が想定できるが（ただし福岡市元岡池ノ浦古墳の埴輪については若干遡上する可能性もある），谷口古墳や鋤崎古墳，老司古墳，また沖ノ島17号遺跡や沖出古墳まで含めてすべてⅣ期とした場合に，近畿との同時性がどの程度保証されるのかといった問題がある。こうした点が，現状での広域編年のある種の限界ではないかと考えている。

　同様に，九州における古墳時代の開始という問題も大きい。従来は北部九州における最古の古墳として，例えば福岡県石塚山古墳や大分県赤塚古墳が挙げられていたが，三角縁神獣鏡の組み合わせからいえばこれらはここでいうⅠ期新相が上限となる。すでに指摘されているように，ここで挙げた古墳の中では福岡県那珂八幡古墳などが土器などからもより古相として捉えられる（久住2002）。ただし，那珂八幡古墳の第2主体から出土した三角縁神獣鏡が表現⑥

でI段階に属することを考えれば，中心主体の鏡が同じI段階の鏡である可能性も存在する。筆者は現段階では，那珂八幡古墳や津古生掛古墳，そして箸墓古墳などを，ここでいう「I期」の同時期性の幅の中で理解することをもって時代区分論との整合を図りたいと考える。

3 小　結

　以上，前期古墳の編年について，主に銅鏡研究の成果に拠りつつ検討を行い，結果として大きく前期古墳をI期～IV期に区分した。この編年観は，従来の和田編年（和田1987）や前方後円墳集成編年（広瀬1992）の4期区分について，いわば銅鏡研究のその後の展開を加えて一部変更を加えたものである。そして，可能かつ有効な時間的単位の抽出という観点から，あえて細分を行うことはせずに，それぞれの時間的単位に一定の幅を持たせつつ，鏡の型式からさらに時期を限定することができる場合には，I期・III期のうちの「新相」として設定するという方法を採り，同時期性を確保することを行った。またこのように一定の時期幅を持たせることにより，九州まで含めた広域編年という点でも一定の有効性を持つものと考えている。ただしこうした編年観はあくまでも暫定的なものであり，将来的には新資料の出土により，さらなる細分の可能性も含めて再検討が必要となるものと考えている。

　以上にみたような鏡の変遷観と古墳の相対編年をふまえつつ，次章では三角縁神獣鏡の製作・使用年代とその製作系譜，そして古墳時代前期の実年代について検討する。

註
（1）　三角縁神獣鏡目録は，1989年以降，1994年に『倭人と鏡 その2』，2000年には『大古墳展』展示図録において追補・修正が行われている。本論では2000年のものに拠っているが，2005年以降に出土した大阪府庭鳥塚古墳出土の三角縁吾作四神四獣鏡（目録番号50）と兵庫県塩田北山東古墳出土の三角縁一仏三神四獣鏡（新出，文化財発掘出土情報2006年5月号）を追加している（表4）。両者ともに本章でいうI段階に属し，後者は⑮a に該当する。
（2）　各鏡の銘文については，樋口隆康氏（1992）および林裕己氏（1998）の整理

を参照。
（3） 当然ながら、この問題は「製作者集団」の規模や組織をどのように捉えるかといった問題と不可分である。ここでは、型式変化が引き起こされる要因として複数の視点の関与を想定するとともに、それらを同一製作者集団の中での視点の違いとして捉えている。
（4） 鼉龍鏡系については、三米(1897)、高橋(1911)、富岡(1920)、後藤(1926・1942)、小林(1971・1982)、樋口(1979)、田中(1979・1981)、名本(1982・1983)、森下(1991)、池上(1992)、車崎(1993b)、新井(1995)、岸本(1996b)、辻田(2000)、林(2000)、下垣(2002a・2003a)など、捩文鏡系については上記の他、伊藤(1967)、小林(1983)、小沢(1988)、水野(1997)などの諸氏の研究が挙げられる。両者についての研究史の詳細は、車崎(1993b)・新井(1995)・水野(1997)・辻田(2000)・林(2000)・下垣(2002a・2003a)などを参照。鼉龍鏡の原鏡(モデル)については、早くから画文帯神獣鏡や環状乳神獣鏡などが想定されているが(富岡1920；後藤1942)、樋口隆康氏の研究(1979)を経て、基本的には環状乳神獣鏡と同向式神獣鏡B型の2者が複合されることによって生み出されたとする見方が定着しつつある。また田中琢氏(1981)は環状乳神獣鏡を換骨奪胎したものと捉えている。車崎正彦氏(1993b)は環状乳神獣鏡・同向式神獣鏡B型に加え求心式神獣鏡を、新井悟氏(1995)は求心式神獣鏡や三角縁神獣鏡（山口県宮ノ洲古墳出土鏡・同向式）などを挙げている。また鱗状表現については盤龍鏡からの借用を想定する見解があり(森下1991)、筆者もこの見解を妥当と考える。

第4章　三角縁神獣鏡の製作系譜と製作年代

　本章では，前章の分析結果をふまえ，古墳時代初頭において列島各地に大量に流通した三角縁神獣鏡の製作系譜と製作年代の問題について検討を行う。特に，三角縁神獣鏡の実年代から古墳時代前期の実年代がどのように措定可能であるのか，そして従来から行われてきた「舶載」「仿製」三角縁神獣鏡の区分とその変遷は，こうした実年代についての理解とどのように整合するのかといった点について具体的に検討する。

第1節　三角縁神獣鏡の変遷観

1　舶載三角縁神獣鏡の変遷過程

　前章の検討の結果，舶載三角縁神獣鏡を大きくⅠ段階・Ⅱ段階・Ⅲ段階に区分した。ここでその変遷を以下のようにまとめておきたい。

Ⅰ段階　各種神獣鏡の内区をモデルとして，表現①が生み出される。景初三年銘および正始元年銘の同向式神獣鏡は，断面形態からもその初現段階に位置づけられる。これらのうち環状乳神獣鏡・同向式神獣鏡配置のものはこの表現①の初期段階に限定され，これ以降は文様配置や単位文様の組み替えなどによって多種多様なヴァリエーションが生み出される。具体的には多条の雲気を持った神像表現を特徴とするA系（表現②）と，体部の輪郭が明確で立体的な神像表現と両側に広がった眉毛と髭をもつ獣像表現を特徴とするB系（表現⑦）という大きく2つの方向でパターン化し，その上でさらに複数の方向への多様化が進む。これらはいずれも内区を四分割する四神四獣配置を基本とする。またこれ以外にもA系との関連において仏像表現を取り込んだ表現⑮（仏獣鏡）が，B系との関連では四頭式の盤龍鏡（A類）を主文とした三角縁盤龍鏡

が生み出される。

II段階 捩座乳の採用と内区 6 分割の三神三獣配置の出現・定着によって特徴づけられる。前者は B 系に特徴的な傘松 3 式から生み出されたものと考えられる。A 系では表現③G′配置から三神三獣配置が生み出され，定型化する。さらに一部では二禽二獣鏡と表現③を合体させた表現③J が生み出される。また仏獣鏡でも三神三獣配置を採るものが製作される。B 系では表現④I／J などにおいて捩座乳と二（三）神二獣配置が採用され，また表現⑧X では画象鏡の車馬像などのモティーフが取り込まれる。表現④と表現⑤の間で首を横に傾け巨を銜む獣像表現が共通するなど，全体の変化は連動している。

III段階 博山炉と波文帯鏡群の出現によって特徴づけられる。この段階になると，多様なヴァリエーションの併存はみられず，基本的に B 系の波文帯鏡群（表現⑩など）へと生産が収斂する。これらは三神三獣配置の文様構成に加え，新たにモティーフとして博山炉を導入することによって定型化する。

　舶載三角縁神獣鏡の変遷は以上のように要約されるが，この編年案で再度強調すべきことは以下の点である。すなわち，

(1)傘松文様の変異は単純な時期差ではなく，主像表現における 2 つの系列（A 系／B 系）の違いとも関係しており，蓮華座を伴う傘松文様 1 式以外については，明瞭な時期差は抽出しがたい

(2)I 段階については，紀年銘鏡や表現①の一部が初現段階と考えられる以外は細分が困難であり，古墳での共伴関係からみて，ある限定された時期に多様なヴァリエーションが併行して大量に生産されたと考えられる

(3)外区内面鋸歯文の有無は必ずしも時期差の指標とはならず，むしろ捩座乳及び博山炉（あるいは六分割・波文帯）の出現・導入が変化の指標となる

(4)舶載三角縁神獣鏡の変遷は，時期的変化と文様構成・図像表現の系譜の差異の両者を含み込む形で進行するが，基本的には全体の変化は連動したものであり，また連続したものである

(5)I〜III段階のいずれにおいても，それぞれ新たなモティーフの導入が行

われている

という5点である。ここでは特に,(5)の各段階ごとの新たなモティーフの導入という点という点に注意を喚起しておきたい。言い換えれば,このような点からみる限り,Ⅰ段階からⅢ段階への変遷はたんなる文様の退化の過程として説明することはできないということである。またこうした変遷との関係で問題となるのが,Ⅰ段階〜Ⅲ段階の実年代の幅である。これについては,第1章でみたように長期編年説と短期編年説という2つの立場があり,どちらの見解を採るかによって大きく議論が異なってくる。ここではこの問題について結論を出す前に,仿製三角縁神獣鏡の生成過程について検討し,舶載三角縁神獣鏡と仿製三角縁神獣鏡との関係や仿製三角縁神獣鏡の出現年代といった問題を整理した上で,三角縁神獣鏡の製作地,あるいはその系譜といった点について議論を進めることにしたい。

2 仿製三角縁神獣鏡の生成過程

(1) 論点の整理

　仿製三角縁神獣鏡に関しては,再度学史的な位置づけも含めて検討しておきたい。第1章でみたように,「仿製」と分類された三角縁神獣鏡の一群の出現については,研究史の早い段階から古墳時代の日本列島における倭製鏡生産という脈絡において説明がなされ(富岡1920;小林1961・1962など),かつその中でも特殊な一群であるということが指摘されてきた(森下1991など)。この場合,「舶載」と「仿製」の差異は,大陸と倭国という製作者の出自の違い,あるいは古墳時代前期における倭製鏡生産の開始という問題に帰せられるということになる。他方,むしろ「舶載」と「仿製」の両者の連続性を重視する立場においては,すべて中国製(車崎1999a)・すべて倭製(e.g. 王1981・2000a・2000bなど)とみる両者が存在する。このような点からも,製品自体から見出される「舶載」「仿製」の差異および生産の画期が,大陸での生産→列島での生産開始という変化を背景とし,またそれと一致するものであるのかといった点については見直しが必要であり,それ故現段階の議論としては,これら「仿製」と考えられてきた一群については,仿製鏡／倭製鏡であるという先入観を取り払い,

先に検討した三角縁神獣鏡のⅢ段階からの変化がどのように説明されるのかという点をまず検討する必要がある。その上で古墳時代前期の実年代観という点を含めて、全体の枠組みを組み立てなければならない。以下では諸先学の編年案などを参照しつつ、仿製三角縁神獣鏡の生成過程について再検討する。

(2) 仿製三角縁神獣鏡の初期製品とそのモデル

　仿製三角縁神獣鏡は、近藤喬一氏が指摘しているように、舶載三角縁神獣鏡のうちの複数の製品を合成することによって生み出されている（近藤1973）。近藤氏や福永氏の議論をもとに仿製三角縁神獣鏡の生成過程を模式化したものが図35である。ここでは前章でみた福永氏（1994a）の分類案にもとづき、氏のⅠ～Ⅱ-a 型式の変遷について検討する。

　仿製三角縁神獣鏡のモデルは、大きく3種類である。このうち201鏡などのⅠ-a 型式については、原鏡を踏み返した鋳型にさらに文様を追刻し、同笵鏡が製作された可能性が指摘されているが（小林1976；藤丸2000a）、この原鏡の製作時期と踏返し鏡／文様追刻鏡（201鏡）の製作時期との間にどの程度の時期差があるのかという点が問題となる。従来仿製三角縁神獣鏡の起点はこの201鏡に求められてきたが、藤丸詔八郎氏が指摘するように、原鏡を踏み返した上で文様を追刻し、同笵技法によって同笵鏡を製作するという可能性は表現④Ⅰの97鏡など他の舶載三角縁神獣鏡の一部でも認められており（藤丸2000a）、これらも含めてそうした踏返し鏡の製作の問題を考える必要がある。

　Ⅰ-b 型式以降は、基本的に3種類のモデルの文様構成や単位文様を組み合わせる形で複数のパターンが生み出され、Ⅱ-a 型式の段階で獣文帯三神三獣鏡へと収斂する。Ⅱ-b 型式以降の型式変化は、おおむねこのⅡ-a 型式を祖型とし、各単位文様の簡略化・粗雑化という方向において理解することが可能である。また、Ⅲ-a 型式に属する233鏡の文様帯に、静岡県松林山古墳出土舶載三角縁神獣鏡（101鏡）と共通する銘文を持つ鏡がみられることから、モデルの参照はこの段階以降も行われたことがわかるが、Ⅲ型式以降では全体の文様構成の改変や新たな単位文様の導入は基本的に認められず、その変遷は基本的に前段階の製品の模倣に終始する。いわばⅡ-b 型式以後は、型式学的には基本

【モデル①：芝草文帯三神二獣鏡】
　（e. g. 表現④Ⅰの88・99鏡及び201鏡の原鏡）
　－内区外周をめぐる芝草文帯，首を横に傾ける獣像表現
【モデル②：獣文帯三神三獣鏡】（e. g. 表現⑪の114・115鏡など）
　－三神三獣配置・内区外周をめぐる10分割の獣文帯・全体の文様構成／乳配置
【モデル③：波文帯三神三獣鏡】（e. g. 表現⑫の128鏡など）
　－三神三獣配置・松毬文様の祖型となる小型の博山炉

○（福永Ⅰ-a型式）：モデル①の踏返しと文様追加
　・201鏡の原鏡（モデル①）を踏み返して文様（乳）を追刻したもの。

○（福永Ⅰ-b型式）：モデル①＋モデル②＋モデル③の合成
　－大きく2種類
（1）203鏡：モデル①の芝草文帯三神二獣鏡にモデル③の小型の博山炉（→松毬文様）が組み込まれたもの。
（2）227鏡他：モデル②の獣文帯三神三獣鏡の文様構成／乳配置の中に，モデル①の首を横に傾ける獣像表現と，モデル③の小型の博山炉（→松毬文様）が組み込まれたもの。

○（福永Ⅰ-c型式）：
　Ⅰ-b型式からの連続性／モデルの合成／忠実模倣
（1）204鏡・205鏡－変形芝草文帯三神三獣鏡：Ⅰ-b型式（1）の内区が三神三獣配置となったもの
（2）230鏡他－獣文帯三神三獣鏡：Ⅰ-b型式（2）の模倣

○（福永Ⅱ-a型式）：獣文帯三神三獣鏡への定型化
　・福永同乳鏡D・E群－内区6乳＋外区10乳の獣文帯三神三獣鏡。

図35 仿製三角縁神獣鏡の生成過程

的に一方向的な退化の方向性として理解することができるのである。

　このように，仿製三角縁神獣鏡の生成過程をモデルという点から考えた場合，まず参照されたモデルの限定性という点が挙げられる（近藤1973）。しかもそのモデルが多種多様に存在するヴァリエーションの中でも，上に挙げたこの3種類のみにほぼ限定される点に注意したい。すなわち，近藤氏も指摘するように，より古い段階の四神四獣鏡が含まれず，新しい段階の波文帯鏡群や三神二獣鏡に限定されるということである。このことは，仿製三角縁神獣鏡の製作が，そうした古い段階の鏡の配布が終了したのちに，手元に残った新しい製品をもとに行われたことを示唆すると考えられてきた（近藤前掲）。これに関連して想起されるのが，舶載三角縁神獣鏡と仿製三角縁神獣鏡との型式学的な連続性という問題である。この現象自体は，仿製三角縁神獣鏡のモデルが舶載三角縁神獣鏡の新段階のうちの数種類に限定されるという点からすれば当然の帰結であり，この点のみを根拠として両者の製作が，製作地なども含めた意味で「連続した

もの」と考えることについては再検討が必要である。むしろ，製作技術の面においてみた場合に，長方形鈕孔といった連続性が認められる一方，鈕孔方向という点では異なる「舶載」と「仿製」の両者において（福永1992c），その変遷のあり方そのものが同質的なものとして連続するかといった点について検討することが必要である。

この点について舶載三角縁神獣鏡の変遷と仿製三角縁神獣鏡の変遷を比較すると，まず前者においては，Ⅰ段階～Ⅲ段階のいずれにおいても，各段階ごとに新たな文様モティーフの導入・共有が行われ，また多様なヴァリエーションが併存するなど，その変化の方向性が複雑であることが指摘できる。これに対し後者においては，複数のモデルを合成する試行錯誤段階を経て獣文帯三神三獣鏡へと定型化し，基本的に一方向的な文様退化の過程として理解することが可能である。また神獣像表現においても，「舶載」と「仿製」の両者には明瞭な画期が存在することが指摘されている（岸本1989：p. 39）。以上から，この両者の変遷過程は作鏡姿勢という点において全く異なったものであり，従来から指摘されているような技術的な違いも含めて，両者の間には一定の差異を認めることができる。

このような「舶載」と「仿製」の変遷過程の違いは，舶載三角縁神獣鏡の変遷におけるⅢ段階の出現過程とも大きく異なる。かつ，先端が尖った大型の乳や首を横に傾ける獣像表現など，必ずしも他の前期倭製鏡との共通性が完全に欠如しているわけではないことも確認する必要がある（田中1977）。以上のような点をふまえつつ，次に前期古墳での共伴関係をもとに，仿製三角縁神獣鏡の時期幅について検討したい。

(3) 前期古墳における仿製三角縁神獣鏡の共伴関係と時期幅

前期古墳での共伴関係はあくまで副葬年代であり，製作年代をそのまま反映するものではないが，一定の指標となることは認められよう。その上で前章の表3をもとに前期古墳での出土事例をみると，共伴関係が型式の新古と一定程度対応することから，製作年代自体も前期古墳での副葬年代と大きくかけ離れたものではないことが想定される[1]。これはすなわち，前期の前半段階に舶

載三角縁神獣鏡が製作・配布され，前期後半段階に仿製三角縁神獣鏡が製作・配布されたという可能性を示唆するものである。このことは，次のような問題を派生する。まず，(1)三角縁神獣鏡の製作・使用年代の実年代の幅が，ほぼそのまま古墳時代前期の実年代を示す指標となる可能性が高いこと。そして，(2)舶載三角縁神獣鏡の製作・配布と，仿製三角縁神獣鏡の製作・配布の両者が，古墳時代前期のそれぞれ前期前半と前期後半の対外交渉や列島内の政治的動向と密接に関わる可能性を示唆すること，である。

　繰り返しになるが，この三角縁神獣鏡の製作年代と古墳時代前期の実年代の幅という点については，舶載三角縁神獣鏡について長期編年説と短期編年説のどちらの立場を採るか，そして古墳時代の開始年代や，古墳時代中期のはじまりの実年代をどの程度と見積もるかという問題とも密接に関係する。前期古墳の4期区分は必ずしも絶対的な指標というわけではないが，各地での前期古墳の展開と三角縁神獣鏡の年代観，そして古墳時代中期への時代転換とが，相互に矛盾なく説明されることが必要である。このような視点から，三角縁神獣鏡の製作系譜や製作地，そして舶載三角縁神獣鏡と仿製三角縁神獣鏡との差異を生み出した要因といった点についての検討が必要である。これについては次節において論ずる。

3　小　結

　以上，「舶載」「仿製」三角縁神獣鏡の変遷について検討し，その論点の整理を行った。ここまでの検討から，仿製三角縁神獣鏡の生成・変容過程が舶載三角縁神獣鏡のそれとは質的に異なるものであること，仿製三角縁神獣鏡は前期後半段階において副葬されており，三角縁神獣鏡の製作年代・配布年代がそのまま古墳時代前期の実年代を示す可能性があること，などが確認された。このような点をもとに，以下で三角縁神獣鏡の実年代および製作系譜といった問題について検討する。

第2節　三角縁神獣鏡の製作系譜と製作年代

1　三角縁神獣鏡の製作年代と古墳時代前期の年代観

　ここではまず，「舶載」「仿製」三角縁神獣鏡の実年代と，古墳時代前期の実年代という問題について検討しておきたい。それぞれの年代を考える上ではいくつか指標がある。まず舶載三角縁神獣鏡の年代幅がどの程度と見積もることができるかによって，仿製三角縁神獣鏡の製作開始年代がある程度想定できる。また仿製三角縁神獣鏡については，副葬が終了する古墳時代前期末〜中期初頭の実年代がいつ頃かという点から逆算して一定の指標とすることが可能である。以下この両者について検討する。

　ここで，舶載三角縁神獣鏡の短期編年説・長期編年説の実年代観について，車崎正彦氏・福永伸哉氏らの所説をもとに検討したい。またこの問題は，三角縁神獣鏡の製作地という点とも密接に関係する。車崎氏は，仿製三角縁神獣鏡も含めてすべて魏晋鏡の範疇で捉える立場から，舶載三角縁神獣鏡を魏代，仿製三角縁神獣鏡を西晋代の所産とし，三角縁神獣鏡の変遷が遅くとも4世紀初頭の段階でほぼ終了する可能性を指摘する（車崎1999a）。こうした三角縁神獣鏡全体の年代観と前期古墳の実年代観がどのように整合するかが最も問題となる。

　福永氏は，舶載三角縁神獣鏡のうち，捩座乳を持つ氏のC段階（筆者のⅡ段階に対応）の88鏡や201鏡の原鏡（いずれも表現④I）などの芝草文帯が，景元四年（263）銘の規矩獣文鏡の芝草文帯とほぼ共通することから，氏のA〜C段階（筆者のⅠ・Ⅱ段階）が260年代に収まると想定する（福永1996b）。他方，車崎氏は同じこの芝草文帯を持つ一群を舶載三角縁神獣鏡の最新段階に位置づけるため，舶載三角縁神獣鏡の年代が魏代に収まると考えている。また福永氏は，仿製三角縁神獣鏡の列島での製作開始の契機が，西晋王朝の衰退・滅亡や，高句麗の南下に伴う楽浪郡・帯方郡の滅亡に起因するものと捉え，仿製三角縁神獣鏡の製作開始を4世紀第1四半期と設定し，氏の舶載D段階を270年代〜290年頃

と措定している(福永1994a・1996b)。氏は仿製三角縁神獣鏡の製作終了年代については4世紀第4四半期前後と見積もっている(福永1994a)。

ここで,以上の2つの説がそれぞれ別の形で根拠とする芝草文帯を伴う表現④Iの88鏡や201鏡の原鏡(芝草文帯三神二獣鏡)については,201鏡と同様に踏み返しが認められる97鏡の事例(藤丸2000a)において傘松3式が認められることから,これら④I鏡群の原鏡については基本的に筆者のⅡ段階という位置づけが妥当なものと考えている。④I/Jの一部については,仿製三角縁神獣鏡のモデルとなっている点,あるいは前期古墳の副葬において波文帯鏡群との共伴傾向が顕著なことから「舶載」の最新段階に下げられることが多いが(e.g.岸本1995;森下1998b;車崎1999a),これについては先に指摘したように,原鏡の製作とそれを踏み返す年代との間に一定の間隔がある場合が想定されるため,一概に原鏡の製作年代が新しいとすることはできない。以上から,筆者は波文帯鏡群より前の段階を基本的に260年代までの所産と捉える福永氏の見解を支持する。

次に,Ⅲ段階=波文帯鏡群の年代幅について検討する前に,仿製三角縁神獣鏡の製作年代について検討したい。この問題と密接に関連するのが,仿製三角縁神獣鏡の古段階の製品を大量に副葬する大阪府紫金山古墳の評価である。従来この古墳については,同笵鏡論・伝世鏡論の論理にもとづく倭製鏡の変遷観から(小林1962),前期前半の後半段階(e.g.前方後円墳集成編年2期)の指標と考えられてきたが,竪矧板革綴短甲や筒形銅器などの副葬という点では,紫金山古墳は前期後半段階に顕著となる韓半島系の遺物を副葬する古墳の先駆的な事例の1つとみることができる(福永他1998)。この紫金山古墳の位置づけにより,前期後半段階を,韓半島南部地域との交流が活発化した時期と考えることができるようになった。問題は,この魏晋王朝から韓半島へと対外交渉の主対象が移行した段階と,仿製三角縁神獣鏡の副葬開始年代がほぼ一致するという点である。このことは,すでにみたように舶載三角縁神獣鏡と仿製三角縁神獣鏡の両者における製作・副葬の画期が,ヤマト政権の対外交渉の動向と密接に関係するものである可能性を示唆する。

この場合,仿製三角縁神獣鏡の出現は4世紀第1四半期となり,Ⅱ段階まで

を260年代までと考えると波文帯神獣鏡群（Ⅲ段階）の実年代は相対的に長くなる。このことは前章でみた出現頻度の変遷の問題とも関わるが，Ⅱ段階までとⅢ段階以降との間では，生産のペースや生産体制において大きな変化が生じていた可能性が考えられる。この意味でも，波文帯鏡群の成立と展開は，三角縁神獣鏡の変遷において大きな画期となると考える。

　仿製三角縁神獣鏡の使用がどのような形で終了するのかについては不明な点が多いが，福岡県沖ノ島17号遺跡や岡山県鶴山丸山古墳の事例などから，その年代については基本的に前期末〜中期初頭と考えることができる（岩本2005）。このことを考える上で重要なのが，古墳時代中期の実年代である。前期後半代の実年代については，それを論じうる材料は少ないが，須恵器の出現年代との整合性という点もあわせて考えた場合，TK73型式の年代が基本的に5世紀代に収まると考えられることから（白井2003；桃崎2004），前期末の年代は4世紀後半〜末前後と考えられることになり，古墳時代前期の実年代は3世紀中葉から4世紀後半という最大100〜150年程度の時期幅を見積もらなければならないと考える。このことは，三角縁神獣鏡の時期幅もまた，少なくともその使用年代という意味では，「舶載」と「仿製」の両者を併せてこの年代とそれほど離れていない可能性を示唆する。

　以上，三角縁神獣鏡と古墳時代前期の年代観の問題について検討してきたが，ここまでの議論を要約すれば以下のようになる。

　　（ⅰ）「舶載」Ⅰ〜Ⅲ段階のうち，Ⅰ段階およびⅡ段階については，芝草文帯を有する紀年銘鏡との関係から，260年代までに収まる可能性が高い。

　　（ⅱ）舶載三角縁神獣鏡は前期前半段階の所産，仿製三角縁神獣鏡は前期後半段階の所産である可能性が高い。

　　（ⅲ）波文帯神獣鏡群（Ⅲ段階）の成立とそれ以前との間で，生産のペースや生産体制自体が大きく変化した可能性が高い。

　　（ⅳ）仿製三角縁神獣鏡の副葬開始は，ヤマト政権の対外交渉の主たる対象が魏晋王朝から韓半島南部地域へと移行することと連動した事象である可能性が高い。

(ⅴ) 須恵器の初現年代との整合性において，古墳時代前期末の実年代が4世紀後半～末前後と考えられることから，三角縁神獣鏡の使用終了の実年代もこの年代から大きくかけ離れたものではない可能性が高い。

　以上の検討結果からみた場合，古墳編年との整合性という点において，製作年代と使用年代とは密接に関わっているものと捉え，現状では舶載三角縁神獣鏡の製作・使用年代を3世紀中葉～末，仿製三角縁神獣鏡の製作・使用年代を4世紀代とする年代観が妥当と考える。これはいわゆる長期編年の立場に該当する。ただし，このことは三角縁神獣鏡の製作地を限定することには必ずしもつながらない。ここで項を改め，以上の議論を念頭に置きつつ，文様構成や単位文様といった視点から三角縁神獣鏡の製作系譜の問題について検討する。

2 変遷過程からみた三角縁神獣鏡の製作系譜

(1) 三角縁神獣鏡のモデルと製作系譜

　これまでみたように，舶載三角縁神獣鏡はⅠ段階に象徴されるように，多種の原鏡の文様構成や単位文様を複合し，多様なヴァリエーションが大量に生み出された段階とみることができる。

　これに対し，仿製三角縁神獣鏡の成立段階のモデルは，それ以前の三角縁神獣鏡の中にのみ求められ，他の鏡式からの単位文様の導入といった現象は認められない。Ⅱ型式以降の変遷も基本的に同様である。

　こうした変遷観をふまえ，Ⅰ段階～Ⅲ段階のモデルとなった鏡式を整理すれば以下のようになる。

　　　舶載Ⅰ段階：画文帯同向式神獣鏡／環状乳神獣鏡／対置式神獣鏡，斜縁神獣鏡，盤龍鏡A類，画象鏡，仏像表現，（他に芝草文帯を備えた鏡や方格規矩鏡など）
　　　舶載Ⅱ段階：画象鏡（車馬像），二禽二獣鏡，（他に芝草文帯を備えた鏡や方格規矩鏡など）
　　　舶載Ⅲ段階：画象鏡（博山炉），（一部の方格規矩鏡（魏晋鏡）など）
　　　仿製Ⅰ～Ⅱ-a型式：表現④Ⅰ，表現⑪，表現⑫
　　　仿製Ⅱ-b～Ⅲ型式：仿製Ⅱ-a型式（＋銘帯）

仿製Ⅳ・Ⅴ型式：仿製Ⅱ-b～Ⅲ型式

　こうした三角縁神獣鏡の変遷においては，新たなモデルの導入という点で，Ⅲ段階と仿製Ⅰ型式との間には一定の画期が認められる。ここまでみてきたように，これらの製作地を問題とする場合には，「舶載」と「仿製」との間に一定の差異が存在することを認めた上で，その差異が何に起因するのかを説明することが必要となる。この問題を考える上で筆者が注目したいのは，特にⅠ～Ⅲ段階にモデルとして参照された鏡式の内容である。Ⅰ段階において参照された諸鏡式には，神獣鏡の中でも同向式神獣鏡や斜縁神獣鏡など，華北東部～楽浪郡域において顕著な鏡式が含まれる点が注意される（西川2000；上野2000）。また三角縁盤龍鏡については華北でも出土が多くみられる盤龍鏡Ａ類をモデルとしていることから，少なくともこれらの製作者集団は，王仲殊氏（王1998）がいうような呉からの渡来工人というだけでは説明できない。また福永氏が指摘するように（福永1991・1996b・1998b；福永・森下2000），長方形鈕孔や外周突線といった特徴，あるいは101鏡と共通する銘文を持つ方格規矩鏡などの出土といった点から，舶載三角縁神獣鏡については，中国東北部および楽浪郡域を中心とした地域にその系譜がある可能性が高いと考える。

2　三角縁神獣鏡製作者集団の具体相

　現在三角縁神獣鏡の製作地については，大きく(1)全中国鏡説,(2)全倭製鏡説,(3)一部中国鏡＋一部倭製鏡という3つの見解がある。また(2)の全倭製鏡説については，王仲殊氏のように呉からの渡来工人を想定するものと，中国東北部すなわち魏の領域下の製作者集団の渡来を想定するものとがある。近年までの製作地に関する議論においては，王氏による呉からの渡来工人説を除くと，全中国鏡説および全倭製鏡説のいずれにおいても，製作者集団の系譜は魏の領域内，特に中国東北部に求めているという点については基本的に同じである。相違点は，全倭製鏡説の場合，魏の領域下に系譜を持つ製作者集団が，240年以降のある段階以降に列島に渡来し，これ以降三角縁神獣鏡の製作に従事したとする点である（e.g.寺沢2000）。この3つの可能性それぞれについて検討したい。
　まず(1)の可能性について検討する。古墳の編年と鏡の編年とを切り離せば，

文様の系譜から「舶載」「仿製」の両者を魏晋鏡の脈絡で説明することは可能であると考えるが，この両者の違いが何に起因するかが問題となる。車崎氏は「仿製」の成立年代を王朝交替期の260～270年代に求めるが，先にみたように芝草文を備えた一群をⅡ段階と捉えた場合に可能性として存在するのは，Ⅲ段階の波文帯鏡群を270～280年頃，仿製三角縁神獣鏡の開始年代を280年頃，終了年代を4世紀初頭とする年代観である。この場合，前期前半と後半の画期を280年頃に近い3世紀末頃とすれば，前期古墳の年代とのずれも相対的には小さくなる。この全中国鏡説では，製作者集団はすべて大陸で製作に従事しており，列島での鏡生産にはほとんど影響を与えていないということになる。また「舶載」と「仿製」の違いについても，270～280年頃の年代を挟むため若干のずれが生じるが，基本的には魏鏡と西晋鏡の違いという点に帰せられる。この場合の問題は，前期古墳での副葬年代とのずれといった年代観についてであろう。

　次に(2)と(3)という2つの仮説それぞれの可能性について検討したい。まず最初に問題となるのが，列島から出土している中国鏡が，舶載三角縁神獣鏡Ⅰ段階のモデルの条件を満たしているかということである。第2章でみたように，前期古墳から出土する完形後漢鏡・魏晋鏡は，画文帯神獣鏡・内行花文鏡・方格規矩鏡・獣帯鏡・斜縁神獣鏡を主体とする。また画文帯神獣鏡は環状乳神獣鏡と同向式神獣鏡が中心である。これはⅠ段階のモデルおよび楽浪郡域の出土鏡式の構成とも一致するが (cf. 西川2000)，これらの鏡式と比べて対置式神獣鏡や画象鏡などの出土数が少ない点に注意する必要がある。また管見のかぎり，波文帯鏡群の博山炉の直接的モデルとなるような博山炉を持った画象鏡や博山炉自体の出土は古墳時代前期の列島では確認できない。製作者集団の渡来とこれらのモティーフの製作可能性とが等価であるならば問題ないが，この点に関する説明が重要な課題といえよう。また仏像表現の系譜については魏代の華北に求めて大過ないと考えられる (川西1994；笠野1998)[2]。

　次に，工人の渡来という点について検討する。大和岩雄氏は魏の紀年銘を持つ三角縁神獣鏡が景初三年と正始元年に限定されることから，それ以降240年代の早い段階で，楽浪・帯方郡から列島へ工人の渡来が行われたものとみてい

る（大和1998・2001）。また寺沢薫氏も,「景初四年」銘盤龍鏡の存在は，楽浪郡や帯方郡といった辺境で起こり得たものであり，247年の遣使などを契機として，列島へ工人が招聘されたことは十分あり得ると述べる（寺沢2000）。鏡をはじめとする青銅器生産の技術水準は，実際のところ古墳時代初頭前後を境として大きく変化しており，この点の説明としては一定の可能性をもつものといえる。ただしこの場合でも，なぜ他の様々な文化要素に影響がみられないのかという問題が残る。これは，どの程度の規模の製作者集団の渡来を想定するのか，また鏡以外にどういった変化を想定し得るのかといった問題とも深く関わっている。

　三角縁神獣鏡の全倭製鏡説を採る場合の問題は，仿製三角縁神獣鏡の出現の過程およびその契機をどのように説明するかという点である。近年までの三角縁神獣鏡全倭製説においては，舶載三角縁神獣鏡と仿製三角縁神獣鏡との型式学的な連続性（新納1991a）という点が強調されているが，この点を指摘した新納泉氏自身も両者の間に一定の差異があることは認めている（新納前掲：p. 176）。また先に検討したように，仿製三角縁神獣鏡初期段階のモデルが舶載Ⅱ段階・Ⅲ段階のうちの3種類にほぼ限定されるために，結果的に「舶載」と「仿製」の型式変化自体は連続したものと説明することが可能であるが，そのことは製作地が連続するということとイコールではない。先にも述べたように，こうした型式学的な連続性は，モデルの限定性という点において当然の帰結なのであり，この点のみを根拠として製作体制が連続するといった議論はできないのである。ただし同様に，この点を根拠として「舶載」と「仿製」の差異を製作地および製作者の差異に帰することも困難である。

　三角縁神獣鏡全倭製説を採る小山田宏一氏は，前期古墳での出土傾向から，氏のいう様相1～4（おおむね筆者のⅠ段階・Ⅱ段階に対応）が布留0式～1式古段階という限定した時期に大量生産されたこと，氏の様相5（波文帯鏡群）の出現が大きな画期であり，その時期幅は様相1～4よりも長く，緩慢な型式変化であった可能性を指摘する（小山田2000b）。波文帯鏡群の出現が重要な画期であったことについては賛同するが，筆者はそれ以上に波文帯鏡群と仿製三角縁神獣鏡との間の画期が大きなものであったと考える。それは，踏み返し技法に

第2節　三角縁神獣鏡の製作系譜と製作年代　223

よる文様の追刻，そして「舶載」と「仿製」の変遷過程の質的な違いという点によるものである。仿製三角縁神獣鏡Ⅰ-b型式の223鏡などにおいて「陳氏」銘がみられる点（岸本1993；車崎1999a）についても，長方形鈕孔が共通することと同様に，製作者集団の系譜の連続性といった視点から説明することが可能であろう。

　他方で，仿製三角縁神獣鏡の製作の契機を何に求めるかという点に関しては，王仲殊氏をはじめ，寺沢薫氏や小山田宏一氏他の多くの全列島産説の議論においても，ほとんど言及されていない。この点については，仿製三角縁神獣鏡が主に前期後半段階に使用されると考えられること，また本章で検討したように，その出現が対外交渉の中心が韓半島南部に移行するという事象と連動したものである可能性が高いという点からみると，福永氏が指摘するように，4世紀初頭における西晋王朝の衰退・滅亡および高句麗の南下に伴う楽浪郡・帯方郡の滅亡という点にその原因を求めるのが妥当と考える（福永1994a）。この場合，仿製三角縁神獣鏡の成立は4世紀第1四半期，舶載Ⅰ段階・Ⅱ段階の年代が260年代，波文帯鏡群の年代がその中間にあたる3世紀第3～第4四半期，仿製三角縁神獣鏡の終了年代が4世紀中葉以降となる。言い換えれば，舶載三角縁神獣鏡については，Ⅰ・Ⅱ段階が魏代，Ⅲ段階の波文帯鏡群が西晋代の所産と理解することができる。ここで重要なのは，三角縁神獣鏡の製作年代とその背景を以上のようにみた場合にはじめて，古墳時代前期前半と後半の境界を4世紀第1四半期と考えることができるという点である[3]。

　以上の点から，現状で三角縁神獣鏡の変遷・前期古墳の年代観・製作者集団の系譜といった点において整合的に理解可能と筆者が考えるのは，舶載三角縁神獣鏡Ⅰ～Ⅲ段階を基本的に舶載鏡と捉え，また仿製三角縁神獣鏡が列島で製作されたとする(3)である。これはいわば，研究史の当初から想定されている「舶載」・「仿製」説への回帰である。ただし，「銅鏡百枚」についての理解，製作地，波文帯鏡群の評価などが従来の諸説とは異なっており，以下これについて述べる。

　舶載三角縁神獣鏡の製作地については，ここまで述べた「モデルとなった鏡式構成の共通性」と「各段階における新たなモデル／モティーフ導入の可能

性」という2点において，舶載三角縁神獣鏡の製作地として現状で最も可能性が高い地域として，筆者は楽浪郡および帯方郡とその周辺を想定している。楽浪郡・帯方郡については，白崎昭一郎氏（1987），宮崎市定氏（1987），岸本直文氏（1993），西川寿勝氏（2000）らによって，これまでも三角縁神獣鏡あるいは景初四年銘盤龍鏡の製作地の候補地の1つとして挙げられている。特に西川氏は，卑弥呼が魏から下賜された鏡が「宝飾鏡」であり，三角縁神獣鏡はそれらの「宝飾鏡」をモデルとして楽浪郡域で製作された鏡式と位置づけている。

筆者は第2章の分析結果から「銅鏡百枚」の多くを完形後漢鏡・魏鏡と考えている。これは三角縁神獣鏡を銅鏡百枚の主体と捉えるいわゆる三角縁神獣鏡魏鏡説とは異なり，また「宝飾鏡」として評価する西川氏の議論とも異なる。すなわち筆者の考える銅鏡百枚は，内行花文鏡・方格規矩四神鏡，獣帯鏡，斜縁神獣鏡，そして画文帯神獣鏡などの完形後漢鏡の諸鏡式に一部の魏鏡を加えたものである。こうした鏡式を「銅鏡百枚」の主体と考え，かつ舶載三角縁神獣鏡が基本的に舶載鏡であると捉える場合，製作系譜やモデルの存在可能性という点において舶載三角縁神獣鏡製作地の第一候補となるのが楽浪郡・帯方郡とその周辺域と考える。仿製三角縁神獣鏡の出現の契機を高句麗の南下に伴う楽浪郡・帯方郡の滅亡に求めるという議論についても，舶載三角縁神獣鏡の主たる製作地を楽浪郡・帯方郡域と想定することで，より整合的に理解可能となる。帯方郡周辺の状況については不明確な点が多く，今後の課題とせざるを得ない（cf. 高久1999）。現時点では半島北部での三角縁神獣鏡自体の出土は認められないが，今後関連した資料が出土する可能性を想定しておきたい[4]。

仿製三角縁神獣鏡の成立過程を上記のように捉え，その年代を4世紀第1四半期と捉えた場合，Ⅱ段階の終了年代が260年代と考えられることから，その間のタイムラグをどう説明するかという点が問題となる。小山田氏も指摘するように，Ⅲ段階とした波文帯鏡群の型式変化とその年代幅はⅠ段階およびⅡ段階以上の年代幅を持つ緩慢なものと考えられるが，ここで考えなければならないのが，すでに何度か議論の俎上に載せた踏返し鏡の製作年代である。オリジナル鏡の製作年代については，基本的にⅠ段階およびⅡ段階が260年代までに収まると考えられ，その多くは「舶載鏡」であると考えるが，④I／JなどⅡ

段階の一部の踏返し鏡が第Ⅲ段階に残存することを考えるならば，Ⅰ段階およびⅡ段階に含まれる多量の踏返し鏡のうち，④I／J以外のものについても一部はこの第Ⅲ段階に製作された可能性についても想定する必要がある。前期古墳のうち，新しい段階において舶載三角縁神獣鏡が出土する事例などについては，列島内部での伝世という可能性以外にも，こうしたオリジナル鏡と踏返し鏡の製作年代の差異に起因する可能性がある。そのように考えるならば，270年代以降4世紀初頭段階までの生産体制は，Ⅰ段階およびⅡ段階の生産体制とも大きく異なっていることになる。そうした踏返し鏡の製作地については，藤丸氏も指摘するように，「列島を全く可能性のない箇所として排除するほどの十分な根拠が揃っているわけではない」（藤丸2000a：p. 60）。楽浪郡や帯方郡からの製作者集団の渡来がこの段階で一部始まっていた可能性についても考慮しておく必要があろう。

　また前期倭製鏡の変遷においては，初期段階の製品に優品が多く，その後は系列の多様化と生産体制の拡大が認められる一方で，技術的には衰退するという方向性が認められる。このことからも，倭製鏡生産の初期段階においては大陸系の技術が技術移転という形で導入され，インフラ整備が行われた可能性が考えられるが，倭製鏡生産開始の実年代も含めて，こうした技術移転と三角縁神獣鏡の製作者集団との関係については今後の課題といえよう（この問題に関しては田中良之氏に御教示いただいた）。

　すでに述べたように，筆者は魏王朝から下賜されたいわゆる「銅鏡百枚」の大多数は，完形後漢鏡の諸鏡式に一部魏鏡が加わったものであったと考えており，三角縁神獣鏡の大半はこれとは別のものとして捉えている。このようにみた場合，三角縁神獣鏡の「舶載」は，魏晋王朝との直接交渉の所産というよりは，むしろ楽浪郡・帯方郡との交渉によって継続的に行われた可能性が想定される。すなわち，三角縁神獣鏡の列島への流入は，ヤマト政権による魏晋王朝への遣使が，一貫して韓半島西北部の楽浪郡・帯方郡を結節点とする形で行われていたことの所産であると考えるのである。ここで仮に，「封泥」によって，洛陽で贈られた鏡が入った荷と楽浪郡で贈られた鏡の荷とが区別できる形で列島にもたらされていたとすれば，その段階ですでに両者の間に，すなわち後漢

鏡・魏鏡の鏡諸鏡式と三角縁神獣鏡との間に意味の差が生じていることになろう（この封泥の問題については，2002年11月に，田中良之氏・岩永省三氏から御教示いただいた）。この問題は，三角縁神獣鏡とそれ以外の後漢鏡・魏晋鏡の扱いが異なっていることや，あるいは倭製鏡の製作にあたってモデルとして選択されたのがどのような鏡式であるのかといった点とも深く関わってくる。これらについては次章以降で検討する。

(3) 三角縁神獣鏡製作の歴史的背景

　以上の議論をふまえつつ，最後に三角縁神獣鏡が生み出された歴史的背景の問題について言及しておきたい。第2章でも述べたように，三角縁神獣鏡の製作地がどこであれ，その製作が卑弥呼による魏王朝への遣使を契機とするものであり，三角縁神獣鏡はこの両者の接触の過程において生み出された鏡式であるという評価は動かないと考える。そしてこの遣使自体も遼東から楽浪郡・帯方郡を支配していた公孫氏政権の滅亡という事象と深く結びついたものであることが指摘されている（cf. 西嶋1993；吉田1995）。このことと合わせて想起されるのは，三角縁神獣鏡のモデルとなった同向式神獣鏡や斜縁神獣鏡といった鏡式が出土するのが主に楽浪郡域と日本列島であること，こうした魏への遣使を契機として大量の完形後漢鏡・魏鏡が列島に流入すること，魏の紀年銘鏡に同向式神獣鏡が加わるのがこの段階に限定されるといった諸現象である。特に後2者は，いずれも魏の公孫氏討伐によって，楽浪郡・帯方郡といった公孫氏勢力の旧領域が魏に接収されたことを起点とするものである可能性が高い（寺沢2000）。この点において，舶載三角縁神獣鏡の製作地を，楽浪郡・帯方郡をはじめとした旧公孫氏勢力の領域下に想定することの妥当性が改めて確認されよう。「尚方」銘が少ないという点（西田1970；笠野1998）や関連鏡群としての景初四年銘盤龍鏡の存在（cf. 近藤1988；寺沢2000；水野2006）についても，こうした辺境での生産ということから説明が可能である。また公孫氏政権は3世紀前半代において呉との政治的交渉を断続的に行っていることから（cf. 吉田1995），このつながりの中で楽浪郡域において神獣鏡の製作が行われた可能性も想定される。また列島で出土する呉の紀年銘鏡が楽浪郡・帯方郡との接触を通じて列島に流

入した可能性を想定することもできよう。

　楽浪郡・帯方郡と周辺における特殊な生産体制および列島への「舶載」が継続的に行われた要因については確たる成案は持ち得ていないが，その製作契機という点から考えた場合，倭からの需要という点に加え，魏の呉に対する牽制という役割を担っていた可能性が高いとみる。魏にとっては，呉と密接な関係を有していた旧公孫氏政権の領域を奪回し，さらに進めて東方の倭国を厚遇することが，当時の国際情勢において重要な意味を持っていたと考えるのである（cf. 吉田1995）。280年の呉の滅亡によって，そうした状況がある程度緩和した可能性を想定することも可能であろう。

　また仿製三角縁神獣鏡の出現の契機については，先に述べたように，西晋や楽浪郡・帯方郡の衰退・滅亡に起因するとする福永氏の見解を基本的に支持する（福永1994a）。3世紀後半代におけるヤマト政権の対外交渉は，従来指摘されてきたように魏晋王朝との接触の過程であることは確実であるが，実際には，ここまで繰り返し述べてきたように，魏晋王朝との結節点としての楽浪郡・帯方郡との接触が，一貫して継続的に行われていたと考えられる点が重要である。この段階での対外交渉の実態をこのように捉えるならば，前期後半代＝4世紀前半代の対外交渉が，高句麗の南下を睨んで韓半島南部を舞台として行われた歴史的な過程を，前段階からの連続性において矛盾なく理解することが可能となる。

　このようにみる場合，仿製三角縁神獣鏡は，基本的にヤマト政権の側の必要性によって，他の倭製鏡と併行して生産されたということになる。その具体的な理由についてはここでは明らかにし得ないが，予察という意味を込めて述べるならば，三角縁神獣鏡の製作が，卑弥呼の魏王朝への遣使／「親魏倭王」という形での外臣関係の締結を契機とするものであり，さらにそれを起点として成立した古墳時代前期のヤマト政権と各地の上位層との関係性自体が，儀礼行為や交換の場において，三角縁神獣鏡に関わる語り／イメージを資源とする形で再生産されるものであったことに起因するという可能性を想定する。以下の章では，こうした可能性を念頭に置きつつ，倭製鏡との意味の違いなどについても検討したい。

3 小　結

　以上，三角縁神獣鏡の変遷とその製作系譜について，「舶載」「仿製」の両者を合わせて検討を行った。その結果として，舶載三角縁神獣鏡のⅠ段階〜Ⅲ段階の文様の系譜が楽浪郡域や中国東北部といった地域に求められ，製作者集団の系譜もここに求められること，モデルとなった鏡式構成や新たなモティーフ導入の可能性という点において，舶載三角縁神獣鏡の製作地としては特に楽浪郡・帯方郡域周辺が候補として想定されること，舶載三角縁神獣鏡と仿製三角縁神獣鏡との間には変遷過程自体において質的な差異がみられること，などについての指摘を行った。また「舶載」と「仿製」との差異は，変遷過程の質的な差異と一致し，また対外交渉の変化とも密接に関係する可能性が高いこと，などを確認した。これはいわば富岡謙蔵氏以来の魏鏡説・特鋳説に，製作年代や製作地という点で一部修正を加えたものといえる。ここでの議論は未だ不十分なものであるが，これによって，古墳時代前期社会を論じる上での軸を設定することができたと考える。次にここでの議論を踏まえ，古墳時代前期に使用されるもう１つのカテゴリーである倭製鏡の具体相について検討し，その上で列島各地における鏡の「副葬」と「伝世」の問題へと論を進めることにしたい。

註
（１）　従来の議論では，共伴関係における隣接型式の存在は，「配布中心における集積の後まとめて配布」ではなく，各型式の段階に「その都度配布」が行われ，その後「各地で伝世」されたとする見方が主体である。これは，各型式ごとに分布図を作成し，各型式間での分布の違いを検討するといった分析手法とも密接な関係がある。ただし実際には「配布中心における集積・伝世」と「各地での伝世」のどちらか一方ではなく，両者が起こりえた可能性がある。特に各地から近畿への「参向」の機会（第６章参照）という点では，前者のようなあり方が一般的であった可能性も存在する。むしろ逆に，配布側での集積・伝世の可能性を完全に棄却する方が困難であると考える。
（２）　中国における初期の仏像表現については他に李（2005），金子（2007）などを参照。
（３）　逆にいえば，前期前半と後半の実年代をそれぞれ３世紀後半，４世紀代とす

る論拠は，基本的にここでみたような三角縁神獣鏡の年代観のみであるが故に，仿製三角縁神獣鏡まで含めてすべて魏晋鏡とみなす場合，前期古墳の年代に関してこうした年代観を採ることは困難である。

（4） 楽浪群域出土鏡と関連資料については，岡村1993c・1995・1999；高久1993・1998；鄭2001を参照。

第5章　古墳時代前期倭製鏡の多様化とその志向性

　古墳時代開始期においては，第2章でみたような中国鏡流通形態の変革のみならず，列島内部での鏡の生産という点でも大きな変化がみられる。弥生時代小形仿製鏡の生産は，各地で一部儀鏡として形を変えつつ残存するが，基本的には古墳時代初頭前後に終了する。その一方で，前期前半代には近畿地方において大型の倭製鏡の生産が開始される。古墳時代前期の倭製鏡生産の開始については，従来一般的には古墳時代以前と区分して論じられてきているが，弥生時代終末期の福岡県平原遺跡出土大型八葉座内行花文鏡を仿製鏡と捉え，これと古墳時代の倭製鏡の生産が連続するとする説明がなされる場合がある。第2章でも若干ふれたように，筆者は平原遺跡出土鏡を舶載鏡と捉えており，古墳時代前期倭製鏡の生産と弥生時代青銅器生産との関係は基本的に不連続と考えている。本章ではこうした点を念頭に置きつつ，古墳時代前期倭製鏡の成立と展開について，特にその多様性に注目しつつ検討を行う。この問題は三角縁神獣鏡の製作地をどのように考えるかによっても大きく変わってくるが，前章の分析結果をふまえつつ，ここでは基本的に後漢鏡をモデルとして製作された古墳時代倭製鏡に分析対象を限定する。

　本章では，まず第1節において製作工程の視点から前期倭製鏡の多様な系列が生み出される過程とその意味について検討する。そして第2節では，前期倭製鏡のモデルが「伝世鏡」としての後漢鏡ではなく，古墳時代初頭以降に流入した完形後漢鏡・魏晋鏡にあるという認識を出発点とし，どのような鏡式が，何故モデルとして選択されたのか，そしてそれらと三角縁神獣鏡との関係はどのようなものかといった問題に議論を進めたい。

第1節　製作工程の視点

1　問題設定

　古墳時代前期に製作された倭製鏡は，その文様構成やサイズの多様性などの点において，中国鏡とは異なる様相を示す点が特徴として挙げられる（cf. 田中1979；森下1991）。古墳時代前期の倭製鏡にみられる多様な系列の併存状況や面径の大小などについても，選択的配布を行うための差異化など，ヤマト政権の戦略・需要をある程度反映したものと考えられることが多い（e. g. 和田1986；車崎1993b）。問題はこの戦略・需要の実態とその志向性である。倭製鏡は列島内部で製作されたものであり，中国鏡に表現された神話世界・思想的背景の共有の度合いなどにおいて，中国鏡とはその製作のコンテクストが異なる可能性を想定することができる。このことは，倭製鏡の多様なカテゴリー(1)の違いが中国鏡の鏡式体系と同様に理解可能であるかという問題とも関連する。こうした各カテゴリー間の意味の違いや倭製鏡の製作における戦略・志向性を考える上では，倭製鏡のカテゴリーの多様化がどのような過程を経て結果として生み出されているのかという点について検討することが有効である。本節では，このような問題について鏡の製作工程という視点から検討し，古墳時代前期倭製鏡の多様化の具体相とその特質を具体的に明らかにしたいと考える。

　従来一般的に倭製鏡は，中国鏡の鏡式分類の体系に即して，モデルとされた主要な鏡式との対応関係において理解されてきたと考えることができる。しかし中国鏡の各鏡式が，特定の神話世界／思想的背景の表現形態としてある程度明確にパターン化されていたのに対し（cf. 岡村1993b：p. 42），倭製鏡についても同様の枠組みで理解することが可能であるのかという点は，中国鏡と倭製鏡の差異，さらには倭製鏡の諸カテゴリー間の差異をどのように理解するのかという問題を派生する。すなわち，モデルとしての中国鏡と倭製鏡の関係と，倭製鏡の多様な系列の併存状況やサイズの差異がどのようにして生み出されたものかという点を具体的に明らかにする必要があると考えるのである。その際，

本節では鏡の製作工程という，従来とは若干異なる視点からこの問題について検討する。以下ではまず当該時期における倭製鏡の製作工程について検討し，分類の対象となる倭製鏡自体の資料的特性を明らかにしておきたい。

2 物質文化の製作に関する議論と鏡の製作工程の問題

(1)物質文化の製作とカテゴリー分類における属性の階層性

　考古学が主に対象として扱う物質文化は，製作者が様々な製作工程を経てつくりだすものである。一般に物質文化を分類する場合は，その製作物の形態や大きさなどの様々な属性を基準とした類似性と差異の認定を通じてカテゴリー化が行われる。物質文化にみられるこうした様々な属性は，それぞれが異なるレベルの要因を反映している可能性があり，それ故どの属性が，どのようなコンテクストで，何を反映しているのかを考えることが必要である（Carr, 1995b：p. 220；後藤1997：p. 130）。

　では，鏡の製作においてはどうであろうか。鏡に関しても文様構成やサイズ・銅質など様々な属性があるが，各属性相互の関係はどのように理解することが可能であろうか。この問題に関しては，属性の可視性（visibility）や製作時における決裁（manufacturing decisions）の階層性，製作工程の各段階における自由度（spontaneity）の違いといった視点から，属性間の関係を階層的に捉えたクリストファー・カー氏の議論が参考となる（Carr, *ibid.*）。こうした議論をふまえるならば，鏡の各属性相互の意味の違いを考える上で，鏡の製作工程や決裁の階層性について検討することにも一定の意義を見出すことができよう。特に鏡の製作にあたっては，「どのような鏡を製作するのか」という決裁にもサイズや文様構成，具体的な文様の内容など様々なレベルが存在するものと考えられる。このような製作時における決裁の階層性・製作工程の諸段階・各属性の可視性といった点から属性の階層性を検討することによって，倭製鏡の多様なカテゴリーが生み出される過程についての議論にも一定の貢献を成し得るものと考える。このような認識のもと，以下で鏡の製作工程について，具体的な例を挙げて検討することにしたい。

(2)鏡の製作工程と製品との関係

　図36は福岡県丸隈山古墳から出土した「六獣鏡」である。この鏡は後述するように，外区に菱雲文を配し，また内区外周に半円方形帯を配するなどの点において，鼉龍鏡系と密接な関係を持つ倭製鏡である。その構成を内側から見ていくと，まず鈕座には段状に加工された突起帯がめぐる。内区は乳によって大きく6つに区分され，顔が正面を向き身体が左向きに描かれた半肉彫りの獣像表現が，時計回りに同じ方向で6体配されている。その外周を内側から斜面内側に櫛歯文を配する突起帯，半円方形帯，頂点に凹線を持つ斜面鋸歯文帯[2]がめぐり，内区と外区を画す。そしてその外側の一段低い位置に櫛歯文，その周囲に菱雲文が配され，さらにその外側に一条の凹帯があって素文の縁部に至る。ここでは特に鋳型への施文過程を中心として，以下でこの鏡の製作工程を検討する。

　古墳時代の鏡でも，特に三角縁神獣鏡や鼉龍鏡系など半肉彫りの鏡については，真土型など比較的柔らかい材質の鋳型に直接文様が彫り込まれたものと想定される（田中1981；西川1994；中野1996他）。平彫りや線彫りなどの施文技法の差異（西川前掲）に関わらず，その最初の工程として共通するのが「挽(引)型ぶんまわし」という作業で，これは，ちょうど鏡の断面図を半截したような挽型（挽板）を作成し，それを鋳型上で回転させることによって文様構成面全体を設定する作業である（cf. 原田1960b；川西1991；上野1992）[3]。この点に注目すると，丸隈山鏡の製作工程としてはまず図36の断面図に示されたような，文様帯を区画する複数の段を有する挽型を製作し，鋳型上で回転させ文様構成面全体を設定した後，内区・外区の文様を施文するという順序になる（図37）。この挽型の製作において重要なのは，それが断面形態に関わるものであるというだけでなく，それが(a)内区：外区の文様構成比率や，(b)描かれうる文様構成の可能性＝許容範囲の幅を規定し，また(c)挽型のサイズが製品の半径にあたるため，製品のサイズを直接規定するものであるといった点にある。例えば(a)についてみると，半円方形帯の外側にある斜面鋸歯文帯の頂点を境とした場合の中心までの距離aと縁端部までの距離bの比率は，ほぼ2：1になる。これは頂点に凹線を持つ斜面鋸歯文帯を有する鏡の多くで認められる傾向であり，特に鼉龍鏡

系ではa：b比が2：1になるものが多い。これはこの形状の挽型（以下斜面鋸歯文帯型の挽型と呼称する）にある程度共通した規格性として認められるものと考える。こうした文様構成比率が整数比に近くなる傾向は画象鏡とそれをモデルとした倭製鏡でも認められている（川西前掲）。この整数比の比率は，文様の系列や挽型の形状などによって異なるが，それぞれで一定の共通性が認められるようである[4]。

さて，以上のように斜面鋸歯文帯型の挽型を用いて鋳型本体に全体の大きさ・文様構成の比率／レイアウトを設定した後，次に文様の施文が行われる。複数ある文様帯のうち，どれがまず最初に施文されたかを判断する材料は乏しいが，半円方形帯のうち半円形がほぼ正確に内区を8分割し，かつ内区主文部を6分割する乳のうち内区を2分する2つの乳が外側の半円形と対応している事実から，半円方形帯によって内区を区分した後，内区主文部を乳で区画しているという可能性が想定できる（図38）。この半円方形帯と乳による内区主文部の区画は，鼉龍鏡系と共通する手法であり（cf. 原田1961），挽型の形状とともにその近接性を窺うことができる[5]。外区に配された43個の菱雲文は内区とは離れて自由に施文されているようである。

以上丸隈山鏡の製作工程について，挽型ぶんまわしという視点から検討した。その結果，製作工程としては，（鋳型本体の準備）[6]→①挽型の製作・使用による鋳型への文様構成面の設定→②文様の施文（内区主文部に関しては乳による区画の後施文）という大きく2つの段階が想定できることが明らかとなった。また挽型自体を製作する時点で，文様構成の許容範囲の幅・内区：外区などの文様構成比率・製品のサイズ・断面形態などの可視的な側面が規定されることが指摘できる。このように，製作工程としては挽型の形状とサイズの設定が具体的な文様の内容に先行する。しかし物質文化の製作においては製作工程の順序と決裁の階層性は必ずしもイコールではなく（Carr, *ibid.*）[7]，製作工程の復元のみでは，例えば丸隈山鏡の製作にあたってより重視されたのがどの属性であるのかを判断することはできない。すなわち，挽型の形状とサイズが分類基準の1つとなりうる可能性[8]は認められるとしても，必ずしもそれが決裁の階層性において最上位に位置するということにはならないのである。製作工程の順

序との関連においてこの製作時における決裁の階層性をある程度明らかにすることが，倭製鏡の多様化の実態を考える上でも重要と考える。すなわち，挽型が製作される前の段階で，どの程度まで具体的な製品のイメージが想定されていたのかという問題である。以下ではこの問題について，いくつかの具体的な事例をもとに検討を行うことにしたい。

3 製作工程からみた倭製鏡多様化の具体相

(1)サイズ・カテゴリーの差異化と製作工程

　ここではまず，サイズの多様性の問題について検討する。前期倭製鏡のサイズ（面径）については，最大45cm前後のものから最小5cm以下のものまで，ばらつきが大きい点が特徴である（田中1979）。すでにみたように製作工程という視点からいえば，鏡の面径は半径としての挽型のサイズに規定されているということができる。図39は前期古墳から出土した倭製鏡（ここでは仿製三角縁神獣鏡は除く）のサイズの分布を面グラフで示したものであるが，明らかに4つのピークが見られ，便宜的に4つに区分することが可能である。すなわち，小型14cm以下，中型14.1cm〜19.0cm，大型19.1cm〜25.0cm，超大型25.1cm以上である。これは前述の和田氏や車崎氏による区分とおおむね一致する。こうした4つのピークというあり方は中国鏡では顕著ではなく，倭製鏡に特徴的に認められる現象であり，少なくとも倭製鏡に関してはこのサイズ区分が一定の意味を持つものと考えられる。4つのサイズ区分それぞれのピークは小型では12cm前後，中型では16〜17cm，大型では20cm前後，超大型では27〜28cmと考えられ，それぞれ挽型のサイズに換算すると小型6cm前後，中型8〜8.5cm前後，大型10〜11cm，超大型13.5〜14cmとなる。すなわち挽型のサイズとしてはほとんどが15cm以下の範囲で決定されており，またほぼ2〜3cmの間隔で出現頻度に差異が認められるということができる。

　決裁の階層性という点からみた場合，このサイズという属性はどのように理解されるであろうか。改めていうまでもなく鏡の面径の大きさは投入される青銅原料の量・質に関わる部分であり，それが決裁の階層性において上位に位置することは確実である。また，例えば鼉龍鏡系のようにほぼ同じ形状の挽型を

第1節　製作工程の視点　237

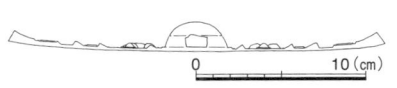

図36　福岡県丸隈山古墳出土鏡（22.1cm）

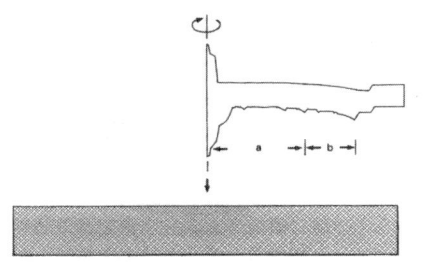

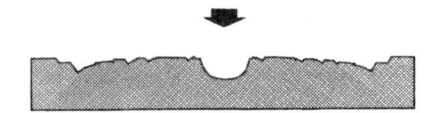

図37　挽型ぶんまわしの概念図　斜面鋸歯文帯型（北九州鋳金研究会1997の製作をもとに作成）

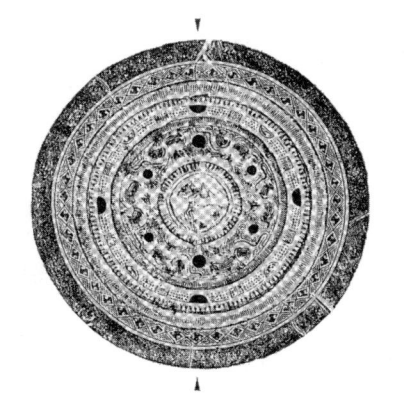

図38　丸隈山古墳出土鏡の内区分割

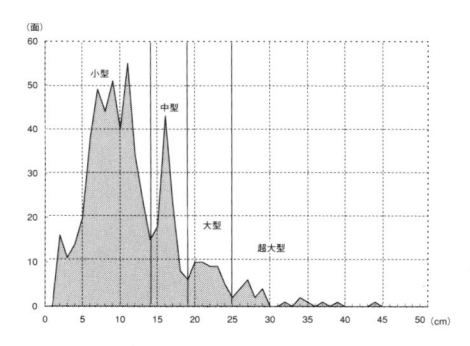

図39　前期古墳出土倭製鏡の面径分布（N＝577）

使用しながら，超大型から中型までサイズの変異に幅がある系列が存在することを考えると，従来から指摘されているように，面径の差異化ということを想定する必要があると考える[9]。すなわち，先にみた面径の分布における4つのピークを，4つのサイズ・カテゴリーそれぞれのプロトタイプ[10]が志向された結果であると考えるのである。ただし超大型鏡の多くが前期倭製鏡生産の初期段階に限定され，また前期後半〜末になると小型鏡が主体となるという時間的変遷が想定される点から，そのような面径の差異化は必ずしも前期を通じて一貫して行われたものではない可能性がある。また捩文鏡系はすべて小型の範疇に収まるなど，サイズ・カテゴリーの差異は文様の系列によっても明らかに異なる。倭製鏡のサイズの多様化・差異化を考える上では，こうした系列とサイズという2点において，(a)系列とサイズ・カテゴリーが一致する場合（e. g. 捩文鏡系など）と，(b)同一の系列でサイズの変異に幅がある場合（e. g. 方格規矩四神鏡系：田中琢氏1983の分類によるJDⅡ式段階など）の2者を区別する必要があるものと考える。(a)の場合，文様構成とサイズは不可分であるため決裁としては同列であるが，(b)の場合の決裁は状況に応じて変わってくるものと考えられる。こうした文様構成とサイズの関係性の度合いが各カテゴリー間の差異を考える上で意味を持つ可能性は十分に考えられる。このような点を念頭に置きながら，次に文様構成の多様化の問題を検討することにしたい。

(2)文様構成の多様化と製作工程

ここではいくつかの事例をもとに，製作工程という視点から文様構成の多様化の具体的な様相について検討する。

事例①：内行花文鏡系（図40-1・2）　後漢代の四葉座内行花鏡の文様構成は，鈕の周囲に四葉座を置き，その周囲に内側から八弧の連弧文・二条の櫛歯文帯で挟まれた有節松葉文帯（雲雷文帯）がめぐるものが通例である。これに対して倭製鏡では連弧文の弧数を改変したものが早くから出現するなど，中国鏡の構成を逸脱したものが多く認められることが指摘されている（田中1979；清水1994）。ここで挙げた2面の倭製鏡はいずれも二条の櫛歯文で挟まれた有節松葉文帯を連弧文の内側に配するという形で，四葉座内行花鏡の文様構成の配

置を組み換えたものである（田中前掲；1981）。ただし，1は五葉座十弧文，2は四葉座八弧文という違いがある。またここで挙げた以外にも，伝和歌山県出土とされる鏡に，2とほぼ同じ構成を持つ八弧鏡がある（田中1981：p. 52, 18.4 cm）。

　この2面の挽型の形状について考えると，図示したように全体のサイズや個々の文様帯の構成比率は両者の間で異なっていることがわかる。したがって伝和歌山県出土鏡も含めて，3つの鋳型に対して同一の挽型を3回使用したわけではなく，それぞれの鋳型に対して新たに挽型を製作したであろうことが想定される[11]。これは川西宏幸氏が例示した，画象鏡系倭製鏡のいくつかの資料にみられる文様構成比率の近接性についても同様である（川西1991）。ただし連弧文の弧数や鈕座葉数の違いを除き，文様の施文方法に関してはコンパスを使用したほぼ共通の手法が採用されていると考えられ（cf. 原田1961：pp. 44-49），また特に文様帯のレイアウトに関しては完全に一致する。この文様帯のレイアウトは，挽型上で突起状に設定されるため，サイズや文様構成比率は異なるが挽型の形状としてはほぼ共通するものを採用していると考えることができる。またこのような平面的な形状の挽型が内行花文鏡系に特有のものであることから考えても[12]，1・2の両者の挽型を製作する段階で，「有節松葉文帯を連弧文の内側に入れた内行花文鏡系」の鏡を作るという決裁がすでに行われていたと想定することが可能である。弧数を十弧にするか八弧にするのかという決裁が挽型の製作以前に行われていたかを判断することはできないが，少なくともその差異が生み出されるのは，製作工程としては挽型ぶんまわしによる文様構成比率の設定より後の段階であるということができる。

　こうした問題を考える上で示唆的なのが，舶載三角縁神獣鏡にみられるヴァリエーションの生成過程である。森下章司氏は，舶載三角縁神獣鏡の多様化が，笠松文様の位置や神獣像表現の組み合わせ，単位文様の置換など，「文様構成や配置の組みかえ」を基礎として行われていることを指摘する（森下1989）。このようなあり方は，挽型ぶんまわしが行われた段階以降の内区文様の施文に関する自由度に大きく依存したものと理解されよう。

　倭製鏡製作の基本形態は，傍らにモデルとなる原鏡もしくは設計図があり，

それを模倣するという行為であると考えられる（田中前掲）。これは，例えば鼉龍鏡系の製作において胴体表現の左右が逆転する現象（新井1995）などからも裏づけられる。ここで挙げた事例が重要性を持つのは，連弧文の弧数の違いといった問題ではなく，挽型を製作する以前の段階で，文様帯のレイアウトに関する具体的な決裁が行われていることが確認できる点である。特に，この有節松葉文帯を連弧文の内側に入れるという文様構成は四葉座内行花文鏡ではあり得ないものであり，その意味では中国鏡の文様構成を大きく逸脱したものということができる。そしてこの点に関する決裁が，製作途上で行われたものではなく挽型の製作に先行するものであるという点に注意を喚起したい。また同様のレイアウトをもつ鏡が一定数存在することを考慮すると，文様帯のレイアウトに関する決裁の方が連弧文弧数や鈕座葉数より上位に位置づけられる可能性をも想定する必要があろう。

　ここで挙げた2面は，いずれもいわば「四葉座内行花文鏡の文様構成の組み換え」によって生成されたヴァリエーションであるといえるが，その場合にも大きく2つのレベルとして理解することができる。すなわち，（Ⅰ）中国鏡の文様レイアウトの組み換えによるもの，そして（Ⅱ）共通した文様帯のレイアウトを持ちつつ，挽型ぶんまわしによって文様構成比率が設定された次の段階での，弧数や鈕座葉数など細かい文様の改変によるヴァリエーションの生成である。ここで挙げた事例については挽型の形状が内行花文鏡系に特有のものである点からも，製作時点で「内行花文鏡系」という決裁が行われていることはほぼ確実と考えることができる。ただし，これもまた挽型の形状と系列との関係性の強弱（例えば文様レイアウトが主たるモティーフと直結するかどうかなど）によって違いがあると考えられる。いずれにせよ，倭製鏡にみられる新たなヴァリエーションの生成過程において，製作工程との関連で大きく2つのレベルが認められることの重要性は改めて強調されてよいと考える。

事例②：斜面鋸歯文帯型の挽型（図40-3・4・5）　次に，先に挙げた丸隈山鏡と，斜面鋸歯文帯型の挽型や半円方形帯，外区の菱雲文などの共通性がみられる鼉龍鏡系との関係について検討する。ここで挙げた鼉龍鏡系（4・5）はいずれも筆者の分類でいう第2b～第3型式前半にあたる（第3章参照）。丸隈山

第1節　製作工程の視点　241

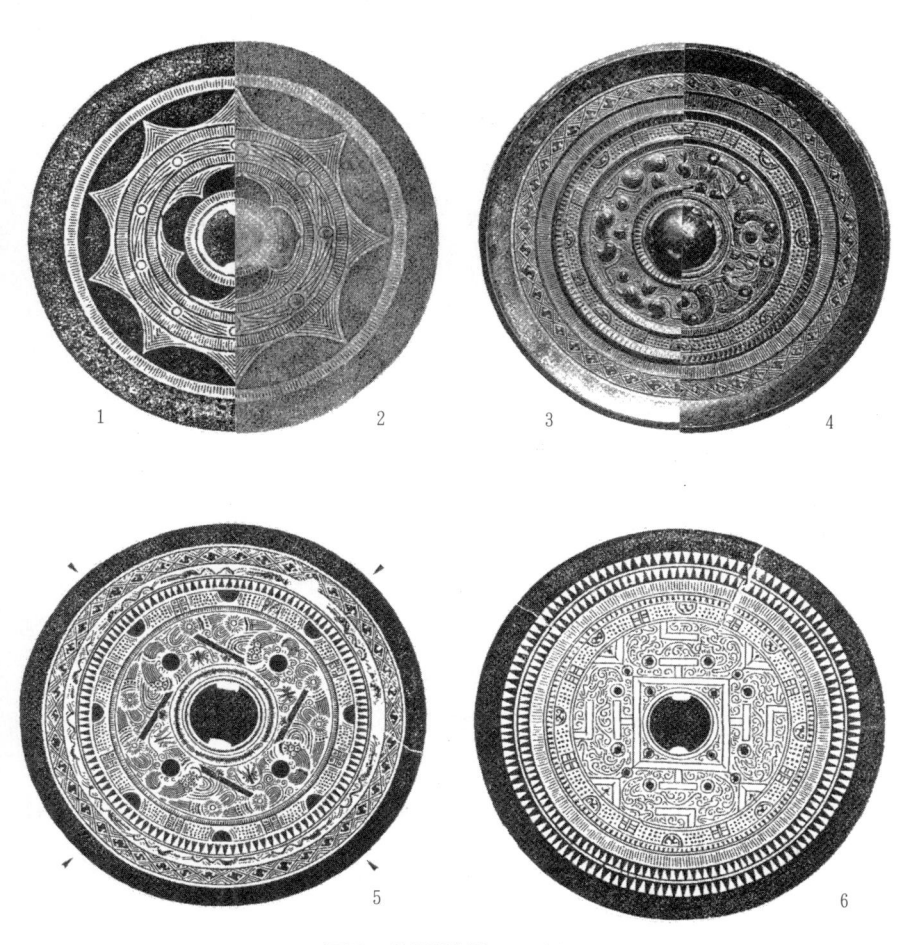

図40　前期倭製鏡の具体例
1：福岡県沖ノ島17号遺跡出土 8 号鏡（内行花文鏡系, 18.7cm），2：京都府美濃山王塚古墳出土鏡（内行花文鏡系, 19.7cm），3：丸隈山古墳出土鏡（22.1cm），4：伝京都府淀出土鏡（鼉龍鏡系, 22.3cm），5：沖ノ島17号遺跡出土11号鏡（鼉龍鏡系, 23.7cm），6：沖ノ島17号遺跡出土 2 号鏡（方格規矩四神鏡系, 26.2cm）

鏡（3）の文様構成はすでにみた通りであるが，伝京都府淀出土鼉龍鏡系（4）は，菱雲文の外側の凹帯がなく，また鈕座が段状の突帯でなく断面半円形の有節重弧文帯である他は，全体のサイズ・文様帯のレイアウトやその構成比率が丸隈山鏡とほぼ一致していることがわかる。このことは，両者の挽型の製作がほぼ同一の規格で製作されたことを示唆するものである。ただし鈕区部分の違

いから，同一の挽型を使用した可能性は低いと考えられる。他方，5に挙げた福岡県沖ノ島17号遺跡出土鼉龍鏡系は文様帯のレイアウトは鈕区を除いてほぼ丸隈山鏡と一致するが，a：b比などの各文様帯の構成比率は大きく異なっている。

　丸隈山鏡と伝淀鏡の両者を比較すると，伝淀鏡の半円形の渦数が3であるのに対し，丸隈山鏡では2である点から，伝淀鏡の方が先行する可能性が指摘できる（cf. 森下1991）。すでに述べたように，両者の挽型の規格はほぼ一致するものであり，内区文様が鼉龍鏡系と異なる丸隈山鏡についても，文様帯のレイアウトや外区文様などについての決裁は，伝淀鏡とほぼ共通するものと考えられる。両者の間に明確な差異が生じるのは，挽型ぶんまわしによる文様構成面の設定が行われた後の段階である。前章でも触れたように，丸隈山鏡は半円方形帯によって内区を4（8）分割した後，そのうち内区を2分する2つの半円形に対応させる形で内区に乳を2個設定し，その上で内区を6分割しているものと考えられる。これに対し，鼉龍鏡系の場合は半円方形帯による4（8）分割の後，直交する4つの半円形に対応させる形で内区をほぼ正確に4等分している（図40-5；cf. 原田1961：pp. 50-54）。すなわち，半円方形帯の設置まではほぼ共通しており，その次に乳の配置を行う段階で違いが生じていることになる。内区文様の違いについてみると，伝淀鏡は鼉龍鏡系の典型的な文様構成をほぼ備えており，それを可能にするモデルが，模倣の対象として製作時に傍らに置かれていたものと考えられる。これに対し丸隈山鏡の獣像表現は鼉龍鏡系とは異なり，おそらく舶載斜縁二神二獣鏡などの獣像を新たにモデルとして導入しているものと想定される。ただし，獣像頭部の表現は冨田和気夫氏も指摘するように（冨田1989），鼉龍鏡系にその系譜を辿ることが可能である。もし同一規格の挽型が製作される時点で2つのモデルがすでに用意されていたということであれば，具体的な内容に関する決裁は挽型ぶんまわしの段階以前に行われていたことになろう。しかしながらこの点に関しては，どちらであるかを決定付ける明確な根拠はなく，判断は保留せざるを得ない[13]。

　ここで確認すべきことは，製作工程としては，挽型ぶんまわしの段階まで両者がほぼ同じ規格を共有しており，次に行われる施文の段階で差異が生じてい

ることである。すなわち，挽型ぶんまわしが終了した段階では，鼉龍鏡系の文様構成を採用することも，あるいは内区を6分割して丸隈山鏡のような構成にすることも，選択肢としてはどちらも可能であるわけである。こうした，新たなモデルの導入という形でのヴァリエーションの生成を可能にするという点こそが，この挽型ぶんまわしという製作工程の特徴であると考える。つまり，同じ規格の挽型を製作することによって，文様帯のレイアウトに関しては共有しながらも，内区部分の施文に関する自由度を有効に活用することによって，より多くのヴァリエーションを生み出すことが可能であったわけである。これは決裁の階層性とも大きく関わる問題であり一概には言えないが，いずれにせよ，挽型＝文様帯のレイアウトの共有を共通基盤とした上で，「別のモデルを新たに模倣の対象として導入」することによってヴァリエーションを生成するという方向性の存在を指摘することができよう。これは先に挙げたヴァリエーションの生成に関する2つのレベルのうち，製作工程という点から（Ⅱ）のレベルと関係するものとして位置づけられる。

事例③：方格規矩四神鏡系（図40-6） 次に，外区文様の共通性などにおいて鼉龍鏡系と関係が深い方格規矩四神鏡系の倭製鏡について検討する。6に挙げた沖ノ島17号遺跡2号鏡は一見してわかるように斜面鋸歯文帯型の挽型を採用するものである。この点については，斜面鋸歯文帯や半円方形帯を有する方格規矩四神鏡が中国鏡には存在しないことから，鼉龍鏡系との関係を想定せざるを得ない。この方格規矩四神鏡系と鼉龍鏡系の間での斜面鋸歯文帯型の共有は，奈良県新山古墳出土13号鏡（方格：田中琢氏の直模式，29.1cm）と山口県柳井茶臼山古墳出土鏡（鼉龍：筆者分類の第2a型式, 44.8cm）の両者で認められることが田中琢氏によってすでに指摘されており（田中1979・1981：pp. 30-31），こうした現象が前期倭製鏡生産の早い段階から存在することが確認できる。

　この沖ノ島鏡における半円方形帯は鼉龍鏡系と同様16分割であり，半円形を基礎として内区をほぼ正確に4つに区分するものである。またa：b比も2：1で鼉龍鏡系と共通する。ただし，鼉龍鏡系の外区で鋸歯文を採用する場合，鋸歯文＋複線波文＋鋸歯文という構成を採る場合がほとんどで，鋸歯文二条を配するものは非常に限定される[14]。逆に外区に鋸歯文二条を配するものは方

格規矩四神鏡系に顕著であることからも（cf. 田中1983），挽型を製作する時点ですでに内区文様に関する決裁が行われていた可能性を想定しておく必要がある。沖ノ島鏡については基本的に新山鏡で創出されたパターンとの系譜関係によって理解することができよう。

　方格規矩四神鏡系に関しては，田中琢氏によって内区文様の変遷が系列的変化として追えることが指摘され（田中前掲），またその中でも鳥文を主文部に配置する一群などが傍系列として併行して存在することが想定されている（森下1991）。内区文様において系列的変化が追えるということは，内区に関しては原鏡としての方格規矩四神鏡が早い段階から参照されなくなっており，製作の際には方格規矩四神鏡系倭製鏡自体がモデルとして参照された可能性を示唆するものである。ここで示した斜面鋸歯文帯型の導入によるヴァリエーションの生成は，先に挙げた（Ⅰ）のレベル，すなわち文様レイアウトの組み換えとの関係で理解することができる。そして外区文様に排他性がみられるという点で，内区文様に関する決裁も同時に行われていたとみるべきであろう。こうしたあり方は文様構成や挽型の種類にもよると考えられるが，挽型の形状＝文様帯のレイアウトを決定する時点でみられる外区文様と内区文様との関係性の度合いは，内区文様に関する決裁がどの段階で行われたのかを考える上での指標となるものと考えられる。

　また方格規矩四神鏡系においては外区文様への菱雲文の導入とその定型化，また奈良県佐紀陵山古墳出土鏡のように有節松葉文帯を内区外周に取り込むなど，他系列の単位文様を導入することによるヴァリエーションの生成という方向性が認められる（cf. 田中前掲）。この点については，挽型の形状＝文様レイアウトに関わるか否かという点で，決裁のレベルに差があると考えられる。このように，各属性に関する決裁の階層性を考える上では，それぞれが製作工程の諸段階とどのように関わるかを検討することが有効であるものと考える。

(3) 製作工程からみた多様化の具体相

　以上の議論をもとに，倭製鏡の製作工程・決裁の階層性およびヴァリエーションの生成過程の関係について検討したい。

まずここまでの議論からも明らかなように，鏡の製作工程としては，鋳型本体の準備という段階を経て，大きく①挽型の製作・使用と，②具体的な文様の施文という大きく２つの段階として理解することが可能である。このうち挽型の製作は，文様帯のレイアウト・断面形態・全体のサイズといった可視的属性と関わる部分である。そして挽型ぶんまわし以降における自由度の幅の違いは，内区主文部に関する具体的な方向性や挽型の種類・施文技法などによって異なると考えられる。ここで挙げた内行花文鏡系や方格規矩四神鏡系のように，挽型製作の時点ですでに内区文様に関する決裁が行われていると考えられる場合もあれば，斜面鋸歯文帯型のように自由度の幅が大きいと想定される場合もあるが，このような点はカテゴリー間での階層性の存在を示唆するものと考える[15]。またサイズ・カテゴリーの志向性（「差異化」を含む）は，明確にこの挽型製作の段階と結びつくものということができる。

　また②の文様の施文に関しては，挽型ぶんまわしによる全体の大きさ，文様構成比率などの設定以降の自由度に依存した形でヴァリエーションが生成された可能性が想定される。具体的には，a：連弧文弧数や乳数・獣数の改変など，b：各単位文様などの新たなモデルの導入，という２つのあり方が想定できるが，いずれも文様構成の置換操作／組み換え（cf. 田中1977；森下1989）として理解することができると考える。

　このように，前期倭製鏡の多様化の問題を考える上では挽型の製作＝文様のレイアウトやサイズの設定に関わる（Ⅰ）と，挽型ぶんまわし以降の自由度に依存した（Ⅱ）という，２つの決裁のレベルの違いを区別する必要がある。そしてそれぞれが倭製鏡の分類を行う上での指標となりうる可能性は認められてよいものと考える。

　以上のような議論をふまえ，古墳時代前期倭製鏡の多様化を可能にした要因として，以下の２点を挙げることができよう。

　　①挽型ぶんまわしを媒介とする，大きく２段階の製作工程の存在。挽型ぶんまわしの前と後では自由度が異なるため，特に挽型ぶんまわし以降の自由度に依存する形で多様なヴァリエーションを生成することが可能であった。その自由度を規定するのは挽型のサイズ・形状であり，この挽

型を製作する時点でどの程度製品がイメージされていたかは，各カテゴリー間の階層性などにより異なると考えられる。

②中国鏡に表現された神話世界／思想的背景などに関するコードの規定(16)に束縛されることなく，各単位文様をテクストとしての文様構成から切り離し，パーツとして自由に新たな模倣の対象とできた点。この意味では模倣という行為自体が新たなヴァリエーションを生み出す可能性を有していたものと考えられる。

なお，同じ挽型ぶんまわしという製作工程を共有するにもかかわらず，中国鏡ではこのようなあり方は認め難い。これは中国鏡の各「鏡式」が，一定のコードに即して挽型形状・文様構成・サイズなどが密接に結びつく形でパターン化されている点によるものと考えられる。ここに倭製鏡との大きな違いを見出すことができよう。

4　小　結

以上，古墳時代前期倭製鏡の多様化の様相について，製作工程という視点から検討を行った。製作工程という視点から前期倭製鏡の特質について改めて述べるならば，中国鏡のコードの規定に束縛されることなく，模倣の対象として各属性を参照しているという点，そして挽型ぶんまわしという製作工程が持つ柔軟性・可変性というこの2点を挙げることができる。この2つの要因が効果的に結びついたことが前期倭製鏡のカテゴリーの多様化を可能にしたものと考える。以下，こうした問題を念頭に置きながら，倭製鏡のモデルとその選択の問題に論を進めることにしたい。

第2節　前期倭製鏡中心的系列群の生成過程
―モデルとその選択―

はじめに

本節では第1節の議論をふまえ，古墳時代前期倭製鏡の生成過程について具

体的に検討する。分析を行うにあたって，特に課題として掲げたいのが以下の2つの点である。

　①古墳時代前期倭製鏡の生成過程においては，後漢鏡・魏晋鏡のどのような鏡式が，何故，そしてどのような形でモデルとして選択・採用されているか。

　②前期倭製鏡の諸カテゴリーは，後漢鏡・魏晋鏡の鏡式体系と直接的に置換可能であるか。

　これは言い換えれば，それぞれ，倭製鏡とモデルとの関係の問題，倭製鏡の諸カテゴリー間の関係性の問題ということができる。第1章でもみたように，従来の研究史においては，倭製鏡のモデルや倭製鏡の変遷観に関しては，いわゆる伝世鏡論，もしくは伝世論の影響が大きく，モデルとされた鏡式自体や，倭製鏡諸系列間の関係性といった問題について，踏み込んで議論されたことは少ない。以上の認識をもとに，以下ではまず第1に，古墳時代前期において，倭製鏡のモデルとなり得た中国鏡（後漢鏡・魏晋鏡）がどの程度存在したのか，いわばモデルの選択肢がどの程度存在したのかという点について検討する。次に，特に内行花文鏡系・方格規矩四神鏡系・鼉龍鏡系といった前期を通じて存在する系列群の中でも初期の製品が，どのような「模倣」によって生み出されているかを検討する。さらに，前期後半に出現する系列のうち，従来対置式神獣鏡系として分類されてきた一群についても，それらのモデルとその生成過程について検討する。こうした分析を通じ，前期倭製鏡のモデルとその選択の過程を具体的に明らかにし，従来の前期倭製鏡の変遷観に対する代案を提示したいと考える。

1　分析1：前期倭製鏡諸系列の生成過程

(1)前期倭製鏡のモデルの可能性

　まずここでは，第2章での分析結果をもとに，古墳時代前期において，倭製鏡のモデルとして参照された可能性のある鏡式はどのようなものかといった点について検討したい。ここで改めて，第2章の図3を参照願いたい。すでにみたように，筆者は前期古墳から出土する完形後漢鏡の多くは，弥生時代後期以

来の各地での伝世の所産ではなく，古墳時代初頭以降に近畿地方に流入した後に各地に配布されたものと捉えている。この場合，古墳時代前期においてモデルとされた諸鏡式とは，必然的に「列島内で伝世された鏡」という意味での中国鏡ではなく，古墳時代初頭以降に列島・近畿地方に流入した舶載鏡としての中国鏡諸鏡式の中に求められることになる。すなわち，その意味において，前期古墳から出土する中国鏡諸鏡式の中に，倭製鏡のモデルが求められるということである（辻田1999：pp. 11-13）。

　こうした認識のもとに，改めて前期古墳出土中国鏡の構成比率をみると，内行花文鏡・方格規矩鏡・獣帯鏡・画文帯神獣鏡・斜縁神獣鏡という5種類の鏡式が前期古墳出土中国鏡の主たる鏡式として挙げられる。これに対し，画象鏡や八鳳鏡，盤龍鏡，飛禽鏡などはそれぞれ10％以下の数字であり，前期古墳出土中国鏡の中では少数派として位置づけられる。また第2章の図10や図13などからも明らかなように，各鏡式の細分型式においては，出現頻度に一定の偏りが認められる。すなわち，内行花文鏡においては四葉座Ⅰが卓越し，方格規矩鏡では四神鏡が3分の1に満たず，獣帯鏡では浮彫式が主体で細線式は稀少であり，画文帯神獣鏡では環状乳神獣鏡と同向式神獣鏡が主体であるといった傾向である。ここで問題となるのは，前期倭製鏡のうち，超大型鏡の製作という点で他の系列に卓越し，また前期を通じて中心的な系列となるのが内行花文鏡A系・方格規矩四神鏡系・鼉龍鏡系といった一群であることをどのように説明するかという点である[17]。この問題については次項以降で改めて詳細に検討するが，ここでは古墳時代前期倭製鏡のモデルとして考えられるのが，必ずしも「伝世鏡」という意味ではなしに，以上に掲げたような諸鏡式であるということを再度確認しておきたい。すなわち，古墳時代初頭に大量に流入したと考えられるこれらの完形後漢鏡・魏晋鏡の諸鏡式のうち，特定のものが前期倭製鏡のモデルとして選択された可能性が指摘できるのである。この点を踏まえ，以下で前期倭製鏡の初期製品とそのモデルの問題について具体的に検討したい。

(2)前期倭製鏡における中心的系列群の初期製品とそのモデル

　第3章でもみたように，前期倭製鏡の出現期に生産された系列の中で超大型

鏡を主体とするのは，数が少ない画象鏡系などを除けば，基本的に内行花文鏡系・方格規矩四神鏡系・夔龍鏡系の3者が主体である。またこれらは，それぞれ単位文様の共有など相互に密接に関係する系列群であり（田中1979；森下1993），かつ前期前半から前期後半まで一連の変化を追うことができる一群として他の系列と区別することが可能である。この意味で，以下ではこの3つの系列を前期倭製鏡の「中心的系列群」として措定する。ここで問題としたいのは，何故，そしてどのようにしてこれらの系列とそのモデルが選択され，前期倭製鏡の中でも中心的な一群となったのかという点である。すなわち，先に挙げた前期倭製鏡のモデルとなり得た諸鏡式という観点からいえば，斜縁神獣鏡や獣帯鏡をモデルとした倭製鏡が前期倭製鏡の中核的な系列となった可能性も存在する。にもかかわらず，なぜそれらではなく，内行花文鏡・方格規矩四神鏡・環状乳神獣鏡／同向式神獣鏡などが中心的系列群の主たるモデルとして採用され，それ以外の諸鏡式が新たな体系化の周縁として位置づけられたのかという問題である。また同時に，これら前期倭製鏡諸カテゴリーの各々を，内行花文鏡や方格規矩四神鏡といった後漢鏡の諸鏡式と同義のものと捉えることができるのかという点も問題となる。このような点を踏まえ，以下ではこれら中心的系列群それぞれについて，その初期製品の生成過程を検討し，その製作時における志向性を明らかにしたいと考える。

内行花文鏡系　　図41は，中心的系列群の初期の製品について，それぞれの代表例および具体的なモデルを示したものである。内行花文鏡A系については，前節でみたように，有節松葉文帯の有無から，大きく2つの系列に区分している。ここで挙げた滋賀県雪野山古墳出土鏡（1）は，Aa系の中で有節松葉文帯および花文間単位文様に乳を配する一群のうち，最初期の製品の1つと考えられる。内行花文鏡A系のⅠ式には，これ以外にも奈良県下池山古墳出土鏡や同柳本大塚古墳出土鏡など，35cmを超す超大型鏡がその最初期において製作されており，この点が特徴ともいえる。

　内行花文鏡系の倭製鏡については，早くから四葉座内行花文鏡がそのモデルとして想定されているが，これに対してB系とした小型鏡群については，四葉座内行花文鏡との直接的な関係が認めがたいことも指摘されてきた（森1970

;清水1994他)。ここでは，これらB系を除くA系の中・大型鏡について検討したい。

内行花文鏡A系I式のモデルは，すでに述べたように，文様構成から四葉座I内行花文鏡であることがほぼ確実である。A系I式においては四葉座八花文が基本であることから，一見すると忠実模倣の所産であるように見受けられる。ただし，有節松葉文帯に乳を配したり，花文間（連弧文間）に舶載鏡にはみられない単位文様や乳を配すなど，単純な忠実模倣ではないことが確認できる。特にこの乳の付加という現象は，元来凹凸が少なく面的な形態をとる四葉座I内行花文鏡をモデルとする一群において，モデルとなった内行花文鏡の文様構成原理そのものから大きく逸脱したあり方ということができる。従来こうした特徴については，舶載鏡の文様および銘文の内容を理解していないが故の稚拙な模倣といった消極的な評価がなされることが多かったが，以下で検討する他系列の様相をみる限り，そうした位置づけが実際に可能であるかという点には慎重な姿勢が必要であると考える。

またこれ以外にも，同じくI式段階から雪野山鏡のように，花文数／連弧文数の改変が行われている点に注目したい。この雪野山鏡は五葉座十花文であり，コンパスで内区をほぼ正確に5等分／10等分していることが確認できる。またこの5等分／10等分のレイアウトは，外区の有節松葉文帯の10個の乳とも対応しており，施文の決裁に関しては製作工程においても一連のものと理解することができよう。この5等分という点については，それ以前の列島の技術系譜のみでは説明できないものであり，また一定程度の幾何学の知識を要するものである。このような作図を可能にした背景には，倭製鏡製作の当初期において，列島における青銅器生産技術の飛躍的な向上という点とも合わせて，大陸系の技術者による直接的／間接的な技術・知識の伝達があった可能性が高い。

さらに，以下で検討する方格規矩四神鏡系や鼉龍鏡系と同様，その出現期のI式段階から30㎝を超す超大型鏡が多数製作されている点も特徴である。また第3章でもふれた伝行燈山古墳出土銅板（cf. 今尾1988）をこれとあわせて考えるならば，現時点の資料では，倭製鏡古段階における内行花文鏡の大型化傾向は方格規矩四神鏡系や鼉龍鏡系に卓越する可能性が想定される。

第 2 節　前期倭製鏡中心的系列群の生成過程　251

図41　前期倭製鏡中心的系列群の初期型式
1：滋賀県雪野山古墳出土内行花文鏡 Aa 系 I 式（23.6cm），2：滋賀県雪野山古墳出土鼉龍鏡 A 系第 1 型式（26.0cm），3：京都府稲荷藤原古墳出土方格規矩四神鏡系 I 式（25.9cm），4：京都府温江丸山古墳出土方格規矩四神鏡系 I 式（28.8cm）

　以上をまとめるならば，内行花文鏡 A 系 I 式段階の特徴としては，大きく次の 4 つを挙げることができる。すなわち，①花文間単位文様の改変，②乳の付加，③内区花文数（連弧文数）の改変，④面径の超大型化，である。このような点を踏まえ，次に方格規矩四神鏡系について検討したい。
　方格規矩四神鏡系　　ここで対象とするのは第 3 章の分類でいう方格規矩四神鏡系 I 式である。これらのモデルとしては，方格規矩四神鏡の中でも比較的複雑な構成を採る，岡村秀典氏の分類でいうⅣ式～Ⅴ式（岡村1993b）にあたると

考えられる。具体的事例としては，奈良県大和天神山古墳出土1号鏡などが挙げられよう[18]。

また愛知県東之宮古墳出土鏡のように，外区に龍文帯を配する事例が存在する点からも，当初参照された「方格規矩四神鏡」は，複数存在した可能性が想定される。この四神鏡系Ⅰ式のうち，特に初期の製品として挙げられるのが，京都府稲荷藤原古墳出土鏡（図41-3）や奈良県新山古墳出土13号鏡，あるいは東之宮古墳出土鏡や京都府温江丸山古墳出土鏡（図41-4），静岡県三池平古墳出土鏡などである。これらをもとに，以下具体的に検討する。

まず問題としてとりあげるのは，文様構成全体のレイアウトである。ここでは次の2つのパターンに注目したい。すなわち，①外区に菱雲文を配するもの，②新山古墳13号鏡のように，頂点に凹線を持つ斜面鋸歯文帯を配し，挽型／断面形態まで大きく改変するもの，の2つである。モデルとなった方格規矩四神鏡においては，四神各々の配置と日・月の位置，あるいは方格文・規矩文と十二支銘の関係は，漢代の世界観・宇宙観においてコード化されたものであり，文様構成としても明瞭にパターン化されている（林1989）。時代が下るにつれてこうしたパターンが崩れていくことは魏晋鏡の事例をみても明らかであるが（e.g.第2章図1の5など），この場合でも外区に菱雲文を配したり，斜面鋸歯文帯を取り込むようなことはない。こうした現象は，列島での古墳時代前期倭製鏡生産に特有の現象ということができる。

四神鏡系Ⅰ式の典型例であり方格規矩四神鏡系の最古型式の1つである京都府稲荷藤原古墳出土鏡では，内区文様についてはほぼ忠実に模倣しながらも，外区文様については，画文帯神獣鏡もしくは夔龍鏡系の菱雲文を導入している。本章第1節で検討した製作工程との関連でいえば，この場合，文様レイアウト自体は，この菱雲文の位置に通常配される流雲文を描くことが可能であるにもかかわらず，あえてそうしていない点が注意される。また新山古墳出土13号鏡では，より明瞭に夔龍鏡系との関係を示す，斜面鋸歯文帯型の挽型・半円方形帯・菱雲文の3者を忠実模倣の内区と組み合わせるという作業を行っている（田中1981）。ここにみられるのは，元来の方格規矩四神鏡における世界観／宇宙観を，そのコードに即して忠実に再現するという志向性ではなく，内区文

様・外区文様に加え，断面形態までもがそれぞれパーツとして切り離された上での文様の再構成・合成というあり方である。この点に，方格規矩四神鏡系倭製鏡創案の意義とその特質をみることができよう。

また四神鏡系の面径については，内行花文鏡A系や鼉龍鏡系同様，その出現当初から25cmを超すような超大型鏡，あるいは大型鏡が製作されており，かつⅠ式段階では中型鏡以下の鏡が製作されていない点が指摘できる。これは，当初から中型鏡もしくは小型鏡を中心として製作される鳥頭四獣鏡系などとの性格の差異を示すものである可能性が高い。なお現時点での最大の資料は，奈良県佐紀陵山古墳出土1号鏡（Ⅰ式・34.9cm）である。

以上の検討から，方格規矩四神鏡系初期型式の生成過程については，次の2点を特徴として挙げることができる，①内区文様は方格規矩四神鏡の図像を比較的忠実に模倣しつつも，外区に菱雲文を配置，あるいは斜面鋸歯文帯／半円方形帯を導入，②面径の超大型化，の2点である。また，①のモデルとしては，方格規矩四神鏡以外に，画文帯神獣鏡もしくは鼉龍鏡系が想定され，初期の段階から，「複数のモデルの合成」が行われていることが指摘できる。すなわち，その創案当初においてすら，モデルとなった方格規矩四神鏡に描かれた世界観などを，そのコードに即して忠実に再現するという志向性を欠いているのである。この点を確認した上で，鼉龍鏡系の生成過程について検討することにしたい。

鼉龍鏡系　　第3章で述べたように，筆者は鼉龍鏡系の最古型式として滋賀県雪野山古墳出土鏡を想定し，奈良県新山古墳出土鏡とあわせて第1型式と設定している。この第1型式における直接的なモデルとしては，画文帯同向式神獣鏡（B型）・画文帯求心式神獣鏡・環状乳神獣鏡などが想定される（cf. 樋口1979；車崎1993b；新井1995）。ここでいう原鏡としての求心式神獣鏡は，4つの乳を繞る獣像表現を指しており，車崎正彦氏が指摘するように，作鏡者が「構図の相違を意識せず，印象的な乳をめぐる獣像を刻する同向式神獣鏡B型と求心式神獣鏡を同じ鏡式に解した」可能性もあることから（車崎1993b：p. 134），新井悟氏（1995）が指摘する山口県宮ノ洲古墳出土の三角縁同向式神獣鏡を含め，広い意味での同向式神獣鏡B型として捉えることができると考える。さらに，

盤龍鏡の鱗状表現（森下1991）が第2a型式段階において導入されている。この動きは，具体的には環状乳神獣鏡の巨を銜む獣像表現および環状乳（獣毛乳）と，同向式神獣鏡B型および求心式神獣鏡にみられる乳を繞る獣像表現との合成およびその繰り返しによる文様構成の定型化の過程であるが，ここでも方格規矩四神鏡系と同様に，原鏡における神話世界／世界観からの単位文様の分離とその合成という方向性が認められる（辻田2000）。またA系を中心に第1型式〜第2型式（倭製鏡古段階）では25cmを超す超大型鏡が多く製作され，特に第2a型式の山口県柳井茶臼山古墳出土鏡は古墳時代出土鏡最大の44.8cmに及ぶものである。こうしたA系と併行して神像胴部状表現を省略したBa・Bb系が製作され，相互に面径において差異化が認められる。

以上のような，①乳を繞る獣像表現（同向式神獣鏡B型・求心式神獣鏡など）＋巨を銜む獣像表現・獣毛乳（環状乳神獣鏡）（＋盤龍鏡）といった諸鏡式の「合成」，②面径の超大型化という2点は，前述の内行花文鏡系および方格規矩四神鏡系の両者と共通する傾向と考えることができる。

こうした鼉龍鏡系生成の意義については原鏡である画文帯神獣鏡の評価とともに様々な見解がある。福永伸哉氏は鼉龍鏡系について，「舶載画文帯神獣鏡に描かれた神仙世界を模倣したとは解しがたいものであり，舶載神獣鏡の持つ宗教的意味合いが継承されているとは考えがたい」（福永1999b：p.69）とする一方で，その理由として，古墳時代前期前半における三角縁神獣鏡を主体とした神獣鏡製作管理という点を挙げている（福永1999a・1999b）。すなわち，前期前半段階においては，三角縁神獣鏡が主たる「神獣鏡」としてすでに存在していたが故に，同向式神獣鏡や環状乳神獣鏡をモデルとして倭製鏡を製作する場合，「忠実な模倣」が「制限」されていたという論理である。またここには，逆に前期後半に製作された「倭製神獣鏡」は，鼉龍鏡系とは異なり「神獣鏡」の意味合いを継承したもの，という見方が含まれている。筆者はむしろ，上にみたように複数鏡式の文様の合成による新規文様構成の創案という点が，神獣鏡をモデルとした鼉龍鏡系に限定されず，方格規矩四神鏡系など他の系列とも共通した倭製鏡初期の様相である点に注目したい。第1節でもみたように，舶載鏡の神話世界とは関わりなく，パーツとしての単位文様を組み合わせ，断面形態

なども含めて文様レイアウトを改変することこそが，倭製鏡の，古墳時代前期を通じて一貫する1つの共通した特徴ではないかと考えるのである。

　ここまでの検討をもとに，中心的系列群の生成過程とその特徴についてまとめるならば，以下のような点が挙げられる。第1節でみたように，これらは①面径の超大型化，および②複数の鏡式（モデル）の複合ないし文様の置換操作の結果として生み出されたものであるという点，である。面径の超大型化という点については，特に内行花文鏡系では，文様構成自体としては比較的忠実にみえつつも，実際は乳を付加したり，30㎝を超すものが多くみられる点が注意される。また特に方格規矩四神鏡系と夔龍鏡系で顕著なのが，複数の鏡式の合成による文様構成の創案という点である。また文様の置換操作という場合，系列間を横断した文様の置換操作（田中1979・1981）の他，内行花文鏡系にみられるような花文数・葉座数の改変や，文様レイアウトの並べ替えといった現象が含まれる。

　ここで確認しておきたいのが，ここでいう中心的系列群のいずれの系列についても，そしてその当初の製品においてすら，中国鏡の諸鏡式に描かれた世界観／神話世界などを，そのコードに即して忠実に解釈・表現するという志向性を明らかに欠いているという点である。このことは，前期倭製鏡の製作開始期においては，むしろ複数のモデルの合成および面径の超大型化という点において，「中国鏡には存在しない新たな鏡」を「創案」することが，1つの課題として求められていた可能性を示唆する（辻田2000：pp. 68-69）。この中国鏡のコードからの逸脱／新たな鏡の「創案」という点をもって，前期倭製鏡中心的系列群生成の意義を積極的に評価したいと考えるのである。

　ここで示した2つの特徴は，中心的系列群とした3つの系列すべてにおいて共通するものであり，中心的系列群の生成過程およびその志向性といった問題を議論する上でも重要な点であると考える。

⑶対置神獣文鏡系の生成過程
　次に，前期後半に出現する諸系列のうち，従来対置式神獣鏡系として分類さ

れてきた一群の系列について，その生成過程とモデルという観点から検討する。これらについては，対置式神獣鏡の模倣によって生み出されたとする理解が一般的であるが（e.g. 小林1982；森下1991；福永1999a），ここではこの点について検証したい。こうした観点から，以下，これらを「対置神獣文鏡系」と呼称する。ここでいう対置神獣文鏡系は，対置式神獣鏡と同様の文様配置を採りつつも，神像状表現や斜面鋸歯文帯・半円方形帯などの構成においては鼉龍鏡系などとの関連が深く，森下章司氏（2002）により「鼉龍鏡族」として設定された一群に属する。以下では，この対置神獣文鏡系における個別の単位文様の系譜について検討したい。

　ここで具体例として挙げたのは，京都府庵寺山古墳出土鏡と，奈良県佐紀丸塚古墳出土鏡群（3面）の計4面である。ここに示した資料のモデルについては，上にも述べたようにその文様構成から対置式神獣鏡や求心式神獣鏡が想定されてきた。しかし，第2章で検討したように，列島から出土する画文帯神獣鏡のうち，対置式神獣鏡や求心式神獣鏡は少数派であり[19]，また以下に示すような文様構成の内容自体という点からも，いくつかの問題が生ずる。ここでは対置神獣文鏡系の生成過程という点に論点を絞って具体的に検討する。

　図42は，京都府庵寺山古墳出土鏡（1）とその関連鏡群である。文様構成は，内区に二神四獣像を配置し，その間に小神獣像を配する。中央の神像状表現は，鼉龍鏡系と共通した頭部表現を持つ。内区外周には断面半円形の擬銘帯，その外側に12（24分割）の半円方形帯がめぐる。外区には内側から獣文帯・複線波文・鋸歯文帯を配している。

　ここでまず，鼉龍鏡系と大きく異なる特徴が2点挙げられる。第1に，挽型形状の違いである。鼉龍鏡系が頂点に凹線を持つ斜面鋸歯文帯によって特徴づけられるのとは対照的に，庵寺山鏡は全体に平面的な挽型を採用している。もう1つは，半円方形帯の12（24）分割原理である。鼉龍鏡系の場合は，内区の4つの乳と対応させる形で，4（8）分割の半円方形帯を採用していた。12（24）分割原理は環状乳神獣鏡や同向式神獣鏡，対置式神獣鏡でも確認できる。また半円・方形帯それぞれの文様の内容も異なっている。いずれにしても，鼉龍鏡系と比較するとより原鏡に近い構成を採用していることから，鼉龍鏡系の

みをモデルとして単純に分岐・派生したわけではなく，鼉龍鏡系に加えてこの段階で新たに別のモデルも参照されたことが想定できる。ここで問題となるのは，鼉龍鏡系と共通する神像状表現が，対置式神獣鏡のそれと置換可能という意味での「神像」であるのか，またこれら対置神獣文鏡系が，対置式神獣鏡に準ずる「倭製神獣鏡」として位置づけることが可能であるかといった点である。

　こうした観点から本鏡の内区図像について詳細にみていくと，いくつか注目すべき点が挙げられる。第1に，「二神四獣」の配置自体は，鈕を通る軸線を中心として，「一神二獣」を上下に対称的に配置することによって構成されている。これは，対置式神獣鏡や求心式神獣鏡の構成と基本的には一致する。そして第2に，中央の神像状表現の両側に対称的に配されている，「巨」もしくは「維綱」（西田1993）を銜み首を真横に傾ける獣像表現という点が挙げられる。この「巨」は鈕から4方向に延びており，それぞれを四獣が銜むという形になっている。この巨を銜み首を真横に傾ける獣像表現（以下獣像Aと呼称）は，鼻筋を中心として両目を配し，下顎表現を有し，また後ろ髪がたなびくような表現を突線で描いている（図42-3）。また胴体は，首の向きにあわせて左右にのびるが，足については明瞭には表現していない。この獣像Aは以下に挙げる奈良県佐紀丸塚古墳出土鏡などと同様，基本的にはこれら対置神獣文鏡系および獣像Aのみを抽出して主像として構成した一群（下垣2003a分類の対置式神獣鏡B系）にほぼ限定されるものの，巨を銜む頭部を除けば，この胴体表現自体は対置神獣文鏡系に限定されない点が注意される。庵寺山鏡のこうした諸特徴を踏まえつつ，以下具体的にこの鏡の生成過程とそのモデルについて検討することにしたい。

　まず，獣像Aについて検討する。この獣像Aを特徴づけるのはその頭部表現であるが，胴体表現については，左右に「之」字状に伸びる身体表現と，そこから後方に流れる尻尾表現などから，斜縁二神二獣鏡や斜縁四獣鏡の獣像表現に由来するものである。この図像は倭製鏡で広く採用されているが，それらがパーツとして分離され，組み合わされたものである可能性が高い。この胴体表現は，多様な頭部表現と組み合わさって，複数の獣像表現の変異を生み出している。

獣像Aの頭部は，巨を銜み首を真横に傾けるという点が最大の特徴であるが，この図像の原型について検討したい。この巨（もしくは「維綱」）を銜む獣像表現については，環状乳神獣鏡や同向式神獣鏡，求心式神獣鏡，対置式神獣鏡をはじめ，三角縁神獣鏡などでも確認することができる。「首を真横に傾ける」という点については，同向式神獣鏡A型などでも見られるが，最も典型例として挙げられるのは，三角縁神獣鏡表現④I／Jおよび表現⑤Jの獣像表現である。ただし，ここでは巨を銜み首を真横に傾ける獣像表現は時計回り／反時計回りに同じ方向に配されており，この場合でも文様構成自体をそのまま採用したものでないことがわかる[20]。

また半円方形帯により12（24）分割原理の配置を行うのは，対置神獣文鏡系の内区図像から受ける印象とは異なり，対置式神獣鏡というよりもむしろ環状乳神獣鏡や同向式神獣鏡が主体である。対置式神獣鏡では京都府椿井大塚山古墳出土鏡のように10（20）分割のものもみられる。

次に，奈良県佐紀丸塚古墳出土鏡3面について検討したい（図42-2・4～6）。これらはいずれも外区に菱雲文＋凹帯を配する。また斜面鋸歯文帯や半円方形帯，あるいは内区獣像胴部に見られる鱗状表現という点において，鼉龍鏡系との関係がより明確に看取される一群である。また庵寺山古墳出土鏡では乳による内区の区画は存在しないが，佐紀丸塚古墳出土鏡のうち，特に宮内庁№56鏡では，12（24）分割の半円方形帯とほぼ対応する形で，6個の乳によって内区が区画されている。№55・57鏡の2面も内区の区画は6分割であるが，鼉龍鏡系と共通した斜面鋸歯文帯型の挽型／8（16）分割の半円方形帯を採用した№55鏡では，乳による内区の分割と半円方形帯とは対応していない。これは，本章第1節で述べた製作工程と決裁の階層性といった問題と関係するものであろう。なお，№55鏡の挽型は，第1節でみた丸隈山古墳出土鏡とa：b比などにおいてほぼ共通したものとなっている。

これらは，断面形態や文様レイアウトの差異は認められるものの，内区文様からみて一連の製品，ないし「連作」（森下1998d；下垣2005a）である可能性が高い。具体的には，内区獣像の尻尾表現の［浮彫］→［突線］といった変化をはじめとする内区文様簡略化の方向性において，№56鏡→№55・№57鏡という変

第 2 節　前期倭製鏡中心的系列群の生成過程　259

図42　対置神獣文鏡系の文様構成と関連鏡群
1：京都府庵寺山古墳出土鏡（16.7cm），2：奈良県佐紀丸塚古墳No.56鏡（22.1cm），3：1の獣像拡大図，4：2の内区拡大図，5：奈良県佐紀丸塚古墳No.55鏡（22.3cm），6：奈良県佐紀丸塚古墳No.57鏡（22.3cm）

遷を想定することができる。このNo.56鏡に注目すると，中央の神像状と両側の2体の獣像Aとの間に，それぞれ2つの乳を繞る形で細長い獣像表現が配されているのが確認できる。これは庵寺山鏡にもみられないものであり，この点から，庵寺山鏡とNo.56鏡とが直接模倣という形で連続するものではなく，この間にも新たに別のモデルが参照された可能性が想定される。この乳を繞る獣像表現の祖型を求めていくと，対置式神獣鏡の中に，神像と両脇の獣像との間に流れる雲気状表現を見出すことができる。さらに，この細長い獣像が浮彫表現であり，頭部を有するなど「獣像」表現を意識しているという点において，他にも可能性として考えられるのが，同向式神獣鏡B型にみられるような，下段の黄帝の両脇で乳を繞る2体の獣像表現である。この場合，No.56鏡の生成過程としては，庵寺山鏡の内区を乳による6分割という形で再構成した上で，神像状表現の両脇に乳を繞る獣像を挿入したか，あるいは庵寺山鏡の内区構成をベースとしながら，同向式神獣鏡A型とB型を合成した可能性などが想定される。

　以上の検討から，対置神獣文鏡系の創案においては，鼉龍鏡系の単位文様や斜面鋸歯文帯型といったレイアウトを基本構成として参照しつつ，各種神獣鏡の単位文様がモデルとして採用された可能性が想定される。かつ，これらが「合成」された可能性が考えられるのである。獣像Aについては斜縁神獣鏡などを祖型とする胴体表現と，三角縁神獣鏡表現④・⑤などにみられる，巨を銜み首を真横に傾ける獣頭表現，あるいは環状乳神獣鏡の獣頭表現との合成，また全体の文様構成のレイアウトや神像状表現，獣像の鱗状表現については鼉龍鏡系が参照された可能性が高い。

　このように対置神獣文鏡系は，一見対置式神獣鏡の忠実模倣にみえながらも，実際は各種神獣鏡や鼉龍鏡系などを複雑に合成することによって創出された可能性が指摘できる。このことは，対置神獣文鏡系が，その「意味」という点において，神仙思想の神話世界を表現した「神獣鏡」と置換可能であるのかという問題を改めて提起する。むしろ対置神獣文鏡系の生成過程においても，先にみた中心的系列群と同様に，「複数のモデルの合成による新たな鏡の創案」という方向性が認められることは，これらが前期倭製鏡に共通した特徴という脈

絡で説明できる可能性を示しているといえよう。この意味では，倭製鏡の生成過程は，神獣鏡あるいは神仙思想をめぐる論理や戦略といった視点とは切り離して理解することができると考える。

　この他，新段階に出現する神頭鏡系や神像鏡Ⅰ系（下垣氏分類）などについても，基本的には鼉龍鏡系からの分岐・派生という観点で捉えることができる。新段階の倭製鏡では，こうした文様を抽出して主像とするパターンが特徴として挙げられる。前期倭製鏡の変遷は，このように中心的系列群を中核に据えつつ，系列が多様化・複雑化していく過程として理解することができよう。

(4) 小　結

　以上，前期倭製鏡各系列の生成過程について検討を行ってきた。ここまでの検討を通じて，前期倭製鏡各系列の多くが，複数のモデルの合成ないし単位文様の置換操作を通じて生み出されていることが明らかとなった。また特に内行花文鏡系・方格規矩四神鏡系・鼉龍鏡系といった中心的系列群においては，こうした複数の鏡式（モデル）の複合／文様の置換操作という点に加え，面径の超大型化といった特徴が認められた。このような様相は，中国鏡の諸鏡式に描き出された神話世界／世界観などを，そのコードに即して忠実に解釈・表現するという志向性を明らかに欠くものである。むしろここにおいては，複数存在する諸鏡式の中から特定のモデルを選択し，またそれらを複合することによって，新たな体系化・秩序化を模索するという方向性を認めることができる。まさにこうした「中心的系列群の創案とそれを中核とした新たな体系化・秩序化」という志向性こそが，前期倭製鏡の生成・変容過程を特徴づけるものと考えるのである。

　前期倭製鏡の変遷をこのように理解する場合，以下のような点が疑問として生ずる。すなわち，

　　①内行花文鏡系・方格規矩四神鏡系・鼉龍鏡系といった諸系列のモデルとしての各鏡式が，何故中心的系列群のモデルとして選択され，またそれ以外の鏡式は何故採用されなかったのか？

　　②倭製鏡各カテゴリー間の関係，そしてそれらと三角縁神獣鏡との関係は

どのようなものであったのか？

以下ではこうした点を明らかにするために，前期古墳出土中国鏡の検討を行い，前期倭製鏡の製作におけるモデルの選択とその背景といった問題について論を進めることにしたい。

2　分析2：前期倭製鏡のモデル——列島古墳時代前期における「舶載鏡」

(1)大和天神山古墳出土鏡群の構成と前期倭製鏡のモデル

　ここで，中心的系列群とそのモデルが選択された理由を検討する上で，学史的にも重要な資料として認識されてきた奈良県大和天神山古墳出土鏡群（以下大和天神山鏡群）について検討したい。

　すでに研究史の検討において触れたように，大和天神山鏡群については，楠元哲夫氏により前期倭製鏡のモデルが一括して埋置されたものである可能性が指摘されている（楠元1994）。大和天神山古墳の竪穴式石室については，楠元氏のように倭製鏡のモデルとなった鏡群を埋置した遺構と捉える説，これとは別に被葬者を埋葬した石室の存在を想定し，この鏡が出土した石室を副葬品埋置用別施設と捉える立場（藤田1993b），これを小児用の埋葬施設と理解する立場（千賀2000）など，様々な意見が提出されている。筆者は副葬品埋置用別施設の可能性も含めて考えているが，これについては今後の課題である。

　この大和天神山鏡群23面の内訳を示すと，次のようになる（表9）。方格規矩鏡（四神鏡）6面，内行花文鏡（四葉座）4面，画文帯神獣鏡4面，画象鏡2面，浮彫式獣帯鏡（b）1面，その他6面（うち4面が倭製鏡）。

　ここで，この鏡群の構成をみると，いくつかの点に気づかされる。まず楠元氏が指摘するように，これらの諸式は，前期倭製鏡の特に初期の製品に関するモデルとしての条件をほぼ満たしているという点が挙げられる（同向式神獣鏡B型は含まれないが，4つの乳を繞る獣像をもつ求心式神獣鏡（6号鏡）が含まれている）。中心的系列群や画象鏡系などの初期の大型製品はこの大和天神山鏡群のみをモデルとした場合でも製作が可能であると考えられる。その一方で注目したいのが，大和天神山鏡群には斜縁神獣鏡や盤龍鏡，八鳳鏡，双頭龍文鏡，飛禽鏡などが含まれないという点である。特に斜縁神獣鏡は前期古墳出土中国

鏡の中でも主要鏡式の１つであり，これが含まれないことには一定の意味があるものと考えられる。

　ここで前期倭製鏡のモデルとなった鏡式について考えてみたい。前項でみたように，中心的系列群のモデルとしては，四葉座Ⅰ内行花文鏡・方格規矩四神鏡・環状乳神獣鏡・同向式神獣鏡や求心式神獣鏡などが挙げられる。では，逆に，前期倭製鏡のモデルとして採用されなかった鏡式があるとすればどのような鏡式が挙げられるだろうか。まず，前期倭製鏡のモデルとして一貫して採用されていない鏡式としては，八鳳鏡・双頭龍文鏡・飛禽鏡などが挙げられる。これらはいずれも前期古墳からの出土が全体として少ない鏡式であるが，特に八鳳鏡などは，面的な文様構成をつくり出すことの難しさといった技術的な要因が影響している可能性も想定される。また新段階以降に出現する諸系列において，文様構成全体がモデルとして採用された，いわば比較的忠実に模倣された鏡式として，斜縁神獣鏡，盤龍鏡，神人車馬画象鏡などが挙げられる。ただしこれら３つの鏡式は，いずれも獣像胴体表現や鱗状表現，神像表現などの単位文様がパーツとして切り離され，早い段階から部分的には模倣の対象として採用されている。

　ここで改めて大和天神山鏡群の内容を概観すると，この中に含まれないいくつかの鏡式というのは，上でみたような，前期倭製鏡のモデルとして採用されないか，あるいは新段階以降に文様構成全体がモデルとして採用される鏡式とほぼ一致することがわかる。ここで，改めて以下のような疑問が生ずる。すなわち，①大和天神山鏡群には何故これら斜縁神獣鏡や盤龍鏡，八鳳鏡といった諸鏡式が含まれないのか，ひいては，②これら大和天神山鏡群に含まれない諸鏡式自体をモデルとする倭製鏡が，その成立当初において製作されなかった，あるいは新段階において，文様構成全体が比較的忠実に模倣されたのは何故かという問題である。こうした点を検討することを通じて，何故中心的系列群が前期倭製鏡生産における「新たな体系化・秩序化」の中核に据えられたのか，何故中心的系列群のモデルとして四葉座内行花文鏡・方格規矩四神鏡などの鏡式が選択されたのかといった問題に解答が得られる可能性がある。以下ではこの問題についてさらに論を進める。

表9　大和天神山古墳出土鏡群（サイズ順に）

No.	鏡式名	面径
20	四葉座Ⅰ内行花文鏡	23.8
1	方格規矩四神鏡	23.4
9	方格規矩四神鏡	20.8
4	四葉座Ⅰ内行花文鏡	20.4
8	方格規矩四神鏡	20.3
3	四葉座Ⅰ内行花文鏡	19.7
11	画象鏡	18.7
18	（倭）獣像鏡Ⅰ系（下垣分類）	18.3
15	斜縁同向式系二神二獣鏡	17.4
5	斜縁同向式系二神二獣鏡	17.2
10	画象鏡	16.8
7	（倭）鳥頭四獣鏡系	16.7
14	環状乳神獣鏡	16.6
6	求心式神獣鏡	16.3
19	方格規矩四神鏡	16.0
16	方格規矩四神鏡	15.9
17	四葉座Ⅱ内行花文鏡	15.4
22	（倭）人物鳥獣文鏡	15.1
21	方格規矩四神鏡	14.0
2	環状乳神獣鏡	13.8
23	浮彫b獣帯鏡	13.6
13	（倭）四獣鏡	13.1
12	画文帯神獣鏡	12.9

(2)前期古墳出土中国鏡の主要鏡式と面径

　第2章および本節中でも検討したように，前期古墳から出土する中国鏡の諸鏡式およびその内容には，構成比率という点で偏りがある。内行花文鏡における四葉座Ⅰの卓越，対置式神獣鏡の出土が少ないことなどはそれを端的に示している。改めて問題となるのは，モデルとされた舶載鏡諸鏡式のうち，どのような鏡式が倭製鏡のモデルとして選択され，一方は選択されなかったのか，またその理由は何か，といった点である。

　ここで，舶載鏡諸鏡式の面径に着目して検討を行いたい。図43は，第

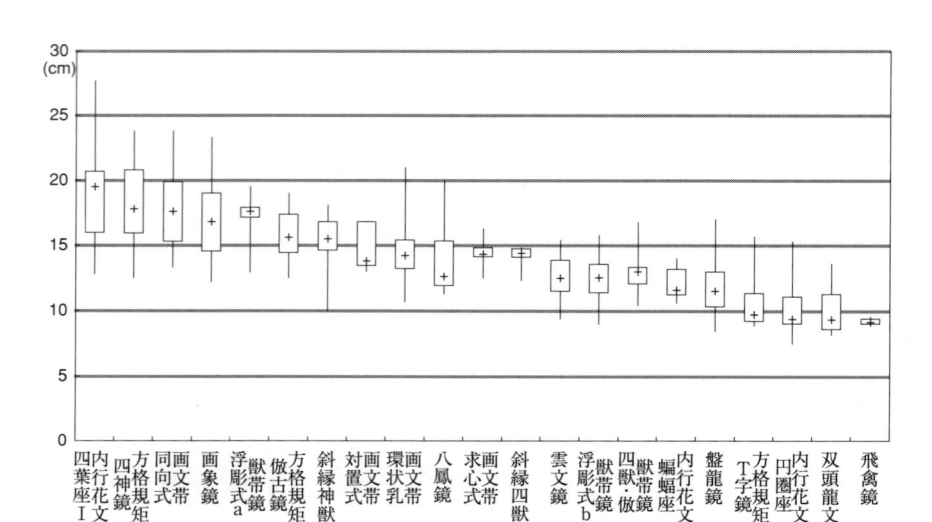

図43　前期古墳出土完形後漢鏡・魏晋鏡の面径分布

第2節　前期倭製鏡中心的系列群の生成過程　265

　2章で提示した各鏡式の細分案をもとに，それぞれの面径の分布を箱ひげ図で示したものである。これをみると，最大径という点において他の鏡式を大きく引き離しているのが四葉座Ⅰ内行花文鏡である[21]。そしてこれに続くのが，方格規矩四神鏡・画文帯同向式神獣鏡である。ここで前期倭製鏡の動向と対比すると，これら面径という点で上位に位置する3鏡式が，内行花文鏡系・方格規矩四神鏡系・夔龍鏡系という前期倭製鏡中心的系列群の主たるモデルにそのまま対応することが判明する。このことは，前期倭製鏡の製作にあたって，前期古墳から出土する完形後漢鏡・魏晋鏡（＝古墳時代初頭以降において列島に流入した舶載鏡）のうち，特に大型のものから優先的にモデルとして選択された可能性を示唆するものといえよう。

　また上位3鏡式以下は，画象鏡・浮彫式a獣帯鏡・斜縁神獣鏡などが続いている。そしてこの面径の分布という点で下位に位置するのは，盤龍鏡・方格T字鏡・円圏座内行花文鏡・双頭龍文鏡・飛禽鏡などである。これらは前期倭製鏡においては，盤龍鏡以外はモデルとして選択されていない鏡式であるということができる。

　こうした点を踏まえつつ，先にみた大和天神山古墳出土鏡群について，各鏡式の細分案をもとにそれぞれの面径を検討したものが表9である。ここで，前節までの倭製鏡の面径区分に準じて，19.1cm以上を大型・超大型鏡として線引きをすると，大型鏡以上に属する上位6位までが四葉座内行花文鏡と方格規矩四神鏡の両者に限定されることがわかる。この傾向は，図43における前期古墳出土中国鏡の全般的な面径分布の傾向と基本的に一致する。以上の点から，前期倭製鏡のモデルの選択にあたっては，特に四葉座Ⅰ内行花文鏡を頂点とし，方格規矩四神鏡・画文帯同向式神獣鏡などを上位とする「サイズの論理」が大きく影響を与えている可能性が指摘できる。すなわち，四葉座Ⅰ内行花文鏡を最上位としたサイズの論理にもとづくカテ

		（サンプル数）
内行花文鏡	四葉座Ⅰ	31
	蝙蝠座	7
	円圏座	8
方格規矩鏡	四神鏡	17
	倣古鏡	20
	T字鏡	20
獣帯鏡	浮彫式a	6
	浮彫式b	34
	四獣(倣)	7
画文帯神獣鏡	環状乳	25
	同向式	15
	求心式	5
	対置式	3
斜縁神獣鏡		33
斜縁四獣鏡		6
双頭龍文鏡		6
飛禽鏡		6
八鳳鏡		11
盤龍鏡		21
画象鏡		21
雲文鏡		8

ゴリー化・序列化が志向された可能性が存在するのである。

ここで前期倭製鏡中心的系列群それぞれの最古型式と三角縁神獣鏡の面径について，挽型の大きさという観点から比較したものが図44である。古墳時代出土倭製鏡の中で最大の資料は，山口県柳井茶臼山古墳出土の鼉龍鏡A系（44.8cm）であるが，最古型式という点では鼉龍鏡系は内行花文鏡系や方格規矩四神鏡系などより一回り小さく，先にも触れたように，伝行燈山古墳出土銅板なども含め，面径という点でも内行花文鏡系が最上位に位置づけられる可能性が高い。これに対し，三角縁神獣鏡は最大25cm程度のものが存在するが，基本的に大型の範疇に収まるもので，超大型鏡主体の中心的系列群よりも面径は小さい。以上からみた場合，こうした三角縁神獣鏡をも含めた，内行花文鏡系を頂点とする各カテゴリー間の階層性は，前期倭製鏡成立の当初から一定程度志向されていた可能性が高いと考えられるのである。

以上，前期倭製鏡諸系列の生成過程と，その選択されたモデルについて具体的に検討を行った。次にここまでの分析結果を踏まえ，前期倭製鏡の生成・変容過程とその意義に関して論を進めたい。

3　議　論

(1)中心的系列群（およびそのモデル）が選択された理由

ここまでの検討を通じて，前期倭製鏡の製作においては，内行花文鏡系・方

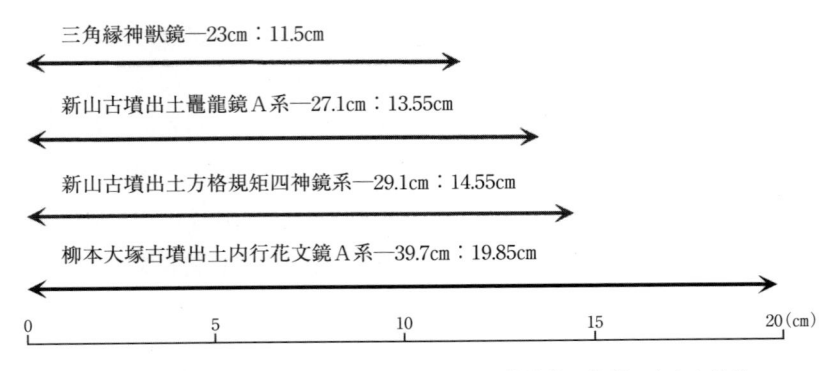

```
三角縁神獣鏡―23cm：11.5cm
新山古墳出土鼉龍鏡A系―27.1cm：13.55cm
新山古墳出土方格規矩四神鏡系―29.1cm：14.55cm
柳本大塚古墳出土内行花文鏡A系―39.7cm：19.85cm
```

図44　倭製鏡中心的系列群初期型式＋三角縁神獣鏡の挽型の大きさ比較

第2節　前期倭製鏡中心的系列群の生成過程

格規矩四神鏡系・夔龍鏡系といった中心的系列群が，それぞれ複数のモデルの複合／超大型化によって生み出されたこと，またそのモデルの選択についても，四葉座Ⅰ内行花文鏡を頂点とするサイズの論理にもとづき，新たな体系化・秩序化が志向された可能性を指摘した。ここでは特に，これら中心的系列群のモデルとして，四葉座Ⅰ内行花文鏡や方格規矩四神鏡，画文帯同向式神獣鏡などが選択されたことの意義について，当該時期の社会的・歴史的コンテクストとの関連において検討したい。

　まず内行花文鏡については，四葉座Ⅰの多さと，舶載鏡の中でも群を抜くその大きさという点が特徴として挙げられる。古墳時代前期の列島出土鏡では京都府椿井大塚山古墳の27.8cm（四葉座Ⅰ）が最大であるが，後漢代の東アジア全体に視野を拡大すると，興味深い事実がいくつか確認できる。現在公表されている中国での出土資料において，確実に後漢鏡とされる内行花文鏡で最大のものは，河北省定県北庄漢墓から出土したもので，36cmである（河北省文化局文物工作隊1964）。中山簡王劉焉の墓と推定され，その年代は和帝永元二年（A. D. 90年）を上限とする。この鏡は内区は四葉座の周囲に円圏・8弧の花文／連弧文を有するが，花文間単位文様や雲雷文帯は描かれていない。ただし，構図（≒挽型形状）自体は四葉座Ⅰのそれとほぼ一致する。副葬品には，透かし彫りを多用した鏡架台が共伴し，他にも19.8cm～28.7cmの鉄鏡5面（いずれも内行花文鏡とされている）が出土している点も注意される。このように，1世紀末前後の後漢代において，諸侯クラスの墓に大型の内行花文鏡が大量に副葬されている点は，これ以後の中国における上位層の墓の内容を考える上での指標となろう[22]。

　2世紀代以降の内行花文鏡は，蝙蝠座鈕の中型・小型鏡に漸移的に移行すると考えられているが（岡村1993b），例えば景初四年銘盤龍鏡などの生産にあたり，古相の盤龍鏡A類が参照されていること，また魏晋代において方格規矩四神鏡が復古的に製作されたことなどを考慮すると，3世紀前半段階においてもこうした古相で大型の漢鏡が大陸や楽浪郡に存在していた可能性を考えておく必要があるだろう[23]。内行花文鏡系でいえば，大型鏡としての四葉座Ⅰの内行花文鏡が，2世紀代以降においても小型鏡と併存する形で残存していた可

能性である。ここで重要となるのが，福岡県平原遺跡から出土している内行花文鏡である（前原市教育委員会2000）。平原遺跡で出土した40面分の鏡のうち，その多くは方格規矩四神鏡（32面分）であるが，他に46.5cmの同型内行花文鏡5面分・四葉座Ⅰ内行花文鏡2面・虺龍文鏡1面が含まれている。四葉座Ⅰ内行花文鏡は，「長宜子孫」銘のものが18.7cm，「大宜子孫」銘のものが27cmである。また46.5cmの八葉座内行花文鏡は，列島に限らず東アジア全体を見渡しても最大の内行花文鏡である。これらのうち，「長宜子孫」銘鏡以外の内行花文鏡（5面の同型鏡含む）については，すべて「仿製鏡」ないし列島／「伊都国」産とする見解があるが（柳田2000），第2章でもみたように筆者は銅質や鈕孔技法などの点において，舶載鏡とみるのが妥当と考えている（cf. 清水2000）。現段階の資料状況では，これだけの技術水準において製作された銅鏡の製作地を，「伊都国」周辺のみに限定することは困難である。柳田氏が指摘するような，着色などの共通性についても，それを根拠として「伊都国」のみに製作地の可能性を限定することは必ずしもできず，楽浪郡や中国東北部など，さらに広い範囲において，製作者集団の技術系譜が近接していた可能性なども想定する必要があると考える。また平原遺跡出土鏡群は，多数の方格規矩四神鏡も含めて，前期倭製鏡の製作系譜とは不連続であり，文様構成の規範や銘文などの点において，基本的に後漢鏡の範疇で捉えられるべき一群である。以上の点から，筆者はこれら平原遺跡出土鏡群を基本的にすべて舶載鏡と捉える。ここでは報告にもある通り，平原遺跡自体の年代を弥生時代後期後半〜終末段階として論を進めたい。平原遺跡出土鏡群自体の製作年代は，基本的に2世紀代以降の所産と考えるが，同型技法や文様自体の簡略化という点からも，後漢末期の製品を多く含んでいるものと考えている。

　平原遺跡出土内行花文鏡で特筆されるのは，まず46.5cmという同型鏡群の大きさである。今後これらの類例が大陸・半島で出土する可能性も存在するが，いずれにせよ先にみた河北省定県の北庄漢墓出土鏡をさらに上回る大きさであることから，後漢代の鏡における序列化という点では，上位に位置づけられる鏡であることが明らかである。こうした特殊な鏡が列島の，特に「伊都国」へと最終的にもたらされたことについても今後さらに論を深める必要があるが，

第2節　前期倭製鏡中心的系列群の生成過程　269

　ここでは特に，後漢代の東アジアにおける「内行花文鏡」の大型化志向と，それを上位とする序列が存在した可能性を指摘しておきたい。2世紀代以降における後漢の上位層の墓についての情報が少ないためそれ以上を論ずることは困難であるが，少なくとも列島を含む後漢代の東アジアにおいて，内行花文鏡の大型鏡が被葬者の社会的位置づけと深く結びつく形で使用された可能性は認められよう。

　このことの影響は，列島における倭製鏡生産にも認められる。弥生時代後期段階の北部九州で生産された小形仿製鏡の主体は，他でもなく内行花文（連弧文）を主文としたものであった。そして，それとは別の系譜として誕生する古墳時代前期倭製鏡においては，その当初から奈良県下池山古墳出土鏡（37.6cm）や同柳本大塚古墳出土鏡（39.8cm）のような超大型鏡が製作されている。また同行燈山古墳出土銅板の内行花文鏡のモティーフ（cf. 今尾1988）や同桜井茶臼山古墳出土破鏡（森1974；今尾1993b）をも含めると，これらの内行花文鏡系の超大型倭製鏡は基本的に古墳時代前期前半の大和盆地東南部周辺，かつ大型前方後円墳に集中する傾向が認められる（cf. 寺沢知子1999）。さらに，同桜井茶臼山古墳やメスリ山古墳でも舶載四葉座Ⅰ内行花文鏡の超大型鏡が多数認められていることからも（cf. 今尾1993c），この舶載の四葉座Ⅰ内行花文鏡は，初期ヤマト政権内部において，最上位層が保有する鏡として位置づけられていた可能性が高い。そうであればこそ，これらが新たに創案される倭製鏡の最上位かつ中核に位置づけられる系列のモデルとして選択されたのであろう。

　以上から，四葉座内行花文鏡が前期倭製鏡中心的系列群の最上位のモデルとして選択された背景としては，後漢代以降の東アジアにおける「内行花文鏡の大型化志向」と，大陸での上位層の鏡としての位置づけといった点を挙げることができる。そしてこの特質は，基本的に古墳時代開始期の列島においても影響を与え，それをベースとする形で新たな体系化・秩序化が模索された可能性をここで指摘しておきたい。

　次に，以上の認識を踏まえ，方格規矩四神鏡および画文帯神獣鏡の問題について論を進めたい。古墳時代前期における舶載方格規矩鏡で特筆すべきなのは，一部を除けば，その多くが魏晋代の倣古鏡であるという点である。ここで指摘

しておきたいのは、古墳時代前期倭製鏡における方格規矩四神鏡系の製作と、こうした後漢末～魏晋代における倣古鏡生産の盛行との関連性である。すなわち、前期倭製鏡において方格規矩四神鏡が中心的系列群のモデルの1つとして選択された理由として、それが列島内部での「伝世鏡」であったという仮説に求めるのではなく、同時代（後漢末～魏晋代＝弥生時代終末期～古墳時代前期前半）における東アジアでの方格規矩四神鏡の「復古・再生」と、その中で生み出された多数の倣古鏡・同型鏡が列島に流入したことに求めたいのである。当然そこには、方格規矩四神鏡の、四葉座Ⅰ内行花文鏡に次ぐ大きさという点も大きく影響している。こうした後漢末～魏晋代における倣古鏡・同型鏡生産の盛行と、そこで製作された「四神鏡」の大きさという2つの要因が、結果的に中心的系列群のモデルとしての選択という方向に帰結した可能性をここでは想定しておきたい。

　次に画文帯神獣鏡、特に同向式神獣鏡と環状乳神獣鏡の問題について検討する。すでに幾度かふれたように、近年では古墳時代開始期における神獣鏡重視あるいは神仙思想の影響力の大きさを強調する傾向が顕著であるが、これについてはここまでの検討結果から疑問がある。特に、本節で対置神獣文鏡系として挙げた一群は、対置式神獣鏡の忠実模倣の所産という観点のみでは理解することができないことはみてきた通りである。またすでに検討したように、鼉龍鏡系についても複数の神獣鏡をモデルとしながらもそれを忠実に模倣するという志向性を欠くことが明らかである。ここで、鼉龍鏡系のモデルとなった同向式神獣鏡と環状乳神獣鏡についてみると、特に同向式神獣鏡については、華北～中国東北部地域での生産にその主体を求める見解（上野2000）、楽浪郡地域での製作を求める見解（西川2000）、「魏の鏡」の典型例の1つと捉える見解（樋口2001：pp. 14-15）など、魏晋王朝～楽浪郡域といった、中国北部～東北部において生産され、また列島へもたらされたとする見解が広く認められつつある。対照的に、繰り返し指摘しているように、列島での出土が少なく、その主たる生産地域が江南地域などに求められてきた対置式神獣鏡や重列神獣鏡は、結果的に前期倭製鏡のモデルとしてはほとんど採用されなかった。画象鏡系についても基本的に同様である[24]。このことは、前期倭製鏡のモデルが、古墳時代初

頭に列島に流入した，同時期の華北〜中国東北部において盛行していた諸鏡式の中から選択されたこと，そしてそこでの基準の1つが，鏡背に描かれた神話世界の内容というよりも，大きなものから順にという，いわばサイズの論理に準じていたものであった可能性を示唆するものと考える。

　以上，中心的系列群のモデルが選択された背景についてここに検討を行ってきた。ここでの検討結果から，以下のようなことが指摘できる。すなわち，前期倭製鏡中心的系列群それぞれのモデルの選択には，古墳時代開始期における華北〜中国東北部との密接な関係が大きな影響を与えているという点である。またモデルとなった「舶載鏡」も，基本的に古墳時代初頭以降において，魏晋王朝（および公孫氏政権から魏政権に復した楽浪郡・帯方郡）との接触の過程を通じてもたらされたものである。したがって，当時の華北〜中国東北部における各鏡式の評価・位置づけなどに一定程度の影響を受けている可能性は高い。そしてそこにあるのは，後漢代以来の，四葉座内行花文鏡を上位とする序列／サイズの論理であったと考える。

　ただしここで注意しておきたいのが，「上位の鏡」としての四葉座Ⅰ内行花文鏡がモデルとして採用されたということは，それをモデルとして製作された内行花文鏡A系が，四葉座Ⅰ内行花文鏡と等価あるいはその代用品であるということを必ずしも意味しないことである。上述のように，倭製鏡初期段階における各系列の「創案」は，あくまで原鏡の文様構成を参照しつつも，それを改変することに意が払われており，また舶載鏡諸鏡式を上回る面径のものが最初期の段階から製作されている。その点からいえば，先にも述べたようにこれらは鼉龍鏡系や方格規矩四神鏡系などを含め，「中国鏡には存在しない新たな鏡」として創案されたものであり，たんなる舶載鏡の引き写し，あるいはその代用品としてではなく，それぞれにモデルとされた諸鏡式とは異なる，独自の性格づけが新たになされたものとみることができる。この点に，前期倭製鏡創案の意義を見出すことができると考えるのである。

　このことと関連して重要となるのが，三角縁神獣鏡と中心的系列群との関係，そして三角縁神獣鏡自体の位置づけである。ここで，今述べた問題も含めて，前期倭製鏡各カテゴリー間の関係性について論を進めたい。

(2) 前期倭製鏡のカテゴリー体系とその評価

前期倭製鏡中心的系列群と三角縁神獣鏡との関係性　以上の議論を踏まえ，ここで三角縁神獣鏡の位置づけについて検討したい。前章でみたように，三角縁神獣鏡自体は基本的に神獣鏡諸鏡式や画象鏡などの構成要素を合成することによって生み出されたものであり，周辺域で製作された倭国向けの特鋳鏡という枠組みで理解するのが妥当と考える。では何故内行花文鏡や方格規矩鏡ではなく三角縁神獣鏡が大量生産による特鋳鏡となり得たのであろうか。内行花文鏡や方格規矩鏡はそれ自体同時期の魏の領域内部で倣古鏡や踏返し鏡が生産されていて，一定の生産・流通ラインが存在していた可能性が高い。かつ，これらの製品が列島へともたらされていた。これに対し，こうした内行花文鏡や方格規矩鏡とは別に，「大量生産」「（鏡式≒一定の規格内での）多様性」「倭国向けの特別生産品」という条件を満たすものとして生み出されたのが，三角縁神獣鏡であったと考えられる。これは，単位文様の配置組み替えによるヴァリエーションの多様化（森下1989）・同型／同笵技術による大量生産という点に顕著に現れている。三角縁神獣鏡はその製作当初からその後の「仿製」化に至るまで，基本的に魏晋王朝という外的権威とヤマト政権とのつながりを表象するという意味合いが強く付与されていたと考えられる。このことを契機として生み出された三角縁神獣鏡は，内行花文鏡や方格規矩四神鏡とは全く別の存在意義を持つものとして，いわば排他的に生産された可能性が想定される。列島における倭製鏡生産においても，中心的系列群を中核とした新たな体系化・秩序化の過程で，三角縁神獣鏡だけは，単位文様や断面形態／挽型形状の非共通性といった点において，一貫して異なる位置にあり続ける[25]。このことは，ヤマト政権中枢／倭製鏡製作管理主体の側においても，中心的系列群を主体とする前期倭製鏡と三角縁神獣鏡の位置づけが相互に異なる軸にあることが，当初から明確に意識されていた可能性を示唆する。ここにおいて列島ヤマト政権の上位層は，自らの権威を示す象徴物として，三角縁神獣鏡とは別に，内行花文鏡系を最上位とする中心的系列群を生み出したと考えられるのである。

　ただしこのことは以下に述べるように，これらを各地の上位層に分配するにあたり，それぞれが完全に切り離されていたことを意味するものではない。す

なわち，三角縁神獣鏡の存在があればこそ，中心的系列群の存在が意味を持ち，逆に中心的系列群が製作されることによって，それとは異なるカテゴリーとしての三角縁神獣鏡の意味が生かされたと考えるのである。前期後半において出現する倭製鏡と三角縁神獣鏡との共伴率が低いという現象（福永1999a；林2002）は，こうした両者の意味の違いに起因する可能性が高いと考える。このように，両者は古墳時代前期における鏡のカテゴリー体系という点においては，同じ論理の中のいわば「両輪」として，前期を通じて併存させ続ける必要があったものと考えられる。こうした，三角縁神獣鏡と倭製鏡中心的系列群とのいわば「差異化」こそが，古墳時代前期における鏡の「論理」の軸の1つであると考えることができよう。

前期倭製鏡のモデルとその選択―中心的系列群の生成とその変容　以上の議論を概念化・模式化したものが図45である。従来は，倭製鏡分類の方法論と密接に結びつく形で，舶載鏡／中国鏡の鏡式体系と倭製鏡各カテゴリーとが，「仿製……鏡」というように，一対一の対応関係として捉えられ，また表現されてきた。しかし，ここまでの検討により明らかになったように，実際には，古墳時代初頭における中国鏡（完形後漢鏡／魏鏡）の大量流入を契機として，四葉座内行花文鏡を最上位とするサイズの論理にもとづき，まず内行花文鏡系・方格規矩四神鏡系・鼉龍鏡系といった中心的系列群が生み出され，そこから文様構成／サイズ・カテゴリー共に多様なヴァリエーションが生み出されている。ここに見出されるのは，内行花文鏡A系・方格規矩四神鏡系・鼉龍鏡系を主体とした中心的系列群の各系列間やそれ以外の諸系列間といった，各カテゴリー間の序列化と，各系列それぞれ，あるいは各系列を横断する形でのサイズ・カテゴリーの差異化・序列化という二重構造である。

　第3章でみたように，古段階では，超大型鏡主体の中心的系列群と，中・小型鏡を主体とする諸系列といった差異が明瞭ではあるが，いずれも生産量自体は多くない。これに対して前期後半の新段階において特徴的なのは，生産量の著しい拡大と，文様構成やサイズ・カテゴリーの多様化という点であろう。新段階では，各系列間での単位文様置換操作の活発化や，挽型形状／規格の共有による，生産の拡大に伴うヴァリエーションの増加／多様化といった点が特徴

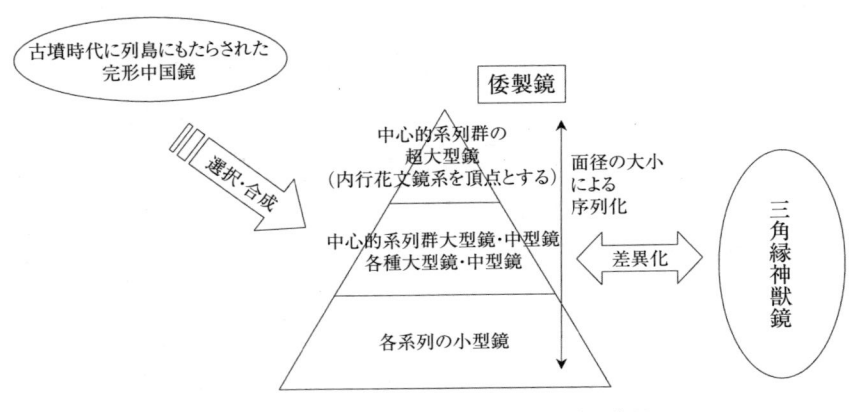

図45 古墳時代前期における鏡の差異化の論理

として見出される。また超大型／大型／中型／小型といった4つのサイズ・カテゴリーがすべて出揃うことからも，製作時における差異化・サイズの論理への傾斜がかなり顕著になった段階と考えることができる。図45は特にこの前期後半段階の鏡の差異化の論理を示したものであるが，面径の大小を軸とした論理は前期前半段階から一貫したものといえる。そして三角縁神獣鏡は，そうした倭製鏡とは別のカテゴリーとして位置づけられ続けた，というのが筆者の理解である。

このような意味において，内行花文鏡A系や方格規矩四神鏡系，夔龍鏡系といった初期段階から存在する倭製鏡は，すでに指摘したように，いずれも四葉座Ⅰ内行花文鏡や方格規矩四神鏡，同向式神獣鏡や環状乳神獣鏡のたんなる代用品ではない。そしてそれを中核とした分岐・派生や序列化こそが，中国鏡の鏡式体系の忠実な再構築とは異なる，新たな秩序化・序列化を志向した戦略の所産として理解することができるのである。まさにこの点において，古墳時代前期における倭製鏡生産の意義を最大限評価することができるものと考える。

前期末の段階では，こうした大量生産，系列や面径の多様化というあり方が，小型鏡の生産へと収斂し，当初付与されていた各系列間の意味の違いが失われていったと考えられる。このことは銅質の劣化という現象とも連動している。そしてこの前期末の段階で前期倭製鏡生産が再編成されることは，この前期から中期への画期が，前期的地域間関係や，あるいはヤマト政権内部の変動と関

連する大きな変化である可能性を示唆する。この点については，次章以降で検討したい。

4 小　結

　以上，古墳時代前期倭製鏡中心的系列群の生成過程について，モデルとその選択という視点から検討を行ってきた。ここでの議論を通じて，倭製鏡の創案とは，中国鏡の鏡式体系を忠実に再構築するようなものではなく，むしろそれらをベースとしながら新たな体系化・序列化を志向するものであったことが明らかになった。それらを貫く面径の大きさと各系列の意味づけの違いという二重の論理が，倭製鏡の理解において重要な意味を持つことを再度確認しておきたい。ここで章を改め，本章での前期倭製鏡各系列の評価という点を踏まえつつ，古墳時代前期における鏡の「配布」と具体的な使用のあり方の問題へと論を進めることにしたい。

註
(1)　本論では，同一の文様構成に系譜を辿ることができる一群を「系列」(森下1991)とし，「カテゴリー」という場合には系列(文様構成)およびサイズ・カテゴリーの両者を包括する概念として使用する。
(2)　ただし本鏡においては頂点の凹線は一部しか認められず，全体として不明瞭である。
(3)　挽型ぶんまわしによる銅鏡の復元製作については次のようなものがある(北九州鋳金研究会1997)。
(4)　例えば方格規矩四神鏡系の倭製鏡で斜面鋸歯文帯型の挽型でない場合は，内区：外区比が3：1に近いものが多い。
(5)　半円方形帯や斜面鋸歯文帯は画文帯神獣鏡に由来するものであるが，そのうち環状乳神獣鏡や同向式神獣鏡などでは12(24)分割するものが多く，倭製鏡にみられる半円方形帯による8(16)分割は鼉龍鏡系が初現と考える。
(6)　もし半肉彫り・平彫り・線彫りなど主文部の違いによって鋳型の土の成分を変えることが行われていた場合は，主文部の決裁は上位に位置づけられる可能性がある。ただし挽型の形状と施文技法の違いはおおむね共変動する場合が多く(例えば斜面鋸歯文帯型の場合は半肉彫りが主体)，各文様の細かい点まで決

裁の内容に含まれていたかどうかは断定できない。
(7) 例えばカー氏が例示する網籠(basketry)の製作などでは，全体の大きさや形態・文様のレイアウトなどがまず決定されるにもかかわらず，製作工程としては細かい文様を少しずつ編み上げることによって全体を完成させるという順序になる。実際には，最も重要なメッセージを表現する上で最も適した諸属性についての決裁がまず行われると考えられる(Carr, 1995b：p. 220)。
(8) 新納泉氏は，三角縁神獣鏡の断面形態にみられる外区の厚さの変化が編年の指標となることを指摘している(新納1991a)。本論の視点とは若干異なるが，挽型の形状が分類基準となりうる可能性を示す事例と考える。
(9) 例えば京都府愛宕山古墳出土の「獣形鏡」(京北町教育委員会1983)は，頭部表現が異なるなどの若干の差異を除いて丸隈山鏡とほぼ同じ文様構成を採用した鏡であるが，直径が12.6cmと小型であり，挽型のサイズに換算して丸隈山鏡より約4.7cm前後小さい。これはほぼ同一挽型形状＝文様帯のレイアウトを採用しながらサイズを小型化したものであり，サイズの差異化の具体例のひとつとして理解することができよう。
(10) 物質文化のカテゴリー化の問題について，認知科学の成果をもとにプロトタイプとその周縁という形で理解する方向性を提示しているものとして以下を参照いただきたい(Miller, 1982・1985；松本1997)。
(11) 挽型の材質に何を用いたかは問題であるが，同一の挽型を使用した事例があまり認められない点を考えると，一度使用したものはすぐに処分されていると考えられる。
(12) 内行花文鏡系の挽型／断面形態は，いくつかの突帯と外区の素文部によって構成される。後漢の四葉座内行花文鏡では最外周の素文部が1段高くなるのが通例であるが，倭製鏡では内区から最外周に至るまでほぼ段の高さに差がなく，非常に平面的になる点が特徴である。この挽型は内行花文鏡系に特有のもので，その形状という点は前期を通じて一貫して他のカテゴリーとの排他性が強いことが指摘できる。
(13) 仿製三角縁神獣鏡について乳配置という視点から検討を行った福永伸哉氏は，乳配置が共通する鏡群を「同乳鏡」として設定し，それが共通の設計原図によるものと想定する(福永1992a・1994a)。福永氏の指摘は，施文の初期段階に行われる乳配置が，設計原図という形で製作当初から決裁の上位に組み込まれていたことを示唆するものであり，仿製三角縁神獣鏡の性格を考える上で重要であると考える。
(14) 東京国立博物館蔵鏡(第2a型式，38.4cm)などが挙げられる。

(15) 内行花文鏡系・方格規矩四神鏡系・鼉龍鏡系の3つのカテゴリーは，超大型鏡の存在や相互の密接な関係性という点から，前期倭製鏡の中でも中心的な系列群と考えられる（田中1977；森下1993；新井1997）。この3つのカテゴリーに関しては鏡自体の変化や古墳での出土傾向の違いなどから，この順序で階層的序列関係が設定された可能性を想定している。これに関しては第2節参照。

(16) ここでいう「コード」は，本来記号表現と記号内容の意味論的関係や記号間の統辞論的関係などを規定するものである（Eco,1976；池上1984）。ここでは中国鏡の文様構成をテクストとみなした場合の生成規則という意味で使用している。

(17) 斜縁神獣鏡については，倭製鏡古段階において獣像胴体表現がパーツとして分離され採用されており，モデルとしての採用は古段階まで遡る。そしてそれとは別に，新段階にそれらを忠実に模倣した一群が製作される。

(18) 本鏡については，柳田康雄氏が，仕上げ研磨工程の粗雑さという観点から，三国代の踏返し（同型）鏡である可能性を指摘している（柳田2002b）。

(19) 前期古墳から出土した対置式神獣鏡として，安倉高塚古墳の赤烏七年鏡，椿井大塚山古墳出土鏡などがあるが，数量的に非常に限定される。

(20) 前期倭製鏡で「巨」を描く鼉龍鏡系においては，早い段階で下顎表現は省略される（cf. 辻田2000）。このため，鼉龍鏡系のみを直接的な祖型と考えることはできない。

(21) 具体例としては，京都府椿井大塚山古墳出土鏡（27.8cm），岡山県花光寺山古墳出土鏡（24.5cm），他に奈良県メスリ山古墳出土鏡（今尾1993c）などが挙げられる。

(22) 超大型鏡の事例としては，他に泉屋博古館所蔵の方格規矩四神鏡片が，面径30cm以上である可能性が指摘されている（樋口編1990）。

(23) こうした大陸での伝世の実例は，山東省北斉天保二年崔芬墓出土環状乳神獣鏡（山口県立萩美術館・浦上記念館2005）などをはじめとして，複数確認されている。

(24) 列島から出土した画像鏡の多くについても，江南地域というより華北の製品が主体であった可能性が指摘されているが（上野2001），すでにみたように列島での出土は相対的に少なく，また他の系列の文様構成との関係などから，これをモデルとして製作された少数の倭製鏡も，結果的に前期倭製鏡の主たる系列としては定着しなかったものと考えられる。

(25) ただし前期倭製鏡の中にも三角縁神獣鏡を模倣した倭製鏡，ないし三角縁神獣鏡の単位文様（傘松文様など）を部分的に採用した倭製鏡などが，少数ながら

存在する。これらは三角縁神獣鏡が完全に前期倭製鏡生産から分離されていたわけではないことを示す事例といえよう。前者の具体例としては，岡山県鶴山丸山古墳出土鏡(福永1999a)，後者の例としては伝宮崎県持田古墳群出土鏡(森下1998d)などが挙げられよう。

第6章　古墳時代前期における
　　　鏡の副葬と伝世の論理

　前章まで，古墳時代開始前後における中国鏡の流通形態の変革，そして三角縁神獣鏡と倭製鏡の変遷とその背景について検討を行ってきた。第2章の結果からは，古墳時代初頭以降に，種々の完形後漢鏡や魏晋鏡が列島各地に流通する可能性が想定された。また第3～5章の結果から，三角縁神獣鏡や倭製鏡が，面径の大きさや生産量という点でそれぞれに異なる変遷をたどっていることを指摘した。またモデルや製作系譜という点からも，この両者の違いが浮彫りとなった。

　本章ではこのような認識をもとに，こうした各種の鏡がどのように各地に流通し，またどのように使用されたかといった点について検討する。

　まず第1節では，古墳時代前期における完形諸鏡の流通形態の具体像についてマクロな観点から分析する。従来伝世鏡として扱われてきた，前期古墳から出土する完形後漢鏡などの位置づけについても，第2章で得られた分析結果をもとに検討する。

　そして第2節では各地域における鏡の副葬状況について，列島各地における古墳の築造動向という観点から検討し，当該期における鏡の「副葬」と「伝世」の実態について論じ，あわせて鏡配布主体としての初期ヤマト政権の成立基盤について，古墳での各鏡式・各系列の共伴関係や大型古墳群の築造動向といった観点から検討する。

　最後に，第3節では福岡県沖ノ島遺跡における鏡の奉献とその位置づけについて検討する。

第1節 列島各地における鏡の副葬

1 問題設定

　第1章でも述べたように，列島規模でのマクロな視点からみた場合，鏡の分布，特に倭製鏡の分布については，大型鏡が近畿を中心とした地域で，小型鏡が地方で多く出土することが研究史の早い段階から指摘されてきた（e.g.富岡1920）。またさらに倭製鏡の面径の大小が被配布者の階層秩序に対応する形で作り分けられ，また選択的に配布された可能性が広く認められつつある（e.g.和田1986；車崎1993b；下垣2003b・2004b）。本節ではこうした先行研究の成果をふまえつつ，倭製鏡や三角縁神獣鏡以外の完形後漢鏡や魏晋鏡なども含めて，古墳時代前期における各地での鏡の副葬状況について検討する。

　これまでも内藤晃氏（1959）や今井堯氏（1992b）などをはじめとして，倭製鏡や三角縁神獣鏡に限らず，中国鏡も含めて古墳時代の鏡が基本的には近畿から各地に分配された可能性が指摘されてきたが，完形後漢鏡に関しては，弥生時代後期以来の伝世が想定されることが多く，その実態に関してはほとんど論じられていない。他方，魏晋鏡の流通に関しては，関東地方などでは小型鏡が主体といったように，面径の大小が近畿を中心とした地理勾配を示す可能性が指摘されている（車崎2000）。

　第2章でみたように，筆者は完形後漢鏡の多くもまた魏晋鏡やのちの倭製鏡などと同様，面径の大小を基準として近畿から各地に分配された可能性を想定している。このような認識をもとに，本節では中国鏡・倭製鏡・三角縁神獣鏡の3者について分布状況を検討する。これまでの研究では鏡の分類単位ごとに分布図を作成し，その比較を行うことが通例であるが，古墳時代において鏡の伝世の事例は一般的なものであり（森下1998a），鏡の製作年代と副葬年代は必ずしも一致しない例が多いため，ここでは出土遺跡の年代を重視する立場から，各時期ごとの分布状況，すなわち各時期ごとの副葬状況を検討する。

2 古墳時代前期における鏡の分布

　図46-1は，古墳時代前期における大型鏡・超大型鏡の分布についてみたものである。ここでは面径の違いという観点から，完形中国鏡および倭製鏡の大型鏡・超大型鏡の分布をドットで示し，三角縁神獣鏡の分布範囲を破線で表現している（アンダーラインは同一主体部，記号の横の数字はその記号に対応する種類の鏡の面数を示す）。古墳の時期は，第3章の年代観にもとづき，前期前半（Ⅰ・Ⅱ期），前期後半（Ⅲ・Ⅳ期）の大きく2つの時期に分けて考えていくことにする。倭製鏡の年代でいえば，前期前半は古段階の製品の副葬が開始される段階，前期後半は新段階以降の製品が副葬される段階にほぼ該当する（各時期の左上には，各時期ごとの奈良盆地を中心とした近畿周辺の拡大図を掲載している）。また前期前半・後半の各時期における中国鏡，倭製鏡の大型・超大型鏡の一覧を表10に示す。以下，この図46・表10をもとに，特にサイズ・カテゴリーの差異や時間的位置づけが明確である倭製鏡の動向に注目しながら，各時期ごとの様相についてみることにしたい。

(1)前期前半（Ⅰ・Ⅱ期〈図46-1〉）

　まず前期前半は，西は北部九州から東は関東まで，舶載三角縁神獣鏡の「同笵鏡」が広範に分布する点によって特徴づけられる。そしてほぼこの範囲に重なる形で，三角縁神獣鏡以外の小型の中国鏡も広範囲に分布している。また銅鏃もこれに近い範囲で広範に分布している（cf. 松木1991）。

　次に，完形中国鏡の大小という点について検討する。ここでまず超大型のカテゴリーに属する直径25cm以上のものに着目すると，これに該当するのは四葉座Ⅰ内行花文鏡であり，現在の出土資料中で最大のものとして京都府椿井大塚山古墳出土鏡（27.8cm）が挙げられる。また前期後半の事例であるが，奈良県メスリ山古墳出土事例が，この大きさに匹敵する可能性が高い（今尾1993c）。前期前半においては，舶載三角縁神獣鏡が1古墳で複数あるいは多量に副葬される事例が多いことから，こうした三角縁神獣鏡の副葬量の多寡のみが注目される場合が多いが，これらの三角縁神獣鏡を複数面副葬する古墳で注意したい

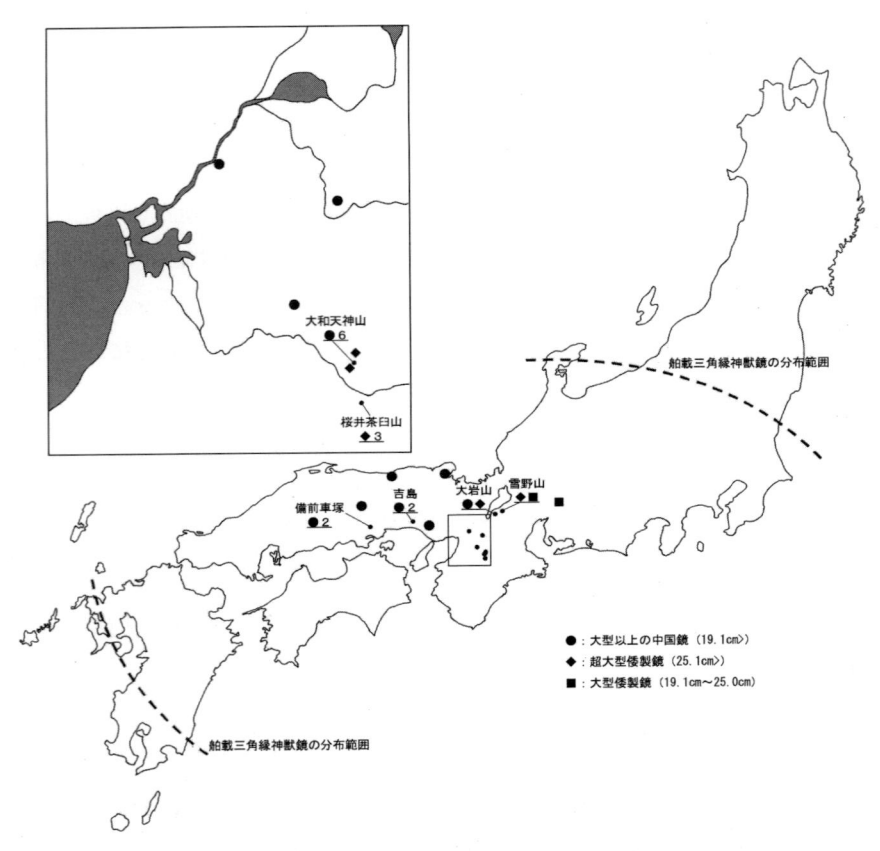

282 第6章 古墳時代前期における鏡の副葬と伝世の論理

図46-1 古墳時代前期における大型鏡・超大型鏡の分布（前期前半）

のは，多くの場合完形後漢鏡や魏晋鏡を1面もしくは数面含んでいることである（表10）。先の椿井大塚山古墳などの事例を勘案するならば，こうした大量の三角縁神獣鏡とともに出土する完形中国鏡については，それらが大量の三角縁神獣鏡に対するプラスαというよりは，逆にこうした完形中国鏡が主で，大量の三角縁神獣鏡がむしろ従である可能性も存在すると考える。その他の鏡式についてみても大型・中型といった変異があるが，その分布をみると，大型鏡は近畿から中国地方に集中しており，おおむね近畿を中心とした地理勾配を示していることが分かる（あわせて第2章の図9を参照）。このことは，これらの完形中国鏡が，面径の大小を基準として近畿から各地に分配された可能性を改め

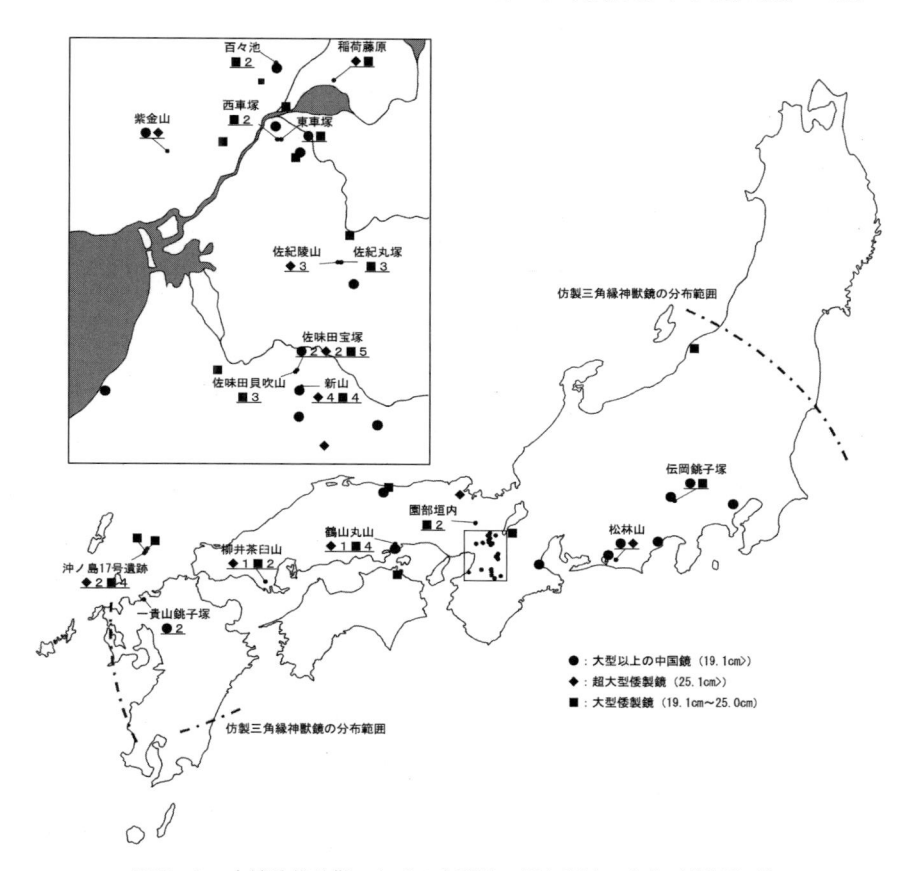

図46-2　古墳時代前期における大型鏡・超大型鏡の分布（前期後半）

て示唆するものといえよう。そしてこの戦略が，倭製鏡の面径を基準とした流通へとそのまま連続すると考えるのである。

　その倭製鏡については，近畿周辺の一部において，中心的系列群超大型鏡の副葬が開始される。前期前半段階における倭製鏡古段階で大型以上の製品の副葬は，現段階では近畿と東海の一部という非常に限定された範囲に集中している。そして次節で検討するが，内行花文鏡Ａ系の超大型鏡が奈良盆地東南部に集中するといったように，中心的系列群の中でも系列によって分布が偏る可能性がある。

　また第２章でみたように，この時期までには破鏡の分布範囲が山形県馬洗場

表10 古墳時代前期における大型鏡・超大型鏡一覧

	県名	番号	舶載/倭製	鏡式/系列名	面径	遺跡名	出土鏡数	舶載三角縁神獣鏡	仿製三角縁神獣鏡
前期前半	愛知	33	倭製	方格規矩四神鏡系	21.9	東之宮古墳	11	5	
	滋賀	10	倭製	内行花文鏡系	24	雪野山古墳	5	3	
	滋賀	11	倭製	夔龍鏡系	26.0	雪野山古墳			
	滋賀	41	舶載	獣帯鏡	23	大岩山古墳	5	3	
	滋賀	44	舶載	画象鏡系	26.5				
	京都	9	舶載	画象鏡	21.4	岩滝丸山古墳	1		
	京都	185	舶載	内行花文鏡	27.7	椿井大塚山古墳	36>	32>	
	大阪	65	舶載	獣帯鏡	20.2	万年山古墳	8	6	
	兵庫	84	舶載	内行花文鏡	21	長慶寺山1号墳	1		
	兵庫	156	舶載	内行花文鏡	19.5	吉島古墳	(7)	4	
	兵庫	157	舶載	獣帯鏡	23				
	奈良	80	舶載	内行花文鏡	19.8	小泉大塚古墳	(10)		
	奈良	85	倭製	内行花文鏡系	39.7	柳本大塚古墳	1		
	奈良	86	舶載	方格規矩鏡	23.4	大和天神山古墳	23		
	奈良	88	舶載	内行花文鏡	19.7				
	奈良	89	舶載	内行花文鏡	20.4				
	奈良	93	舶載	方格規矩鏡	20.3				
	奈良	94	舶載	方格規矩鏡	20.8				
	奈良	105	舶載	内行花文鏡	23.8				
	奈良	141	倭製	内行花文鏡系	3面分(全て30cm以上)	桜井茶臼山古墳	(13>)	(10)	
	奈良	142	舶載	内行花文鏡系					
	奈良	143	舶載	内行花文鏡系					
	奈良	398	倭製	内行花文鏡系	37.6	下池山古墳	1		
	鳥取	6	舶載	内行花文鏡	20.2	桂見2号墳	2		
	岡山	96	舶載	内行花文鏡	19.4	備前車塚古墳	13	11	
	岡山	97	舶載	画文帯神獣鏡	20.6				
	岡山	192	舶載	画文帯神獣鏡	22	郷観音山古墳	3	1	
前期後半	神奈川	5	舶載	内行花文鏡	19.5	観音松古墳	1		
	新潟	1	倭製	夔龍鏡系	23.8	菖蒲塚古墳	1		
	山梨	11	舶載	内行花文鏡	19.8	甲斐銚子塚古墳	5	1	1
	山梨	25	倭製	画象鏡	23.3	伝岡銚子塚古墳			
	山梨	26	倭製	夔龍鏡系	20.3				
	静岡	4	舶載	画文帯神獣鏡	20.7	馬場平1号墳	2		
	静岡	31	舶載	内行花文鏡	22.6	松林山古墳	4	1	
	静岡	32	倭製	内行花文鏡系	28.9				
	静岡	150	倭製	内行花文鏡系	19.5	三池平古墳	2		
	三重	63	舶載	内行花文鏡	20.3	清生茶臼山古墳	3		1
	滋賀	16	倭製	方格規矩四神鏡系	23.8	北谷11号墳	1		
	京都	18	倭製	方格規矩四神鏡系	28.8	温江丸山古墳	2	1	
	京都	42	倭製	画象鏡系	21	園部垣内古墳	6	2	1
	京都	45	倭製	半円方形帯四獣形鏡	20				
	京都	64	倭製	方格規矩四神鏡系	22.7	百々池古墳	8	2	2
	京都	65	倭製	細線式獣帯鏡系	21.3				
	京都	69	舶載	獣帯鏡	23.3	一本松塚古墳	3		
	京都	80	倭製	方格規矩四神鏡系	23.2	稲荷藤原古墳	2		
	京都	81	倭製	方格規矩四神鏡系	25.9				
	京都	83	倭製	夔龍鏡系	22.3	伝淀			
	京都	84	倭製	方格規矩四神鏡系	24	恵比須山古墳	2		
	京都	146	舶載	画文帯神獣鏡	19.2	石不動古墳	(2)		
	京都	148	倭製	六獣鏡	24.5	西車塚古墳	5	1	
	京都	149	倭製	方格規矩四神鏡系	21.8				
	京都	154	舶載	内行花文鏡	22.3	東車塚古墳	4	1	
	京都	155	倭製	夔龍鏡系	21.5				
	京都	161	舶載	画文帯神獣鏡	21	内里古墳	2	1	
	京都	164	倭製	内行花文鏡系	19.7	美濃山王塚古墳	(13)		
	大阪	19	倭製	勾玉文帯神獣鏡	35.9	紫金山古墳	12	1	9
	大阪	30	舶載	方格規矩鏡	23.8				
	大阪	47	倭製	内行花文鏡系	22.2	慈願寺山			
	大阪	153	倭製	六獣鏡	20.9	盾塚古墳	1		

第1節　列島各地における鏡の副葬

	県名	番号	舶載／倭製	鏡式／系列名	面径	遺跡名	出土鏡数	舶載三角縁神獣鏡	仿製三角縁神獣鏡
	大阪	236	舶載	画文帯神獣鏡	23.8	和泉黄金塚古墳中央榔	2（6）	（1）	
	奈良	5	倭製	方格規矩四神鏡系	32.5	佐紀陵山古墳	4		
	奈良	6	倭製	方格規矩四神鏡系	35				
	奈良	7	倭製	内行花文鏡系	34.3				
	奈良	22	倭製	対置神獣文鏡系	21.9	佐紀丸塚古墳	14		
	奈良	23	倭製	対置神獣文鏡系	22				
	奈良	24	倭製	対置神獣文鏡系	22.4				
	奈良	40	舶載	内行花文鏡	19.1	古市方形墳東榔	5		
	奈良	153	舶載	内行花文鏡	27	メスリ山古墳	3＞	1	
	奈良	188	倭製	方格規矩四神鏡系	27.9	新沢500号墳	6		1
	奈良	195	舶載	画象鏡	21.1	佐味田宝塚古墳	36	（11）	（1）
	奈良	214	舶載	方格規矩鏡	22.3				
	奈良	196	倭製	画象鏡系	20.4				
	奈良	197	倭製	家屋文鏡	22.7				
	奈良	212	倭製	二神二獣鏡ⅠA系（下垣分類）	20.9				
	奈良	216	倭製	方格規矩四神鏡系	23.8				
	奈良	217	倭製	方格規矩四神鏡系	27.8				
	奈良	218	倭製	細線式獣帯鏡系	25.3				
	奈良	219	倭製	鼉龍鏡系	22.3				
	奈良	231	倭製	内行花文鏡系	21.4	佐味田貝吹山古墳	7	1	
前期後半	奈良	234	倭製	鼉龍鏡系	22.8				
	奈良	235	倭製	分離式神獣鏡系	21.6				
	奈良	240	倭製	直弧文鏡(内行花文鏡系)	27.9	新山古墳	34	7	2
	奈良	241	倭製	直弧文鏡(内行花文鏡系)	20.8				
	奈良	242	倭製	直弧文鏡(内行花文鏡系)	22.5				
	奈良	255	倭製	鼉龍鏡系	27.1				
	奈良	256	倭製	方格規矩四神鏡系	20.5				
	奈良	257	倭製	方格規矩四神鏡系	24.3				
	奈良	258	倭製	方格規矩四神鏡系	27.4				
	奈良	259	倭製	方格規矩四神鏡系	29.1				
	奈良	279	舶載	画象鏡	20.8	黒石5号墳	3		
	奈良	371	倭製	鼉龍鏡系	24.3	伝北和城南古墳	（4）	1	
	奈良	—	舶載	画象鏡	21	鴨池波1号墳	4	3	
	鳥取	31	舶載	八鳳鏡	20	国分寺古墳第1主体	3	1	
	鳥取	62	倭製	神獣鏡（同向式）	19.8	馬の山4号墳	5（7）	1	
	岡山	123	倭製	内行花文鏡系	27	鶴山丸山古墳	（34）	（1）	（3）
	岡山	124	倭製	内行花文鏡系	20.6				
	岡山	125	倭製	内行花文鏡系	20.6				
	岡山	126	倭製	内行花文鏡系	20.75				
	岡山	129	倭製	方格規矩四神鏡系	19.7				
	岡山	159	舶載	内行花文鏡	24.5	花光寺山古墳	2		1
	山口	3	倭製	鼉龍鏡系	44.8	柳井茶臼山古墳	5		
	山口	4	倭製	鼉龍鏡系	23.3				
	山口	5	倭製	鼉龍鏡系	19.5				
	香川	7	倭製	方格規矩四神鏡系	23.2	赤山古墳	2		
	福岡	5	舶載	方格規矩鏡	21.2	一貴山銚子塚古墳	10		8
	福岡	6	舶載	内行花文鏡	21.7				
	福岡	329	倭製	方格規矩四神鏡系	27.1	沖ノ島17号遺跡	21		3
	福岡	330	倭製	方格規矩四神鏡系	26.2				
	福岡	331	倭製	方格規矩四神鏡系	22.1				
	福岡	332	倭製	方格規矩四神鏡系	21.5				
	福岡	339	倭製	鼉龍鏡系	23.7				
	福岡	344	倭製	画象鏡系	22				
	福岡	358	倭製	方格規矩四神鏡系	24.8	沖ノ島18号遺跡(推定)	（13）	1	（4）
	福岡	365	倭製	内行花文鏡系	24.8	沖ノ島19号遺跡	2		

B遺跡での出土を北限として本州東北部まで広がっている（高橋2003）。こうした破鏡は弥生時代以来の西から東への流通形態によって列島各地にもたらされたと考えられるが，古墳時代における完形鏡副葬の一般化に伴い，その多くは前期末頃までに各地で副葬もしくは廃棄されている（辻田2005a）。

(2)前期後半（Ⅲ・Ⅳ期）

　前期後半になると，鏡の副葬範囲は前期前半と比べて拡大する傾向が認められる。この最も広い範囲から出土するものに，仿製三角縁神獣鏡や倭製鏡の小型鏡，舶載鏡の小型鏡などが挙げられる。特に捩文鏡系などをはじめとした倭製鏡の小型鏡は各地域で広範に副葬されるようになる。仿製三角縁神獣鏡は舶載三角縁神獣鏡よりその分布範囲を拡大しているが，生産量自体が倭製鏡よりも少ないことから，倭製鏡の流通とは異なる意味が付与されていた可能性が高い。

　中国鏡では完形後漢鏡・魏晋鏡の両者の副葬がみられる。前期後半段階では，特に方格Ｔ字鏡の副葬が活発化するなど，小型鏡の副葬が顕著となる。方格Ｔ字鏡の分布は北部九州などに多いことから，大きく北部九州地域での独自入手の可能性と，小型鏡を主体として分配された結果という２つの可能性が存在するが，第２章の分析結果からみた場合，また他の完形後漢鏡・魏晋鏡・倭製鏡の分布においても，北部九州では小型鏡が卓越することから，後者の可能性が高いと考える（cf. 下垣2003b：pp. 16-17）。

　倭製鏡の超大型・大型鏡の動きについてみると，大型鏡は近畿を中心に東西にやや広く分布するものの，九州においては大型鏡の出土は認められない。超大型鏡の分布をみると，やはり前期前半と同様，基本的に近畿を中心とした地域に集中する傾向がみられる。また一部の超大型の倭製鏡は，近畿以外の各地域において点在している状況をみることができる。これは，車崎正彦氏が「遠謀術策」による選択的配布と表現した現象である（車崎1993b）。九州では現段階で超大型鏡が１面も出土していないが，海を隔てた沖ノ島17号遺跡などで出土している。この問題については第３節で改めて検討する。

　前期後半で興味深いのは，一見すると面径を基準として近畿中心の地理勾配

が一貫するかのようにみえるが，実際には，三角縁神獣鏡の副葬が少なく倭製鏡の副葬が主体である地域や，逆に三角縁神獣鏡が主体として副葬され，倭製鏡の副葬が少ない地域といった差異がみられる点である。これは，この段階のヤマト政権による選択的かつ戦略的配布の所産である可能性が存在するとともに，鏡の分布範囲やそこにおける面径の大小の差異が単純にヤマト政権による中央集権的な政治支配を意味するものでないことを示唆していると考える。

　ここで図化はしていないが中期前半についてみておく。三角縁神獣鏡の副葬は基本的に前期の段階で終了しており，倭製鏡の小型鏡が各地で副葬される。この場合の小型鏡は，前期以来の諸系列に加え，中期になって新たに生産が開始された系列が一部含まれている（森下1991）。この段階では超大型鏡や大型鏡といった早い段階の製品の多くが姿を消しており，鏡の面径の大小と被葬者の階層性の間には明確な対応関係はみられなくなっている。

　他方で中期前半の段階では，古墳の年代よりも古い時期の鏡が副葬される事例が多く認められる。奈良県室宮山古墳や京都府久津川車塚古墳などの大型前方後円墳でも舶載三角縁神獣鏡の副葬がみられる（cf. 田中1983・1993）。倭製鏡の副葬についても，福岡県丸隈山古墳のように，前期新段階の大型鏡が巴形銅器などとともに副葬される事例がある。これ以外にも例えば福岡県月岡古墳では，5世紀代の倭製鏡とともに，後漢末の同向式画象鏡1面が副葬されている（辻田2005b）。このような事例については，それぞれ当該地域への流入時期や入手経路なども含めて，何らかの形での伝世を想定する必要がある。

　また中期における近畿地方の大型前方後円墳での副葬品の様相は必ずしも明確ではないが，鉄製武器・武具類の大量副葬を主体としつつ，前期以来の上位階層の規範としての大型鏡副葬が一部で残存している可能性が考えられる。第3章において，倭製鏡生産体制の大きな画期が前期と中期の間に置かれることを述べたが，各地における副葬状況も，ほぼそれと軌を一にした動きをみることができる。

(3) 小　結

　以上のような分布においては，倭製鏡の面径の大小は近畿を中心とした地理

勾配を明瞭に示しているということができるが（cf. 下垣2003b），これは特に倭製鏡生産自体において面径のヴァリエーションが多様化する新段階，すなわち前期中葉以降の時期（Ⅲ期以降）により顕著に認められる。ここにおいて，最も広範に分布する内行花文鏡B系や捩文鏡系をはじめとした倭製鏡の小型鏡と分布図上でその範囲をほぼ共有するのが，三角縁神獣鏡である。つまり，前期後半においては，三角縁神獣鏡と倭製鏡の小型鏡はともに汎列島的に広範に分布する品目として共通するのである。ただし先にも述べたように，倭製鏡と特に仿製三角縁神獣鏡とでは生産面数が大きく異なる点に注意する必要がある。またその一方で，倭製鏡の超大型鏡や大型鏡が三角縁神獣鏡と同じように広範に分布することは前期を通じてほとんどない。このことから，「三角縁神獣鏡」「倭製鏡の小型鏡」「倭製鏡超大型／大型鏡」といった各カテゴリーに関して，その意味づけの違いが指摘できる。すなわち，仿製三角縁神獣鏡はサイズとしては「大型鏡」でありながらも，その扱いは非三角縁倭製鏡の大型鏡や超大型鏡とは明らかに異なっているのである。前期後半以降では，列島規模でみた場合，大きな違いは「倭製鏡の超大型／大型鏡」であるかそうでないかという差異，すなわち面径の差異にある。これについては，倭製鏡生産におけるカテゴリーの多様化と相互にフィードバックし合っている可能性が想定できる。

　その一方で，これまでの研究史においても指摘されているように，前期後半において倭製鏡の超大型鏡が近畿周辺のみならず各地に点在することは，鏡の面径の大小を地域間関係の階層秩序や被葬者の階層性に対応させるだけでは必ずしも理解できない現象である。当然この時期の列島社会が，鏡の面経の大小とその副葬範囲とによって表象されるような形で厳密に序列化されていたかというのはまた別の問題であり，これはむしろ倭製鏡配布主体の側の論理をある程度反映したものと理解することができる。

　ではその前段階としての前期前半段階はどうか。前期前半では，こうした倭製鏡の面径の多様性に対応するのは，中国鏡の諸鏡式の面径である。これらが多量の三角縁神獣鏡とともに副葬されるというのが前期前半の状況である。したがって，前期後半段階において，倭製鏡の面径の大小がより前面に押し出されたとするならば，前期前半段階は，中国鏡の面径の大小と三角縁神獣鏡の量

の差異が二重の論理として存在していた可能性が指摘できる。第2章でみたように，前期古墳から出土する破鏡と同様に，弥生時代後期の段階で各地にもたらされた後，古墳時代まで伝世された完形後漢鏡が前期古墳から出土する後漢鏡の中に含まれる可能性は認めるが，それらは一部にとどまると考える。三角縁神獣鏡と共伴する完形後漢鏡を，古墳時代初頭に近畿地方に流入した後，三角縁神獣鏡とともに各地の上位層に配布されたものと捉え，その上で鏡の共伴関係の中の従ではなく主とみることにより，古墳時代開始過程における完形後漢鏡の新たな評価が可能となると考える。

　以上の検討から，古墳時代前期前半から中国鏡・倭製鏡に共通して面径の大小という点が重視されていること，そしてさらに前期前半では三角縁神獣鏡の量の多寡，前期後半では倭製鏡の面径の大小が強調されていることを確認した。この点をふまえ，次に各古墳での共伴関係について，同一古墳での様々なカテゴリーの組み合わせという観点から検討したい。このことにより，時期的な特徴と地域的な特徴の双方を識別する指標を得たいと考える。

3　古墳出土鏡群の共伴関係からみた鏡副葬傾向の変遷

(1)分類の視点

　古墳などで出土する鏡の組み合わせは非常に多様である。これらは副葬行為の痕跡であるが，その中にいくつかのパターンを見出すことは可能である。ただしこうした古墳での共伴関係が，複数回の配布によるものか一度の配布によるものかといった問題については，可能性を限定することは難しい。また盗掘などの要因により，現存する鏡の組み合わせがそのまま元来の組み合わせを意味するかどうかといった問題も存在する。以上のようにみた場合，副葬鏡の共伴関係は，厳密な意味で配布の問題に直結するとすることは必ずしもできないが，各時期の古墳での副葬傾向の変遷を知る上での指標として捉えることは可能であろう。ここでは，このような認識から古墳出土鏡群の組み合わせについて，各時期ごとの変遷をみることにしたい。

　まず前項の分析結果に基づき，三角縁神獣鏡と非三角縁神獣鏡を区分するために，改めて以下のような4つのカテゴリーを設定したい。すなわち，①舶載

三角縁神獣鏡，②仿製三角縁神獣鏡，③完形後漢鏡・魏晋鏡；三角縁神獣鏡以外の舶載鏡，④倭製鏡（仿製三角縁神獣鏡等除く）という4者である。特に，③については「中国鏡」，④については「倭製鏡」と表記する。

以下，この分類をもとに各地域での鏡の副葬パターンとその時期的な変遷について検討し，その傾向の変化について論を進めることにしたい。

(2)鏡副葬傾向の時期的変遷とその特質

表10は，中国鏡・倭製鏡の大型鏡・超大型鏡が出土した古墳について，現存もしくは判明している出土面数とその中に含まれる三角縁神獣鏡の面数についてみたものである。これをもとに各時期ごとの副葬鏡の組み合わせの変遷について検討する。

まず前期前半の事例を概観すると，大型鏡・超大型鏡が出土する古墳の大半において舶載三角縁神獣鏡が複数副葬されていることがわかる。また奈良県小泉大塚古墳など，奈良盆地内部でも古い段階の前期古墳で三角縁神獣鏡を含まず中国鏡のみが副葬される事例が存在する。この他単数面副葬という点では，中国鏡1面副葬という事例が多数存在する。以上から前期前半では，近畿をはじめ北部九州から関東に至るまで，舶載三角縁神獣鏡という「大型」の「同じ鏡」を複数・多量に副葬することが行われているといえる。そしてこうした三角縁神獣鏡の複数副葬と，完形中国鏡の大型鏡・超大型鏡の動きが連動している点が重要と考える。この意味で前期前半における鏡の副葬形態は，完形中国鏡の面径の大小に加え，同じ鏡を多量に副葬するという「量の論理」が強調されたものといえよう。この「量の論理」においては，結果的に近畿周辺により多量に副葬するものが存在するといった地理勾配が生じている。

前期後半になると，副葬鏡群の組み合わせが前期前半以上に複雑化する。三角縁神獣鏡についても，前期前半では複数面副葬が中心であったのに対し，中国鏡や倭製鏡とともに単数副葬される事例が増加する。これが列島各地で共通してみられることを考慮すれば，三角縁神獣鏡の流通形態にも一定の変化が生じたものと考えることができよう。また前期後半では，三角縁神獣鏡を含まないパターンの出現頻度が，表10の大型鏡・超大型鏡の共伴事例のみをみた場合

でも前期前半と比べて増加傾向を示している。特に中国鏡＋倭製鏡といった組み合わせが増加している点が特徴的である。このように，前期後半では三角縁神獣鏡を含むパターンと含まないパターンとが相半ばする形で共存しているのである。三角縁神獣鏡の多量副葬傾向が衰退する一方で，各地では新たにもたらされた倭製鏡の複数副葬傾向がみられるようになる。そしてその多くはすでにみたように大量生産された内行花文鏡Ｂ系や捩文鏡系などの小型鏡であるが，中には中型鏡や大型鏡なども含まれており，面径の大小において差異が認められる。以上から，前期後半は前期前半の「量の論理」に加え，倭製鏡の「サイズの論理」がより強調された形となっているとみることができよう。

古墳時代中期になると，三角縁神獣鏡を含むのはごく一部にとどまり，それ以外は倭製鏡のみか，中国鏡＋倭製鏡という組み合わせとなる。この段階では前期においてみられた三角縁神獣鏡の「量の論理」や倭製鏡の「サイズの論理」は存在しておらず，各地域社会においては，鏡によって社会的諸関係の差異が表象される段階は終了しているものと考えられる。これは，先にみたように古墳時代前期から中期という列島規模での社会変化に連動した動きとして理解することができよう。

4　小　結

以上みてきたように，副葬鏡群の組み合わせのパターンとしては，中国鏡主体・舶載三角縁神獣鏡複数を主体とした前期前半から，三角縁神獣鏡を含むパターンと含まないパターンとが複雑に共存する前期後半を経て，倭製鏡副葬が主体となる中期前葉へと変化している。前期前半では中国鏡の面径の大小に加え，特に三角縁神獣鏡の大量副葬による「量の論理」が，前期後半では倭製鏡の面径の大小による「サイズの論理」が強調されていることが分かる。前期後半段階の倭製鏡生産における面径の多様化は，こうした「量の論理」から「サイズの論理」の強調へという変化との関連において理解することができよう。通時的観点からみたこうした副葬傾向の変化は，ヤマト政権による配布戦略の傾向の変化にも大きく影響を受けているものと考えられる。そして中期になると，そうした鏡の面径による序列化の志向から，鉄製武器・武具類の多量副葬

による序列化志向へと大きく転換する。

　ここまで列島規模で鏡副葬の諸段階について検討したが，ではこれらの鏡はどのような形で被葬者のもとへもたらされ，最終的に副葬されたのか。またヤマト政権からの配布を想定する場合，直接的配布なのか間接的（二次的）配布なのかといった問題もある。こうした点について，各地の古墳の築造動向と合わせて具体的に検討していくことにしたい。

第2節　各地における上位層の世代交代と鏡副葬に関する諸問題

　本節では各地で副葬される鏡の内容について，古墳の築造動向とあわせてミクロな視点から検討し，鏡の「配布」や副葬行為の意義について改めて考えることにしたい。分析対象としては，鏡などの副葬品の内容が，古墳の築造動向とともに具体的に判明している地域について取りあげ，鏡の出土傾向やその変遷について検討することにする。

1　古墳被葬者と「上位層」

　前期古墳に限らず，古墳は，各小平野程度の範囲内で時期的に連続して築かれることが多い。これらは「首長（墓）系譜」と呼ばれ，その変動パターンについての研究がこれまでも進められてきた（e.g. 都出1988・1999など）。こうした「首長（墓）系譜」については，基本的には古墳被葬者を代表者とした集団単位として措定することが可能であるが，同時期に規模が異なる前方後円墳が近接した地域で併存する場合も多く，また同一古墳に埋葬施設が複数存在する事例も広く認められることから，被葬者の親族関係・階層関係・性別・年齢・社会的職掌などとの関連において，実際の集団構成は非常に複雑であったと考えられる。またこうした「首長（墓）系譜」が示す現象とその背後にある集団の実態が古墳時代前期から後期を通じて一貫して同質的なものであるのかという点についても，被葬者の親族関係（田中1995・2003・2004a）や集落の動態などとあわせて総合的に検討すべき課題である。特に田中良之氏や土生田純之氏

(2004) が指摘するように、5世紀後半以降では首長墓の系列が安定して継続することが知られているが、これは田中氏が指摘する親族関係の変化などと連動した変化である可能性が高い。さらに、前中期古墳の被葬者と後期古墳の被葬者を同様の「首長」として理解することが可能か (cf. 大久保2003) といった問題が挙げられる。親族関係の分析結果などからみても、前期から中期の状況は後期以降とは大きく異なっている可能性を認識しておく必要があろう(1)。こうした集団の具体相については第3項であらためて検討する。

また以下では鏡の入手・副葬に関わったと考えられる古墳被葬者とそれを含む上位階層について、上位層という表現を用いる。ここでいう上位層とは、古墳の被葬者として選抜される集団の代表者を主に指しているが、合わせてそうした代表者を選出する上位の親族集団までを含めたものである。これは、古墳の動態からみた場合、鏡の保有主体は基本的に集団が単位であると想定されること (森下1998a) 、また上にも述べたように、1つの古墳に埋葬施設が複数存在する事例や1つの埋葬施設に複数の被葬者が埋葬される場合が広く存在することが主たる理由である。すなわち、ここでいう上位層とは、集団の代表者となり得る上位階層という意味であり、古墳に葬られず箱式石棺や土壙墓などによる共同墓地に葬られかつ副葬品をもたない人々や、墓に埋葬されない人々を集団の一般成員として区別する。

古墳時代前期においては、ある突出した大型前方後円墳が旧国単位に相当するような領域の代表者として突出するような状況ではなく、同じような規模の古墳が各地域ごとに複数併存する状況が一般的である。この時期における古墳築造の背後にある集団の実態については後論することとし、ここではまず各地域ごとの古墳の築造動向という観点から分析を行う。具体的には、各時期の古墳での副葬鏡の内容について空間的・時間的な差異を抽出し、その背景について検討する。また出土遺跡の年代を重視するという立場から、鏡の製作時期という視点ではなく、鏡の副葬時期という点に注目しつつ検討を行う。

2 各地における古墳築造の動向と鏡副葬について

以下ではまず北部九州を分析対象として取り上げ、その結果をもとに基礎的

なモデル化を行う。その上で西から東へ，各地域ごとにその具体的なあり方を検討する。ここで北部九州を最初に取り上げるのは，これまでの研究で中心的であった鏡を配る側の視点ではなく，むしろ鏡を受領する側の視点から論を立ち上げることによって，各地域社会における鏡の入手・副葬の意義を考えていくことができるとともに，それを通じて，結果として生み出された地域間関係の特質を明らかにすることが可能になると考えるためである。また各地域の分析に際しては，『前方後円墳集成』（近藤義郎編1991-1994）や『全国古墳編年集成』（石野博信編1995）を参考としつつ，それぞれの地域についての先行研究をもとに小地域を設定している。

(1)北部九州地域

ここでは，玄界灘沿岸から周防灘沿岸地域，そして筑後川流域までを含む北部九州地域を中心とし，中九州の一部まで含めて対象とする。北部九州における鏡の分布を示したものが図47・48である。本地域における古墳の変遷の検討に際しては，柳沢一男氏（1995b）・重藤輝行氏（1998）・久住猛雄氏（2002）らの研究を参考とした。ここでは各地域の様相について，前期前半と後半に分けて検討する(2)。

古墳時代前期前半（図47）　古墳時代前期の北部九州で特徴的なのは舶載三角縁神獣鏡の広範囲にわたる分布と魏晋鏡の副葬である。まず古墳時代前期前半の各地域について，特に鏡の年代観と古墳の年代観がある程度一致する三角縁神獣鏡に注目しつつ西から順にみていくと，まず唐津平野周辺では90m級の前方後円墳である久里双水古墳で小型の盤龍鏡1面が副葬されているが，現在のところ周辺では三角縁神獣鏡の副葬はみられない。糸島地域は前方後円墳の密集度が高い地域であるが，埋葬施設や鏡の内容が判明していない古墳も多く，詳細については今後の課題である。現状では泊大日古墳（墳形等不明）で舶載三角縁神獣鏡第Ⅰ段階（表現①）の出土が伝えられる他，小型の魏晋鏡の出土が多い。福岡平野周辺は，舶載三角縁神獣鏡が多く出土している。特に，那珂八幡古墳の第二主体出土鏡（第Ⅰ段階・表現⑥），若八幡宮古墳出土鏡（第Ⅱ段階・表現③J，〔図49-1〕）などをはじめ，第Ⅰ・第Ⅱ段階の製品が主体であり，

第Ⅲ段階の波文帯鏡群の出土が現状では認められない。またこれは筑後川中流域の祇園山古墳（方墳）や神蔵古墳などでも同様である。こうした状況は，特に前期前半でもⅠ期の段階に近畿との接触がより密であったことを示すと考えることができよう。対照的に，遠賀川中流域では忠隈古墳で舶載三角縁神獣鏡第Ⅲ段階（表現⑩）が出土している。

周防灘沿岸地域では，石塚山古墳で鏡14面の出土が伝えられ，細線式獣帯鏡の内区片が出土している他，舶載三角縁神獣鏡第Ⅰ段階・第Ⅱ段階が計7面現存する。また宇佐地域では川部・高森古墳群の赤塚古墳で舶載三角縁神獣鏡が5面（第Ⅰ・第Ⅱ段階）副葬されている。別府湾沿岸地域では亀甲山古墳で舶載三角縁神獣鏡（第Ⅲ段階）が出土しており，また大野川上流域では七ツ森古墳群（伝）出土の舶載三角縁神獣鏡（第Ⅲ段階）がある。

以上の状況をもとに，前期前半の北部九州における鏡副葬の特質について検討する。福岡平野周辺において同一古墳で副葬面数が最も多いのは原口古墳の3面である。また三角縁神獣鏡は前方後円墳に限らず，藤崎遺跡や大願寺遺跡の方形周溝墓などからも出土しているが，同一墓域内ではより中心的な墓に三角縁神獣鏡が，箱式石棺墓などさらに下位に位置する埋葬施設にはより小型の中国鏡などが副葬されるといった階層性が認められる。ただし，大願寺方形周溝墓に近接する前方後円墳の神蔵古墳において三角縁神獣鏡が副葬されている事実は，方形周溝墓と前方後円墳の被葬者が，必ずしも階層的に隔絶したものではなく，両者が上位層として緩やかに共存していた可能性を想定させる。

その一方で，三角縁神獣鏡を副葬しない地域や古墳が多数存在する点が重要である。前期前半段階で三角縁神獣鏡が副葬されているのは，福岡平野から筑後川中流域，遠賀川中流域の忠隈古墳，周防灘沿岸部の石塚山古墳，宇佐地域の赤塚古墳，別府湾沿岸から大野川上流域などであり，唐津湾岸地域や佐賀平野などでは現在のところ出土が認められない。特に，後者においても唐津平野などでは90m規模の前方後円墳が築造されており，かつ小型の中国鏡が副葬されていることから，こうした地域は三角縁神獣鏡の分布という点からみた場合には周辺域として存在することがわかる。また上記のいずれの地域においても，倭製鏡古段階で中型以上の製品が現在のところ出土していない点も特徴と

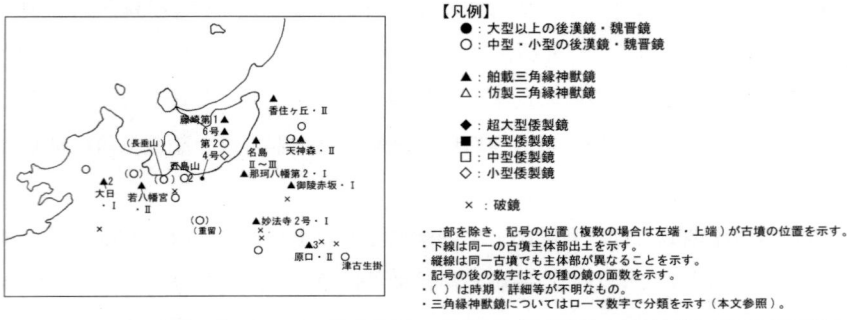

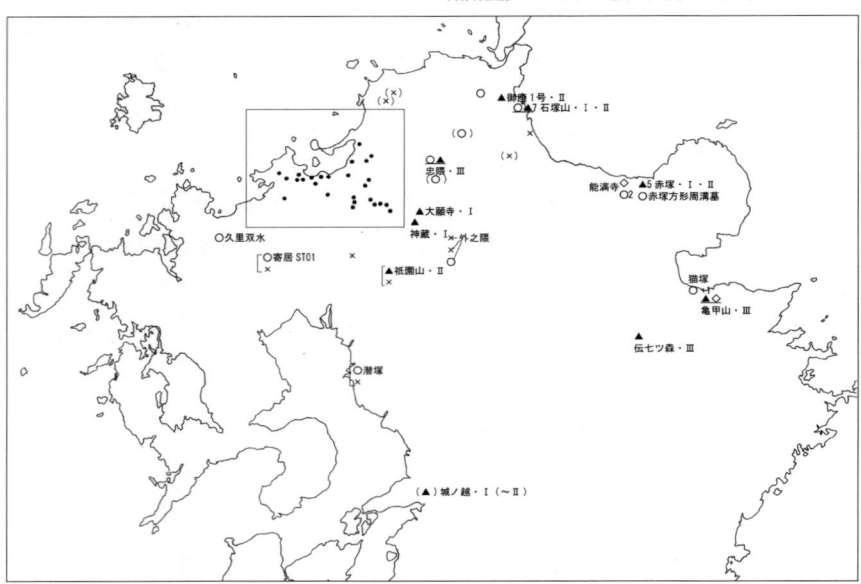

296　第6章 古墳時代前期における鏡の副葬と伝世の論理

図47　北部九州における鏡副葬古墳の分布（前期前半）

　いえよう。

古墳時代前期後半（図48）　次に前期後半の様相をみると，前期前半において舶載三角縁神獣鏡が副葬された地域にその後も継続して新しい鏡が副葬されているかというと必ずしもそうではない。例えば福岡平野周辺部では仿製三角縁神獣鏡の副葬は卯内尺古墳にほぼ限定されている。また倭製鏡の副葬が一部で認められるが，小型鏡が中心であり，前期前半同様中型鏡以上の副葬はほとんどみられない。新段階の製品の出土自体も多くはなく，方格T字鏡などの小

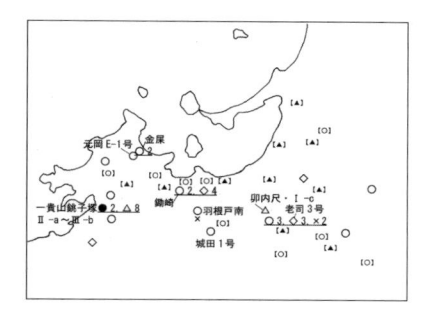

第2節　各地における上位層の世代交代と鏡副葬に関する諸問題　　297

〔沖ノ島遺跡出土鏡〕
○17号遺跡（21面）
　●1, △3, ◆2, ■4, □9, ◇2
　（ⅠⅣⅤ）（方）
○18号遺跡（推定含む）
　●2, ▲1, △5, ■1, ◇3
　（Ⅱ）（ⅡⅢⅣ）
○16号遺跡
　○1, △1, ◇1
　　（Ⅳ）
○19号遺跡
　■1, 不明1

※分布図中の【　】は，前期前半の鏡出土古墳の位置と，その主な出土鏡を示している（ただし前期前半の破鏡は除く）。

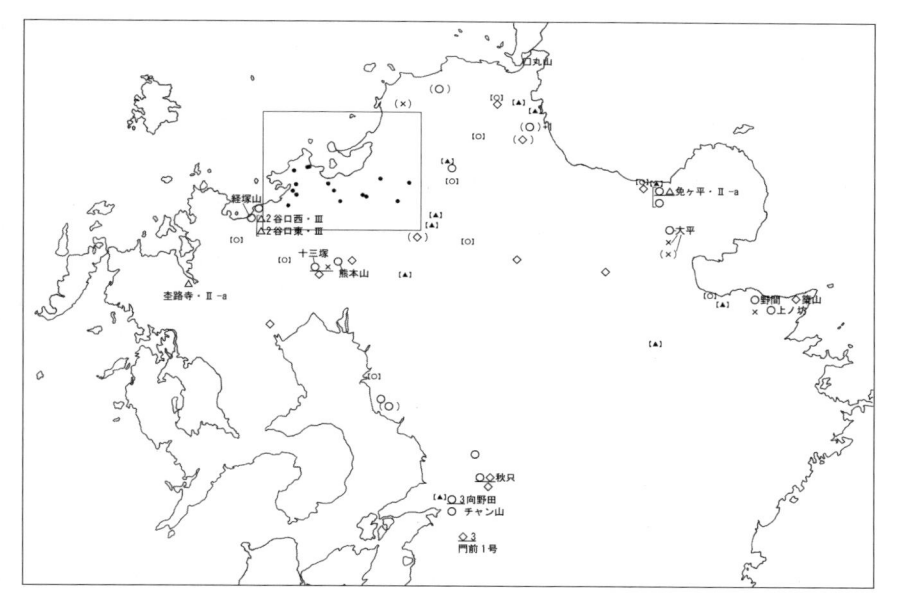

図48　北部九州における鏡副葬古墳の分布（前期後半）

型の魏晋鏡の副葬が増加する。周防灘沿岸地域や別府湾沿岸地域などでも宇佐地域の川部・高森古墳群（免ヶ平古墳）での出土を除くと，仿製三角縁神獣鏡は出土せず，小型の倭製鏡や魏晋鏡の副葬が主体となっている。筑後川中流域とその周辺では，前期後半には鏡の出土は減少する。

　こうした点からみて興味深いのが糸島地域以西の状況である。糸島地域ではⅢ期に全長103ｍの一貴山銚子塚古墳が築かれ，方格規矩四神鏡1面と四葉座内行花文鏡1面，仿製三角縁神獣鏡8面が副葬される。方格規矩四神鏡と内行

花文鏡はいずれも大型鏡である。これは副葬状態や文様の「摩滅」などから従来「伝世鏡」の具体例として示されてきた事例であるが、筆者は第2章に述べた完形後漢鏡・魏晋鏡や破鏡の流通形態に関する分析結果などから、これらの大型後漢鏡2面は、古墳時代になって近畿地方に流入した後、仿製三角縁神獣鏡とともにこの段階で一括してもたらされた可能性を想定している。全長103mという墳丘規模は、仿製三角縁神獣鏡8面ではなく、この大型後漢鏡に相応なものと考える。また唐津湾周辺では谷口古墳で仿製三角縁神獣鏡が、伊万里市域の杢路寺古墳で同じく仿製三角縁神獣鏡が副葬される。すなわち、北部九州地域においてはまず前期前半段階に舶載三角縁神獣鏡が各地の古墳で副葬されるが、どの地域においても複数世代にわたり安定的に三角縁神獣鏡の入手が継続したわけではなく、対照的に仿製三角縁神獣鏡は糸島地域以西といった、それ以前に舶載三角縁神獣鏡の副葬がみられなかった地域で副葬されるようになるのである。このことは、三角縁神獣鏡の分布域の拡大を示すというよりは、むしろ前期前半と前期後半において、三角縁神獣鏡が主として配布された地域あるいは集団が異なっていた場合が多く含まれている可能性を示していると考える。

　また先に述べた、前期後半段階の免ヶ平古墳で仿製三角縁神獣鏡の副葬が認められる宇佐地域の川部・高森古墳群では、前期前半の赤塚古墳における舶載三角縁神獣鏡の副葬以後も継続的に三角縁神獣鏡が入手されていることが読み取れる。これは、集団としての系譜がどの程度連続的であるかは別にしても、少なくとも前期後半段階で新たに仿製三角縁神獣鏡を入手したという点では、上位層による各世代ごとの近畿との接触を示すものといえよう。

　その他に注目される事例として、福岡県老司古墳3号石室からは、三角縁神獣鏡の外区片が出土している。第2章でもみたように、本鏡片は、穿孔が施された懸垂鏡片であり、現在のところ三角縁神獣鏡の中で唯一の破鏡である（辻田2005a）。文様は表現①であり、付近では那珂八幡古墳で表現⑥の三角縁神獣鏡が出土していることから、Ⅰ期の段階にこの地域に流入し、破鏡として加工された後、前期末に副葬されるまで当地にて伝世された可能性が高い。また近接する卯内尺古墳において仿製三角縁神獣鏡（福永Ⅰ-c型式）が副葬されてい

ることから，前期後半段階で近畿との交渉が行われたことがわかる。老司古墳出土の三角縁神獣鏡の破鏡は，そうした上位層による各世代ごとの鏡の入手と併行して，第1世代において入手された鏡が形を変えて伝世された事例ということができるだろう。

こうした北部九州の状況をみた場合に，特に前期後半以降で特徴的なのが，沖ノ島遺跡における大型・超大型倭製鏡の出土である（図48右上）。ここでは北部九州において沖ノ島遺跡で出土するような超大型鏡などがほとんどみられないこと，大型鏡についても非常に限定されることを確認しておきたい。

中期前半になると上述のような状況はさらに一変する。ここでは図示していないが，前期に前方後円墳の築造が活発であった地域の多くでは古墳の築造が停止し，築造される場合でも円墳などの小規模墳が主体となる。小型鏡の副葬が中心であるが，鏡が副葬されない地域も多い。逆にこの時期に古墳の築造が活発化するのが筑後川中流域，八女地域，宗像地域などである。これは列島規模での古墳の築造系列の変動（都出1988）と密接に関わる動きと理解されよう。

そうした中で注目されるのが，今宿地域の丸隈山古墳である。中期前葉において，倭製鏡新段階の大型鏡・中型鏡[3]を各1面ずつ，また巴形銅器などをあわせて副葬している。この倭製鏡2面がどの段階でもたらされたものか不明であるが，いずれにしても大型の倭製鏡は，沖ノ島遺跡を除くと北部九州では前期を通じても希有な存在であり，また先行する鋤崎古墳などでも三角縁神獣鏡が認められないことから，この今宿地域の集団は他の地域とは異なる位置づけがなされていた可能性が高いと考える。この中型以上の倭製鏡の「在／不在」が地域差となって現れる現象は，次に検討する山口県など他地域でも認められるものであり（車崎1993b；辻田2005d），各地域の消長やヤマト政権の配布戦略を考える上で一定の指標となる可能性が高いことをここで確認しておきたい。

福岡市西部〜前原市周辺の魏晋鏡　　福岡市西部の早良平野から前原市周辺にかけての地域では，古墳時代前期の遺跡から魏晋鏡が比較的多く出土している。ここではその一部について例示する（図49-2〜6）。重留石棺出土の鳥文鏡（2）は直径14cmで，長方形鈕孔を有する。外区に複合鋸歯文を持ち，内区には7個の珠文を配し，その間に鳥文を配する（森・佐野1968）。渤海湾周辺での

出土が指摘されている一群であり，列島内での類例も一定数みられる（福永・森下2000；車崎2002；森下2006）。長垂山石棺からは方格規矩鏡の倣古鏡（3）（径12.5㎝）が出土している（九州考古学会1950）。金武遺跡群の城田1号墳から出土した獣帯鏡（4）は，直径11.7㎝で内区に5個の珠文とその間に鳥文や変形した玄武を配する（福岡市教委2005b；福永2005b）。その他，この地域では方格T字鏡が3面出土している（元岡E-1号墳〔5〕，福岡市教委2005a。立石1号墳・東真方C-1号墳，前原市教委1995）。また羽根戸南古墳群G2号墳から出土した双頭龍文鏡（6．福岡市教委2001）は，西村俊範氏（1983）の分類でいうⅢ式であり，鏡背面から浮いた位置に長方形鈕孔を持つ点から，魏晋鏡の範疇に含まれる（cf．森下2006）。他に，図示していないが元岡・桑原遺跡群の金屎1号墳からは，菱雲文鏡（径13.2㎝）と芝草文鏡（径11.6㎝）とが1面ずつ出土する（福岡市教委2006）。

このように，玄界灘沿岸部においても，従来伝世鏡とされてきた，前期古墳から出土する漢式鏡の中に，実際には魏晋鏡が多く含まれており，かつそれらが古墳時代前期以降に列島に流入したものであるという点は，この地域の古墳時代開始過程を考えるとき殊に重要な意味を持つ。すなわち，弥生時代後期において完形中国鏡の副葬が多いこの地域においてもまた，列島の他地域と同様に，古墳時代前期において，中国鏡の流通形態がそれまでと比べて大きく変化した可能性が認められるのである。そしてこうした弥生時代的な鏡の流通形態とは不連続な魏晋鏡の動きは，三角縁神獣鏡の配布やそれに続く倭製鏡の配布と連動したものである可能性が高いといえよう。

分析結果のまとめとモデル化　以上古墳時代前期の北部九州における鏡の副葬状況について検討してきた。その結果として，前期の早い時期に舶載三角縁神獣鏡を複数副葬するような地域ではそれ以降に古墳の築造が継続しない場合が多いこと，また前期において鏡の副葬が顕著な地域では，主立った前方後円墳の築造が前期末から中期前葉をもってほぼ終了していることなどが指摘できる。また前期を通じて小型の中国鏡の副葬が基本であり，大型・中型の倭製鏡の副葬が非常に限定されるという点は，北部九州の特徴的な様相であると考えられる。

このような鏡の動態について，ヤマト政権による鏡の配布という観点からみ

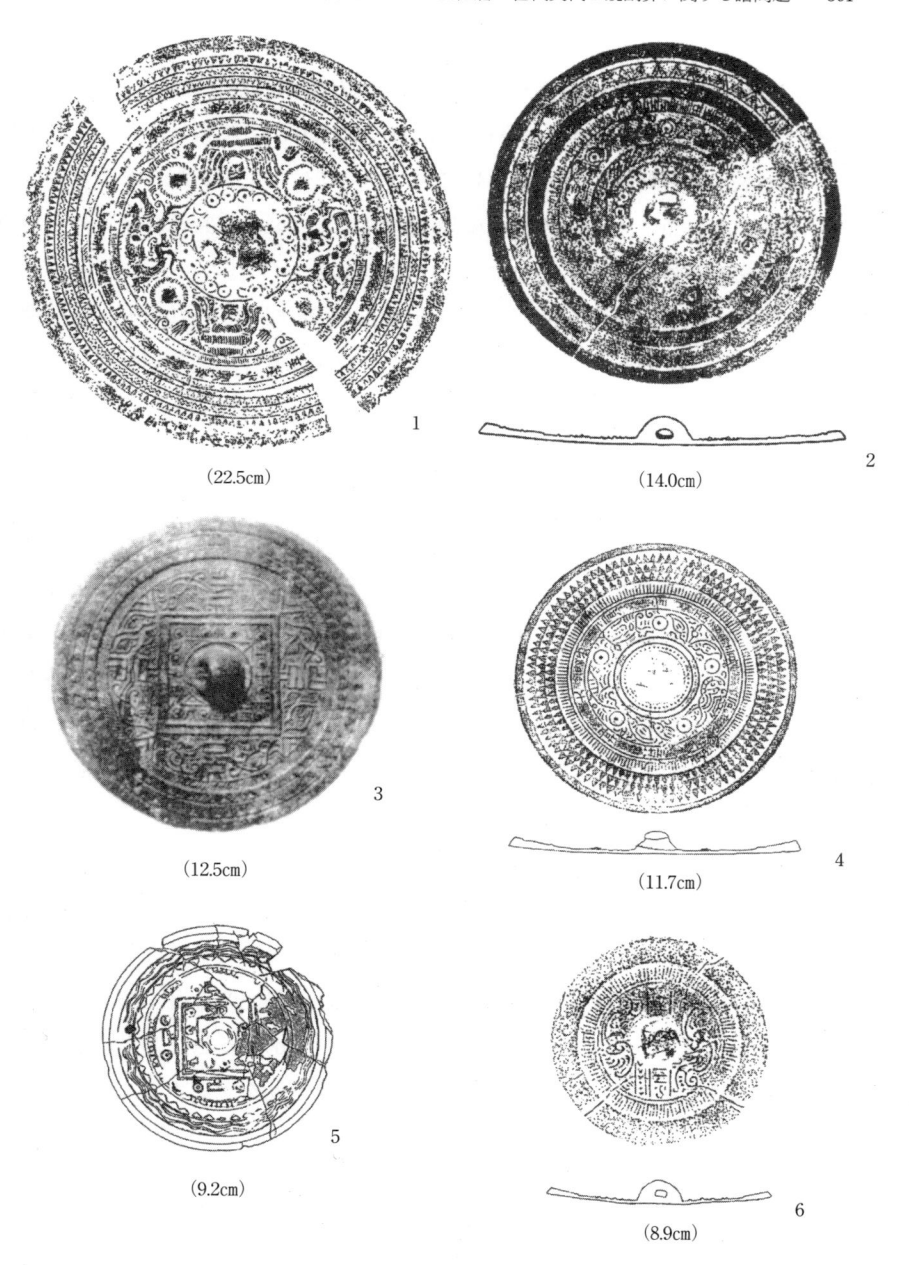

第2節　各地における上位層の世代交代と鏡副葬に関する諸問題　　301

(22.5cm)　1

(14.0cm)　2

(12.5cm)　3

(11.7cm)　4

(9.2cm)　5

(8.9cm)　6

図49　福岡市西部〜前原市周辺における三角縁神獣鏡・魏晋鏡の具体例
（1は約1／4，2〜6は約1／3）

るならば，ここでみたような舶載・仿製三角縁神獣鏡の出土地域の差異や中型・大型倭製鏡の限定性といった現象は，配布主体としてのヤマト政権側の配布戦略・論理の所産とみることが可能である。北部九州の場合は，こうした後漢鏡・魏晋鏡・倭製鏡のいずれにおいても基本的には小型鏡を配布するという戦略が採られており，その中の一部の集団に対して大型の倭製鏡や複数の三角縁神獣鏡がもたらされたと考える。

　そして古墳の築造動向という点からみると，当該時期の北部九州では，前期を通じて主導的な地位にある安定した集団あるいは古墳の築造系列などを抽出することは困難であり，そこを中心とした鏡の二次的・間接的な配布を想定することは必ずしもできない。例えば従来福岡県苅田町の石塚山古墳が墳丘規模130m級，副葬鏡数14面という点から当該期の北部九州の盟主的位置づけがなされることが多かったが，石塚山古墳以後大型古墳の築造が継続せず，また埋葬施設などの他の要素を含めた場合でも，玄界灘沿岸の諸地域に対しての主導的な影響力は認められない。これは仿製三角縁神獣鏡が多数出土する一貴山銚子塚古墳についても同様である。古墳の規模において相対的な差は存在するものの，各集団間の関係は，在地におけるそのときどきの同列的な競合関係という性格がつよかったものと想定する。地域によって古墳の築造の継続と断絶に差がみられるのも，こうした点に起因すると考える。

　このようにみた場合，ヤマト政権による鏡の配布は，各集団に対して複数世代にわたり安定的に継続して行われるというよりは，各地の上位層に対して散発的に行われることが一般的であった可能性が高い。そしてそこにおいて取り結ばれたヤマト政権との関係性自体が，在地における集団間相互の関係などに一定の影響を与えているものと考える。ただし，径10mほどの小規模な低墳丘墓や箱式石棺の集団墓などにおいて小型の倭製鏡1面を副葬するような場合は，在地のより上位の階層との結びつきによって入手した可能性を想定する必要があろう。

　第1章でも述べたように，こうした鏡の「配布」や各地の上位層による入手形態の具体像については，上でみたような各世代ごとの鏡の入手，あるいは近畿との接触という点から，各地の諸集団が近畿へ赴き入手するといった「参向

型」がより一般的であった可能性が高いと考えている（cf. 下垣2003b；森下2005d）。この問題は，遠隔地同士での広域依存関係および共在確認のための移動距離の問題（溝口2000b）ともあわせ，古墳時代前期におけるヤマト政権と各地の上位層との結びつきの実態を考える上で重要な論点である。これについては今後とも検証が必要であるが，こうした可能性を念頭に置きつつ以下具体的に検討を進める。

ここで以上の北部九州の事例をもとに，ヤマト政権から各地への鏡の配布のあり方を考えると，以下のようなモデル化が可能であると考える。

まず集団ごとの入手・副葬（時間軸上の問題）について考えた場合，大きく次の2つに分類することができる。

　　A類：各世代ごとの入手・副葬（古墳の築造の時期差と副葬品の時期差が対応する場合）
　　B類：各集団内における世代間での管理・継承後の副葬；「伝世」（森下1998a）

またこのA類・B類に対して副次的なモデルであるが，同時期における各地の上位層による鏡の入手・使用・消費の問題について考えた場合，理念型としては次の2つのあり方が設定できる。

　　(a)各地の上位層それぞれに対する直接的な配布および副葬（一次的配布の後そのまま鏡が副葬されたと想定される場合）
　　(b)第1世代で配布された鏡群を同時期の上位層同士の間で「分有」（一次的配布の後，二次的な鏡の授受が行われたと想定される場合）
　　　　b1：平野単位ほどの地域内での「分有」
　　　　b2：平野単位を越えた地域の上位層同士での「分有」

まず各集団における鏡の入手・副葬形態について検討する。前期古墳で最も一般的に認められるのが，A類とした各世代ごとの入手・副葬である。すでにみたように，古墳から出土する副葬品の年代は古墳の年代の指標となる場合が多く，このことは各地の上位層によるヤマト政権との接触あるいは政治的諸関係の設定が，代替わりごと，各世代ごとに行われた可能性と，さらにはそうした結びつきや権力基盤の脆弱さを示していると考えられる（都出1970：pp. 65

〜69；近藤1983：p. 192)。この場合には，様々な財の入手・副葬自体が，上位層の世代交代と密接に関わっている可能性が想定される。ここで検討した中での典型例としては，同一古墳群では宇佐地域の川部・高森古墳群の事例が挙げられ，また小平野規模の例でいえば福岡平野の那珂八幡古墳・卯内尺古墳における舶載・仿製三角縁神獣鏡の例が挙げられる。またこのように古墳の築造が時期的に連続する場合に限らず，古墳の築造や鏡の副葬が単発的で前後の時期に連続しない事例の多くが，このA類に該当すると考えられる。

　その一方で，古墳時代においては年代的に古い鏡がより新しい時期の古墳に副葬される事例も非常に多く，これらは古墳被葬者の帰属集団を保有する単位として，複数世代にわたって管理・継承された可能性が高い（森下1998a）。これをB類とするが，A類と対比すると，このB類の場合においては第1世代で入手された鏡の管理・継承が，上位層の世代交代を正当化するイデオロギー装置として作用した可能性が考えられる。ここでいう管理には，古墳の葬送儀礼における副葬行為も含めて考えるべきであろう。北部九州での具体例としては，先に挙げた老司古墳出土舶載三角縁神獣鏡の破鏡や，同じ老司古墳や今宿地域の鋤崎古墳などで，横穴式石室内の複数の被葬者それぞれに対して別の鏡が副葬されている事例，また同一古墳において複数の埋葬施設がある場合に，それぞれに別の鏡が副葬される事例の一部がこのB類に該当すると考えられる。ただし，これは出土鏡の製作時期に時期差が認められない場合が基本であり，例えば京都府寺戸大塚古墳のように後円部竪穴式石槨からは舶載三角縁神獣鏡が出土し，前方部の竪穴式石槨からは仿製三角縁神獣鏡と倭製鏡（方格規矩四神鏡系・新段階）が出土するような場合は，むしろA類の各世代ごとの入手とみるべきである。このように，このA類とB類の両者は排他的なものではなく，鏡副葬の2つの側面として併存していたというのが実態であったと考えられる。このA類とB類については，古墳の年代と副葬品の年代とを相互につき合わせることによって検証が可能である点が重要である。

　また同時期の上位層同士の関係について考えると，各地の上位層に直接的に分配された後，そのまま副葬される場合と，一次的配布後に二次的に鏡の授受が行われる場合の2つのパターンが理念型としては措定可能である。ここでは

前者を仮に(a)，後者を(b)としておく。鏡の入手形態が先に挙げた「参向型」を基本とするとみた場合，地域ごとあるいは古墳の築造系列ごとの鏡の違いは，各集団が鏡を直接的に入手する際に選択的な配布を受けた可能性を考えることができよう。またこの場合の選択的配布とは，他の集団に対する牽制という意味合いをも多分にあわせ持つものと考えられる。特に前期後半以降においては仿製三角縁神獣鏡や大型倭製鏡の出土地域が相互に排他的，あるいはそれぞれに限定的である場合が広く認められることなどから，この(a)としたような，直接的配布後にそのまま副葬される事例が一般的であったものと想定する。

　他方，(b)のように二次的な鏡の授受を想定する場合，平野単位ほどの地域内で「分有」する場合と，平野単位を越えた地域同士で「分有」する場合の2つのパターンが可能性としては存在する。前者をb1，後者をb2とする。ここでいう(b)は，従来三角縁神獣鏡の「配布」について語る際に顕著に認められた「上位→下位」の配布ないし「下賜」というイメージではなく，古墳被葬者間の関係が相互にほぼ同列の場合を想定したものである。b1の具体例としては，上では触れなかったが福岡平野東部の名島古墳・香住ヶ丘古墳・天神森古墳の舶載三角縁神獣鏡各1面（Ⅱ段階）[4]，あるいは筑後川中流域の神蔵古墳と大願寺方形周溝墓の舶載三角縁神獣鏡各1面（いずれもⅠ段階）などを想定する（ただしこれらは実際には同一集団の分派である可能性もあることから，広い意味では(a)に包括されるものである）。問題は，ここでb2としたような，小平野単位ほどの地域を越えた地域同士の間での「分有」が実際に行われたかどうかである。小林行雄氏（1961）による三角縁神獣鏡の同笵鏡分有関係の分析は，まさにこの問題と深く関わっている（e.g. 石塚山古墳と赤塚古墳，一貴山銚子塚古墳と谷口古墳など）。ただしこうした鏡の二次的授受は，実際には鏡の一次的な入手時期さえ同じであれば，鏡の種類・製作時期や副葬時期，古墳の時期が異なっても起こりうる。したがって，鏡の種類・製作時期・副葬時期・古墳の時期などが相互に近接している場合に，可能性の1つとして挙げることはできるが，それ以上の可能性の絞り込みや検証は困難である。したがってここでのモデル化も，あくまで理念型としての措定にとどめざるを得ないと考える。

　以上，北部九州各地域の動向について検討を行うとともに，各事例をもとに

鏡の入手・副葬のあり方に関する分類を行った。以下ではここでの検討結果をふまえつつ，特に検証が可能と考えられるA類・B類といった各集団レベルでの鏡の入手・副葬形態について注目しつつ，他地域でのあり方を検討する。なお，九州地域で唯一倭製鏡の超大型鏡が出土する福岡県沖ノ島遺跡については，その性格上ここでの古墳の築造の問題と同一レベルで議論することはできない。したがって，各地における古墳の築造の動向に関する議論を行った後で，第3項にて改めて論じることにしたい。

(2)山口県西部・南部地域（図50）

次に，瀬戸内海沿岸地域のうち，西端の山口県西部・南部地域の鏡の出土状況について検討する。本地域の検討にあたり，特に松木武彦氏（1998b）や近藤喬一氏（2000），拙稿（2005d）などを参照した。それらをふまえ，ここでは次の各地域について具体的に検討する。すなわち，西から，長光寺山古墳・妙徳寺山古墳・松崎古墳といった古墳が前期中葉以降継続的に営まれる厚狭地域，竹島御家老屋敷古墳・宮ノ洲古墳などが前期前半に築造される都濃地域，そして前期後半から中期にかけて柳井茶臼山古墳や白鳥古墳といった大型の前方後円墳が継続して営まれる熊毛地域である。

ここではまずはじめに古墳時代の前史として弥生時代出土鏡についてみておきたい。弥生時代の遺跡から出土しているのは，後期以降では下関市柳瀬遺跡出土の破鏡や豊北町土井ヶ浜遺跡・周南市岡山遺跡などから出土した北部九州系の小形仿製鏡などが中心であり，点的な分布を示す。これらはいずれも北部九州を起点とした東方伝播によってもたらされたと考えられる。またこの地域において，弥生時代後期以来の伝世の可能性が認められる数少ない事例の1つとして，田布施町国森古墳出土の小型の異体字銘帯鏡を挙げておきたい。これについては，鏡背の摩滅などの鏡の状態から，また周辺での弥生時代遺跡における鏡の出土傾向から，弥生時代後期の段階で北部九州経由でこの地域にもたらされ，長期間使用されたのち副葬された可能性が想定できる（辻田2005d）。現状では，こうした小型の異体字銘帯鏡の中には，他の破鏡と同様に弥生時代後期の段階で各地に流入し，古墳時代まで伝世されたものが含まれているとみ

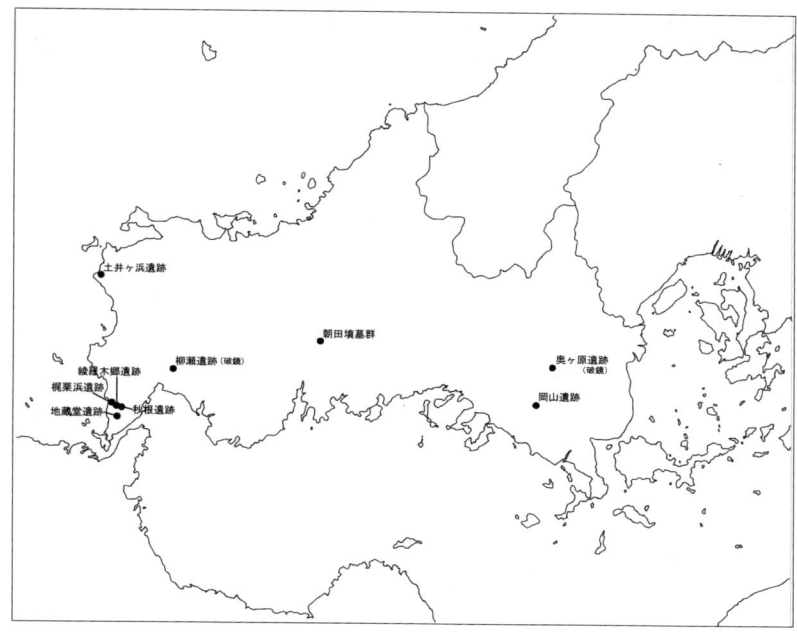

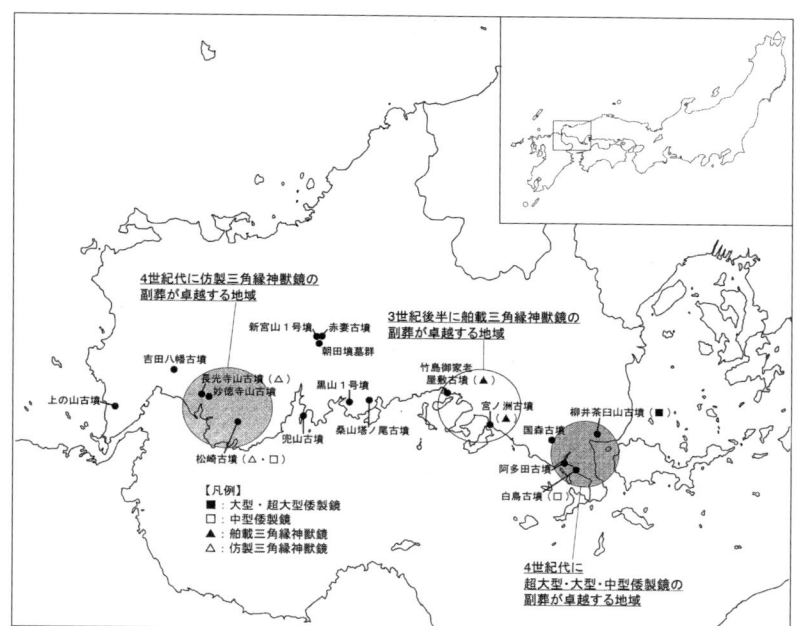

第 2 節　各地における上位層の世代交代と鏡副葬に関する諸問題　　307

図50　山口県南部における弥生・古墳時代の鏡出土遺跡分布　　　上：弥生時代　　下：古墳時代

られる(5)。

　他方で，古墳時代に入ると画象鏡や画文帯同向式神獣鏡，小型の内行花文鏡などの完形鏡が出土するが，これらはいずれも古墳において，三角縁神獣鏡や倭製鏡などとともに出土する。またこうした古墳が築造されるのが，弥生時代における鏡出土遺跡の空白地帯であることが多く，分布状況が不連続であることから，これらの前期古墳から出土する完形後漢鏡については，在地社会において伝世されたものではなく，基本的に古墳時代初頭以後にヤマト政権との接触を通じてこの地域にもたらされた可能性が高い。このように，瀬戸内以東においては，第2章でみたような破鏡から完形鏡へという変化あるいは流通形態の画期が，弥生時代遺跡出土鏡と前期古墳出土鏡との対比という点において顕著に認められるのである。

　次に古墳時代の各時期についてみていくと，まず古墳時代前期前半では，都濃地域において，竹島御家老屋敷古墳や宮ノ洲古墳などで舶載三角縁神獣鏡の複数副葬が行われる。竹島御家老屋敷古墳では2面（Ⅰ段階），宮ノ洲古墳ではⅠ段階2面，Ⅱ段階1面の計3面が副葬される。この地域では，それ以降に古墳の築造や鏡の副葬が継続しない。宮ノ洲古墳ではこの他小型の内行花文鏡が出土している。この地域は北部九州でみられたのと同様に，前期の早い段階で舶載三角縁神獣鏡が多数副葬されるものの，それ以降に古墳の築造が安定して継続しないというパターンであると考えられる。これは次に述べる2地域とは異なる状況である。

　厚狭地域では，前期後半に長光寺山古墳が築造され，仿製三角縁神獣鏡3面（すべてⅡ-a型式）＋小型の舶載内行花文鏡1面＋斜縁神獣鏡1面が副葬されるが，それ以降は妙徳寺山古墳（捩文鏡系1面）・松崎古墳（仿製三角縁神獣鏡Ⅴ型式1面＋倭製鏡2面の計3面）といった順序で築造されたと考えられる。この地域では仿製三角縁神獣鏡が複数副葬されている点が特徴といえる。そして長光寺山古墳と松崎古墳の仿製三角縁神獣鏡とでは，それぞれⅡ-a型式とⅤ型式というように時期差がみられることから考えて，第1世代で一括して配布されたものが管理・継承されたのではなく，各世代ごとに新たに配布されたものと考えられる。これは先の分類でいうA類に相当する。そして，この地域で

の古墳の築造は中期前葉をもってほぼ終了する。

　次に熊毛地域をみると，ここでは前期後半に築造される柳井茶臼山古墳がまず特筆される。ここで出土した鏡は新段階の大型品を主体としているが，この中に含まれる超大型の鼉龍鏡Ａ系（44.8㎝・古段階）の存在が特異である。福岡県沖ノ島遺跡を除けば倭製鏡の超大型鏡を出土する古墳はこの柳井茶臼山古墳が西限ということになる。またここではさらに仿製三角縁神獣鏡１面（Ⅰ-ｃ型式）が出土した可能性が指摘されている（柳井市教育委員会1999）。そしてこれに続いて中期前半には当該地域最大の前方後円墳である白鳥古墳が築造される。ここからは神獣鏡系の倭製鏡が２面（中型・小型）出土している。そしてこの白鳥古墳と阿多田古墳（捩文鏡系１面）を最後に，この地域での古墳の築造は一時中断する。この地域は，前２地域とは違って，三角縁神獣鏡の副葬が少なく，中型・大型・超大型の倭製鏡が副葬される点が特徴的である。そして倭製鏡が多数副葬されるこの地域の古墳が，規模の点では中期前半において最大であったことが，前２地域との大きな違いとして注意される。

　また一方で山口市周辺では中期前半に赤妻古墳など大型円墳が築かれ，中期後半まで古墳の築造が継続するが，この地域では現在知られる限り三角縁神獣鏡の副葬が確認されていない。

　以上みてきたように，山口県西部・南部地域では，三角縁神獣鏡の副葬によって特徴づけられる都濃地域での古墳の築造は中期まで継続せず，それに対して，倭製鏡を主体として副葬する地域は中期前半で古墳の規模が最大となっており，副葬鏡群の内容と対比してその勢力の盛衰が理解される。すなわち，本地域においては，まず前期前半に都濃地域の集団に舶載三角縁神獣鏡を主体とした配布が行われたのち，前期後半に厚狭地域と熊毛地域の集団にそれぞれ鏡の配布が行われたと考えられるが，この両地域では前者が仿製三角縁神獣鏡主体であったのに対し，後者は倭製鏡主体（超大型・大型鏡含む）であった。このようなあり方は，どちらか一方の地域に配布されたものを他方に分与するといった間接的配布の所産ではなく，おそらく両地域の上位層に対するヤマト政権の直接的配布によるものであろうと考えられる。そしてこの厚狭地域・熊毛地域に対しては，鏡の内容からみる限り各世代ごとに鏡の配布が行われてお

り（A類），ヤマト政権との継続的な接触が窺われる。そしてこの2地域の消長の違いを考えれば，両地域における副葬鏡群の内容の違いは，選択的配布の所産(a)である可能性が高い。この熊毛地域がヤマト政権から重視された要因としては，瀬戸内海から北部九州・沖ノ島を経て半島南部へと至る海上交通の要衝であるという点が大きく影響したと考えるのが妥当であろう（車崎1993b；近藤2000）。しかし，中期中葉以降熊毛地域においても古墳の築造が一時的に中断することは，ヤマト政権との関係に一つの転換点が訪れた可能性を示唆する。

このように，山口県西部・南部地域では，特に前期後半になると［仿製三角縁神獣鏡］⇔［倭製鏡］という両者の選択的配布と，それと連動する形での古墳の築造における消長の違いという現象がみられた。そしてこれらの地域に関しては，それぞれの地域の集団に対して，各世代ごとに鏡の配布が行われたものと推測された。このことから，上位層の世代交代を支えるイデオロギーは，鏡の入手によって確認・更新されるヤマト政権との関係そのものであったものと考えられる。すなわち，新たな鏡の入手とその保有によって表象されるようなヤマト政権との関係においてのみ，上位層が上位層たり得たものと考えられるのである。この場合，上位層は世代交代のたびに政権との関係を更新する必要があり，その場合他の集団との関係において自身を位置づける必要がある。そしてそれは関係の一方を担うヤマト政権の側でも同様であり，他の集団との関係においてその集団を位置づけたものと考えられる。そしてその評価が，鏡の選択的配布という形であらわれているものと考える。

ここでみたような三角縁神獣鏡と倭製鏡の選択的配布と地域間での消長の差異，および上位層各世代ごとでの鏡配布・ヤマト政権との関係の更新というあり方は，先の分類でいうA類(a)の典型例ということができよう。

(3)岡山県南部地域

本地域の小地域区分・古墳の年代観については，特に松木武彦氏（1998b）の研究を参照した。岡山県南部では，中期に造山古墳・作山古墳といった大型前方後円墳が築造される点が特筆される。早く西川宏氏が指摘したように，これらの大型前方後円墳は丘陵部に盛り土を行った地山整形によるものであり，そ

のほとんどを盛り土で築造する近畿地方における中期の大型前方後円墳とは，その労働投下量が大きく異なっていると考えられる（西川1964）。その一方でこれらが可視的な規模としては近畿の大王墓に匹敵するような大型墳であることにはかわりはなく，前後の時期の動向も含めてこれらを築造した勢力の位置づけを考えていかなければならない。

各地域についてみていくと，前期において鏡の多量副葬が行われているのは，造山古墳や作山古墳が築かれた後の備中地域ではなく，後の備前にあたる岡山平野の東部である。ここでは古墳時代開始期以来，前期では一貫してヤマト政権との緊密な接触が窺われる。これに関しては特殊器台の動向（cf. 古市1996）や箸墓類型の浦間茶臼山古墳の問題（北條1986），刀剣副葬の地域性の問題（宇垣1997）など議論が多岐にわたるが，ここでは副葬鏡群の動向に絞って議論を行いたい。本地域でみられる副葬鏡は，備前車塚古墳や花光寺山古墳，鶴山丸山古墳など，いずれも製作年代が古墳の築造時期と近いものが多く含まれており，少なくともそれらは各古墳の築造時期に近い時期にそれぞれに入手された可能性が高い。ただし，鶴山丸山古墳出土鏡群には，内行花文鏡系Ⅲ式・方格規矩四神鏡系Ⅲ式といった，倭製鏡の新段階の中でもより新相の製品以外に，仿製三角縁神獣鏡Ⅰ-a～Ⅱ-a型式・内行花文鏡系Ⅱ式・鼉龍鏡系第3型式などが含まれるため，複数次の配布の集積（配布後の伝世）ないしは配布側での伝世後配布といった可能性の両者を考える必要がある。

また赤磐市の吉原6号墳では，浮彫式b獣帯鏡（上方作系）と方格規矩鏡（倣古鏡）の2面が出土している。浮彫式b獣帯鏡は単独で副葬されることが多く，また分布も近畿に偏らず各地に分散することから，近畿を介さない独自の入手・流通が想定されているが（岡村1992），本古墳における魏晋鏡との共伴例の存在は，この両者が近畿を経由して一括して当地にもたらされた可能性を示唆するものといえよう。

岡山平野東部地域およびその周辺では，古墳の墳丘形態や規模と鏡の内容が比例していない点も特徴である。例えば前期後半において鏡の副葬面数・大型鏡の副葬という点で最も卓越するのは，全長160mの前方後円墳である金蔵山古墳ではなく，大型円墳である鶴山丸山古墳である。このような現象は，おそ

らく各地域の上位層に対するヤマト政権の評価が，在地的基盤というより政権との関係の強さなどを基準として行われたことを意味するものであろう。本地域では中期前葉には大型前方後円墳はみられず，中期後半に両宮山古墳（全長192m）が築かれる。その一方で中期において大型前方後円墳が築かれるのが後の備中地域である。ここでは造山・作山両古墳が前期における鏡多量副葬の空白地帯に築かれたという点を確認しておきたい。

また後の美作にあたる津山市周辺では，郷観音山古墳で舶載三角縁神獣鏡（Ⅰ段階）と魏晋の神獣鏡（大型）および四獣鏡（中型）の各1面が出土する以外は，小規模な前方後円墳に，小型鏡（中国鏡・倭製鏡）が副葬される事例が多い。

三角縁神獣鏡の出土地域という点でいえば，舶載三角縁神獣鏡は各地で点的に出土するが，仿製三角縁神獣鏡が出土しているのは現在のところ花光寺山古墳や鶴山丸山古墳などが所在する備前市周辺に限られている。

以上のような点からみた場合，前期における各地域の上位層は，基本的にはそれぞれがヤマト政権と直接的な関係を取り結んでいたと考えられるが，古墳の時期や副葬鏡群の内容からみるかぎり，時期的・地域的な差が顕著に認められる。中期における造山・作山古墳の突出した規模が目立つものの，鏡の副葬という点からみた場合，各世代ごとにヤマト政権との関係が更新される地域が多く，また古墳築造動向の変遷という点でも，先にみた山口県西部・南部地域などと近似した様相を示していると考える。

(4)山陰地方

本地域の古墳の動向や地域区分については，松木武彦氏（1998b），松山智弘氏（2002），蓮岡法暲氏（2002）の研究を参照した。ここでは大きく，斐伊川中・上流域，宍道湖周辺，安来地域，日野川流域，天神川流域の5地域について検討する。これらの地域では，それぞれ水系ごとに古墳の分布のまとまりがみられる点が特徴である。

本地域では弥生時代後期〜終末期段階での大型墳丘墓の築造が顕著であるが，現在のところ完形鏡の副葬はみられず，集落遺跡を中心に破鏡が点的に分布し

ている。完形中国鏡の副葬は三角縁神獣鏡の流入以後であり，ここでも古墳時代初頭以後に中国鏡の流通形態が大きく変化したことが想定される。

　古墳時代の各地域の様相について検討すると，まず斐伊川中・上流域では神原神社古墳や松本3号墳・1号墳といった古墳がみられるが，古墳の築造は中期以降には連続しない。神原神社古墳では舶載三角縁神獣鏡（Ⅰ段階・景初三年銘同向式）が，松本1号墳では浮彫式b鏡帯鏡がみられる。安来地域では大成古墳で舶載三角縁神獣鏡（Ⅱ段階），造山1号墳で仿製三角縁神獣鏡（Ⅰ-c型式）の副葬がみられ，各世代ごとの入手が想定される。宍道湖周辺でも舶載三角縁神獣鏡（Ⅰ段階）が副葬された八日山古墳や，内行花文鏡A系Ⅱ式の中型鏡と方格T字鏡各1面が副葬された奥才14号墳などがみられる。当該地域は前期の前方後円墳が少なく，こうした鏡が副葬されているのも多くが方墳や円墳である点が注目される。

　また日野川流域の普段寺1号墳・2号墳ではそれぞれ舶載三角縁神獣鏡（④J・⑤A，Ⅱ段階とⅠ段階）が出土しており，同一集団における管理・副葬の可能性も想定される。また天神川中流域の倉吉市周辺では，国分寺古墳と大将塚古墳でそれぞれ舶載三角縁神獣鏡（⑤A・Ⅰ段階），仿製三角縁神獣鏡（Ⅱ-a型式）が出土しており，各世代ごとの入手が想定される。下流域に位置する馬ノ山4号墳は100mの前方後円墳であり，山陰地方では突出しているが，ここでは第1主体から舶載三角縁神獣鏡（Ⅲ段階）の他，方格規矩鏡（倣古鏡）と倭製鏡3面（内行花文鏡B系・盤龍鏡系・神獣鏡系〈同向式〉）が出土している。倭製鏡が前期後半の新段階の製品であるため，一括配布もしくは配布後伝世のいずれかの可能性がある。

　以上のようにみると，山陰地方では，各地域ごとにそれぞれ古墳築造の消長が異なっており，各地域の集団がそれぞれ独自にヤマト政権との接触を行って鏡を入手したと考えられる。三角縁神獣鏡を前期の早い段階で副葬する地域が前期後半～中期以後に連続しないという点では他地域と共通した傾向が認められる。また上位層の世代交代に際しては，ここでも各世代の入手（A類）が基本であり，普段寺1号墳・2号墳などでは同一集団での保有なども想定された。そうした各集団の消長の違いや独自性という点からみた場合，地域間の関係に

ついては，同列的な地域集団同士が一定の距離を保ちつつ競合しているような状況を読み取ることが可能であろう。

(5)兵庫県南部地域

　ここでは特に六甲南麓から武庫川左岸地域を対象として検討する。本地域の地域区分や古墳の時期的変遷，そして鏡の具体的様相については，安田滋氏(1994・2004)，森下章司氏(1998b)，福永伸哉氏(1999c)，櫃本誠一氏(2002)らの先行研究を参照した。

　この地域では，舶載三角縁神獣鏡を中心に，中国鏡が多数副葬されている一方で，倭製鏡の副葬が少ない。また仿製三角縁神獣鏡の出土も現時点では確認されていないことから，前期後半代においては鏡の流入がそれ以前と比べて限定されていた可能性も想定される。

　この地域の古墳はその群構成から，六甲南麓西部（旧湊川流域以西）・六甲南麓東部（神戸市東部〜芦屋市）・武庫川左岸地域の3群に分けることができる。また前期前半〜中葉に多数の古墳が築造される点も特徴である。

　まず前期前半の代表例として六甲南麓東部の西求女塚古墳が挙げられる。ここでは中国鏡5面＋舶載三角縁神獣鏡7面（すべてI段階）という組み合わせがみられる。このうち1号鏡（浮彫式獣帯鏡）は内区片のみの出土であるが，復元径19.5cmとされ，大型鏡に分類される（神戸市教育委員会2004）。他にも17〜18cmの画象鏡・環状乳神獣鏡を含む。そして本地域では次に東求女塚古墳・ヘボソ塚古墳が築造される。前者は中国鏡4面＋舶載三角縁神獣鏡4面（I・II段階），後者は中国鏡4面＋舶載三角縁神獣鏡2面（II段階）という組み合わせであり，西求女塚古墳の鏡式構成を継承する。処女塚古墳については不明である。これに対し，西部の夢野丸山古墳では重列神獣鏡1面が副葬されている。

　その後六甲南麓東部では阿保親王塚古墳が，西部では得能山古墳が，そして武庫川左岸では安倉高塚古墳がそれぞれ築造される。鏡の内容はそれぞれ阿保親王塚古墳では舶載三角縁神獣鏡4面（内3面がIII段階）＋中国鏡，西部の得能山古墳では画文帯同向式神獣鏡と内行花文鏡A系（II式・中型）各1面，安倉高塚古墳では中国鏡（赤烏七年対置式神獣鏡）＋小型の内行花文鏡系1面で構成

されている。前期後半〜末になると六甲南麓東部では古墳の築造は継続せず，西部と武庫川左岸でそれぞれ複数の古墳が築かれている。全長200mとされる西部の念仏山古墳は前期後半，五色塚古墳が前期末以降に位置づけられている。これ以降六甲南麓西部と東部地域では古墳の築造が一時断絶する。その一方で武庫川左岸地域では，安倉高塚古墳や万籟山古墳が築造されたのち，中期以降も継続して前方後円墳が築造されている。

　鏡の内容からこれら3つの地域を比較すると，六甲南麓東部地域は舶載三角縁神獣鏡を複数副葬する地域，西部地域は三角縁神獣鏡がみられず中国鏡を主体として副葬する地域，武庫川左岸地域は中国鏡と倭製鏡を副葬する地域というように，鏡の内容自体に明瞭に差がみられる。福永伸哉氏は，特に六甲南麓東部・西部地域の古墳築造の消長について，東部の「首長系譜」が初期のヤマト政権とのつよい連携によって相対的に優位に立っていたとする見方を示している（福永1999c）。また前期後半以降西部地域で念仏山古墳や五色塚古墳などの大型前方後円墳が築かれ，かつここで鰭付円筒埴輪や長持形石棺などが採用されていることから，前期後半以降東部から西部へ盟主権が移動したこと，そしてそれが奈良盆地の北部勢力との結びつきによるものである可能性を指摘する（前掲）。

　筆者は，上にみたような古墳築造の消長に加え，前期後半で中国鏡が主体として副葬される六甲南麓西部地域と，倭製鏡と中国鏡の両者が副葬される武庫川左岸地域の両者が同時期に併存しており，かつ中期以降への連続の仕方が異なっている点に注目したい。武庫川左岸地域では上に挙げた他に，万籟山古墳近くに位置する雲雀ヶ丘古墳群から，倭製鏡新段階にあたる斜面鋸歯文帯型で，半円方形帯を伴う四獣鏡（16.4cm）や神頭鏡系（9.4cm）などが出土していることから（櫃本2002），前期後半においても鏡が入手されていたことが窺われる。このように倭製鏡の出土が武庫川左岸地域で多くみられること，そして中期以降に古墳の築造が継続するのも武庫川左岸地域であることを勘案するならば，これらの地域間での鏡の内容の差は，ヤマト政権による選択的配布の所産である可能性が高いと考える。

　また上位層の世代交代と鏡の配布という点から考えると，まず六甲南麓東部

の三角縁神獣鏡に関しては，西求女塚古墳の三角縁神獣鏡がⅠ段階のみで構成され，阿保親王塚古墳の三角縁神獣鏡がⅢ段階中心で構成されていることから，各世代ごとにヤマト政権から入手したものと考えられる。この際に，中国鏡も一括して配布された可能性が想定されるが，これらは中型・小型鏡が主体である。西部地域は神獣鏡を主体とした中国鏡のみを副葬しているが，世代ごとの入手か世代間での管理・継承かという点については判断する根拠はない。倭製鏡が副葬される武庫川左岸地域についてもヤマト政権からの直接的入手が想定されるが，各世代ごとの配布か否かという点については可能性を限定することは難しい。この他本地域では，池田山古墳とほぼ同時期か後出する時期に築造されたと考えられている水堂古墳から，舶載三角縁神獣鏡1面（④A・Ⅰ段階）が出土している。前期末〜中期初頭における「古い鏡」の副葬事例として確認しておきたい。

　この地域の特色としては，以上みてきたように，各地域ごとの選択的配布という点と，舶載三角縁神獣鏡を主体として副葬する六甲南麓東部地域における古墳の築造が中期以降に継続しないのに対し，唯一倭製鏡（中・小型）が副葬される武庫川左岸地域では中期以降も古墳の築造が継続するという点が挙げられよう。また最初に述べたように現段階の資料からみる限り，この六甲南麓〜武庫川左岸にかけての地域では仿製三角縁神獣鏡や大型以上の倭製鏡の出土がみられず，他地域との違いが顕著である。近畿に比較的近接した地域ながら，倭製鏡の大型・超大型鏡が不在であるという点は，鏡配布主体としてのヤマト政権のこの地域に対する評価を考える上で重要と考える。すなわち，瀬戸内海沿岸の海上交通の出入り口に位置する在地集団が，いわば牽制されていた可能性を想定する。念仏山古墳や五色塚古墳の築造以後，大型前方後円墳の築造がみられない点は，この問題を考える上で示唆的である。

(6)京都府中・南部地域（図46-1・2）

　近畿地方における事例として，まず京都府中・南部地域を取りあげたい。本地域の小地域区分や古墳の変遷については，和田晴吾氏（1992b）平良泰久氏（1995），山本輝雄氏（1996），森下章司氏（1998a），福永伸哉氏（1999c）などの先

行研究を参照した。

　ここではまず南部の相楽地域での椿井大塚山古墳から平尾稲荷山古墳，平尾城山古墳へと続く古墳の築造が特徴的である。この地域における古墳の築造は基本的にこの段階で終了し，それ以降に継続しない。これは前期初頭に舶載三角縁神獣鏡を複数副葬するような他の古墳の築造とほぼ同じ動向であるといえる。平尾城山古墳出土鏡群と伝えられるものの中には仿製三角縁神獣鏡の他に新段階の方格規矩四神鏡系（中型）も含まれており，各世代ごとに配布が行われたことが想定できる。

　また前期後半に大型前方後円墳が継続して築造される綴喜地域では，西車塚古墳で舶載三角縁神獣鏡（Ⅱ段階）とともに方格規矩四神鏡系（大型）が，東車塚古墳では舶載三角縁神獣鏡（Ⅱ段階）とともに鼉龍鏡Ba系（大型）がみられるなど，倭製鏡のサイズという点ではやや優位な位置づけが行われているといえる。しかし，ここでの古墳の築造はいずれも前期末から中期初頭の時期をもって終了する。南部地域で中期に最大の規模を持つのは久世地域の久津川車塚古墳である。先に述べたようにここでは画文帯環状乳神獣鏡の他，舶載三角縁神獣鏡が副葬されており，これもまた，中期前半における「古い鏡」の副葬事例として注目される。

　次に乙訓地域について検討する。向日丘陵では箸墓類型の相似形墳が継続して営まれている（和田1981）。副葬品の内容が知られるのは寺戸大塚古墳と妙見山古墳であるが，寺戸大塚古墳では北部九州の項において触れたように，後円部出土鏡がいずれも舶載三角縁神獣鏡（Ⅰ・Ⅱ段階）であるのに対し，前方部での副葬鏡は中国鏡1面（浮彫式a獣帯鏡）と倭製鏡（方格規矩四神鏡系Ⅱ式・中型）＋仿製三角縁神獣鏡（Ⅰ-c型式）というように2つの主体部の間で鏡の年代に時期差がみられる。このことは，各世代ごとに鏡の入手が行われた可能性を示唆する。他方，妙見山古墳前方部から出土しているのは仿製三角縁神獣鏡（Ⅰ-c型式）であり，寺戸大塚古墳前方部との共通性を考えるならば，同一集団における保有・伝世後副葬の可能性が存在する（森下1998a）。すなわち，この向日丘陵の古墳群では，鏡の入手・副葬に関しては，先に挙げたA類・B類の双方が認められるのである。

また以上からみた場合，元稲荷古墳・五塚原古墳・寺戸大塚古墳・妙見山古墳と続く各前方後円墳のいずれにおいても，三角縁神獣鏡が副葬されている可能性が高いと考えられる。寺戸大塚古墳後円部において舶載Ⅰ・Ⅱ段階，前方部において仿製Ⅰ-c型式が副葬されていることを考慮するならば，寺戸大塚古墳に先行すると考えられる元稲荷古墳・五塚原古墳では，舶載Ⅰ・Ⅱ段階の製品が副葬されている可能性が高い。その場合には，寺戸大塚古墳後円部で副葬された舶載三角縁神獣鏡についても，実際にはより先行する段階から管理・伝世された後，一部が副葬された可能性についても考慮しておく必要があろう。なお本地域での前方後円墳の築造は，前期末～中期初頭を前後する時期にほぼ終了する。

　向日丘陵の古墳の築造と対照的に前期後半に始まり中期以降に継続するのが長法寺南原古墳や鳥居前古墳を擁する長岡地域である。長岡地域では中期に恵解山古墳（全長124m）が築かれ，中期の当該地域においては盟主的な位置にある。鏡の内容としては長法寺南原古墳が舶載三角縁神獣鏡主体であるということ以外はほとんど判明していないので他地域との比較は困難である。中期初頭の今里車塚古墳では方格規矩四神鏡系倭製鏡（大型）の破片が出土しており，倭製鏡のサイズという点では向日地域との間で差異が認められる。また各世代ごとの配布か否かという点については情報が少ないためこれ以上議論することはできない。

　一本松塚古墳・百々池古墳・天皇の杜古墳が継続して築造される樫原地域周辺では，舶載・仿製三角縁神獣鏡とともに倭製鏡の大型鏡や中型鏡が認められる。ここでは突出した規模をもった盟主的位置にあるような古墳は築かれず，中期以降は山田桜谷2号墳をはじめ，40～50m級の前方後円墳が築造されている。

　以上みてきたように，京都府中・南部地域では各地域ごとに，倭製鏡のサイズという点で差異が認められた。これについては各集団に対する選択的配布を想定することも可能であろう。そして，一部で各世代ごとに鏡の配布が行われたことが確認できた。近畿においては三角縁神獣鏡が広く副葬されているため，［三角縁神獣鏡］⇔［非三角縁神獣鏡］という形で地域間の差異を見出すこと

はできない。その一方で他地域と違って広く倭製鏡の大型鏡が副葬されているため，倭製鏡の面径の大小という形で地域間に差異を見出すことができる。このような現象は，サイズ・ヴァリエーションがほぼすべて出揃う近畿とその周辺においてのみ認められるものであり，倭製鏡の面径が小型中心である諸地域と対比される。

(7) 奈良盆地内部（図46-1・2，表10）

　ここでは奈良盆地内部での鏡の出土傾向について整理する。鏡配布主体としてのヤマト政権の問題については次項にて検討する。

　まず前方後円形墳丘墓のうち，鏡を副葬する現時点で最も古い墳墓は，ホケノ山墳墓である。ここでは石囲い木槨に画文帯同向式神獣鏡・内行花文鏡などが副葬されていたが，三角縁神獣鏡は含まれていない。現状では，箸墓古墳に先行する奈良盆地内部での鏡副葬の具体例として認識することができる。前期前半では，箸墓古墳の築造以後，大和・柳本古墳群において多数の大型前方後円墳が築造される。鏡の内容が判明している古墳をもとに，次のような整理が可能である。

　奈良盆地東南部では，黒塚古墳にみられるように，舶載三角縁神獣鏡が多数副葬される古墳がある。また大和天神山古墳のように，三角縁神獣鏡を含まず中国鏡と倭製鏡のみで構成される場合も存在する。さらに，現状では桜井茶臼山古墳やメスリ山古墳をはじめとして，東南部に舶載内行花文鏡および内行花文鏡系倭製鏡の超大型鏡が集中する（cf. 寺沢1999）。特に超大型の倭製鏡については，下池山古墳や柳本大塚古墳などの事例にみられるように，鏡埋置用の小石室が設置される場合がある。

　北部の佐紀盾列古墳群では，佐紀陵山古墳・マエ塚古墳・衛門戸丸塚古墳・古市方形墳などを典型例としてあげることができる。この周辺での三角縁神獣鏡の出土例としては伝北和城南古墳の事例（表現⑭c）がある（cf. 森下2005a）。本古墳群では倭製鏡の新段階の製品が多数副葬される。第5章でみた対置神獣文鏡系などは，それ以外の系列とも共伴する形で出土している。また大王墓級に位置づけられる佐紀陵山古墳において，内行花文鏡A系・方格規矩四神鏡

系の超大型鏡が出土していることは、この時期における鏡の序列化の頂点に位置づけられるのがこの種の超大型の倭製鏡であることを示している。

西部の馬見古墳群では、新山古墳や佐味田宝塚古墳に代表されるが、いずれも舶載三角縁神獣鏡・仿製三角縁神獣鏡・各種倭製鏡が混在した形で副葬されるのが特徴である。新山古墳では倭製鏡新段階でも古相の製品が多く、超大型鏡も含まれる。三角縁神獣鏡は舶載Ⅰ段階3面・Ⅱ段階2面・Ⅲ段階2面・仿製Ⅰ-c型式1面・Ⅱ-a型式1面の計9面の副葬が確認されている。佐味田宝塚古墳では、倭製鏡の新段階の製品に加え、三角縁神獣鏡の舶載Ⅰ段階6面・Ⅱ段階3面・3段階2面・仿製Ⅰ-c型式1面で計12面以上の副葬が想定される。川西宏幸氏は新山古墳の被葬者と佐味田宝塚古墳の被葬者について、倭製鏡の類例の検討から、それぞれ「西方経営」「東方経営」に参画する機会を持ったとした（川西1981）。また藤田和尊氏も、馬見古墳群の被葬者が「頭足分離型」の副葬配置を行う古墳の被葬者への鏡の配布を担ったとする見解を提示している（藤田1993b）。筆者は、新山古墳・佐味田宝塚古墳での倭製鏡の型式や三角縁神獣鏡の型式の組み合わせから、この両古墳での鏡の構成については、鏡の配布元で残存したという以外にも、鏡を受け取る側という観点から説明することが可能ではないかと考える。その場合、この両古墳の間では時期差が存在するが、両者での鏡の構成が類似することから、後者と前者の間で世代間での管理・伝世が行われた可能性も存在すると考える。

以上のように、奈良盆地の内部では、各大型古墳群において特徴的な共伴関係が認められる。この問題は大型古墳群を生み出した社会背景をどのように捉えるかという点と密接に関わっており、この点については次項にて検討する。ここで確認しておきたいのは、前期前半と後半において副葬傾向が異なっており、それは大きくは時期差として認識することができることである。また各大型古墳群での鏡の副葬は、それぞれに「ヤマト政権」から鏡の配布を受けた所産として行われている可能性を指摘したい。つまり、鏡の多量副葬を配布元としてではなく、他の地域と同様に、配布を受けた側として理解する方向性である。

奈良盆地においては、舶載三角縁神獣鏡と比べ仿製三角縁神獣鏡の出土は少

ない。ここまで検討してきた西日本各地の事例から考えるならば，仿製三角縁神獣鏡がむしろ近畿からの遠隔地において多数出土するのは，これらが近畿を中心とした場合の周辺域の集団に対して配布されるものであり，かつ中型・大型の倭製鏡が重視されていたことに起因するものと考える。そのために，奈良盆地内部では結果的に新段階の中型・大型の倭製鏡が多く出土し，仿製三角縁神獣鏡が少なく，逆に地方において仿製三角縁神獣鏡と小型倭製鏡が共存するという状況が生み出されたものと考える。その意味では仿製三角縁神獣鏡が奈良盆地内で少ないことは，必ずしも「仿製三角縁神獣鏡配布勢力」と「"新式"の倭製鏡配布勢力」の対立の構図として捉える必要はなく，配布戦略の時期的変化という脈絡で説明することが可能であると考える。すなわち以上の現象は，前期後半段階の鏡配布戦略が，［倭製鏡］⇔［仿製三角縁神獣鏡］という形で進行したことに起因すると考えられるのである。以上から，前期前半と前期後半での副葬傾向の違いは，排他的な政治権力の主体同士の対立としてではなく，むしろ配布戦略の時期的・段階的な違いに起因するものと理解する。なお，仿製三角縁神獣鏡の出土は現在約130面であり，前期後半段階に副葬される倭製鏡の数がそれを大きく上回ることを考えれば，むしろ倭製鏡分配の比重が大きかったことが窺われよう。

次に近畿よりさらに東の地域について検討するが，古墳の内容と古墳の築造の変遷とが具体的に判明している地域はそれほど多くはなく，ここでは東海地方を対象として検討する。

(8) 東海地方

東海地方においては，前方後円墳と前方後方墳の「共存」と，そしてそのような状況においてどのような配布戦略が採用されているかが注目される。ここでは赤塚次郎氏（1995b；1998b）の成果を参照しつつ，各地域の状況について検討する。

まず濃尾平野についてみると，古墳時代前期前半までに築造されたのはそのほとんどが前方後方墳である。このような状況で，舶載三角縁神獣鏡を複数副葬する古墳が出現する。具体例として奥津社古墳や円満寺山古墳，東之宮古墳

などが挙げられる。円満寺山古墳が前方後円墳である他は，いずれも前方後方墳である。奥津社古墳ではⅠ・Ⅱ段階，円満寺山古墳と東之宮古墳ではⅡ・Ⅲ段階の三角縁神獣鏡が出土している。東之宮古墳では，倭製鏡として人物禽獣文鏡系4面に加え，方格規矩四神鏡系Ⅰ式の大型鏡（21.9cm）の出土が特筆される。濃尾平野周辺では最大の倭製鏡である。また小牧市付近では甲屋敷古墳で舶載三角縁神獣鏡（第Ⅲ段階），小木宇都宮古墳などで仿製三角縁神獣鏡の出土がみられることから，三角縁神獣鏡が各世代ごとに入手・副葬された可能性が想定できる。

　濃尾平野北西部では矢道長塚古墳や親ヶ谷古墳といった，鏡を複数副葬するような前方後円墳の築造を経て，同時期では当該地域最大の昼飯大塚古墳が築造される。長塚古墳では，東棺から舶載三角縁神獣鏡2面（Ⅱ・Ⅲ段階）＋仿製三角縁神獣鏡1面（Ⅰ-a型式），西棺から仿製三角縁神獣鏡2面（Ⅱ-a・Ⅲ-b型式）と内行花文鏡系Ⅱ式（中型）1面が出土している。同一古墳において鏡の年代に時期幅があるが，少なくとも東棺への埋葬時点で仿製三角縁神獣鏡のⅠ-a型式が入手されていたこと，西棺の埋葬段階までにⅢ-b型式が入手されていたことがわかる。これらの入手・副葬に関しては，次の2つの可能性が考えられる。すなわち，①仿製三角縁神獣鏡Ⅲ-b型式の配布時期以降に東棺・西棺鏡群が一括されてもたらされた後，東棺において古い方から順に副葬された，②東棺の埋葬後に西棺副葬鏡が入手された，という2つである。腕輪形石製品では，東棺では鍬形石3点，西棺では多量の石釧というように種類に差がみられる。鍬形石・石釧のそれぞれにおいても時期幅があることから，現状では①・②の可能性を限定することは困難であり，ここでは保留しておきたい。

　一方濃尾平野北東部では東之宮古墳以降，前期後半から中期にかけては前方後円墳が主体として築造されている。これらの古墳については内容が明確なものが少なく，鏡の内容からみた比較を行うことはできない。また庄内川中流域では出川大塚古墳などのように，仿製三角縁神獣鏡2面（Ⅱ-a型式）とともに倭製鏡2面（鼉龍鏡A系・捩文鏡系）を副葬する古墳もみられる。

　また静岡県西部では，上平河大塚古墳・赤門上古墳・松林山古墳・寺谷銚子

塚古墳などで三角縁神獣鏡が出土している。これらはいずれも前方後円墳である。ここでは基本的に舶載三角縁神獣鏡が副葬されており，現在のところ仿製三角縁神獣鏡の副葬は静岡県東部の沼津市道雄塚古墳（V型式）に限定されることから，舶載三角縁神獣鏡と仿製三角縁神獣鏡の出土地域の間には差異が認められる。西日本各地の事例と同様の脈絡において理解することができよう。また松林山古墳では，内行花文鏡系Ⅰ式の超大型倭製鏡と大型の舶載四葉座Ⅰ内行花文鏡が共伴しており，超大型鏡の出土地点としては現時点での東限となる。

　東海地方全体としてみた場合，鏡の内容としては各地域で三角縁神獣鏡の複数副葬がみられる一方，倭製鏡の大型・中型鏡の副葬も一部でみられる。三角縁神獣鏡は古墳の時期差と三角縁神獣鏡の時期差がほぼ対応する事例が多く，また古墳ごとに製作時期が近接した製品がまとまる傾向がつよいことから，各世代ごとに入手・副葬される場合が主体的であったものと考えられる。また大型・超大型の倭製鏡は現状では点的な分布を示していることから，各集団への選択的な配布という性格がつよいといえよう。さらに，兵庫県南部や山陰地方，あるいは北部九州などと比べ，前期後半以降も継続的に中型以上の倭製鏡の副葬がみられる点が特徴として挙げられる。

　以上，北部九州から東海地方まで，いくつかの地域を対象として各地域における鏡の副葬と古墳の築造動向について具体的に検討してきた。次に，これらの結果を踏まえて前期におけるヤマト政権の配布戦略とその意義について考えることにしたい。

3　古墳被葬者の世代交代と葬送儀礼における鏡副葬の意義；解釈

(1)各地での鏡副葬の諸相

　ここまでみてきたように，各地域において様々に変異がみられるものの，ヤマト政権による鏡の配布は各地域の上位層に対し，各世代ごとに個別に行われた場合が主体である可能性を想定した。また二次的配布の問題についてはあまり触れることができなかったが，ここでは各地域ごとに鏡の内容に差異がみら

れる場合／みられない場合，また上位層各世代ごとに配布が行われる場合に加え，第1世代において配布された複数の鏡が次世代まで管理・継承される場合など様々な状況が推測され，それについてモデル化を行った。このようなあり方を，近畿周辺とそれ以外の各地域という形でまとめると以下のようになる。

各地域においては　　近畿以外の各地においてみられる共通の傾向として，前期の早い段階で舶載三角縁神獣鏡を多数副葬するような古墳の築造が，それ以降安定して継続することが少なく，継続する場合でも前期後半から末の段階をもってほぼ終了する地域が多いことが挙げられる。これに対し，古墳の築造が中期以降にも継続するような地域では，三角縁神獣鏡ではなく倭製鏡や中国鏡などを主体としている場合が多い。すなわち，特に前期後半以降におけるヤマト政権の各地に対する配布戦略としては，〔三角縁神獣鏡主体〕⇔〔非三角縁神獣鏡主体〕という形での選択的配布が行われている可能性があるということである。すでにみたように，近畿以外の各地域で出土する中国鏡・倭製鏡はそのほとんどが小型鏡もしくは中型鏡であるから，面径の差異に基づく選択的配布というよりもむしろ，三角縁神獣鏡であるか否かという点にひとつの指標が見出されるものと考えられる。

　そして，上位層の世代交代と鏡の配布ということでいえば，多くの場合，古墳被葬者の世代交代ごとに新たな鏡の配布が行われているようである。ここではこれをA類としたが，このことは，亡き集団の代表者あるいはその近親者の葬送儀礼において，彼／彼女らが得た鏡はほぼすべて副葬に供されたことを示すものと考えられ，それ故次世代の集団の代表者が代表者たりうるためには，ヤマト政権との接触によって新たに鏡の配布をうける必要があったものと考えられる。ここにおいて，各地の上位層の世代交代を正当化するイデオロギー装置として鏡をはじめとした種々の製品が存在し，それを必要とする各地の上位層とそれを供給するヤマト政権という形で，需要と供給の関係が成立する。

　一方，第1世代において鏡が配布された後は政権との接触が途絶えるような場合は，先の分類でいうB類のように，上位層の世代交代を正当化するために，第1世代で配布された鏡を管理・一部継承することが行われたものと考えられる。ここでいう管理には葬送儀礼における副葬行為をも含んでおり，配布

された鏡の一部は副葬に供されながらも，残りは次世代の上位層の象徴として継承されたものと考えられるのである。

　以上みたように，各地の上位層に対するヤマト政権の鏡の配布は，各集団ごとの選択的配布ということがまず第1の特徴として挙げられる。そしてその鏡の内容が三角縁神獣鏡であるか否かという点と，第1世代以降継続的に接触を持つか否かという点が，その後の古墳の築造の動向にも一定の影響を与えたものと考えられる。

近畿周辺においては　　一方近畿周辺の動向については，京都府中部・南部地域を典型として取りあげた。ここでも同様に，各小地域間でその消長が異なっており，また副葬鏡群の内容にも差がみられることから，各集団ごとに選択的配布が行われたものと考えられる。そして近畿以外の各地の場合と異なるのは，ほぼすべての地域において何らかの形で三角縁神獣鏡が副葬されるため，地域間での鏡の差異化は，副葬される鏡の面数の多寡とともに，主に倭製鏡の面径の違いに依存しているということである。これは，近畿周辺では小型から超大型まですべてのヴァリエーションが出揃うという点に起因するものである。また内行花文鏡系のように，近畿における鏡の選択的使用はサイズ・ヴァリエーションのみならず，一部の系列間でも認められる。

　そして上位層の世代交代の問題でいえば，近畿周辺においては，特に鏡の組み合わせは古墳の相対編年の指標となり得るほど，時期的な変遷が著しい。これは裏を返せば，上位層の世代交代ごとに鏡の配布が行われ，そして前代に配布された鏡はその葬送儀礼の場においてほぼすべて副葬に供されたためであると考えられる。近畿ではこのような形で，上位層の各世代ごとに配布主体・ヤマト政権中枢との関係が更新される場合が多かったものと考えておきたい。

　以上，前項までの議論を整理し，現段階の議論の焦点を明らかにした。まず第1に，各集団・地域間での副葬鏡群の差異，すなわち選択的配布の可能性の問題，そして第2に，上位層の世代交代と鏡の配布・副葬という問題である。以下ではこのふたつの問題をもとに，当該時期における政治支配システムの具体相とその特質について考えることにしたい。

(2)鏡の入手・消費を媒介とした地域間関係の解釈

古墳被葬者の帰属集団とその具体相　ここまで，古墳築造の背後に存在する集団の実態について，その実態を深く吟味することなく議論を進めてきた。ここでその具体的な内容について若干検討しておきたい。

　ある地域内で時期的に連続して古墳が築かれる状況について，本論では集団の代表者としての古墳被葬者とそれを含む上位層の世代交代との関連において検討を行ってきた。この場合，古墳の築造に関わるのは，古墳に埋葬されるような人物を代表者とした集団単位として理解される。その具体像については，先行研究においては例えば近藤義郎氏によって複数の「氏族」間の紐帯関係を包括する「部族」といった表現が使用されている（近藤1983）。この問題を考える上では古墳の分布などに加え，被葬者自体の問題が重要となる。

　研究史でも挙げたように，田中良之氏は，出土人骨による古墳被葬者の親族関係の分析から，古墳時代前半期においては，弥生時代以来の双系的な親族関係を基盤として，古墳被葬者層の世代間継承は未だ不安定な側面をつよく残していた可能性を指摘している（田中1995・2000・2003・2004a）。ここまでみてきた鏡の入手・副葬のあり方は，こうした親族関係の具体的イメージと一致するものである。また集団単位という場合でも，例えば福岡県老司古墳のように複数の横穴式石室が同一の前方後円墳に存在する場合があり，この事例では集団の代表を１つの世帯に絞り込み切れていないという見方が示されている（田中2003・2006）。これは古墳被葬者を代表者とする集団単位とはいいながら，その上位層においては複数世帯を含み込むような緩やかな紐帯において結ばれた親族集団ということができよう。すなわち，各時期の「集団」あるいは集団単位の実態とは，双系的親族関係を背景として，上位層の世代交代，代替わりごとにそのつど更新されるものであったと考えられる。したがって，各時期ごとに集団の範囲・規模・内部での系列化のあり方も異なっていたと考えられ，であるが故に集団の単位自体も不安定で流動的なものであったと考えられる。この意味において，少なくとも前期段階での「古墳の連続的な築造のパターン」は，先にも述べたようにそのままある単一の「集団」を示すわけではなく，またその中身についても固定的で実体的なものであったとは考えられない。むしろそ

の実態としては,上述の親族関係についての議論をふまえ,上位層の代替わりごとに,親族集団内において複数の候補者が存在し,緩やかに裾ひろがりに継承され,各世代ごとにそのつながりや範囲が再形成されるといったあり方を想定する。このようなモデルをもとに,以下議論を進める。

上位層の世代交代におけるイデオロギー装置としての鏡　まず考古学的現象として再度確認しておきたいのは,鏡が世代間で管理・伝世・継承されるB類のような場合を除き,多くの場合において,副葬鏡群は時期差を示すほどあるまとまりをもって副葬されているという点である。これは,上位層各世代において新たに鏡が配布された可能性と,その上位層の死に伴って,ほぼすべてが副葬に供された可能性とを示すものである。ここではこれをA類とした。

　その一方で,B類のように一部を被葬者の葬送儀礼において副葬に供すものの,残りは次世代へと管理・継承するような場合もある。前期を通じてみられるこのような状況は,同笵鏡論・伝世鏡論において小林行雄氏が提示したような,舶載三角縁神獣鏡の配布＝ヤマト政権による「首長」権の外的承認によって(男子)世襲制が確立し,それ故伝世鏡が副葬されるといったモデル(小林1955)とは異なり,ここまでみたように,「首長」権の世代間継承が三角縁神獣鏡の配布以降も不安定であったことを示唆している。このような鏡の使用のあり方は,どのような社会的状況を意味するものであろうか。それを考える上で問題となるのは,鏡が最終的に副葬／廃棄された「場(locale)」,すなわち古墳上における葬送儀礼自体がどのような性格のものであるかという点である。前期古墳の葬送儀礼は,共同体的側面を伴った首長権継承儀礼の色彩が濃いことが早くから指摘されている(近藤1966a；近藤・春成1967)。首長権継承儀礼という概念自体については近年批判も多いが,古墳で行われた葬送儀礼が,前代の集団の代表者もしくはその親族を被葬者とする葬送儀礼であり,遺された集団成員たちにより遂行された可能性は高いといえる。こうした葬送儀礼の場における鏡の副葬を考える上で重要なのは,被葬者の死によってどのような秩序が再確認され,その上でどのような秩序が形成されるのか,またそこにおいてどのような社会的諸関係が再生産されていくのかという問題である。葬送儀礼を執行するのはあくまでその段階で生きている人間である。その場合,葬送儀礼

およびそれが執行される「場」とそこに含まれる物質的環境全体は，次世代への「首長」権継承に際して，それに参加する彼／彼女ら自身によってイデオロギー的に動員される象徴的資源（cf. Giddens, 1979）であると同時に，これらの諸資源は，日常的な社会的実践の場において経験される秩序を，それに参与する人々が再確認する上での主体化の権力装置である（cf. Barrett, 1988b；溝口1993a）。そうであるとするならば，最終的には副葬に供される鏡は，どの段階で古墳被葬者に属するものとなるのであろうか。これについては，死後にその功績を讃えて贈与されるようなことを想定することもできるが，ここまでみたように，鏡が基本的には古墳被葬者の葬送儀礼において一括して副葬され失われると考えられることから，筆者はこれを上位層各世代ごとの保有・所属と捉え，新しく集団の代表者になった人物は，集団成員に対する自らの位置づけを正当化するために新たに鏡を求めるというあり方を想定する。これは春成秀爾氏（1984）によるモデルでいえば(4)に近い。このような形で各地域の集団の新たな代表者は鏡を求めてヤマト政権に貢納（tribute）を行い，配布主体としてのヤマト政権は各地の新たな代表者に対し鏡を「配布」する。ここにおいては，ヤマト政権中枢の配布主体が鏡の内容などに関して一定の決定権をもち，被配布者は受動的な位置にある。ここで各地にもたらされる鏡をはじめとした諸製品は，それ自体がヤマト政権との関係を表象する物質文化として意味づけられる。このような形でのヤマト政権と各地の上位層との需要―供給の関係・広域的な地域間の相互作用こそが，古墳時代前期初頭段階に成立し，その後の古墳時代的地域間関係を決定づけた政治支配システムの枠組みの実態であると考える。こうした需要―供給という形での相互作用の過程において，鏡をはじめとした種々の製品は，各地における葬送儀礼を含む様々な儀礼行為の場において動員されるべき，不可欠な品目として組み込まれるようになる。この過程で成立したヤマト政権と地方という相互の関係は，財の流通を媒介とした中心―周辺関係的様相を導出する。こうしたあり方は，威信財システム（prestige good systems：Friedman and Rowlands, 1977）の一類型として理解することができる。筆者はこれを古墳時代前期威信財システム／求心型競合関係モデルとして設定したい（辻田2001・2005a・2006a）。ここにおいて鏡などの諸製品は，上位層同士の

間での階層的序列関係をも包括する地域間相互の関係を再生産および再編成する上で動員された威信財（prestige goods）として理解される。

　また以上のように考えるならば，各地の上位層がヤマト政権主導の威信財システムに自ら組み込まれていったのは，世代交代を契機とした各集団内部での上位層と集団成員間の矛盾・利害対立の進展という点のみならず，他の集団単位との利害関係という点から，上位層自身によって戦略的に行われたためであると考えることができる。ここでいう集団間の利害関係とは，その地域の主導権をどの集団が掌握するかといった意味での競合関係などを含むものである。そしてそれに対してどのような対応を行うかはヤマト政権側の論理に委ねられる。ここにおいて，配布主体であるヤマト政権は，こうした威信財システムの需要—供給の関係を利用して，各地域における集団間の競合関係に関与することができる。これによって，各地域社会内部における社会秩序はヤマト政権の論理が一部付加されることになる。

　この広域的な政治的同盟関係は，各世代においてそのつど取り結ばれた，各地の上位層とヤマト政権の上位層との間での点的な直接的人格的関係を基礎とする。その意味では上に述べたような中心—周辺関係的様相についても，この段階では表層的で不安定な側面をつよく有していたと考えられ，威信財の分布範囲の内側がすべてヤマト政権による面的な政治支配領域ではない点に注意する必要がある（辻田2006a）。そしてこのような地域間関係が，威信財システムという形で構造化され持続することによって，結果的に中心と周辺という関係が古墳時代前期〜中期を通じて自然化されていったものと考えられる。

　この過程において，前述の威信財システムの結果として，ヤマト政権と各地の上位層との関係がそのつど更新・再確認されると同時に，ヤマト政権との関係において，各地域社会内部での集団間の関係やそれぞれの位置づけもまた再編成されたものと想定される。このように，「配布される側の論理」と「配布する側の論理」との相互作用が，結果としてこのような威信財システムを維持し，また再生産する上で貢献したものと考える。前期末から中期前半における古墳の築造系列の継続と断絶とが列島規模で連動しているのは，古墳時代前期を通じて形成されたこうした列島規模での威信財システムの特質による点が大

きいといえよう。

　また別稿において述べたように（辻田2006a），こうした代替わりごとの政治的諸関係の更新という問題を考える上では，岡田精司氏らによる大王の即位式に関する研究（岡田1992；吉村1996；熊谷2001）が参考となる。氏らの研究では，時代はやや下るが，治天下大王が即位する際には，群臣による新大王の推戴と，新大王による群臣の任命／再任が行われたことが指摘されている。このことは，そうした政治的諸関係が，5世紀代以降の王権中枢においても，先代の王の死を契機とした代替わりに際し，直接的な人格的結びつきという形で更新されていた可能性を示しており，古墳時代前期の状況を考える上でも示唆的であると考える。

(3)鏡配布主体・倭製鏡製作管理主体としてのヤマト政権とその性格

　ここまでの議論をふまえつつ，次に古墳時代前期における鏡の配布主体の問題について検討したい。舶載三角縁神獣鏡の配布について小林行雄氏は，同笵鏡分有関係を根拠として，京都府椿井大塚山古墳の被葬者を配布主体として想定しているが，同時に椿井大塚山古墳の被葬者を介して配布を行った第三者の存在も指摘している（小林1961）。ただし，小林氏の文章を詳細にみていくと，最終的には同笵鏡分有関係図の中心である椿井大塚山古墳の被葬者に（仿製三角縁神獣鏡では大阪府紫金山古墳の被葬者に）その配布を収斂させる方向で議論が行われているものと理解することができる（cf. 内藤1960）。以来，前期における鏡の配布主体については，「畿内」という表現が用いられることが多く，それ以上踏み込んで論ずることはほとんどなくなっている。

　また三角縁神獣鏡の「同笵」関係自体についても，前章までにみたように技術論的な観点から再検討が進められており，小林氏が示した「5面1組」といった原則も崩れつつある。また第1章でみたように，かつて内藤晃氏（1960）が指摘した，同笵鏡分有関係の意味とそこから椿井大塚山古墳の被葬者を三角縁神獣鏡の配布主体として導出する小林氏の論理についても，奈良県黒塚古墳の調査成果などをふまえつつ，そうした見方が実際には困難であることが岡村秀典氏により指摘されている（岡村1999：pp. 190-192）。すなわち，同一古墳での

副葬面数が多ければ多いほど,各地の古墳との「同笵」の「線」の数は増える
ため,三角縁神獣鏡の副葬面数が多い古墳(椿井大塚山古墳や紫金山古墳)が同笵
鏡分有関係上の見かけ上の中心となるのである。この意味では,直線で結ばれ
うるような同笵鏡分有関係とは,何らかの実体的な社会的関係を反映するもの
ではなく,一括してある場所で管理された後,それらが分与されたことを示す
痕跡としてのみ理解することができる。同笵鏡分有関係それ自体がこのような
ものである以上,それをもとにして配布主体を想定することは困難であり,そ
れ故配布主体の存在は他の考古学的情報を総合して考える必要がある。

　先に検討した京都府南部・奈良盆地東南部の古墳の動向からみた場合,椿井
大塚山古墳と黒塚古墳の被葬者は三角縁神獣鏡の配布者というより,いずれも
三角縁神獣鏡の配布を受けた,各地域における有力者の墳墓として位置づける
のが妥当と考える(関川1985;岡村前掲)。その場合,椿井大塚山古墳の被葬者を
はじめとして,各地における初現期の古墳の被葬者に大量の舶載三角縁神獣鏡
を配布した初期ヤマト政権中枢の所在は,大型前方後円墳の出現と纒向遺跡の
存在という点において,奈良盆地東南部に求めるのが妥当であるものと考えら
れる。

　小林行雄氏以後の研究において,鏡の配布主体に関しては,以下のような見
解が認められる[6]。
　①「同工鏡」の検討から馬見古墳群の被葬者のうち,新山古墳の被葬者を
　　西方経営の,佐味田宝塚古墳の被葬者を東方経営の配布者とした川西宏
　　幸氏の見解(1981)
　②鏡の副葬位置から「頭部集中型」の配布主体として大和古墳群・柳本古
　　墳群とそれに続いて佐紀盾列古墳群の被葬者,出現が時期的にそれより
　　下る「頭足分離型」の配布主体として馬見古墳群の被葬者をそれぞれ想
　　定する藤田和尊氏の見解(1993b),
　③三角縁神獣鏡や倭製鏡のうち筆者が中心的系列群と呼ぶ一群については
　　奈良盆地「東南部勢力」によって,「新式神獣鏡」や「新興鏡群」など
　　は佐紀盾列古墳群の被葬者によって配布されたとする福永伸哉氏(1999
　　a・1999b),林正憲氏(2000・2002)の見解,

④奈良盆地を本拠とする「畿内王権」からの配布とする下垣仁志氏（2004b）などの見解。

　結論から先に述べるならば，先の奈良盆地内部の大型古墳群と副葬鏡に関する検討から，筆者は奈良盆地に本拠を置くヤマト政権が一貫して鏡の配布主体であったと考えている。この点では④の下垣氏の見解に最も近い。ただし大きく異なるのは，特に③④の立場を採る論者の多くがヤマト政権による鏡の配布の開始について，「邪馬台国政権による画文帯神獣鏡の独占的入手と配布」にその淵源があると捉え，近畿から各地への画文帯神獣鏡の配布を弥生時代終末期まで遡上させ三角縁神獣鏡の配布をそれとの連続において捉えるのに対し，筆者の場合，画文帯神獣鏡やそれ以外の完形後漢鏡や魏晋鏡も含め，古墳時代初頭以後にヤマト政権による「完形鏡」の配布が開始され，それが急速に政権の「中心化」を促進したと捉える点である。その意味において，完形中国鏡・三角縁神獣鏡・倭製鏡の配布戦略が一貫しまた連動することの意義を理解することが可能となると考えるのである。

　その意味で，奈良盆地の東南部に内行花文鏡系の超大型倭製鏡が集中する事実は重要である。これは具体的には，舶載三角縁神獣鏡の配布主体と想定される，奈良盆地東南部に墓域を営んだ初期ヤマト政権を構成した上位層が，各地で共有される舶載三角縁神獣鏡や中国鏡とは異なる自らのアイデンティティの表現形態として，内行花文鏡系倭製鏡の超大型鏡を採用したものと考えることができる。

　また，先に検討した各地の上位層に対する散発的あるいは選択的な配布の実態や，前期後半以降における［倭製鏡］⇔［三角縁神獣鏡］といった選択的使用やそのサイズに関する論理を考えると，配布主体としては複数の勢力による個別の活動ではなく，単一的に近い形での存在形態を想定した方が実情に即している。先にみた内行花文鏡系と大和盆地東南部との強い結びつきも，在地勢力との関係というよりも，ヤマト政権の初期段階という政治的動向と密接に結びつくものと理解することができる。佐紀盾列古墳群や古市古墳群の出現にみられる大型古墳群造営地の移動については，ここまでの検討から墓域の移動を各時期におけるヤマト政権の戦略の違いによるものと捉え，奈良盆地内部に本

拠地＝宮を置くヤマト政権中枢が，この段階で新たな開拓を行い墓域を造営したとする立場（近藤1983；熊谷2001；吉村2003）を採る。前期後半以降における韓半島重視への移行や倭製鏡の変遷自体も，東アジアの国際情勢の変化に伴う，4世紀前半代の新たな政治的局面を示すものとして理解することができる。こうしたことを端的に示しているのが，前期を通じて三角縁神獣鏡が存在し続けること，そして倭製鏡の中心的系列群もまた前期を通じて一貫して前期倭製鏡の中核として存在し続けるという点である。こうした三角縁神獣鏡・倭製鏡中心的系列群の副葬が終了するのは，一部で残存するものの基本的に前期末の段階であり，これが古市古墳群の出現とほぼ一致していることから考えると，政権自体の政治的局面という意味では，前期後半というよりも前期末〜中期初頭の段階にその画期を見出すことが可能であると考える。

(4) 小 結

 以上，本節では，古墳時代前期の列島各地における鏡の副葬動向の検討を通じて，鏡の配布・伝世に関するモデル化とその論理について議論を行ってきた。ここまでみたように，広域的威信財システムを作動・維持させる主たる原動力の1つとして，各地における上位層の世代交代を挙げることができる。この意味では，古墳時代前期におけるヤマト政権と各地との関係は，「ヤマト政権から各地へ」という放射型のベクトルで成立していたというよりは，むしろ「各地域社会からヤマト政権へ」という求心型のベクトルで方向づけられるものであったと理解する。これは，北條芳隆氏が指摘するような，古墳の出現に関する求心集約型モデルとも論点として重なる問題であろう（北條2000b）。そしてこうした周辺地域からの求心的なベクトルが，結果的にヤマト政権の急速な「実体化」と「中心化」を促進し，上に述べたようなセンターとしてのヤマト政権の成熟をもたらしたものと捉える。

 ただし，注意しなければならないのは各地域の空間的位置や人口の問題である。本節では北部九州から東海地域まで含めた広域的地域間関係の問題を扱ってきたが，近畿を中心とした場合，東部瀬戸内地域の上位層とヤマト政権の上位層との結びつきは，その空間的距離やそれによる日常的接触の頻度などによ

り，例えば北部九州の上位層との関係とはレベル差が存在する可能性が高い。こうした地域的な差異がどの程度質的に意味をもつかについても今後検討する必要があろう。また本節ではあえて3世紀後半～4世紀代における対外交渉の変化やそれに伴う列島内部での変化という問題についてふみこんでおらず，前期を通じてみられる上位層の世代交代と広域的地域間関係の相互の関係性に論点を絞って議論を行った。こうした対外交渉の変化との関係については次章にて改めて論じたい。

　ここで最後に，九州地域で唯一倭製鏡超大型品が出土する福岡県沖ノ島遺跡の問題について若干検討しておく。

第3節　沖ノ島遺跡への鏡の奉献に関する問題

1　17号遺跡出土鏡群とその性格

　福岡県沖ノ島遺跡では，複数の遺跡にまたがって前期倭製鏡群が多数出土しているが，ここではまずそのほとんどが倭製鏡で構成される17号遺跡出土鏡群について検討したい。Ⅰ号巨岩付近で行われた祭祀の痕跡と考えられる17号遺跡の出土品は，計21面の鏡と鉄器，各種石製品から構成されている。このうち21面の鏡は，方格規矩四神鏡系6面，内行花文鏡系3面，鼉龍鏡系2面，画象鏡系2面，仿製三角縁神獣鏡3面，八鳳鏡1面，その他4面からなる。三角縁神獣鏡と八鳳鏡を除くと，超大型鏡2面，大型鏡4面，中型鏡9面，小型鏡2面となる。また倭製鏡は新段階の製品が主体であり，かつ最新相の製品も含まれる。これは鏡が当地にもたらされた時期が基本的に前期後半以降であることを示していると考えられる。

　また17号遺跡出土鏡群の中で最も特異なのが，大型の八鳳鏡である。これについては報告書では縁が三角縁に近いことや銅質が悪いことなどを根拠として仿製鏡として報告されているが，岡村秀典氏（1996）や車崎正彦氏（2002）が指摘するように，三国代以降の呉の鏡と考えられる。

　三角縁神獣鏡では，17号遺跡からは福永氏の仿製Ⅰ-c型式・Ⅳ-c型式，Ⅴ

型式の製品がそれぞれ1面ずつ出土している。仿製三角縁神獣鏡の最終段階であるⅣ・Ⅴ型式の製品が共伴している事例として重要であるといえよう。

　この17号遺跡出土鏡群について製作技法・鋳上がり・銅質・重量などから詳細な検討を行った原田大六氏は，これらが等級の異なる様々な鏡を含むものであると同時に，必ずしも技術的に最上級品のみが集積されたわけではないことを指摘している（原田1961）。これは，この17号遺跡から出土した倭製鏡が，各型式や銅質などからみて，新段階でも新しい段階の製品を含むことに起因すると考えられる。他方で方格規矩四神鏡系の超大型鏡などを含め，これらは前期後半の列島各地で副葬される倭製鏡の一括鏡群と比較すると，近畿周辺の古墳に匹敵する内容と評価することができる。特に，超大型鏡・大型鏡をあわせて5面以上持つような古墳は同時期には近畿周辺でもあまりみられない。また北部九州においては現在のところ超大型鏡の出土は知られておらず，大型鏡でも福岡県丸隈山古墳出土鏡などに限定されることからみて，この17号遺跡出土鏡群が，ヤマト政権の直接的関与のもとにもたらされたものと考えるのが妥当であろう。

2　16号・18号・19号遺跡出土鏡群

　17号遺跡以外にも，前期においては鏡の出土が16号・18号・19号遺跡他で知られ，ここからも三角縁神獣鏡や倭製鏡大型品，各種石製品などが多数出土している。16号遺跡では，仿製三角縁神獣鏡のNo.249鏡が出土している。仿製三角縁神獣鏡の最新段階に位置づけられる資料（福永分類Ⅳ-b型式）である。

　また18号遺跡からは，3面の仿製三角縁神獣鏡（福永Ⅲ-a・Ⅳ-a・Ⅳ-b型式各1面）に加え，舶載三角縁神獣鏡1面（表現⑤J・Ⅱ段階）が出土している。沖ノ島遺跡出土鏡では最も古い型式の鏡である。倭製鏡では，方格規矩・JC系（大型鏡）が出土したと考えられている。

　また三角縁神獣鏡では他に伝出土資料として，No.124鏡（表現⑪・Ⅲ段階），No.255鏡（仿製最新段階）などがある。

　三角縁神獣鏡に関しては，伝出土資料を含めても舶載三角縁神獣鏡が2面であり，仿製三角縁神獣鏡が大多数である。かつ，そのなかに福永分類Ⅳ・Ⅴ型

式が計6面含まれる点は，年代的な定点を知る上でも重要といえよう。

3　古墳時代前期における沖ノ島遺跡出土鏡群の歴史的位置

　以上，沖ノ島遺跡出土鏡群のうち，16号～19号の岩上祭祀遺跡での出土鏡について，その内容を概観した。ヤマト政権による沖ノ島への鏡の奉献は，各地の上位層に対する配布戦略とは異なる意味で行われたものであると考えられるが，その鏡の内容は近畿の上位層の副葬鏡群に匹敵する超大型鏡を含むものである。そして，沖ノ島へと至るルートとして北部九州を経由したと考えられるにもかかわらず，福岡平野を中心とした北部九州ではここで出土するような超大型・大型倭製鏡はほとんど出土していないことから，逆に北部九州に対するヤマト政権の評価を窺い知ることができよう。鏡の祭祀が活発に行われた古墳時代前期後半は前章までの検討から4世紀代にあたると考えられるが，このことは，ヤマト政権による韓半島南部との接触の活発化，そして4世紀末の段階で高句麗の南下に伴い倭の勢力が韓半島で対外的戦闘を経験していることとも深く関わっているであろう。

　また前期後半における超大型鏡の分布をみると，岡山県鶴山丸山古墳，山口県柳井茶臼山古墳，そして沖ノ島遺跡というように，いずれも韓半島へ至る瀬戸内海沿岸ルートの要衝であることがわかる（図46-2）。また，北九州市門司区丸山古墳から出土した倭製鏡は，北部九州地域では類例が少ない斜面鋸歯文帯型を有する新段階の倭製鏡で中型鏡（18.2cm）である。このような分布状況もまた，韓半島へ至る交通上の要衝を意味するものと考えることができる。

　以上，沖ノ島遺跡出土鏡群に関して若干の検討を行った。ここで章を改めてここまでの議論全体を総括した上で，古墳時代開始期における鏡の動向，そして古墳時代前期威信財システムとその背景の問題について考察を行いたい。

第3節　沖ノ島遺跡への鏡の奉献に関する問題

表11　沖ノ島16〜19号遺跡出土鏡一覧

遺跡名	鏡式名／系列名	分類	面径	文献
沖ノ島16号遺跡	仿製三角縁神獣鏡	IV-b	20.5	沖ノ島（1958）
沖ノ島16号遺跡	方格規矩鏡	T字鏡	9.1	続沖ノ島（1961）
沖ノ島16号遺跡	内行花文鏡系	B系	6.9	続沖ノ島（1961）
沖ノ島16号遺跡	［素文雛形銅鏡］		3	沖ノ島（1958）
沖ノ島17号遺跡1号鏡	方格規矩四神鏡系	四神系II式	27.1	続沖ノ島（1961）
沖ノ島17号遺跡2号鏡	方格規矩四神鏡系	四神系II式	26.2	
沖ノ島17号遺跡3号鏡	方格規矩四神鏡系	四神系II式	22.1	
沖ノ島17号遺跡4号鏡	方格規矩四神鏡系	JK系（III式）	21.5	
沖ノ島17号遺跡5号鏡	方格規矩四神鏡系	四神系II式	17.8	
沖ノ島17号遺跡6号鏡	方格規矩四神鏡系	鳥文系（III式）	16.6	
沖ノ島17号遺跡7号鏡	［変形素文方格鏡］		18	
沖ノ島17号遺跡8号鏡	内行花文鏡系	Aa系II式	18.7	
沖ノ島17号遺跡9号鏡	内行花文鏡系	Ab系	17.6	
沖ノ島17号遺跡10号鏡	内行花文鏡系	Aa系III式	17	
沖ノ島17号遺跡11号鏡	夔龍鏡系	Ba系第2b型式	23.7	
沖ノ島17号遺跡12号鏡	夔龍鏡系	A系第4型式	12.9	
沖ノ島17号遺跡13号鏡	［変形文鏡］		10	
沖ノ島17号遺跡14号鏡	分離式神獣鏡系	（下垣段階1）	16.7	
沖ノ島17号遺跡15号鏡	二神二獣鏡IB系	（下垣段階1）	16.4	
沖ノ島17号遺跡16号鏡	画象鏡系		22	
沖ノ島17号遺跡17号鏡	［擬銘帯画象鏡］		15	
沖ノ島17号遺跡18号鏡	仿製三角縁神獣鏡	I-c	24.3	
沖ノ島17号遺跡19号鏡	仿製三角縁神獣鏡	IV-c	21.6	
沖ノ島17号遺跡20号鏡	仿製三角縁神獣鏡	V	20	
沖ノ島17号遺跡21号鏡	八鳳鏡	呉系	22.1	
沖ノ島18号遺跡	舶載三角縁神獣鏡	A系II段階（⑤J）	22.2	続沖ノ島（1961）
沖ノ島18号遺跡	仿製三角縁神獣鏡	III-a	20.9	
沖ノ島18号遺跡	仿製三角縁神獣鏡	IV-a	23.4	
沖ノ島18号遺跡	仿製三角縁神獣鏡	IV-b	20.6	
沖ノ島18号遺跡	八鳳鏡	呉系・外区片・鈕	22	沖ノ島I（1979）
沖ノ島18号遺跡	方格規矩四神鏡	四神鏡?鈕区片	約20	沖ノ島I（1979）
沖ノ島18号遺跡	三角縁神獣鏡?	内・外区片	不明	沖ノ島I（1979）
沖ノ島18号遺跡（推定）	内行花文鏡系	B系	10	
沖ノ島18号遺跡（推定）	捩文鏡系	羽文系	7.9	沖ノ島I（1979）
沖ノ島18号遺跡（推定）	素文鏡		3.5	
沖ノ島18号遺跡（推定）	仿製三角縁神獣鏡	II-c	21.8	沖ノ島I（1979）
沖ノ島18号遺跡（推定）	仿製三角縁神獣鏡	外区片	21.9	沖ノ島I（1979）
沖ノ島18号遺跡（推定）	方格規矩四神鏡系	JC系	24.8	沖ノ島I（1979）
沖ノ島19号遺跡	内行花文鏡系	Aa系II式	24.8	続沖ノ島（1961）
沖ノ島19号遺跡	鏡片1個（紛失）		不明	続沖ノ島（1961）

註

（1） 前期のような双系社会的様相をも説明する上でよりニュートラルな表現としては，大久保徹也氏（2006）が指摘する，「連鎖的築造パターン」などが挙げられよう。

（2） ただしここに示したのはあくまで鏡が出土した古墳の分布であって，糸島地域をはじめ，内容が判明していない前期古墳は本地域内でも非常に多い。それ故，古墳分布にもとづく分析が別途必要である。これについては稿を改めて論じたい。

（3） 前者は第5章第1節を参照。後者は下垣氏（2003a）の二神二獣鏡Ⅱ系に位置づけられる。

（4） ただし名島古墳出土の三角縁神獣鏡（他・108）は，第Ⅱ～Ⅲ段階と幅を持たせておきたい。

（5） 他に具体例として，三角縁神獣鏡と共伴して出土した，福井県花野谷1号墳出土の異体字銘帯鏡が挙げられる（図1-1）。本鏡では，鈕が欠損しており，弥生時代小形仿製鏡などにみられる鈕欠損事例と同様，外区に2個の穿孔がみられる（福井市教育委員会2000・辻田2005a）。

（6） 近畿の大型古墳群の評価についての研究史は白石（2000：第4章）および下垣（2005c）を参照。

第7章 考察
―― 古墳時代前期威信財システムの成立と展開 ――

第1節 古墳時代開始期における銅鏡の変遷
―― 現象の整理とモデル化 ――

　前章まで，古墳時代開始期における中国鏡流通形態の変革，三角縁神獣鏡の動向，倭製鏡のモデルとその選択，そして古墳時代前期における鏡の「配布」と「伝世」といった各問題について検討を行ってきた。ここではそれらの分析結果および議論とを整理し，各事象間相互の関係を時系列的に追うことにしたい。その際，他の考古学的現象との関連についても検討する。

1　弥生時代後期後半〜古墳時代初頭（図51）

　第2章で検討した結果として，弥生時代後期〜終末期までの破鏡を主体とした中国鏡の流通形態は，古墳時代前期初頭の段階に近畿地方をセンターとして各地へ分配される形態へと大きく変化することを明らかにした。これは，従来伝世論の観点から論じられることの多かった，前期古墳から出土する後漢鏡などについて，破鏡と完形鏡の流通形態の違い，そして弥生時代後期前半・後期後半・終末期・古墳時代前期といった各時期において，それぞれ流通形態が異なっている可能性を視点として導入することによって，古墳時代開始過程に関する新たな枠組みの構築を目的としたものである。分析結果をふまえつつ，以下に具体的な論点を示す。

　弥生時代後期後半での鏡の流通形態は，北部九州を起点とする破鏡の東方伝播によって特徴づけられる。この動きは基本的に北部九州から東部瀬戸内地域ほどの範囲を中心としており，一部は東海以東にも及んでいるが，これは他の

墳墓・青銅器・鉄器の動向とも密接に関連したものということができる。広形銅矛や突線鈕式銅鐸，三遠式銅鐸などの大形青銅器は後期後半までにその生産時期のピークは終了していたと考えられるが，こうした大形青銅器が残存する北部九州・近畿周辺地域と，早い段階で墳丘墓の築造が主体となる山陰・中部瀬戸内地域というように，後期後半段階になると各地において地域性が顕在化する（岩永1998）。北部九州を起点として流通した破鏡は，第2章第3節でみたように各地において出土状況や使用方法は異なっており，集落の環濠や住居跡に廃棄された状態で出土することも多い。こうした特徴はいわゆる弥生時代小形仿製鏡とも共通するものであり，このことは両者が同様の脈絡において理解することが可能であることを示している。またこれらの弥生時代青銅器は古墳時代前期の鏡などとは異なり，それ自体の製作において同時期での大きさの差異化・序列化の志向性がみられない点も特徴といえる。このような脈絡において，破鏡については，その分布状況のパターンに加え，上位層の墓などに限定されないといった点からも，各地域間でのヨコのつながりを媒介として流通したものである可能性が高い[1]。こうした点において，破鏡・小形仿製鏡の両者は，「鏡」ではあっても墓に副葬される完形中国鏡や古墳時代前期の完形鏡などとはその意味づけや性格が大きく異なるアイテムであったということができる。瀬戸内以東の弥生時代遺跡から出土する「鏡」の主体がこうした破鏡や小形仿製鏡であることをここで確認しておきたい。

　また弥生時代終末期においては東部瀬戸内とそれ以東まで含めた広い範囲で完形鏡の破砕副葬がみられるようになるが，その分布は点的で分布集中もみられないことから，ある特定の1か所のセンターによって流通が差配されたとは考えられない。こうした弥生時代終末期＝庄内式併行期における完形鏡の流通は，北部九州をはじめとした各地域による，楽浪郡・帯方郡に対する散発的・多元的な交渉，そして列島内での地域間相互交渉の所産とみることができる。これは言い換えるならば，3世紀第1四半紀段階での公孫氏政権との交渉をある特定のセンター（e.g.「邪馬台国」）に独占されたものとみるのではなく，列島側にも複数の交渉窓口が存在したとする見方である。第2章で検討したように，弥生時代終末期における画文帯神獣鏡の流入は，他の鏡式と同様に，北部九州

に流入したのちに破鏡として使用されたと考えられるものが存在する一方で，兵庫県綾部山39号墓・徳島県萩原1号墓・奈良県ホケノ山墳墓出土鏡のように，弥生時代終末期段階に完形鏡として列島に流入し，かつ終末期段階に副葬されたものもわずかながら存在する。これらは基本的に破砕副葬されたものであることから，他の諸鏡式における破砕鏡や破鏡の動向と同様の脈絡の中に位置づけることができる。すなわち，これらは完形後漢鏡・魏晋鏡の流通が近畿を中心として行われるようになる直前の状況と考えるのである。筆者はこうした状況と対比しつつ，前期古墳から出土する完形神獣鏡の多くが日本列島へ流入したのは，基本的に古墳時代初頭以降と考えている。この問題は，たんに鏡の評価という点にとどまらず，古墳時代開始過程を東アジアの国際情勢の中でどのように意義づけるかといった問題と不可分である。画文帯神獣鏡の列島への流入時期や流入過程を上記のように考えた場合には，3世紀第1四半期においては，物質文化上で「統合のシンボル」と呼べるものは見出すことができず，また広域的な社会統合がこの段階ですでに達成されていたという見方とも異なる理解が可能であろう。これについては第2節で具体的に検討する。

　古墳時代初頭の段階になると，完形後漢鏡・三国鏡および舶載三角縁神獣鏡の大量流入を契機として，近畿地方へと鏡の流入・配布のセンターが集約化される。これにより，完形後漢鏡・三国鏡，そして三角縁神獣鏡を組み合わせた形での，各地の上位層への完形鏡分配システムが確立する。北部九州を起点とした破鏡の地理勾配が，全鏡式にほぼ共通する形で，近畿地方を分布中心とする流通状況へと変化するこの画期は，この古墳時代初頭段階における急激な鏡の流入・流通形態の変化によるものと理解する。その背景としては，景初三年における卑弥呼の魏への遣使が，魏と呉の対立という構図において，呉に対する東からの牽制という意味で一定の役割を果たしたこと，といった当該時期の国際的状況(西嶋1993；吉田1995)が多分に影響を与えているものと考えられる。すなわち，それ以前にも大陸との接触があったことが想定される「奴」や「伊都」などではなく，ヤマトを中心とする倭国が，魏への遣使によって，同時代の中国王朝を中心とした東アジアの国際的秩序の中により明確に組み込まれたことが大きな契機となっていると考えられるのである(cf. 西嶋1961；石母田1971)[2]。

弥生時代後期
終末期（庄内式）　　　〔北部九州を起点とする破鏡の東方伝播〕
　　　　　　　　　　〔　〃　〕＋多元的に完形鏡が入手され破砕副葬される

古墳時代初頭（布留０式）　　〔完形鏡の近畿地方への大量流入〕
　　　　　　　　　　；入手・配布のセンターが近畿地方に集約化される
　　　　　　　　　　→近畿地方をセンターとした地域間関係の再編成
　　　　　　　　　　；ヤマトを中心とする倭国が東アジアの
　　　　　　　　　　　　　　国際的秩序の中により明確に組み込まれる

図51　弥生時代後期後半〜古墳時代初頭における鏡流通形態の変革モデル

　その点では，古墳の出現について魏への遣使を外的要因とする観点から論じた西嶋定生氏の見解（1966）は，現在の年代観とは整合的であり，あらためて検討する必要があると考える。この近畿地方への完形中国鏡・三角縁神獣鏡の大量流入によって，近畿地方をセンターとする形での広域的な地域間関係の再編成が行われる。これは，第2節でもみるように古墳時代的地域間関係のいわば「始発点」であり（溝口2000a），中国鏡流通形態の画期とその意義をここに認めることができる。

　ここでこの古墳時代初頭における中国鏡流入・流通形態の変革という点をふまえつつ，古墳時代前期における完形中国鏡や三角縁神獣鏡の流通，あるいは倭製鏡のモデルや面径の大小といった現象をみるならば，相互に有機的な連関の中で理解することが可能であることが判明する。前期古墳から出土する完形後漢鏡・魏晋鏡の大多数が古墳時代初頭以降に列島に流入したものと捉えることにより，魏から卑弥呼へと贈られたいわゆる「銅鏡百枚」の主体を，当時華北〜中国東北部を中心に存在していた完形後漢鏡および魏鏡であったと理解することが可能となる。また『魏志』倭人伝には，魏から銅鏡百枚以外にも様々な品目が下賜されたことが記されているが，第4章でみたように舶載三角縁神獣鏡の製作地を楽浪郡，帯方郡域と考えた場合，銅鏡百枚を含めた下賜品と三角縁神獣鏡の意味づけの違いがあらためて問題となろう。

　またここでは古墳時代開始期における完形中国鏡の日本列島への流入形態の

変革について，多元的流入から一元的流入へと変化図式を想定している。その際，筆者は大陸からの鏡の「流れ」のベクトルよりも，むしろ列島側からのベクトル，すなわち倭人の側からの需要や入手の機会・手段といった点を重視している。第6章で古墳時代前期における各地の上位層の鏡の入手形態が，近畿に赴き入手する「参向型」が基本的であるという認識のもと検討を行ったが，大陸・楽浪郡や帯方郡などからの中国鏡の入手に関しても，卑弥呼の銅鏡百枚の例が具体的に示しているように，実際にはこうした「参向型」の入手が一般的であったと考えられる。そこにおいては，日本列島に流入した中国鏡の量的変化や種類の違い（鏡式・大きさ・完形／鏡片）は，例えば大陸側が何を提供し続けたかよりもむしろ，そのときどきにおいて大陸・楽浪郡などに赴いた倭人がどのような鏡を求めたか，そして倭人が現実的に入手することができた鏡がどのようなものであったのかという点に大きく依存している。従来列島出土中国鏡の時期的変遷については，大陸側の事情が規定要因として説明されてきた。列島出土中国鏡においてそれは前提条件ではあるが，一方で中国鏡を求めた「主体」としての倭人側の事情もまた重視すべきであるというのが筆者の主張である。その点では，1世紀から3世紀の間を通じて，中国から列島への鏡の「流れ」の実態は，質的にも量的にも一定であったとは思われない。その意味において，卑弥呼の遣使以後の古墳時代前期段階における中国鏡の列島への多元的「流入」の可能性は完全に棄却することはできないが，むしろ卑弥呼の遣使を大きな契機として，入手の窓口が一元的に集約化された可能性と，その脈絡での近畿を中心とした完形中国鏡流通の開始という点を評価すべきと考える。それを具体的に示しているのが，ここでみた「破鏡から完形鏡へ」という中国鏡流通形態の変革であると捉えるのである。

　そしてもう1点，列島内部での鏡の生産・流通の問題についてふれておきたい。第2章で検討したように，筆者は，弥生時代小形仿製鏡の系譜は一部の珠文鏡などの古墳時代の小型倭製鏡に連続するとともに，それが「儀鏡」として収束する可能性が高いと考えている（高倉1995・1999）。すなわち，弥生時代小形仿製鏡の系譜は実際に古墳時代前期においても一部で残存し，各地で製作された事例が存在する可能性を認めるものであるが，その一方で，本書でいうと

ころの古墳時代前期倭製鏡の中心的系列群やその関連鏡群については，文様構成や製作技術の近接性から，基本的に近畿地方での生産と配布を想定する。その際に問題となるのは近畿での土製鋳型を用いた小形仿製鏡生産や銅鏃生産などとの関係である（cf. 西川2006）。これについては今後の課題であるが，筆者は古墳時代前期倭製鏡中心的系列群のモデルが，古墳時代初頭以降に列島へ流入した完形中国鏡の中から選択されているという点，また前期倭製鏡における幾何学的知識や技術水準の高さという点から，外的要因を背景とした青銅器生産体制の再編成を想定している。その意味では，鏡生産においても，弥生時代終末期と古墳時代前期との間に明瞭な画期を見出すことができると考える。

以上，弥生時代後期後半〜古墳時代初頭における鏡の動向について前章までの成果をもとに整理を行った。ここで改めて，次の点を確認しておきたい。すなわち，鏡の流通や生産それぞれにおいて，弥生時代終末段階と古墳時代前期との間にはある種の不連続と画期が認められるという点である。その最たるものが完形後漢鏡・三国鏡および三角縁神獣鏡の近畿地方への流入と配布の問題であろう。次にこの問題について，古墳の出現という観点から検討する。

2 古墳時代前期前半――Ⅰ期・Ⅱ期

当該時期の鏡の動向を検討するにあたって，①三角縁神獣鏡の流入と各地への中国鏡配布の開始，②各地における前方後円墳の出現という2つの問題に焦点をあてて論を進めたい。

古墳時代前期前半段階の鏡の特徴としてまず挙げられるのは，各地における三角縁神獣鏡の多量副葬という点である。それと，前方後円墳および割竹形木棺や竪穴式石槨などの埋葬施設，あるいはその構築過程と密接に関わる副葬品配置の諸段階など，葬送儀礼の整備という点もほぼ連動する。第6章でみたように，前期前半段階では，各地において三角縁神獣鏡や完形後漢鏡・魏晋鏡（一部呉鏡含む）の副葬がみられるが，鏡の副葬形態としては，大きく①〔完形後漢鏡・魏晋鏡＋三角縁神獣鏡（複数）〕，②〔小型の完形後漢鏡・魏晋鏡1面〕という2つのパターンが認められる。その場合に，従来は三角縁神獣鏡の多量副葬が注目されてきたが，それと共伴する形で大型の完形後漢鏡ないし魏

晋鏡が少数ながら出土することが事例として多いことが注目される。このことは，鏡の組み合わせがある場合に，大型の後漢鏡・魏晋鏡と複数の三角縁神獣鏡のどちらが主とみるかという問題でもある。こうした大型後漢鏡・魏晋鏡の存在と，それをモデルとして選択した前期倭製鏡中心的系列群の出現をみた場合，こうした大型後漢鏡・魏晋鏡が舶載鏡の中でも上位に格付けられ，であるが故に倭製鏡のモデルとして選択された可能性が導出されるのである。

この〔完形後漢鏡・魏晋鏡＋三角縁神獣鏡複数〕という組み合わせは，いわゆる「定型的」前方後円墳の要素の１つであり（近藤1983），割竹形木棺＋竪穴式石槨に伴うことが多い。これに対し，中国鏡１面副葬という場合には，割竹形木棺や竪穴式石槨など以外に，木棺直葬などで見られることも多い。ただしこれは一概に比較できるものではなく，各地域ないし集団の代表者に対する選択的配布や牽制によって変異に幅が生じている。例えば第６章でも挙げた前期前半の佐賀県唐津市久里双水古墳は90ｍ級の前方後円墳であるが，竪穴式石槨や二重口縁の壺形土器を採用する一方で，三角縁神獣鏡はみられず，小型の舶載盤龍鏡１面が副葬されていた。これは，前期の時期の鏡の出土状況などからも牽制／選択的配布という可能性が高いと考えられる。三角縁神獣鏡の多量副葬についても同様で，各地において初現となるような古墳で三角縁神獣鏡が副葬される場合，次世代には継続しない場合が多く認められる。こうした状況は，第６章でみたような，各世代ごとの関係更新という点に大きく影響を受けていると考えることができる。

前期前半でも遅くともⅡ期の段階までには，近畿周辺と東海の一部で大型の倭製鏡が副葬されるようになる。当該時期における古墳時代前期倭製鏡の製作および配布は，面径の大きさ・文様の意味という点において，後漢代〜三国代の東アジアにおける大型内行花文鏡の盛行を背景とする形で，内行花文鏡系の超大型鏡を頂点とするものと考えられる。ただし，その生産および副葬は未だ限定的なものであり，初期の内行花文鏡系超大型鏡の副葬は基本的に奈良盆地東南部に集中している。また方格規矩四神鏡系や夔龍鏡系の初期製品の副葬も，近畿地方周辺に限定される。その点においては，前期倭製鏡の中でも中心的系列群は，その当初から三角縁神獣鏡や小型の中国鏡などとは異なる意味合いを

```
                            （差異化）
前期前半         〔大型中国鏡〕         ⇔    〔小型中国鏡1面〕     量の論理
          ＋〔三角縁神獣鏡（複数）〕

前期後半    〔倭製鏡（超大型・大型主体）〕 ⇔    〔仿製三角縁神獣鏡〕    サイズの
                                    〔小型倭製鏡〕       論理の強調
```

図52　古墳時代前期における鏡の配布の論理

付与されていたとみることができよう。

　ここまでの検討からも明らかなように，古墳時代前期における完形中国鏡および三角縁神獣鏡の入手・副葬は弥生時代終末期までの鏡の入手・副葬とは大きく意味合いが異なっている。言い換えれば，完形中国鏡および三角縁神獣鏡の副葬開始自体が，各地での古墳の出現という事象と密接に結びついているといえよう。第4章でみたように，筆者は舶載三角縁神獣鏡は基本的に「舶載」であると考える。現時点の考古学的情報にもとづく限り，その系譜については中国東北部に求められるが，具体的な製作地としては，楽浪郡・帯方郡といった地域に求められる可能性が高いと考えている。当該時期の東アジアの国際情勢を勘案するならば，この地域が公孫氏政権の旧領域であり，238年の時点で魏に復したことが大きく影響を与えているものと考えられる。このように，三角縁神獣鏡は，魏・西晋という外的権威を背景とする外部依存財として，楽浪郡・帯方郡域で特別生産された品目であるが故に，また卑弥呼の遣使を顕彰，表象するものであったが故に，仿製三角縁神獣鏡の最終段階に至るまで，縁部断面三角形・面径大型・大型の乳といった関与的特徴が維持されたものと考えられるのである。ただし，「舶載」とされる一群の中でもⅢ段階とした波文帯神獣鏡については，Ⅰ・Ⅱ段階までが非常に短期間の内に製作されたと考えられるのに対し，前期後半に仿製三角縁神獣鏡が副葬され始めるまでやや緩慢な変化を示すことから，この段階に一部工人組織の再編成などが行われた可能性を想定しておく必要がある。

　こうした前期前半代の鏡の副葬状況として見出されるのは，〔大型の後漢鏡・魏晋鏡＋三角縁神獣鏡の大量副葬〕を上位とする「量の論理」の卓越と，

〔小型中国鏡1面〕との差異化の顕著さである（図52）。その場合においても，牽制／選択的配布という点ではさらに様々なパターンが存在する。このようなあり方は，各地の上位層の世代交代におけるイデオロギー装置としての鏡の入手・副葬が，牽制／選択的配布という配布主体の論理と密接に結びついていることを示している。この点で，完形中国鏡や倭製鏡古段階の大型鏡・超大型鏡の副葬が近畿地方周辺に限定されることが特に重要な意味をもつと考える。

　以上，前期前半の様相としては，完形後漢鏡・魏晋鏡・三角縁神獣鏡を主体とした，近畿地方をセンターとする形での中国鏡配布の開始，前期倭製鏡中心的系列群の生産・配布・副葬の開始，〔大型中国鏡＋三角縁神獣鏡複数〕と〔中国鏡1面〕との差異化といった点が特徴として挙げられよう。このような，古墳時代初頭における各地での古墳の出現と密接に結びついた中国鏡の配布／副葬開始は，第2章・第6章でみたように，その入手・使用・消費が上位層に限定されること，また入手・使用・消費が社会的再生産のサイクルに不可分に埋め込まれているという2点において，列島規模での威信財システムの成立を示すものと捉える。そうした財の贈与・流通へと参与することによって，上位層としての地位が集団内外で確認・正当化され，一般集団成員の墓と隔絶したかのような古墳の築造が行われた可能性が指摘できるのである。以上から，この古墳時代初頭における鏡流通形態の変革を，古墳時代前期威信財システムの成立過程として理解したい。次に，この前期威信財システムの展開過程について検討する。

3　古墳時代前期後半——Ⅲ期・Ⅳ期

　前期後半段階になると，前段階に成立した威信財システムを基盤とする形で，鏡の生産・流通・消費が行われる。大きくは，①倭製鏡生産規模の拡大，②各地の上位層の世代交代におけるイデオロギー装置としての鏡，③面径の大小および鏡式／系列を基準とした鏡の序列化の複雑化，といった点が挙げられる。

　倭製鏡生産規模の拡大の問題については，まず新段階（鼉龍鏡系第3型式以降）における飛躍的な生産量の増加と小型鏡の大量生産という点が挙げられる。この要因としては，第2点目として掲げた，各地の上位層の世代交代における

イデオロギー装置としての鏡という形での,鏡に対する需要の増大という点が挙げられよう。この需要の増加に伴う倭製鏡生産の拡大は,鏡のカテゴリーの多様化をもたらしている。すなわち,文様構成/系列およびサイズ・ヴァリエーションの増加である。こうした前期倭製鏡新段階の鏡のカテゴリーの増加は,前期後半段階における鏡の選択的配布および牽制とも深く関わっている。

　列島各地においては,近畿地方を中心に流通する財の入手・使用・消費を媒介とする形で,上位層の世代交代が進行したものと考えられる。これは,必ずしも鏡の問題に限定されるものではなく,鏡が副葬されていない古墳においても基本的に同様で,「近畿地方を発信源として流通する財の入手・消費」という点が,古墳の築造と密接に関連しているということができる。これについては,第6章で検討したように,上位層と集団成員間の/集団間の利害関係・競合関係の進展という点において理解することが可能な現象である。その場合にも,各世代ごとに「財」を入手し,ヤマト政権との関係を更新することによって世代交代を正当化・自然化する場合と,ヤマト政権からもたらされた「財」を管理・継承することによって正当化する場合の2つのパターンが見出された。そして,配布主体であるヤマト政権中枢は,多様なカテゴリーの鏡を選択的に配布することによって,各地の社会秩序に関与することができる。そしてそうした関係を維持する原動力は,配布主体の側のみならず,むしろ鏡を必要とする各地の上位層の側にあった。その意味で古墳時代前期の地域間関係は,各地の集団間の競合関係によって特徴づけられるものといえよう。

　鏡のカテゴリーの多様性は,古墳被葬者の性別とも関係する形でさらに複雑化の様相を呈する。例えば内行花文鏡系は,寺沢知子氏が指摘するように,大型鏡については近畿周辺の大型前方後円墳に副葬されることが多く,小型鏡については各地に配布され,また女性の被葬者に副葬される事例が多く認められる(寺沢1999・2000)。このことは,特に新段階(内行花文鏡系Ⅱ式)以降では,大型鏡と小型鏡の両者において,明瞭に機能分化させる形で製作が行われた可能性を示唆する。また腕輪形石製品の中でも,副葬位置との関連において〔鍬形石〕⇔〔車輪石・石釧〕という差異化がみられること,さらに鉄鏃や武器・武具類の副葬/非副葬が被葬者の性別を表象していた可能性が指摘されている

(清家1996)。このことは，副葬品と被葬者とのつながりや性別との関係が，少なくとも副葬の段階ではつよく意識されており，生産・流通においてもそれがある程度志向された可能性を示すと考える。

　また面径の大小の問題は鼉龍鏡系などについても同様で，捩文鏡系の生産量が増大することにより，大型鏡・中型鏡としての鼉龍鏡系と小型の捩文鏡系という差異化がさらに顕著となる。これとは対照的に，方格規矩四神鏡系は，前期を通じて小型鏡がみられず，超大型・大型・中型鏡が製作されている。

　図52に示したように，前期後半段階での鏡の配布戦略においては，〔倭製鏡（超大型・大型主体）〕と〔仿製三角縁神獣鏡〕という両者のカテゴリーの差異化がつよく認められる。第6章でみたように，前期後半の配布戦略は各地において様相が異なっているが，特に近畿周辺においては，〔三角縁神獣鏡〕と〔それ以外／非三角縁神獣鏡〕という差異化のみならず，面経の大小による選択的配布／牽制という点が指摘できる。これは，超大型・大型・中型・小型といったサイズ・ヴァリエーションがすべて出揃う近畿周辺において特徴的な現象ということができる。これはいわば，前期前半の〔（完形後漢鏡・魏晋鏡＋）三角縁神獣鏡複数〕を軸とする「量の論理」から「サイズの論理」のさらなる強調へといった変化として理解することができよう。

　近畿周辺以外の地域では，仿製三角縁神獣鏡を前期初頭以来の意味合い，すなわちヤマト政権との直接的関係を表象するものとして配布し，在来勢力を牽制するといった戦略を採っている場合がある。先に挙げた佐賀県唐津平野周辺では，前期後半になると，前期前半に久里双水古墳が築造された唐津平野を取り巻くように，谷口古墳や杢路寺古墳，経塚山古墳などで仿製三角縁神獣鏡や魏晋鏡の副葬がみられるが，これらはこうした戦略の具体例としてあげられる。

　それとはまた異なる配布戦略としては，大型倭製鏡を配布するか否かという点が挙げられる。例えば北部九州では，仿製三角縁神獣鏡の配布・多量副葬が一部で認められるものの，基本的には大型倭製鏡の流入がほとんどみられないのに加えて，倭製鏡の流入自体が限定されている。また山口県南部地域では，熊毛地域の柳井茶臼山古墳や白鳥古墳といった前方後円墳において超大型・大型・中型の倭製鏡が集中するのに対し，仿製三角縁神獣鏡は厚狭地域の長光寺

山古墳や松崎古墳などに集中するといった顕著な地域差が認められた。このように，前期後半段階においては，倭製鏡の超大型・大型鏡を上位とする形の格付けがより顕在化する。これは，前期前半でみられた，三角縁神獣鏡と共伴する大型中国鏡（後漢鏡・魏晋鏡）の格付けを継承する形で行われている可能性も考えられるが，いずれにせよ，倭製鏡生産の拡大に伴って，三角縁神獣鏡の多量副葬の意味合いが，前期前半のそれとは大きく変化した可能性が指摘できるのである。

　また前期後半段階において指摘されている，神獣鏡系の倭製鏡の増加現象（福永1999a・1999b）については，第5章でみたように，基本的に需要・生産の拡大に伴うカテゴリーの多様化において生み出された中型・大型倭製鏡の一部と考えられる。この問題は，近畿地方における大型古墳群の移動の問題と政権の実態という問題とも関連するが，第3章および第5章で指摘したように，前期倭製鏡の生産体制自体が前期を通じて一貫したものであり，その画期は前期と中期の境に求められること，また生産体制自体の把握も一貫した政治体制のもとにあると考えられることなどから，前期中葉以降に出現する神獣鏡系倭製鏡などの配布については，倭製鏡の超大型鏡・大型鏡を上位とし，倭製鏡の中・小型鏡や完形中国鏡・三角縁神獣鏡とを組み合わせる形で行われた，前期後半段階の配布戦略の一部として理解することができよう。この前期後半の配布戦略は，前期前半段階からの一貫した論理の脈絡において説明することができると考える。

　この問題と関連して，前期後半になると，竪矧板・方形板革綴短甲や筒形銅器など，韓半島とのつながりが深いと考えられる遺物の副葬が増加する（福永他1998）。直前にあたる古墳時代前期前半の対外交渉については，特に魏・西晋といった華北の王朝との関係が強調されがちであるが，実際は楽浪郡・帯方郡を中心に韓半島西北部を主な舞台としていたものと考えられる。前期後半段階における韓半島系の遺物の増加が，高句麗の南下により楽浪郡・帯方郡が滅亡した後に，対外交渉の主体が韓半島南部へと移行したことを背景としていると考えられることからも，古墳時代前期においては，対外交渉の舞台は，一貫して韓半島が中心であったものと捉える。その意味で楽浪郡・帯方郡の滅亡は倭

国の対外交渉の大きな転換点であったことがうかがわれる。列島で流通する器物における新たな品目の出現は，こうした国際関係の変化に伴う外的要因に影響を受けたとみることが可能であるが，一方で列島内部での鏡の流通や消費の観点からいえば，倭製鏡の変遷からみても，また仿製三角縁神獣鏡の一貫した使用という点においても，連続した側面がみられることを確認しておきたい。

またこのような状況から，古墳時代前期後半代の列島の墳墓から出土する舶載鏡には，4世紀初頭以降の華北との接触・交渉の断絶という点において，3世紀後半〜末までに列島に流入し，伝世された諸鏡式（川西1989；岡村1996），あるいは4世紀代に百済などとの交渉の所産として間接的に列島に流入した中国鏡（東1990）などが含まれると考えられる。

ここで，以上の議論をもとに，前期後半段階における鏡の序列化について検討しておきたい。最上位の鏡の組み合わせの具体例としては，佐紀盾列古墳群の大型前方後円墳の中で唯一内容の明らかな佐紀陵山古墳（超大型倭製鏡3面：内行花文鏡系1面＋方格規矩四神鏡系2面他）が挙げられる。そして最も下位に位置づけられるのが小型の倭製鏡1面の副葬である。こうした鏡の序列は，他の要素とも基本的に対応している。すなわち，埋葬施設では，〔長持形石棺＋竪穴式石槨〕を最上位とし，粘土槨や木棺直葬を下位とする序列化，あるいは墳丘形態・墳丘規模の差異化などである。ただし，こうした対応関係は絶対的なものではなく，実際には各地域の上位層に対する選択的配布／牽制の問題とも関係して複雑にあらわれている。こうした前期後半代における鏡の序列化は，前期倭製鏡生産体制や，鏡を含む威信財全般の流通と不可分の問題であり，銅鏃・腕輪形石製品や各種鉄製武器・武具類などの動きと，その相互作用の追求が今後の課題であるといえよう。

古墳時代前期後半における威信財システムは，中国鏡のストック自体の低下と，青銅原料自体の稀少化に伴う前期倭製鏡生産体制の衰退と連動する形で，前期末をもってほぼ終了する。ただし，威信財システム自体は鉄製武器・武具類を主体とする形で再編され，また古墳の築造地域の変動も近畿と各地でほぼ連動したものであることから（都出1988），前期威信財システムの終焉自体は，前期的社会秩序の崩壊というよりは，前期を通じて生み出された地域間関係が，

列島規模で再編されていく過程として理解することができよう。各地において，それまで古墳の築造が明瞭でなかった地域において新たに古墳が築造され，前期以来の古墳の築造地域と併存しながら結果的にそれと「交替」していく様相は，前期と中期の社会システムが質的に異なっていたり，あるいは断絶するものではなく，前者の社会システムの基盤を継承しながら，新たな地域間関係へと移行する過程と考えることができる。その意味では，前期と中期の画期は，地域間関係の再編という意味での画期であり，また威信財システムの更新／再編（河野1998）という意味における画期と評価することができよう。

以上，前章までの議論について時系列的に整理し，それぞれの議論の整合性について検討を行った。次に，ここでの議論を踏まえ，前期威信財システムの成立・展開とその意義について論を進めることにしたい。

第2節　古墳時代前期威信財システムの成立・展開とその意義

第1章で述べたように，本書の目的は，古墳時代開始期における銅鏡についての検討をもとに，当該時期の地域間関係の実態を明らかにし，また弥生時代から古墳時代への変化についての説明の枠組みを提示することである。ここでは前章までの議論の結果を踏まえ，次のような点を検討課題として設定したい。すなわち，①古墳時代開始期における地域間関係の具体相，②威信財システムと「社会統合」の問題，③国家形成過程における古墳時代開始期の位置，の3点である。

その上で，古墳時代開始期における鏡の意義を考えることにしたい。

1　古墳時代開始期における中心―周辺関係の具体相

前節までの議論において，古墳時代前期の広域的地域間関係について，威信財システムの成立・展開という形で理解する方向性を示してきた。ここでは，古墳時代前期の中心-周辺関係の具体相と，弥生時代後期後半〜終末期までの地域間関係とを対比し，古墳時代への移行過程とその要因といった問題につい

て，より具体的に検討したい。

　古墳時代前期の地域間関係は，第6章でみたように，各地の上位層の世代交代におけるイデオロギー装置としての鏡を媒介とする形での，威信財システムの展開過程として理解できる。この動きは，古墳時代初頭の段階において，近畿地方へと大量の完形中国鏡がもたらされ，財の流通のセンターが近畿地方へと集約化されることをひとつの契機とし，列島規模での前方後円墳の広域展開と連動する形で進行している。こうした威信財システムについて，本論では，各地での上位層の世代交代を主軸として議論を行ってきた。すなわち，上位層の世代交代について，

　　A類：威信財の入手を媒介としてヤマト政権中枢との関係を更新する場合
　　B類：鏡などの世代間継承を媒介とする場合

の2つのパターンを想定し，鏡を上位層の世代交代におけるイデオロギー装置と捉え，またその流通を威信財システムにおける需要—供給の関係として理解した。また，鏡の副葬がない場合についても，基本的にこうした威信財システムの脈絡において説明することができる。こうした近畿地方をセンターとして発信される財の生産・流通や，葬送儀礼の場での「消費」が，社会的再生産のプロセスに不可分に埋め込まれているという点こそが，古墳時代前期威信財システムの特質として理解することができよう。

　第6章でみたように，こうした威信財システムの規定要因となっていたのは，弥生時代以来の双系的親族関係による世代間継承の不安定さと考えられる（田中1995・2000・2004a）。この意味で，古墳時代前期における鏡の配布・伝世・副葬は，上位層の死・世代交代および地域間関係における競合関係・利害関係の進展において理解される。そしてこうした広域的に流通する財の入手・消費に依存した形での，上位層の世代交代／世代間継承というあり方こそが，弥生時代後期〜終末期との大きな違いであると考える。つまり，古墳時代前期においては，「首長」権が，各地域集団内部の世代間継承という閉じたあり方で継承されるのみではなく，広域的に展開する威信財システムへの「参与」によって確認され，また再生産されているようなあり方が想定されるのである。これは，前期においては「首長系譜」が安定した形で形成されず，結果的に各時期ごと

に不安定な様相を呈していることと密接に関連する（田中前掲）。すなわち，世代間継承が非常に不安定であったために，多くの場合において財の入手・消費に依存せざるを得なかったことのあらわれであると理解することができる。こうした財の需要−供給関係が，数世代にわたる世代交代の中で形成されることを通じて，社会的再生産を媒介するイデオロギー装置として作用したものと考える。またこうした議論の前提として，従来より指摘されているように，「首長」権の継承がスムーズに行われることが集団の再生産にとって不可欠であるという観念が形成されていた可能性を想定する（近藤・春成1967；近藤1983；岩永2002：p.278）。

弥生時代後期後半〜終末期の鏡については，特定のセンターへと入手・配布が集約化されていたわけではなく，またその流通自体も恒常的・安定的なものではなかったことから，「首長」権の世代間継承とは必ずしも直接的には結びついていなかったと考えられる。すなわち，財の入手・消費あるいは交換サイクルが，社会的再生産の中に不可分に埋め込まれたような状況ではなかったと考えられるのである。こうした状況自体が，弥生時代後期後半〜終末期における各地の地域性の顕在化へとつながっているものと考えられる。この点において，当該時期にみられる大形青銅器祭祀の終焉が，クランの中から有力家族が析出される過程と有機的に結びついた現象であるという認識（九州古文化研究会編2000：pp.242-247）は，当該時期の上位階層の動向と，古墳時代の開始を考える上で重要である。

従来「前方後円墳体制」（都出1991）と呼ばれるような広域現象，あるいは溝口孝司氏（2000b）がいうところの「開始期古墳葬送システム」の出現は，弥生時代後期以来の，「近畿における鉄器生産・普及」をその主たる要因として，大和主導によって再編成された広域的地域間関係・政治的秩序が，前方後円墳という表現型を獲得することによって，固定化される過程として説明されてきた。第1章でもみたように，これについては弥生時代後期の鉄器生産が北部九州—西部瀬戸内を先進地として地理的傾斜を示すことから，実態にはそぐわなくなっている（村上1998・2000b）。また，寺沢薫氏（1985）が指摘するように，弥生時代終末期＝庄内式以前の段階においては，瀬戸内地域以東において，北

部九州に匹敵するような大量の舶載製品が流入した形跡は認めがたい。これは完形中国鏡や鉄製品については当てはまるが，その一方で，こうした動きとは異なるあり方を示すものとして，大型の突線鈕式銅鐸を大量に生産することを可能にした膨大な量の青銅原料を挙げることができる。その実態については未だ不明確な点が多いが，弥生時代後期においては，鉄製品の流通よりむしろ，西日本規模での青銅原料の流通形態が重要な位置を占めていたと考える（cf. 大賀2003）。古墳時代前期の地域間関係は，こうした弥生時代的地域間関係を，近畿地方を威信財の流入・流通・生産のセンターとして再編成する形で形成されている。またその変化自体も，破鏡・破砕鏡や完形中国鏡の動向からみる限り，弥生時代終末期からの漸移的かつ連続的な変化というよりは，著しく急激な転換点であった可能性が高いと考える。その意味においても，古墳時代前期の地域間関係を弥生時代終末期以前に投影し，かつ弥生時代終末期の段階に広域的な社会統合の達成を認めることは困難であると考える。むしろ，次項で述べるように，近畿地方へのセンターの集約化と「定型的」前方後円墳の創出を契機として，古墳時代的地域間関係が「開始」された可能性が高い。こうしたあり方は，溝口氏が指摘する「新論理構造」（2000a）に適合するものであるといえよう。鏡の動向から検討する限りにおいては，古墳時代の開始は，弥生時代以来の漸移的／段階的な社会発展の所産というより，中国鏡流通形態の変革と連動した急激な変化であったと考えられるのである。

　このような意味において弥生時代終末期＝3世紀前葉は，大形青銅器の終焉に伴い，〔大量の青銅原料が流通していた段階〕から，〔多元的に完形鏡が副葬され破砕副葬される段階〕へと移行した時期とみることができよう。物質文化上において広域的に共有された特定の象徴的器物がみられないこともその特色といえる。こうした完形鏡流入の新たな動き自体は，『魏志』にいう公孫氏政権や帯方郡の成立とある程度連動している可能性が高いが，次項でもみるように，3世紀前半代における「倭国」の実態は，近畿を中心として広域的威信財システムが形成される以前の過渡的な段階であり，不安定な連合体制と理解される。

　近畿地方，特に奈良盆地東南部でのセンターの確立は，奈良盆地東南部にお

ける纒向遺跡の形成と軌を一にする形で進行したと考えられる（寺沢1984）。また白石太一郎氏は，古墳時代前期のヤマト政権の原領域として北の淀川水系と南の大和川水系の両者を想定するとともに，大和川水系で古墳出現期において古墳の築造が認められるのは奈良盆地東南部のみであることから，初期ヤマト政権の原領域を南の大和川水系；河内～奈良盆地全体と想定している（白石2000：pp. 127-137）。こうした近畿における奈良盆地東南部を拠点としたセンターの形成・確立は，弥生時代終末期における鉄器生産や鏡の流通の実相，あるいは箸墓古墳などにみられる各地域の要素の集合という点から，近畿地方における在来勢力の順調な成長・発展の所産と捉えることは困難である。この点については，北條芳隆氏が指摘するところの，他地域からの要素の吸収／再分配の結果としての近畿地方の「中心化」（北條1999），そして大型前方後円墳の築造に関する求心集約型モデル（北條2000b）が妥当であると考える。また第6章でも述べたように，古墳時代前期におけるヤマト政権中枢は，大型古墳群の所在に関わらず，前期を通じて基本的に一貫して奈良盆地にあったものと考えられる。奈良盆地における大型古墳群の併存は，「在地勢力」の伸長を示すものというよりは，ヤマト政権中枢のパラマウント・チーフを頂点として，数世代にわたり上位クラン／リニージの分節が進んだ結果，大型古墳群に埋葬されるような上位層の範囲が拡大していったことに起因するものと考えられる。そうしたヤマト政権中枢における上位層の世代交代が，各地における上位層の世代交代および地域間の競合関係と連動する形で進行し，その結果として広域的地域間関係が再生産された可能性が指摘できるのである。

　以上のように，古墳時代前期威信財システムの特質は，社会的再生産＝世代交代が財の流通・消費と関連してどのように行われるかという点にあるものと考えられる。そして，各地における古墳の築造が威信財システムへの「参与」と密接に関係していること，すなわち，こうした威信財システムへの「参与」が各地域の社会進化のポテンシャルを発揮させたり，あるいはポテンシャル以上の表現型を獲得させたりといったあり方こそが，前期威信財システムの成立・展開ひいては古墳時代の開始を考える上で重要な位置を占めるものと考える。

こうした前期威信財システムの成立と展開は，大陸における三国分立や楽浪郡・帯方郡の動向，あるいは韓半島南部との関係といった，東アジアの国際情勢の脈絡においてこそ理解可能なものである。その成立の契機たる完形中国鏡の近畿地方への大量流入は，卑弥呼の魏への遣使および三角縁神獣鏡の舶載と連動している可能性が高い。小林行雄氏（1961）の同笵鏡論・伝世鏡論の枠組みにおいても三角縁神獣鏡の配布が貴族の権威の型式の革新をもたらしたと意義づけられているが，伝世鏡の位置づけを含む論理的操作から古墳の出現を3世紀末以降としている点で，古墳出現の契機における外的要因は間接的なものと位置づけられている。筆者は，古墳時代開始年代が240年代を上限とする3世紀中葉と考えられる現在の議論においては，240年以降における完形中国鏡の大量流入を古墳時代開始論という観点からあらためて評価することが可能であると考えている。

　また仿製三角縁神獣鏡の生産や前期後半段階における韓半島系文物の流通も，4世紀初頭の高句麗の南下に伴う楽浪郡・帯方郡の滅亡と密接に結びついていると考えられる（福永2005b）。前期末〜中期初頭の実年代については不確定要素が多く，大型古墳群の大阪平野への進出が，高句麗好太王碑文にいう高句麗と百済・倭との交戦という事態と具体的にどのような関係にあるのかを厳密には確定できないが，こうした東アジアの国際関係の緊張状態とも密接な関係にあることが想定される（cf. 鈴木1984・1999・2002；吉田1995・1998a・2001；熊谷2001他）。倭製鏡の生産・モデルの選択や前期末における倭製鏡生産の再編なども，こうした東アジアの同時代の状況に強く影響を受けている。日本列島における古墳時代前期威信財システムの成立・展開過程を東アジアの諸地域の状況と相互に比較検討する作業も今後の課題といえよう（cf. 田中・川本編2006）。

2　古墳時代の開始と「社会統合」の問題

　次に，古墳時代前期威信財システムの成立・展開過程の理解を踏まえ，「社会統合」といった問題について検討したい。ここでの議論は，以下のような点を主な検討課題とする。すなわち，①広域的な中心－周辺関係の形成と捉えられるような列島規模での地域間関係の出現は，弥生時代終末期における象徴的

器物の支配ないし操作（control）の結果として生じたものであるのか，②古墳時代前期における広域的地域間関係の成立は，「社会統合」の達成を意味するものであるのか，といった問題である。

例えば福永氏（1998a・1999a・1999b・2005b）の古墳時代開始論では，「弥生時代終末期における画文帯神獣鏡の配布」が，前段階の突線鈕式銅鐸の「配布」と次段階の古墳時代における三角縁神獣鏡の配布へと「連続」することを現象として措定し，その背景として神仙思想の理解・浸透を基盤とした神獣鏡の選択的導入／配布＝儀礼管理を想定する。そして前方後円墳という「統合儀礼」の「創出」によって，中心―周辺関係の形成が完成したとする。こうした議論の背後には，第1章でもみたように，T. アール氏らによる，イデオロギーの "materialization" 概念（DeMarrais et al, 1996; Earle, 1997）をはじめとして，いくつかの理論的な問題が存在している。以下，具体的に検討したい。

上述のアール氏らによるイデオロギーの「物質化」論については，「イデオロギーの戦略的支配は，政治権力の中心化と固定化に貢献する」（DeMarrais et al, ibid: p. 16）という表現にみられるように，氏らの言うところの "materialization" 自体は，具体的にはイデオロギーの物質的表現としての象徴的器物やモニュメントの戦略的支配／操作が直接政治的支配関係と結びついている。これについては，イデオロギーを適応戦略の観点から他のサブシステムの機能と同様に扱っているといったイアン・ホダー氏らの批判がある（Hodder and Hutson, 2003：p. 24）。従来考古学においてもイデオロギー論の動向（e. g. Althusser, 1970）などに照らしつつ議論されたように（e. g. Shanks and Tilley, 1982・1992; Miller and Tilley, 1984; Tilley, 1984; Hodder, 1991；Hodder and Hutson, 2003他），イデオロギーはあらゆる実践を媒介するものであり，物象化（reification）という形で転化されるものであるが故に，必ずしも「物質化」といった表現によってその目的性を強調する必要はないものと考える。むしろ，物質文化の使用とその再帰性において構造化がなされると考えるべきであろう。

筆者は，第2章でみたように，弥生時代終末期（3世紀前葉）において画文帯神獣鏡などの象徴的器物の広域的かつ一元的な配布を想定しない立場である。では，その場合の弥生時代終末期における地域間関係の実態とはどのようなも

のか。あくまで仮説の域を出ないものであるが、物質文化上において広域的に共有された象徴的器物の不在という観点から、筆者は「見えない神聖王」（大林1977；吉田1995）としての卑弥呼を戴き、また彼女を擁するヤマトを中心とした不安定な連合体制こそがその実像であったと推測する。そして先に述べたように、この卑弥呼を戴くヤマトとそれを中心とした「倭国」が、魏への遣使を契機として華北の王朝を中心とする枠組みの中により明確に組み込まれたことが、その後の古墳時代以降における広域的政治秩序を大きく方向づけたものと考えるのである。その際、3世紀第2四半期後半以降における完形後漢鏡・魏晋鏡の近畿地方への集約的な大量流入とそこからの各地の上位層への配布が、先に述べた各地域社会のポテンシャルを発揮させる刺激剤として作用し、急速に近畿地方の求心性を高めた可能性を想定する。そして近畿への完形中国鏡の流入と各地の上位層への配布が断続的な遣使の繰り返しの結果として維持されたことにより、それらの入手・副葬が結果的にイデオロギー装置の役割を担うようになったと捉える。前項までにみた、広域的威信財システムへの参与による上位層の世代間継承の正当化といった側面をみる限り、列島各地での前方後円墳の出現や埋葬行為の共通化は、威信財システムに参与する各地の上位層が、近畿あるいは近隣地域の儀礼行為を戦略的に採用したことの帰結とみることができよう。この点で青木保氏（1984）などの王権と儀礼に関する議論との関連で古墳時代開始期の様相を説明するならば、箸墓古墳に葬られた最初の偉大なる王の死とそれに対する処置とが、結果的に葬送儀礼の「規範」の創出となり、またその後の広域的な政治的諸関係を方向づけたという点が重要であるが、その場合の箸墓古墳は、それ以前の近畿周辺の弥生墓制が行き着いた終着点あるいは統合儀礼の完成形態というより、対外交渉における画期や中国鏡流通形態の変革などと深く結びついた、新たなシンボルの創出であり、広域的政治秩序の起点であるという点を強調しておきたい。

　約言すれば、古墳時代の開始とは、こうした意味での威信財の分配のセンターが、（卑弥呼の死と前後して）近畿地方、特に奈良盆地東南部に集約化され、ヤマト政権と各地の上位層との関係が威信財を媒介として取り結ばれるその起点として理解することができる。その意味で、古墳時代前期威信財システムの

開始は，近畿地方を中核として急激に進行した，広域的な地域間関係の再編成の過程と位置づけることができる。そしてその場合でも，例えば威信財の分布にみられる差異（面径の大きな鏡の分布が偏るなど）といったあり方はあくまで物財の分布の相対的な違いでしかなく，それが配布主体であるヤマト政権側の戦略を反映するものであったとしても，実際に列島規模で鏡の面径の差異に対応するような形での序列化や社会統合が完成していたようなイメージは描くことはできない。あくまで各地の上位層の世代交代を媒介とし，そのつど確認され，また再形成されるような不安定な地域間関係として進行したものと捉える。

またこのようにみた場合，各地の上位層とヤマト政権との関係は，倭国と中国王朝との関係と相同的である。これはいわば中心−周辺関係の二重構造であるが，その場合に，こうした関係を生み出したのが倭国中枢による中国の支配方式の積極的採用という側面（下垣2005d）に加え，ここでみたような各地の上位層における世代交代の論理という点にもあることを確認しておきたい。

以上のように，古墳時代の開始過程は，対外交渉における画期や中国鏡流通形態の変革と連動する形で進行したした急激かつ不連続な変化の帰結として捉えることができる。上述のような意味においてこそ，古墳時代前期の鏡が，社会的再生産を媒介するイデオロギー装置として作用したことの意義が理解できると考える。

3　国家形成過程における古墳時代開始期の位置

ここで，古墳時代前期威信財システムの成立・展開過程を国家形成論や社会進化といった議論の中に位置づけたいと考える。第1章でもみたように，考古学の分野では都出比呂志氏（1991他）の議論によって「初期国家」の概念が1990年代を通じてほぼ定着し，かつて近藤義郎氏が提起した「部族連合」；「擬制的同祖同族関係」論（近藤1983）などとともに，古墳時代の社会像を描き出す上での枠組みの1つとして一定の位置を占めている。これについては考古学の側からは肯定的な評価も見られる一方で，文献史学の側からは，古典学説以来の古代国家形成論との関連において，律令国家段階における社会構成体規定（例えば石母田正氏（1971）の「首長制の生産関係」）との整合性といった観点

第2節　古墳時代前期威信財システムの成立・展開とその意義　361

（石上1991）や，古墳時代を「初期国家」と捉え「国家」と一括することに関する疑念も指摘されている（吉田1998b・2005・2006；佐藤2002）。また広域的政治秩序という点において措定された「前方後円墳体制」自体の形成過程や実態そのものについても，評価が分かれているといえる。岩永省三氏は，古典学説の検討および文献史学の成果を援用しつつ，必需物資流通機構を軸とした初期国家論について批判的検討を行っている（岩永1991・1992）。また氏は，田中良之氏の古墳時代親族構造研究の成果（田中1995），すなわち5世紀代に中国から導入した父系イデオロギー・家父長制イデオロギーの影響下で，支配者層において父系出自観念の形成がなされたこと，また5世紀後半以降親族関係の変化に伴い農民層の基本的経営単位の範囲が安定するようになったことが国家形成において質的な画期となったとする田中氏の議論を援用しつつ，「初期国家」および「成熟国家」概念の内容について検討している（岩永2002）。この中で岩永氏は，「初期国家」の指標について，都出氏のいう「成熟国家」（都出1996）の検討から，身分制・租税収奪・徭役労働徴発・常備軍・官僚機構それぞれの萌芽的形態の出現を挙げ，それらの指標が揃うのは5世紀後半以降とする。岩永氏も指摘するように，都出氏のいう「初期国家」はあくまで「国家」に含まれるものであり，その実態を質的変化の指標から前国家段階（徳本1975）と捉える議論とは必ずしも相容れない部分を含んでいる。特に，岩永氏が中林伸浩氏の東南アジア首長制社会の研究（中林1969）や吉田孝氏の研究（吉田1983）にもとづき提示しているA型首長制・B型首長制概念（岩永1992・2002・2003）は，この問題を考える上で重要である。この問題について議論した上で，具体的なモデルを提示したい。

　新進化主義における首長制社会概念は，基本的には前国家段階において，首長／貴族集団による政治・宗教的活動／調整機能・再分配経済・階層化といった点を特徴とした過渡的な社会と位置づけられる（Service, 1971）。これについてはさらに，社会全体を血縁関係が覆っているか否かを基準にして，2つに細分が可能である。すなわち，①A型首長制：社会全体が血縁関係で覆われ，階層差が親族組織によって表現される，②B型首長制：首長・人民間の支配従属関係がクランやリニージを直接には媒介せず，擬制であるもの，の両者であ

る（中林1969；吉田1983；岩永2002・2003）。岩永氏は，先述の田中氏の議論を参照しつつ，日本列島の場合は5世紀後半〜6世紀の国家形成期に擬制的同族関係（＝B型首長制）の締結という形を採ったと指摘している（岩永2002・2003・2006）。

　この問題と関連して，T. アール氏らが首長制社会について提示している，単純首長制（simple chiefdom）／複雑首長制（complex chiefdom）という区分（cf. Earle (ed), 1991; Yoffee, 1993）も，ここでの議論との関連において若干検討しておきたい。単純首長制は，祖先からの系譜関係にもとづく階層化を基本とする首長制社会で，先の定義でいうA型首長制にほぼ対応する。他方，複雑首長制は，最高首長（paramount chief）と二次的首長の両者の存在，資源の運用に関する集権化された意志決定の権威の存在，社会規模の増大といった要素が挙げられる。こちらは単純首長制と区分する指標が基本的に規模や人口といった量的なものである点で，前述のB型首長制とは必ずしも1対1の対応関係にあるわけではない。この2つの枠組みの違いは，マルクス主義の古典学説を基礎としつつ社会の統合原理やその変化を質的な指標（親族関係など）をもとに説明する脈絡と，社会統合の規模や人口といった量的指標をもとに社会の複雑化の度合いを測るアメリカを中心とした新進化主義人類学の脈絡といった学史的な背景の違いとも深く関わっており，相互の議論におけるある種の排他性が問題を複雑にしている。

　以上の点をふまえつつ先の議論に戻れば，新進化主義でいうところの複雑首長制は，社会の複雑化を図る指標は人口や社会の規模といった量的なものであり，統合原理の質的な要素を指標とするA型・B型首長制といった区分と対比することは実質的に不可能である。これは初期国家概念についても同様で，政治的諸関係の広域化や人口・規模といった量的な指標から古墳時代は「初期国家」であるという言い方ができたとしても，統合原理としての質的な指標は前国家段階の範疇に収まると考えられる（岩永2003・2006）。

　では，5世紀前半以前の段階，すなわち本研究が扱ってきた古墳時代前期の社会はどのように位置づけられるであろうか。統合原理がB型首長制以前であるからといって，列島規模で広域に展開する地域間関係の具体相を，A型首長制として説明することは困難である。上述のような議論を念頭に置きつつ，

第2節 古墳時代前期威信財システムの成立・展開とその意義

　筆者はここまで，古墳時代の開始を威信財システムの確立過程として説明してきた。すなわち，広域的な政治秩序形成を考える上で，威信財流通を媒介とした広域的地域間関係の展開を想定したのである。ここでは，これまでの検討をふまえ，古墳時代研究における議論の枠組みの具体例として近藤義郎氏（1983）と都出比呂志氏（1991・1996）のモデルを取りあげ，それらと対比しつつ筆者のモデルを提示したい。

　まず近藤氏のモデルは，複数の「氏族」を包括する「部族」と，それがさらに広い範囲で結合した（地域的）「部族連合」同士が，緩やかな階層性を孕みながら，相互の構造的均質性を基盤としつつ，「大和部族連合」を中心として広域的に「擬制的同祖同族関係」を締結したとするものである（近藤前掲）。またここでいう「部族」は，前期古墳のいわゆる「首長系譜」ないし古墳築造系列にほぼ相当すると考えられる。この近藤氏のモデルを，ここでは「部族連合モデル」と呼称する。近藤氏のモデルでは，部族は諸氏族内／間の利害関係や矛盾を調整する機関として位置づけられ，その機能がやがて最上位氏族の首長へと集中するものと捉えられている。また部族連合の大首長は，さらに大規模化した部族内／間の矛盾・利害関係の調整や，外部依存資源の管理・掌握なども行う。このように，近藤氏の部族連合モデルでは，社会的統合単位の規模の増大と連動して進行する利害関係・矛盾の調整機関として首長権の発展が説明される。またここにおいて古墳時代の開始という現象は，「大和部族連合」を中心とした広域的部族連合の成立・展開過程として位置づけられる。

　次に，都出比呂志氏による「前方後円墳体制」／「初期国家」モデルについて検討する。都出氏の議論では，北部九州や瀬戸内，近畿などの諸地域における弥生時代後期段階での鉄製品の普及を前提とし，それをめぐる必需物資流通機構の展開を軸として，近畿を中心とする広域的地域間関係が成立したものと捉える。そしてそれを基盤とする形で，前方後円墳を頂点とし，墳丘形態と規模の差異によって政治的諸関係を表現する段階へと移行する。この過程は，弥生時代を通じて形成された政治秩序を可視化・固定化する動きと位置づけられる。また都出氏は，階級関係・余剰・権力関係の形態・社会統合の原理・物資流通のあり方などの点から，古墳時代を「初期国家」と捉え，制度的中央集権的支

配が確立された「成熟国家」である律令国家と区分する。

これに対し，筆者は図53に掲げるようなモデルを提示する。このモデルは，溝口孝司氏による弥生時代終末期から古墳時代にかけての「樹状型」広域依存関係と共在確認に必要な移動距離についてのモデル（溝口2000b：p. 216）に示唆を受けつつ，古墳時代前期において，ヤマト政権と各地の上位層との関係が，威信財の流通と消費を媒介として，どのように再生産され，また変容するかを具体的にモデル化したものである。このモデルでは，前項までにみてきたように，古墳時代初頭において，中国鏡大量流入と連動する形で近畿を中心として地域間関係が再編成されたこと，そしてそれを契機として広域的な威信財システムが成立したことを前提としている。具体的には，ヤマト政権を中心とした首長連合体制であるが，その特徴としては，威信財の分配とそれをめぐる各集団間・上位層相互の競合関係，そして上位層の世代交代に伴う分節化の進行と競合関係のさらなる進展，また威信財の流通量の増大やその継起的更新といった形で，時間軸を不可分に含み込むものである。図中の［phase t］［phase t＋1］は，上位層の世代交代による時間の進行を示している。すなわち，上位層の代替わりごとに，財の入手などを通じてヤマト政権との政治的関係がそのつど更新されたと捉えるのである。このモデルには，複数世代にわたり連続的に関係を更新する以外に，新規に関係をとり結ぶ場合も含まれる。

このモデルにおいては，鏡は上位層の世代交代を正当化するイデオロギー装置として位置づけられる。第6章でも述べたように，筆者はこれを，「古墳時代前期威信財システム／求心型競合関係モデル」と呼ぶことにしたい。

この求心型競合関係モデルの大きな特徴は，古墳時代前期段階の地域間関係，あるいは各地域社会内部での政治的諸関係について，古墳の墳丘形態や規模の差異などにもとづき，当初からある程度明確にかつ固定的に序列化された形で出現したものと捉えるのではなく，上位層の世代交代とそれに伴う利害関係・競合関係の進展という形で，きわめて不安定に，そして流動的に進行したと考える点にある。またこの威信財システム／求心型競合関係の中心（center）としてヤマト政権が存在し，かつこの古墳時代前期における威信財システムの展開を通じてその存在が維持されたものと考える。

この求心型競合関係モデルは基本的に古墳時代前期を対象としたものであるが，威信財システムの更新という意味では，こうしたシステムは古墳時代中期においても同質的と考えている。ただし，父系直系化が進行する5世紀後半以降については，また別の形でのモデル化が可能であると考えている（辻田2006a）。古墳時代前期において特徴的なのは，奈良盆地周辺などを除くと，各地域社会においては，各集団間の関係性が利害関係・競合関係の進展という形で不安定で流動的なものと捉えられると同時に，その中で突出したり，あるいはその地域を統括し，代表するような存在を見出すことが困難であるという点である。この点が，先に挙げた近藤氏の部族連合モデルにおける首長権の発展に関する理解と異なる点ともいえよう。和田晴吾氏の整理（和田1994・1998）にも示されているように，古墳時代中期になると各地域社会において古墳の規模等で突出した「盟主的」存在が出現するが，その場合でも，そうした「盟主的」古墳の築造が安定的に複数世代連続することはなく，基本的に1世代で終了する

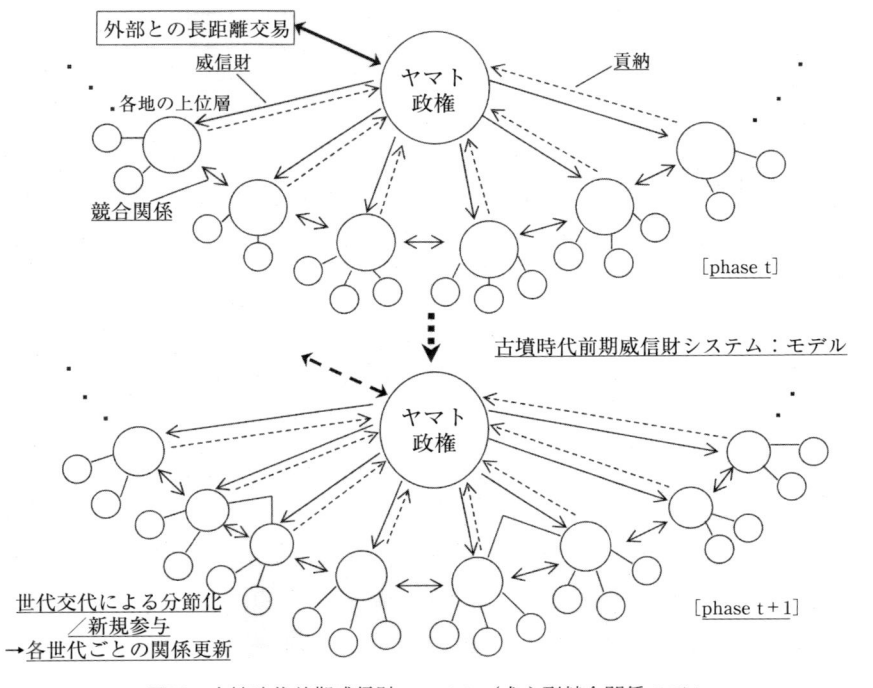

図53 古墳時代前期威信財システム／求心型競合関係モデル

場合が多い。このようにみた場合，古墳時代中期の状況もまた，上位層の世代交代と次世代への連続性という点では不安定な側面をもっていたと考えられるのである。この状況は，前方後円墳と群集墳という構造が顕在化する古墳時代後期の状況と比べると，その違いが明瞭である（和田2004）。このことは，古墳時代の全期間を一括してモデル化したり，あるいは特定の社会発展段階を措定することが困難であることを示唆しているといえよう。

またこの求心型競合関係モデルと近藤氏の部族連合／擬制的同祖同族関係モデル，あるいは都出氏の前方後円墳体制／初期国家モデルとの最大の相違点は，ヤマト政権ないし大和部族連合を中心とした地域間関係の形成過程・形成時期・形成要因の捉え方であり，またその後の展開過程の理解である。本書でここまでみてきたように，古墳時代の開始という画期は，列島規模での威信財システムの成立，そして近畿地方を中心とした広域的な地域間関係の再編成という意味での画期であると考えられるが，広域的な首長連合体制といったあり方を大幅に逸脱するものではないと考えられる。ただし，各地での前方後円墳の出現および葬送儀礼の共有と鉄器生産や流通などにおける画期という側面があることは否定できず，長期的視点でみた場合の国家形成過程における重要な画期の1つであることは確実である。このような点において古墳時代の開始とは，近畿地方を中心とした広域的政治秩序の「開始点」もしくは「始発点」（溝口2000a）であるというところに大きな意義がある。また古墳時代前期の各地域社会において，その地域を統括・代表するような存在が必ずしも見出され得ないということは，そうした古墳の築造や古墳時代前期における政治秩序が，明瞭に制度化された固定的なものではなく，各地域集団間の競合関係や分節運動に応じて流動的なものであったこと，それぞれの地域が各々一定の生産力とポテンシャルを有しており，その上に新たに創出された葬送儀礼の規範の共有，ないしは各地におけるその「競争的受容」（溝口2000b：pp. 261-273）という現象が重層することによって，社会進化の振幅がみられることなどを想定させるものである。古墳時代初頭における完形中国鏡と三角縁神獣鏡の配布の開始は，近畿を中心とした地域間関係の再編の動きを促進・助長すると同時に，各地の上位層のそうした威信財システム自体への参与が，結果的に威信財システム自

体をも再生産させることになったと考えられる。古墳時代前期末における前期威信財システムの終了は，前期を通じて形成された地域間関係が近畿での政治変動に伴い，広域的に再編成される動きとして理解することができよう。

最後に，古墳時代の開始の問題について社会進化という視点から考えてみたい。古墳時代開始期においては，「定型的」前方後円墳の出現地域が墳丘墓や破鏡の分布とは必ずしも重ならず，いわば後者の分布が稀薄な地域に突如出現するといった現象が認められるが，これはすなわち，同一地域内で墳丘墓に埋葬される階層が，そのまま前方後円墳の被葬者に連続するわけではないということを示唆している。古墳時代前期末〜中期においても類似した状況があり，それまで主要な古墳が築造された地域とは別の地域に新たに有力な古墳築造系列が出現する場合が多々みられる。古墳時代の初期において，また前期から中期への過渡期においても同様に認められるこうした「不連続な出現」の背景にあるのは，広域的な地域間のネットワークの再編成とそれに対する各地域集団の参与であると考えられる。このことは，生産力が発展すれば，あらゆる同一地域内の上位層が弥生墳丘墓→古墳の被葬者へと成長するというわけではないといった可能性を示している。すなわち，そのポテンシャルがある程度基盤として共通したものであっても，「古墳」という形でその表現型を獲得するためには，威信財システムへの参与といった別の要因が必要であったと考えるのである。このような意味で，弥生時代から古墳時代へという時代変化は，単純な発展段階図式では説明できないと考えられる。また広瀬和雄氏が指摘するように（広瀬2000），北近畿の一部などのように可耕地の少ない地域でも大型の古墳が築造されているということは，必ずしもそうした古墳の被葬者とその成立基盤が，農業生産や水系の管理・支配権の掌握のみに依存するといった性格だけでは説明できないことを示唆しているといえよう。

日本列島の国家形成期において特徴的なのは，東アジアの中で他地域の動向と密接に関連し，また連動しながらも，一見すると社会システム自体がその影響で崩壊するような状況や，あるいは人口圧や環境圧によって社会システムが崩壊したり，社会進化の方向性が退行するようなことが弥生〜古墳時代を通じてほとんど認められないといった点であると考える[3]。これは，地中海世界

の影響を受けつつ社会進化の振幅が繰り返し発現した北ヨーロッパの青銅器時代や鉄器時代の事例などと比較すると興味深い (e. g. Kristiansen, 1987・1991；Hedeager, 1992)。これは，大陸の中国王朝が，いく度となく崩壊しながらもそのたびに再生しつつ，中心と周辺という基本的枠組み自体は温存され続けたとされることとも関連する問題と考えられる（西嶋2000）。新納泉氏が指摘するように，日本列島の国家形成の事例は，他民族の支配といった断絶的な変化をほとんど伴わず，外部の文明世界からの影響を受けつつ，自律的変化の中で社会の複合化が進展したという点で，世界的にみても重要なモデルケースであるということができる（新納2002：p. 136)。その一方で，こうした問題を日本列島の「文明化」の過程として一方向的に捉えるのみならず，社会進化の過程の問題として，考古学的な方法論において相対化していく方向性が必要である（cf. Yoffee, 1993；小川2000b)。本書では，古墳時代開始期における鏡の検討を通じて列島規模での威信財システムの成立・展開過程について議論を行ってきたが，今後は日本列島での威信財システムの展開をより広範な比較の観点から相対化することが課題といえよう。

註
（1） 庄内式以前の鉄鏃の生産と流通（cf. 松木1996b）はこの問題を考える上で参考となる。また村上恭通氏（1999・2003）は有稜系の定角式鉄鏃が北部九州～西部瀬戸内で出現し，それがのちに近畿において採用された可能性を指摘している。こうしたいわば西から様々な文物の流れが相互に具体的にどのような関係にあるのかについては今後の課題である。
（2） 宮本一夫氏は，福岡県三雲南小路遺跡から出土した彩画鏡について，倭人の側の需要という点のみならず，前漢王朝による冊封という意味での中国王朝の側の論理にもとづく贈与という点にその意義を見出している（宮本2000)。この指摘は，古墳時代開始期における近畿地方への中国鏡の大量流入の問題を考える上でも一定の示唆を与えるものといえよう。
（3） ただし，例えば大陸での前漢・新・後漢の王朝交替と重なるように，弥生時代中期後半の北部九州における威信財システムの萌芽的様相が，後期にはそのまま連続しないといった現象があることを確認しておく（cf. 穴沢1995；辻田2006a)。

終章 結論
――東アジアの中の古墳時代前期社会と銅鏡――

　前章まで，古墳時代開始期の銅鏡に関連する考古学的諸現象について検討を行い，古墳時代の開始過程と当該時期における広域的地域間関係の具体像を明らかにすることを目的として議論を行ってきた。以下，本書で行ってきた検討結果および議論の内容について要約し，結びとしたい。

　第2章では，弥生時代後期から古墳時代前期における中国鏡の動向について検討した。その結果，まず弥生時代後期～終末期における中国鏡の出土傾向が，古墳時代前期とは大きく異なっていることが明らかとなった。すなわち，前者が基本的に北部九州を起点とした破鏡の東方伝播の結果として説明可能であるのに対し，古墳時代前期の中国鏡は完形鏡副葬が基本で，かつその量・面径ともに近畿地方を中心とした分布状況を呈している。このことから，古墳時代初頭の段階において，近畿地方への完形中国鏡の大量流入を契機とした，近畿地方を財の入手および配布のセンターとする形での地域間関係の再編成を想定した。いわば列島規模において，大きく「破鏡から完形鏡へ」という転換が認められるということである。この点において，古墳の出現という事象は，古墳時代初頭における中国鏡流通形態の変革や，地域間関係の再編成を伴う広域的な威信財システムの成立といった問題と密接に関係するものと考えられる。

　ここで確認しておきたいのは，従来古墳の出現については，基本的には列島内部の生産力などを基礎とした内的要因によって説明されてきたという点である。これに対し，本書では3世紀第2四半期における魏への遣使とそれに伴う中国鏡流通形態の変革といったいわば外的要因が，近畿を中心とする形での広域的政治秩序の急速な再編を促進する刺激剤となり，その鏡の入手・消費が断続的に行われたことが結果として広域的地域間関係の維持・再生産をもたらしたとするモデルを提示した。

　第3章では，古墳時代前期の時間軸を設定するために，三角縁神獣鏡および

倭製鏡の変遷を整理しつつ，前期古墳の編年について検討した。その結果，舶載三角縁神獣鏡を大きくⅠ～Ⅲ段階，仿製三角縁神獣鏡を大きく2段階に区分した。倭製鏡については鼉龍鏡系の分類・編年を軸として検討し，それをもとに大きく古段階・新段階の2段階として時期区分を行った。その上で，前期古墳の編年については，一定程度の幅を持たせる形でⅠ期～Ⅳ期に区分し，共伴関係から限定できる場合としてⅠ期新相・Ⅲ期新相を設定した。

第4章では，製作地という点で議論が大きく分かれている三角縁神獣鏡について，その製作系譜や製作年代という視点から，研究史の成果を含めて再検討を行った。その結果，従来の「舶載」「仿製」という区分が基本的には妥当なものであること，「舶載」については大きく2系列／3段階に区分が可能で，「仿製」は「舶載」最新段階のものをモデルとして列島で製作されたと考えられること，文様構成からみて舶載三角縁神獣鏡の製作系譜および製作地は楽浪郡・帯方郡域を中心とする旧公孫氏政権の領域に求められること，仿製三角縁神獣鏡の製作契機は西晋王朝の衰退や高句麗の南下に伴う楽浪郡・帯方郡の滅亡といった点に求められるが，それ以前の波文帯神獣鏡群の段階において生産体制の変化が生じていた可能性も存在すること，などの点が確認された。三角縁神獣鏡が『魏志』に描かれた卑弥呼と魏との接触の過程で生み出された鏡式であると捉える一方で，いわゆる「銅鏡百枚」については三角縁神獣鏡よりもむしろ完形後漢鏡・魏鏡の諸鏡式が主体であったと考えられ，三角縁神獣鏡については，楽浪郡・帯方郡という韓半島における魏晋王朝の出先機関との継起的な交渉の所産として，その「舶載」が継続して行われたものと考えられる。また「仿製」三角縁神獣鏡の出現が，倭の主たる対外交渉の対象が魏晋王朝から韓半島南部へと移行することと連動した事象であるといった点から，3世紀後半以降の倭の対外交渉は，楽浪郡・帯方郡を中心に，一貫して韓半島が主な舞台であった可能性を指摘した。

第5章では，主に古墳時代前期における倭製鏡の多様化の様相およびモデルとその選択の問題について検討を行った。第1節では製作工程の視点から倭製鏡の文様構成の生成という点について検討し，倭製鏡が中国鏡の諸鏡式や文様構成の置換操作によって生み出されており，中国鏡の鏡式体系や文様構成の忠

実な再構築といった志向性を欠くことを明らかにした。第2節では倭製鏡の主に中心的系列群の生成過程について検討を行った。その結果，これらの中でも初期型式の製品は，いずれも複数のモデルの複合と面径の大型化という点で，中国鏡には存在しない新たな鏡の創案を志向していた可能性が指摘できる。またそのモデルは，古墳時代初頭以降に流入した完形後漢鏡・魏晋鏡のうち，四葉座内行花文鏡を頂点として，より大型の鏡式を優先的に選択し，かつそれぞれの系列を序列化していた可能性が想定される。以上の検討結果から，倭製鏡の製作が中国鏡の諸鏡式と文様構成をベースとしながらも，その置換操作などを通じて新たな体系化・秩序化を志向する形で行われたことを指摘した。

第6章では，前章までの分類・編年作業の結果を踏まえて，列島各地における古墳の出現・展開の過程と，前期古墳での鏡の分布・出土状況の検討を行った。完形中国鏡の分布においては大型鏡が近畿周辺に集中する傾向がみられ，また倭製鏡は小型から超大型まで面径の大きさが多様であるが，大型鏡は中国鏡と同様，近畿周辺の大型前方後円墳に集中する傾向が強い。前期古墳における鏡の分布・出土状況としては，A類：各世代ごとの入手・副葬，B類：各集団内における世代間継承／「伝世」という2つのあり方が認められた。さらに，同時期における状況として，(a)：各地の上位層それぞれに対する直接的な配布および副葬，(b)：第1世代で配布された鏡群を同時期の上位層同士の間で「分有」するという大きく2つのパターンがみられた。また三角縁神獣鏡を中心として副葬する地域では前期でも比較的早い段階で古墳の築造が停止することが多いのに対し，倭製鏡を主体として副葬する地域では中期初頭以降まで古墳の築造が連続する事例が多い。こうした鏡の分布は基本的にはヤマト政権による配布の所産と考えられるが，以上の分析結果から，古墳時代前期，特に後半段階においては，倭製鏡と三角縁神獣鏡の間には異なる意味が付与され，かつ前者が後者よりも上位に格付けされていた可能性を指摘した。

第7章では以上のような議論をもとに，古墳時代開始過程と地域間関係の具体相についての考察を行った。具体的な論点としては，以下のような点を挙げることができる。まず，弥生後期後半～終末期の段階における鏡の流通形態は古墳時代には連続せず，むしろ古墳時代の開始は中国鏡流通形態の変革などと

深く結びつく形で急激かつ不連続な変化として進行した地域間関係の再編過程と考えられること，また古墳時代前期における鏡の「配布」と「伝世」は，各地における上位層の世代交代に伴う上位層—集団成員間の／集団間の利害関係・競合関係の進展において，社会秩序を正当化するイデオロギー装置として作用していること，そしてそうした鏡をはじめとする多種の製品全般の生産・流通，さらには各地におけるその交換・消費が，古墳での葬送儀礼と密接に結びつく形で社会的再生産のプロセスに不可分に埋め込まれているという点から，古墳時代の開始を広域的威信財システムの確立過程として位置づけることができること，などである。こうした基本的な認識を，隣接諸分野における近年までの国家形成論や社会進化の問題に関する成果と対比しながら位置づけることによって，古墳時代前期威信財システムの成立・展開過程についての理解を提示した。以上が本書の主な論点である。

　ここまでの議論で明らかとなったのは，古墳時代前期社会は，威信財システムの広域展開によって特徴づけることが可能な，複雑化しつつある首長制社会の1つのあり方として捉えられるということである。また広域的な地域間関係の実態が，上位層各世代ごとの一時的で点的な結びつきを基礎とするものであると同時に，こうした威信財システム再生産の主たる要因が列島各地の上位層における世代間継承の不安定さ（田中1995・2000・2004a）によるものと考えられることからも，古墳時代前期における広域的政治秩序は，未完成で不安定な側面をつよく有していたと考えられる。この点においてこそ，古墳時代前期の列島社会で1世紀以上もの間，大量の銅鏡が求められ，また大量に消費され続けたことの意味が理解できると考えるのである。

　またこのような威信財システムは，古墳時代前期末〜中期初頭の段階で，鉄製武器類・武具類を主たる威信財とした古墳時代中期威信財システムへと更新される。この時期は，高句麗好太王碑における倭と高句麗の交戦記事にみられるように，倭人社会が祭儀的側面から軍事的側面重視へと転換する時期ということができる。そして5世紀以後倭の五王により南朝の宋への遣使が開始されると，特に5世紀中葉以降多数の踏返し鏡（中期同型鏡群）などがもたらされ，各地の上位層へと分配される。この動き自体は基本的に古墳時代前期以来の威

信財システムを踏襲したものであると考えられる。しかし，478年の倭王武＝ワカタケル大王の遣使以後，600年の遣隋使に至るまで大陸への遣使は断絶する。この間は特に百済との関係を深めつつ，列島内部でも父系イデオロギーの導入により経営単位の安定的産出，それを基盤としたウヂの形成や部民制・国造制の確立といった内的な成熟が認められる（田中1995；岩永2003）。この過程において，古墳時代前期以来の威信財システムで取り結ばれた表層的で不安定な中心─周辺関係がより実質的な中心─周辺関係へと変質するとともに，このことが後の律令国家成立の基盤を準備したと考えられる（辻田2006a）。

ここにおいてみられるのは，東アジアにおける国際情勢の変化に伴い，対外交渉の主たる対象がかわりながらも，対外的代表者たるヤマト政権中枢が，威信財システムを媒介として各地の上位層と関係を取り結びながら不安定かつ流動的に進行した過程である。その意味では，近畿地方をセンターとする形での威信財流通が成立した古墳時代初頭に地域間関係の再編成という意味での画期が見出されるが，ただし，実質的な意味での中心化が進行するのは，倭王武による南朝への遣使が終了し，かつ父系直系化が進行する5世紀後半～6世紀以降である点に注意を喚起したい。この点で，3～5世紀代の威信財システムで取り結ばれた地域間関係は，5世紀後半～6世紀以降における中心─周辺関係とは質的に異なるものと考える。すなわち，前方後円墳の分布範囲の内実は各時期において異なっていたのであり，各地域社会のアイデンティティもより複雑な形で展開したとみる。実質的な意味での国家形成への歩みは，こうした外的権威に依存した不安定な威信財システムから如何に脱していくかという点と密接に関わっていたと考えられるのである。

本書では，上記のような視点から，主に古墳時代開始期の鏡の動向について検討を行ってきたが，古墳時代の開始という問題を論じる上では，腕輪形石製品や銅鏃，あるいは各種鉄製品などの生産および流通の問題，また古墳／墳墓における埋葬施設・墳丘・埴輪・土器などといった諸要素の各地域間での相互比較，そして集落・生産遺跡の動向や土地利用のあり方，人口の問題なども含めて総合的に検討を行う必要があろう。こうした問題については今後の課題とする他ないが，それに加え，鏡自体の検討についてもさらに深める必要がある

ものと考えている。本書においてみてきたように、列島古墳時代開始期の鏡は、中国大陸や韓半島などと密接な結びつきを有するものであり、それ故当該時期の東アジアの社会的・政治的コンテクストの中で理解すべき資料群であるといえる。そうした点をふまえつつ、今後は、日本列島での威信財システムの展開過程を、同時代の東アジア各地域の様相と比較検討することが重要な課題となろう。

以上のように論じ残した問題は多く、本書で提示したモデルについても、墓制・集落研究などのそれぞれの分野での事例研究をもとに検証作業を行うとともに、必要に応じて修正・更新する必要があると考えている。上に述べたような点を課題としつつ、さらに検討を進めていきたいと考える。

文　　　献

青木保　1984『儀礼の象徴性』岩波書店．（1998，特装版岩波現代選書）
青山博樹　2004「会津大塚山古墳出土三角縁神獣鏡の観察」『文化財と技術』3，特定非営利活動法人　工芸文化研究所．
赤塚次郎　1992「東海系のトレース」『古代文化』44-6，古代学協会．
赤塚次郎　1995「人物禽獣文鏡」『考古学フォーラム』6，愛知考古学談話会．
赤塚次郎　1996「前方後方墳の定着—東海系文化の波及と葛藤—」『考古学研究』43-2，考古学研究会．
赤塚次郎　1997「東海の内行花文倭鏡」『考古学フォーラム』9，愛知考古学談話会．
赤塚次郎　1998a「獣形文鏡の研究」『考古学フォーラム』10，愛知考古学談話会．
赤塚次郎　1998b「東海」『中期古墳の展開と変革—5世紀における政治的・社会的変化の具体相（1）—』第44回埋蔵文化財研究集会発表要旨集，埋蔵文化財研究会．
赤塚次郎　2000「絵画文鏡の研究」『考古学フォーラム』12，考古学フォーラム．
赤塚次郎　2004a「東海系神頭鏡の研究」『かにかくに』八賀晋先生古稀記念論文集刊行会．
赤塚次郎　2004b「東日本からの青銅器論」『考古学フォーラム』16，考古学フォーラム．
秋山進午　1998「夔鳳鏡について」『考古学雑誌』84-1，日本考古学会．
東潮　1990「四世紀の国際交流」白石太一郎編『古墳時代の工芸』古代史復元7，講談社．
東潮　2002「倭と栄山江流域」朝鮮学会編『前方後円墳と古代日朝関係』同成社．
東潮　2006『倭と加耶の国際環境』吉川弘文館．
穴沢咊光　1985「三角縁神獣鏡と威信財システム」『潮流』4・5，いわき地域学会．
穴沢咊光　1995「世界史の中の日本古墳文化」『文明学原論』江上波夫先生米寿記念論集，山川出版社．
甘粕健　1964「前方後円墳の性格に関する一考察」『日本考古学の諸問題』考古学研究会．
甘粕健　1970「武蔵国造の反乱」『古代の日本』7，角川書店．
甘粕健　1971「古墳の成立・伝播の意味」『古代の日本』9，角川書店．

甘木市史編纂委員会編 1984『甘木市史資料 考古編』甘木市役所.
新井悟 1995「鼉龍鏡の編年と原鏡の同定」『駿台史学』95, 駿台史学会.
新井悟 1997「古墳時代倣製鏡の出現と大型鏡の意義」『考古学ジャーナル』421, ニュー・サイエンス社.
新井宏 2000「鉛同位対比による青銅器の鉛産地推定をめぐって」『考古学雑誌』85-2, 日本考古学会.
荒川史・魚津知克・内田真雄 1998「京都府宇治市庵寺山古墳の発掘調査」『古代』105, 早稲田大学考古学会.
池上悟 1992「鼉龍鏡の変遷」『立正考古』31, 立正大学考古学研究会.
池上嘉彦 1984『記号論への招待』, 岩波書店.
石上英一 1987「古代東アジア地域と日本」『日本の社会史第1巻 列島内外の交通と国家』岩波書店.
石上英一 1991「都出比呂志『日本古代国家の形成―前方後円墳体制の提唱―』についての覚書」『日本史研究』343, 日本史研究会（石上1996に所収）.
石上英一 1996『律令国家と社会構造』名著刊行会.
石野博信編 1995『全国古墳編年集成』雄山閣出版.
石野博信 2000「大和ホケノ山古墳と東部瀬戸内の早期古墳」『東アジアの古代文化』105, 大和書房.
石野博信・水野正好・西川寿勝・岡本健一・野崎清孝 2006『三角縁神獣鏡・邪馬台国・倭国』新泉社.
石村智 2004「威信財システムからの脱却」『文化の多様性と比較考古学』考古学研究会.
石村智 2006「多系進化と社会階層化―フィジー・トンガ・サモアの事例比較―」『往還する考古学 近江貝塚研究会論集3』, 近江貝塚研究会.
石母田正 1971『日本の古代国家』岩波書店.
石山勲 1997「復元銅鏡研磨始末記」『MUSEUM KYUSYU』56, 博物館等建設推進九州会議.
伊藤禎樹 1967「捩文鏡小論」『考古学研究』14-2, 考古学研究会.
犬山市教育委員会 2005『史跡 東之宮古墳調査報告書』犬山市埋蔵文化財調査報告書第2集, 犬山市教育委員会.
井上光貞 1960『日本国家の起源』岩波新書.
今井堯 1991「中・四国地方古墳出土素文・重圏文・珠文鏡―小形倭鏡の再検討Ⅰ―」『古代吉備』13, 古代吉備研究会.
今井堯 1992a「小型倭鏡の再検討Ⅱ―中・四国地方古墳出土内行花文鏡」『古代吉

備』14,古代吉備研究会.
今井堯 1992b「吉備における鏡配布体系」『吉備の考古学的研究』(下),山陽新聞社.
今井堯 1993「前方後円墳体制時代の倭と豊」『地域相研究』20-下,地域相研究会.
今尾文昭 1988「行燈山古墳出土銅板と大型仿製鏡」森浩一編『考古学と技術』同志社大学考古学シリーズⅣ.
今尾文昭 1993a「古墳と鏡」,『季刊考古学』43,雄山閣出版.
今尾文昭 1993b「桜井茶臼山古墳出土大型仿製内行花文鏡の破鏡の可能性について」『橿原考古学研究 所紀要 考古学論攷』17,奈良県立橿原考古学研究所.
今尾文昭 1993c「奈良・メスリ山古墳出土の大型内行花文鏡」『橿原考古学研究所紀要 考古学論攷』17,奈良県立橿原考古学研究所.
伊万里市教育委員会 2000『午戻遺跡』伊万里市文化財調査報告書第47集,伊万里市教育委員会.
岩崎卓也 1967「銅鐸と伝世鏡」『史潮』100(岩崎2000に所収).
岩崎卓也 1993「関東の前期古墳と副葬鏡」『翔古論聚』久保哲三先生追悼論文集刊行会.
岩崎卓也 2000『古墳時代史論』雄山閣出版.
岩永省三 1987「伝世考」『東アジアの考古と歴史』中,岡崎敬先生退官記念論文集,同朋舎出版.
岩永省三 1989「土器から見た弥生時代社会の動態—北部九州地方の後期を中心として—」『横山浩一先生退官記念論文集Ⅰ 生産と流通の考古学』横山浩一先生退官記念事業会.
岩永省三 1991「日本における階級社会形成に関する学説史的検討序説」『古文化談叢』24,九州古文化研究会.
岩永省三 1992「日本における階級社会形成に関する学説史的検討序説(Ⅱ)」『古文化談叢』27,九州古文化研究会.
岩永省三 1997『歴史発掘⑦ 金属器登場』講談社.
岩永省三 1998「青銅器祭祀とその終焉」金子裕之編『日本の信仰遺跡』奈良国立文化財研究所学報57冊,雄山閣出版.
岩永省三 2000「青銅器祭祀の終わり」『古墳発生期前後の社会像』九州古文化研究会.
岩永省三 2002「階級社会への道への路」佐原真編『古代を考える 稲・金属・戦争—弥生—』吉川弘文館.
岩永省三 2003「古墳時代親族構造論と古代国家形成過程」『九州大学総合研究博物

館研究報告』1, 九州大学総合研究博物館.
岩永省三 2004「武器形青銅器祭祀の展開と終焉」『日本列島における青銅器祭祀』國學院大學21世紀COEプログラム.
岩永省三 2006「国家形成の東アジアモデル」田中良之・川本芳昭編『東アジア古代国家論—プロセス・モデル・アイデンティティ—』すいれん舎.
岩本崇 2001「三角縁神獣鏡と寺戸大塚古墳出土鏡の組み合わせ」『寺戸大塚古墳の研究Ⅰ 前方部副葬品研究編』向日丘陵古墳群調査研究報告第1冊, 財団法人向日市埋蔵文化財センター.
岩本崇 2003a「風巻神山4号墳出土鏡をめぐる諸問題」『風巻神山古墳群』福井県清水町教育委員会.
岩本崇 2003b「「仿製」三角縁神獣鏡の生産とその展開」『史林』86-5, 史学研究会.
岩本崇 2004「副葬配置からみた三角縁神獣鏡と前期古墳」『古代』116, 早稲田大学考古学会.
岩本崇 2005「三角縁神獣鏡の終焉」『考古学研究』51-4, 考古学研究会.
岩本崇 2006「三角縁神獣鏡の規格と挽型」『3次元デジタルアーカイブ古鏡総覧』(Ⅱ), 学生社.
上野勝治 1992「鋳造面からみた三角縁神獣鏡」『古代学研究』128, 古代學研究會.
上野祥史 2000「神獣鏡の作鏡系譜とその盛衰」『史林』83-4, 史学研究会.
上野祥史 2001「画像鏡の系列と製作年代」『考古学雑誌』86-2, 日本考古学会.
上野祥史 2003「盤龍鏡の諸系列」『国立歴史民俗博物館研究報告』100, 国立歴史民俗博物館.
上野祥史 2004「韓半島南部出土鏡について」『国立歴史民俗博物館研究報告』110, 国立歴史民俗博物館.
上野祥史 2006a「画象鏡の模倣について—図像分析の立場から—」設楽博巳編『原始絵画の研究 論考編』六一書房.
上野祥史 2006b「建安廿二年重列神獣鏡の製作について」『泉屋博古館紀要』22, 泉屋博古館.
上野千鶴子 1996「贈与交換と文化変容」『岩波講座現代社会学』17 贈与と市場の社会学, 岩波書店.
宇垣匡雅 1997「前期古墳における刀剣副葬の地域性」『考古学研究』44-1, 考古学研究会.
鵜島三壽 1991「龍鈕を持つ鏡」『京都府埋蔵文化財論集』2, 京都府埋蔵文化財調査研究センター.

内堀基光 1989「民族論メモランダム」田辺繁治編『人類学的認識の冒険』同文舘.
宇野隆夫 1995「前方後方墳墓体制から前方後円墳体制へ―東日本からみた日本国家の形成過程―」『西谷眞治先生古希記念論文集』勉誠社.
梅原末治 1921『佐味田及新山古墳研究』岩波書店.
梅原末治 1931a『欧米に於ける支那古鏡』刀江書院.
梅原末治 1931b「筑前國井原發見鏡片の複原」『史林』16-3, 史学研究会.
梅原末治 1933『讚岐高松石清尾山石塚の研究』京都帝国大学文学部考古学研究報告第12冊, 刀江書院.
梅原末治 1940「上代古墳出土の古鏡について」『日本考古学論攷』弘文堂書房.
梅原末治 1943『漢三国六朝紀年鏡図説』桑名文星堂.
梅原末治 1944「上代鋳鏡に就いての一所見」『考古学雑誌』34-2, 日本考古学会.
梅原末治 1946「本邦古墳出土の同笵鏡に就いての一二の考察」『史林』30-3, 史学研究会.
梅原末治 1952「岡山縣下の古墳發見の古鏡」『吉備考古』85, 吉備考古学会.
梅原末治 1959「上古初期の仿製鏡」『国史論集』1, 読史会.
梅原末治 1984『紹興古鏡聚英』同朋舎出版.
梅原末治・藤田亮作 1959『朝鮮古文化綜鑑』3, 養徳社.
江野道和 2007「国内出土の蝙蝠座内行花文鏡についての一考察」『伊都国歴史博物館紀要』2, 伊都国歴史博物館.
王士倫編 1987『浙江出土銅鏡』文物出版社.
王仲殊 1981「関于日本三角縁神獣鏡的問題」『考古』1981-4 (王1998所収).
王仲殊 1988「建安紀年銘神獣鏡綜論」『考古』1988-4 (王1998所収).
王仲殊 1989「論日本出土的呉鏡」『考古』1989-2 (王1998所収).
王仲殊 1994「日本出土の青龍三年銘方格規矩四神鏡について」『京都府埋蔵文化財情報』54, 京都府埋蔵文化財調査研究センター.
王仲殊 1998『三角縁神獣鏡』〈新装普及版〉(西嶋定生監修, 尾形勇・杉本憲司編訳), 学生社.
王仲殊 2000a「仿製三角縁神獣鏡の性格といわゆる舶載三角縁神獣鏡との関係を論ず」『東アジアの古代文化』102, 大和書房.
王仲殊 2000b「仿製三角縁神獣鏡の性格と舶載三角縁神獣鏡との関係」『東アジアの古代文化』103, 大和書房.
王仲殊・徐苹芳・楊泓・直木孝次郎・田中琢・田辺昭三・西嶋定生 1985『三角縁神獣鏡の謎―日中合同古代史シンポジウム』角川書店.
大賀克彦 2002「凡例 古墳時代の時期区分」『小羽山古墳群』福井県清水町教育委

員会.
大賀克彦 2003「紀元三世紀のシナリオ」『風巻神山古墳群』福井県清水町教育委員会.
大久保徹也 2002「〈民族〉形成のメカニズムと前方後円墳の論理」『考古学研究』49-3, 考古学研究会.
大久保徹也 2003「古墳時代研究における『首長』概念の問題」『古墳時代の政治構造』青木書店.
大久保徹也 2006「備讃地域における前方後円墳出現期の様相」『日本考古学協会2006年度大会研究発表要旨』日本考古学協会.
大津透 1999『古代の天皇制』, 岩波書店.
大塚初重 1966「古墳の変遷」『日本の考古学』Ⅳ 古墳時代（上）, 河出書房.
大西智和 1993「地域性の発現からみた円筒埴輪の導入と展開の再解釈―九州の事例―」『九州考古学』68, 九州考古学会.
大庭脩 1971『親魏倭王』学生社.
大庭脩 1995「三・四世紀の東アジアの国際情勢」『鏡の時代―銅鏡百枚―』大阪府立近つ飛鳥博物館.
大庭脩編著 1999『卑弥呼は大和に眠るか』文英堂.
大林太良 1977『邪馬台国』中公新書.
大村直 1995「東国における古墳の出現」『展望考古学』考古学研究会.
大和古墳群調査委員会 2000『ホケノ山古墳現地説明会資料』大和古墳群調査委員会.
大和岩雄 1998「三角縁神獣鏡と卑弥呼の鬼道」『東アジアの古代文化』97, 大和書房.
大和岩雄 2001「三角縁神獣鏡と神仙思想」『東アジアの古代文化』107, 大和書房.
大和岩雄 2003「卑弥呼の鬼道と神仙思想」『東アジアの古代文化』116, 大和書房.
大和岩雄 2004「『三角縁神獣鏡の伝来と神仙思想の流伝』を読む」『東アジアの古代文化』119, 大和書房.
岡内三眞 1995「鏡背にみる仏教図像」滝口宏先生追悼考古学論集編集委員会・早稲田大学所沢校地埋蔵文化財調査室編『古代探叢Ⅳ―滝口宏先生追悼考古学論集』早稲田大学出版部.
岡内三眞 1996「双鳳八爵文鏡」東北亜細亜考古學研究會編『東北アジアの考古學 [槿域]』.
岡崎敬 1971「日本考古学の方法―古代史の基礎的条件―」『古代の日本』9, 角川書店.

岡崎敬編 1976-1979『日本における古鏡 発見地名集』.
岡田精司 1992『古代祭祀の史的研究』塙書房.
岡田英弘 1977『倭国』中公新書.
岡部裕俊・河村裕一郎 1994「糸島地方の古墳集成（その１）」『福岡考古』16，福岡考古懇話会.
岡部裕俊・河合修・江野道和 2002「津和崎権現古墳 糸島地方の古墳資料集成（その４）」『福岡考古』20，福岡考古懇話会.
岡村秀典 1984「前漢鏡の編年」『史林』67-5，史学研究会.
岡村秀典 1986「中国の鏡」『弥生文化の研究』6，雄山閣出版.
岡村秀典 1989「三角縁神獣鏡と伝世鏡」白石太一郎編『古代を考える 古墳』吉川弘文館.
岡村秀典 1990「卑弥呼の鏡」都出比呂志・山本三郎編『邪馬台国の時代』木耳社.
岡村秀典 1992「浮彫式獣帯鏡と古墳出現期の社会」『出雲における古墳の出現を探る』出雲考古学研究会.
岡村秀典 1993a「福岡県平原遺跡出土鏡の検討」『季刊考古学』43，雄山閣出版.
岡村秀典 1993b「後漢鏡の編年」『国立歴史民俗博物館研究報告』5，国立歴史民俗博物館.
岡村秀典 1993c「楽浪漢墓出土の鏡」『弥生人の見た楽浪文化』，大阪府立弥生文化博物館.
岡村秀典 1995「楽浪出土鏡の諸問題」『考古学ジャーナル』392，ニュー・サイエンス社.
岡村秀典 1996「中国鏡からみた弥生・古墳時代の年代」『第40回埋蔵文化財研究集会 考古学と実年代』第Ⅰ分冊発表要旨集，埋蔵文化財研究会.
岡村秀典 1999『三角縁神獣鏡の時代』吉川弘文館.
岡村秀典 2001「古墳の出現と神獣鏡」『東アジアの古代文化』107，大和書房.
岡村秀典 2002「景初三年銘三角縁神獣鏡の図像と系譜」『神原神社古墳』加茂町教育委員会.
岡村秀典 2005a「画文帯神獣鏡」『綾部山39号墓発掘調査報告書』御津町埋蔵文化財調査報告書５，御津町教育委員会.
岡村秀典 2005b「雲気禽獣紋鏡の研究」『考古論集』川越哲志先生退官記念事業会.
小川英文 2000a「総論 交流考古学の可能性—考古学の表象責任をめぐって—」小川英文編『交流の考古学』現代の考古学５，朝倉書店.
小川英文 2000b「狩猟採集社会と農耕社会の交流：相互関係の視角」小川英文編『交流の考古学』現代の考古学５，朝倉書店.

荻野繁春 1982「倭製神像鏡について」『福井工業高等専門学校研究紀要』人文・社会科学16，福井工業高等専門学校．

奥野正男 1982『邪馬台国の鏡―三角縁神獣鏡の謎を解く』新人物往来社．

奥野正男 2001「三角縁神獣鏡の『ふみ返し』による量産」『東アジアの古代文化』107，大和書房．

小沢洋 1988「捩文鏡について」『千葉県木更津市小浜遺跡Ⅰ 俵ヶ谷古墳群』財団法人君津郡市文化財センター．

小沢洋 1995「高部古墳群」『前期前方後円墳の再検討』第38回埋蔵文化財研究会発表要旨・資料集，埋蔵文化財研究集会．

小田富士雄 1959「豊前京都郡発見の三重墓」『古代学研究』20，古代學研究會．

小田富士雄 1966「九州」『日本の考古学』Ⅳ，河出書房新社．

小田富士雄 1970「畿内型古墳の伝播」『古代の日本』3，角川書店．

小田富士雄 1982「日・韓地域出土の同笵小銅鏡」『古文化談叢』9，九州古文化研究会．

小田富士雄編 1988『古代を考える 沖ノ島と古代祭祀』吉川弘文館．

小田富士雄 1997「筑前国志麻（嶋）郡の古墳文化―福岡市元岡所在古墳群の歴史的評価―」『古文化談叢』37，九州古文化研究会．

小田富士雄・藤丸詔八郎・武末純一 1991『弥生古鏡を掘る―北九州の国々と文化―』北九州市立考古博物館．

小野山節 1970「五世紀における古墳の規制」『考古学研究』16-3，考古学研究会．

小野山節 1998「三角縁神獣鏡の鋳造法と同笵鏡」『史林』81-1，史学研究会．

小野山節 1999「三角縁神獣鏡の傘松形に節・塔二つの系譜」『郵政考古紀要』36，大阪郵政考古学会．

小野山節 2003「神仏像手足の型式と三仏三獣鏡の年代」『中国考古学』3，日本中国考古学会．

賀川光夫 1992「再生鏡の分配と弥生後期の社会」『史学論叢』22，別府大学史学研究会．

賀川光夫・小田富士雄 1967「野間古墳群緊急発掘調査」『大分県文化財調査報告』13，大分県教育委員会．

笠野毅 1993「舶載鏡論」『古墳時代の研究』13，雄山閣出版．

笠野毅 1998「三角縁神獣鏡は語る」平野邦雄編『古代を考える 邪馬台国』吉川弘文館．

勝部明生 1978「鏡の鋳造」森浩一編『日本古代文化の探究 鏡』社会思想社．

金関恕 1978「卑弥呼と東大寺山古墳」『古代史発掘6』講談社．

金子修一 2006「東アジア世界論と冊封体制論」田中良之・川本芳昭編『東アジア古代国家論―プロセス・モデル・アイデンティティ―』すいれん舎.

金子典正 2007「四川地域の揺銭樹にみられる初期仏像」『アジア地域文化学叢書（5）仏教美術からみた四川地域』雄山閣出版.

河北省文化局文物工作隊 1964「河北省定県北庄漢墓発掘報告」『考古学報』1964-2.

亀田修一 1993「考古学から見た渡来人」『古文化談叢』30（中），九州古文化研究会.

亀田修一 2003「渡来人の考古学」『七隈史学』4，七隈史学会.

加茂町教育委員会 2002『神原神社古墳』加茂町教育委員会.

蒲原宏行 1991「腕輪形石製品」『古墳時代の研究』8 古墳Ⅱ 副葬品，雄山閣出版.

唐津湾周辺遺跡調査委員会編 1982『末盧国』六興出版.

河上邦彦 2004「大型鏡について」『文化財と技術』3，特定非営利活動法人 工芸文化研究所.

川口勝康 1987「大王の出現」『日本の社会史第3巻 権威と支配』岩波書店.

川口勝康 1993「刀剣の賜与とその銘文」『岩波講座日本通史2』岩波書店.

川西宏幸 1975「銅鐸の埋蔵と鏡の伝世」『考古学雑誌』61-2，日本考古学会.

川西宏幸 1978「円筒埴輪総論」『考古学雑誌』64-2，日本考古学会.

川西宏幸 1981「前期畿内政権論」『史林』64-5（川西1988所収）.

川西宏幸 1983「中期畿内政権論」『考古学雑誌』69-2（川西1988所収）.

川西宏幸 1988『古墳時代政治史序説』塙書房.

川西宏幸 1989「古墳時代前史考―原畿内政権の提唱―」『古文化談叢』21，九州古文化研究会.

川西宏幸 1991「仿製鏡再考」『古文化談叢』24，九州古文化研究会.

川西宏幸 1994「三角縁仏獣鏡」『考古学フォーラム』5（川西1999に所収）.

川西宏幸 1999『古墳時代の比較考古学』同成社.

川西宏幸 2000「同型鏡考―モノからコトへ―」『筑波大学先史学・考古学研究』11，筑波大学歴史・人類学系.

川西宏幸 2004『同型鏡とワカタケル』同成社.

河野一隆 1998「副葬品生産・流通システム論―付・威信財消費型経済システムの提唱―」『中期古墳の展開と変革』第44回埋蔵文化財研究集会発表要旨集，埋蔵文化財研究会.

河野一隆 2000「表象の考古学としての神聖王権」『表象としての鉄器副葬』第7回鉄器文化研究集会資料集，鉄器文化研究会.

河野一隆 2001「刺激伝播と国際秩序―倭王権形成過程2つの画期―」『考古学研究』47-4，考古学研究会.
河野一隆 2003「巨大古墳の時代」『考古学と歴年代』ミネルヴァ書房
河野一隆 2005「古墳文化の領域論」前川和也・岡村秀典編『国家形成の比較研究』学生社.
川本芳昭 2002「漢唐間における「新」中華意識の形成」『九州大学東洋史論集』30，九州大学文学部東洋史研究会.
川本芳昭 2005『中国の歴史05 中華の崩壊と拡大』，講談社.
川本芳昭 2006「倭国における対外交渉の変遷について―中華意識の形成と大宰府の成立との関連から見た―」『史淵』143，九州大学大学院人文科学研究院.
苅田町教育委員会 1997『豊前国出土の古鏡』苅田町教育委員会.
岸本泰緒子 2006「獣帯鏡に関する一考察」『博望』6，東北アジア古文化研究所.
岸本直文 1989「三角縁神獣鏡の工人群」『史林』72-5，史学研究会.
岸本直文 1991「権現山51号墳出土の三角縁神獣鏡について」『権現山51号墳』，『権現山51号墳』刊行会.
岸本直文 1992「前方後円墳築造規格の系列」『考古学研究』39-2，考古学研究会.
岸本直文 1993「三角縁神獣鏡研究の現状」『季刊考古学』43，雄山閣出版.
岸本直文 1994「三角縁神獣鏡の編年と前期古墳」『倭人と鏡 その2―3・4世紀の鏡と墳墓―』第36回埋蔵文化財研究集会発表要旨集，埋蔵文化財研究会.
岸本直文 1995「三角縁神獣鏡の編年と前期古墳の新古」『展望考古学』考古学研究会.
岸本直文 1996a「石室内の出土遺物（1）鏡鑑」『雪野山古墳の研究』報告篇，雪野山古墳発掘調査団.
岸本直文 1996b「雪野山古墳副葬鏡群の諸問題」『雪野山古墳の研究』考察篇，雪野山古墳発掘調査団.
岸本直文 2004a「三角縁神獣鏡の配布」広瀬和雄編『畿内の巨大古墳とその時代』雄山閣出版.
岸本直文 2004b「西求女塚鏡群の歴史的意義」『西求女塚古墳 発掘調査報告書』神戸市教育委員会.
北九州鋳金研究会 1997「銅鏡の復元製作」『MUSEUM KYUSYU』56，博物館等建設推進九州会議.
北浦亜由美 1992「仿製方格規矩鏡について」『考古学研究』38-4，考古学研究会.
北野町教育委員会 1998『良積遺跡Ⅱ』，北野町文化財調査報告書第11集，北野町教育委員会.

鬼頭清明 1975「日本民族の形成と国際的契機」『大系 日本国家史 1 古代』東京大学出版会.
鬼頭清明 1985「東アジアにおける国家形成史の理論的諸問題」『歴史学研究』540, 青木書店.
鬼頭清明 1993「六世紀までの日本列島」『岩波講座日本通史2』岩波書店.
鬼頭清明 1994『大和朝廷と東アジア』吉川弘文館.
木下尚子 1996「古墳時代南島交易考」『考古学雑誌』81-1, 日本考古学会.
九州考古学会 1950『北九州古文化図鑑』第一輯, 福岡県高等学校教職員組合.
九州古文化研究会編 1996『古墳発生期前後の社会像』資料, 九州古文化研究会.
九州古文化研究会編 2000『古墳発生期前後の社会像』九州古文化研究会.
九州古墳時代研究会 2001『糸島の古墳―前方後円墳および関連資料の集成―』第27回九州古墳時代研究会資料.
京都大学考古学研究室 2000「三角縁神獣鏡出土地名表」『大古墳展』東京新聞.
京都大学文学部博物館編 1989『椿井大塚山古墳と三角縁神獣鏡』京都大学文学部博物館.
京都大学文学部博物館編 1993『紫金山古墳と石山古墳』京都大学文学部博物館.
久住猛雄 1999「北部九州における庄内式併行期の土器様相」『庄内式土器研究』XIX, 庄内式土器研究会.
久住猛雄 2002「九州における前期古墳の成立」『日本考古学協会2002年度橿原大会研究発表資料集』日本考古学協会.
久住猛雄 2006「遺跡の位置と周辺の歴史的環境」『元岡・桑原遺跡群6』福岡市埋蔵文化財調査報告書第909集, 福岡市教育委員会.
久住猛雄 2007「『博多湾交易』の成立と解体―古墳時代初頭前後の対外貿易機構―」『考古学研究』53-4, 考古学研究会.
楠元哲夫 1993「古墳時代仿製鏡製作年代試考」『大和宇陀地域における古墳の研究』由良大和古代文化研究協会.
楠元哲夫 1994「大和天神山古墳出土鏡群の再評価」『橿原考古学研究所論集』11, 吉川弘文館.
熊谷公男 2001『大王から天皇へ』日本の歴史03, 講談社.
熊本県教育委員会 1993『狩尾遺跡群』熊本県埋蔵文化財調査報告第131集, 熊本県教育委員会.
車崎正彦 1993a「倭鏡の作者」『季刊考古学』43, 雄山閣出版.
車崎正彦 1993b「鼉龍鏡考」『翔古論聚』久保哲三先生追悼論文集刊行会.
車崎正彦 1994「古墳と後漢式鏡」『倭人と鏡』第35回埋蔵文化財研究集会発表要旨,

埋蔵文化財研究会.
車崎正彦 1996「鏡と玉と金印」菊池徹夫編『考古学から見る邪馬台国』雄山閣出版.
車崎正彦 1999a「副葬品の組合せ―古墳出土鏡の構成―」石野博信編『前方後円墳の出現』雄山閣出版.
車崎正彦 1999b「三角縁神獣鏡は卑弥呼の鏡か」大庭脩編著『卑弥呼は大和に眠るか』文英堂.
車崎正彦 2000「古墳祭祀と祖霊観念」『考古学研究』47-2，考古学研究会.
車崎正彦 2001「新発見の『青龍三年』銘方格規矩四神鏡と魏晋のいわゆる方格規矩鏡」『考古学雑誌』86-2，日本考古学会.
車崎正彦編 2002『考古資料大観5 弥生・古墳時代 鏡』小学館.
車崎正彦 2003「稲荷山古墳出土の環状乳神獣鏡を考える」『ワカタケル大王とその時代』山川出版社.
慶星大学校博物館 2000『金海大成洞古墳群Ⅰ』（大阪朝鮮考古学研究会訳，2001）.
京北町教育委員会編 1983『愛宕山古墳発掘調査概報』京北町教育委員会.
神戸市教育委員会 2004『西求女塚古墳 発掘調査報告書』神戸市教育委員会.
古賀寿 1971「高良大社蔵三角縁神獣鏡と祇園山古墳」『筑後地区郷土研究』2，筑後地区郷土研究会.
国立歴史博物館編 1996『国立歴史博物館蔵歴代銅鏡』文物出版社.
御所市教育委員会編 2001『鴨都波1号墳 調査概報』学生社.
後藤明 1997「実践的問題解決過程としての技術―東部インドネシア・ティドレ地方の土器製作―」『国立民族学博物館研究報告』22-1，国立民族学博物館.
後藤守一 1926『漢式鏡』雄山閣出版.
後藤守一 1942『古鏡聚英』（上），東京堂出版.
後藤守一 1958『古墳とその時代（一）』朝倉書店.
湖南省博物館編 1960『湖南出土銅鏡図録』文物出版社.
小林三郎 1971「鼉龍鏡とその性格」『駿台史学』28，駿台史学会.
小林三郎 1979「古墳時代倣製鏡の一側面―重圏文鏡と珠文鏡―」『駿台史学』46，駿台史学会.
小林三郎 1982「古墳時代倣製鏡の鏡式について」『明治大学人文科学研究所紀要』21，明治大学人文科学研究所.
小林三郎 1983「捩文鏡とその性格」遠藤元男先生頌寿記念会編『日本古代史論苑：遠藤元男先生頌寿記念論文集』国書刊行会.
小林三郎 1989「倣製鏡研究略史」斎藤忠先生頌寿記念論文集刊行会編『考古学叢

考』上巻,吉川弘文館.

小林行雄 1937「前方後円墳」『考古学』8-1,東京考古學會.

小林行雄 1941「竪穴式石室構造考」『紀元二千六百年記念史学論文集』(小林1976に所収).

小林行雄 1950「古墳時代における文化の伝播」『史林』33-3・4,史学研究会(「中期古墳時代文化とその伝播」として小林1961に所収).

小林行雄 1951a『福岡県糸島郡一貴山村田中銚子塚古墳の研究』便利堂.

小林行雄 1951b『日本考古学概説』東京創元社.

小林行雄 1952「同笵鏡による古墳の年代の研究」『考古学雑誌』38-3,日本考古学会.

小林行雄 1955「古墳の発生の歴史的意義」『史林』38-1,史学研究会.

小林行雄 1956「前期古墳の副葬品にあらわれた文化の二相」『京都大学文学部五十周年記念論文集』京都大学文学部.

小林行雄 1957「初期大和政権の勢力圏」『史林』40-4(「大和政権の勢力圏」として小林1961に所収).

小林行雄 1959『古墳の話』岩波書店.

小林行雄 1961『古墳時代の研究』青木書店.

小林行雄 1962「古墳文化の形成」『岩波講座日本歴史』1,岩波書店.

小林行雄 1965『古鏡』学生社.

小林行雄 1966「倭の五王の時代」『日本書紀研究』2(小林1976に所収).

小林行雄 1967『女王国の出現』文英堂.

小林行雄 1971「三角縁神獣鏡の研究」『京都大学文学部紀要』13(小林1976に所収).

小林行雄 1976『古墳文化論考』平凡社.

小林行雄 1979「三角縁波文帯神獣鏡の研究」『辰馬考古資料館考古学研究紀要』1,辰馬考古資料館.

小林行雄 1992「三角縁神獣鏡をめぐって」森将軍塚古墳発掘調査団編『史跡森将軍塚古墳』長野県更埴市教育委員会.

小林行雄・近藤義郎 1959「古墳の変遷」『世界考古学大系』3,平凡社.

湖北省博物館・鄂州市博物館編 1986『鄂城漢三国六朝銅鏡』文物出版社.

駒井和愛 1953『中国古鏡の研究』岩波書店.

小山田宏一 1992「破砕鏡と鏡背重視の鏡」『弥生文化博物館研究報告』1,大阪府立弥生文化博物館.

小山田宏一 1993「画文帯同向式神獣鏡とその日本への流入時期」『弥生文化博物館

研究報告』2，大阪府立弥生文化博物館.
小山田宏一 1994「3世紀の鏡―漢鏡7期の流入の始まりと三角縁神獣鏡との関係―」『倭人と鏡 その2』埋蔵文化財研究会.
小山田宏一 2000a「三世紀の鏡と『おおやまと古墳群』」伊達宗泰編『古代「おおやまと」を探る』学生社.
小山田宏一 2000b「三角縁神獣鏡の生産体制とその動向」,『東アジアの古代文化』102，大和書房.
小山田宏一 2000c「ホケノ山墳墓の画紋帯同向式神獣鏡」『東アジアの古代文化』105，大和書房.
近藤喬一 1973「三角縁神獣鏡の仿製について」『考古学雑誌』59-2，日本考古学会.
近藤喬一 1988『三角縁神獣鏡』東京大学出版会.
近藤喬一 1993「西晋の鏡」『国立歴史民俗博物館研究報告』55，国立歴史民俗博物館.
近藤喬一 2000「鏡」『山口県史 資料編 考古1』山口県.
近藤義郎 1966a「古墳とはなにか」『日本の考古学』Ⅳ，河出書房新社.
近藤義郎 1966b「古墳発生の諸問題」『日本の考古学』Ⅴ，河出書房新社.
近藤義郎 1977「前方後円墳の成立」松崎寿和先生退官記念事業会編『考古論集』.
近藤義郎 1983『前方後円墳の時代』岩波書店.
近藤義郎編 1991-1994『前方後円墳集成』，山川出版社.
近藤義郎 1995『前方後円墳と弥生墳丘墓』青木書店.
近藤義郎 1995『矢藤治山弥生墳丘墓』矢藤治山弥生墳丘墓発掘調査団.
近藤義郎 1998『前方後円墳の成立』岩波書店.
近藤義郎・春成秀爾 1967「埴輪の起源」『考古学研究』13-3，考古学研究会.
財団法人京都府埋蔵文化財調査研究センター編 1989『謎の鏡』同朋舎出版.
佐伯有清 2000『魏志倭人伝を読む 下』歴史文化ライブラリー105，吉川弘文館.
佐々木憲一 1994「北アメリカ」『最新海外考古学事情』月刊文化財発掘出土情報増刊号，ジャパン通信社.
佐々木憲一 1995「地域間交流の考古学―最近の欧米における動向―」『展望考古学』考古学研究会.
佐々木憲一 2003「弥生から古墳へ―世界史のなかで―」大塚初重・吉村武彦編『古墳時代の日本列島』，青木書店.
佐々木憲一 2004「古代国家論の現状」『歴史評論』655，校倉書房.
佐々木憲一 2007「国家形成と都市」吉村武彦・山路直充編『都城 古代日本のシン

ボリズム』青木書店.

佐々木健太郎・西川寿勝・河野一隆・西山要一 2004「新たに発見された三角縁神獣鏡について」『日本考古学協会第70回総会研究発表要旨』日本考古学協会.

佐々木高明 1996「首長制社会からクニへ」大阪府立弥生文化博物館編『弥生から古墳へ』同朋舎出版.

佐藤小吉 1919「磯城郡柳本村大字柳本字大塚所在大塚発掘古鏡」『奈良県史蹟地調査会報告書』6.

佐藤長門 1998「倭王権の列島支配」都出比呂志・田中琢編『古代史の論点』4, 小学館.

佐藤長門 2002「倭王権の転成」鈴木靖民編『倭国と東アジア』日本の時代史2, 吉川弘文館.

佐原真 1985「分布論」『岩波講座 日本考古学』1 研究の方法, 岩波書店.

澤田秀実 1993「三角縁神獣鏡の製作動向」『法政考古学』19, 法政考古学会.

重藤輝行 1998「古墳時代中期における北部九州の首長と社会」『中期古墳の展開と変革』第44回埋蔵文化財研究集会発表要旨集, 埋蔵文化財研究会.

重藤輝行・西健一郎 1995「埋葬施設にみる古墳時代北部九州の地域性と階層性——東部の前期・中期古墳を例として——」『日本考古学』2, 日本考古学協会.

重松明久 1969『邪馬台国の研究』白陵社

重松明久 1978『古墳と古代宗教』学生社.

四川省博物館・重慶市博物館合編 1960『四川省出土銅鏡』文物出版社.

清水康二 1990「鏡」『考古学ジャーナル』321, ニュー・サイエンス社.

清水康二 1994「倣製内行花文鏡類の編年」『橿原考古学研究所論集』11, 吉川弘文館.

清水康二 1997「古墳時代前期における副葬鏡の意義」『考古学ジャーナル』9, ニュー・サイエンス社.

清水康二 2000「『平原弥生古墳』出土大型内行花文鏡の再評価」『大塚初重先生頌寿記念考古学論集』東京堂出版.

清水康二・三船温尚・清水克朗 1998「鏡の熱処理実験——面反りについて(その1)」『古代学研究』144, 古代學研究會.

清水克明・清水康二・笠野毅・菅谷文則 2002「伝世鏡の再検討Ｉ——鶴尾神社4号墳出土方格規矩四神鏡について——」『古代学研究』156, 古代學研究會.

下垣仁志 2001「仿製方格規矩四神鏡」『寺戸大塚古墳の研究Ｉ 前方部副葬品研究編』向日丘陵古墳群調査研究報告第1冊, 財団法人向日市埋蔵文化財センター.

下垣仁志 2002a「小羽山12号墳出土鏡と古墳時代前期倭製鏡」『小羽山古墳群』福

井県清水町教育委員会.

下垣仁志 2002b「前方部埋葬論」『古代学研究』158，古代學研究會.

下垣仁志 2003a「古墳時代前期倭製鏡の編年」『古文化談叢』49，九州古文化研究会.

下垣仁志 2003b「古墳時代前期倭製鏡の流通」『古文化談叢』50（上），九州古文化研究会.

下垣仁志 2004a「河内王朝論と玉手山古墳群」『玉手山7号墳の研究』大阪市立大学考古学研究報告第1冊，大阪市立大学日本史研究室.

下垣仁志 2004b「玉手山古墳群の鏡」『玉手山古墳群の研究Ⅳ—副葬品編—』柏原市教育委員会.

下垣仁志 2005a「連作鏡考」『泉屋博古館紀要』21，泉屋博古館.

下垣仁志 2005b「本館所蔵の八幡東車塚古墳出土鏡」『泉屋博古館紀要』21，泉屋博古館.

下垣仁志 2005c「畿内大型古墳群考」『玉手山古墳群の研究Ⅴ—総括編—』柏原市教育委員会.

下垣仁志 2005d「倭王権と文物・祭式の流通」前川和也・岡村秀典編『国家形成の比較研究』学生社.

下條信行 1982「銅矛祭器の生産と流通」『森貞次郎博士古稀記念 古文化論集』上，森貞次郎博士古稀記念論文集刊行会.

下條信行 1983「北九州」『三世紀の考古学』下巻，学生社.

下條信行 1991「青銅器文化と北部九州」『新版古代の日本③ 九州・沖縄』角川書店.

徐苹芳 1984「三国両晋南北朝的銅鏡」『考古』1984-6，科学出版社.

白井克也 2003「新羅土器の型式・分布変化と年代観—日韓古墳編年の併行関係と暦年代—」『朝鮮古代研究』4，朝鮮古代研究刊行会.

白石太一郎 1969「畿内における大型古墳群の消長」『考古学研究』16-1，考古学研究会.

白石太一郎 1984「日本古墳文化論」『講座 日本歴史』1，東京大学出版会.

白石太一郎 1985「年代決定論（2）」『岩波講座 日本考古学』1，岩波書店.

白石太一郎編 1989『古代を考える 古墳』吉川弘文館.

白石太一郎 1995「古墳からみたヤマト政権」白石太一郎編『古墳はなぜつくられたのか』朝日百科日本の歴史別冊・歴史を読みなおす 2，朝日新聞社.

白石太一郎編 1999『古墳とヤマト政権—古代国家はいかに形成されたか—』文春新書.

白石太一郎 2000『古墳と古墳群の研究』塙書房.
白石太一郎 2006「倭国の形成と展開」『列島の古代史 8 古代史の流れ』岩波書店.
白石太一郎・杉山晋作・設楽博己編 1994「弥生・古墳時代 遺跡出土鏡データ集成」『国立歴史民俗博物館研究報告』56, 国立歴史民俗博物館.
白石太一郎・設楽博己編 2002「弥生・古墳時代遺跡出土鏡データ集成 補遺 1」『国立歴史民俗博物館研究報告』97, 国立歴史民俗博物館.
白石太一郎・春成秀爾・杉山晋作・奥田尚 1984「箸墓古墳の再検討」『国立歴史民俗博物館研究報告』1, 国立歴史民俗博物館.
白崎昭一郎 1984「三角縁神獣鏡の一考察」『福井考古学会会誌』2, 福井考古学会.
白崎昭一郎 1985「三角縁神獣鏡の考察(その二)」『福井考古学会会誌』3, 福井考古学会.
白崎昭一郎 1987「三角縁神獣鏡の考察(その三)」『福井考古学会会誌』5, 福井考古学会.
白崎昭一郎 1999「最近の三角縁神獣鏡論について」『東アジアの古代文化』101, 大和書房.
白崎昭一郎 2001「邪馬台国・古墳・三角縁神獣鏡」『東アジアの古代文化』107, 大和書房.
白崎昭一郎 2005「三角縁神獣鏡論」『古代學評論』6, 古代を考える會.
秦憲二 1994「鈕孔製作技法から見た三角縁神獣鏡」『先史学・考古学論究』龍田考古会.
菅谷文則 1980「三角縁神獣鏡をめぐる諸問題」上田正昭他編『ゼミナール古代日本史』下, 光文社.
菅谷文則 1991『日本人と鏡』同朋舎出版.
杉本憲司・菅谷文則 1978「中国における鏡の出土状態」森浩一編『日本古代文化の探求 鏡』社会思想社.
鈴木勉 2000「オーバーハング鏡が投げかける問題」奈良県立橿原考古学研究所附属博物館他編『大古墳展』東京新聞社.
鈴木勉 2004a「三角縁神獣鏡復元研究」『文化財と技術』3, 特定非営利活動法人 工芸文化研究所.
鈴木勉 2004b「技術移転論で見る三角縁神獣鏡―長方形鈕孔, 外周突線, 立体表現, ヒビ, 鋳肌―」『文化財と技術』3, 特定非営利活動法人 工芸文化研究所.
鈴木靖民 1984「東アジア諸民族の国家形成と大和王権」『講座日本歴史』1, 東京大学出版会.
鈴木靖民 1996「日本古代の首長制社会と対外関係」『歴史評論』551, 歴史科学協

議会.

鈴木靖民 1999「同時代史料で読む激動の東アジア—七支刀と広開土王碑—」『This is 読売』1999年2月号,読売新聞社.

鈴木靖民 2002「倭国と東アジア」鈴木靖民編『日本の時代史2 倭国と東アジア』吉川弘文館.

瀬川芳則 1969「石庖丁再考—その思想的背景について—」『考古学研究』15-3,考古学研究会.

関川尚功 1985「大和における大型古墳の変遷」『橿原考古学研究所紀要 考古学論攷』11,奈良県立橿原考古学研究所.

関野貞他 1925『楽浪郡時代の遺跡』図版編,古蹟調査特別報告第四冊,朝鮮総督府.

関野貞他 1927『楽浪郡時代の遺跡』本文編,古蹟調査特別報告第四冊,朝鮮総督府.

陝西省文物管理委員会編 1959『陝西省出土銅鏡』文物出版社.

第三次沖ノ島学術調査隊編 1979『宗像沖ノ島』宗像大社復興期成会.

平良泰久 1995「山城」石野博信編『全国古墳編年集成』雄山閣出版.

高木恭二 1993「博局(方格規矩)鳥文鏡の系譜」『季刊考古学』43,雄山閣出版.

高木恭二 2002a「朝鮮鏡」車崎正彦編『考古資料大観 5 弥生・古墳時代 鏡』小学館.

高木恭二 2002b「韓鏡・弥生時代倭鏡」車崎正彦編『考古資料大観 5 弥生・古墳時代 鏡』小学館.

高久健二 1993「楽浪墳墓の編年」『考古学雑誌』78-4,日本考古学会.

高久健二 1995「楽浪墳部の埋葬主体部—楽浪社会構造の解明—」『古文化談叢』35,九州古文化研究会.

高久健二 1998「楽浪古墳出土の銅鏡」『東アジアの古代銅鏡』東亜大学校博物館.

高久健二 1999「楽浪郡と帯方郡」『歴史九州』109,海援社.

高倉洋彰 1972「弥生時代小形仿製鏡について」『考古学雑誌』58-3,日本考古学会.

高倉洋彰 1973「墳墓からみた弥生時代社会の発展過程」『考古学研究』20-2,考古学研究会.

高倉洋彰 1976「弥生時代副葬遺物の性格」『九州歴史資料館研究論集』2,九州歴史資料館.

高倉洋彰 1981「鏡」森浩一編『三世紀の考古学』中巻,学生社.

高倉洋彰 1985「弥生時代小形仿製鏡について(承前)」『考古学雑誌』70-3,日本

考古学会.

高倉洋彰 1986「割られた鏡」『MUSEUM KYUSHU』21, 博物館等建設推進九州会議.

高倉洋彰 1989「Ⅵ 石室出土の遺物 １．銅鏡」『老司古墳』福岡市埋蔵文化財調査報告書第209集, 福岡市教育委員会.

高倉洋彰 1990『日本金属器出現期の研究』学生社.

高倉洋彰 1993a「前漢鏡にあらわれた権威の象徴性」『国立歴史民俗博物館研究報告』55, 国立歴史民俗博物館.

高倉洋彰 1993b「弥生時代仿製鏡の製作地」『季刊考古学』43, 雄山閣出版.

高倉洋彰 1995『金印国家群の時代』青木書店.

高倉洋彰 1999「儀鏡の誕生」『考古学ジャーナル』446, ニュー・サイエンス社.

高槻市教育委員会 2000『安満宮山古墳―発掘調査・復元整備事業報告書―』高槻市教育委員会.

高槻市教育委員会 2002『闘鶏山古墳 第１次調査概要報告書』高槻市文化財調査概要ⅩⅩⅨ, 高槻市教育委員会.

高橋克壽 1994「埴輪生産の展開」『考古学研究』41-2, 考古学研究会.

高橋健自 1911『鏡と剣と玉』冨山房.

高橋敏 2003「最北の破鏡―鏡片分布からみた古墳出現期の動態（予察）―」『研究紀要』創刊号, 財団法人山形県埋蔵文化財センター.

高橋敏 2004「鏡片分布からみた古墳出現期の動態」『馬洗馬Ｂ遺跡発掘調査報告書』山形県埋蔵文化財センター調査報告書第123集,（財）山形県埋蔵文化財センター.

高橋徹 1979「廃棄された鏡片―豊後における弥生時代の終焉―」『古文化談叢』6, 九州古文化研究会.

高橋徹 1986「伝世鏡と副葬鏡」『九州考古学』60, 九州考古学会.

高橋徹 1989「弥生墳墓と副葬品」『考古学ジャーナル』308, ニュー・サイエンス社.

高橋徹 1992「鏡」『菅生大地と周辺の遺跡ⅩⅤ』竹田市教育委員会.

高橋徹 1993「古式大型仿製鏡について」『橿原考古学研究所紀要 考古学論攷』17, 奈良県立橿原考古学研究所.

高橋徹 1994「桜馬場遺跡および井原鑓溝遺跡の研究―国産青銅器, 出土中国鏡の型式学的検討をふまえて―」『古文化談叢』32, 九州古文化研究会.

武末純一 1982「埋納銅矛論」『古文化談叢』9, 九州古文化研究会.

武末純一 1990「墓の青銅器, マツリの青銅器―弥生時代九州例の形式化―」『古文

化談叢』22，九州古文化研究会．

田崎博之 1984「北部九州における弥生時代終末前後の鏡について」『史淵』121，九州大学文学部．

田崎博之 1993「弥生時代の漢鏡」『「社会科」学研究』25,「社会科」学研究会．

田崎博之 1995「瀬戸内における弥生時代社会と交流」松原弘宣編『瀬戸内海地域における交流の展開』古代王権と交流6，名著出版．

田尻義了 2003「弥生時代小形仿製鏡の製作地―初期小形仿製鏡の検討」『青丘学術論集』22，財団法人韓国文化研究振興財団．

田尻義了 2004「弥生時代小形仿製鏡の生産体制論」『日本考古学』18，日本考古学協会．

田尻義了 2005「近畿における弥生時代小形仿製鏡の生産」『東アジアと日本―交流と変容―』2，九州大学21世紀COEプログラム（人文科学）東アジアと日本：交流と変容．

立木修 1993「雲雷文帯連弧文鏡考」『季刊考古学』43，雄山閣出版．

立木修 1994a「後漢の鏡と3世紀の鏡」『日本と世界の考古学』岩崎卓也先生退官記念論文集，雄山閣出版．

立木修 1994b「漢式鏡に関わる諸問題―弥生時代終末・古墳時代前期出土鏡の評価―」『倭人と鏡その2―3・4世紀の鏡と墳墓―』第36回埋蔵文化財研究集会発表要旨集，埋蔵文化財研究会．

伊達宗泰編 2000『古代「おおやまと」を探る』，学生社．

田中晋作 1983「埋納遺物からみた古墳被葬者の性格」『関西大学考古学研究室開設参拾周年記念考古学論集』関西大学．

田中晋作 1993a「武器の所有形態からみた常備軍成立の可能性について（上・下）」『古代文化』45-8・10，日本古代文化學會．

田中晋作 1993b「百舌鳥・古市古墳群成立の要件―キャスティングボートを握った古墳被葬者たち―」『関西大学考古学研究室開設四十周年記念考古学論叢』関西大学．

田中新史 1984「出現期古墳の理解と展望」『古代』77，早稲田大学考古学会．

田中史生 2005『倭国と渡来人』吉川弘文館．

田中琢 1977「鏡―権力とまつり」『日本原始美術大系』4 鐸剣鏡，講談社．

田中琢 1979『日本の原始美術』8 古鏡，講談社．

田中琢 1981「古鏡」『日本の美術』178，至文堂．

田中琢 1983「方格規矩四神鏡系倭鏡分類試論」『文化財論叢』1，奈良国立文化財研究所創立30周年記念論文集，同朋舎出版．

田中琢 1985「日本列島出土の銅鏡」『三角縁神獣鏡の謎—日中合同古代史シンポジウム』角川書店.

田中琢 1989「卑弥呼の鏡と景初四年鏡」『謎の鏡』同朋舎出版.

田中琢 1991a『倭人争乱』集英社版 日本の歴史②,集英社.

田中琢 1991b「『景初四年』銘鏡と三角縁神獣鏡」『考古学研究紀要』辰馬考古資料館.

田中琢 1993「三角縁神獣鏡研究略史」『論苑考古学』天山舎.

田中良之 1995『古墳時代親族構造の研究—人骨が語る古代社会—』柏書房.

田中良之 1996「埋葬人骨による日韓古墳時代の比較」『4・5世紀の日韓考古学』九州考古学会・嶺南考古学会.

田中良之 1998「出自表示論批判」『日本考古学』5,日本考古学協会.

田中良之 1999『人骨および人骨付着昆虫遺体からみた古墳時代モガリの研究』平成9〜10年度科学研究費補助金(基盤研究(C)(2))研究成果報告書.

田中良之 2000「墓からみた親族・家族」『古代史の論点』2,小学館.

田中良之 2002「三国の親族関係」『韓半島考古学論叢』すすざわ書店.

田中良之 2003「古代の家族」『いくつもの日本Ⅵ 女の領域・男の領域』岩波書店.

田中良之 2004a『人骨・墳墓からみた前半期古墳時代集団構造の研究』平成14〜15年度科学研究費補助金(基盤研究(C)(2))研究成果報告書.

田中良之 2004b「親族論からみた日本考古学」『文化の多様性と比較考古学』考古学研究会.

田中良之 2006「国家形成下の倭人たち」田中良之・川本芳昭編『東アジア古代国家論—プロセス・モデル・アイデンティティ—』すいれん舎.

田中良之・川本芳昭編 2006『東アジア古代国家論—プロセル・モデル・アイデンティティー』すいれん舎.

田辺昭三・佐原真 1966「近畿」和島誠一編『日本の考古学』Ⅲ 弥生時代,河出書房新社.

千賀久 2000「大和天神山古墳の鏡群」伊達宗泰編『古代「おおやまと」を探る』学生社.

中国社会科学院 1959『洛陽焼溝漢墓』文物出版社.

辻田淳一郎 1999 「古墳時代前期倣製鏡の多様化とその志向性—製作工程の視点から—」『九州考古学』74,九州考古学会.

辻田淳一郎 2000「夔龍鏡の生成・変容過程に関する再検討」『考古学研究』46-4,考古学研究会.

辻田淳一郎 2001「古墳時代開始期における中国鏡の流通形態とその画期」『古文化

談叢』46, 九州古文化研究会.
辻田淳一郎 2005a「破鏡の伝世と副葬―穿孔事例の観察から―」『史淵』142, 九州大学大学院人文科学研究院.
辻田淳一郎 2005b「月岡古墳出土鏡群の検討」『若宮古墳群Ⅲ 月岡古墳』吉井町教育委員会.
辻田淳一郎 2005c「破鏡と完形鏡」『東アジアにおける鏡祭祀の源流とその展開』國學院大學21世紀COEプログラム 考古学・神道シンポジウム予稿集.
辻田淳一郎 2005d「弥生時代～古墳時代の銅鏡―山口県内出土鏡を中心として―」『鏡の中の宇宙』山口県立萩美術館・浦上記念館.
辻田淳一郎 2006a「威信財システムの成立・変容とアイデンティティ」田中良之・川本芳昭編『東アジア古代国家論―プロセス・モデル・アイデンティティ―』すいれん舎.
辻田淳一郎 2006b「鏡と副葬品」『前期古墳の再検討』, 九州前方後円墳研究会.
辻田淳一郎 2007a「古墳時代前期における鏡の副葬と伝世の論理―北部九州地域を対象として―」『史淵』144, 九州大学大学院人文科学研究院.
辻田淳一郎 2007b「技術移転とアイデンティティ」『東アジアと日本：交流と変容 統括ワークショップ報告書』九州大学21世紀COEプログラム 東アジアと日本：交流と変容.
都出比呂志 1970「農業共同体と首長権」『講座日本史』1, 東京大学出版会.
都出比呂志 1974「古墳出現前夜の集団関係」『考古学研究』20-4, 考古学研究会.
都出比呂志 1979「前方後円墳出現期の社会」『考古学研究』26-3, 考古学研究会.
都出比呂志 1981「埴輪編年と前期古墳の新古」小野山節編『王陵の比較研究』京都大学文学部考古学研究室.
都出比呂志 1984「農耕社会の形成」『講座日本歴史』1, 東京大学出版会.
都出比呂志 1986『竪穴式石室の地域性の研究』大阪大学文学部考古学研究室.
都出比呂志 1988「古墳時代首長系譜の継続と断絶」『待兼山論叢』22, 史学編, 大阪大学文学部.
都出比呂志 1989a「前期古墳と鏡」『謎の鏡』同朋舎出版.
都出比呂志 1989b「前方後円墳の誕生」『古代を考える 古墳』吉川弘文館.
都出比呂志 1989c『日本農耕社会の成立過程』岩波書店.
都出比呂志編 1989『古墳時代の王と民衆』古代史復元6, 講談社.
都出比呂志 1991「日本古代の国家形成論序説―前方後円墳体制の提唱―」『日本史研究』343, 日本史研究会.
都出比呂志 1993「前方後円墳体制と民族形成」『待兼山論叢』27, 史学編, 大阪大

学文学部.
都出比呂志 1995「祖霊祭式の政治性―前方後円墳分布圏の解釈」『日本古代の葬制と社会関係の基礎的研究』大阪大学文学部考古学研究室.
都出比呂志 1996「国家形成の諸段階」『歴史評論』551,校倉書房.
都出比呂志 1998a「総論―弥生から古墳へ―」都出編『古代国家はこうして生まれた』角川書店.
都出比呂志 1998b『古代国家の胎動』日本放送出版協会.
都出比呂志 1999「首長系譜変動パターン論序説」都出編『古墳時代首長系譜変動パターンの比較研究』(平成8年度~平成10年度科学研究費補助金(基盤B・一般2)研究成果報告書),大阪大学文学部.
都出比呂志 2005『前方後円墳と社会』塙書房.
都出比呂志・田中琢編 1998『古代史の論点』4 権力と国家と戦争,小学館
鄭仁盛 2001「楽浪土城と青銅器製作」『東京大学考古学研究室研究紀要』東京大学考古学研究室.
寺井誠 2007「日本列島出土楽浪系土器についての基礎的研究」『古文化談叢』56,九州古文化研究会.
寺沢薫 1979「大和弥生社会の展開とその特質」『橿原考古学研究所論集』4,吉川弘文館.
寺沢薫 1984「纒向遺跡と初期ヤマト政権」『橿原考古学研究所論集』6,吉川弘文館.
寺沢薫 1985「弥生時代舶載製品の東方流入」『考古学と移住・移動』,同志社大学考古学シリーズ刊行会.
寺沢薫 1986「畿内古式土師器の編年と二・三の問題」『矢部遺跡』奈良県史跡名勝天然記念物調査報告49,奈良県教育委員会.
寺沢薫 1987「布留0式土器拡散論」森浩一編『考古学と地域文化』同志社大学考古学シリーズ刊行会.
寺沢薫 1988「纒向型前方後円墳の築造」森浩一編『考古学と技術』同志社大学考古学シリーズ刊行会.
寺沢薫 1992「巫の鏡―『十』字小形仿製鏡の新例とその世界―」『考古学と生活文化』同志社大学考古学シリーズ刊行会.
寺沢薫 2000『王権誕生』日本の歴史02,講談社.
寺沢薫 2003「首長霊観念の創出と前方後円墳祭祀の本質―日本的王権の原像―」『古代王権の誕生 I 東アジア編』角川書店.
寺沢薫 2005「古墳時代開始期の暦年代と伝世鏡論」(上)(下)『古代学研究』

169・170, 古代学研究会.
寺沢知子 1999「首長霊にかかわる内行花文鏡の特質」『考古学に学ぶ―遺構と遺物―』同志社大学考古学シリーズ刊行会.
寺沢知子 2000「権力と女性」『古代史の論点』2, 小学館.
董亜魏 2001「中国鏡と三角縁神獣鏡との関係について」『古代学研究』155, 古代学研究会.
唐金裕・郭清華 1983「陝西勉県紅廟東漢墓清理簡報」『考古与文物』1983-4, 陝西人民出版.
徳田誠志 2003「古墳時代前期社会における倣製三角縁神獣鏡の存在意義」『関西大学考古学研究室開設五拾周年記念 考古学論叢』上巻, 関西大学考古学研究室開設五拾周年記念考古学論叢刊行会.
徳田誠志 2004「倭鏡の誕生」『かにかくに』八賀晋先生古稀記念論文集刊行会.
徳田誠志 2006「新山古墳（大塚陵墓参考地）出土鏡群の検討」『3次元デジタルアーカイブ古鏡総覧』（Ⅱ）, 学生社.
徳本正彦 1975「原始社会史の段階区分と前国家段階」『法政研究』42-2・3, 九州大学法政学会.
富岡謙蔵 1920『古鏡の研究』丸善.
冨田和気夫 1989「11号墳出土四獣鏡をめぐる諸問題」新潟大学考古学研究室編『保内三王山古墳群』三条市教育委員会.
内藤晃 1959「古墳文化の成立―いわゆる伝世鏡理論を中心として―」『歴史学研究』236, 青木書店.
内藤晃 1960「古墳文化の発展―同笵鏡問題の再検討―」『日本史研究』48, 日本史研究会.
中井一夫・清水克明・清水康二 2002「伝世鏡の再検討Ⅱ―福岡県宮原遺跡および奈良県池殿奥4号墳出土倣製内行花文鏡について―」『考古學論攷』25, 奈良県立橿原考古学研究所.
中島直幸 1995a「末盧国」『季刊考古学』51, 雄山閣出版.
中島直幸 1995b「大陸文化の窓口―末盧国」『風土記の考古学』5, 同成社.
中島直幸 1998「佐賀県久里双水古墳」『季刊考古学』65, 雄山閣出版.
中野徹 1996「中国青銅鏡に観る製作の痕跡―製作と形式―」『和泉市久保惣記念美術館久保惣記念文化財団東洋美術研究所紀要』6, 和泉市久保惣記念美術館.
中林伸浩 1969「東南アジア首長制の構造」『思想』1969-1, 岩波書店.
永峯光一 1966「鏡片の再加工と考えられる白銅板について」『信濃』18-4, 信濃史学会.

長嶺正秀 2005『筑紫政権からヤマト政権へ 豊前石塚山古墳』新泉社.
中村倉司 1999「弥生・古墳時代と神仙（道教）思想」『研究紀要』15，財団法人埼玉県埋蔵文化財調査事業団.
中村潤子 1999「出土状況から見た三角縁神獣鏡」『考古学に学ぶ─遺構と遺物─』同志社大学考古学シリーズⅦ，同志社大学文学部.
中山平次郎 1929「壹岐国加良香美山貝塚発掘の鏡に就いて」『考古学雑誌』19-4，日本考古学会.
長山泰孝 1984「前期大和政権の支配体制」『日本歴史』432，吉川弘文館.
名本二六雄 1982「捩文帯をもつ鏡─相の谷古墳出土鏡の占める位置─」『遺跡』22，遺跡発行会.
名本二六雄 1983「続 捩文帯をもつ鏡─その年代と特色について─」『遺跡』24，遺跡発行会.
奈良県立橿原考古学研究所編 1997a『島の山古墳調査概報』学生社.
奈良県立橿原考古学研究所編 1997b『下池山古墳・中山大塚古墳調査概報』学生社.
奈良県立橿原考古学研究所編 1999『黒塚古墳調査概報』学生社.
奈良県立橿原考古学研究所編 2001『ホケノ山古墳調査概報』学生社.
奈良県立橿原考古学研究所編 2006『3次元デジタルアーカイブ古鏡総覧』（Ⅰ）（Ⅱ），学生社.
奈良県立橿原考古学研究所附属博物館編 1988『馬見丘陵の古墳』奈良県立橿原考古学研究所附属博物館.
奈良県立橿原考古学研究所附属博物館・京都大学・東京新聞社編 2000『大古墳展─ヤマト王権と古墳の鏡』東京新聞社.
新納泉 1991a「権現山鏡群の型式学的位置」『権現山51号墳』権現山51号墳刊行会.
新納泉 1991b「六，七世紀の変革と地域社会の動向」『考古学研究』38-2，考古学研究会.
新納泉 2002「古墳時代の社会統合」鈴木靖民編『日本の時代史2 倭国と東アジア』吉川弘文館.
西健一郎 1983「筑後川流域」森浩一編『三世紀の考古学』下巻，学生社.
西川寿勝 1994「舶に載ってもたらされた鏡」『文化財学論集』文化財学論集刊行会.
西川寿勝 1994「我が国にもたらされた舶載鏡」『（財）大阪府埋蔵文化財協会研究紀要』2，大阪府埋蔵文化財協会.
西川寿勝 1995「弥生時代終末の対外交流─破鏡の終焉をめぐって─」『（財）大阪府埋蔵文化財協会研究 紀要』3，大阪府埋蔵文化財協会.
西川寿勝 1996「舶載鏡の秘密」『卑弥呼をうつした鏡』北九州中国書店.

西川寿勝 1999「古墳時代鋳造工人の動向―倣製鏡を中心として―」『鋳造遺跡研究資料』鋳造遺跡研究会.
西川寿勝 2000『三角縁神獣鏡と卑弥呼の鏡』学生社.
西川寿勝 2001「三角縁神獣鏡と魏皇帝の下賜鏡」『東アジアの古代文化』107, 大和書房.
西川寿勝 2002「三角縁神獣鏡の傘松文様と神仙思想」『東アジアの古代文化』113, 大和書房.
西川寿勝 2003「古墳時代のはじまりを探る」『考古学と歴年代』ミネルヴァ書房.
西川寿勝 2004「三角縁神獣鏡の伝来と神仙思想の流伝」『東アジアの古代文化』119, 大和書房.
西川寿勝 2006「ここまで進んだ三角縁神獣鏡研究」『三角縁神獣鏡・邪馬台国・倭国』新泉社.
西川宏 1964「吉備政権の性格」『日本考古学の諸問題』考古学研究会.
西嶋定生 1961「古墳と大和政権」『岡山史学』10, 岡山史学会.
西嶋定生 1966「古墳出現の国際的契機」『日本の考古学Ⅳ 古墳時代（上）』月報4, 河出書房.
西嶋定生 1992「『倭国』出現の時期と東アジア」『アジアのなかの日本史Ⅱ 外交と戦争』東京大学出版会.
西嶋定生 1994『邪馬台国と倭国』吉川弘文館.
西嶋定生 1999『倭国の出現』東京大学出版会.
西嶋定生 2000『古代東アジア世界と日本』李成市編, 岩波現代文庫.
西田守夫 1970「三角縁神獣鏡の形式系譜諸説」『東京国立博物館紀要』6, 東京国立博物館.
西田守夫 1985「漢式鏡の芝草文」『三上次男博士喜寿記念論文集』考古編, 平凡社.
西田守夫 1993「三角縁対置式系神獣鏡の図紋」『国立歴史民俗博物館研究報告』55, 国立歴史民俗博物館.
西村俊範 1983「双頭龍文鏡（位至三公鏡）の系譜」『史林』66-1, 史学研究会.
西村正雄 1996「長距離交易モデル」植木武編『国家の形成』三一書房.
仁藤敦史 2001「鬼道を事とし, よく衆を惑わす」設楽博巳編『三国志がみた倭人たち』山川出版社.
禰宜田佳男 1998「石器から鉄器へ」都出比呂志編『古代国家はこうして生まれた』角川書店.
野島永 1995「古墳時代初頭の鉄器について」『近藤義郎先生古稀記念 考古文集』考古文集編集委員会.

野島永 2000「鉄器からみた諸変革―初期国家形成期における鉄器流通の様相―」考古学研究会例会委員会編『国家形成過程の諸変革』考古学研究会．

橋口達也 1979「甕棺の編年的研究」『九州縦貫自動車道関係埋蔵文化財調査報告』第31集中巻，福岡県教育委員会．

橋本達也 1996「古墳時代前期甲冑の技術と系譜」『雪野山古墳の研究』考察篇，八日市市教育委員会．

橋本達也 1998「堅矧板・方形板革綴短甲の技術と系譜」『青丘学術論叢』12，財団法人韓国文化研究振興財団．

橋本輝彦 2006「纏向古墳群の調査成果と出土土器」『東田大塚古墳』桜井市内埋蔵文化財1998年度発掘調査報告書1，財団法人桜井市文化財協会．

蓮岡法暲 2002「出雲の前期古墳について」『神原神社古墳』加茂町教育委員会．

長谷川達 2001「破砕鏡からの予察」『京都府埋蔵文化財論集』第4集，財団法人京都府埋蔵文化財調査研究センター．

八賀晋 1984「仿製三角縁神獣鏡の研究―同笵鏡にみる笵の補修と補刻」『学叢』6，京都国立博物館．

八賀晋 1990「鏡をつくる」白石太一郎編『古墳時代の工芸』古代史復元7，講談社．

土生田純之 1998『黄泉国の成立』学生社．

土生田純之 2004「首長墓造営地の移動と固定」『福岡大学考古学論集―小田富士雄先生退職記念―』小田富士雄先生退職記念事業会．

土生田純之 2006『古墳時代の政治と社会』吉川弘文館．

浜田耕作 1936「前方後円墳の諸問題」『考古学雑誌』26-9，日本考古学会．

林裕己 1995「漢式鏡紀年銘鏡集成'94」『考古学ジャーナル』388，ニュー・サイエンス社．

林裕己 1998「三角縁神獣鏡の銘文―銘文一覧と若干の考察―」『古代』105，早稲田大学考古学会．

林裕己 2006「漢鏡銘について」『古文化談叢』55，九州古文化研究会．

林正憲 2000「古墳時代前期における倭鏡の製作」『考古学雑誌』85-4，日本考古学会．

林正憲 2002「古墳時代前期倭鏡における2つの鏡群」『考古学研究』49-2，考古学研究会．

林正憲 2005「小型倭鏡の系譜と社会的意義」『待兼山考古学論集』，大阪大学考古学研究室．

林巳奈夫 1978「漢鏡の図柄二，三について（続）」『東方學報』50，京都大学人文

科学研究所（林1989所収）.

林巳奈夫 1989『漢代の神々』臨川書店.

林原利明 1991「弥生時代終末〜古墳時代前期の小形仿製鏡について」『東国史論』5，群馬考古学研究会.

林原利明 1993「東日本の初期銅鏡」『季刊考古学』43，雄山閣出版.

原秀三郎 1980『日本古代国家史研究』東京大学出版会.

原秀三郎 1984「日本列島の未開と文明」『講座日本歴史』1 原始・古代1，東京大学出版会.

原田大六 1958「鏡」『沖ノ島』宗像神社復興期成会.

原田大六 1960a「鋳鏡における湯冷えの現象について」『考古学研究』6-4，考古学研究会.

原田大六 1960b「鏡について」『月の輪古墳』月の輪古墳刊行会.

原田大六 1961「十七号遺跡の遺物」『続沖ノ島』宗像神社復興期成会.

原田三壽 1994「正L字文を持つ規矩鏡について」『京都府埋蔵文化財情報』52，京都府埋蔵文化財調査研究センター.

原田三壽 1996「再び正L字文を持つ規矩鏡について」『京都府埋蔵文化財論集』3，京都府埋蔵文化財調査研究センター.

春成秀爾 1984「前方後円墳論」『東アジア世界における日本古代史講座』2，学生社.

春成秀爾 1997「考古学と記紀の相克―小林行雄の伝世鏡論―」『国立歴史民俗博物館研究報告』70，国立歴史民俗博物館.

坂靖 1994「奈良県の円筒埴輪」『橿原考古学研究所論集』11，吉川弘文館.

樋口隆康 1952「同型鏡の二，三について―鳥取県普段寺山古墳新出鏡を中心として―」『古文化』1-2.

樋口隆康 1953「中国古鏡銘文の類別的研究」『東方学』7，東方学会.

樋口隆康 1955「九州古墳墓の性格」『史林』38-3，史学研究会.

樋口隆康 1960「画文帯神獣鏡と古墳文化」『史林』43-5，史学研究会.

樋口隆康 1979『古鏡』新潮社.

樋口隆康 1987「日本出土の魏鏡」『東方学会創立四十周年記念東方学論集』東方学会.

樋口隆康 1992『三角縁神獣鏡綜鑑』新潮社.

樋口隆康編 1990『鏡鑑』泉屋博古館.

樋口隆康 2000a「ホケノ山古墳出土鏡を解く」『東アジアの古代文化』105，大和書房.

樋口隆康 2000b『三角縁神獣鏡新鑑』学生社.
樋口隆康 2001「卑弥呼の銅鏡百枚」,樋口隆康・平野邦雄監修『シンポジウム　邪馬台国が見えた』学生社.
樋口隆康・平野邦雄監修 2001『シンポジウム　邪馬台国が見えた』学生社.
肥後考古学会編 1983「肥後古鏡聚英」『肥後考古』3,肥後考古学会.
久永春男 1956「鏡」『日本考古学講座』5,河出書房.
比田井克仁 1997「定型化古墳出現前における濃尾,畿内と関東の確執」『考古学研究』44-2,考古学研究会.
櫃本誠一 2002『兵庫県の出土古鏡』学生社.
平尾和久 2007「破砕鏡と破鏡の時期的変遷とその認識」『伊都国歴史博物館紀要2』,伊都国歴史博物館.
平尾良光・鈴木浩子 1996「虺龍文鏡および福岡県北九州市近郊から出土した弥生〜古墳時代の青銅製遺物の鉛同位対比」『北九州市立考古博物館研究紀要』3,北九州市立考古博物館.
広瀬和雄 1987「大王墓の系譜とその特質（上）」『考古学研究』34-3,考古学研究会.
広瀬和雄 1988「大王墓の系譜とその特質（下）」『考古学研究』34-4,考古学研究会.
広瀬和雄 1992「畿内における前方後円墳の編年基準」近藤義郎編『前方後円墳集成』近畿編,山川出版社.
広瀬和雄 2000「丹後の巨大古墳」広瀬和雄編『丹後の弥生王墓と巨大古墳』雄山閣出版.
広瀬和雄編 2000『丹後の弥生王墓と巨大古墳』雄山閣出版.
広瀬和雄 2003『前方後円墳国家』角川選書.
福井市教育委員会 2000『花野谷1号墳　発掘調査概報』福井市教育委員会.
福岡県教育委員会 1971『今宿バイパス関係埋蔵文化財調査報告』第2集.
福岡県教育委員会 1979『九州縦貫自動車道関係埋蔵文化財調査報告ⅩⅩⅦ』福岡県教育委員会.
福岡県教育委員会 1995『九州横断自動車道関係埋蔵文化財調査報告―35―』福岡県教育委員会.
福岡県教育委員会 1996『徳永川ノ上遺跡Ⅱ』椎田道路関係埋蔵文化財調査報告第7集,福岡県教育委員会.
福岡市教育委員会 1986『丸隈山古墳Ⅱ』福岡市教育委員会.
福岡市教育委員会 1994『飯氏遺跡群2』福岡市埋蔵文化財調査報告書第390集,福

岡市教育委員会.

福岡市教育委員会 2001『羽根戸南古墳群』福岡市埋蔵文化財調査報告書第661集福岡市教育委員会.

福岡市教育委員会 2005a『元岡・桑原遺跡群5』福岡市埋蔵文化財調査報告書第861集福岡市教育委員会.

福岡市教育委員会 2005b『金武2』福岡市埋蔵文化財調査報告書第866集福岡市教育委員会.

福岡市教育委員会 2006『元岡・桑原遺跡群6』福岡市埋蔵文化財調査報告書第909集福岡市教育委員会.

福永伸哉 1991「三角縁神獣鏡の系譜と性格」『考古学研究』38-1,考古学研究会.

福永伸哉 1992a「仿製三角縁神獣鏡分類の視点」『長岡京古文化論叢Ⅱ』三星出版.

福永伸哉 1992b「規矩鏡における特異な一群—三角縁神獣鏡との関連をめぐって—」『究班』埋蔵文化財研究会15周年記念論集,埋蔵文化財研究会.

福永伸哉 1992c「三角縁神獣鏡製作技法の検討」『考古学雑誌』78-1,日本考古学会.

福永伸哉 1994a「仿製三角縁神獣鏡の編年と製作背景」『考古学研究』41-1,考古学研究会.

福永伸哉 1994b「三角縁神獣鏡の歴史的意義」『倭人と鏡 その2—3・4世紀の鏡と墳墓—』第36回埋蔵文化財研究集会発表要旨集,埋蔵文化財研究会.

福永伸哉 1995「三角縁神獣鏡の副葬配置とその意義」『日本古代の葬制と社会関係の基礎的研究』大阪大学文学部考古学研究室.

福永伸哉 1996a「雪野山古墳と近江の前期古墳」『雪野山古墳の研究』考察篇,雪野山古墳発掘調査団.

福永伸哉 1996b「舶載三角縁神獣鏡の製作年代」『待兼山論叢』30(史学篇),大阪大学文学部.

福永伸哉 1998a「銅鐸から銅鏡へ」都出比呂志編『古代国家はこうして生まれた』角川書店.

福永伸哉 1998b「華北東部地域の三国時代銅鏡」,『東アジアの古代文化』97,大和書房.

福永伸哉 1999a「古墳時代前期における神獣鏡製作の管理」『国家形成期の考古学』大阪大学文学部考古学研究室.

福永伸哉 1999b「古墳の出現と中央政権の儀礼管理」『考古学研究』46-2,考古学研究会.

福永伸哉 1999c「古墳時代の首長系譜変動と墳墓要素の変化」都出比呂志編『古墳

時代首長系譜変動パターンの比較研究』(平成8年度～平成10年度科学研究費補助金(基盤B・一般2)研究成果報告書),大阪大学文学部.

福永伸哉 2000a「中国鏡流入のメカニズムと北近畿の時代転換点」広瀬和雄編『丹後の弥生王墓と巨大古墳』雄山閣出版.

福永伸哉 2000b「古墳における副葬品配置の変化とその意味―鏡と剣を中心にして―」『待兼山論叢』34(史学篇),大阪大学大学院文学研究科.

福永伸哉 2001a「画文帯神獣鏡と邪馬台国政権」『東アジアの古代文化』108,大和書房.

福永伸哉 2001b『邪馬台国から大和政権へ』,大阪大学出版会.

福永伸哉 2005a「三角縁神獣鏡と画文帯神獣鏡のはざまで」『待兼山考古学論集』大阪大学考古学研究室.

福永伸哉 2005b『三角縁神獣鏡の研究』,大阪大学出版会.

福永伸哉・杉井健・橋本達也・朴天秀 1998「四,五世紀における韓日交渉の考古学的再検討―地域間相互交流の視点から―」『青丘学術論集』12,財団法人韓国文化研究振興財団.

福永伸哉・岡村秀典・岸本直文・車崎正彦・小山田宏一・森下章司 2003『シンポジウム 三角縁神獣鏡』学生社.

福永伸哉・森下章司 2000「河北省出土の魏晋鏡」『史林』83-1,史学研究会.

福山敏男 1974「景初三年・正始元年三角縁神獣鏡の陳氏と杜地」『古代文化』26-11,古代學協會.

福山敏男 1989「景初四年銘をめぐって」『謎の鏡』同朋舎出版.

藤田和尊 1989「武器・武具」『季刊考古学』28,雄山閣出版.

藤田和尊 1993a「甲冑の保有形態」『考古学ジャーナル』366,ニュー・サイエンス社.

藤田和尊 1993b「鏡の副葬位置からみた前期古墳」『考古学研究』39-4,考古学研究会.

藤田和尊 1995「古墳時代中期における軍事組織の実態」『考古学研究』41-4,考古学研究会.

藤丸詔八郎 1982「方格規矩四神鏡の研究」小林行雄博士古稀記念論文集刊行委員会編『考古学論考:小林行雄博士古稀記念論文集』平凡社.

藤丸詔八郎 1991「弥生後期後半～古墳初期の鏡―とくに破鏡を中心にして―」『高津尾遺跡4(16区の調査)』(財)北九州市教育文化事業団埋蔵文化財調査室.

藤丸詔八郎 1993「破鏡の出現に関する一考察」『古文化談叢』30(上),九州古文化研究会.

藤丸詔八郎 1994「わが国出土の虺龍文鏡の様相―館蔵鏡の紹介を兼ねて―」『研究紀要』1，北九州市立考古学物館.

藤丸詔八郎 1996「鉛同位対比の測定対象となった北九州市近郊から出土した弥生～古墳時代の青銅製遺物について」『研究紀要』3，北九州市立考古博物館.

藤丸詔八郎 1997「三角縁神獣鏡の製作技術―同笵鏡番号60鏡群の場合―」『研究紀要』4，北九州市立考古博物館.

藤丸詔八郎 1998「三角縁神獣鏡の製作技術―同笵鏡番号19鏡群の場合―」『研究紀要』5，北九州市立考古博物館.

藤丸詔八郎 2000a「三角縁神獣鏡の製作技術について（予察）―製作工程に「踏み返し」が介在する同笵（型）鏡群の場合―」『研究紀要』7，北九州市立考古博物館.

藤丸詔八郎 2000b「後漢鏡について」『古墳発生期前後の社会像』九州古文化研究会.

藤丸詔八郎 2002「三角縁神獣鏡の製作技術について（予察）―同笵鏡番号69鏡群の場合―」『研究紀要』8，北九州市立考古博物館.

藤丸詔八郎 2004「三角縁神獣鏡の製作技術について（予察）―同笵鏡番号72鏡群の場合―」『北九州市立自然史・歴史博物館研究報告 B類 歴史』1，北九州市立自然史・歴史博物館.

藤丸詔八郎 2005「三角縁神獣鏡の製作技術について―同笵鏡番号74鏡群の場合―」『北九州市立自然史・歴史博物館研究報告B類歴史』2，北九州市立自然史・歴史博物館.

藤丸詔八郎 2006「三角縁神獣鏡の製作技術について―同笵鏡番号37鏡群の場合―」『北九州市立自然史・歴史博物館研究報告B類歴史』3，北九州市立自然史・歴史博物館.

古川登 2003「北陸地方における古墳の出現」『風巻神山古墳群』福井県清水町教育委員会.

古市秀治 1996「特殊器台型埴輪の研究―岡山県南部出土の資料を中心に―」『考古学研究』43-1，考古学研究会.

北條芳隆 1986「墳丘に表示された前方後円墳の定式とその評価」『考古学研究』32-4，考古学研究会.

北條芳隆 1990「古墳成立期における地域間の相互作用」『考古学研究』37-2，考古学研究会.

北條芳隆 1994a「鍬形石の型式学的研究」『考古学雑誌』79-4，日本考古学会.

北條芳隆 1994b「四国地域の前期古墳と鏡」『倭人と鏡 その―3・4世紀の鏡と

墳墓—』第36回埋蔵文化財研究集会発表要旨集，埋蔵文化財研究会.
北條芳隆 1996「雪野山古墳の石製品」『雪野山古墳の研究』考察篇，雪野山古墳発掘調査団.
北條芳隆 1999「讃岐型前方後円墳の提唱」『国家形成期の考古学』大阪大学文学部考古学研究室.
北條芳隆 2000a「前方後円墳の論理」北條芳隆・溝口孝司・村上恭通『古墳時代像を見なおす』青木書店.
北條芳隆 2000b「前方後円墳と倭王権」北條芳隆・溝口孝司・村上恭通『古墳時代像を見なおす』青木書店.
北條芳隆 2005「基調報告：前方後円墳出現期に託された幻想としての『日本文化』成立過程」『東海史学』東海大学史学会.
北條芳隆・禰冝田佳男編 2002『考古資料大観 9 石器・石製品・骨角器』，小学館.
北條芳隆・溝口孝司・村上恭通 2000『古墳時代像を見なおす』青木書店.
埋蔵文化財研究会編 1994a『倭人と鏡 —日本出土中国鏡の諸問題—』第35回埋蔵文化財研究集会発表要旨集，埋蔵文化財研究会.
埋蔵文化財研究会編 1994b『倭人と鏡 その2—3・4世紀の鏡と墳墓—』第36回埋蔵文化財研究集会発表要旨集，埋蔵文化財研究会.
埋蔵文化財研究会編 1995『前期前方後円墳の再検討』第38回埋蔵文化財研究集会発表要旨集，埋蔵文化財研究会.
前川和也・岡村秀典（編）2005『国家形成の比較研究』学生社.
前原市教育委員会 2000『平原遺跡』前原市教育委員会.
正岡睦夫 1979「鏡片副葬について」『古代学研究』90，古代學研究會.
松浦宥一郎 1994「日本出土の方格T字鏡」『東京国立博物館紀要』29，東京国立博物館.
松浦宥一郎 2003「方格T字鏡の国外出土資料」『新世紀の考古学—大塚初重先生喜寿記念論文集』大塚初重先生喜寿記念論文集刊行会.
松岡史 1981「唐津湾岸の古墳」『探訪日本の古墳』西日本編，有斐閣.
松木武彦 1991「前期古墳副葬鏃の成立と展開」『考古学研究』37-4，考古学研究会.
松木武彦 1992a「銅鏃の終焉—長法寺南原古墳出土の銅鏃をめぐって—」『長法寺南原古墳の研究』大阪大学文学部考古学研究室.
松木武彦 1992b「古墳時代前半期における武器・武具の革新とその評価」『考古学研究』39-1，考古学研究会.
松木武彦 1994a「古墳時代の武器・武具および軍事組織研究の動向」『考古学研究』

41-1，考古学研究会.

松木武彦 1994b「山陽の前期古墳と鏡」『倭人と鏡 その2』埋蔵文化財研究会.

松木武彦 1995a「考古資料による軍事組織研究の現状と展望」『展望考古学』考古学研究会.

松木武彦 1995b「弥生時代の戦争と日本列島社会の発展過程」『考古学研究』42-3，考古学研究会.

松木武彦 1996a「日本列島の国家形成」植木武編『国家の形成』三一書房.

松木武彦 1996b「前期古墳副葬鏃群の成立過程と構成―雪野山古墳出土鉄・銅鏃の検討によせて―」『雪野山古墳の研究』考察篇，雪野山古墳発掘調査団.

松木武彦 1997「ヤマト政権成立の背景」『卑弥呼誕生』大阪府立弥生文化博物館.

松木武彦 1998a「『戦い』から『戦争』へ」都出比呂志編『古代国家はこうして生まれた』角川書店.

松木武彦 1998b「中国地方の中期古墳とその社会」『中期古墳の展開と変革―5世紀における政治的・社会的変化の具体相（１）―』第44回埋蔵文化財研究集会発表要旨集，埋蔵文化財研究会.

松木武彦 2001『人はなぜ戦うのか―考古学から見た戦争―』講談社選書メチエ.

松本直子 1997「認知考古学の理論的基盤」『HOMINIDS』1，CRA.

松山智弘 2002「出雲における墳墓の変遷」『神原神社古墳』加茂町教育委員会.

馬淵久夫 1981「古鏡の原料をさぐる―鉛同位対比法」馬淵久夫・富永健編『考古学のための化学10章』東京大学出版会.

三品彰英 1970『邪馬台国研究総覧』，創元社.

水野清一・岡崎敬 1957「長崎県カラカミ遺跡」『日本考古学年報』5，日本考古学協会.

水野敏典 1997「捩文鏡の編年と製作動向」『日上天王山古墳』津山市教育委員会.

水野敏典 2006「三角縁神獣鏡における笵の複製と製作工程」『3次元デジタルアーカイブ古鏡総覧』（Ⅱ），学生社.

水野正好 2006「倭国女王卑弥呼の王都と大和」『三角縁神獣鏡・邪馬台国・倭国』新泉社.

溝口孝司 1988「古墳出現前後の土器相―筑前地方を素材として―」『考古学研究』35-2，考古学研究会.

溝口孝司 1991「社会考古学の射程―社会システムの変容における外部／内部の問題にふれつつ―」『地方史研究』41-4，地方史研究協議会.

溝口孝司 1993a「『記憶』と『時間』―その葬送儀礼と社会構造の再生産において果たす役割り」『九州文化史研究所紀要』38，九州文化史研究所.

溝口孝司 1993b「ブリテン島青銅器時代における火葬習俗導入の社会的意義―『意味』の考古学から『社会的行為』の考古学へ」『古文化談叢』30（下），九州古文化研究会.

溝口孝司 1995a「福岡県筑紫野市永岡遺跡の研究：いわゆる二列埋葬墓地の一例の社会考古学的再検討」『古文化談叢』34，九州古文化研究会.

溝口孝司 1995b「福岡県甘木市栗山遺跡C群墓域の研究―北部九州弥生時代中期後半墓地の一例の社会考古学的検討―」『日本考古学』2，日本考古学協会.

溝口孝司 1997「福岡県甘木市栗山遺跡D群墓域第6号甕棺墓：社会考古学的観点からの若干の検討」『比較社会文化』3，九州大学大学院比較社会文化研究科.

溝口孝司 2000a「古墳時代開始期の理解をめぐる問題点―弥生墓制研究史の視点から―」北條芳隆・溝口孝司・村上恭通『古墳時代像を見なおす』青木書店.

溝口孝司 2000b「墓地と埋葬行為の変遷―古墳時代の開始の社会的背景の理解のために―」北條芳隆・溝口孝司・村上恭通『古墳時代像を見なおす』青木書店.

溝口孝司 2000c「構造化理論」安斎正人編『現代考古学の方法と理論Ⅲ』同成社.

溝口孝司 2001「弥生時代の社会」高橋龍三郎編『村落と社会の考古学』現代の考古学6，朝倉書店.

御津町教育委員会 2005『綾部山39号墓発掘調査報告書』，御津町埋蔵文化財調査報告書5，御津町教育委員会.

三宅米吉 1897「古鏡」『考古学会雑誌』1-5，考古學會.

宮崎市定 1987「景初四年鏡は帯方郡製か」『洛味』414（宮崎1988『古代大和朝廷』，筑摩書房に再録）.

宮本一夫 2000「彩画鏡の変遷とその意義」『史淵』137，九州大学文学部.

宮本一夫・岡田裕之・田平陽子・出口敦・有馬隆文 2002「糸島地域における遺跡分布の地理情報システム（GIS）による研究」『九州考古学』77，九州考古学会.

宮本一夫・辻田淳一郎・牛島恵輔・水永秀樹・田中俊昭・今井隆博 2005「福岡市西区元岡・塩除古墳の墳丘測量調査と電気探査の成果」『九州考古学』80，九州考古学会.

宮本一夫・辻田淳一郎・牛島恵輔・水永秀樹・田中俊昭・黒木貴一 2006「福岡市西区元岡池ノ浦古墳・峰古墳の墳丘測量調査と電気探査の成果」『九州考古学』81，九州考古学会.

宗像神社復興期成会 1958『沖ノ島』宗像神社復興期成会.

宗像神社復興期成会 1961『続沖ノ島』宗像神社復興期成会.

村上恭通 1998『倭人と鉄の考古学』青木書店

村上恭通 1999「鉄製武器形副葬品の成立とその背景―三韓・三国時代と前方後円

墳成立期を対象として―」『先史学・考古学論究Ⅲ』龍田考古会.

村上恭通 2000a「鉄と社会変革をめぐる諸問題―弥生時代から古墳時代への以降に関連して―」北條芳隆・溝口孝司・村上恭通『古墳時代像を見なおす』青木書店.

村上恭通 2000b「鉄器生産・流通と社会変革」北條芳隆・溝口孝司・村上恭通『古墳時代像を見なおす』青木書店.

村上恭通 2003「大和における古墳副葬鏃の形成」石野博信編『初期古墳と大和の考古学』学生社.

村田昌也 2004「三角縁神獣鏡の変遷―主文部に置かれる乳と副文部1圏に施される文様の変化から―」監修伊達宗泰『地域と古文化』,『地域と古文化』刊行会.

伊達宗泰監修『地域と古文化』,『地域と古文化』刊行会.

村松洋介 2003「八幡東車塚古墳出土 三角縁鼉龍鏡」『國學院大學考古学資料館紀要』19, 國學院大學考古学資料館.

村松洋介 2004「斜縁神獣鏡研究の新視点」『古墳文化』創刊号, 國學院大學古墳時代研究会.

桃崎祐輔 2004「倭国への騎馬文化の道―慕容鮮卑三燕・朝鮮三国・倭国の馬具の比較研究―」『古代の風特別号No.2 考古学講座講演集』市民の古代研究会・関東.

森格也 1987「後漢鏡をめぐる諸問題」『滋賀県埋蔵文化財センター紀要』1, 滋賀県埋蔵文化財センター.

森浩一 1962「日本の古代文化」『古代史講座』3, 学生社.

森浩一 1970「古墳出土の小型内行花文鏡の再吟味」橿原考古学研究所編『日本古文化論攷』吉川弘文館.

森浩一 1974「奈良県桜井市外山茶臼山古墳の鏡片」『古代学研究』71, 古代學研究會.

森浩一 1978「日本の遺跡と銅鏡」『日本古代文化の探求 鏡』日本思想社.

森貞次郎 1985「弥生時代の東アジアと日本」森貞次郎編『稲と青銅と鉄』日本書籍.

森貞次郎・佐野一 1968「重留箱式石棺」『有田遺跡』福岡市教育委員会.

森岡秀人 1987「『十』状図文を有する近畿系弥生小形仿製鏡の変遷」『横田健一先生古稀記念 文化史論叢』(上), 創元社.

森岡秀人 1989「鏡」『季刊考古学』27, 雄山閣出版.

森岡秀人 1990「大阪市域出土鏡の伝来めぐる問題の二, 三」『大阪の歴史』30, 大阪市史編纂所.

森岡秀人 1992「古墳祭祀のはじまり」『新版古代の日本』5 近畿Ⅰ, 角川書店.

森岡秀人 1993「近畿地方における銅鏡の受容」『季刊考古学』43, 雄山閣出版.

森岡秀人 1994「鏡片の東伝と弥生時代の終焉」『倭人と鏡』第35回埋蔵文化財研究集会発表要旨, 埋蔵文化財研究会.

森岡秀人 2006「三世紀の鏡―ツクシとヤマト―」奈良県香芝市二上山博物館編『邪馬台国時代のツクシとヤマト』学生社.

森下章司 1989「文様構成・配置からみた三角縁神獣鏡」『椿井大塚山古墳と三角縁神獣鏡』京都大学文学部博物館.

森下章司 1991「古墳時代仿製鏡の変遷とその特質」『史林』74-6, 史学研究会.

森下章司 1993「仿製鏡の変遷」『季刊考古学』43, 雄山閣出版.

森下章司 1994「古墳時代の鏡」『倭人と鏡 その2』埋蔵文化財研究会.

森下章司 1995「前方後方墳出土の鏡」『前方後方墳を考える』第1分冊, 帝塚山考古学研究所.

森下章司 1997「三角縁神獣鏡と前期古墳」『考古学ジャーナル』421, ニュー・サイエンス社.

森下章司 1998a「鏡の伝世」『史林』81-4, 史学研究会.

森下章司 1998b「古墳時代前期の年代試論」『古代』105, 早稲田大学考古学会.

森下章司 1998c「美濃の前期古墳出土鏡」『土器・墓が語る』第6回東海考古学フォーラム岐阜大会発表要旨, 東海考古学フォーラム岐阜大会実行委員会.

森下章司 1998d「古墳出土鏡の諸問題」『平成10年度秋季展 古鏡の世界』展観の栞24, 財団法人 辰馬考古資料館.

森下章司 2002「古墳時代倭鏡」車崎正彦編『考古資料大観 5 弥生・古墳時代 鏡』小学館.

森下章司 2003「山東・遼東・楽浪・倭をめぐる古代銅鏡の流通」『東アジアと「半島空間」―山東半島と遼東半島―』思文閣出版.

森下章司 2005a「前期古墳副葬品の組合せ」『考古学雑誌』89-1, 日本考古学会.

森下章司 2005b「鏡鑑」『紫金山古墳の研究―古墳時代前期における対外交渉の考古学的研究―』平成14～16年度科学研究費補助金（基盤研究（B）（2））研究成果報告書, 京都大学大学院文学研究科.

森下章司 2005c「鏡と石製品からみた紫金山古墳」『紫金山古墳の研究―古墳時代前期における対外交渉の考古学的研究―』平成14～16年度科学研究費補助金（基盤研究（B）（2））研究成果報告書, 京都大学大学院文学研究科.

森下章司 2005d「器物の生産・授受・保有形態と王権」前川和也・岡村秀典編『国家形成の比較研究』学生社.

森下章司 2006「喇嘛洞出土の銅鏡をめぐって」『東アジア考古学論叢』独立行政法人文化財研究所奈良文化財研究所.

森田克行 1998「青龍三年鏡とその伴侶」『古代』105,早稲田大学考古学会.
森田克行 1999「『銅鏡百枚』考」『東アジアの古代文化』99,大和書房.
安田滋 1994「西求女塚古墳出土の鏡—西摂地域の中で—」『倭人と鏡 その2』第36回埋蔵文化財研究集会発表要旨資料,埋蔵文化財研究会.
安田滋 2004「総括」『西求女塚古墳発掘調査報告書』神戸市教育委員会.
柳井市教育委員会 1999『史跡柳井茶臼山古墳—保存整備事業発掘調査報告書—』柳井市教育委員会.
柳沢一男 1989「古墳の変質」『古代を考える 古墳』吉川弘文館.
柳沢一男 1995a「日向の古墳時代前期首長墓系譜とその消長」『宮崎県史研究』9,宮崎県.
柳沢一男 1995b「筑前における古墳時代首長墓系譜の動向」『九州における古墳時代首長墓の動向』九州考古学会・宮崎考古学会合同学会実行委員会.
柳田康雄 1982「三・四世紀の土器と鏡」『森貞次郎博士古稀記念 古文化論集』下巻,森貞次郎博士古稀記念論文集刊行会.
柳田康雄 1997「Ⅲ まとめ 3 銅鏡」『徳永川ノ上遺跡Ⅲ』福岡県教育委員会.
柳田康雄 2000「平原王墓出土銅鏡の観察総括」『平原遺跡』前原市教育委員会.
柳田康雄 2002a『九州弥生文化の研究』学生社.
柳田康雄 2002b「摩滅鏡と踏返し鏡」『九州歴史資料館研究論集』27,九州歴史資料館.
柳本照男 1993「古墳時代における武装具研究の現状と課題」『考古学ジャーナル』366,ニュー・サイエンス社.
山尾幸久 1983『日本古代王権形成史論』岩波書店.
山尾幸久 2003『古代王権の原像』学生社.
山口県 2000『山口県史 資料編 考古1』山口県.
山口県立萩美術館・浦上記念館 2005『鏡の中の宇宙』山口県立萩美術館・浦上記念館.
山越茂 1974「方格規矩四神鏡考」(上・中・下),『考古学ジャーナル』94・95・96,ニュー・サイエンス社.
山田俊輔 2005「上方作系浮彫式獣帯鏡の基礎的研究」『早稲田大学會津八一記念博物館研究紀要』7,早稲田大学會津八一記念博物館.
山中敏史 1986「律令国家の成立」『岩波講座 日本考古学』6,岩波書店.
山本三郎 1978「舶載内行花文鏡の分類について」『播磨・竜山5号墳発掘調査報告』高砂市文化財調査報告6.
山本輝雄 1996「乙訓における古墳の出現」『長岡京市史』本文編1,長岡京市.

横田健一 1958「日本古代における鏡の移動」『古代文化』1958-1，古代學協会.
横山浩一 1985「型式論」『岩波講座 日本考古学』1，岩波書店.
吉田晶 1973『日本古代国家成立史論』東京大学出版会.
吉田晶 1995『卑弥呼の時代』新日本新書.
吉田晶 1998a『倭王権の時代』新日本新書.
吉田晶 1998b「日本古代国家の形成過程に関する覚書―初期国家論を中心として―」吉田晶編『日本古代の国家と村落』，塙書房.
吉田晶 2001『七支刀の謎を解く―四世紀後半の百済と倭―』新日本出版社.
吉田晶 2005『古代日本の国家形成』，新日本出版社.
吉田晶 2006「最近の考古学分野での古代国家論をめぐって」『弥生文化博物館研究報告』6，大阪府立弥生文化博物館.
吉田孝 1983『律令国家と古代の社会』岩波書店.
吉田孝 1997『日本の誕生』岩波書店.
吉田広 2006「四国・瀬戸内地域の集落出土青銅器」『日本考古学協会2006年度愛媛大会研究発表資料集』日本考古学協会2006年度愛媛大会実行委員会.
吉村武彦 1993「倭国と大和王権」『岩波講座日本通史2』岩波書店.
吉村武彦 1996『日本古代の社会と国家』岩波書店.
吉村武彦 2003「ヤマト王権の成立と展開」大塚初重・吉村武彦編『古墳時代の日本列島』青木書店.
吉村武彦 2006「ヤマト王権と律令制国家の形成」『列島の古代史8 古代史の流れ』岩波書店.
吉留秀敏 1989「九州の割竹形木棺」『古文化談叢』20（中），九州古文化研究会.
吉留秀敏 1990「北部九州の前期古墳と埋葬主体」『考古学研究』36-4，考古学研究会.
吉留秀敏 1991「前期古墳と階層秩序」『古文化談叢』26，九州古文化研究会.
洛陽市文物管理委員会編 1959『洛陽出土古鏡』文物出版社.
洛陽博物館編 1988『洛陽出土銅鏡』文物出版社.
李正暁 2005『中国早期佛教造像研究』文物出版社.
李成市 2000『東アジア文化圏の形成』山川出版社.
梁上椿 1940-42『巌窟蔵鏡』（田中琢・岡村秀典訳1989），同朋舎出版.
和田萃 1978「古代日本における鏡と神仙思想」森浩一編『日本古代文化の探求 鏡』社会思想社.
和田萃 1986「日本古代の道教的信仰」金関恕編『日本古代史 宇宙への祈り』集英社.（和田萃『日本古代の儀礼と祭祀・信仰』中巻，塙書房（1995）に所収）.

和田萃 1988『体系日本の歴史2 古墳の時代』小学館.
和田萃 1993「鏡をめぐる伝承」『季刊考古学』43, 雄山閣出版.
和田晴吾 1981「向日市五塚原古墳の測量調査より」小野山節編『王陵の比較研究』昭和54年度科学研究費補助金(総合A)研究成果報告書, 京都大学文学部考古学研究室.
和田晴吾 1986「金属器の生産と流通」『岩波講座 日本考古学』3, 岩波書店.
和田晴吾 1987「古墳時代の時期区分をめぐって」『考古学研究』34-2, 考古学研究会.
和田晴吾 1992a「群集墳と終末期古墳」『新版古代の日本』5, 角川書店.
和田晴吾 1992b「山城」『前方後円墳集成』近畿編, 山川出版社.
和田晴吾 1994「古墳築造の諸段階と政治的階層構成―五世紀代の首長制的体制に触れつつ―」『ヤマト王権と交流の諸相』古代王権と交流5, 名著出版.
和田晴吾 1998「古墳時代は国家段階か」都出比呂志・田中琢編『古代史の論点4 権力と国家と戦争』小学館.
和田晴吾 2000「国家形成論研究の視点」考古学研究会例会委員会編『国家形成過程の諸変革』考古学研究会.
和田晴吾 2003「古墳時代の生業と社会」『考古学研究』50-3.
和田晴吾 2004「古墳文化論」『日本史講座1』東京大学出版会.
渡邊正氣 2006「3世紀日本の考古学的定点―箸墓古墳・布留0式―」『日本考古学協会第72回総会研究発表要旨』日本考古学協会.

Althusser, L. 1970 Ideologie et appareils ideologiques d'Etat.（柳内隆訳1993「イデオロギーと国家のイデオロギー装置」, ルイ・アルチュセール・柳内隆・山本哲士『アルチュセールの〈イデオロギー論〉』, 三交社).

Barrett, J. 1987 Contexual archaeology. in *Antiquity 61*.

Barrett, J. 1988a Fields of discourse: Reconstituting a Social Archaeology. in *Critique of Anthoropology 7-3*.

Barrett, J. 1988 The living, the dead and the ancestors: Neolithic and early bronze age mortuary practices. in Barrett, J. and Kinnes, I. (eds) *The Archaeology of Context in the Neolithic and Bronze Age Recent Trends*. Sheffield Academic Press.

Brumfiel, E. 1989 Factional competition in complex society. in D. Miller, M. Rowlands and C. Tilley. (ed.) *Domination and Resistance*. Routledge.

Carr, C. 1995a Building a unified middle-range theory of artifact design: historical perspectives and tactics. in Carr, C. and Neitzel, J. (ed.) *Style, Society, and Person.* Plenum Press.

Carr, C. 1995 b A unified middle-range theory of artifact design. in Carr, C. and Neitzel, J. (ed.) *Style, Society, and Person.* Plenum Press.

Claessen, H. M. and Skalnik, P. 1978 The Early State: Theories and Hypotheses. in Claessen, H. M. and Skalnik, P. (eds) *The Early State.* New Babylon.

DeMarrais, E, Castillo, L. and Earle, T. 1996 Ideology, materialization and power strategies. in *Current Anthropology 37.*

Earle, T. 1987 Chiefdoms in archaeological and ethnohistorical perspectives. *Annual Review of Anthropology 16.*

Earle, T. (ed.) 1991 *Chiefdoms: Power, Economy, and Ideology.* Cambridge University Press.

Earle, T. 1994 Political domination and social evolution. in Ingold, T. (ed.) *Companion Encyclopedia of Anthropology.* Routledge.

Earle, T. 1997 *How chiefs come to power: The political economy in prehistory.* Stanford University Press.

Eco, U. 1976 *A Theory of Semiotics.* Indiana University Press. (池上嘉彦訳 1996 『記号論』 I・II, 岩波書店)

Engels, F. 1884 (戸原四郎訳1965 『家族・私有財産・国家の起源』, 岩波文庫).

Fried, M. 1967 *The Evolution of Political Society.* Random House.

Friedman, J. and Rowlands, M. 1977 Notes towards an epigenetic model of the evolution of civilization. in Friedman, J. and Rowlands, M. (ed.) *The Evolution of Social Systems.* Duckworth.

Friedman, J. and Rowlands, M. (ed.) 1977 *The Evolution of Social Systems.* Duckworth.

Gennep, A. 1909 *Les rites de passage.* (綾部恒雄・綾部裕子訳1995 『通過儀礼』, 弘文堂).

Giddens, A. 1979 *Central problems in social theory.* University of Carlifornia Press. (友枝敏雄・今田高俊・森重雄訳 1989 『社会理論の最前線』, ハーベスト社).

Giddens, A. 1991 *Modernity and Self-Identity. Polity Press.* (秋吉美都・安藤太郎・筒井淳也訳 2005 『モダニティと自己アイデンティティ』, ハーベスト社).

Hedeager, L. 1992 *Iron Age Societies.* Blackwell.

Hodder, I. 1982 Theoretical archaeology: a reactionary view. in Hodder, I.

(ed.) *Symbolic and Structural Archaeology*. Cambridge University Press.

Hodder, I. 1991 *Reading the Past*. (second edition.) Cambridge University Press.

Hodder, I. 1992 *Theory and Practice in Archaeology*. Routledge.

Hodder, I. and Hutson, S. 2003 *Reading the Past*. (third edition.) Cambridge University Press.

Johnson, A. and Earle, T. 2000 *The Evolution of Human Societies*. (second edition) Stanford University Press. Jones,S. 1997 *The Archaeology of Ethnicity*. Routledge.

Kristiansen, K. 1987 From stone to bronze. in Brumfiel, E and Earle,T (ed.) *Specialization, Exchange and Complex Society*. Cambridge University Press.

Kristiansen, K. 1991 Chiefdoms, states, and systems of social evolution. in Earle, T. (ed.) *Chiefdoms: Power, Economy, and Ideology*. Cambridge University Press.

Kristiansen, K. and Rowlands, M. 1998 *Social Transformations in Archaeology*. Routledge.

Metcalf, P. and Huntington, R. 1991 Cerebrations of Death: the anthoropology of mortuary ritual. (second edition)(池上良正・池上富美子訳 1996『死の儀礼：葬送習俗の人類学的研究【第二版】』, 未來社.)

Miller, D. 1982 Artefacts as products of human categorisation processes. in Hodder, I. (ed.) *Symbolic and Structural Archaeology*. Cambridge University Press.

Miller, D. 1985 *Artefacts as* categories. Cambridge University Press.

Miller, D. and Tilley, C. 1984 Ideology, power and prehistory: an introduction. in Miller, D. and Tilley, C. (ed.) *Ideology, Power and Prhistory*. Cambridge University Press.

Mizoguchi, K. 2002 *An Archaeological History of Japan. 30,000 B. C. to A. D. 700*. University of Pennsylvania Press.

Mizoguchi, K. 2006 *Archaeology, Society and Identity in Modern Japan*. Cambridge University Press.

Rowlands, M., Larsen, M. and Kristiansen,K. (eds) 1987 *Centre and Periphery in the Ancient World*. Cambridge University Press.

Service, E. 1971 *Primitive Social Organaization: an evolutionary perspective*. (second edition)(松園万亀雄訳『未開の社会組織』, 弘文堂)

Shanks, M. and Tilley, C. 1982 Ideology, symbolic power and ritual communication: a reinterpretation of neolithic mortuary practices. in Hodder, I. (ed.) *Symbolic and Structural Archaeology*. Cambridge University Press.

Shanks, M. and Tilley, C. 1992 *Re-Constructing Archaeology: Theory and Practice*. (second edition.) Routledge.

Tilley, C. 1982 Social formation, social structures and social change. in Hodder, I. (ed.) *Symbolic and Structural Archaeology*. Cambridge University Press.

Tilley, C. 1984 Ideology and the legitimation of power in the middle neolithic of southern Sweden. in Miller, D. and Tilley, C. (ed.) *Ideology, Power and Prehistory*. Cambridge University Press.

Tsujita, J. 2006 The characteristics of prestige good system in Early Kofun Period. in *World Archaeological Congress Inter-Congress: Osaka, 2006. Program & Abstracts*.

Tsujita, J. 2007 Formation and Transformation of the Prestige good system and Identity: the case of the Japanese Archipelago from the 3rd through the 5th Centuries. in *Bulletin of Japan Society for the Promotion of Science 21st Century COE Program (Humanities), East Asia and Japan: Interaction and Transformations Vol*. 4.

Yoffee, N. 1993 Too many chiefs? (or, Safe texts for the '90s). in Yoffee, N. and Sherratt, A. (ed.) *Archaeological theory: who sets the agenda?* Cambridge University Press.

挿図出典（筆者撮影の場合は所蔵・保管機関等）

図1　1：福井市教育委員会2000，2：筆者撮影（岡山大学考古学研究室），3：前原市教育委員会2000，4：高松市教育委員会1983『鶴尾神社4号墳調査報告書』より改変引用(辻田2005a)，5：小郡市教育委員会1988『津古生掛遺跡Ⅱ』，6：鹿島町教育委員会1985『奥才古墳群』，7：筆者撮影（香春町教育委員会），8：嘉穂町教育委員会1987『嘉穂地区遺跡群Ⅳ』，嘉穂町文化財調査報告書第7集，9・16：筆者撮影（宮崎県立西都原考古博物館），10：筆者撮影（福岡市埋蔵文化財センター），11：金関丈夫・坪井清足・金関恕1961「佐賀県三津永田遺跡」『日本農耕文化の生成』第一冊本文篇，12：筆者撮影（赤磐市教育委員会），13：梅原末治1922「近江和邇村の古墳墓，特に大塚山古墳に就いて」『人類學雜誌』37-8，14：㈶唐津市文化振興財団1994『"古墳の秘宝"速報展』，15：梅原末治1920「美濃山ノ古墳」『京都府史蹟勝地調査會報告』第2冊，17：大牟田市教育委員会1975『潜塚古墳』，18：福岡県教育委員会1995，19：宮内庁書陵部1992『出土品展示目録 古鏡』，20：筆者撮影（國學院大學考古学資料館），21：樋口1979，22：和田山町教育委員会1972『城の山・池田古墳』

図2～14　筆者作成

図15　筆者撮影（福岡市埋蔵文化財センター）

図16　1・5・6：筆者撮影（九州大学大学院人文科学研究院考古学研究室），2：甘木市史編纂委員会編1984より改変引用，3：広島県教育委員会・(財)広島県埋蔵文化財調査センター1981『石鎚山古墳群』より改変引用，4：久留米市教育委員会1984『西屋敷遺跡Ⅱ』

図17・19　新納1991aを改変引用

図18　小山田2000bより引用

図20　1：群馬県柴崎蟹沢古墳，2～5・7：京都府椿井大塚山古墳，6：大阪府紫金山古墳，8・10：滋賀県雪野山古墳，9：福岡県那珂八幡古墳，11：山梨県中道銚子塚古墳，12：兵庫県城の山古墳（1・4・6・11・12：樋口1979，2・3・5・7：筆者撮影（京都大学総合博物館），8・10：八日市市教育委員会1996『雪野山古墳の研究』報告篇，9：筆者撮影（福岡市埋蔵文化財センター））

図21　筆者作成

挿図出典　419

図22　1〜3・5・7・15：筆者実測（京都大学総合博物館），それ以外は各報告書を再トレース
図23　福永1994a・2005bをもとに筆者作成
図24　1・6：福岡県沖ノ島17号遺跡，2：佐賀県杢路寺古墳，3：宮崎県西都原13号墳，4：佐賀県谷口古墳東石室，5：福岡県沖ノ島16号遺跡（1・6：原田1961，2・4：樋口1979，3：筆者撮影（宮崎県立西都原考古博物館），5：原田1958）
図25　筆者作成（辻田2000）
図26　1：神戸市西求女塚古墳（神戸市教育委員会提供），2：京都府石不動古墳（梅原末治1955「山城における古式古墳の調査」『京都府文化財調査報告』第廿一冊より改変引用），3〜6：筆者作成（辻田2000），7：樋口1979より改変引用
図27・28・30　筆者作成
図29　1：原田1961，2：筆者撮影（京都大学総合博物館）
図31　1：八日市市教育委員会1996『雪野山古墳の研究』報告篇より改変引用，2：筆者撮影（宮内庁書陵部）
図32　1・3：宮内庁書陵部1992『出土品展示目録 古鏡』，2：原田大六1961「19号遺跡の遺物」『続沖ノ島』，4：梅原末治1921「周防國玖珂郡柳井町水口茶臼山古墳調査報告(下)」『考古学雑誌』11-9，5：原田1961
図33　森下1998aより改変引用
図34　1・4：筆者撮影（宮内庁書陵部），2・3・5：原田1961
図35　筆者作成
図36　筆者撮影・実測（妙正寺）
図37　筆者作成（辻田1999）
図38　福岡市教育委員会1986より改変引用.
図39　筆者作成
図40　辻田1999より（1・2・5・6：原田1961を改編引用，3：筆者撮影（妙正寺），4：樋口1979より改変引用）
図41　1・2：八日市市教育委員会1996『雪野山古墳の研究』報告篇，3：筆者撮影（天理大学附属天理参考館），4：筆者撮影（京都大学総合博物館）
図42　1・3：荒川史・魚津知克・内田真雄1998「京都府宇治市庵寺山古墳の発掘調査」『古代』105より改変引用，2：宮内庁書陵部1992『出土品展示目録 古鏡』，4〜6：筆者撮影（宮内庁書陵部）
図43〜46　筆者作成

図47・48　筆者作成（辻田2007a）
図49　辻田2007aより（1：福岡県教育委員会1971『今宿バイパス関係埋蔵文化財調査報告』2，2：森・佐野1968，3：九州考古学会1950，4：福岡市教育委員会2005b，5：福岡市教育委員会2005a，6：福岡市教育委員会2001）
図50〜53　筆者作成
表1〜11　筆者作成

Bronze Mirrors and Yamato Polity in the Early Kofun Period

Jun'ichiro Tsujita

Contents

Introduction: investigating the beginning of the Kofun Period from perspective of bronze mirror studies

Chapter 1 The history, theory and method of the studies of bronze mirrors and the beginning of the Kofun Period

Chapter 2 The change of the distribution system of Chinese bronze mirrors from the Late Yayoi to the Early Kofun Period

Chapter 3 The classification of Sankakubuchi-shinjukyo type mirrors, Japanese bronze mirrors, and the relative chronology of tumuli of the Early Kofun Period

Chapter 4 The origin and absolute chronology of Sankakubuchi-shinjukyo type mirrors

Chapter 5 The stylistic diversification and its structure of the Japanese bronze mirrors modeled after Chinese originals in the Early Kofun Period

Chapter 6 The logic of the local elite's way to use as mortuary goods and inherit bronze mirrors of the Early Kofun Period

Chapter 7 Discussion: the emergence and development of the prestige good system of the Early Kofun Period

Chapter 8 Conclusion: the Early Kofun Period society in East Asia

Bibliography
Index

Summary

The emergence of large keyhole-shaped tumuli in the middle of the 3rd century opens the epoch which leads to the formation of the political order over a vast area of Japanese archipelago that centers in the Kinki region. It is problematic how we can understand the characteristics of this political order in the peripheral area of East Asia from the middle of the 3rd to the 4th centuries. It is also important how we can recognize this period in the perspective of the formation process of the Ancient State in the Japanese archipelago.

So far in Japanese archaeology, to clarify such problems, especially the relationship between the Chinese Dynasties and Wakoku (倭国), and also interregional relations in the Japanese archipelago, it has been considered effective to analyze various kinds of bronze mirrors excavated from mounded tumuli, settlements and ritual sites from the Yayoi to the Kofun Period. For example, Yukio Kobayashi (1961) analyzed Sankakubuchi-Shinjukyo type mirrors (triangular-rimmed mirrors with deity and beast design) and imported Chinese (Han) mirrors excavated from mounded tumuli from the 3rd to the 4th centuries, and reconstructed the wide interregional political relations that centered on the Kinki region and were mediated by distributing and receiving bronze mirrors. Thereafter, as many studies about bronze mirrors and Kofun Period society from the viewpoint of bronze mirror studies have been published, studies of the bronze mirrors themselves developed. The author seeks a new framework of a study of the beginning of the Kofun Period based mainly on the analysis of bronze mirrors, guided by such preceding studies.

In this book, based on chronological and typological analyses of Chinese / Japanese bronze mirrors stemming from the 1st to the 4th centuries and excavated in Japan, an analysis is carried out in order to reconstruct both the system of distribution of imported Chinese bronze mirrors (fragmented / complete) and Japanese imitated mirrors modeled after Chinese originals, and also the transformation of this system. And the author attempts to make a model at the process at the beginning of the Kofun Period including the interregional relations from the perspective of prestige good systems (cf. Friedman and Rowlands, 1977).

In Chapter 1, the history of studies of bronze mirrors, the beginning of the Kofun Period, and the characteristics of wide interregional relations are reviewed, and the direction of this book as discussed above is showed. The problems are as follows: 1) How can we explain the process of the the beginning of Kofun Period? And 2) How can we explain the interregional relationship from the Late Yayoi to the Early Kofun Period? In this book, these problems are investigated from the viewpoint of bronze mirror studies.

In Chapter 2, the change of the distribution system of Chinese mirrors (mainly Eastern Han / Wei / Western Zin) at the beginning of the Kofun Period is analyzed. In Late Yayoi, complete Han mirrors were limited to be buried at mounded tumuli mainly in northern Kyushu, while fragmented mirrors were distributed from northern Kyushu and eastwards to the Setouchi region, although the latter have also mainly been excavated in northern Kyushu, from which area they were exchanged towards east. At the beginning of the Kofun Period, in around the mid-3rd century, the importation and distribution systems were drastically changed. So, many complete Han / Wei mirrors were imported by and distributed from the Kinki region. This change led to a reorganization of interregional relationships. Afterwards, employing complete Chinese / Japanese mirrors as mortuary goods became common in wide areas of the Japanese archipelago.

In Chapter 3, the chronological analyses of Sankakubuchi-shinjukyo type mirrors and Japanese imitated mirrors are carried out. The former have been classified into two categories: 'imported' and 'imitated', and here each of these are divided into almost three or two phases. Japanese imitated mirrors of the Early Kofun Period have been divided into almost two phases. Based on the result, keyhole-shaped tumuli of the Early Kofun Period are classified chronologically into four phases.

In Chapter 4, the origin and absolute chronology of Sankakubuchi-shinjukyo type mirrors are investigated by analyzing the process of change of design. As a result, the author provisionally concludes that 'imported' mirrors were made in the northwest area of the Korean Peninsula, where Lelang and Daifang, which were outpost of the Han dynasty, were located. And 'imitated' mirrors were mainly made in the Japanese archipelago, roughly in the 4th century. Since Sankakubuchi-shinjukyo type mirrors were used through the Early Kofun Period, the author surmises that the earlier Early Kofun Period corresponds approximately to the late 3 rd century, and the later Early Kofun Period approximately to the 4th century. This is in accordance with the general opinion at first sight, but the author regards the mirrors that the Wei dynasty presented to Wakoku (documented in the Wei Chronicle) as having been mainly complete Han and Wei mirrors. At that point, this hypothesis differs from the general opinion.

In Chapter 5, the stylistic diversification of Japanese imitated mirrors of the Early Kofun Period as well as the structure of this are analyzed. The mirrors are the products of rearrangement and mixture of the motif and layout of Chinese originals. It was a creational imitation process. The author considers that the producers did not intend to directly imitate the code and structure of imported Chinese bronze mirrors' design, but claimed their creativity and identity mediated by the newly created design. In the hierarchical order of Japanese imitated mirrors that they created, the sequential arc type mirrors were positioned at the top because of the larger size of the original Han mirrors. The models of Japanese mirrors were selected by the criterion of the size of Chinese mirrors.

In Chapter 6, the distribution system of the Early Kofun Period is analyzed. At the beginning of the Kofun Period, newly imported complete Chinese mirrors, as well as many similarly sized and designed Sankakubuchi-shinjukyo type mirrors and Japanese imitated mirrors were distributed from the Kinki region to the local elite of a wide area of the Japanese archipelago, whereas larger Chinese (Eastern Han / Wei / Western Zin) mirrors concentrated around the Kinki region. And in the later Early Kofun Period, Japanese imitated mirrors and 'imitated' Sankakubuchi-shinjukyo type mirrors were distributed to a wide area, and larger mirrors were limited to be gathered around the Kinki region like Chinese mirrors were in the earlier phase. So, the author considers that these patterns resulted from the strategic distribution of bronze mirrors by the Yamato Polity located in the Nara Basin. On the other hand, analyses of the local elite's way to use mirrors as mortuary goods and inherit them as heirlooms in each region are carried out. As a result, it is possible to classify the ways of 'consumption' of mirrors as follows: 1) the local elite gets and consumes mirrors in each generation, meaning that younger members need to get mirrors to legitimize their power when the older members of the elite die, and 2) the local elite inherits mirrors as heirlooms. The cycle of the consumption of mirrors was embedded in the process of social reproduction in that sense. So, the author calls this process the prestige good system of the Early Kofun Period / Centripetal competitive relationship model.

In Chapter 7 and 8, the author discusses and tries to relativize this model of the prestige good system from the East Asian historical perspective and the state formation process in the Japanese archipelago. The author concludes that this process was a result of the fact that the local elite of every region actively adopted the new mortuary ritual invented by the Yamato Polity with various prestige goods. Even though there was a broad interregional relationship, this consisted of superficial, competitive relations depending on prestige goods and alternation of generations in the local elite, and it developed in an unstable and fluid way, which differed from the commonly supposed idea of a centralized political dominance by the Yamato Polity. It is also possible that the beginning in the this process was linked to the change in distribution system of Chinese mirrors at the beginning in the the Kofun Period. And this prestige good system has a dual structure such as the center and periphery relations in East Asia and in the Japanese archipelago.

In the Middle Kofun Period, roughly in the 5th century, the prestige good system of the Early Kofun Period was renewed, and also the interregional relationship within the archipelago was reorganized. The production, use and consumption of bronze mirrors decreased, and a new prestige good system mediated by iron weapons and armors was formed. The author considers that this competitive prestige good system continued until the later Middle Kofun Period (Tsujita, 2007). Afterwards, the process of state formation proceeded drastically. This is the reason why so many bronze mirrors were consumed in the Early Kofun Period.

あとがき

　本書は，2003年1月に九州大学に提出した博士学位論文『古墳時代開始期における銅鏡の研究』をもとに，加筆・修正を加えたものである。一部は既に論文として発表したものであるが，本書では全体として論が一貫したものになるよう全面的に見直し，またデータについても新たなデータを追加し，再度検討を行っている。

　第1章第3節の一部は，「威信財システムの成立・変容とアイデンティティ」(2006a)の一部をもとに加筆・修正を行ったものである。第2章第2節は「古墳時代開始期における中国鏡流通形態とその画期」(2001)，第3節は「破鏡と完形鏡」(2005c)をもとにしている。第3章の一部は「鏡と副葬品」(2006b)，第5章第1節は「古墳時代前期倣製鏡の多様化とその志向性―製作工程の視点から―」(1999)，第6章第2節の一部は「古墳時代前期における鏡の副葬と伝世の論理―北部九州地域を対象として―」(2007a)として発表した論考をもとにそれぞれ加筆・修正を行っている。それ以外は博士論文として執筆した原稿に加筆・修正した「新稿」である。

　博士論文の執筆・提出に至るまで，世話人教官の田中良之先生をはじめ，岩永省三先生，宮本一夫先生，溝口孝司先生，中橋孝博先生，佐藤廉也先生には，懇切に御指導をいただいた。そして2002年3月に九州大学を退官された西谷正先生には，1993年秋に考古学専攻に進学した時から今日に至るまで，温かく御指導をいただいている。先生方からは，考古学の専門的知識や方法のみならず，科学論文として考古学者が論文を書くということを基礎から教えていただき，かつその成果を冷静に相対化していくことがいかに重要であるかを学んだ。学部・大学院を通じて，東アジアの中での日本列島，その中での北部九州，そして考古学・人類学の理論・方法・実践とそこでの様々な論点について，身近な先生方から学ぶことができたのは本当に幸運であった。また西南学院大学の高倉洋彰先生には，博士論文の審査委員として幅広い観点から御指導をいただく

ことができた。先生方の御指導にあらためて厚く御礼申し上げます。

また博士論文提出から現在までの間に，九州大学で進行していた21世紀COEプログラム「東アジアと日本：交流と変容」に協力メンバーとして様々な形で参加させていただき，考古学以外の分野の先生方の仕事から多くの刺激を受けることができたのは非常に大きな収穫であった。本書の内容をふまえた新たな課題が筆者の中でより明確になってきたのは，まさにこの点によるものである。ワークショップなどを通じて御指導・御教示いただいている先生方に深く感謝申し上げます。

本書の出版に至るまでには，本当に多くの方々に御協力をいただいた。次に掲げる方々には，資料調査や本書への掲載許可，学会発表などをはじめ，様々な機会を通じて大変お世話になり，また御指導・御教示をいただいた。本書は皆様方の御指導・御協力なしでは完成し得ませんでした。記して厚く御礼申し上げます。（五十音順，敬称略）

荒川史，安藤広道，池畑耕一，泉森皎，石川健，一瀬和夫，市村慎太郎，今村佳子，岩田武志，上野祥史，宇垣匡雅，大塚紀宜，岡田裕之，岡村秀典，小沢佳憲，加藤和歳，上角智希，岸本圭，金宰賢，久住猛雄，車崎正彦，児玉真一，小山田宏一，阪口英毅，佐々木憲一，重藤輝行，下垣仁志，神保公久，菅波正人，杉本岳史，高久健二，高橋徹，瀧本正志，武末純一，田島龍太，田尻義了，田中裕介，崔鍾赫，千賀久，常松幹雄，寺井誠，富永直樹，新納泉，西健一郎，野村憲一，橋口達也，濱名弘二，東憲章，樋口隆康，比佐陽一郎，平美典，平尾和久，廣川守，廣瀬時習，福尾正彦，藤井整，藤丸詔八郎，藤原郁代，舟橋京子，細川金也，馬田弘稔，松本直子，丸隈一心，宮内克己，村上恭通，村松洋介，森井啓次，森岡秀人，森下章司，安田滋，柳沢一男，柳田康雄，山添奈苗，山中一郎

赤磐市山陽町郷土資料館，宇治市歴史資料館，大阪府立近つ飛鳥博物館，岡山大学考古学研究室，鹿児島県立埋蔵文化財センター，唐津市教育委員会，香春町教育委員会，九州歴史資料館，京都大学考古学研究室，京都大学総合博物館，京都府教育委員会，宮内庁書陵部，久留米市埋蔵文化財センター，神戸市

教育委員会，國學院大學考古学資料館，(財)大阪府文化財調査研究センター，新潮社，泉屋博古館，天理大学附属天理参考館，奈良県立橿原考古学研究所附属博物館，東近江市教育委員会，福井市文化財保護センター，福岡県教育庁文化財保護課，福岡市博物館，福岡市埋蔵文化財センター，宮崎県立西都原考古博物館，妙正寺，山口県立萩美術館・浦上記念館

　本書の出版に際しては，学位論文提出後に田中先生からお薦めをいただき，すいれん舎社長の高橋雅人さんを紹介していただいた。2006年には筆者も執筆した『東アジア古代国家論―プロセス・モデル・アイデンティティ―』（田中良之・川本芳昭編）が先に刊行されることになったが，高橋さんには，この間ずっと，本書の原稿を辛抱強く待ち続けていただき，最終段階に至るまで本当にお世話になった。そして原木加都子さんは，写真や表などで煩雑な本書の編集作業を丁寧に完遂してくださった。お2人のご尽力なしでは本書が世に出ることはありませんでした。心より御礼を申し上げます。またロンドン大学大学院のJane Oksbjergさんは，英文要旨の原稿に目を通して問題点を指摘してくださった。厚く御礼申し上げます。

　最後に私事であるが，筆者のことを温かく見守り続けてくれている両親と，本書の挿図の作成をはじめ筆者の仕事をいつも支えてくれている妻・和美，そして息子・至に感謝を捧げたい。

2007年7月

辻田淳一郎

索　引

事　項

あ　行

アイデンティティ　8,332,373
「アジア的」国家　79,80
威信財，威信財システム　79〜82,84〜85,127
　〜128,142〜143,328〜329,333,347,351〜
　353,355〜356,359〜360,364,366〜369,372
一次国家　80
イデオロギー，イデオロギー装置　51,60,310,
　324,328,347〜348,353〜354,358,360〜361,364,
　372〜373
伊都，伊都国　57,268〜269,341
ウヂ　373
腕輪形石製品　18,63,70,201〜202,206,322,
　351
円錐クラン　80
帯金式甲冑　203

か　行

外周突線　31,34,115,220
滑石製模造品　201〜202,206
下部構造　55
漢鏡編年　26,62,74
完鏡分配システム　131〜132,140〜142,341
儀鏡　45,142,231,343
擬制的（同祖）同族関係　7,19〜21,77,360,
　362〜363,366
鬼道　56,58〜59
銀河系政体構造　60
百済　351,357
国造制　373
景初三年　179,209,221,341
景初四年　33〜34,94,117,170,222,224,226,
　267
血縁的紐帯　78
呉　33,57,226〜227,334,341

高句麗　223,227,336,350,357,370,372
構造化　83
構造マルクス主義　79
公孫氏　26,56〜57,59〜60,145,226〜227,271,
　340,346,355,370
コード　246,255
国家形成　9,13,19〜20,23,51,76〜78,81〜82,
　360,367〜368,372〜373

さ　行

三遠式銅鐸　340
参向型　70,343
『三国志』魏書東夷伝倭人条（『魏志』倭人伝）
　8,37,56,130,342,355,370
氏族　78,326
史的唯物論　20,55,76,78
社会進化　58,77,80,366〜368,372
社会統合　55〜56,58〜60,62,71,357〜358
集合体　78
主体的行為（agency）　82
首長（墓）系譜　22,69,292,315,353,363
首長権継承儀礼　327
首長制社会　9,22,60,77,79,361〜362,372
首長連合　22,366
定角式鉄鏃　22
象徴的資源　328
庄内式　28〜29,62,75,100,106,131,133〜134,
　340,368
上部構造　55
初期国家　7,21〜23,52,77,360〜363,366
初期横穴式石室　206
親魏倭王　8,57
新式神獣鏡　41,59,68,331
新進化主義　21,77,361〜362
神仙思想　56,58〜61,122,126,254,260〜261,
　270,358

親族関係　70〜71, 78, 292〜293, 326
生産関係　20, 21, 360
生産手段　21
生産力　21, 51〜52, 55, 71, 78, 366〜367, 369
正始元年　179, 209, 221
成熟国家　22, 361, 364
青龍三年　88
前国家段階　361
前方後円墳体制　7, 21〜23, 52〜53, 55, 58〜59, 354, 361, 363, 366
双系的親族関係　69, 78, 326, 353

た 行

帯方郡　29, 34, 56〜57, 129〜130, 133, 145, 216, 221, 223〜227, 271, 340, 342〜343, 346, 350, 355, 357, 370
堅矧板革綴短甲　217, 350
単位集団　78
治天下大王　330
中期同型鏡群　372
中心的系列群　249, 255, 261〜263, 265〜267, 272〜273, 283, 331, 344
中心－周辺関係　60, 80, 328〜329, 373
長距離交易　80, 85
長方形鈕孔　31, 35, 115, 214, 220, 223
筒形銅器　203, 217, 350
TK73型式　218
伝世, 伝世鏡　7, 10, 15, 17〜18, 25〜31, 42, 47〜49, 62, 68〜69, 74〜75, 87, 108, 112, 114, 119〜120, 124, 130〜134, 140〜141, 231, 247〜248, 270, 298, 300, 308, 317, 320, 327, 351, 371〜372
道教　56, 58〜60
銅鏡百枚　8, 130, 132, 223〜225, 342〜343, 370
同工鏡　331
統合儀礼　59〜60, 84
同范鏡, 同范鏡分有関係　7, 17〜18, 34, 50, 178, 212, 305, 327, 330〜331
都市国家　79〜80
突線鈕式銅鐸　26, 46, 52, 58〜59, 71, 87, 340, 355, 358
巴形銅器　203, 287, 299

な 行

長持形石棺　315

奴, 奴国　57, 103, 341
鉛同位体比　117
二次国家　80

は 行

箸墓類型　54, 311, 317
バンド社会　77
挽（引）型　36, 43, 234, 236, 239, 242, 244〜246, 256, 258, 272, 274
必需物資流通機構　22〜23, 52, 53, 55, 58, 71, 361
卑弥呼　56〜57, 59, 226〜227, 341, 343, 346, 359, 370
広形銅矛　46, 52, 58〜59, 71, 87, 340
部族　78
部族システム　79
部族社会　77
部族連合　20〜21, 52, 55, 77〜78, 360, 363, 366
布留０式　29, 31, 75, 100, 134, 222
部民制　373
ホード（hoard）　58

ま 行

マルクス主義　9, 362
民族　59

や 行

邪馬台国　8, 37, 56, 60, 62, 134, 340
弥生時代小形仿製鏡　30, 44〜45, 127〜128, 142, 231, 269, 306, 338, 340, 343〜344

ら 行

洛陽　134
楽浪郡　9, 29, 31〜32, 37, 39, 56〜57, 59, 81, 115, 129〜130, 134, 136, 144〜145, 216, 220〜221, 223〜227, 268, 271, 340, 342〜343, 346, 350, 357, 370
律令国家　7〜8, 13, 20, 76, 360, 364, 373
領域国家　79〜80
連作　43, 258

わ 行

倭国王帥升等　56

遺　　跡

あ　行

阿王塚古墳　　124
赤塚古墳　　206, 295, 298, 305
赤妻古墳　　309
赤門上古墳　　322
安倉高塚古墳　　314
朝日谷2号墳　　95
阿多田古墳　　309
温江丸山古墳　　252
阿保親王塚古墳　　314, 316
綾部山39号墓　　122～123, 133, 341
庵寺山古墳　　256～257, 260
行燈山古墳　　194, 250, 266, 269
飯氏馬場遺跡　　104
一貴山銚子塚古墳　　112, 201, 206, 297, 305
池田山古墳　　316
池殿奥4号墳　　30
石塚山古墳　　206, 295, 302, 305
石山古墳　　201
五塚原古墳　　318
一本松塚古墳　　89, 186, 188, 192, 318
稲荷藤原古墳　　252
今里車塚古墳　　318
入佐山3号墳　　95
石清尾山古墳群　　15
石清尾山猫塚古墳　　110
井原鑓溝遺跡　　100～101, 103～104, 126, 143
院内古墳　　124
卯内尺古墳　　296, 298, 304
馬洗場B遺跡　　283
馬ノ山4号墳　　313
馬見古墳群　　68, 320
浦間茶臼山古墳　　311
エゲ古墳　　89
円満寺山古墳　　124, 321, 322
大迫山1号墳　　117
大丸山古墳　　124
大和・柳本古墳群　　319
岡銚子塚古墳　　49
岡山遺跡　　306
沖出古墳　　206
沖ノ島遺跡　　94, 190, 200～201, 206, 218, 242～243, 286, 299, 334
奥才14号墳　　313
奥坂古墳群　　95
奥津社古墳　　321～322
奥の前古墳　　194
雄城台遺跡　　144

か　行

快天山古墳　　88
香住ヶ丘古墳　　305
鏡塚古墳　　89
金屎1号墳（桑原金屎古墳）　　96, 300
金蔵山古墳　　311
金武遺跡群　　300
上大谷9号墳　　192
上平河大塚古墳　　322
亀の甲遺跡　　144
鴨都波1号墳　　94
川部・高森古墳群　　295, 297～298, 304
神蔵古墳　　295, 305
神原神社古墳　　313
祇園山古墳　　121, 123, 144, 295
亀甲山古墳　　295
経塚山古墳　　349
久津川車塚古墳　　287, 317
国森古墳　　306
久里双水古墳　　294, 345, 349
黒岡山古墳　　192
黒塚古墳　　50, 319, 330
花光寺山古墳　　277, 311～312
小泉大塚古墳　　290
郷観音山古墳　　312
弘法寺山林古墳　　95
甲屋敷古墳　　322
小木宇都宮古墳　　322
国分寺古墳　　313
小熊山古墳　　206
五色塚古墳　　315
駒形大塚古墳　　124
権現山51号墳　　170

さ　行

佐紀盾列古墳群　　331～332

さ行

佐紀丸塚古墳　257～258,319
佐紀陵山古墳　198,244,253,256,319,351
桜井茶臼山古墳　200,269,319
桜馬場遺跡　104,126
佐味田宝塚古墳　201,320,331
紫金山古墳　114,217,33～331
重留石棺　299
芝ヶ原12号墳　42
下池山古墳　249,269,319
正仙塚古墳　121
城田1号墳　300
松林山古墳　212,322
白鳥古墳　306,309,349
新山古墳　191,198,200,243,252～253,320,331
鋤崎古墳　206,299,304
外之隈遺跡　122～123,144

た行

大願寺遺跡　295,305
大将塚古墳　313
高部30号墳　144
竹島御家老屋敷古墳　306,308
忠隈古墳　295
巽山古墳　95
立石1号墳　300
谷口古墳　206,298,305,349
長光寺山古墳　306,308,349
長法寺南原古墳　318
月岡古墳　287
造山1号墳　313
造山古墳　310～312
作山古墳　310～312
津古生掛古墳　207
椿井大塚山古墳　17,50,258,267,277,281,317,330,331
鶴尾神社4号墳　15,30,138
鶴山丸山古墳　218,278,311～312,336
出川大塚古墳　322
寺谷銚子塚古墳　322
寺戸大塚古墳　304,317～318
天神森古墳　305
天皇の杜古墳　318
土井ヶ浜遺跡　306
道雄塚古墳　323
徳永川ノ上遺跡　112,116
得能山古墳　314
百々池古墳　318

泊大日古墳　294
鳥居前古墳　318

な行

長垂山石棺　300
長塚古墳　201
那珂八幡古墳　206～207,294,298,304
名島古墳　305,338
七ッ森古墳群　295
新沢500号墳　200
西車塚古墳　317
西求女塚古墳　314,316
念仏山古墳　315
野間10号墳　138

は行

萩原1号墓　32,122～123,133,341
箸墓古墳　134,203,207,319,359
花野谷1号墳　138,338
羽根戸南古墳群　300
原口古墳　295
播磨大中遺跡　27
馬場平1号墳　124
万籟山古墳　315
東車塚古墳　317
東之宮古墳　252,321～322
東真方C～1号墳　300
東求女塚古墳　314
備前車塚古墳　123,311
雲雀ヶ丘古墳群　315
平尾稲荷山古墳　317
平尾城山古墳　317
平原遺跡　45,88,100～101,103～104,127～128,138,143,231,268
昼飯大塚古墳　322
広島古墳群　121,123
広峯15号墳　117,170
藤崎遺跡　295
二塚山遺跡　126
普段寺1号墳　313
普段寺2号墳　313
舟木山24号墳　191
古市古墳群　332
古市方形墳　319
ヘボソ塚古墳　314
北庄漢墓　267
(伝)北和城南古墳　319

ホケノ山墳墓　106, 122〜123, 133, 144, 203, 319, 341

ま 行

マエ塚古墳　319
前橋天神山古墳　95
待兼山古墳　95
松崎古墳　201, 306, 308, 350
松本1号墳　313
纒向遺跡　331, 356
丸隈山古墳　234, 287, 299, 335
丸山塚古墳　124
三池平古墳　252
身隠山御嶽古墳　110
三雲南小路遺跡　368
水堂古墳　316
三津永田遺跡　104
宮ノ洲古墳　253, 306, 308
宮原遺跡　30
妙見山古墳　317〜318
妙徳寺山古墳　306, 308
室宮山古墳　287
メスリ山古墳　269, 277, 281, 319
免ヶ平古墳　297〜298
杢路寺古墳　298, 349

持田古墳群　278
元稲荷古墳　318
元岡E〜1号墳　300
元岡池ノ浦古墳　206

や 行

柳井茶臼山古墳　185, 191, 243, 254, 306, 309, 336, 349
柳本大塚古墳　45, 249, 269, 319
大和天神山古墳　67, 96, 144, 252, 262〜263, 265, 319
雪野山古墳　44, 191, 200, 249, 253
湯の口遺跡　122
夢野丸山古墳　314
八日山古墳　313
吉原6号墳　311
吉島古墳　89

ら 行

両宮山古墳　312
老司古墳　136, 138, 206, 298, 304, 326

わ 行

若八幡宮古墳　294

著者紹介

辻田淳一郎(つじた・じゅんいちろう)

1973年生まれ。九州大学文学部卒業。九州大学大学院比較社会文化研究科博士後期課程単位修得退学後，福岡県教育庁文化財保護課をへて，現在九州大学大学院人文科学研究院専任講師。日本考古学専攻。博士（比較社会文化）。論文に「威信財システムの成立・変容とアイデンティティ」(『東アジア古代国家論―プロセス・モデル・アイデンティティ―』すいれん舎，2006年)，「破鏡の伝世と副葬―穿孔事例の観察から―」(『史淵』142, 2005年) など。

鏡と初期ヤマト政権

2007年10月25日第1刷発行

著 者	辻田淳一郎
発行者	髙橋雅人
発行所	株式会社 すいれん舎
	〒101-0052
	東京都千代田区神田小川町3-10 西村ビル5F
	電話03-5259-6060 FAX 03-5259-6070
	e-mail:masato@suirensha.jp
印刷・製本	亜細亜印刷株式会社
装 丁	篠塚明夫

ⒸJun'ichiro Tsujita,2007
ISBN978-4-903763-19-4　Printed in Japan